500
BASIC
KOREAN
ADJECTIVES

Second Edition

Kyubyong Park

역락

PREFACE

Korean adjectives are not really what one would call true adjectives. They are somewhere between an adjective and a verb. In Korean, adjectives semantically describe nouns, yet syntactically they can co-occur with tense and aspect marking like verbs do. This can be quite puzzling to English speakers, where an adjective can have only two inflected forms—comparative and superlative. Challenging? However, the alternation of the form of Korean adjectives is not as complicated as that of verbs, after all.

This book is designed to help study Korean adjectives deeply and systematically. The 500 most important Korean adjectives are illustrated here. For each adjective, major conjugated forms are shown, as well as other basic information i.e. pronunciation, Romanization, conjugation class, meanings, related words, collocates, and example sentences. Some books or dictionaries hold some of those, but nowhere near as comprehensive as in this book.

This book was originally published by Sotong under the same title in 2007. In revising it for Youkrack, the following changes have been made:

- Seven low-frequency adjectives have been replaced.
- The conjugation table has been redesigned to add some important forms which were left from the first edition.
- I've added main collocates, words often used with another word, for every headword.
- More than half of the example sentences have been re-written.
- Practice exercises have been created.

I sincerely hope you find this book useful.

Kyubyong Park

GUIDE TO THE ENTRIES

❶ 가깝다 ❷ /가깝따/ ❸ ga·kkap·da ❹ ㅂ IRREGULAR

❺

		Present	Past	Future / Presumption
Declarative	I	가까워, 가깝지	가까웠어, 가까웠지	가깝겠어, 가깝겠지, 가까울 거야
	II	가까워요, 가깝죠	가까웠어요, 가까웠죠	가깝겠어요, 가깝겠죠, 가까울 거예요
	III	가깝다	가까웠다	가깝겠다, 가까울 거다
	IV	가깝습니다	가까웠습니다	가깝겠습니다, 가까울 겁니다
Interrogative	I	가까워?, 가깝지?	가까웠어?, 가까웠지?	가깝겠어?, 가까울까?
	II	가까워요?, 가깝죠?	가까웠어요?, 가까웠죠?	가깝겠어요?, 가까울까요?
	III	가깝니?, 가까우냐?/가깝냐?	가까웠니?, 가까웠냐?	가깝겠니?, 가깝겠냐?
	IV	가깝습니까?	가까웠습니까?	가깝겠습니까?
Adnominal		가까운	가까운	가까울

* I: Intimate / II: Polite / III: Plain / IV: Deferential

Conjunctive	and	가깝고, 가까우며	**Conj.**	not	가깝지 (않다)
	or	가깝거나, 가깝든(지)		adv.	가깝게, 가까이
	but	가깝지만, 가까우나, 가까운데	**Quot.**	decl.	가깝다고
	so	가까워(서), 가까우니(까), 가까우므로		inter.	가까우냐고/가깝냐고
	if	가까우면	**Nominal**		가까움, 가깝기
	though	가까워도	**Subject Honorific**		가까우시다
	as (if)	가깝듯(이)	**Causative**		가깝게 하다

* Conj.: Conjunctive / Quot.: Quotative / adv.: adverbial / decl.: declarative / inter.: interrogative

❻ ❼ ❽

1 close, near (*ant.* 멀다) P -에(서) | -와/과 N 곳, 위치, 자리, 장소, 지역 | 거기, 여기 | 거리 | 병원, 사무실, 지하철역, 직장, 회사 | 미래, 시간, 시일, 장래

❾ ▸ 여기에서 가까운 곳에 서점이 있나요? *Is there a bookstore near here?*
　▸ 가까운 시일 내에 한번 댁으로 찾아가겠습니다. *I'll come by your house soon.*

2 close, intimate (*syn.* 친하다 *ant.* 멀다) P -와/과 N 사이 | 동료, 동생, 선배, 친구, 후배 | 집안 V 지내다
　▸ 저는 사촌들하고 아주 가깝게 지내요. *I'm very close to my cousins.*
　▸ 가까운 친구 중에 의사가 있어요. *One of my close friends is a doctor.*

3 close to, near P -에 N 사실 | 완벽 | 절반 | 울음 | 기적
　▸ 우리의 승리는 기적에 가까웠다. *Our triumph was almost a miracle.*
　▸ 그녀의 음정은 완벽에 가까웠다. *Her pitch was nearly perfect.*

❶ headword

The dictionary form of an adjective, which ends in 다, is presented as the headword.

❷ pronunciation

❸ romanization

This book follows the official Korean language romanization system proclaimed by the Ministry of Culture and Tourism of the Republic of Korea in 2000.

❹ adjective class

- REGULAR
- 하 REGULAR
- ㄹ REGULAR
- ㅂ IRREGULAR
- ㅅ IRREGULAR
- ㅎ IRREGULAR
- 르 IRREGULAR
- etc.

❺ conjugation table

- Declarative
- Interrogative
- (*Imperative)
- Adnominal
- Conjunctive
- Quotative

- Nominal
- Subject Honorific
- Causative

*In the prescriptive grammar, the imperative of adjectives is considered to be incorrect. However, in real colloquial speech, some adjectives are often used in the imperative without damage to the natural feeling of expression. Among them are 건강하다, 행복하다, 솔직하다, and so on.

❻ sense

❼ related words

- ant.:antonyms
- ff.: full form
- sf.: short form
- syn.: synonyms

❽ collocates

- **ADJ**: adjectives
- **ADV**: adverbs
- **F**: conjugated forms
- **N**: nouns
- **P**: particles or endings
- **V**: verbs
- **|**: delimiter of groups of collocates

❾ example sentences

GUIDE TO CONJUGATION OF ADJECTIVES

1. What Is Conjugation?

The dictionary form of all Korean verbs/adjectives ends with 다 such as 가다 'to go', 적다 'to write', 싸다 'cheap', and 검다 'black'. The part that precedes the word-final 다—가, 적, 싸, and 검—is called a **stem**. The stem is constant in its shape, and various suffixes can be attached to it. The suffix added to the stem of a verb is called an **ending**. **Conjugation** refers to the way a stem and one or more endings combine to create a different form.

2. ㄹ Adjectives and 하 Adjectives

Most adjectives follow regular conjugation rules. There are two types of adjectives which need your attention— **ㄹ adjectives** and **하 adjectives. ㄹ adjectives** are those whose stem ends with ㄹ, for example, 멀다 'distant', 길다 'long', and 달다 'sweet'; **하 adjectives**, which account for a large portion of Korean adjectives, are those whose stem ends with 하, for example, 행복하다 'happy', 건강하다 'healthy', and 다정하다 'kind'. Those two groups of adjectives follow the regular conjugation rules, but they sometimes behave differently than other adjectives.

✓ Some notes on notation

Adj.	Adjective
S	Stem. e.g., 싸 in 싸다 'cheap'
e	Ending. e.g., 싸면 in 싸면 'if (it's) cheap'
Sㄹ	Stem ending in ㄹ. e.g., 멀 in 멀다 'distant'
Sㄹ̶	Deletion of the stem-final ㄹ
Sv	Stem ending in a vowel. e.g., 싸 in 싸다 'cheap'
Sc	Stem ending in a consonant. e.g., 멀 in 멀다 'distant'

$S_{\downarrow/\perp}$ Stem ending in a syllable with ㅏ, ㅑ or ㅗ . e.g., 싸 in <u>싸</u>다 'cheap', 얇 in <u>얇</u>다 'think', 곱 in <u>곱</u>다 'soft, nice'

$S_{\downarrow/\perp}$ Stem ending in a syllable with a vowel other than ㅏ, ㅑ and ㅗ . e.g., 멀 in <u>멀</u>다 'distant', 붉 in <u>붉</u>다 'red'

$S_{하}$ Stem ending in 하 e.g., 행복하 in 행복하다 'happy'

3. Conjugation of Regular Adjectives

e class #1. S + e

Endings beginning with ㄱ, ㅈ, or ㄷ combine directly with the stem of the adjective. Among them are -고 'and', -거나 'or', -기 (nominalizer), -겠- (future), -지 (nominalizer), -지만 'but', -듯(이) 'as if', -든(지) 'or'.

e.g.

Adj. \ e	-고 'and'	-지만 'but'	-듯이 'as if'
싸다 'cheap'	싸 + 고 → 싸고	싸 + 지만→ 싸지만	싸 + 듯이 → 싸듯이
멀다 'distant'	멀 + 고→ 멀고	멀 + 지만 → 멀지만	멀 + 듯이 → 멀듯이
검다 'black'	검 + 고 → 검고	검 + 지만 → 검지만	검 + 듯이 → 검듯이

e class #2.

   (i)   S + e

   (ii) $S_ㄹ$ + e

When endings like -니? (interrogative), -냐? (interrogative)*, -냐고 (quotative)* are attached to the stem of ㄹ adjectives, the stem-final ㄹ is deleted. For all other adjectives, they combine directly with the stem of the adjective. The majority of the endings beginning with a syllable-initial ㄴ go for this class.

* Some dictionaries prescribe that the vowel 으 must be present when the interrogative -냐 and quotative -냐고 are attached to the stem ending with a consonant but ㄹ. However, people often tend to suppress the 으 in real speech, and they even think of it as more natural than the one with 으.

e.g.

e Adj.	-니? (interrogative)	-냐? (interrogative)
싸다 'cheap'	싸 + 니? → 싸니?	싸 + 냐? → 싸냐?
멀다 'distant'	머ㄹ + 니? → 머니?	머ㄹ + 냐? → 머냐?
검다 'black'	검 + 니? → 검니?	검 + 냐? → 검냐? OR 검 + 으냐? → 검으냐?

e class #3.

    (i)   Sv + e

    (ii) S ㄹ + e

    (iii) Sc + 으 + e

Endings beginning with ㅁ or syllable-initial ㄹ are directly attached to the stem which ends with a vowel or ㄹ. When they are attached to the stem which ends with a consonant other than ㄹ, by contrast, the vowel 으 intervenes between the stem and the ending to facilitate the pronunciation. -(으)면 'if', and -(으)ㅁ (nominalizer) follow this rule.

e.g.

Adj. \ e	-(으)ㅁ (nominalizer)	-(으)면 'if'
싸다 'cheap'	싸 + ㅁ → 쌈	싸 + 면 → 싸면
멀다 'distant'	멀 + ㅁ → 멂	멀 + 면 → 멀면
검다 'black'	검 + **으** + ㅁ → 검음	검 + **으** + 면 → 검으면

e class #4.

   (i)   Sv + e

   (ii)   S$_ㄹ$ + e

   (iii)   Sc + **으/스/느**+ e

Class 4 endings are directly attached to the stem which ends in a vowel, but when they combine with ㄹ adjectives, the stem-final ㄹ is dropped. And when they are attached to the stem ending with a consonant other than ㄹ, either of the vowels 으, 느, and 스 is inserted between the stem and the ending. Endings beginning with ㄹ/ㅂ/ㄴ which comes at the syllable-final position or ㅅ follow this rule. They include -(으)ㄹ (adnominal), -(스)ㅂ니다 (declarative), -(스)ㅂ니까? (interrogative), -(으/느)ㄴ* (adnominal), -(으)세요 (imperative), and -(으)시- (subject honorific). As exceptions, -(으)니(까) 'so, therefore' and -(으)나 'but' belong to this class, although they begin with syllable-initial ㄴ.

* All and only adjectives which end with 있다 or 없다 take -는 form as their present adnominal. Otherwise, -(으)ㄴ is employed.

e.g.

e Adj.	-(으)ㄹ (adnominal)	-(스)ㅂ니다 (declarative)
싸다 'cheap'	싸 + ㄹ → 쌀	싸 + ㅂ니다 → 쌉니다
멀다 'distant'	머**ㄹ** + ㄹ → 멀	머**ㄹ** + ㅂ니다 → 멉니다
검다 'black'	검 + **으** + ㄹ → 검을	검 + **스** + ㅂ니다 → 검습니다
있다 'present'	있 + **으** + ㄹ → 있을	있 + **스** + ㅂ니다 → 있습니다

e Adj.	-(으/느)ㄴ (adnominal)	-(으)시- (subject honorific)
싸다 'cheap'	싸 + ㄴ→ 싼	싸 + 시 → 싸시-
멀다 'distant'	머**ㄹ** + ㄴ→ 먼	머**ㄹ** + 시 → 머시-
검다 'black'	검 + **으** + ㄴ→ 검은	검 + **으** + 시 → 검으시-
있다 'present'	있 + **느** + ㄴ → 있는	있 + **으** + 시 → 있으시-

e class #5.

    (i) $S_{ㅏ/ㅗ}$ + e (-**아**)

    (ii) $S_{ㅓ/ㅜ}$ + e (-**어**)

    (iii) $S_하$ + e (-**여**)

Class 5 endings have three different forms depending on the stem they are attached to. If the stem ends in a syllable with ㅏ or ㅗ, the 아 form is attached to it; if the stem ends in a syllable with other vowels, the 어 form is attached to it; the 하 adjectives take the 여 form and it overrides the prior rules. -아/어/여 (declarative), -아요/어요/여요 (declarative), -았어요/었어요/였어요, and -아서/어서/여서 'so, therefore' belong to class #5.

e.g.

Adj. ＼ e	-아요/어요/여요 (declarative)	-아서/어서/여서 'so, therefore'
싸다 'cheap'	싸 + 아요 → 싸요	싸 + 아서 → 싸서
검다 'black'	검 + 어요→ 검어요	검 + 어서→ 검어서
행복하다 'happy'	행복하 + 여요 → 행복해요	행복하 + 여서 → 행복해서

싸 + 아 and 하 + 여 become 가 and 해 respectively, according to the rules of vowel contraction. The exhaustive list of vowel contraction is shown below.

✓**Rules of Vowel Contraction**

Rule	Example	
	Adj.	Vowel Contraction
ㅏ + ㅏ → ㅏ	싸다 'cheap'	싸 + 아 → 싸
ㅓ + ㅓ → ㅓ	–	–
ㅗ + ㅏ → ㅘ	곱다 'soft, nice'	고ㅂ오 + 아 → 고와
ㅜ + ㅓ → ㅝ	춥다 'cold'	추ㅂ우 + 어 → 추워
ㅡ + ㅓ → ㅓ	크다 'big'	크 + 어 → 커
ㅣ + ㅓ → ㅕ	흐리다 'cloudy; dim'	흐리 + 어 → 흐려
ㅐ + ㅓ → ㅐ	–	–
ㅔ + ㅓ → ㅔ	세다 'strong'	세 + 어 → 세
ㅚ + ㅓ → ㅙ	안되다 'sorry'	안되 + 어 → 안돼
하 + ㅕ → 해	행복하다 'happy'	행복하 + 여 → 행복해

4. Conjugation of Irregular Adjectives

4.1. ㅅ irregular adjectives

ㅅ irregular adjectives are those whose stem ends with ㅅ. They lose their ㅅ before endings beginning with a vowel.

e.g.

Adj. ＼ e	#3. -(으)면 'if'	#4. -(으)니까 'so, therefore'	#5. -아요/어요 (declarative)
낫다 'better'	나ㅊ + 으면 → 나으면	나ㅊ + 으니까 → 나으니까	나ㅊ + 아요 → 나아요

4.2. ㅂ irregular adjectives

ㅂ irregular adjectives are those whose stem ends with ㅂ. The ㅂ becomes *w* before endings beginning with a vowel. Note that *w* and 으 merge to form 우.

e.g.

Adj. ＼ e	#3. -(으)면 'if'	#4. -(으)니까 'so, therefore'	#5. -아요/어요 (declarative)
곱다 'soft, nice'	고ㅂ*w* + 으면 → 고우면	고ㅂ*w* + 으니까 → 고우니까	고ㅂ*w* + 아요→ 고와요
덥다 'hot, warm'	더ㅂ*w* + 으면 → 더우면	더ㅂ*w* + 으니까 → 더우니까	더ㅂ*w* + 어요 → 더워요

The following adjectives have stems ending in ㅂ, but they follow the regular conjugation rules.

넓다 'large', 좁다 'narrow', 수줍다 'shy'

4.3. 르 irregular adjectives

르 irregular adjectives are those whose stem ends with 르. The stem-final 르 becomes ㄹㄹ before an ending beginning with 아 or 어.

e.g.

Adj.	#5. -아요/어요 (declarative)	#5. -았어요/었어요(past)
다르다 'different'	다르ㄹㄹ + 아요 → 달라요	다르ㄹㄹ + 았어요 → 달랐어요
서투르다 'poor, bad'	서투르ㄹㄹ + 어요 → 서툴러요	서투르ㄹㄹ + 었어요 → 서툴렀어요

Other 르 adjectives are shown below.

게으르다 'lazy', 고르다 'even', 그르다 'wrong', 남다르다 'extraordinary', 바르다 'straight', 별다르다 'unique', 부르다 'full', 빠르다 'fast', 색다르다 'special', 올바르다 'right', 이르다 'early'

Note that 푸르다 'blue, azure' belongs to a 러 irregular type of adjective, though its stem ends with 르.

4.4. 러 irregular adjectives

Only a few adjectives ending in 르 do not join the group of 르 adjectives. Instead, when they meet with an ending beginning with 어, they force the 어 to turn into 러.

e.g.

Adj.	#5. -아요/어요 (declarative)	#5. -았어요/었어요 (past)
푸르다 'blue, azure'	푸르 + **러어**요 → 달라요	푸르 + **렀었**어요 → 푸르렀어요

4.5. ㅎ irregular adjectives

ㅎ irregular adjectives are those whose stem ends with ㅎ. When they combine with an ending beginning with a vowel, both the stem-final ㅎ and the vowel are dropped. Note that a vowel ㅣ is added to the stem when an ending beginning with 아 or 어 is attached to the stem of the ㅎ adjectives.

e.g.

Adj. / e	#3. -(으)면 'if'	#4. -(으)니까 'so, therefore'	#5. -아요/어요 (declarative)
하얗다 'white'	하야ㅎ + 으면 → 하야면	하야ㅎ + 으니까 → 하야니까	하야ㅣㅎ + 아요→ 하얘요
시커멓다 'black, dark'	시커머ㅎ + 으면 → 시커머면	시커머ㅎ + 으니까 → 시커머니까	시커머ㅣㅎ + 어요 → 시커메요

Other ㅎ irregular adjectives are as follows:

그렇다 'so, true', 까맣다 'black', 노랗다 'yellow', 동그랗다 'round', 빨갛다 'red', 아무렇다 'concerned, meaningful', 어떻다 'how, like what', 이렇다 'like this', 저렇다 'like that', 조그맣다 'small, tiny', 커다랗다 'big, huge', 파랗다 'blue'

The following adjectives have stems ending in ㅎ, but they follow regular conjugation rules.

사이좋다 'on good terms', 좋다 'good'

Adjectives whose stem ends with ㄶ or ㅀ follow regular conjugation rules.

괜찮다 'fine', 귀찮다 'annoyed', 많다 'many, much', 머지않다 'soon', 못지않다 'not inferior', 수많다 'numerous', 싫다 'hateful', 옳다 'right', 점잖다 'gentle', 하찮다 'trivial'

CONTENS

500 Basic Korean Adjectives

가깝다 /가깝따/ ga·kkap·da

		Present	Past	Future / Presumption
Declarative	I	가까워, 가깝지	가까웠어, 가까웠지	가깝겠어, 가깝겠지, 가까울 거야
	II	가까워요, 가깝죠	가까웠어요, 가까웠죠	가깝겠어요, 가깝겠죠, 가까울 거예요
	III	가깝다	가까웠다	가깝겠다, 가까울 거다
	IV	가깝습니다	가까웠습니다	가깝겠습니다, 가까울 겁니다
Interrogative	I	가까워?, 가깝지?	가까웠어?, 가까웠지?	가깝겠어?, 가까울까?
	II	가까워요?, 가깝죠?	가까웠어요?, 가까웠죠?	가깝겠어요?, 가까울까요?
	III	가깝니?, 가까우냐?/ 가깝냐?	가까웠니?, 가까웠냐?	가깝겠니?, 가깝겠냐?
	IV	가깝습니까?	가까웠습니까?	가깝겠습니까?
Adnominal		가까운	가까운	가까울

* I: Intimate / II: Polite / III: Plain / IV: Deferential

Conjunctive	and	가깝고, 가까우며	**Conj.**	not	가깝지 (않다)
	or	가깝거나, 가깝든(지)		adv.	가깝게, 가까이
	but	가깝지만, 가까우나, 가까운데	**Quot.**	decl.	가깝다고
	so	가까워(서), 가까우니(까), 가까우므로		inter.	가까우냐고/가깝냐고
	if	가까우면		Nominal	가까움, 가깝기
	though	가까워도		Subject Honorific	가까우시다
	as (if)	가깝듯(이)		Causative	가깝게 하다

* Conj.: Conjunctive / Quot.: Quotative / adv.: adverbial / decl.: declarative / inter.: interrogative

1 close, near (*ant.* 멀다) P -에(서) | -와/과 N 곳, 위치, 자리, 장소, 지역 | 거기, 여기 | 거리 | 병원, 사무실, 지하철역, 직장, 회사 | 미래, 시간, 시일, 장래
▶ 여기에서 가까운 곳에 서점이 있나요? *Is there a bookstore near here?*
▶ 가까운 시일 내에 한번 댁으로 찾아가겠습니다. *I'll come by your house soon.*

2 close, intimate (*syn.* 친하다 *ant.* 멀다) P -와/과 N 사이 | 동료, 동생, 선배, 친구, 후배 | 집안 V 지내다
▶ 저는 사촌들하고 아주 가깝게 지내요. *I'm very close to my cousins.*
▶ 가까운 친구 중에 의사가 있어요. *One of my close friends is a doctor.*

3 close to, near P -에 N 사실 | 완벽 | 절반 | 울음 | 기적
▶ 우리의 승리는 기적에 가까웠다. *Our triumph was almost a miracle.*
▶ 그녀의 음정은 완벽에 가까웠다. *Her pitch was nearly perfect.*

		Present	Past	Future / Presumption
Declarative	I	가난해, 가난하지	가난했어, 가난했지	가난하겠어, 가난하겠지, 가난할 거야
	II	가난해요, 가난하죠	가난했어요, 가난했죠	가난하겠어요, 가난하겠죠, 가난할 거예요
	III	가난하다	가난했다	가난하겠다, 가난할 거다
	IV	가난합니다	가난했습니다	가난하겠습니다, 가난할 겁니다
Interrogative	I	가난해?, 가난하지?	가난했어?, 가난했지?	가난하겠어?, 가난할까?
	II	가난해요?, 가난하죠?	가난했어요?, 가난했죠?	가난하겠어요?, 가난할까요?
	III	가난하니?, 가난하냐?	가난했니?, 가난했냐?	가난하겠니?, 가난하겠냐?
	IV	가난합니까?	가난했습니까?	가난하겠습니까?
Adnominal		가난한	가난한	가난할

* I: Intimate / II: Polite / III: Plain / IV: Deferential

Conjunctive	and	가난하고, 가난하며	Conj.	not	가난하지 (않다)
	or	가난하거나, 가난하든(지)		adv.	가난하게
	but	가난하지만, 가난하나, 가난한데	Quot.	decl.	가난하다고
	so	가난해(서), 가난하니(까), 가난하므로		inter.	가난하냐고
	if	가난하면		Nominal	가난함, 가난하기
	though	가난해도		Subject Honorific	가난하시다
	as (if)	가난하듯(이)		Causative	가난하게 하다

* Conj.: Conjunctive / Quot.: Quotative / adv.: adverbial / decl.: declarative / inter.: interrogative

poor, needy (*ant.* 부유하다) **ADV** 너무, 매우, 몹시, 무척 | 비록, 아무리 | 찢어지게 **N** 농민, 백성, 사람, 자 | 살림, 집, 집안 | 생활 **V** 살다 | 자라다 | 태어나다

▸ 저는 찢어지게 가난한 집에서 태어났어요. *I was born into a poverty-stricken family.*

▸ 그는 너무 가난해서 초등학교도 마치지 못했다. *He was too poor to finish elementary school.*

▸ 그녀는 지난 10년 동안 가난한 사람들을 도와왔다. *She has helped the poor for the past ten years.*

가늘다 ga·neul·da

		Present	Past	Future / Presumption
Declarative	I	가늘어, 가늘지	가늘었어, 가늘었지	가늘겠어, 가늘겠지, 가늘 거야
	II	가늘어요, 가늘죠	가늘었어요, 가늘었죠	가늘겠어요, 가늘겠죠, 가늘 거예요
	III	가늘다	가늘었다	가늘겠다, 가늘 거다
	IV	가늡니다	가늘었습니다	가늘겠습니다, 가늘 겁니다
Interrogative	I	가늘어?, 가늘지?	가늘었어?, 가늘었지?	가늘겠어?, 가늘까?
	II	가늘어요?, 가늘죠?	가늘었어요?, 가늘었죠?	가늘겠어요?, 가늘까요?
	III	가느니?, 가느냐?	가늘었니?, 가늘었냐?	가늘겠니?, 가늘겠냐?
	IV	가늡니까?	가늘었습니까?	가늘겠습니까?
Adnominal		가는	가는	가늘

* I: Intimate / II: Polite / III: Plain / IV: Deferential

Conjunctive	and	가늘고, 가늘며	Conj.	not	가늘지 (않다)
	or	가늘거나, 가늘든(지)		adv.	가늘게
	but	가늘지만, 가느나, 가는데	Quot.	decl.	가늘다고
	so	가늘어(서), 가느니(까), 가늘므로		inter.	가느냐고
	if	가늘면		Nominal	가늚, 가늘기
	though	가늘어도		Subject Honorific	가느시다
	as (if)	가늘듯(이)		Causative	가늘게 하다

* Conj.: Conjunctive / Quot.: Quotative / adv.: adverbial / decl.: declarative / inter.: interrogative

thin, slender, fine (*ant.* 굵다) N 머리카락, 손가락, 손목, 허리 | 빗줄기 | 실, 철사

▸ 대부분의 패션 모델들은 놀라울 정도로 허리가 가늘다. *Most fashion models have surprisingly slim waists.*

▸ 좀 더 가는 실 없어? *Do you have a thinner thread?*

		Present	Past	Future / Presumption
Declarative	I	가능해, 가능하지	가능했어, 가능했지	가능하겠어, 가능하겠지, 가능할 거야
	II	가능해요, 가능하죠	가능했어요, 가능했죠	가능하겠어요, 가능하겠죠, 가능할 거예요
	III	가능하다	가능했다	가능하겠다, 가능할 거다
	IV	가능합니다	가능했습니다	가능하겠습니다, 가능할 겁니다
Interrogative	I	가능해?, 가능하지?	가능했어?, 가능했지?	가능하겠어?, 가능할까?
	II	가능해요?, 가능하죠?	가능했어요?, 가능했죠?	가능하겠어요?, 가능할까요?
	III	가능하니?, 가능하냐?	가능했니?, 가능했냐?	가능하겠니?, 가능하겠냐?
	IV	가능합니까?	가능했습니까?	가능하겠습니까?
Adnominal		가능한	가능한	가능할

* I: Intimate / II: Polite / III: Plain / IV: Deferential

Conjunctive	and	가능하고, 가능하며	Conj.	not	가능하지 (않다)
	or	가능하거나, 가능하든(지)		adv.	가능하게
	but	가능하지만, 가능하나, 가능한데	Quot.	decl.	가능하다고
	so	가능해(서), 가능하니(까), 가능하므로		inter.	가능하냐고
	if	가능하면	Nominal		가능함, 가능하기
	though	가능해도	Subject Honorific		가능하시다
	as (if)	가능하듯(이)	Causative		가능하게 하다

* Conj.: Conjunctive / Quot.: Quotative / adv.: adverbial / decl.: declarative / inter.: interrogative

possible, available, feasible (*ant.* 불가능하다) **ADV** 충분히 **N** 한 | 일 | 목표 | 생 각 | 얘기

▸ 가능한 한 빨리 좀 와 줘. *Please come as soon as possible.*
▸ 이 계획은 충분히 실현 가능합니다. *This plan is quite practicable.*

가득하다 /가드카다/ ga·deu·ka·da

		Present	Past	Future / Presumption
Declarative	I	가득해, 가득하지	가득했어, 가득했지	가득하겠어, 가득하겠지, 가득할 거야
	II	가득해요, 가득하죠	가득했어요, 가득했죠	가득하겠어요, 가득하겠죠, 가득할 거예요
	III	가득하다	가득했다	가득하겠다, 가득할 거다
	IV	가득합니다	가득했습니다	가득하겠습니다, 가득할 겁니다
Interrogative	I	가득해?, 가득하지?	가득했어?, 가득했지?	가득하겠어?, 가득할까?
	II	가득해요?, 가득하죠?	가득했어요?, 가득했죠?	가득하겠어요?, 가득할까요?
	III	가득하니?, 가득하냐?	가득했니?, 가득했냐?	가득하겠니?, 가득하겠냐?
	IV	가득합니까?	가득했습니까?	가득하겠습니까?
Adnominal		가득한	가득한	가득할

* I: Intimate / II: Polite / III: Plain / IV: Deferential

Conjunctive	and	가득하고, 가득하며	Conj.	not	가득하지 (않다)
	or	가득하거나, 가득하든(지)		adv.	가득하게, 가득(히)
	but	가득하지만, 가득하나, 가득한데	Quot.	decl.	가득하다고
	so	가득해(서), 가득하니(까), 가득하므로		inter.	가득하냐고
	if	가득하면	Nominal		가득함, 가득하기
	though	가득해도	Subject Honorific		가득하시다
	as (if)	가득하듯(이)	Causative		가득하게 하다

* Conj.: Conjunctive / Quot.: Quotative / adv.: adverbial / decl.: declarative / inter.: interrogative

full, packed P -(으)로 N 미소 | 물건, 책 | 물 V 차다 | 넣다, 담다, 메우다, 싣다, 채우다 | 따르다
- 서랍이 이런저런 물건들로 가득해요. *The drawer is full of odds and ends.*
- 아이들의 얼굴에는 행복한 미소가 가득했다. *The kids were full of happy smiles.*
- 가득 넣어 주세요. *Fill it up, please.*

		Present	Past	Future / Presumption
Declarative	I	가려워, 가렵지	가려웠어, 가려웠지	가렵겠어, 가렵겠지, 가려울 거야
	II	가려워요, 가렵죠	가려웠어요, 가려웠죠	가렵겠어요, 가렵겠죠, 가려울 거예요
	III	가렵다	가려웠다	가렵겠다, 가려울 거다
	IV	가렵습니다	가려웠습니다	가렵겠습니다, 가려울 겁니다
Interrogative	I	가려워?, 가렵지?	가려웠어?, 가려웠지?	가렵겠어?, 가려울까?
	II	가려워요?, 가렵죠?	가려웠어요?, 가려웠죠?	가렵겠어요?, 가려울까요?
	III	가렵니?, 가려우냐?/가렵냐?	가려웠니?, 가려웠냐?	가렵겠니?, 가렵겠냐?
	IV	가렵습니까?	가려웠습니까?	가렵겠습니까?
Adnominal		가려운	가려운	가려울

* I: Intimate / II: Polite / III: Plain / IV: Deferential

Conjunctive	and	가렵고, 가려우며	**Conj.**	not	가렵지 (않다)
	or	가렵거나, 가렵든(지)		adv.	가렵게
	but	가렵지만, 가려우나, 가려운데	**Quot.**	decl.	가렵다고
	so	가려워(서), 가려우니(까), 가려우므로		inter.	가려우냐고/가렵냐고
	if	가려우면	Nominal		가려움, 가렵기
	though	가려워도	Subject Honorific		가려우시다
	as (if)	가렵듯(이)	Causative		가렵게 하다

* Conj.: Conjunctive / Quot.: Quotative / adv.: adverbial / decl.: declarative / inter.: interrogative

itchy (*syn.* 간지럽다) **ADV** 너무, 몹시 **N** 느낌 | 눈, 다리, 등, 온몸 | 데 **V** 긁다

▸ 등이 너무 가려워. 좀 긁어 줘. *My back feels so itchy. Can you scratch it?*

▸ 가려운 데를 긁지 마세요. *Don't scratch an itchy spot.*

가볍다 /가볍따/ ga·byeop·da

		Present	Past	Future / Presumption
Declarative	I	가벼워, 가볍지	가벼웠어, 가벼웠지	가볍겠어, 가볍겠지, 가벼울 거야
	II	가벼워요, 가볍죠	가벼웠어요, 가벼웠죠	가볍겠어요, 가볍겠죠, 가벼울 거예요
	III	가볍다	가벼웠다	가볍겠다, 가벼울 거다
	IV	가볍습니다	가벼웠습니다	가볍겠습니다, 가벼울 겁니다
Interrogative	I	가벼워?, 가볍지?	가벼웠어?, 가벼웠지?	가볍겠어?, 가벼울까?
	II	가벼워요?, 가볍죠?	가벼웠어요?, 가벼웠죠?	가볍겠어요?, 가벼울까요?
	III	가볍니?, 가벼우냐?/가볍냐?	가벼웠니?, 가벼웠냐?	가볍겠니?, 가볍겠냐?
	IV	가볍습니까?	가벼웠습니까?	가볍겠습니까?
Adnominal		가벼운	가벼운	가벼울

* I: Intimate / II: Polite / III: Plain / IV: Deferential

Conjunctive	and	가볍고, 가벼우며	**Conj.**	not	가볍지 (않다)
	or	가볍거나, 가볍든(지)		adv.	가볍게, 가벼이
	but	가볍지만, 가벼우나, 가벼운데	**Quot.**	decl.	가볍다고
	so	가벼워(서), 가벼우니(까), 가벼우므로		inter.	가벼우냐고/가볍냐고
	if	가벼우면		Nominal	가벼움, 가볍기
	though	가벼워도		Subject Honorific	가벼우시다
	as (if)	가볍듯(이)		Causative	가볍게 하다

* Conj.: Conjunctive / Quot.: Quotative / adv.: adverbial / decl.: declarative / inter.: interrogative

light, slight (*ant.* 무겁다) **ADV** 비교적, 약간, 좀 | 아주, 한결 **N** 식사, 아침, 저녁 | 기분, 마음, 생각 | 감기, 두통, 병, 부상, 상처 | 무게, 체중 | 운동 | 인사 | (처)벌 | 농담 | 몸놀림, 발걸음 | 사람 | 옷차림 **V** 먹다 | 들다 | 누르다, 헤치우다

▶ 헬륨은 공기보다 가볍다. *Helium is lighter than air.*
▶ 저는 보통 저녁을 가볍게 먹어요. *I usually have a light dinner.*
▶ 가벼운 상처가 아닌 것 같아요. *I don't think this is a minor injury.*

		Present	Past	Future / Presumption
Declarative	I	가혹해, 가혹하지	가혹했어, 가혹했지	가혹하겠어, 가혹하겠지, 가혹할 거야
	II	가혹해요, 가혹하죠	가혹했어요, 가혹했죠	가혹하겠어요, 가혹하겠죠, 가혹할 거예요
	III	가혹하다	가혹했다	가혹하겠다, 가혹할 거다
	IV	가혹합니다	가혹했습니다	가혹하겠습니다, 가혹할 겁니다
Interrogative	I	가혹해?, 가혹하지?	가혹했어?, 가혹했지?	가혹하겠어?, 가혹할까?
	II	가혹해요?, 가혹하죠?	가혹했어요?, 가혹했죠?	가혹하겠어요?, 가혹할까요?
	III	가혹하니?, 가혹하냐?	가혹했니?, 가혹했냐?	가혹하겠니?, 가혹하겠냐?
	IV	가혹합니까?	가혹했습니까?	가혹하겠습니까?
Adnominal		가혹한	가혹한	가혹할

* I: Intimate / II: Polite / III: Plain / IV: Deferential

Conjunctive	and	가혹하고, 가혹하며	Conj.	not	가혹하지 (않다)
	or	가혹하거나, 가혹하든(지)		adv.	가혹하게
	but	가혹하지만, 가혹하나, 가혹한데	Quot.	decl.	가혹하다고
	so	가혹해(서), 가혹하니(까), 가혹하므로		inter.	가혹하냐고
	if	가혹하면		Nominal	가혹함, 가혹하기
	though	가혹해도		Subject Honorific	가혹하시다
	as (if)	가혹하듯(이)		Causative	가혹하게 하다

* Conj.: Conjunctive / Quot.: Quotative / adv.: adverbial / decl.: declarative / inter.: interrogative

severe, harsh (*syn.* 혹독하다 *ant.* 관대하다) P -에게 ADV 너무 N 행위 | 벌, 처벌 | 현실 V 굴다, 대하다 | 다루다

▸ 저는 그 벌이 너무 가혹하다고 생각해요. *I think the punishment is too harsh.*

▸ 그 코치는 선수들에게 가혹하게 대하는 걸로 악명 높았다. *The coach was notorious for treating athletes harshly.*

		Present	Past	Future / Presumption
Declarative	I	간단해, 간단하지	간단했어, 간단했지	간단하겠어, 간단하겠지, 간단할 거야
	II	간단해요, 간단하죠	간단했어요, 간단했죠	간단하겠어요, 간단하겠죠, 간단할 거예요
	III	간단하다	간단했다	간단하겠다, 간단할 거다
	IV	간단합니다	간단했습니다	간단하겠습니다, 간단할 겁니다
Interrogative	I	간단해?, 간단하지?	간단했어?, 간단했지?	간단하겠어?, 간단할까?
	II	간단해요?, 간단하죠?	간단했어요?, 간단했죠?	간단하겠어요?, 간단할까요?
	III	간단하니?, 간단하냐?	간단했니?, 간단했냐?	간단하겠니?, 간단하겠냐?
	IV	간단합니까?	간단했습니까?	간단하겠습니까?
Adnominal		간단한	간단한	간단할

* I: Intimate / II: Polite / III: Plain / IV: Deferential

Conjunctive	and	간단하고, 간단하며	**Conj.**	not	간단하지 (않다)
	or	간단하거나, 간단하든(지)		adv.	간단하게, 간단히
	but	간단하지만, 간단하나, 간단한데	**Quot.**	decl.	간단하다고
	so	간단해(서), 간단하니(까), 간단하므로		inter.	간단하냐고
	if	간단하면	Nominal		간단함, 간단하기
	though	간단해도	Subject Honorific		간단하시다
	as (if)	간단하듯(이)	Causative		간단하게 하다

* Conj.: Conjunctive / Quot.: Quotative / adv.: adverbial / decl.: declarative / inter.: interrogative

---

simple, brief (*syn.* 단순하다, 쉽다 *ant.* 복잡하다) **ADV** 꽤, 매우, 아주 | 비교적 **N** 말 | 식사 | 음식 | 요리 | 문제, 일 | 것, 물건, 선물 | 샤워 | 설명 | 수술 | 수리 | 방법 **V** 먹다 | 말하다

▶ 이것은 간단한 문제가 아니다. *This is not a simple matter.*

▶ 간단히 말씀해 주시겠어요? *Can you make it quick?*

		Present	Past	Future / Presumption
Declarative	I	간절해, 간절하지	간절했어, 간절했지	간절하겠어, 간절하겠지, 간절할 거야
	II	간절해요, 간절하죠	간절했어요, 간절했죠	간절하겠어요, 간절하겠죠, 간절할 거예요
	III	간절하다	간절했다	간절하겠다, 간절할 거다
	IV	간절합니다	간절했습니다	간절하겠습니다, 간절할 겁니다
Interrogative	I	간절해?, 간절하지?	간절했어?, 간절했지?	간절하겠어?, 간절할까?
	II	간절해요?, 간절하죠?	간절했어요?, 간절했죠?	간절하겠어요?, 간절할까요?
	III	간절하니?, 간절하냐?	간절했니?, 간절했냐?	간절하겠니?, 간절하겠냐?
	IV	간절합니까?	간절했습니까?	간절하겠습니까?
Adnominal		간절한	간절한	간절할

* I: Intimate / II: Polite / III: Plain / IV: Deferential

Conjunctive	and	간절하고, 간절하며	Conj.	not	간절하지 (않다)
	or	간절하거나, 간절하든(지)		adv.	간절하게, 간절히
	but	간절하지만, 간절하나, 간절한데	Quot.	decl.	간절하다고
	so	간절해(서), 간절하니(까), 간절하므로		inter.	간절하냐고
	if	간절하면		Nominal	간절함, 간절하기
	though	간절해도		Subject Honorific	간절하시다
	as (if)	간절하듯(이)		Causative	간절하게 하다

* Conj.: Conjunctive / Quot.: Quotative / adv.: adverbial / decl.: declarative / inter.: interrogative

desperate, ardent, earnest N 기원, 바람, 소망, 소원, 희망 | 부탁, 호소 | 마음, 생각, 심정 | 사랑 V 바라다 | 부탁하다

▸ 소라의 간절한 부탁을 거절할 수가 없었어요. *I couldn't turn down Sora's earnest request.*

▸ 아들을 보고 싶은 마음이 간절합니다. *I am eager to see my son.*

▸ 부모님은 제가 교사가 되기를 간절히 바라세요. *My parents badly want me to be a teacher.*

간지럽다 /간지럽따/ gan·ji·reop·da

		Present	Past	Future / Presumption
Declarative	I	간지러워, 간지럽지	간지러웠어, 간지러웠지	간지럽겠어, 간지럽겠지, 간지러울 거야
	II	간지러워요, 간지럽죠	간지러웠어요, 간지러웠죠	간지럽겠어요, 간지럽겠죠, 간지러울 거예요
	III	간지럽다	간지러웠다	간지럽겠다, 간지러울 거다
	IV	간지럽습니다	간지러웠습니다	간지럽겠습니다, 간지러울 겁니다
Interrogative	I	간지러워?, 간지럽지?	간지러웠어?, 간지러웠지?	간지럽겠어?, 간지러울까?
	II	간지러워요?, 간지럽죠?	간지러웠어요?, 간지러웠죠?	간지럽겠어요?, 간지러울까요?
	III	간지럽니?, 간지러우냐?/간지럽냐?	간지러웠니?, 간지러웠냐?	간지럽겠니?, 간지럽겠냐?
	IV	간지럽습니까?	간지러웠습니까?	간지럽겠습니까?
Adnominal		간지러운	간지러운	간지러울

* I: Intimate / II: Polite / III: Plain / IV: Deferential

Conjunctive					
	and	간지럽고, 간지러우며	Conj.	not	간지럽지 (않다)
	or	간지럽거나, 간지럽든(지)		adv.	간지럽게
	but	간지럽지만, 간지러우나, 간지러운데	Quot.	decl.	간지럽다고
	so	간지러워(서), 간지러우니(까), 간지러우므로		inter.	간지러우냐고/간지럽냐고
	if	간지러우면		Nominal	간지러움, 간지럽기
	though	간지러워도		Subject Honorific	간지러우시다
	as (if)	간지럽듯(이)		Causative	간지럽게 하다, 간지럽히다, 간질이다

* Conj.: Conjunctive / Quot.: Quotative / adv.: adverbial / decl.: declarative / inter.: interrogative

---

itchy (*syn.* 가렵다) ADV 너무, 몹시 N 곳, 부분 | 눈, 다리, 등, 엉덩이, 온몸 V 긁다 | 미치다, 죽다 | 타다, 태우다

▶ 온몸이 간지러워 미치겠어요. *I itch all over and it drives me crazy.*
▶ 저는 간지럼을 잘 타요. *I'm very ticklish.*

		Present	Past	Future / Presumption
Declarative	I	간편해, 간편하지	간편했어, 간편했지	간편하겠어, 간편하겠지, 간편할 거야
	II	간편해요, 간편하죠	간편했어요, 간편했죠	간편하겠어요, 간편하겠죠, 간편할 거예요
	III	간편하다	간편했다	간편하겠다, 간편할 거다
	IV	간편합니다	간편했습니다	간편하겠습니다, 간편할 겁니다
Interrogative	I	간편해?, 간편하지?	간편했어?, 간편했지?	간편하겠어?, 간편할까?
	II	간편해요?, 간편하죠?	간편했어요?, 간편했죠?	간편하겠어요?, 간편할까요?
	III	간편하니?, 간편하냐?	간편했니?, 간편했냐?	간편하겠니?, 간편하겠냐?
	IV	간편합니까?	간편했습니까?	간편하겠습니까?
Adnominal		간편한	간편한	간편할

* I: Intimate / II: Polite / III: Plain / IV: Deferential

Conjunctive	and	간편하고, 간편하며	Conj.	not	간편하지 (않다)
	or	간편하거나, 간편하든(지)		adv.	간편하게, 간편히
	but	간편하지만, 간편하나, 간편한데	Quot.	decl.	간편하다고
	so	간편해(서), 간편하니(까), 간편하므로		inter.	간편하냐고
	if	간편하면		Nominal	간편함, 간편하기
	though	간편해도		Subject Honorific	간편하시다
	as (if)	간편하듯(이)		Causative	간편하게 하다

* Conj.: Conjunctive / Quot.: Quotative / adv.: adverbial / decl.: declarative / inter.: interrogative

convenient, easy, simple (*syn.* 편리하다, 편하다 *ant.* 불편하다) P -기(에) N (옷) 차림, 옷 | 방법, 절차 | 도구 | 휴대

▶ 전자사전은 휴대가 간편하다. *An electronic dictionary is easy to carry around.*
▶ 활동하기에 간편한 옷을 입으세요. *Wear comfortable clothes you can move around in.*

		Present	Past	Future / Presumption
Declarative	I	감사해, 감사하지	감사했어, 감사했지	감사하겠어, 감사하겠지, 감사할 거야
	II	감사해요, 감사하죠	감사했어요, 감사했죠	감사하겠어요, 감사하겠죠, 감사할 거예요
	III	감사하다	감사했다	감사하겠다, 감사할 거다
	IV	감사합니다	감사했습니다	감사하겠습니다, 감사할 겁니다
Interrogative	I	감사해?, 감사하지?	감사했어?, 감사했지?	감사하겠어?, 감사할까?
	II	감사해요?, 감사하죠?	감사했어요?, 감사했죠?	감사하겠어요?, 감사할까요?
	III	감사하니?, 감사하냐?	감사했니?, 감사했냐?	감사하겠니?, 감사하겠냐?
	IV	감사합니까?	감사했습니까?	감사하겠습니까?
Adnominal		감사한	감사한	감사할

* I: Intimate / II: Polite / III: Plain / IV: Deferential

Conjunctive	and	감사하고, 감사하며	Conj.	not	감사하지 (않다)
	or	감사하거나, 감사하든(지)		adv.	감사하게, 감사히
	but	감사하지만, 감사하나, 감사한데	Quot.	decl.	감사하다고
	so	감사해(서), 감사하니(까), 감사하므로		inter.	감사하냐고
	if	감사하면	Nominal		감사함, 감사하기
	though	감사해도	Subject Honorific		감사하시다
	as (if)	감사하듯(이)	Causative		감사하게 하다

* Conj.: Conjunctive / Quot.: Quotative / adv.: adverbial / decl.: declarative / inter.: interrogative

grateful, thankful (*syn.* 고맙다 *ant.* 미안하다) ADV 깊이, 대단히, 정말(로) N 말씀 | 뜻, 마음 | 인사

▸들어 주셔서 대단히 감사합니다. *Thank you very much for listening.*

▸참석해 주시면 감사하겠습니다. *I'd appreciate it if you could attend.*

		Present	Past	Future / Presumption
Declarative	I	갑작스러워, 갑작스럽지	갑작스러웠어, 갑작스러웠지	갑작스럽겠어, 갑작스럽겠지, 갑작스러울 거야
	II	갑작스러워요, 갑작스럽죠	갑작스러웠어요, 갑작스러웠죠	갑작스럽겠어요, 갑작스럽겠죠, 갑작스러울 거예요
	III	갑작스럽다	갑작스러웠다	갑작스럽겠다, 갑작스러울 거다
	IV	갑작스럽습니다	갑작스러웠습니다	갑작스럽겠습니다, 갑작스러울 겁니다
Interrogative	I	갑작스러워?, 갑작스럽지?	갑작스러웠어?, 갑작스러웠지?	갑작스럽겠어?, 갑작스러울까?
	II	갑작스러워요?, 갑작스럽죠?	갑작스러웠어요?, 갑작스러웠죠?	갑작스럽겠어요?, 갑작스러울까요?
	III	갑작스럽니?, 갑작스러우냐?/갑작스럽냐?	갑작스러웠니?, 갑작스러웠냐?	갑작스럽겠니?, 갑작스럽겠냐?
	IV	갑작스럽습니까?	갑작스러웠습니까?	갑작스럽겠습니까?
Adnominal		갑작스러운	갑작스러운	갑작스러울

* I: Intimate / II: Polite / III: Plain / IV: Deferential

Conjunctive	and	갑작스럽고, 갑작스러우며	Conj.	not	갑작스럽지 (않다)
	or	갑작스럽거나, 갑작스럽든(지)		adv.	갑작스럽게, 갑작스레
	but	갑작스럽지만, 갑작스러우나, 갑작스러운데	Quot.	decl.	갑작스럽다고
	so	갑작스러워(서), 갑작스러우니(까), 갑작스러우므로		inter.	갑작스러우냐고/갑작스럽냐고
	if	갑작스러우면		Nominal	갑작스러움, 갑작스럽기
	though	갑작스러워도		Subject Honorific	갑작스러우시다
	as (if)	갑작스럽듯(이)		Causative	갑작스럽게 하다

* Conj.: Conjunctive / Quot.: Quotative / adv.: adverbial / decl.: declarative / inter.: interrogative

sudden, abrupt (*syn.* 급작스럽다) ADV 너무(나) N 부고, 사망, 죽음 | 일 | 변화 | 질문 | 비, 사건, 사고, 폭우, 화재 | 방문 | 충격 V 나빠지다 | 나타나다, 일어나다 | 내리다 | 돌아가다, 사망하다, 죽다

▶ 그는 사고로 갑작스럽게 사망했다. *He died in an accident suddenly.*

▶ 갑작스러운 질문일지도 모르겠지만, 저 좋아하세요? *This might be an unexpected question, but do you love me?*

값싸다 /값싸다/ gap·ssa·da

		Present	Past	Future / Presumption
Declarative	I	값싸, 값싸지	값쌌어, 값쌌지	값싸겠어, 값싸겠지, 값쌀 거야
	II	값싸요, 값싸죠	값쌌어요, 값쌌죠	값싸겠어요, 값싸겠죠, 값쌀 거예요
	III	값싸다	값쌌다	값싸겠다, 값쌀 거다
	IV	값쌉니다	값쌌습니다	값싸겠습니다, 값쌀 겁니다
Interrogative	I	값싸?, 값싸지?	값쌌어?, 값쌌지?	값싸겠어?, 값쌀까?
	II	값싸요?, 값싸죠?	값쌌어요?, 값쌌죠?	값싸겠어요?, 값쌀까요?
	III	값싸니?, 값싸냐?	값쌌니?, 값쌌냐?	값싸겠니?, 값싸겠냐?
	IV	값쌉니까?	값쌌습니까?	값싸겠습니까?
Adnominal		값싼	값싼	값쌀

* I: Intimate / II: Polite / III: Plain / IV: Deferential

Conjunctive					
	and	값싸고, 값싸며	Conj.	not	값싸지 (않다)
	or	값싸거나, 값싸든(지)		adv.	값싸게
	but	값싸지만, 값싸나, 값싼데	Quot.	decl.	값싸다고
	so	값싸(서), 값싸니(까), 값싸므로		inter.	값싸냐고
	if	값싸면	Nominal		값쌈, 값싸기
	though	값싸도	Subject Honorific		값싸시다
	as (if)	값싸듯(이)	Causative		값싸게 하다

* Conj.: Conjunctive / Quot.: Quotative / adv.: adverbial / decl.: declarative / inter.: interrogative

cheap, inexpensive (*ant.* 값비싸다) ADV 더 N 동정(심) | 노동력, 물건, 상품 | 눈물 | 여행 | 가구, 옷, 화장품 V 사다

▶ 네 값싼 동정 따위는 바라지 않아! *I don't want any of your pity.*

▶ 여기에서는 좋은 물건을 값싸게 살 수 있습니다. *You can buy good things at a cheap price here.*

강력하다 /강녀카다/ gang·nyeo·ka·da

		Present	Past	Future / Presumption
Declarative	I	강력해, 강력하지	강력했어, 강력했지	강력하겠어, 강력하겠지, 강력할 거야
	II	강력해요, 강력하죠	강력했어요, 강력했죠	강력하겠어요, 강력하겠죠, 강력할 거예요
	III	강력하다	강력했다	강력하겠다, 강력할 거다
	IV	강력합니다	강력했습니다	강력하겠습니다, 강력할 겁니다
Interrogative	I	강력해?, 강력하지?	강력했어?, 강력했지?	강력하겠어?, 강력할까?
	II	강력해요?, 강력하죠?	강력했어요?, 강력했죠?	강력하겠어요?, 강력할까요?
	III	강력하니?, 강력하냐?	강력했니?, 강력했냐?	강력하겠니?, 강력하겠냐?
	IV	강력합니까?	강력했습니까?	강력하겠습니까?
Adnominal		강력한	강력한	강력할

* I: Intimate / II: Polite / III: Plain / IV: Deferential

Conjunctive	and	강력하고, 강력하며	Conj.	not	강력하지 (않다)
	or	강력하거나, 강력하든(지)		adv.	강력하게, 강력히
	but	강력하지만, 강력하나, 강력한데	Quot.	decl.	강력하다고
	so	강력해(서), 강력하니(까), 강력하므로		inter.	강력하냐고
	if	강력하면	Nominal		강력함, 강력하기
	though	강력해도	Subject Honorific		강력하시다
	as (if)	강력하듯(이)	Causative		강력하게 하다

* Conj.: Conjunctive / Quot.: Quotative / adv.: adverbial / decl.: declarative / inter.: interrogative

strong, powerful (*ant.* 무력하다) **ADV** 더, 더욱 | 가장, 너무, 매우 **N** 반대, 주장, 지지, 항의 | 공격 | 엔진 | 영향 | 증거 | 대책 **V** 반대하다, 항의하다 | 주장하다 | 요구하다

▶ 그 법안은 국회의 강력한 반대에 부딪혔다. *The bill ran into strong opposition from the National Assembly.*

▶ 그들은 즉각적인 사과를 강력히 요구했다. *They strongly demanded an immediate apology.*

강렬하다 /강녈하다/ gang·nyeol·ha·da

		Present	Past	Future / Presumption
Declarative	I	강렬해, 강렬하지	강렬했어, 강렬했지	강렬하겠어, 강렬하겠지, 강렬할 거야
	II	강렬해요, 강렬하죠	강렬했어요, 강렬했죠	강렬하겠어요, 강렬하겠죠, 강렬할 거예요
	III	강렬하다	강렬했다	강렬하겠다, 강렬할 거다
	IV	강렬합니다	강렬했습니다	강렬하겠습니다, 강렬할 겁니다
Interrogative	I	강렬해?, 강렬하지?	강렬했어?, 강렬했지?	강렬하겠어?, 강렬할까?
	II	강렬해요?, 강렬하죠?	강렬했어요?, 강렬했죠?	강렬하겠어요?, 강렬할까요?
	III	강렬하니?, 강렬하냐?	강렬했니?, 강렬했냐?	강렬하겠니?, 강렬하겠냐?
	IV	강렬합니까?	강렬했습니까?	강렬하겠습니까?
Adnominal		강렬한	강렬한	강렬할

* I: Intimate / II: Polite / III: Plain / IV: Deferential

Conjunctive	and	강렬하고, 강렬하며	Conj.	not	강렬하지 (않다)
	or	강렬하거나, 강렬하든(지)		adv.	강렬하게
	but	강렬하지만, 강렬하나, 강렬한데	Quot.	decl.	강렬하다고
	so	강렬해(서), 강렬하니(까), 강렬하므로		inter.	강렬하냐고
	if	강렬하면	Nominal		강렬함, 강렬하기
	though	강렬해도	Subject Honorific		강렬하시다
	as (if)	강렬하듯(이)	Causative		강렬하게 하다

* Conj.: Conjunctive / Quot.: Quotative / adv.: adverbial / decl.: declarative / inter.: interrogative

powerful, strong, intense ADV 너무, 매우 | 더, 더욱 N 인상, 첫인상 | 색채 | 감정, 욕망, 증오 | 자극 | 태양, 햇빛, 햇살 V 남다

▶ 그는 스카우터들에게 강렬한 인상을 남겼다. *He made a strong impression on the talent scouts.*

▶ 그 기억은 아직도 제 마음속에 강렬하게 남아 있어요. *The memory still remains strong in my mind.*

		Present	Past	Future / Presumption
Declarative	I	강해, 강하지	강했어, 강했지	강하겠어, 강하겠지, 강할 거야
	II	강해요, 강하죠	강했어요, 강했죠	강하겠어요, 강하겠죠, 강할 거예요
	III	강하다	강했다	강하겠다, 강할 거다
	IV	강합니다	강했습니다	강하겠습니다, 강할 겁니다
Interrogative	I	강해?, 강하지?	강했어?, 강했지?	강하겠어?, 강할까?
	II	강해요?, 강하죠?	강했어요?, 강했죠?	강하겠어요?, 강할까요?
	III	강하니?, 강하냐?	강했니?, 강했냐?	강하겠니?, 강하겠냐?
	IV	강합니까?	강했습니까?	강하겠습니까?
Adnominal		강한	강한	강할

* I: Intimate / II: Polite / III: Plain / IV: Deferential

Conjunctive	and	강하고, 강하며	Conj.	not	강하지 (않다)
	or	강하거나, 강하든(지)		adv.	강하게
	but	강하지만, 강하나, 강한데	Quot.	decl.	강하다고
	so	강해(서), 강하니(까), 강하므로		inter.	강하냐고
	if	강하면		Nominal	강함, 강하기
	though	강해도		Subject Honorific	강하시다
	as (if)	강하듯(이)		Causative	강하게 하다

* Conj.: Conjunctive / Quot.: Quotative / adv.: adverbial / decl.: declarative / inter.: interrogative

1 strong, powerful (*syn.* 세다 *ant.* 약하다) ADV 가장, 매우, 아주 N 사람, 상대 | 성격, 인상 | 바람 | 반대 | 신념, 의지 | 영향, 충격 | 자존심, 책임감, 호기심
▸ 그날 밤은 바람이 강하게 불었어요. *It was very windy that night.*
▸ 저는 책임감이 강한 편인데, 그것 때문에 직장에서 스트레스를 받아요. *I have a strong sense of responsibility that makes my work stressful.*

2 resistant, good (*ant.* 약하다) P -에 N 더위, 추위 | 실전 | 위기 | 충격
▸ 저는 이론보다 실전에 강해요. *I'm better at practice than at theory.*
▸ 사실 여자가 남자보다 추위에 강하다. *In fact, women are more resistant to the cold than men.*

		Present	Past	Future / Presumption
Declarative	I	같아, 같지	같았어, 같았지	같겠어, 같겠지, 같을 거야
	II	같아요, 같죠	같았어요, 같았죠	같겠어요, 같겠죠, 같을 거예요
	III	같다	같았다	같겠다, 같을 거다
	IV	같습니다	같았습니다	같겠습니다, 같을 겁니다
Interrogative	I	같아?, 같지?	같았어?, 같았지?	같겠어?, 같을까?
	II	같아요?, 같죠?	같았어요?, 같았죠?	같겠어요?, 같을까요?
	III	같니?, 같(으)냐?	같았니?, 같았냐?	같겠니?, 같겠냐?
	IV	같습니까?	같았습니까?	같겠습니까?
Adnominal		같은	같은	같을

* I: Intimate / II: Polite / III: Plain / IV: Deferential

Conjunctive	and	같고, 같으며	**Conj.**	not	같지 (않다)
	or	같거나, 같든(지)		adv.	같게, 같이
	but	같지만, 같으나, 같은데	**Quot.**	decl.	같다고
	so	같아(서), 같으니(까), 같으므로		inter.	같(으)냐고
	if	같으면	Nominal		같음, 같기
	though	같아도	Subject Honorific		같으시다
	as (if)	같듯(이)	Causative		같게 하다

* Conj.: Conjunctive / Quot.: Quotative / adv.: adverbial / decl.: declarative / inter.: interrogative

1 same, identical (*syn.* 동일하다, 비슷하다, 유사하다 *ant.* 다르다) P -와/과 ADV 거의, 다, 모두 N 사람, 인간 | 키 | 말, 소리, 얘기 | 기분, 느낌, 마음, 생각, 의견 | 일 | 반, 학교 | 종류 | 실수 | 점 | 취미 | 의미
▸ 저는 엄마랑 키가 같아요. *I'm as tall as my mom.*
▸ 나도 너랑 같은 생각이야. *I agree with you.*
▸ 저랑 수지는 작년에 같은 반이었어요. *Me and Suji were in the same class last year.*

2 like, such as F 같은
▸ 당신 같은 사람은 처음 봐요. *I've never seen a person like you.*
▸ 소화가 안 될 때는 죽 같은 음식을 드세요. *Eat some like porridge when you have a digestion problem.*

3 feel like, guess N 것
▸ 느낌이 안 좋아. 토할 것 같아. *I don't feel good. I feel like throwing up.*
▸ 저 사람 어디서 본 것 같아. *I think I know him.*

		Present	Past	Future / Presumption
Declarative	I	거대해, 거대하지	거대했어, 거대했지	거대하겠어, 거대하겠지, 거대할 거야
	II	거대해요, 거대하죠	거대했어요, 거대했죠	거대하겠어요, 거대하겠죠, 거대할 거예요
	III	거대하다	거대했다	거대하겠다, 거대할 거다
	IV	거대합니다	거대했습니다	거대하겠습니다, 거대할 겁니다
Interrogative	I	거대해?, 거대하지?	거대했어?, 거대했지?	거대하겠어?, 거대할까?
	II	거대해요?, 거대하죠?	거대했어요?, 거대했죠?	거대하겠어요?, 거대할까요?
	III	거대하니?, 거대하냐?	거대했니?, 거대했냐?	거대하겠니?, 거대하겠냐?
	IV	거대합니까?	거대했습니까?	거대하겠습니까?
Adnominal		거대한	거대한	거대할

* I: Intimate / II: Polite / III: Plain / IV: Deferential

Conjunctive	and	거대하고, 거대하며	Conj.	not	거대하지 (않다)
	or	거대하거나, 거대하든(지)		adv.	거대하게
	but	거대하지만, 거대하나, 거대한데	Quot.	decl.	거대하다고
	so	거대해(서), 거대하니(까), 거대하므로		inter.	거대하냐고
	if	거대하면	Nominal		거대함, 거대하기
	though	거대해도	Subject Honorific		거대하시다
	as (if)	거대하듯(이)	Causative		거대하게 하다

* Conj.: Conjunctive / Quot.: Quotative / adv.: adverbial / decl.: declarative / inter.: interrogative

huge, giant, great (*syn.* 커다랗다, 크다 *ant.* 작다) N 쓰나미, 파도 | 기업 | 도시 | 조직 | 규모

▶ 2004년 거대한 쓰나미가 동남아시아 여러 나라를 휩쓸었다. *In 2004, a huge tsunami swept over several countries in Southeast Asia.*

▶ 거대한 규모의 테러리스트 단체가 이 사건의 배후에 있다. *A large-scale terrorist group is behind this case.*

거룩하다 /거루카다/ geo·ru·ka·da

		Present	Past	Future / Presumption
Declarative	I	거룩해, 거룩하지	거룩했어, 거룩했지	거룩하겠어, 거룩하겠지, 거룩할 거야
	II	거룩해요, 거룩하죠	거룩했어요, 거룩했죠	거룩하겠어요, 거룩하겠죠, 거룩할 거예요
	III	거룩하다	거룩했다	거룩하겠다, 거룩할 거다
	IV	거룩합니다	거룩했습니다	거룩하겠습니다, 거룩할 겁니다
Interrogative	I	거룩해?, 거룩하지?	거룩했어?, 거룩했지?	거룩하겠어?, 거룩할까?
	II	거룩해요?, 거룩하죠?	거룩했어요?, 거룩했죠?	거룩하겠어요?, 거룩할까요?
	III	거룩하니?, 거룩하냐?	거룩했니?, 거룩했냐?	거룩하겠니?, 거룩하겠냐?
	IV	거룩합니까?	거룩했습니까?	거룩하겠습니까?
Adnominal		거룩한	거룩한	거룩할

* I: Intimate / II: Polite / III: Plain / IV: Deferential

Conjunctive	and	거룩하고, 거룩하며	Conj.	not	거룩하지 (않다)
	or	거룩하거나, 거룩하든(지)		adv.	거룩하게
	but	거룩하지만, 거룩하나, 거룩한데	Quot.	decl.	거룩하다고
	so	거룩해(서), 거룩하니(까), 거룩하므로		inter.	거룩하냐고
	if	거룩하면	Nominal		거룩함, 거룩하기
	though	거룩해도	Subject Honorific		거룩하시다
	as (if)	거룩하듯(이)	Causative		거룩하게 하다

* Conj.: Conjunctive / Quot.: Quotative / adv.: adverbial / decl.: declarative / inter.: interrogative

holy, divine (*syn.* 성스럽다 *ant.* 비천하다) N 모습 | 이름 | 뜻 | 분위기 | 정신 | 희생 | 밤

▶ 이 기념비는 그의 거룩한 희생을 기리기 위해 지어졌다. *This monument was built in honor of his sublime sacrifice.*

▶ 고요한 밤 거룩한 밤 *Silent Night, Holy Night*

		Present	Past	Future / Presumption
Declarative	I	거세, 거세지	거셌어, 거셌지	거세겠어, 거세겠지, 거셀 거야
	II	거세요, 거세죠	거셌어요, 거셌죠	거세겠어요, 거세겠죠, 거셀 거예요
	III	거세다	거셌다	거세겠다, 거셀 거다
	IV	거셉니다	거셌습니다	거세겠습니다, 거셀 겁니다
Interrogative	I	거세?, 거세지?	거셌어?, 거셌지?	거세겠어?, 거셀까?
	II	거세요?, 거세죠?	거셌어요?, 거셌죠?	거세겠어요?, 거셀까요?
	III	거세니?, 거세냐?	거셌니?, 거셌냐?	거세겠니?, 거세겠냐?
	IV	거셉니까?	거셌습니까?	거세겠습니까?
Adnominal		거센	거센	거셀

* I: Intimate / II: Polite / III: Plain / IV: Deferential

Conjunctive	and	거세고, 거세며	**Conj.**	not	거세지 (않다)
	or	거세거나, 거세든(지)		adv.	거세게
	but	거세지만, 거세나, 거센데	**Quot.**	decl.	거세다고
	so	거세(서), 거세니(까), 거세므로		inter.	거세냐고
	if	거세면	Nominal		거셈, 거세기
	though	거세도	Subject Honorific		거세시다
	as (if)	거세듯(이)	Causative		거세게 하다

* Conj.: Conjunctive / Quot.: Quotative / adv.: adverbial / decl.: declarative / inter.: interrogative

fierce, strong ADV 점점 N 눈보라, 바람, 폭풍 | 물결, 물살, 바다, 파도 | 반대, 반발, 항의 | 불길 V 몰아치다, 불다 | 물결치다

▶ 그 정책은 농민들의 거센 반발을 불러왔다. *The policy drew fierce resistance from farmers.*

▶ 바람이 너무 거세서 우산이 소용이 없었어요. *Because the wind was so strong, the umbrella was useless.*

		Present	Past	Future / Presumption
Declarative	I	거창해, 거창하지	거창했어, 거창했지	거창하겠어, 거창하겠지, 거창할 거야
	II	거창해요, 거창하죠	거창했어요, 거창했죠	거창하겠어요, 거창하겠죠, 거창할 거예요
	III	거창하다	거창했다	거창하겠다, 거창할 거다
	IV	거창합니다	거창했습니다	거창하겠습니다, 거창할 겁니다
Interrogative	I	거창해?, 거창하지?	거창했어?, 거창했지?	거창하겠어?, 거창할까?
	II	거창해요?, 거창하죠?	거창했어요?, 거창했죠?	거창하겠어요?, 거창할까요?
	III	거창하니?, 거창하냐?	거창했니?, 거창했냐?	거창하겠니?, 거창하겠냐?
	IV	거창합니까?	거창했습니까?	거창하겠습니까?
Adnominal		거창한	거창한	거창할

* I: Intimate / II: Polite / III: Plain / IV: Deferential

Conjunctive	and	거창하고, 거창하며	Conj.	not	거창하지 (않다)
	or	거창하거나, 거창하든(지)		adv.	거창하게
	but	거창하지만, 거창하나, 거창한데	Quot.	decl.	거창하다고
	so	거창해(서), 거창하니(까), 거창하므로		inter.	거창하냐고
	if	거창하면	Nominal		거창함, 거창하기
	though	거창해도	Subject Honorific		거창하시다
	as (if)	거창하듯(이)	Causative		거창하게 하다

* Conj.: Conjunctive / Quot.: Quotative / adv.: adverbial / decl.: declarative / inter.: interrogative

---

grandiose N 식사 | 계획 | 규모 | 내용 | 말

▶ 걔는 말만 거창하게 하고 실천은 안 해. *He's all talk and no action.*

▶ 그의 계획은 너무 거창해서 믿을 수가 없었어. *I couldn't believe him because his plans were too grandiose.*

		Present	Past	Future / Presumption
Declarative	I	거칠어, 거칠지	거칠었어, 거칠었지	거칠겠어, 거칠겠지, 거칠 거야
	II	거칠어요, 거칠죠	거칠었어요, 거칠었죠	거칠겠어요, 거칠겠죠, 거칠 거예요
	III	거칠다	거칠었다	거칠겠다, 거칠 거다
	IV	거칩니다	거칠었습니다	거칠겠습니다, 거칠 겁니다
Interrogative	I	거칠어?, 거칠지?	거칠었어?, 거칠었지?	거칠겠어?, 거칠까?
	II	거칠어요?, 거칠죠?	거칠었어요?, 거칠었죠?	거칠겠어요?, 거칠까요?
	III	거치니?, 거치냐?	거칠었니?, 거칠었냐?	거칠겠니?, 거칠겠냐?
	IV	거칩니까?	거칠었습니까?	거칠겠습니까?
Adnominal		거친	거친	거칠

* I: Intimate / II: Polite / III: Plain / IV: Deferential

Conjunctive	and	거칠고, 거칠며	Conj.	not	거칠지 (않다)
	or	거칠거나, 거칠든(지)		adv.	거칠게
	but	거칠지만, 거치나, 거친데	Quot.	decl.	거칠다고
	so	거칠어(서), 거치니(까), 거칠므로		inter.	거치냐고
	if	거칠면	Nominal		거칢, 거칠기
	though	거칠어도	Subject Honorific		거치시다
	as (if)	거칠듯(이)	Causative		거칠게 하다

* Conj.: Conjunctive / Quot.: Quotative / adv.: adverbial / decl.: declarative / inter.: interrogative

---

rough, coarse (*ant.* 곱다, 부드럽다) **ADV** 너무, 매우, 몹시 **N** 사람 | 말, 말투, 성격, 행동 | 바다, 파도 | 피부 | 목소리, 숨, 숨소리 | 운전 | 경기 | 천 | 표면 **V** 다루다, 대하다 | 말하다

▶ 왜 이렇게 운전을 거칠게 해? *Why do you drive so aggressively?*
▶ 오늘은 파도가 거칠어서 해변에 나가지 않았어요. *I didn't go to the beach because the sea is rough today.*

		Present	Past	Future / Presumption
Declarative	I	걱정스러워, 걱정스럽지	걱정스러웠어, 걱정스러웠지	걱정스럽겠어, 걱정스럽겠지, 걱정스러울 거야
	II	걱정스러워요, 걱정스럽죠	걱정스러웠어요, 걱정스러웠죠	걱정스럽겠어요, 걱정스럽겠죠, 걱정스러울 거예요
	III	걱정스럽다	걱정스러웠다	걱정스럽겠다, 걱정스러울 거다
	IV	걱정스럽습니다	걱정스러웠습니다	걱정스럽겠습니다, 걱정스러울 겁니다
Interrogative	I	걱정스러워?, 걱정스럽지?	걱정스러웠어?, 걱정스러웠지?	걱정스럽겠어?, 걱정스러울까?
	II	걱정스러워요?, 걱정스럽죠?	걱정스러웠어요?, 걱정스러웠죠?	걱정스럽겠어요?, 걱정스러울까요?
	III	걱정스럽니?, 걱정스러우냐?/걱정스럽냐?	걱정스러웠니?, 걱정스러웠냐?	걱정스럽겠니?, 걱정스럽겠냐?
	IV	걱정스럽습니까?	걱정스러웠습니까?	걱정스럽겠습니까?
Adnominal		걱정스러운	걱정스러운	걱정스러울

* I: Intimate / II: Polite / III: Plain / IV: Deferential

Conjunctive	and	걱정스럽고, 걱정스러우며	Conj.	not	걱정스럽지 (않다)
	or	걱정스럽거나, 걱정스럽든(지)		adv.	걱정스럽게, 걱정스레
	but	걱정스럽지만, 걱정스러우나, 걱정스러운데	Quot.	decl.	걱정스럽다고
	so	걱정스러워(서), 걱정스러우니(까), 걱정스러우므로		inter.	걱정스러우냐고/걱정스럽냐고
	if	걱정스러우면	Nominal		걱정스러움, 걱정스럽기
	though	걱정스러워도	Subject Honorific		걱정스러우시다
	as (if)	걱정스럽듯(이)	Causative		걱정스럽게 하다

* Conj.: Conjunctive / Quot.: Quotative / adv.: adverbial / decl.: declarative / inter.: interrogative

worried, concerned, anxious (*syn.* 근심스럽다) ADV 너무, 매우, 몹시 | 그다지, 별로, 전혀 | 은근히 N 마음 | 얼굴, 표정 | 나머지

▶ 그녀는 걱정스러운 얼굴을 하고 있었다. *She had a worried face.*

▶ 면허 시험에 또 떨어질까 봐 너무 걱정스러워요. *I'm terribly worried about failing the driving test again.*

		Present	Past	Future / Presumption
Declarative	I	건강해, 건강하지	건강했어, 건강했지	건강하겠어, 건강하겠지, 건강할 거야
	II	건강해요, 건강하죠	건강했어요, 건강했죠	건강하겠어요, 건강하겠죠, 건강할 거예요
	III	건강하다	건강했다	건강하겠다, 건강할 거다
	IV	건강합니다	건강했습니다	건강하겠습니다, 건강할 겁니다
Interrogative	I	건강해?, 건강하지?	건강했어?, 건강했지?	건강하겠어?, 건강할까?
	II	건강해요?, 건강하죠?	건강했어요?, 건강했죠?	건강하겠어요?, 건강할까요?
	III	건강하니?, 건강하냐?	건강했니?, 건강했냐?	건강하겠니?, 건강하겠냐?
	IV	건강합니까?	건강했습니까?	건강하겠습니까?
Imperative	I	건강해	-	-
	II	건강하세요	-	-
	III	건강해라	-	-
	IV	건강하십시오	-	-
Adnominal		건강한	건강한	건강할

* I: Intimate / II: Polite / III: Plain / IV: Deferential

Conjunctive	and	건강하고, 건강하며	Conj.	not	건강하지 (않다)
	or	건강하거나, 건강하든(지)		adv.	건강하게, 건강히
	but	건강하지만, 건강하나, 건강한데	Quot.	decl.	건강하다고
				inter.	건강하냐고
	so	건강해(서), 건강하니(까), 건강하므로		imp.	건강하라고
	if	건강하면	Nominal		건강함, 건강하기
	though	건강해도	Subject Honorific		건강하시다
	as (if)	건강하듯(이)	Causative		건강하게 하다

* Conj.: Conjunctive / Quot.: Quotative / adv.: adverbial / decl.: declarative / inter.: interrogative / imp.: imperative

healthy, good, well (*ant.* 아프다) ADV 매우, 무척, 아주 | 늘, 언제나, 항상 N 사람, 아이 | 신체 V 지내다 | 보이다

▸ 저는 아주 건강합니다. 걱정하지 마세요. *I'm in excellent health. Don't worry about me.*
▸ 건강해 보이셔서 다행이에요. *I'm relieved to see you look healthy.*
▸ 건강한 신체에 건전한 정신 *A sound mind in a sound body.*

		Present	Past	Future / Presumption
Declarative	I	건전해, 건전하지	건전했어, 건전했지	건전하겠어, 건전하겠지, 건전할 거야
	II	건전해요, 건전하죠	건전했어요, 건전했죠	건전하겠어요, 건전하겠죠, 건전할 거예요
	III	건전하다	건전했다	건전하겠다, 건전할 거다
	IV	건전합니다	건전했습니다	건전하겠습니다, 건전할 겁니다
Interrogative	I	건전해?, 건전하지?	건전했어?, 건전했지?	건전하겠어?, 건전할까?
	II	건전해요?, 건전하죠?	건전했어요?, 건전했죠?	건전하겠어요?, 건전할까요?
	III	건전하니?, 건전하냐?	건전했니?, 건전했냐?	건전하겠니?, 건전하겠냐?
	IV	건전합니까?	건전했습니까?	건전하겠습니까?
Adnominal		건전한	건전한	건전할

* I: Intimate / II: Polite / III: Plain / IV: Deferential

Conjunctive	and	건전하고, 건전하며	Conj.	not	건전하지 (않다)
	or	건전하거나, 건전하든(지)		adv.	건전하게
	but	건전하지만, 건전하나, 건전한데	Quot.	decl.	건전하다고
	so	건전해(서), 건전하니(까), 건전하므로		inter.	건전하냐고
	if	건전하면		Nominal	건전함, 건전하기
	though	건전해도		Subject Honorific	건전하시다
	as (if)	건전하듯(이)		Causative	건전하게 하다

* Conj.: Conjunctive / Quot.: Quotative / adv.: adverbial / decl.: declarative / inter.: interrogative

sound, healthy N 정신 | 신체, 육체 | 놀이, 오락 | 비판, 사고 | 문화

▸ 건전한 온라인 문화를 정착시키는 일이 시급해요. *It is urgent to establish a sound online culture.*

▸ 그는 정신이 건전한 젊은이입니다. *He is a young man of sound mind.*

		Present	Past	Future / Presumption
Declarative	I	건조해, 건조하지	건조했어, 건조했지	건조하겠어, 건조하겠지, 건조할 거야
	II	건조해요, 건조하죠	건조했어요, 건조했죠	건조하겠어요, 건조하겠죠, 건조할 거예요
	III	건조하다	건조했다	건조하겠다, 건조할 거다
	IV	건조합니다	건조했습니다	건조하겠습니다, 건조할 겁니다
Interrogative	I	건조해?, 건조하지?	건조했어?, 건조했지?	건조하겠어?, 건조할까?
	II	건조해요?, 건조하죠?	건조했어요?, 건조했죠?	건조하겠어요?, 건조할까요?
	III	건조하니?, 건조하냐?	건조했니?, 건조했냐?	건조하겠니?, 건조하겠냐?
	IV	건조합니까?	건조했습니까?	건조하겠습니까?
Adnominal		건조한	건조한	건조할

* I: Intimate / II: Polite / III: Plain / IV: Deferential

Conjunctive	and	건조하고, 건조하며	Conj.	not	건조하지 (않다)
	or	건조하거나, 건조하든(지)		adv.	건조하게
	but	건조하지만, 건조하나, 건조한데	Quot.	decl.	건조하다고
	so	건조해(서), 건조하니(까), 건조하므로		inter.	건조하냐고
	if	건조하면		Nominal	건조함, 건조하기
	though	건조해도		Subject Honorific	건조하시다
	as (if)	건조하듯(이)		Causative	건조하게 하다

* Conj.: Conjunctive / Quot.: Quotative / adv.: adverbial / decl.: declarative / inter.: interrogative

dry, arid **ADV** 너무, 매우, 아주 | 약간, 좀 **N** 기후, 날씨 | 바람 | 상태 | 입술, 피부

▸ 저는 피부가 건조한 편이에요. *My skin is rather dry.*
▸ 머리를 건조한 상태로 유지하세요. *Keep your hair dry.*

		Present	Past	Future / Presumption
Declarative	I	걸맞아, 걸맞지	걸맞았어, 걸맞았지	걸맞겠어, 걸맞겠지, 걸맞을 거야
	II	걸맞아요, 걸맞죠	걸맞았어요, 걸맞았죠	걸맞겠어요, 걸맞겠죠, 걸맞을 거예요
	III	걸맞다	걸맞았다	걸맞겠다, 걸맞을 거다
	IV	걸맞습니다	걸맞았습니다	걸맞겠습니다, 걸맞을 겁니다
Interrogative	I	걸맞아?, 걸맞지?	걸맞았어?, 걸맞았지?	걸맞겠어?, 걸맞을까?
	II	걸맞아요?, 걸맞죠?	걸맞았어요?, 걸맞았죠?	걸맞겠어요?, 걸맞을까요?
	III	걸맞니?, 걸맞(으)냐?	걸맞았니?, 걸맞았냐?	걸맞겠니?, 걸맞겠냐?
	IV	걸맞습니까?	걸맞았습니까?	걸맞겠습니까?
Adnominal		걸맞은	걸맞은	걸맞을

* I: Intimate / II: Polite / III: Plain / IV: Deferential

Conjunctive	and	걸맞고, 걸맞으며	**Conj.**	not	걸맞지 (않다)
	or	걸맞거나, 걸맞든(지)		adv.	걸맞게
	but	걸맞지만, 걸맞으나, 걸맞은데	**Quot.**	decl.	걸맞다고
	so	걸맞아(서), 걸맞으니(까), 걸맞으므로		inter.	걸맞(으)냐고
	if	걸맞으면	Nominal		걸맞음, 걸맞기
	though	걸맞아도	Subject Honorific		걸맞으시다
	as (if)	걸맞듯(이)	Causative		걸맞게 하다

* Conj.: Conjunctive / Quot.: Quotative / adv.: adverbial / decl.: declarative / inter.: interrogative

---

suitable, fit P -에, -에게 N 생활 | 상대 | 옷차림 V 행동하다

▶ 나이에 걸맞게 행동해라. *Act your age.*

▶ 그 옷차림은 오늘 모임에 걸맞지 않은 것 같아. *Your clothes are not suitable for today's meeting.*

		Present	Past	Future / Presumption
Declarative	I	검어, 검지	검었어, 검었지	검겠어, 검겠지, 검을 거야
	II	검어요, 검죠	검었어요, 검었죠	검겠어요, 검겠죠, 검을 거예요
	III	검다	검었다	검겠다, 검을 거다
	IV	검습니다	검었습니다	검겠습니다, 검을 겁니다
Interrogative	I	검어?, 검지?	검었어?, 검었지?	검겠어?, 검을까?
	II	검어요?, 검죠?	검었어요?, 검었죠?	검겠어요?, 검을까요?
	III	검니?, 검(으)냐?	검었니?, 검었냐?	검겠니?, 검겠냐?
	IV	검습니까?	검었습니까?	검겠습니까?
Adnominal		검은	검은	검을

* I: Intimate / II: Polite / III: Plain / IV: Deferential

Conjunctive	and	검고, 검으며	Conj.	not	검지 (않다)
	or	검거나, 검든(지)		adv.	검게
	but	검지만, 검으나, 검은데	Quot.	decl.	검다고
	so	검어(서), 검으니(까), 검으므로		inter.	검(으)냐고
	if	검으면		Nominal	검음, 검기
	though	검어도		Subject Honorific	검으시다
	as (if)	검듯(이)		Causative	검게 하다

* Conj.: Conjunctive / Quot.: Quotative / adv.: adverbial / decl.: declarative / inter.: interrogative

---

black (*syn.* 까맣다 *ant.* 희다, 하얗다) ADV 모두, 온통 N 눈, 눈동자, 머리(카락), 얼굴, 피부 | 구름, 연기 | 가죽, 드레스, 모자, 양복, 옷, 정장 | 그림자 | 물 | 색 | 고양이 | 물체 V 그을다, 타다 | 칠하다 | 쓰다

▸ 머리를 검게 염색하니 할머니는 훨씬 젊어 보였다. *My grandmother looked much younger after she dyed her hair black.*

▸ 장례식에 가야 하는데 검은 양복이 없어요. *I should go to the funeral, but I don't have a black suit to wear.*

▸ 하늘에 검은 연기가 자욱했다. *Black smoke was thick in the sky.*

		Present	Past	Future / Presumption
Declarative	I	게을러, 게으르지	게을렀어, 게을렀지	게으르겠어, 게으르겠지, 게으를 거야
	II	게을러요, 게으르죠	게을렀어요, 게을렀죠	게으르겠어요, 게으르겠죠, 게으를 거예요
	III	게으르다	게을렀다	게으르겠다, 게으를 거다
	IV	게으릅니다	게을렀습니다	게으르겠습니다, 게으를 겁니다
Interrogative	I	게을러?, 게으르지?	게을렀어?, 게을렀지?	게으르겠어?, 게으를까?
	II	게을러요?, 게으르죠?	게을렀어요?, 게을렀죠?	게으르겠어요?, 게으를까요?
	III	게으르니?, 게으르냐?	게을렀니?, 게을렀냐?	게으르겠니?, 게으르겠냐?
	IV	게으릅니까?	게을렀습니까?	게으르겠습니까?
Adnominal		게으른	게으른	게으를

* I: Intimate / II: Polite / III: Plain / IV: Deferential

Conjunctive	and	게으르고, 게으르며	Conj.	not	게으르지 (않다)
	or	게으르거나, 게으르든(지)		adv.	게으르게, 게을리
	but	게으르지만, 게으르나, 게으른데	Quot.	decl.	게으르다고
	so	게을러(서), 게으르니(까), 게으르므로		inter.	게으르냐고
	if	게으르면		Nominal	게으름, 게으르기
	though	게을러도		Subject Honorific	게으르시다
	as (if)	게으르듯(이)		Causative	게으르게 하다

* Conj.: Conjunctive / Quot.: Quotative / adv.: adverbial / decl.: declarative / inter.: interrogative

lazy, idle (*ant.* 부지런하다) **ADV** 그렇게 | 너무, 몹시, 정말 | 얼마나 **N** 사람, 아이, 학생 | 마음 | 생활

▸ 베짱이는 게으른 사람을 상징한다. *The grasshopper symbolizes the lazy person.*
▸ 그는 너무 게을러서 회사에서 잘렸다. *He was fired because he was very lazy.*

		Present	Past	Future / Presumption
Declarative	I	격렬해, 격렬하지	격렬했어, 격렬했지	격렬하겠어, 격렬하겠지, 격렬할 거야
	II	격렬해요, 격렬하죠	격렬했어요, 격렬했죠	격렬하겠어요, 격렬하겠죠, 격렬할 거예요
	III	격렬하다	격렬했다	격렬하겠다, 격렬할 거다
	IV	격렬합니다	격렬했습니다	격렬하겠습니다, 격렬할 겁니다
Interrogative	I	격렬해?, 격렬하지?	격렬했어?, 격렬했지?	격렬하겠어?, 격렬할까?
	II	격렬해요?, 격렬하죠?	격렬했어요?, 격렬했죠?	격렬하겠어요?, 격렬할까요?
	III	격렬하니?, 격렬하냐?	격렬했니?, 격렬했냐?	격렬하겠니?, 격렬하겠냐?
	IV	격렬합니까?	격렬했습니까?	격렬하겠습니까?
Adnominal		격렬한	격렬한	격렬할

* I: Intimate / II: Polite / III: Plain / IV: Deferential

Conjunctive	and	격렬하고, 격렬하며	Conj.	not	격렬하지 (않다)
	or	격렬하거나, 격렬하든(지)		adv.	격렬하게, 격렬히
	but	격렬하지만, 격렬하나, 격렬한데	Quot.	decl.	격렬하다고
	so	격렬해(서), 격렬하니(까), 격렬하므로		inter.	격렬하냐고
	if	격렬하면	Nominal		격렬함, 격렬하기
	though	격렬해도	Subject Honorific		격렬하시다
	as (if)	격렬하듯(이)	Causative		격렬하게 하다

* Conj.: Conjunctive / Quot.: Quotative / adv.: adverbial / decl.: declarative / inter.: interrogative

violent, fierce, intense ADV 더, 더욱, 점점 N 논쟁, 말다툼, 토론 | 몸싸움, 싸움 | 반대, 저항, 항의 | 운동 V 싸우다

▸ 격렬한 운동은 하지 마세요. *Don't do any strenuous exercise.*

▸ 노사 간에 격렬한 논쟁이 오가고 있다. *An intense debate is going on between management and workers.*

경쾌하다 gyeong·kwae·ha·da

		Present	Past	Future / Presumption
Declarative	I	경쾌해, 경쾌하지	경쾌했어, 경쾌했지	경쾌하겠어, 경쾌하겠지, 경쾌할 거야
	II	경쾌해요, 경쾌하죠	경쾌했어요, 경쾌했죠	경쾌하겠어요, 경쾌하겠죠, 경쾌할 거예요
	III	경쾌하다	경쾌했다	경쾌하겠다, 경쾌할 거다
	IV	경쾌합니다	경쾌했습니다	경쾌하겠습니다, 경쾌할 겁니다
Interrogative	I	경쾌해?, 경쾌하지?	경쾌했어?, 경쾌했지?	경쾌하겠어?, 경쾌할까?
	II	경쾌해요?, 경쾌하죠?	경쾌했어요?, 경쾌했죠?	경쾌하겠어요?, 경쾌할까요?
	III	경쾌하니?, 경쾌하냐?	경쾌했니?, 경쾌했냐?	경쾌하겠니?, 경쾌하겠냐?
	IV	경쾌합니까?	경쾌했습니까?	경쾌하겠습니까?
Adnominal		경쾌한	경쾌한	경쾌할

* I: Intimate / II: Polite / III: Plain / IV: Deferential

Conjunctive	and	경쾌하고, 경쾌하며	Conj.	not	경쾌하지 (않다)
	or	경쾌하거나, 경쾌하든(지)		adv.	경쾌하게, 경쾌히
	but	경쾌하지만, 경쾌하나, 경쾌한데	Quot.	decl.	경쾌하다고
	so	경쾌해(서), 경쾌하니(까), 경쾌하므로		inter.	경쾌하냐고
	if	경쾌하면	Nominal		경쾌함, 경쾌하기
	though	경쾌해도	Subject Honorific		경쾌하시다
	as (if)	경쾌하듯(이)	Causative		경쾌하게 하다

* Conj.: Conjunctive / Quot.: Quotative / adv.: adverbial / decl.: declarative / inter.: interrogative

light, lively N 리듬, 음악, 템포 | 소리 | (발)걸음, 걸음걸이 | 동작, 몸놀림 V 걷다, 달리다, 뛰다 | 들리다

▸ 그녀는 매일 아침 경쾌한 음악에 맞춰 운동을 한다. *She exercises to rhythmical music every morning.*

▸ 그녀는 경쾌하게 위층으로 뛰어 올라갔다. *She rushed upstairs cheerfully.*

		Present	Past	Future / Presumption
Declarative	I	고급스러워, 고급스럽지	고급스러웠어, 고급스러웠지	고급스럽겠어, 고급스럽겠지, 고급스러울 거야
	II	고급스러워요, 고급스럽죠	고급스러웠어요, 고급스러웠죠	고급스럽겠어요, 고급스럽겠죠, 고급스러울 거예요
	III	고급스럽다	고급스러웠다	고급스럽겠다, 고급스러울 거다
	IV	고급스럽습니다	고급스러웠습니다	고급스럽겠습니다, 고급스러울 겁니다
Interrogative	I	고급스러워?, 고급스럽지?	고급스러웠어?, 고급스러웠지?	고급스럽겠어?, 고급스러울까?
	II	고급스러워요?, 고급스럽죠?	고급스러웠어요?, 고급스러웠죠?	고급스럽겠어요?, 고급스러울까요?
	III	고급스럽니?, 고급스러우냐?/고급스럽냐?	고급스러웠니?, 고급스러웠냐?	고급스럽겠니?, 고급스럽겠냐?
	IV	고급스럽습니까?	고급스러웠습니까?	고급스럽겠습니까?
Adnominal		고급스러운	고급스러운	고급스러울

* I: Intimate / II: Polite / III: Plain / IV: Deferential

Conjunctive	and	고급스럽고, 고급스러우며	Conj.	not	고급스럽지 (않다)
	or	고급스럽거나, 고급스럽든(지)		adv.	고급스럽게
	but	고급스럽지만, 고급스러우나, 고급스러운데		decl.	고급스럽다고
	so	고급스러워(서), 고급스러우니(까), 고급스러우므로	Quot.	inter.	고급스러우냐고/고급스럽냐고
	if	고급스러우면		Nominal	고급스러움, 고급스럽기
	though	고급스러워도		Subject Honorific	고급스러우시다
	as (if)	고급스럽듯(이)		Causative	고급스럽게 하다

* Conj.: Conjunctive / Quot.: Quotative / adv.: adverbial / decl.: declarative / inter.: interrogative

luxurious, classy, fancy N 레스토랑, 바, 식당, 호텔 | 가방, 옷 | 샴페인, 와인, 포도주 | 승용차, 차 V 보이다

▶ 이 가방은 정말 고급스러워 보여. *This purse looks very classy.*
▶ 그렇게 고급스러운 호텔은 처음 봤어. *I've never seen such a luxurious hotel.*

		Present	Past	Future / Presumption
Declarative	I	골라, 고르지	골랐어, 골랐지	고르겠어, 고르겠지, 고를 거야
	II	골라요, 고르죠	골랐어요, 골랐죠	고르겠어요, 고르겠죠, 고를 거예요
	III	고르다	골랐다	고르겠다, 고를 거다
	IV	고릅니다	골랐습니다	고르겠습니다, 고를 겁니다
Interrogative	I	골라?, 고르지?	골랐어?, 골랐지?	고르겠어?, 고를까?
	II	골라요?, 고르죠?	골랐어요?, 골랐죠?	고르겠어요?, 고를까요?
	III	고르니?, 고르냐?	골랐니?, 골랐냐?	고르겠니?, 고르겠냐?
	IV	고릅니까?	골랐습니까?	고르겠습니까?
Adnominal		고른	고른	고를

* I: Intimate / II: Polite / III: Plain / IV: Deferential

Conjunctive	and	고르고, 고르며	Conj.	not	고르지 (않다)
	or	고르거나, 고르든(지)		adv.	고르게, 고루
	but	고르지만, 고르나, 고른데	Quot.	decl.	고르다고
	so	골라(서), 고르니(까), 고르므로		inter.	고르냐고
	if	고르면	Nominal		고름, 고르기
	though	골라도	Subject Honorific		고르시다
	as (if)	고르듯(이)	Causative		고르게 하다

* Conj.: Conjunctive / Quot.: Quotative / adv.: adverbial / decl.: declarative / inter.: interrogative

---

even, regular (*syn.* 균일하다 *ant.* 울퉁불퉁하다) N 분배 | 이, 치아 | 간격 | 길, 땅, 바닥

▶ 이가 참 고르시네요. *You have quite even teeth.*

▶ 땅이 고르지 않으니 주의하세요. *Be careful as the ground is not even.*

		Present	Past	Future / Presumption
Declarative	I	고마워, 고맙지	고마웠어, 고마웠지	고맙겠어, 고맙겠지, 고마울 거야
	II	고마워요, 고맙죠	고마웠어요, 고마웠죠	고맙겠어요, 고맙겠죠, 고마울 거예요
	III	고맙다	고마웠다	고맙겠다, 고마울 거다
	IV	고맙습니다	고마웠습니다	고맙겠습니다, 고마울 겁니다
Interrogative	I	고마워?, 고맙지?	고마웠어?, 고마웠지?	고맙겠어?, 고마울까?
	II	고마워요?, 고맙죠?	고마웠어요?, 고마웠죠?	고맙겠어요?, 고마울까요?
	III	고맙니?, 고마우냐?/ 고맙냐?	고마웠니?, 고마웠냐?	고맙겠니?, 고맙겠냐?
	IV	고맙습니까?	고마웠습니까?	고맙겠습니까?
Adnominal		고마운	고마운	고마울

* I: Intimate / II: Polite / III: Plain / IV: Deferential

Conjunctive	and	고맙고, 고마우며	Conj.	not	고맙지 (않다)
	or	고맙거나, 고맙든(지)		adv.	고맙게
	but	고맙지만, 고마우나, 고마운데	Quot.	decl.	고맙다고
	so	고마워(서), 고마우니(까), 고마우므로		inter.	고마우냐고/고맙냐고
	if	고마우면	Nominal		고마움, 고맙기
	though	고마워도	Subject Honorific		고마우시다
	as (if)	고맙듯(이)	Causative		고맙게 하다

* Conj.: Conjunctive / Quot.: Quotative / adv.: adverbial / decl.: declarative / inter.: interrogative

grateful, thankful (*syn.* 감사하다 *ant.* 미안하다) **ADV** 대단히, 무척, 정말(로) | 아무튼, 어쨌든 **N** 말(씀) | 인사 | 사람, 선생님 | 마음 **V** 생각하다, 여기다 | 느끼다

▶ 구해 주셔서 고맙습니다. *Thank you for saving me.*

▶ 응원해 주셔서 늘 고맙게 생각하고 있습니다. *I'm always grateful for your support.*

		Present	Past	Future / Presumption
Declarative	I	고소해, 고소하지	고소했어, 고소했지	고소하겠어, 고소하겠지, 고소할 거야
	II	고소해요, 고소하죠	고소했어요, 고소했죠	고소하겠어요, 고소하겠죠, 고소할 거예요
	III	고소하다	고소했다	고소하겠다, 고소할 거다
	IV	고소합니다	고소했습니다	고소하겠습니다, 고소할 겁니다
Interrogative	I	고소해?, 고소하지?	고소했어?, 고소했지?	고소하겠어?, 고소할까?
	II	고소해요?, 고소하죠?	고소했어요?, 고소했죠?	고소하겠어요?, 고소할까요?
	III	고소하니?, 고소하냐?	고소했니?, 고소했냐?	고소하겠니?, 고소하겠냐?
	IV	고소합니까?	고소했습니까?	고소하겠습니까?
Adnominal		고소한	고소한	고소할

* I: Intimate / II: Polite / III: Plain / IV: Deferential

Conjunctive	and	고소하고, 고소하며	Conj.	not	고소하지 (않다)
	or	고소하거나, 고소하든(지)		adv.	고소하게
	but	고소하지만, 고소하나, 고소한데	Quot.	decl.	고소하다고
	so	고소해(서), 고소하니(까), 고소하므로		inter.	고소하냐고
	if	고소하면	Nominal		고소함, 고소하기
	though	고소해도	Subject Honorific		고소하시다
	as (if)	고소하듯(이)	Causative		고소하게 하다

* Conj.: Conjunctive / Quot.: Quotative / adv.: adverbial / decl.: declarative / inter.: interrogative

1 have a sesame taste N 냄새, 향기 | 맛 | 참기름 | 깨 | 김

▶ 참기름 냄새가 참 고소해요. *The sesame oil is very aromatic.*

▶ 어쩌면 김이 이렇게 고소하죠? *How delicious this dried laver is!*

2 pleased (with somebody's misfortune) N 기분 | 마음, 생각 V 생각하다, 여기다 | 죽다

▶ 그 사람 시험 떨어졌대. 고소해 죽겠어. *I heard he failed the exam. It serves him right.*

▶ 너는 내가 다친 게 고소한가 봐? *You seemed to take pleasure in my getting hurt.*

		Present	Past	Future / Presumption
Declarative	I	고요해, 고요하지	고요했어, 고요했지	고요하겠어, 고요하겠지, 고요할 거야
	II	고요해요, 고요하죠	고요했어요, 고요했죠	고요하겠어요, 고요하겠죠, 고요할 거예요
	III	고요하다	고요했다	고요하겠다, 고요할 거다
	IV	고요합니다	고요했습니다	고요하겠습니다, 고요할 겁니다
Interrogative	I	고요해?, 고요하지?	고요했어?, 고요했지?	고요하겠어?, 고요할까?
	II	고요해요?, 고요하죠?	고요했어요?, 고요했죠?	고요하겠어요?, 고요할까요?
	III	고요하니?, 고요하냐?	고요했니?, 고요했냐?	고요하겠니?, 고요하겠냐?
	IV	고요합니까?	고요했습니까?	고요하겠습니까?
Adnominal		고요한	고요한	고요할

* I: Intimate / II: Polite / III: Plain / IV: Deferential

Conjunctive	and	고요하고, 고요하며	Conj.	not	고요하지 (않다)
	or	고요하거나, 고요하든(지)		adv.	고요하게, 고요히
	but	고요하지만, 고요하나, 고요한데	Quot.	decl.	고요하다고
	so	고요해(서), 고요하니(까), 고요하므로		inter.	고요하냐고
	if	고요하면		Nominal	고요함, 고요하기
	though	고요해도		Subject Honorific	고요하시다
	as (if)	고요하듯(이)		Causative	고요하게 하다

* Conj.: Conjunctive / Quot.: Quotative / adv.: adverbial / decl.: declarative / inter.: interrogative

quiet, tranquil, calm (*ant.* 시끄럽다) **ADV** 매우, 아주 **N** 바다, 호수 | 밤, 시간, 아침 | 분위기 | 마음 **V** 깨뜨리다

▶ 고요한 아침의 나라 *The Land of the Morning Calm*
▶ 바다는 잔잔하고 고요했다. *The sea was flat and calm.*

		Present	Past	Future / Presumption
Declarative	I	고유해, 고유하지	고유했어, 고유했지	고유하겠어, 고유하겠지, 고유할 거야
	II	고유해요, 고유하죠	고유했어요, 고유했죠	고유하겠어요, 고유하겠죠, 고유할 거예요
	III	고유하다	고유했다	고유하겠다, 고유할 거다
	IV	고유합니다	고유했습니다	고유하겠습니다, 고유할 겁니다
Interrogative	I	고유해?, 고유하지?	고유했어?, 고유했지?	고유하겠어?, 고유할까?
	II	고유해요?, 고유하죠?	고유했어요?, 고유했죠?	고유하겠어요?, 고유할까요?
	III	고유하니?, 고유하냐?	고유했니?, 고유했냐?	고유하겠니?, 고유하겠냐?
	IV	고유합니까?	고유했습니까?	고유하겠습니까?
Adnominal		고유한	고유한	고유할

* I: Intimate / II: Polite / III: Plain / IV: Deferential

Conjunctive	and	고유하고, 고유하며	Conj.	not	고유하지 (않다)
	or	고유하거나, 고유하든(지)		adv.	고유하게
	but	고유하지만, 고유하나, 고유한데	Quot.	decl.	고유하다고
	so	고유해(서), 고유하니(까), 고유하므로		inter.	고유하냐고
	if	고유하면		Nominal	고유함, 고유하기
	though	고유해도		Subject Honorific	고유하시다
	as (if)	고유하듯(이)		Causative	고유하게 하다

* Conj.: Conjunctive / Quot.: Quotative / adv.: adverbial / decl.: declarative / inter.: interrogative

---

indigenous, inherent, unique N 문화 | 음식 | 맛 | 성질, 특성, 특징 | 의상 | 산업 | 전통, 풍습

▸ 한복은 우리나라의 고유한 의상입니다. *Hanbok is the traditional costume of Korea.*

▸ 모든 도시는 고유한 특성을 지니고 있다. *Every city has its own characteristics.*

		Present	Past	Future / Presumption
Declarative	I	고통스러워, 고통스럽지	고통스러웠어, 고통스러웠지	고통스럽겠어, 고통스럽겠지, 고통스러울 거야
	II	고통스러워요, 고통스럽죠	고통스러웠어요, 고통스러웠죠	고통스럽겠어요, 고통스럽겠죠, 고통스러울 거예요
	III	고통스럽다	고통스러웠다	고통스럽겠다, 고통스러울 거다
	IV	고통스럽습니다	고통스러웠습니다	고통스럽겠습니다, 고통스러울 겁니다
Interrogative	I	고통스러워?, 고통스럽지?	고통스러웠어?, 고통스러웠지?	고통스럽겠어?, 고통스러울까?
	II	고통스러워요?, 고통스럽죠?	고통스러웠어요?, 고통스러웠죠?	고통스럽겠어요?, 고통스러울까요?
	III	고통스럽니?, 고통스러우냐?/고통스럽냐?	고통스러웠니?, 고통스러웠냐?	고통스럽겠니?, 고통스럽겠냐?
	IV	고통스럽습니까?	고통스러웠습니까?	고통스럽겠습니까?
Adnominal		고통스러운	고통스러운	고통스러울

* I: Intimate / II: Polite / III: Plain / IV: Deferential

Conjunctive	and	고통스럽고, 고통스러우며	Conj.	not	고통스럽지 (않다)
	or	고통스럽거나, 고통스럽든(지)		adv.	고통스럽게, 고통스레
	but	고통스럽지만, 고통스러우나, 고통스러운데	Quot.	decl.	고통스럽다고
	so	고통스러워(서), 고통스러우니(까), 고통스러우므로		inter.	고통스러우냐고/고통스럽냐고
	if	고통스러우면		Nominal	고통스러움, 고통스럽기
	though	고통스러워도		Subject Honorific	고통스러우시다
	as (if)	고통스럽듯(이)		Causative	고통스럽게 하다

* Conj.: Conjunctive / Quot.: Quotative / adv.: adverbial / decl.: declarative / inter.: interrogative

painful, agonizing P -기(가) ADV 너무, 몹시 N 일 | 죽음 | 신음 | 사람 | 경험 | 얼굴, 표정

▶ 지금은 목이 아파서 말을 하기가 고통스러워요. *I have a sore throat, so it feels painful when I talk.*

▶ 혼잡한 지하철 안에서 서 있는 것은 고통스러운 일이다. *It is agonizing standing in a crowded subway car.*

고프다 go·peu·da

		Present	Past	Future / Presumption
Declarative	I	고파, 고프지	고팠어, 고팠지	고프겠어, 고프겠지, 고플 거야
	II	고파요, 고프죠	고팠어요, 고팠죠	고프겠어요, 고프겠죠, 고플 거예요
	III	고프다	고팠다	고프겠다, 고플 거다
	IV	고픕니다	고팠습니다	고프겠습니다, 고플 겁니다
Interrogative	I	고파?, 고프지?	고팠어?, 고팠지?	고프겠어?, 고플까?
	II	고파요?, 고프죠?	고팠어요?, 고팠죠?	고프겠어요?, 고플까요?
	III	고프니?, 고프냐?	고팠니?, 고팠냐?	고프겠니?, 고프겠냐?
	IV	고픕니까?	고팠습니까?	고프겠습니까?
Adnominal		고픈	고픈	고플

* I: Intimate / II: Polite / III: Plain / IV: Deferential

Conjunctive	and	고프고, 고프며	Conj.	not	고프지 (않다)
	or	고프거나, 고프든(지)		adv.	고프게
	but	고프지만, 고프나, 고픈데	Quot.	decl.	고프다고
	so	고파(서), 고프니(까), 고프므로		inter.	고프냐고
	if	고프면		Nominal	고픔, 고프기
	though	고파도		Subject Honorific	고프시다
	as (if)	고프듯(이)		Causative	고프게 하다

* Conj.: Conjunctive / Quot.: Quotative / adv.: adverbial / decl.: declarative / inter.: interrogative

hungry (*ant.* 부르다) ADV 너무, 몹시, 무척 N 배 V 죽다

▸ 배가 고파 죽겠어. *I'm starving to death.*

▸ 지금은 배가 너무 고파서 아무것도 할 수가 없어요. *I can't do anything now because I'm so hungry.*

		Present	Past	Future / Presumption
Declarative	I	곤란해, 곤란하지	곤란했어, 곤란했지	곤란하겠어, 곤란하겠지, 곤란할 거야
	II	곤란해요, 곤란하죠	곤란했어요, 곤란했죠	곤란하겠어요, 곤란하겠죠, 곤란할 거예요
	III	곤란하다	곤란했다	곤란하겠다, 곤란할 거다
	IV	곤란합니다	곤란했습니다	곤란하겠습니다, 곤란할 겁니다
Interrogative	I	곤란해?, 곤란하지?	곤란했어?, 곤란했지?	곤란하겠어?, 곤란할까?
	II	곤란해요?, 곤란하죠?	곤란했어요?, 곤란했죠?	곤란하겠어요?, 곤란할까요?
	III	곤란하니?, 곤란하냐?	곤란했니?, 곤란했냐?	곤란하겠니?, 곤란하겠냐?
	IV	곤란합니까?	곤란했습니까?	곤란하겠습니까?
Adnominal		곤란한	곤란한	곤란할

* I: Intimate / II: Polite / III: Plain / IV: Deferential

Conjunctive	and	곤란하고, 곤란하며	Conj.	not	곤란하지 (않다)
	or	곤란하거나, 곤란하든(지)		adv.	곤란하게
	but	곤란하지만, 곤란하나, 곤란한데	Quot.	decl.	곤란하다고
	so	곤란해(서), 곤란하니(까), 곤란하므로		inter.	곤란하냐고
	if	곤란하면	Nominal		곤란함, 곤란하기
	though	곤란해도	Subject Honorific		곤란하시다
	as (if)	곤란하듯(이)	Causative		곤란하게 하다

* Conj.: Conjunctive / Quot.: Quotative / adv.: adverbial / decl.: declarative / inter.: interrogative

difficult, awkward, embarrassing (*syn.* 난처하다) **P** -기(가) **ADV** 조금, 좀 | 대단히, 몹시, 정말 **N** 문제, 일 | 상황, 입장, 처지 | 질문 | 때 | 사람

▸ 제 입장이 좀 곤란한데요. *I'm in an embarrassing position.*
▸ 지금 당장은 얘기하기가 곤란해. *I can't talk to you right now.*
▸ 곤란한 질문은 하지 마세요. *Don't ask awkward questions.*

곧다 /곧따/ got·da

		Present	Past	Future / Presumption
Declarative	I	곧아, 곧지	곧았어, 곧았지	곧겠어, 곧겠지, 곧을 거야
	II	곧아요, 곧죠	곧았어요, 곧았죠	곧겠어요, 곧겠죠, 곧을 거예요
	III	곧다	곧았다	곧겠다, 곧을 거다
	IV	곧습니다	곧았습니다	곧겠습니다, 곧을 겁니다
Interrogative	I	곧아?, 곧지?	곧았어?, 곧았지?	곧겠어?, 곧을까?
	II	곧아요?, 곧죠?	곧았어요?, 곧았죠?	곧겠어요?, 곧을까요?
	III	곧니?, 곧(으)냐?	곧았니?, 곧았냐?	곧겠니?, 곧겠냐?
	IV	곧습니까?	곧았습니까?	곧겠습니까?
Adnominal		곧은	곧은	곧을

* I: Intimate / II: Polite / III: Plain / IV: Deferential

Conjunctive	and	곧고, 곧으며	Conj.	not	곧지 (않다)
	or	곧거나, 곧든(지)		adv.	곧게
	but	곧지만, 곧으나, 곧은데	Quot.	decl.	곧다고
	so	곧아(서), 곧으니(까), 곧으므로		inter.	곧(으)냐고
	if	곧으면	Nominal		곧음, 곧기
	though	곧아도	Subject Honorific		곧으시다
	as (if)	곧듯(이)	Causative		곧게 하다

* Conj.: Conjunctive / Quot.: Quotative / adv.: adverbial / decl.: declarative / inter.: interrogative

straight, upright N 사람 | 길 | 코 | 자세 | 마음, 성격, 성품 V 뻗다 | 펴다
▶ 그녀는 길고 곧은 코를 갖고 있다. *She has a long, straight nose.*
▶ 도로가 곧게 뻗어 있었다. *The road ran straight.*

		Present	Past	Future / Presumption
Declarative	I	고와, 곱지	고왔어, 고왔지	곱겠어, 곱겠지, 고울 거야
	II	고와요, 곱죠	고왔어요, 고왔죠	곱겠어요, 곱겠죠, 고울 거예요
	III	곱다	고왔다	곱겠다, 고울 거다
	IV	곱습니다	고왔습니다	곱겠습니다, 고울 겁니다
Interrogative	I	고와?, 곱지?	고왔어?, 고왔지?	곱겠어?, 고울까?
	II	고와요?, 곱죠?	고왔어요?, 고왔죠?	곱겠어요?, 고울까요?
	III	곱니?, 고우냐?/곱냐?	고왔니?, 고왔냐?	곱겠니?, 곱겠냐?
	IV	곱습니까?	고왔습니까?	곱겠습니까?
Adnominal		고운	고운	고울

* I: Intimate / II: Polite / III: Plain / IV: Deferential

Conjunctive	and	곱고, 고우며	Conj.	not	곱지 (않다)
	or	곱거나, 곱든(지)		adv.	곱게, 고이
	but	곱지만, 고우나, 고운데	Quot.	decl.	곱다고
	so	고와(서), 고우니(까), 고우므로		inter.	고우냐고/곱냐고
	if	고우면	Nominal		고움, 곱기
	though	고와도	Subject Honorific		고우시다
	as (if)	곱듯(이)	Causative		곱게 하다

* Conj.: Conjunctive / Quot.: Quotative / adv.: adverbial / decl.: declarative / inter.: interrogative

soft, nice, beautiful (*syn.* 예쁘다 *ant.* 밉다) **ADV** 아주, 참 **N** 목소리, 살결, 얼굴, 피부 | 사람 | 말, 말투 | 모래, 소금 | 마음(씨) | 비단 | 맵시, 자태 | 옷, 한복 **V** 빗다, 차려입다 | 늙다

▸ 네 고운 피부가 부러워. *I envy your smooth skin.*
▸ 어머님이 어쩌면 그렇게 곱게 늙으셨어요? *Your mother ages very gracefully.*
▸ 그 수영장의 바닥에 극히 소량의 고운 모래가 있었다. *There was a very small amount of fine sand at the bottom of the pool.*

		Present	Past	Future / Presumption
Declarative	I	공정해, 공정하지	공정했어, 공정했지	공정하겠어, 공정하겠지, 공정할 거야
	II	공정해요, 공정하죠	공정했어요, 공정했죠	공정하겠어요, 공정하겠죠, 공정할 거예요
	III	공정하다	공정했다	공정하겠다, 공정할 거다
	IV	공정합니다	공정했습니다	공정하겠습니다, 공정할 겁니다
Interrogative	I	공정해?, 공정하지?	공정했어?, 공정했지?	공정하겠어?, 공정할까?
	II	공정해요?, 공정하죠?	공정했어요?, 공정했죠?	공정하겠어요?, 공정할까요?
	III	공정하니?, 공정하냐?	공정했니?, 공정했냐?	공정하겠니?, 공정하겠냐?
	IV	공정합니까?	공정했습니까?	공정하겠습니까?
Adnominal		공정한	공정한	공정할

* I: Intimate / II: Polite / III: Plain / IV: Deferential

Conjunctive	and	공정하고, 공정하며	Conj.	not	공정하지 (않다)
	or	공정하거나, 공정하든(지)		adv.	공정하게, 공정히
	but	공정하지만, 공정하나, 공정한데	Quot.	decl.	공정하다고
	so	공정해(서), 공정하니(까), 공정하므로		inter.	공정하냐고
	if	공정하면		Nominal	공정함, 공정하기
	though	공정해도		Subject Honorific	공정하시다
	as (if)	공정하듯(이)		Causative	공정하게 하다

* Conj.: Conjunctive / Quot.: Quotative / adv.: adverbial / decl.: declarative / inter.: interrogative

fair, just, impartial (*syn.* 공평하다 *ant.* 불공정하다) **ADV** 매우 | 비교적 **N** 가격 | 거래 | 심판, 재판 | 결정, 판단, 판정, 평가 | 대우, 처리 **V** 대하다 | 나누다 | 뽑다

▸그것은 공정한 거래였어요. *It was a fair deal.*
▸그 결정은 공정하지 않은 것 같아요. *I don't think the decision is fair.*

		Present	Past	Future / Presumption
Declarative	I	공평해, 공평하지	공평했어, 공평했지	공평하겠어, 공평하겠지, 공평할 거야
	II	공평해요, 공평하죠	공평했어요, 공평했죠	공평하겠어요, 공평하겠죠, 공평할 거예요
	III	공평하다	공평했다	공평하겠다, 공평할 거다
	IV	공평합니다	공평했습니다	공평하겠습니다, 공평할 겁니다
Interrogative	I	공평해?, 공평하지?	공평했어?, 공평했지?	공평하겠어?, 공평할까?
	II	공평해요?, 공평하죠?	공평했어요?, 공평했죠?	공평하겠어요?, 공평할까요?
	III	공평하니?, 공평하냐?	공평했니?, 공평했냐?	공평하겠니?, 공평하겠냐?
	IV	공평합니까?	공평했습니까?	공평하겠습니까?
Adnominal		공평한	공평한	공평할

* I: Intimate / II: Polite / III: Plain / IV: Deferential

Conjunctive	and	공평하고, 공평하며	Conj.	not	공평하지 (않다)
	or	공평하거나, 공평하든(지)		adv.	공평하게, 공평히
	but	공평하지만, 공평하나, 공평한데	Quot.	decl.	공평하다고
	so	공평해(서), 공평하니(까), 공평하므로		inter.	공평하냐고
	if	공평하면		Nominal	공평함, 공평하기
	though	공평해도		Subject Honorific	공평하시다
	as (if)	공평하듯(이)		Causative	공평하게 하다

* Conj.: Conjunctive / Quot.: Quotative / adv.: adverbial / decl.: declarative / inter.: interrogative

fair, impartial (*syn.* 공정하다 *ant.* 불공평하다) N 배분, 분배 | 판결 | 평가 | 대우, 처리 | 기회 V 대하다 | 나누다

▸ 참가자 전원에게 공평한 기회를 줄 것입니다. *We'll give every participant an equal opportunity.*
▸ 내가 케이크를 공평하게 나눌게. *Let me divide the cake equally.*

공허하다 gong·heo·ha·da

		Present	Past	Future / Presumption
Declarative	I	공허해, 공허하지	공허했어, 공허했지	공허하겠어, 공허하겠지, 공허할 거야
	II	공허해요, 공허하죠	공허했어요, 공허했죠	공허하겠어요, 공허하겠죠, 공허할 거예요
	III	공허하다	공허했다	공허하겠다, 공허할 거다
	IV	공허합니다	공허했습니다	공허하겠습니다, 공허할 겁니다
Interrogative	I	공허해?, 공허하지?	공허했어?, 공허했지?	공허하겠어?, 공허할까?
	II	공허해요?, 공허하죠?	공허했어요?, 공허했죠?	공허하겠어요?, 공허할까요?
	III	공허하니?, 공허하냐?	공허했니?, 공허했냐?	공허하겠니?, 공허하겠냐?
	IV	공허합니까?	공허했습니까?	공허하겠습니까?
Adnominal		공허한	공허한	공허할

* I: Intimate / II: Polite / III: Plain / IV: Deferential

Conjunctive	and	공허하고, 공허하며	Conj.	not	공허하지 (않다)
	or	공허하거나, 공허하든(지)		adv.	공허하게
	but	공허하지만, 공허하나, 공허한데	Quot.	decl.	공허하다고
	so	공허해(서), 공허하니(까), 공허하므로		inter.	공허하냐고
	if	공허하면		Nominal	공허함, 공허하기
	though	공허해도		Subject Honorific	공허하시다
	as (if)	공허하듯(이)		Causative	공허하게 하다

* Conj.: Conjunctive / Quot.: Quotative / adv.: adverbial / decl.: declarative / inter.: interrogative

---

empty, hollow N 생활 | 이론 | 약속 | 꿈 | 웃음, 표정 | 기분, 느낌, 마음 V 들리다 | 느끼다

▶ 그것은 공허한 이론에 불과하다. *It is nothing but an empty theory.*

▶ 가끔은 사는 게 공허하게 느껴져요. *Sometimes I feel my life is empty.*

▶ 그녀는 공허한 웃음을 지었다. *She made a hollow laugh.*

		Present	Past	Future / Presumption
Declarative	I	과감해, 과감하지	과감했어, 과감했지	과감하겠어, 과감하겠지, 과감할 거야
	II	과감해요, 과감하죠	과감했어요, 과감했죠	과감하겠어요, 과감하겠죠, 과감할 거예요
	III	과감하다	과감했다	과감하겠다, 과감할 거다
	IV	과감합니다	과감했습니다	과감하겠습니다, 과감할 겁니다
Interrogative	I	과감해?, 과감하지?	과감했어?, 과감했지?	과감하겠어?, 과감할까?
	II	과감해요?, 과감하죠?	과감했어요?, 과감했죠?	과감하겠어요?, 과감할까요?
	III	과감하니?, 과감하냐?	과감했니?, 과감했냐?	과감하겠니?, 과감하겠냐?
	IV	과감합니까?	과감했습니까?	과감하겠습니까?
Imperative	I	과감해	-	-
	II	과감하세요	-	-
	III	과감해라	-	-
	IV	과감하십시오	-	-
Adnominal		과감한	과감한	과감할

* I: Intimate / II: Polite / III: Plain / IV: Deferential

Conjunctive	and	과감하고, 과감하며	Conj.	not	과감하지 (않다)
	or	과감하거나, 과감하든(지)		adv.	과감하게, 과감히
	but	과감하지만, 과감하나, 과감한데	Quot.	decl.	과감하다고
				inter.	과감하냐고
	so	과감해(서), 과감하니(까), 과감하므로		imp.	과감하라고
	if	과감하면	Nominal		과감함, 과감하기
	though	과감해도	Subject Honorific		과감하시다
	as (if)	과감하듯(이)	Causative		과감하게 하다

* Conj.: Conjunctive / Quot.: Quotative / adv.: adverbial / decl.: declarative / inter.: interrogative / imp.: imperative

bold, daring (*ant.* 우유부단하다) N 개혁, 변화 | 공격 | 결정, 조치 | 방법, 전략, 정책 | 투자 | 행동 V 맞서다, 싸우다

▶ 이제 과감한 결정을 해야 할 때다. *It's time to make a bold decision.*
▶ 그는 적들과 과감히 맞서 싸웠다. *He boldly fought against his enemies.*

		Present	Past	Future / Presumption
Declarative	I	과도해, 과도하지	과도했어, 과도했지	과도하겠어, 과도하겠지, 과도할 거야
	II	과도해요, 과도하죠	과도했어요, 과도했죠	과도하겠어요, 과도하겠죠, 과도할 거예요
	III	과도하다	과도했다	과도하겠다, 과도할 거다
	IV	과도합니다	과도했습니다	과도하겠습니다, 과도할 겁니다
Interrogative	I	과도해?, 과도하지?	과도했어?, 과도했지?	과도하겠어?, 과도할까?
	II	과도해요?, 과도하죠?	과도했어요?, 과도했죠?	과도하겠어요?, 과도할까요?
	III	과도하니?, 과도하냐?	과도했니?, 과도했냐?	과도하겠니?, 과도하겠냐?
	IV	과도합니까?	과도했습니까?	과도하겠습니까?
Adnominal		과도한	과도한	과도할

* I: Intimate / II: Polite / III: Plain / IV: Deferential

Conjunctive	and	과도하고, 과도하며	Conj.	not	과도하지 (않다)
	or	과도하거나, 과도하든(지)		adv.	과도하게, 과도히
	but	과도하지만, 과도하나, 과도한데	Quot.	decl.	과도하다고
	so	과도해(서), 과도하니(까), 과도하므로		inter.	과도하냐고
	if	과도하면		Nominal	과도함, 과도하기
	though	과도해도		Subject Honorific	과도하시다
	as (if)	과도하듯(이)		Causative	과도하게 하다

* Conj.: Conjunctive / Quot.: Quotative / adv.: adverbial / decl.: declarative / inter.: interrogative

excessive (*syn.* 지나치다 *ant.* 부족하다) N 다이어트, 운동 | 음주 | 긴장, 부담, 스트레스

▶ 과도하지만 않으면 이제 술을 드셔도 괜찮아요. *You can drink if not too much.*

▶ 과도한 다이어트는 건강을 해칠 수 있습니다. *An excessive diet can damage your health.*

광범위하다 /광버뮈하다/ gwang·beo·mwi·ha·da　　　　하 REGULAR

		Present	Past	Future / Presumption
Declarative	I	광범위해, 광범위하지	광범위했어, 광범위했지	광범위하겠어, 광범위하겠지, 광범위할 거야
	II	광범위해요, 광범위하죠	광범위했어요, 광범위했죠	광범위하겠어요, 광범위하겠죠, 광범위할 거예요
	III	광범위하다	광범위했다	광범위하겠다, 광범위할 거다
	IV	광범위합니다	광범위했습니다	광범위하겠습니다, 광범위할 겁니다
Interrogative	I	광범위해?, 광범위하지?	광범위했어?, 광범위했지?	광범위하겠어?, 광범위할까?
	II	광범위해요?, 광범위하죠?	광범위했어요?, 광범위했죠?	광범위하겠어요?, 광범위할까요?
	III	광범위하니?, 광범위하냐?	광범위했니?, 광범위했냐?	광범위하겠니?, 광범위하겠냐?
	IV	광범위합니까?	광범위했습니까?	광범위하겠습니까?
Adnominal		광범위한	광범위한	광범위할

* I: Intimate / II: Polite / III: Plain / IV: Deferential

Conjunctive	and	광범위하고, 광범위하며	Conj.	not	광범위하지 (않다)
	or	광범위하거나, 광범위하든(지)		adv.	광범위하게
	but	광범위하지만, 광범위하나, 광범위한데		decl.	광범위하다고
	so	광범위해(서), 광범위하니(까), 광범위하므로	Quot.	inter.	광범위하냐고
	if	광범위하면		Nominal	광범위함, 광범위하기
	though	광범위해도		Subject Honorific	광범위하시다
	as (if)	광범위하듯(이)		Causative	광범위하게 하다

* Conj.: Conjunctive / Quot.: Quotative / adv.: adverbial / decl.: declarative / inter.: interrogative

widespread, extensive ADV 너무 | 워낙 N 연구, 조사 | 자료 | 지역 | 피해 | 활동 V 미치다 | 퍼지다

▸ 새 사업에 착수하기 전에 광범위한 자료를 수집해야 해. *We should collect extensive data before launching a new business.*

▸ 암이 가슴 전체에 광범위하게 퍼져 있습니다. *The cancer has spread extensively in the breast.*

		Present	Past	Future / Presumption
Declarative	I	괜찮아, 괜찮지	괜찮았어, 괜찮았지	괜찮겠어, 괜찮겠지, 괜찮을 거야
	II	괜찮아요, 괜찮죠	괜찮았어요, 괜찮았죠	괜찮겠어요, 괜찮겠죠, 괜찮을 거예요
	III	괜찮다	괜찮았다	괜찮겠다, 괜찮을 거다
	IV	괜찮습니다	괜찮았습니다	괜찮겠습니다, 괜찮을 겁니다
Interrogative	I	괜찮아?, 괜찮지?	괜찮았어?, 괜찮았지?	괜찮겠어?, 괜찮을까?
	II	괜찮아요?, 괜찮죠?	괜찮았어요?, 괜찮았죠?	괜찮겠어요?, 괜찮을까요?
	III	괜찮니?, 괜찮(으)냐?	괜찮았니?, 괜찮았냐?	괜찮겠니?, 괜찮겠냐?
	IV	괜찮습니까?	괜찮았습니까?	괜찮겠습니까?
Adnominal		괜찮은	괜찮은	괜찮을

* I: Intimate / II: Polite / III: Plain / IV: Deferential

Conjunctive	and	괜찮고, 괜찮으며	Conj.	not	괜찮지 (않다)
	or	괜찮거나, 괜찮든(지)		adv.	괜찮게, 괜찮이
	but	괜찮지만, 괜찮으나, 괜찮은데	Quot.	decl.	괜찮다고
	so	괜찮아(서), 괜찮으니(까), 괜찮으므로		inter.	괜찮(으)냐고
	if	괜찮으면		Nominal	괜찮음, 괜찮기
	though	괜찮아도		Subject Honorific	괜찮으시다
	as (if)	괜찮듯(이)		Causative	괜찮게 하다

* Conj.: Conjunctive / Quot.: Quotative / adv.: adverbial / decl.: declarative / inter.: interrogative

fine, okay, good ADV 이제 | 꽤, 정말 | 잠깐 N 것 | 생각 | 남자, 사람, 아이, 여자 | 가게, 곳, 나이트클럽, 레스토랑, 식당, 음식점, 호텔 | 식사, 와인, 포도주

▸ 나이를 여쭤 봐도 괜찮을까요? *Do you mind if I ask your age?*

▸ 이 근처 괜찮은 식당을 알아요. *I know a good restaurant near here.*

▸ 아무 때나 괜찮아요. *Anytime is okay.*

		Present	Past	Future / Presumption
Declarative	I	괴로워, 괴롭지	괴로웠어, 괴로웠지	괴롭겠어, 괴롭겠지, 괴로울 거야
	II	괴로워요, 괴롭죠	괴로웠어요, 괴로웠죠	괴롭겠어요, 괴롭겠죠, 괴로울 거예요
	III	괴롭다	괴로웠다	괴롭겠다, 괴로울 거다
	IV	괴롭습니다	괴로웠습니다	괴롭겠습니다, 괴로울 겁니다
Interrogative	I	괴로워?, 괴롭지?	괴로웠어?, 괴로웠지?	괴롭겠어?, 괴로울까?
	II	괴로워요?, 괴롭죠?	괴로웠어요?, 괴로웠죠?	괴롭겠어요?, 괴로울까요?
	III	괴롭니?, 괴로우냐?/괴롭냐?	괴로웠니?, 괴로웠냐?	괴롭겠니?, 괴롭겠냐?
	IV	괴롭습니까?	괴로웠습니까?	괴롭겠습니까?
Adnominal		괴로운	괴로운	괴로울

* I: Intimate / II: Polite / III: Plain / IV: Deferential

Conjunctive	and	괴롭고, 괴로우며	Conj.	not	괴롭지 (않다)
	or	괴롭거나, 괴롭든(지)		adv.	괴롭게, 괴로이
	but	괴롭지만, 괴로우나, 괴로운데	Quot.	decl.	괴롭다고
	so	괴로워(서), 괴로우니(까), 괴로우므로		inter.	괴로우냐고/괴롭냐고
	if	괴로우면		Nominal	괴로움, 괴롭기
	though	괴로워도		Subject Honorific	괴로우시다
	as (if)	괴롭듯(이)		Causative	괴롭게 하다, 괴롭히다

* Conj.: Conjunctive / Quot.: Quotative / adv.: adverbial / decl.: declarative / inter.: interrogative

painful, bitter, distressed (*syn.* 고통스럽다 *ant.* 기쁘다, 행복하다) N 너무, 몹시, 정말 | 아무리 N 일 | 때, 시간 | 입장, 처지 | 나머지 | 생활, 현실 | 경험 | 기억, 마음, 생각, 심정 | 표정

▶ 치과에 가는 건 누구에게나 괴로운 일이다. *It's so painful to go to the dentist.*
▶ 나는 그때 너무 괴로운 나머지 아무것도 먹을 수가 없었다. *Then I was so distressed that I couldn't eat anything.*
▶ 그 사고는 괴로운 기억으로 남아 있어요. *The accident remains as a painful memory.*

		Present	Past	Future / Presumption
Declarative	I	굉장해, 굉장하지	굉장했어, 굉장했지	굉장하겠어, 굉장하겠지, 굉장할 거야
	II	굉장해요, 굉장하죠	굉장했어요, 굉장했죠	굉장하겠어요, 굉장하겠죠, 굉장할 거예요
	III	굉장하다	굉장했다	굉장하겠다, 굉장할 거다
	IV	굉장합니다	굉장했습니다	굉장하겠습니다, 굉장할 겁니다
Interrogative	I	굉장해?, 굉장하지?	굉장했어?, 굉장했지?	굉장하겠어?, 굉장할까?
	II	굉장해요?, 굉장하죠?	굉장했어요?, 굉장했죠?	굉장하겠어요?, 굉장할까요?
	III	굉장하니?, 굉장하냐?	굉장했니?, 굉장했냐?	굉장하겠니?, 굉장하겠냐?
	IV	굉장합니까?	굉장했습니까?	굉장하겠습니까?
Adnominal		굉장한	굉장한	굉장할

* I: Intimate / II: Polite / III: Plain / IV: Deferential

Conjunctive	and	굉장하고, 굉장하며	Conj.	not	굉장하지 (않다)
	or	굉장하거나, 굉장하든(지)		adv.	굉장하게, 굉장히
	but	굉장하지만, 굉장하나, 굉장한데	Quot.	decl.	굉장하다고
	so	굉장해(서), 굉장하니(까), 굉장하므로		inter.	굉장하냐고
	if	굉장하면	Nominal		굉장함, 굉장하기
	though	굉장해도	Subject Honorific		굉장하시다
	as (if)	굉장하듯(이)	Causative		굉장하게 하다

* Conj.: Conjunctive / Quot.: Quotative / adv.: adverbial / decl.: declarative / inter.: interrogative

wonderful, great (*syn.* 엄청나다, 대단하다 *ant.* 보잘것없다) **ADV** 아주, 정말 **N** 미모, 미인 | 인기 | 저택 | 인파 | 소동 | 속도 | 힘 | 접전 | 계획 | 용기

▶ 사랑은 때때로 굉장한 용기를 요합니다. *Love sometimes needs great courage.*
▶ 부인의 미모가 굉장하시네요. *Your wife is a stunning beauty.*

		Present	Past	Future / Presumption
Declarative	I	굳어, 굳지	굳었어, 굳었지	굳겠어, 굳겠지, 굳을 거야
	II	굳어요, 굳죠	굳었어요, 굳었죠	굳겠어요, 굳겠죠, 굳을 거예요
	III	굳다	굳었다	굳겠다, 굳을 거다
	IV	굳습니다	굳었습니다	굳겠습니다, 굳을 겁니다
Interrogative	I	굳어?, 굳지?	굳었어?, 굳었지?	굳겠어?, 굳을까?
	II	굳어요?, 굳죠?	굳었어요?, 굳었죠?	굳겠어요?, 굳을까요?
	III	굳니?, 굳(으)냐?	굳었니?, 굳었냐?	굳겠니?, 굳겠냐?
	IV	굳습니까?	굳었습니까?	굳겠습니까?
Adnominal		굳은	굳은	굳을

* I: Intimate / II: Polite / III: Plain / IV: Deferential

Conjunctive	and	굳고, 굳으며	Conj.	not	굳지 (않다)
	or	굳거나, 굳든(지)		adv.	굳게
	but	굳지만, 굳으나, 굳은데	Quot.	decl.	굳다고
	so	굳어(서), 굳으니(까), 굳으므로		inter.	굳(으)냐고
	if	굳으면		Nominal	굳음, 굳기
	though	굳어도		Subject Honorific	굳으시다
	as (if)	굳듯(이)		Causative	굳게 하다, 굳히다

* Conj.: Conjunctive / Quot.: Quotative / adv.: adverbial / decl.: declarative / inter.: interrogative

hard, stiff, strong ADV 빳빳이 N 결심, 결의, 다짐, 마음, 맹세, 신념, 약속, 언약, 의지 | 얼굴, 표정 | 땅 | 단결, 우정, 절개 V 믿다 | 지키다 | 다물다 | 마음먹다

▶ 창문이 굳게 닫혀 있었어요. *The window was shut tight.*

▶ 그는 의지가 굳은 사람이다. *He is a man of iron will.*

		Present	Past	Future / Presumption
Declarative	I	굵어, 굵지	굵었어, 굵었지	굵겠어, 굵겠지, 굵을 거야
	II	굵어요, 굵죠	굵었어요, 굵었죠	굵겠어요, 굵겠죠, 굵을 거예요
	III	굵다	굵었다	굵겠다, 굵을 거다
	IV	굵습니다	굵었습니다	굵겠습니다, 굵을 겁니다
Interrogative	I	굵어?, 굵지?	굵었어?, 굵었지?	굵겠어?, 굵을까?
	II	굵어요?, 굵죠?	굵었어요?, 굵었죠?	굵겠어요?, 굵을까요?
	III	굵니?, 굵(으)냐?	굵었니?, 굵었냐?	굵겠니?, 굵겠냐?
	IV	굵습니까?	굵었습니까?	굵겠습니까?
Adnominal		굵은	굵은	굵을

* I: Intimate / II: Polite / III: Plain / IV: Deferential

Conjunctive	and	굵고, 굵으며	Conj.	not	굵지 (않다)
	or	굵거나, 굵든(지)		adv.	굵게
	but	굵지만, 굵으나, 굵은데	Quot.	decl.	굵다고
	so	굵어(서), 굵으니(까), 굵으므로		inter.	굵(으)냐고
	if	굵으면		Nominal	굵음, 굵기
	though	굵어도		Subject Honorific	굵으시다
	as (if)	굵듯(이)		Causative	굵게 하다

* Conj.: Conjunctive / Quot.: Quotative / adv.: adverbial / decl.: declarative / inter.: interrogative

thick, big (*ant.* 가늘다) ADV 가장, 제일 N 비, 빗방울, 소나기 | 목소리, 손가락 | 글씨 | 눈물 | 기둥, 다리 | 나무, 모래, 자갈 | 막대기, 밧줄, 실 | 감자

▶ 저는 손가락이 굵어요. *I have thick fingers.*
▶ 그는 매력적인 굵은 목소리를 지니고 있다. *He has an attractive deep voice.*
▶ 빗방울이 점점 굵어진다. *The raindrops are getting bigger.*

		Present	Past	Future / Presumption
Declarative	I	궁금해, 궁금하지	궁금했어, 궁금했지	궁금하겠어, 궁금하겠지, 궁금할 거야
	II	궁금해요, 궁금하죠	궁금했어요, 궁금했죠	궁금하겠어요, 궁금하겠죠, 궁금할 거예요
	III	궁금하다	궁금했다	궁금하겠다, 궁금할 거다
	IV	궁금합니다	궁금했습니다	궁금하겠습니다, 궁금할 겁니다
Interrogative	I	궁금해?, 궁금하지?	궁금했어?, 궁금했지?	궁금하겠어?, 궁금할까?
	II	궁금해요?, 궁금하죠?	궁금했어요?, 궁금했죠?	궁금하겠어요?, 궁금할까요?
	III	궁금하니?, 궁금하냐?	궁금했니?, 궁금했냐?	궁금하겠니?, 궁금하겠냐?
	IV	궁금합니까?	궁금했습니까?	궁금하겠습니까?
Adnominal		궁금한	궁금한	궁금할

* I: Intimate / II: Polite / III: Plain / IV: Deferential

Conjunctive	and	궁금하고, 궁금하며	Conj.	not	궁금하지 (않다)
	or	궁금하거나, 궁금하든(지)		adv.	궁금하게, 궁금히
	but	궁금하지만, 궁금하나, 궁금한데	Quot.	decl.	궁금하다고
	so	궁금해(서), 궁금하니(까), 궁금하므로		inter.	궁금하냐고
	if	궁금하면	Nominal		궁금함, 궁금하기
	though	궁금해도	Subject Honorific		궁금하시다
	as (if)	궁금하듯(이)	Causative		궁금하게 하다

* Conj.: Conjunctive / Quot.: Quotative / adv.: adverbial / decl.: declarative / inter.: interrogative

---

curious **ADV** 그냥 | 정말 | 좀　**N** 것, 사항 | 말 | 마음　**V** 죽다 | 묻다, 물어보다

▶ 그냥 궁금해서 물어봤어. *I just asked out of curiosity.*

▶ 네가 무슨 생각을 하고 있는지 궁금해. *I'm curious to know what you are thinking.*

		Present	Past	Future / Presumption
Declarative	I	귀여워, 귀엽지	귀여웠어, 귀여웠지	귀엽겠어, 귀엽겠지, 귀여울 거야
	II	귀여워요, 귀엽죠	귀여웠어요, 귀여웠죠	귀엽겠어요, 귀엽겠죠, 귀여울 거예요
	III	귀엽다	귀여웠다	귀엽겠다, 귀여울 거다
	IV	귀엽습니다	귀여웠습니다	귀엽겠습니다, 귀여울 겁니다
Interrogative	I	귀여워?, 귀엽지?	귀여웠어?, 귀여웠지?	귀엽겠어?, 귀여울까?
	II	귀여워요?, 귀엽죠?	귀여웠어요?, 귀여웠죠?	귀엽겠어요?, 귀여울까요?
	III	귀엽니?, 귀여우냐?/ 귀엽냐?	귀여웠니?, 귀여웠냐?	귀엽겠니?, 귀엽겠냐?
	IV	귀엽습니까?	귀여웠습니까?	귀엽겠습니까?
Adnominal		귀여운	귀여운	귀여울

* I: Intimate / II: Polite / III: Plain / IV: Deferential

Conjunctive	and	귀엽고, 귀여우며	Conj.	not	귀엽지 (않다)
	or	귀엽거나, 귀엽든(지)		adv.	귀엽게
	but	귀엽지만, 귀여우나, 귀여운데	Quot.	decl.	귀엽다고
	so	귀여워(서), 귀여우니(까), 귀여우므로		inter.	귀여우냐고/귀엽냐고
	if	귀여우면		Nominal	귀여움, 귀엽기
	though	귀여워도		Subject Honorific	귀여우시다
	as (if)	귀엽듯(이)		Causative	귀엽게 하다

* Conj.: Conjunctive / Quot.: Quotative / adv.: adverbial / decl.: declarative / inter.: interrogative

cute, sweet, pretty (*syn.* 예쁘다, 사랑스럽다 *ant.* 밉다) **ADV** 너무, 정말, 참 **N** 딸, 사람, 소녀, 아기, 아이, 여자, 자식 | 모습, 스타일, 얼굴 | 강아지 | 인형 **V** 보이다, 생기다 | 웃다 | 자라다 | 굴다 | 죽다

▶ 제 여자 친구는 웃는 모습이 귀여워요. *My girlfriend has a cute smile.*
▶ 아기가 참 귀엽네요! *What a cute baby!*
▶ 손자가 정말 귀여워 죽겠어요. *My grandson is the apple of my eye.*

		Present	Past	Future / Presumption
Declarative	I	귀중해, 귀중하지	귀중했어, 귀중했지	귀중하겠어, 귀중하겠지, 귀중할 거야
	II	귀중해요, 귀중하죠	귀중했어요, 귀중했죠	귀중하겠어요, 귀중하겠죠, 귀중할 거예요
	III	귀중하다	귀중했다	귀중하겠다, 귀중할 거다
	IV	귀중합니다	귀중했습니다	귀중하겠습니다, 귀중할 겁니다
Interrogative	I	귀중해?, 귀중하지?	귀중했어?, 귀중했지?	귀중하겠어?, 귀중할까?
	II	귀중해요?, 귀중하죠?	귀중했어요?, 귀중했죠?	귀중하겠어요?, 귀중할까요?
	III	귀중하니?, 귀중하냐?	귀중했니?, 귀중했냐?	귀중하겠니?, 귀중하겠냐?
	IV	귀중합니까?	귀중했습니까?	귀중하겠습니까?
Adnominal		귀중한	귀중한	귀중할

* I: Intimate / II: Polite / III: Plain / IV: Deferential

Conjunctive	and	귀중하고, 귀중하며	Conj.	not	귀중하지 (않다)
	or	귀중하거나, 귀중하든(지)		adv.	귀중하게, 귀중히
	but	귀중하지만, 귀중하나, 귀중한데	Quot.	decl.	귀중하다고
	so	귀중해(서), 귀중하니(까), 귀중하므로		inter.	귀중하냐고
	if	귀중하면		Nominal	귀중함, 귀중하기
	though	귀중해도		Subject Honorific	귀중하시다
	as (if)	귀중하듯(이)		Causative	귀중하게 하다

* Conj.: Conjunctive / Quot.: Quotative / adv.: adverbial / decl.: declarative / inter.: interrogative

valuable, priceless, precious (*syn.* 소중하다 *ant.* 하찮다) **ADV** 대단히, 매우, 아주
N 자료, 정보 | 물건, 책 | 시간 | 경험, 체험 | 목숨, 생명

▶ 귀중한 시간을 낭비하지 마라. *Don't waste your precious time.*
▶ 어떤 것도 생명보다 귀중하지는 않습니다. *Nothing is as precious as life.*

		Present	Past	Future / Presumption
Declarative	I	귀찮아, 귀찮지	귀찮았어, 귀찮았지	귀찮겠어, 귀찮겠지, 귀찮을 거야
	II	귀찮아요, 귀찮죠	귀찮았어요, 귀찮았죠	귀찮겠어요, 귀찮겠죠, 귀찮을 거예요
	III	귀찮다	귀찮았다	귀찮겠다, 귀찮을 거다
	IV	귀찮습니다	귀찮았습니다	귀찮겠습니다, 귀찮을 겁니다
Interrogative	I	귀찮아?, 귀찮지?	귀찮았어?, 귀찮았지?	귀찮겠어?, 귀찮을까?
	II	귀찮아요?, 귀찮죠?	귀찮았어요?, 귀찮았죠?	귀찮겠어요?, 귀찮을까요?
	III	귀찮니?, 귀찮(으)냐?	귀찮았니?, 귀찮았냐?	귀찮겠니?, 귀찮겠냐?
	IV	귀찮습니까?	귀찮았습니까?	귀찮겠습니까?
Adnominal		귀찮은	귀찮은	귀찮을

* I: Intimate / II: Polite / III: Plain / IV: Deferential

Conjunctive	and	귀찮고, 귀찮으며	Conj.	not	귀찮지 (않다)
	or	귀찮거나, 귀찮든(지)		adv.	귀찮게
	but	귀찮지만, 귀찮으나, 귀찮은데	Quot.	decl.	귀찮다고
	so	귀찮아(서), 귀찮으니(까), 귀찮으므로		inter.	귀찮(으)냐고
	if	귀찮으면		Nominal	귀찮음, 귀찮기
	though	귀찮아도		Subject Honorific	귀찮으시다
	as (if)	귀찮듯(이)		Causative	귀찮게 하다

* Conj.: Conjunctive / Quot.: Quotative / adv.: adverbial / decl.: declarative / inter.: interrogative

annoyed, troublesome, tiresome (*syn.* 성가시다) **P** -기(가) **ADV** 너무, 매우, 정말 | 또, 자꾸 **N** 문제, 일 | 사람, 존재 **V** 굴다 | 따라다니다, 쫓아다니다 | 묻다 | 조르다

▶ 귀찮게 굴지 좀 마. *Don't bother me.*
▶ 밥 먹기도 귀찮아. *Even eating is tiresome.*

		Present	Past	Future / Presumption
Declarative	I	귀해, 귀하지	귀했어, 귀했지	귀하겠어, 귀하겠지, 귀할 거야
	II	귀해요, 귀하죠	귀했어요, 귀했죠	귀하겠어요, 귀하겠죠, 귀할 거예요
	III	귀하다	귀했다	귀하겠다, 귀할 거다
	IV	귀합니다	귀했습니다	귀하겠습니다, 귀할 겁니다
Interrogative	I	귀해?, 귀하지?	귀했어?, 귀했지?	귀하겠어?, 귀할까?
	II	귀해요?, 귀하죠?	귀했어요?, 귀했죠?	귀하겠어요?, 귀할까요?
	III	귀하니?, 귀하냐?	귀했니?, 귀했냐?	귀하겠니?, 귀하겠냐?
	IV	귀합니까?	귀했습니까?	귀하겠습니까?
Adnominal		귀한	귀한	귀할

* I: Intimate / II: Polite / III: Plain / IV: Deferential

Conjunctive	and	귀하고, 귀하며	Conj.	not	귀하지 (않다)
	or	귀하거나, 귀하든(지)		adv.	귀하게, 귀히
	but	귀하지만, 귀하나, 귀한데	Quot.	decl.	귀하다고
	so	귀해(서), 귀하니(까), 귀하므로		inter.	귀하냐고
	if	귀하면	Nominal		귀함, 귀하기
	though	귀해도	Subject Honorific		귀하시다
	as (if)	귀하듯(이)	Causative		귀하게 하다

* Conj.: Conjunctive / Quot.: Quotative / adv.: adverbial / decl.: declarative / inter.: interrogative

1 precious, valuable (*syn.* 귀중하다) **ADV** 대단히, 매우 **N** 따님, 딸, 사람, 손님, 아들, 자식 | 시간 | 물건 | 걸음 | 정보 | 말씀 | 가치
- ▶ 생명보다 귀한 것은 없다. *Nothing is as valuable as life.*
- ▶ 오늘 오후에 귀한 손님이 오시기로 돼 있어요. *We're having an important guest this afternoon.*

2 rare (*syn.* 드물다 *ant.* 흔하다) **ADV** 대단히, 매우 **N** 물, 비 | 과일 | 물건 | 동물
- ▶ 옛날에는 컴퓨터가 귀했다. *Computers were rare in the past.*
- ▶ 이 지역에는 마실 수 있는 물이 귀하다. *Drinking water is scarce in this area.*

		Present	Past	Future / Presumption
Declarative	I	그럴듯해, 그럴듯하지	그럴듯했어, 그럴듯했지	그럴듯하겠어, 그럴듯하겠지, 그럴듯할 거야
	II	그럴듯해요, 그럴듯하죠	그럴듯했어요, 그럴듯했죠	그럴듯하겠어요, 그럴듯하겠죠, 그럴듯할 거예요
	III	그럴듯하다	그럴듯했다	그럴듯하겠다, 그럴듯할 거다
	IV	그럴듯합니다	그럴듯했습니다	그럴듯하겠습니다, 그럴듯할 겁니다
Interrogative	I	그럴듯해?, 그럴듯하지?	그럴듯했어?, 그럴듯했지?	그럴듯하겠어?, 그럴듯할까?
	II	그럴듯해요?, 그럴듯하죠?	그럴듯했어요?, 그럴듯했죠?	그럴듯하겠어요?, 그럴듯할까요?
	III	그럴듯하니?, 그럴듯하냐?	그럴듯했니?, 그럴듯했냐?	그럴듯하겠니?, 그럴듯하겠냐?
	IV	그럴듯합니까?	그럴듯했습니까?	그럴듯하겠습니까?
Adnominal		그럴듯한	그럴듯한	그럴듯할

* I: Intimate / II: Polite / III: Plain / IV: Deferential

Conjunctive	and	그럴듯하고, 그럴듯하며	Conj.	not	그럴듯하지 (않다)
	or	그럴듯하거나, 그럴듯하든(지)		adv.	그럴듯하게
	but	그럴듯하지만, 그럴듯하나, 그럴듯한데	Quot.	decl.	그럴듯하다고
	so	그럴듯해(서), 그럴듯하니(까), 그럴듯하므로		inter.	그럴듯하냐고
	if	그럴듯하면	Nominal		그럴듯함, 그럴듯하기
	though	그럴듯해도	Subject Honorific		그럴듯하시다
	as (if)	그럴듯하듯(이)	Causative		그럴듯하게 하다

* Conj.: Conjunctive / Quot.: Quotative / adv.: adverbial / decl.: declarative / inter.: interrogative

1 plausible (*syn.* 그럴싸하다) **ADV** 꽤 | 아무리 **N** 거짓말, 구실, 말, 변명, 소리, 이유, 핑계 | 설명, 주장 **V** 꾸미다, 둘러대다 | 들리다, 보이다
▸ 네 설명이 그럴듯하게 들리네. *Your explanation sounds plausible.*
▸ 사람들은 그 그럴듯한 거짓말에 속아 넘어갔다. *People fell for that specious lie.*

2 decent (*syn.* 그럴싸하다) **ADV** 꽤, 제법 **N** 맛 | 겉, 모양, 보기, 외모 **V** 꾸미다
▸ 이 요리는 보기에는 그럴듯하지만, 맛은 별로다. *This dish looks quite good, but it tastes bad.*

그렇다 /그러타/ geu·reo·ta　　　　　　　　　　　ㅎ IRREGULAR

		Present	Past	Future / Presumption
Declarative	I	그래, 그렇지	그랬어, 그랬지	그렇겠어, 그렇겠지, 그럴 거야
	II	그래요, 그렇죠	그랬어요, 그랬죠	그렇겠어요, 그렇겠죠, 그럴 거예요
	III	그렇다	그랬다	그렇겠다, 그럴 거다
	IV	그렇습니다	그랬습니다	그렇겠습니다, 그럴 겁니다
Interrogative	I	그래?, 그렇지?	그랬어?, 그랬지?	그렇겠어?, 그럴까?
	II	그래요?, 그렇죠?	그랬어요?, 그랬죠?	그렇겠어요?, 그럴까요?
	III	그렇니?, 그러냐?/그렇냐?	그랬니?, 그랬냐?	그렇겠니?, 그렇겠냐?
	IV	그렇습니까?	그랬습니까?	그렇겠습니까?
Adnominal		그런	그런	그럴

* I: Intimate / II: Polite / III: Plain / IV: Deferential

Conjunctive	and	그렇고, 그러며	**Conj.**	not	그렇지 (않다)
	or	그렇거나, 그렇든(지)		adv.	그렇게
	but	그렇지만, 그러나, 그런데	**Quot.**	decl.	그렇다고
	so	그래(서), 그러니(까), 그러므로		inter.	그러냐고/그렇냐고
	if	그러면	Nominal		그럼, 그렇기
	though	그래도	Subject Honorific		그러시다
	as (if)	그렇듯(이)	Causative		그렇게 하다

* Conj.: Conjunctive / Quot.: Quotative / adv.: adverbial / decl.: declarative / inter.: interrogative

so, true (*ff.* 그러하다) **ADV** 왜 | 정말 | 과연, 꼭 | 그럼 **N** 말, 소리, 얘기 | 일 | 짓 | 식 | 생각 | 사람

▸ 저는 그런 일은 하고 싶지 않아요. *I don't want to do such a thing.*

▸ 좀 더 먹지 그래? *Why don't you have another bite?*

▸ 그런 말 마세요. *Don't say so.*

		Present	Past	Future / Presumption
Declarative	I	글러, 그르지	글렀어, 글렀지	그르겠어, 그르겠지, 그를 거야
	II	글러요, 그르죠	글렀어요, 글렀죠	그르겠어요, 그르겠죠, 그를 거예요
	III	그르다	글렀다	그르겠다, 그를 거다
	IV	그릅니다	글렀습니다	그르겠습니다, 그를 겁니다
Interrogative	I	글러?, 그르지?	글렀어?, 글렀지?	그르겠어?, 그를까?
	II	글러요?, 그르죠?	글렀어요?, 글렀죠?	그르겠어요?, 그를까요?
	III	그르니?, 그르냐?	글렀니?, 글렀냐?	그르겠니?, 그르겠냐?
	IV	그릅니까?	글렀습니까?	그르겠습니까?
Adnominal		그른	그른	그를

* I: Intimate / II: Polite / III: Plain / IV: Deferential

Conjunctive					
	and	그르고, 그르며	Conj.	not	그르지 (않다)
	or	그르거나, 그르든(지)		adv.	그르게
	but	그르지만, 그르나, 그른데	Quot.	decl.	그르다고
	so	글러(서), 그르니(까), 그르므로		inter.	그르냐고
	if	그르면		Nominal	그름, 그르기
	though	글러도		Subject Honorific	그르시다
	as (if)	그르듯(이)		Causative	그르게 하다

* Conj.: Conjunctive / Quot.: Quotative / adv.: adverbial / decl.: declarative / inter.: interrogative

1 wrong, incorrect (*ant.* 옳다) **ADV** 이제 | 다, 모두 **N** 생각, 주장 | 말 | 행동 **V** 가리다 | 따지다

▸옳고 그름을 가리는 것이 늘 가능한 것은 아니다. *It is not always possible to tell right from wrong.*

▸그녀가 한 말이 모두 그르다고는 할 수 없어요. *We can't say what she said is all wrong.*

2 hopeless **F** 글렀- | 글러 **ADV** 이미, 이제 | 다 | 영 **N** 상태 | 날씨 | 사람 **V** 먹다

▸걔는 글러 먹었어. *He's hopeless.*

▸이제 다 글렀어. *It's all over now.*

		Present	Past	Future / Presumption
Declarative	I	그리워, 그립지	그리웠어, 그리웠지	그립겠어, 그립겠지, 그리울 거야
	II	그리워요, 그립죠	그리웠어요, 그리웠죠	그립겠어요, 그립겠죠, 그리울 거예요
	III	그립다	그리웠다	그립겠다, 그리울 거다
	IV	그립습니다	그리웠습니다	그립겠습니다, 그리울 겁니다
Interrogative	I	그리워?, 그립지?	그리웠어?, 그리웠지?	그립겠어?, 그리울까?
	II	그리워요?, 그립죠?	그리웠어요?, 그리웠죠?	그립겠어요?, 그리울까요?
	III	그립니?, 그리우냐?/그립냐?	그리웠니?, 그리웠냐?	그립겠니?, 그립겠냐?
	IV	그립습니까?	그리웠습니까?	그립겠습니까?
Adnominal		그리운	그리운	그리울

* I: Intimate / II: Polite / III: Plain / IV: Deferential

Conjunctive	and	그립고, 그리우며	Conj.	not	그립지 (않다)
	or	그립거나, 그립든(지)		adv.	그립게
	but	그립지만, 그리우나, 그리운데	Quot.	decl.	그립다고
	so	그리워(서), 그리우니(까), 그리우므로		inter.	그리우냐고/그립냐고
	if	그리우면		Nominal	그리움, 그립기
	though	그리워도		Subject Honorific	그리우시다
	as (if)	그립듯(이)		Causative	그립게 하다

* Conj.: Conjunctive / Quot.: Quotative / adv.: adverbial / decl.: declarative / inter.: interrogative

miss, long for ADV 너무, 많이, 몹시 N 고향, 조국 | 부모, 사람, 얼굴, 친구 | 생각, 추억 | 것 | 옛날 | 계절 V 울다

▶ 요즘에는 옛날이 몹시 그리워요. *I really miss the old days now.*

▶ 고향에 계신 부모님이 그립습니다. *I miss my parents in my hometown.*

		Present	Past	Future / Presumption
Declarative	I	그만해, 그만하지	그만했어, 그만했지	그만하겠어, 그만하겠지, 그만할 거야
	II	그만해요, 그만하죠	그만했어요, 그만했죠	그만하겠어요, 그만하겠죠, 그만할 거예요
	III	그만하다	그만했다	그만하겠다, 그만할 거다
	IV	그만합니다	그만했습니다	그만하겠습니다, 그만할 겁니다
Interrogative	I	그만해?, 그만하지?	그만했어?, 그만했지?	그만하겠어?, 그만할까?
	II	그만해요?, 그만하죠?	그만했어요?, 그만했죠?	그만하겠어요?, 그만할까요?
	III	그만하니?, 그만하냐?	그만했니?, 그만했냐?	그만하겠니?, 그만하겠냐?
	IV	그만합니까?	그만했습니까?	그만하겠습니까?
Adnominal		그만한	그만한	그만할

* I: Intimate / II: Polite / III: Plain / IV: Deferential

Conjunctive	and	그만하고, 그만하며	Conj.	not	그만하지 (않다)
	or	그만하거나, 그만하든(지)		adv.	그만하게
	but	그만하지만, 그만하나, 그만한데	Quot.	decl.	그만하다고
	so	그만해(서), 그만하니(까), 그만하므로		inter.	그만하냐고
	if	그만하면	Nominal		그만함, 그만하기
	though	그만해도	Subject Honorific		그만하시다
	as (if)	그만하듯(이)	Causative		그만하게 하다

* Conj.: Conjunctive / Quot.: Quotative / adv.: adverbial / decl.: declarative / inter.: interrogative

---

as much as that N 사람 | 양 | 가치 | 일 | 다행

▶ 상처가 그만해서 그나마 다행이야. *You're lucky the injury wasn't much worse.*

▶ 그만한 사람 찾기도 쉽지 않아. *It's not easy to find such a person.*

		Present	Past	Future / Presumption
Declarative	I	그윽해, 그윽하지	그윽했어, 그윽했지	그윽하겠어, 그윽하겠지, 그윽할 거야
	II	그윽해요, 그윽하죠	그윽했어요, 그윽했죠	그윽하겠어요, 그윽하겠죠, 그윽할 거예요
	III	그윽하다	그윽했다	그윽하겠다, 그윽할 거다
	IV	그윽합니다	그윽했습니다	그윽하겠습니다, 그윽할 겁니다
Interrogative	I	그윽해?, 그윽하지?	그윽했어?, 그윽했지?	그윽하겠어?, 그윽할까?
	II	그윽해요?, 그윽하죠?	그윽했어요?, 그윽했죠?	그윽하겠어요?, 그윽할까요?
	III	그윽하니?, 그윽하냐?	그윽했니?, 그윽했냐?	그윽하겠니?, 그윽하겠냐?
	IV	그윽합니까?	그윽했습니까?	그윽하겠습니까?
Adnominal		그윽한	그윽한	그윽할

* I: Intimate / II: Polite / III: Plain / IV: Deferential

Conjunctive	and	그윽하고, 그윽하며	Conj.	not	그윽하지 (않다)
	or	그윽하거나, 그윽하든(지)		adv.	그윽하게, 그윽이
	but	그윽하지만, 그윽하나, 그윽한데	Quot.	decl.	그윽하다고
	so	그윽해(서), 그윽하니(까), 그윽하므로		inter.	그윽하냐고
	if	그윽하면	Nominal		그윽함, 그윽하기
	though	그윽해도	Subject Honorific		그윽하시다
	as (if)	그윽하듯(이)	Causative		그윽하게 하다

* Conj.: Conjunctive / Quot.: Quotative / adv.: adverbial / decl.: declarative / inter.: interrogative

mellow N 향, 향기 | 정취 | 눈길, 눈빛, 시선 | 목소리

▶ 방 안에서 그윽한 커피 향이 났다. *The room was full of a delicate and rich coffee aroma.*

▶ 그녀는 그를 그윽한 시선으로 바라보았다. *She lovingly gazed upon him.*

		Present	Past	Future / Presumption
Declarative	I	극심해, 극심하지	극심했어, 극심했지	극심하겠어, 극심하겠지, 극심할 거야
	II	극심해요, 극심하죠	극심했어요, 극심했죠	극심하겠어요, 극심하겠죠, 극심할 거예요
	III	극심하다	극심했다	극심하겠다, 극심할 거다
	IV	극심합니다	극심했습니다	극심하겠습니다, 극심할 겁니다
Interrogative	I	극심해?, 극심하지?	극심했어?, 극심했지?	극심하겠어?, 극심할까?
	II	극심해요?, 극심하죠?	극심했어요?, 극심했죠?	극심하겠어요?, 극심할까요?
	III	극심하니?, 극심하냐?	극심했니?, 극심했냐?	극심하겠니?, 극심하겠냐?
	IV	극심합니까?	극심했습니까?	극심하겠습니까?
Adnominal		극심한	극심한	극심할

* I: Intimate / II: Polite / III: Plain / IV: Deferential

Conjunctive	and	극심하고, 극심하며	Conj.	not	극심하지 (않다)
	or	극심하거나, 극심하든(지)		adv.	극심하게, 극심히
	but	극심하지만, 극심하나, 극심한데	Quot.	decl.	극심하다고
	so	극심해(서), 극심하니(까), 극심하므로		inter.	극심하냐고
	if	극심하면	Nominal		극심함, 극심하기
	though	극심해도	Subject Honorific		극심하시다
	as (if)	극심하듯(이)	Causative		극심하게 하다

* Conj.: Conjunctive / Quot.: Quotative / adv.: adverbial / decl.: declarative / inter.: interrogative

severe, acute, intense N 가뭄, | 더위, 추위 | 갈증, 고통, 두통, 통증 | 가난, 빈곤 | 피해 | 공포, 스트레스

▸ 그는 극심한 공포로 비명을 질렀다. *He shouted in extreme fear.*
▸ 전국적으로 가뭄이 극심하다. *There's a severe drought throughout the country.*

		Present	Past	Future / Presumption
Declarative	I	급격해, 급격하지	급격했어, 급격했지	급격하겠어, 급격하겠지, 급격할 거야
	II	급격해요, 급격하죠	급격했어요, 급격했죠	급격하겠어요, 급격하겠죠, 급격할 거예요
	III	급격하다	급격했다	급격하겠다, 급격할 거다
	IV	급격합니다	급격했습니다	급격하겠습니다, 급격할 겁니다
Interrogative	I	급격해?, 급격하지?	급격했어?, 급격했지?	급격하겠어?, 급격할까?
	II	급격해요?, 급격하죠?	급격했어요?, 급격했죠?	급격하겠어요?, 급격할까요?
	III	급격하니?, 급격하냐?	급격했니?, 급격했냐?	급격하겠니?, 급격하겠냐?
	IV	급격합니까?	급격했습니까?	급격하겠습니까?
Adnominal		급격한	급격한	급격할

* I: Intimate / II: Polite / III: Plain / IV: Deferential

Conjunctive	and	급격하고, 급격하며	Conj.	not	급격하지 (않다)
	or	급격하거나, 급격하든(지)		adv.	급격하게, 급격히
	but	급격하지만, 급격하나, 급격한데	Quot.	decl.	급격하다고
	so	급격해(서), 급격하니(까), 급격하므로		inter.	급격하냐고
	if	급격하면		Nominal	급격함, 급격하기
	though	급격해도		Subject Honorific	급격하시다
	as (if)	급격하듯(이)		Causative	급격하게 하다

* Conj.: Conjunctive / Quot.: Quotative / adv.: adverbial / decl.: declarative / inter.: interrogative

rapid, sharp **ADV** 갑자기 **N** 변동, 변화 | 상승, 증가 | 감소, 하락 **V** 바뀌다, 변하다 | 상승하다, 증가하다 | 떨어지다

‣ 이번 달 들어 교통사고가 급격하게 증가하였다. *Car accidents have increased sharply this month.*

‣ 많은 사람들이 급격한 변화를 반갑게 여기지 않는다. *Many people don't welcome drastic changes.*

급급하다 /급끄파다/ geup·geu·pa·da

		Present	Past	Future / Presumption
Declarative	I	급급해, 급급하지	급급했어, 급급했지	급급하겠어, 급급하겠지, 급급할 거야
	II	급급해요, 급급하죠	급급했어요, 급급했죠	급급하겠어요, 급급하겠죠, 급급할 거예요
	III	급급하다	급급했다	급급하겠다, 급급할 거다
	IV	급급합니다	급급했습니다	급급하겠습니다, 급급할 겁니다
Interrogative	I	급급해?, 급급하지?	급급했어?, 급급했지?	급급하겠어?, 급급할까?
	II	급급해요?, 급급하죠?	급급했어요?, 급급했죠?	급급하겠어요?, 급급할까요?
	III	급급하니?, 급급하냐?	급급했니?, 급급했냐?	급급하겠니?, 급급하겠냐?
	IV	급급합니까?	급급했습니까?	급급하겠습니까?
Adnominal		급급한	급급한	급급할

* I: Intimate / II: Polite / III: Plain / IV: Deferential

Conjunctive	and	급급하고, 급급하며	**Conj.**	not	급급하지 (않다)
	or	급급하거나, 급급하든(지)		adv.	급급하게
	but	급급하지만, 급급하나, 급급한데	**Quot.**	decl.	급급하다고
	so	급급해(서), 급급하니(까), 급급하므로		inter.	급급하냐고
	if	급급하면	Nominal		급급함, 급급하기
	though	급급해도	Subject Honorific		급급하시다
	as (if)	급급하듯(이)	Causative		급급하게 하다

* Conj.: Conjunctive / Quot.: Quotative / adv.: adverbial / decl.: declarative / inter.: interrogative

---

busy P -에 | -기(에) N 나머지

▸ 눈앞의 일에만 급급하면 안 된다. *You shouldn't be shortsighted.*

▸ 옛날에는 먹고살기에 급급한 나머지 건강에 신경을 쓰지 못했어요. *In the past, I was so busy eking out a living that I couldn't take care of my health.*

		Present	Past	Future / Presumption
Declarative	I	급해, 급하지	급했어, 급했지	급하겠어, 급하겠지, 급할 거야
	II	급해요, 급하죠	급했어요, 급했죠	급하겠어요, 급하겠죠, 급할 거예요
	III	급하다	급했다	급하겠다, 급할 거다
	IV	급합니다	급했습니다	급하겠습니다, 급할 겁니다
Interrogative	I	급해?, 급하지?	급했어?, 급했지?	급하겠어?, 급할까?
	II	급해요?, 급하죠?	급했어요?, 급했죠?	급하겠어요?, 급할까요?
	III	급하니?, 급하냐?	급했니?, 급했냐?	급하겠니?, 급하겠냐?
	IV	급합니까?	급했습니까?	급하겠습니까?
Adnominal		급한	급한	급할

* I: Intimate / II: Polite / III: Plain / IV: Deferential

Conjunctive	and	급하고, 급하며	Conj.	not	급하지 (않다)
	or	급하거나, 급하든(지)		adv.	급하게, 급히
	but	급하지만, 급하나, 급한데	Quot.	decl.	급하다고
	so	급해(서), 급하니(까), 급하므로		inter.	급하냐고
	if	급하면	Nominal		급함, 급하기
	though	급해도	Subject Honorific		급하시다
	as (if)	급하듯(이)	Causative		급하게 하다

* Conj.: Conjunctive / Quot.: Quotative / adv.: adverbial / decl.: declarative / inter.: interrogative

1 impetuous (*ant.* 느긋하다) **ADV** 너무 | 좀 **N** 성격, 성미 | 사람

▸ 저는 성격이 급해서 실수를 자주 해요. *I tend to hurry everything so I often make mistakes.*

2 urgent (*syn.* 바쁘다 *ant.* 여유롭다, 한가롭다) **ADV** 아무리 | 몹시 **N** 문제, 볼일, 용건, 용무, 일 | 전갈, 전화 | 환자 | 결정 | 마당, 사정, 상황 **V** 먹다 | 서두르다

▸ 급한 일이 있어서 이만 가 볼게요. *Something urgent has come up so I have to go.*

▸ 급할수록 돌아가라. *Haste makes waste.*

기막히다 /기마키다/ gi·ma·ki·da   REGULAR 71

		Present	Past	Future / Presumption
Declarative	I	기막혀, 기막히지	기막혔어, 기막혔지	기막히겠어, 기막히겠지, 기막힐 거야
	II	기막혀요, 기막히죠	기막혔어요, 기막혔죠	기막히겠어요, 기막히겠죠, 기막힐 거예요
	III	기막히다	기막혔다	기막히겠다, 기막힐 거다
	IV	기막힙니다	기막혔습니다	기막히겠습니다, 기막힐 겁니다
Interrogative	I	기막혀?, 기막히지?	기막혔어?, 기막혔지?	기막히겠어?, 기막힐까?
	II	기막혀요?, 기막히죠?	기막혔어요?, 기막혔죠?	기막히겠어요?, 기막힐까요?
	III	기막히니?, 기막히냐?	기막혔니?, 기막혔냐?	기막히겠니?, 기막히겠냐?
	IV	기막힙니까?	기막혔습니까?	기막히겠습니까?
Adnominal		기막힌	기막힌	기막힐

* I: Intimate / II: Polite / III: Plain / IV: Deferential

Conjunctive	and	기막히고, 기막히며	Conj.	not	기막히지 (않다)
	or	기막히거나, 기막히든(지)		adv.	기막히게
	but	기막히지만, 기막히나, 기막힌데	Quot.	decl.	기막히다고
	so	기막혀(서), 기막히니(까), 기막히므로		inter.	기막히냐고
	if	기막히면	Nominal		기막힘, 기막히기
	though	기막혀도	Subject Honorific		기막히시다
	as (if)	기막히듯(이)	Causative		기막히게 하다

* Conj.: Conjunctive / Quot.: Quotative / adv.: adverbial / decl.: declarative / inter.: interrogative

dumbfounded (*syn.* 기차다) ADV 그야말로, 정말 N 일 | 우연 | 노릇 | 맛 | 솜씨 | 날씨 | 생각 ADJ 좋다 | 멋지다

▶ 기막혀서 할 말이 없다. *I'm at a loss for words.*
▶ 오늘은 날씨가 기막힌데. *It's such a beautiful day today.*
▶ 차 맛이 기막히게 좋다. *The tea tastes great.*

기쁘다 gi·ppeu·da

		Present	Past	Future / Presumption
Declarative	I	기뻐, 기쁘지	기뻤어, 기뻤지	기쁘겠어, 기쁘겠지, 기쁠 거야
	II	기뻐요, 기쁘죠	기뻤어요, 기뻤죠	기쁘겠어요, 기쁘겠죠, 기쁠 거예요
	III	기쁘다	기뻤다	기쁘겠다, 기쁠 거다
	IV	기쁩니다	기뻤습니다	기쁘겠습니다, 기쁠 겁니다
Interrogative	I	기뻐?, 기쁘지?	기뻤어?, 기뻤지?	기쁘겠어?, 기쁠까?
	II	기뻐요?, 기쁘죠?	기뻤어요?, 기뻤죠?	기쁘겠어요?, 기쁠까요?
	III	기쁘니?, 기쁘냐?	기뻤니?, 기뻤냐?	기쁘겠니?, 기쁘겠냐?
	IV	기쁩니까?	기뻤습니까?	기쁘겠습니까?
Adnominal		기쁜	기쁜	기쁠

* I: Intimate / II: Polite / III: Plain / IV: Deferential

Conjunctive	and	기쁘고, 기쁘며	Conj.	not	기쁘지 (않다)
	or	기쁘거나, 기쁘든(지)		adv.	기쁘게
	but	기쁘지만, 기쁘나, 기쁜데	Quot.	decl.	기쁘다고
	so	기뻐(서), 기쁘니(까), 기쁘므로		inter.	기쁘냐고
	if	기쁘면		Nominal	기쁨, 기쁘기
	though	기뻐도		Subject Honorific	기쁘시다
	as (if)	기쁘듯(이)		Causative	기쁘게 하다

* Conj.: Conjunctive / Quot.: Quotative / adv.: adverbial / decl.: declarative / inter.: interrogative

glad, pleased, happy (*ant.* 슬프다) **ADV** 너무, 아주, 정말 **N** 마음, 생각 | 소식 | 일 | 나머지 **V** 날뛰다 | 생각하다

▶ 시험에 합격한 것이 너무나 기뻐요. *I'm so happy to have passed the exam.*

▶ 만나 뵙게 되어 기쁘게 생각합니다. *I'm glad to meet you.*

		Present	Past	Future / Presumption
Declarative	I	길어, 길지	길었어, 길었지	길겠어, 길겠지, 길 거야
	II	길어요, 길죠	길었어요, 길었죠	길겠어요, 길겠죠, 길 거예요
	III	길다	길었다	길겠다, 길 거다
	IV	깁니다	길었습니다	길겠습니다, 길 겁니다
Interrogative	I	길어?, 길지?	길었어?, 길었지?	길겠어?, 길까?
	II	길어요?, 길죠?	길었어요?, 길었죠?	길겠어요?, 길까요?
	III	기니?, 기냐?	길었니?, 길었냐?	길겠니?, 길겠냐?
	IV	깁니까?	길었습니까?	길겠습니까?
Adnominal		긴	긴	길

* I: Intimate / II: Polite / III: Plain / IV: Deferential

Conjunctive	and	길고, 길며	Conj.	not	길지 (않다)
	or	길거나, 길든(지)		adv.	길게, 길이
	but	길지만, 기나, 긴데	Quot.	decl.	길다고
	so	길어(서), 기니(까), 길므로		inter.	기냐고
	if	길면	Nominal		긺, 길기
	though	길어도	Subject Honorific		기시다
	as (if)	길듯(이)	Causative		길게 하다

* Conj.: Conjunctive / Quot.: Quotative / adv.: adverbial / decl.: declarative / inter.: interrogative

long, lengthy (*ant.* 짧다) **ADV** 꽤, 너무 | 약간, 조금, 좀 **N** 머리 | 겨울, 세월, 시간, 하루 | 말, 얘기 | 강연, 대사 | 한숨 | 꼬리 | 길이 | 막대, 우산, 치마

▶ 제 대사가 너무 길어 애먹었어요. *My lines were so long that I had a hard time memorizing them.*

▶ 인생은 짧고 예술은 길다. *Life is short and art is long.*

		Present	Past	Future / Presumption
Declarative	I	깊어, 깊지	깊었어, 깊었지	깊겠어, 깊겠지, 깊을 거야
	II	깊어요, 깊죠	깊었어요, 깊었죠	깊겠어요, 깊겠죠, 깊을 거예요
	III	깊다	깊었다	깊겠다, 깊을 거다
	IV	깊습니다	깊었습니다	깊겠습니다, 깊을 겁니다
Interrogative	I	깊어?, 깊지?	깊었어?, 깊었지?	깊겠어?, 깊을까?
	II	깊어요?, 깊죠?	깊었어요?, 깊었죠?	깊겠어요?, 깊을까요?
	III	깊니?, 깊(으)냐?	깊었니?, 깊었냐?	깊겠니?, 깊겠냐?
	IV	깊습니까?	깊었습니까?	깊겠습니까?
Adnominal		깊은	깊은	깊을

* I: Intimate / II: Polite / III: Plain / IV: Deferential

Conjunctive	and	깊고, 깊으며	Conj.	not	깊지 (않다)
	or	깊거나, 깊든(지)		adv.	깊게
	but	깊지만, 깊으나, 깊은데	Quot.	decl.	깊다고
	so	깊어(서), 깊으니(까), 깊으므로		inter.	깊(으)냐고
	if	깊으면		Nominal	깊음, 깊기
	though	깊어도		Subject Honorific	깊으시다
	as (if)	깊듯(이)		Causative	깊게 하다

* Conj.: Conjunctive / Quot.: Quotative / adv.: adverbial / decl.: declarative / inter.: interrogative

---

deep (*ant.* 얕다) ADV 꽤, 너무, 매우, 아주 N 계곡, 골짜기, 곳, 물, 바다, 산, 산속 | 생각 | 뜻 | 잠 | 밤 | 상처 | 맛 | 감사 | 관계, 사이 | 감동, 감명, 관심, 사랑, 슬픔, 인상 | 한숨

▶ 물이 너무 깊어서 바닥이 닿질 않아. *The water is so deep that I can't touch the bottom.*

▶ 아내는 아주 생각이 깊은 사람입니다. *My wife is very thoughtful.*

▶ 밤이 깊었는데 무슨 일로 찾아왔어? *What brought you here at this late night?*

		Present	Past	Future / Presumption
Declarative	I	까다로워, 까다롭지	까다로웠어, 까다로웠지	까다롭겠어, 까다롭겠지, 까다로울 거야
	II	까다로워요, 까다롭죠	까다로웠어요, 까다로웠죠	까다롭겠어요, 까다롭겠죠, 까다로울 거예요
	III	까다롭다	까다로웠다	까다롭겠다, 까다로울 거다
	IV	까다롭습니다	까다로웠습니다	까다롭겠습니다, 까다로울 겁니다
Interrogative	I	까다로워?, 까다롭지?	까다로웠어?, 까다로웠지?	까다롭겠어?, 까다로울까?
	II	까다로워요?, 까다롭죠?	까다로웠어요?, 까다로웠죠?	까다롭겠어요?, 까다로울까요?
	III	까다롭니?, 까다로우냐?/까다롭냐?	까다로웠니?, 까다로웠냐?	까다롭겠니?, 까다롭겠냐?
	IV	까다롭습니까?	까다로웠습니까?	까다롭겠습니까?
Adnominal		까다로운	까다로운	까다로울

* I: Intimate / II: Polite / III: Plain / IV: Deferential

Conjunctive	and	까다롭고, 까다로우며	Conj.	not	까다롭지 (않다)
	or	까다롭거나, 까다롭든(지)		adv.	까다롭게, 까다로이
	but	까다롭지만, 까다로우나, 까다로운데	Quot.	decl.	까다롭다고
	so	까다로워(서), 까다로우니(까), 까다로우므로		inter.	까다로우냐고/까다롭냐고
	if	까다로우면		Nominal	까다로움, 까다롭기
	though	까다로워도		Subject Honorific	까다로우시다
	as (if)	까다롭듯(이)		Causative	까다롭게 하다

* Conj.: Conjunctive / Quot.: Quotative / adv.: adverbial / decl.: declarative / inter.: interrogative

difficult, particular, fussy (*ant.* 무난하다) **ADV** 꽤, 너무, 매우, 상당히 **N** 고객, 사람 | 성격 | 문제, 일 | 상황, 조건 | 식성 **V** 굴다 | 말하다

▶ 이 문제는 초등학생들에게는 너무 까다로워. *This question is too difficult for elementary school students.*

▶ 저는 식성이 까다로운 편이에요. *I am rather particular about food.*

까맣다 /까마타/ kka·ma·ta　　　　　ㅎ IRREGULAR

		Present	Past	Future / Presumption
Declarative	I	까매, 까맣지	까맸어, 까맸지	까맣겠어, 까맣겠지, 까말 거야
	II	까매요, 까맣죠	까맸어요, 까맸죠	까맣겠어요, 까맣겠죠, 까말 거예요
	III	까맣다	까맸다	까맣겠다, 까말 거다
	IV	까맣습니다	까맸습니다	까맣겠습니다, 까말 겁니다
Interrogative	I	까매?, 까맣지?	까맸어?, 까맸지?	까맣겠어?, 까말까?
	II	까매요?, 까맣죠?	까맸어요?, 까맸죠?	까맣겠어요?, 까말까요?
	III	까맣니?, 까마냐?/까맣냐?	까맸니?, 까맸냐?	까맣겠니?, 까맣겠냐?
	IV	까맣습니까?	까맸습니까?	까맣겠습니까?
Adnominal		까만	까만	까말

* I: Intimate / II: Polite / III: Plain / IV: Deferential

Conjunctive	and	까맣고, 까마며	Conj.	not	까맣지 (않다)
	or	까맣거나, 까맣든(지)		adv.	까맣게
	but	까맣지만, 까마나, 까만데	Quot.	decl.	까맣다고
	so	까매(서), 까마니(까), 까마므로		inter.	까마냐고/까맣냐고
	if	까마면		Nominal	까맘, 까맣기
	though	까매도		Subject Honorific	까마시다
	as (if)	까맣듯(이)		Causative	까맣게 하다

* Conj.: Conjunctive / Quot.: Quotative / adv.: adverbial / decl.: declarative / inter.: interrogative

1 black (*syn.* 검다 *ant.* 하얗다, 희다) N 구두 | 글씨 | 눈동자, 눈썹, 머리카락 | 색 V 그을리다, 타다 | 태우다

▸ 저는 눈썹은 까만데, 머리는 갈색이에요. *My eyebrows are black, but my hair is brown.*

2 completely F 까맣게 V 잊다, 잊어버리다 | 모르다

▸ 그 일을 까맣게 잊고 있었어. *It completely slipped my mind.*

▸ 저는 그 사실을 까맣게 몰랐어요. *I didn't know that at all.*

깔끔하다 kkal·kkeum·ha·da

		Present	Past	Future / Presumption
Declarative	I	깔끔해, 깔끔하지	깔끔했어, 깔끔했지	깔끔하겠어, 깔끔하겠지, 깔끔할 거야
	II	깔끔해요, 깔끔하죠	깔끔했어요, 깔끔했죠	깔끔하겠어요, 깔끔하겠죠, 깔끔할 거예요
	III	깔끔하다	깔끔했다	깔끔하겠다, 깔끔할 거다
	IV	깔끔합니다	깔끔했습니다	깔끔하겠습니다, 깔끔할 겁니다
Interrogative	I	깔끔해?, 깔끔하지?	깔끔했어?, 깔끔했지?	깔끔하겠어?, 깔끔할까?
	II	깔끔해요?, 깔끔하죠?	깔끔했어요?, 깔끔했죠?	깔끔하겠어요?, 깔끔할까요?
	III	깔끔하니?, 깔끔하냐?	깔끔했니?, 깔끔했냐?	깔끔하겠니?, 깔끔하겠냐?
	IV	깔끔합니까?	깔끔했습니까?	깔끔하겠습니까?
Adnominal		깔끔한	깔끔한	깔끔할

* I: Intimate / II: Polite / III: Plain / IV: Deferential

Conjunctive	and	깔끔하고, 깔끔하며	Conj.	not	깔끔하지 (않다)
	or	깔끔하거나, 깔끔하든(지)		adv.	깔끔하게, 깔끔히
	but	깔끔하지만, 깔끔하나, 깔끔한데	Quot.	decl.	깔끔하다고
	so	깔끔해(서), 깔끔하니(까), 깔끔하므로		inter.	깔끔하냐고
	if	깔끔하면	Nominal		깔끔함, 깔끔하기
	though	깔끔해도	Subject Honorific		깔끔하시다
	as (if)	깔끔하듯(이)	Causative		깔끔하게 하다

* Conj.: Conjunctive / Quot.: Quotative / adv.: adverbial / decl.: declarative / inter.: interrogative

neat, tidy **ADV** 언제나, 항상 | 가장, 아주 **N** 사람 | 인상 | 정돈, 정리 | 성격 | 옷차림 | 맛 | 가게

▶ 책장 좀 깔끔하게 정리해라. *Arrange the bookshelf neatly.*
▶ 저는 성격이 깔끔한 편이에요. *I'm a neat person.*

		Present	Past	Future / Presumption
Declarative	I	깨끗해, 깨끗하지	깨끗했어, 깨끗했지	깨끗하겠어, 깨끗하겠지, 깨끗할 거야
	II	깨끗해요, 깨끗하죠	깨끗했어요, 깨끗했죠	깨끗하겠어요, 깨끗하겠죠, 깨끗할 거예요
	III	깨끗하다	깨끗했다	깨끗하겠다, 깨끗할 거다
	IV	깨끗합니다	깨끗했습니다	깨끗하겠습니다, 깨끗할 겁니다
Interrogative	I	깨끗해?, 깨끗하지?	깨끗했어?, 깨끗했지?	깨끗하겠어?, 깨끗할까?
	II	깨끗해요?, 깨끗하죠?	깨끗했어요?, 깨끗했죠?	깨끗하겠어요?, 깨끗할까요?
	III	깨끗하니?, 깨끗하냐?	깨끗했니?, 깨끗했냐?	깨끗하겠니?, 깨끗하겠냐?
	IV	깨끗합니까?	깨끗했습니까?	깨끗하겠습니까?
Adnominal		깨끗한	깨끗한	깨끗할

* I: Intimate / II: Polite / III: Plain / IV: Deferential

Conjunctive	and	깨끗하고, 깨끗하며	Conj.	not	깨끗하지 (않다)
	or	깨끗하거나, 깨끗하든(지)		adv.	깨끗하게, 깨끗이
	but	깨끗하지만, 깨끗하나, 깨끗한데	Quot.	decl.	깨끗하다고
	so	깨끗해(서), 깨끗하니(까), 깨끗하므로		inter.	깨끗하냐고
	if	깨끗하면		Nominal	깨끗함, 깨끗하기
	though	깨끗해도		Subject Honorific	깨끗하시다
	as (if)	깨끗하듯(이)		Causative	깨끗하게 하다

* Conj.: Conjunctive / Quot.: Quotative / adv.: adverbial / decl.: declarative / inter.: interrogative

clean (*syn.* 깔끔하다 *ant.* 더럽다) **ADV** 매우, 아주, 완전히 **N** 물 | 청소 | 수건 | 공기 | 공원 | 방 | 사람 | 선거, 정치 | 마음 | 셔츠, 양복, 옷 | 종이 **V** 닦다, 빨다, 씻다, 청소하다, 치우다 | 낫다 | 먹다

▶ 외출하고 돌아오면 손을 깨끗이 씻어라. *Wash your hands cleanly after returning home.*

▶ 며칠이면 깨끗이 나을 겁니다. *You'll fully recover in a few days.*

		Present	Past	Future / Presumption
Declarative	I	꼼꼼해, 꼼꼼하지	꼼꼼했어, 꼼꼼했지	꼼꼼하겠어, 꼼꼼하겠지, 꼼꼼할 거야
	II	꼼꼼해요, 꼼꼼하죠	꼼꼼했어요, 꼼꼼했죠	꼼꼼하겠어요, 꼼꼼하겠죠, 꼼꼼할 거예요
	III	꼼꼼하다	꼼꼼했다	꼼꼼하겠다, 꼼꼼할 거다
	IV	꼼꼼합니다	꼼꼼했습니다	꼼꼼하겠습니다, 꼼꼼할 겁니다
Interrogative	I	꼼꼼해?, 꼼꼼하지?	꼼꼼했어?, 꼼꼼했지?	꼼꼼하겠어?, 꼼꼼할까?
	II	꼼꼼해요?, 꼼꼼하죠?	꼼꼼했어요?, 꼼꼼했죠?	꼼꼼하겠어요?, 꼼꼼할까요?
	III	꼼꼼하니?, 꼼꼼하냐?	꼼꼼했니?, 꼼꼼했냐?	꼼꼼하겠니?, 꼼꼼하겠냐?
	IV	꼼꼼합니까?	꼼꼼했습니까?	꼼꼼하겠습니까?
Adnominal		꼼꼼한	꼼꼼한	꼼꼼할

* I: Intimate / II: Polite / III: Plain / IV: Deferential

Conjunctive	and	꼼꼼하고, 꼼꼼하며	Conj.	not	꼼꼼하지 (않다)
	or	꼼꼼하거나, 꼼꼼하든(지)		adv.	꼼꼼하게, 꼼꼼히
	but	꼼꼼하지만, 꼼꼼하나, 꼼꼼한데	Quot.	decl.	꼼꼼하다고
	so	꼼꼼해(서), 꼼꼼하니(까), 꼼꼼하므로		inter.	꼼꼼하냐고
	if	꼼꼼하면	Nominal		꼼꼼함, 꼼꼼하기
	though	꼼꼼해도	Subject Honorific		꼼꼼하시다
	as (if)	꼼꼼하듯(이)	Causative		꼼꼼하게 하다

* Conj.: Conjunctive / Quot.: Quotative / adv.: adverbial / decl.: declarative / inter.: interrogative

meticulous, precise, careful ADV 매우, 아주 N 사람 | 성격 | 검토, 계획, 조사, 준비 | 기록

▸ 남편은 성격이 꼼꼼해요. *My husband is very meticulous.*
▸ 저는 일처리가 꼼꼼한 사람이 좋아요. *I like people who are exact in their work.*

		Present	Past	Future / Presumption
Declarative	I	꾸준해, 꾸준하지	꾸준했어, 꾸준했지	꾸준하겠어, 꾸준하겠지, 꾸준할 거야
	II	꾸준해요, 꾸준하죠	꾸준했어요, 꾸준했죠	꾸준하겠어요, 꾸준하겠죠, 꾸준할 거예요
	III	꾸준하다	꾸준했다	꾸준하겠다, 꾸준할 거다
	IV	꾸준합니다	꾸준했습니다	꾸준하겠습니다, 꾸준할 겁니다
Interrogative	I	꾸준해?, 꾸준하지?	꾸준했어?, 꾸준했지?	꾸준하겠어?, 꾸준할까?
	II	꾸준해요?, 꾸준하죠?	꾸준했어요?, 꾸준했죠?	꾸준하겠어요?, 꾸준할까요?
	III	꾸준하니?, 꾸준하냐?	꾸준했니?, 꾸준했냐?	꾸준하겠니?, 꾸준하겠냐?
	IV	꾸준합니까?	꾸준했습니까?	꾸준하겠습니까?
Imperative	I	꾸준해	-	-
	II	꾸준하세요	-	-
	III	꾸준해라	-	-
	IV	꾸준하십시오	-	-
Adnominal		꾸준한	꾸준한	꾸준할

* I: Intimate / II: Polite / III: Plain / IV: Deferential

Conjunctive	and	꾸준하고, 꾸준하며	Conj.	not	꾸준하지 (않다)
	or	꾸준하거나, 꾸준하든(지)		adv.	꾸준하게, 꾸준히
	but	꾸준하지만, 꾸준하나, 꾸준한데	Quot.	decl.	꾸준하다고
				inter.	꾸준하냐고
	so	꾸준해(서), 꾸준하니(까), 꾸준하므로		imp.	꾸준하라고
	if	꾸준하면	Nominal		꾸준함, 꾸준하기
	though	꾸준해도	Subject Honorific		꾸준하시다
	as (if)	꾸준하듯(이)	Causative		꾸준하게 하다

* Conj.: Conjunctive / Quot.: Quotative / adv.: adverbial / decl.: declarative / inter.: interrogative / imp.: imperative

steady, consistent (*syn.* 한결같다) N 노력 | 연습 | 진전 | 성격 | 속도

▸ 한 악기를 잘 다루려면 꾸준한 연습이 필요하다. *Constant practice is required to play an instrument well.*

▸ 그는 꾸준한 노력이 자신의 성공의 비결이라고 밝혔다. *He said the constant effort was the key to his success.*

		Present	Past	Future / Presumption
Declarative	I	끈질겨, 끈질기지	끈질겼어, 끈질겼지	끈질기겠어, 끈질기겠지, 끈질길 거야
	II	끈질겨요, 끈질기죠	끈질겼어요, 끈질겼죠	끈질기겠어요, 끈질기겠죠, 끈질길 거예요
	III	끈질기다	끈질겼다	끈질기겠다, 끈질길 거다
	IV	끈질깁니다	끈질겼습니다	끈질기겠습니다, 끈질길 겁니다
Interrogative	I	끈질겨?, 끈질기지?	끈질겼어?, 끈질겼지?	끈질기겠어?, 끈질길까?
	II	끈질겨요?, 끈질기죠?	끈질겼어요?, 끈질겼죠?	끈질기겠어요?, 끈질길까요?
	III	끈질기니?, 끈질기냐?	끈질겼니?, 끈질겼냐?	끈질기겠니?, 끈질기겠냐?
	IV	끈질깁니까?	끈질겼습니까?	끈질기겠습니까?
Adnominal		끈질긴	끈질긴	끈질길

* I: Intimate / II: Polite / III: Plain / IV: Deferential

Conjunctive	and	끈질기고, 끈질기며	Conj.	not	끈질기지 (않다)
	or	끈질기거나, 끈질기든(지)		adv.	끈질기게
	but	끈질기지만, 끈질기나, 끈질긴데	Quot.	decl.	끈질기다고
	so	끈질겨(서), 끈질기니(까), 끈질기므로		inter.	끈질기냐고
	if	끈질기면	Nominal		끈질김, 끈질기기
	though	끈질겨도	Subject Honorific		끈질기시다
	as (if)	끈질기듯(이)	Causative		끈질기게 하다

* Conj.: Conjunctive / Quot.: Quotative / adv.: adverbial / decl.: declarative / inter.: interrogative

persistent N 설득 | 사람 | 노력 | 질문 | 추적 V 달라붙다, 매달리다, 조르다 | 버티다 | 따라오다 | 부탁하다

▸ 정말 끈질긴 분이시군요. *You're such a persistent person.*
▸ 그가 내게 도와 달라고 끈질기게 부탁했다. *He asked me for help persistently.*

		Present	Past	Future / Presumption
Declarative	I	끊임없어, 끊임없지	끊임없었어, 끊임없었지	끊임없겠어, 끊임없겠지, 끊임없을 거야
	II	끊임없어요, 끊임없죠	끊임없었어요, 끊임없었죠	끊임없겠어요, 끊임없겠죠, 끊임없을 거예요
	III	끊임없다	끊임없었다	끊임없겠다, 끊임없을 거다
	IV	끊임없습니다	끊임없었습니다	끊임없겠습니다, 끊임없을 겁니다
Interrogative	I	끊임없어?, 끊임없지?	끊임없었어?, 끊임없었지?	끊임없겠어?, 끊임없을까?
	II	끊임없어요?, 끊임없죠?	끊임없었어요?, 끊임없었죠?	끊임없겠어요?, 끊임없을까요?
	III	끊임없니?, 끊임없(느)냐?	끊임없었니?, 끊임없었냐?	끊임없겠니?, 끊임없겠냐?
	IV	끊임없습니까?	끊임없었습니까?	끊임없겠습니까?
Adnominal		끊임없는	끊임없는	끊임없을

* I: Intimate / II: Polite / III: Plain / IV: Deferential

Conjunctive	and	끊임없고, 끊임없으며	Conj.	not	끊임없지 (않다)
	or	끊임없거나, 끊임없든(지)		adv.	끊임없게, 끊임없이
	but	끊임없지만, 끊임없으나, 끊임없는데	Quot.	decl.	끊임없다고
	so	끊임없어(서), 끊임없으니(까), 끊임없으므로		inter.	끊임없(느)냐고
	if	끊임없으면	Nominal		끊임없음, 끊임없기
	though	끊임없어도	Subject Honorific		끊임없으시다
	as (if)	끊임없듯(이)	Causative		끊임없게 하다

* Conj.: Conjunctive / Quot.: Quotative / adv.: adverbial / decl.: declarative / inter.: interrogative

constant, endless N 노력 | 불평, 잔소리 | 발전, 변화 | 연구 | 소음

▸ 모임의 모든 사람들이 그녀의 끊임없는 불평에 지쳐 갔다. *Every member in the meeting got weary of her continual complaints.*

▸ 비가 여덟 시간 동안 끊임없이 내렸다. *The rain fell relentlessly for eight hours.*

끔찍하다 /끔찌카다/ kkeum·jji·ka·da

		Present	Past	Future / Presumption
Declarative	I	끔찍해, 끔찍하지	끔찍했어, 끔찍했지	끔찍하겠어, 끔찍하겠지, 끔찍할 거야
	II	끔찍해요, 끔찍하죠	끔찍했어요, 끔찍했죠	끔찍하겠어요, 끔찍하겠죠, 끔찍할 거예요
	III	끔찍하다	끔찍했다	끔찍하겠다, 끔찍할 거다
	IV	끔찍합니다	끔찍했습니다	끔찍하겠습니다, 끔찍할 겁니다
Interrogative	I	끔찍해?, 끔찍하지?	끔찍했어?, 끔찍했지?	끔찍하겠어?, 끔찍할까?
	II	끔찍해요?, 끔찍하죠?	끔찍했어요?, 끔찍했죠?	끔찍하겠어요?, 끔찍할까요?
	III	끔찍하니?, 끔찍하냐?	끔찍했니?, 끔찍했냐?	끔찍하겠니?, 끔찍하겠냐?
	IV	끔찍합니까?	끔찍했습니까?	끔찍하겠습니까?
Adnominal		끔찍한	끔찍한	끔찍할

* I: Intimate / II: Polite / III: Plain / IV: Deferential

Conjunctive	and	끔찍하고, 끔찍하며	Conj.	not	끔찍하지 (않다)
	or	끔찍하거나, 끔찍하든(지)		adv.	끔찍하게, 끔찍이
	but	끔찍하지만, 끔찍하나, 끔찍한데	Quot.	decl.	끔찍하다고
	so	끔찍해(서), 끔찍하니(까), 끔찍하므로		inter.	끔찍하냐고
	if	끔찍하면	Nominal		끔찍함, 끔찍하기
	though	끔찍해도	Subject Honorific		끔찍하시다
	as (if)	끔찍하듯(이)	Causative		끔찍하게 하다

* Conj.: Conjunctive / Quot.: Quotative / adv.: adverbial / decl.: declarative / inter.: interrogative

terrible, awful **ADV** 너무, 아주, 정말 **N** 일 | 경험 | 광경, 장면 | 사건, 사고 | 생각 | 말, 소리 | 소식 | 실수 | 충격 | 결과 | 기분 | 하루 **V** 아끼다

▶ 어젯밤 사고는 끔찍했어요. *The accident last night was awful.*
▶ 정말 끔찍한 하루였어요. *What a terrible day I've had!*

		Present	Past	Future / Presumption
Declarative	I	끝없어, 끝없지	끝없었어, 끝없었지	끝없겠어, 끝없겠지, 끝없을 거야
	II	끝없어요, 끝없죠	끝없었어요, 끝없었죠	끝없겠어요, 끝없겠죠, 끝없을 거예요
	III	끝없다	끝없었다	끝없겠다, 끝없을 거다
	IV	끝없습니다	끝없었습니다	끝없겠습니다, 끝없을 겁니다
Interrogative	I	끝없어?, 끝없지?	끝없었어?, 끝없었지?	끝없겠어?, 끝없을까?
	II	끝없어요?, 끝없죠?	끝없었어요?, 끝없었죠?	끝없겠어요?, 끝없을까요?
	III	끝없니?, 끝없(느)냐?	끝없었니?, 끝없었냐?	끝없겠니?, 끝없겠냐?
	IV	끝없습니까?	끝없었습니까?	끝없겠습니까?
Adnominal		끝없는	끝없는	끝없을

* I: Intimate / II: Polite / III: Plain / IV: Deferential

Conjunctive	and	끝없고, 끝없으며	Conj.	not	끝없지 (않다)
	or	끝없거나, 끝없든(지)		adv.	끝없게, 끝없이
	but	끝없지만, 끝없으나, 끝없는데	Quot.	decl.	끝없다고
	so	끝없어(서), 끝없으니(까), 끝없으므로		inter.	끝없(느)냐고
	if	끝없으면		Nominal	끝없음, 끝없기
	though	끝없어도		Subject Honorific	끝없으시다
	as (if)	끝없듯(이)		Causative	끝없게 하다

* Conj.: Conjunctive / Quot.: Quotative / adv.: adverbial / decl.: declarative / inter.: interrogative

endless N 광야, 바다, 벌판 | 야망, 욕망 | 사랑 | 호기심 | 불평

▶ 아내의 끝없는 불평이 지겨워요. *I'm sick and tired of my wife's endless complaining.*

▶ 우리는 끝없는 바다 위에 떠 있었다. *We were floating on the endless sea.*

		Present	Past	Future / Presumption
Declarative	I	나빠, 나쁘지	나빴어, 나빴지	나쁘겠어, 나쁘겠지, 나쁠 거야
	II	나빠요, 나쁘죠	나빴어요, 나빴죠	나쁘겠어요, 나쁘겠죠, 나쁠 거예요
	III	나쁘다	나빴다	나쁘겠다, 나쁠 거다
	IV	나쁩니다	나빴습니다	나쁘겠습니다, 나쁠 겁니다
Interrogative	I	나빠?, 나쁘지?	나빴어?, 나빴지?	나쁘겠어?, 나쁠까?
	II	나빠요?, 나쁘죠?	나빴어요?, 나빴죠?	나쁘겠어요?, 나쁠까요?
	III	나쁘니?, 나쁘냐?	나빴니?, 나빴냐?	나쁘겠니?, 나쁘겠냐?
	IV	나쁩니까?	나빴습니까?	나쁘겠습니까?
Adnominal		나쁜	나쁜	나쁠

* I: Intimate / II: Polite / III: Plain / IV: Deferential

Conjunctive	and	나쁘고, 나쁘며	Conj.	not	나쁘지 (않다)
	or	나쁘거나, 나쁘든(지)		adv.	나쁘게
	but	나쁘지만, 나쁘나, 나쁜데	Quot.	decl.	나쁘다고
	so	나빠(서), 나쁘니(까), 나쁘므로		inter.	나쁘냐고
	if	나쁘면	Nominal		나쁨, 나쁘기
	though	나빠도	Subject Honorific		나쁘시다
	as (if)	나쁘듯(이)	Causative		나쁘게 하다

* Conj.: Conjunctive / Quot.: Quotative / adv.: adverbial / decl.: declarative / inter.: interrogative

bad, wrong, poor (*ant.* 좋다) **P** -에 **ADV** 몹시, 아주, 정말, 특히 **N** 짓, 행동 | 사람, 새끼, 자식, 친구 | 버릇, 습관 | 일 | 감정, 기분, 마음, 생각 | 소문, 소식 | 결과, 영향 | 길 | 말 | 뜻 | 때, 시기 | 날씨 | 쪽 | 병 | 머리

▶ 지나친 음주는 건강에 나쁩니다. *Excessive drinking is bad for your health.*

▶ 우리 애는 머리가 나쁜 편은 아니에요. 단지 공부에 관심이 없을 뿐이에요. *My child is not dumb. He is just not interested in studying.*

▶ 이 나쁜 자식아! *You bastard!*

		Present	Past	Future / Presumption
Declarative	I	난감해, 난감하지	난감했어, 난감했지	난감하겠어, 난감하겠지, 난감할 거야
	II	난감해요, 난감하죠	난감했어요, 난감했죠	난감하겠어요, 난감하겠죠, 난감할 거예요
	III	난감하다	난감했다	난감하겠다, 난감할 거다
	IV	난감합니다	난감했습니다	난감하겠습니다, 난감할 겁니다
Interrogative	I	난감해?, 난감하지?	난감했어?, 난감했지?	난감하겠어?, 난감할까?
	II	난감해요?, 난감하죠?	난감했어요?, 난감했죠?	난감하겠어요?, 난감할까요?
	III	난감하니?, 난감하냐?	난감했니?, 난감했냐?	난감하겠니?, 난감하겠냐?
	IV	난감합니까?	난감했습니까?	난감하겠습니까?
Adnominal		난감한	난감한	난감할

* I: Intimate / II: Polite / III: Plain / IV: Deferential

Conjunctive	and	난감하고, 난감하며	Conj.	not	난감하지 (않다)
	or	난감하거나, 난감하든(지)		adv.	난감하게
	but	난감하지만, 난감하나, 난감한데	Quot.	decl.	난감하다고
	so	난감해(서), 난감하니(까), 난감하므로		inter.	난감하냐고
	if	난감하면		Nominal	난감함, 난감하기
	though	난감해도		Subject Honorific	난감하시다
	as (if)	난감하듯(이)		Causative	난감하게 하다

* Conj.: Conjunctive / Quot.: Quotative / adv.: adverbial / decl.: declarative / inter.: interrogative

embarrassing (*syn.* 난처하다) P -기(가) | -ㄹ지(가) ADV 몹시, 아주, 정말 N 문제 | 얘기 | 지경, 처지 | 표정 | 질문

▶ 가끔 학생들이 난감한 질문을 해요. *Sometimes students ask embarrassing questions.*

▶ 누구를 뽑아야 할지가 난감해요. *I'm at a loss as to who I should vote for.*

		Present	Past	Future / Presumption
Declarative	I	날카로워, 날카롭지	날카로웠어, 날카로웠지	날카롭겠어, 날카롭겠지, 날카로울 거야
	II	날카로워요, 날카롭죠	날카로웠어요, 날카로웠죠	날카롭겠어요, 날카롭겠죠, 날카로울 거예요
	III	날카롭다	날카로웠다	날카롭겠다, 날카로울 거다
	IV	날카롭습니다	날카로웠습니다	날카롭겠습니다, 날카로울 겁니다
Interrogative	I	날카로워?, 날카롭지?	날카로웠어?, 날카로웠지?	날카롭겠어?, 날카로울까?
	II	날카로워요?, 날카롭죠?	날카로웠어요?, 날카로웠죠?	날카롭겠어요?, 날카로울까요?
	III	날카롭니?, 날카로우냐?/날카롭냐?	날카로웠니?, 날카로웠냐?	날카롭겠니?, 날카롭겠냐?
	IV	날카롭습니까?	날카로웠습니까?	날카롭겠습니까?
Adnominal		날카로운	날카로운	날카로울

* I: Intimate / II: Polite / III: Plain / IV: Deferential

Conjunctive	and	날카롭고, 날카로우며	**Conj.**	not	날카롭지 (않다)
	or	날카롭거나, 날카롭든(지)		adv.	날카롭게, 날카로이
	but	날카롭지만, 날카로우나, 날카로운데	**Quot.**	decl.	날카롭다고
	so	날카로워(서), 날카로우니(까), 날카로우므로		inter.	날카로우냐고/날카롭냐고
	if	날카로우면	Nominal		날카로움, 날카롭기
	though	날카로워도	Subject Honorific		날카로우시다
	as (if)	날카롭듯(이)	Causative		날카롭게 하다

* Conj.: Conjunctive / Quot.: Quotative / adv.: adverbial / decl.: declarative / inter.: interrogative

sharp (*syn.* 예리하다 *ant.* 무디다, 둔하다) **ADV** 굉장히, 매우, 아주 **N** 눈, 눈매, 눈빛, 눈초리, 시선, 인상 | 질문 | 목소리, 비명, 소리 | 가시, 칼, 칼날 | 발톱, 이빨 | 공격, 대립, 비판, 비평, 지적 | 신경

▶ 칼이 굉장히 날카로우니까 조심해. *Be careful. The knife is extra sharp.*

▶ 어젯밤 잠을 못 자서 신경이 날카로워요. *I'm on edge now because I didn't sleep last night.*

▶ 그날 새벽 날카로운 비명 소리에 잠을 깼다. *A shriek woke me up at dawn that day.*

		Present	Past	Future / Presumption
Declarative	I	낡아, 낡지	낡았어, 낡았지	낡겠어, 낡겠지, 낡을 거야
	II	낡아요, 낡죠	낡았어요, 낡았죠	낡겠어요, 낡겠죠, 낡을 거예요
	III	낡다	낡았다	낡겠다, 낡을 거다
	IV	낡습니다	낡았습니다	낡겠습니다, 낡을 겁니다
Interrogative	I	낡아?, 낡지?	낡았어?, 낡았지?	낡겠어?, 낡을까?
	II	낡아요?, 낡죠?	낡았어요?, 낡았죠?	낡겠어요?, 낡을까요?
	III	낡니?, 낡(으)냐?	낡았니?, 낡았냐?	낡겠니?, 낡겠냐?
	IV	낡습니까?	낡았습니까?	낡겠습니까?
Adnominal		낡은	낡은	낡을

* I: Intimate / II: Polite / III: Plain / IV: Deferential

Conjunctive	and	낡고, 낡으며	Conj.	not	낡지 (않다)
	or	낡거나, 낡든(지)		adv.	낡게
	but	낡지만, 낡으나, 낡은데	Quot.	decl.	낡다고
	so	낡아(서), 낡으니(까), 낡으므로		inter.	낡(으)냐고
	if	낡으면		Nominal	낡음, 낡기
	though	낡아도		Subject Honorific	낡으시다
	as (if)	낡듯(이)		Causative	낡게 하다

* Conj.: Conjunctive / Quot.: Quotative / adv.: adverbial / decl.: declarative / inter.: interrogative

---

old, shabby, old-fashioned ADV 꽤, 너무 N 가구, 건물, 기계, 옷, 의자, 집, 차 | 관습, 제도 | 사고, 사상, 생각

▶ 집이 너무 낡아서 대대적 수리가 필요합니다. *The house is so old that it needs major repair.*

▶ 그것은 낡은 관습이다. *It is an old-fashioned custom.*

		Present	Past	Future / Presumption
Declarative	I	남달라, 남다르지	남달랐어, 남달랐지	남다르겠어, 남다르겠지, 남다를 거야
	II	남달라요, 남다르죠	남달랐어요, 남달랐죠	남다르겠어요, 남다르겠죠, 남다를 거예요
	III	남다르다	남달랐다	남다르겠다, 남다를 거다
	IV	남다릅니다	남달랐습니다	남다르겠습니다, 남다를 겁니다
Interrogative	I	남달라?, 남다르지?	남달랐어?, 남달랐지?	남다르겠어?, 남다를까?
	II	남달라요?, 남다르죠?	남달랐어요?, 남달랐죠?	남다르겠어요?, 남다를까요?
	III	남다르니?, 남다르냐?	남달랐니?, 남달랐냐?	남다르겠니?, 남다르겠냐?
	IV	남다릅니까?	남달랐습니까?	남다르겠습니까?
Adnominal		남다른	남다른	남다를

* I: Intimate / II: Polite / III: Plain / IV: Deferential

Conjunctive	and	남다르고, 남다르며	Conj.	not	남다르지 (않다)
	or	남다르거나, 남다르든(지)		adv.	남다르게, 남달리
	but	남다르지만, 남다르나, 남다른데	Quot.	decl.	남다르다고
	so	남달라(서), 남다르니(까), 남다르므로		inter.	남다르냐고
	if	남다르면	Nominal		남다름, 남다르기
	though	남달라도	Subject Honorific		남다르시다
	as (if)	남다르듯(이)	Causative		남다르게 하다

* Conj.: Conjunctive / Quot.: Quotative / adv.: adverbial / decl.: declarative / inter.: interrogative

---

unusual, extraordinary N 노력 | 재주 | 관심 | 행동 | 구석, 데 ADJ 뛰어나다

▸ 그는 어려서부터 예술적 재능이 남달랐다. *He has shown unusual artistic talent since he was a child.*

▸ 보통 작가들의 생활에는 어딘가 남다른 구석이 있다. *Usually there is something extraordinary about the life of writers.*

		Present	Past	Future / Presumption
Declarative	I	나아, 낫지	나았어, 나았지	낫겠어, 낫겠지, 나을 거야
	II	나아요, 낫죠	나았어요, 나았죠	낫겠어요, 낫겠죠, 나을 거예요
	III	낫다	나았다	낫겠다, 나을 거다
	IV	낫습니다	나았습니다	낫겠습니다, 나을 겁니다
Interrogative	I	나아?, 낫지?	나았어?, 나았지?	낫겠어?, 나을까?
	II	나아요?, 낫죠?	나았어요?, 나았죠?	낫겠어요?, 나을까요?
	III	낫니?, 나으냐?/낫냐?	나았니?, 나았냐?	낫겠니?, 낫겠냐?
	IV	낫습니까?	나았습니까?	낫겠습니까?
Adnominal		나은	나은	나을

* * I: Intimate / II: Polite / III: Plain / IV: Deferential

Conjunctive	and	낫고, 나으며	Conj.	not	낫지 (않다)
	or	낫거나, 낫든(지)		adv.	낫게
	but	낫지만, 나으나, 나은데	Quot.	decl.	낫다고
	so	나아(서), 나으니(까), 나으므로		inter.	나으냐고/낫냐고
	if	나으면		Nominal	나음, 낫기
	though	나아도		Subject Honorific	나으시다
	as (if)	낫듯(이)		Causative	낫게 하다

* Conj.: Conjunctive / Quot.: Quotative / adv.: adverbial / decl.: declarative / inter.: interrogative

---

better, superior (*syn.* 좋다 *ant.* 못하다) **P** -보다 **ADV** 더, 훨씬 | 차라리 **N** 것, 경우

▶ 영화가 원작 소설보다 나아. *The film is better than the original novel.*

▶ 매도 먼저 맞는 놈이 낫다 *Sooner begun, sooner done.*

		Present	Past	Future / Presumption
Declarative	I	낮아, 낮지	낮았어, 낮았지	낮겠어, 낮겠지, 낮을 거야
	II	낮아요, 낮죠	낮았어요, 낮았죠	낮겠어요, 낮겠죠, 낮을 거예요
	III	낮다	낮았다	낮겠다, 낮을 거다
	IV	낮습니다	낮았습니다	낮겠습니다, 낮을 겁니다
Interrogative	I	낮아?, 낮지?	낮았어?, 낮았지?	낮겠어?, 낮을까?
	II	낮아요?, 낮죠?	낮았어요?, 낮았죠?	낮겠어요?, 낮을까요?
	III	낮니?, 낮(으)냐?	낮았니?, 낮았냐?	낮겠니?, 낮겠냐?
	IV	낮습니까?	낮았습니까?	낮겠습니까?
Adnominal		낮은	낮은	낮을

* I: Intimate / II: Polite / III: Plain / IV: Deferential

Conjunctive	and	낮고, 낮으며	Conj.	not	낮지 (않다)
	or	낮거나, 낮든(지)		adv.	낮게
	but	낮지만, 낮으나, 낮은데	Quot.	decl.	낮다고
	so	낮아(서), 낮으니(까), 낮으므로		inter.	낮(으)냐고
	if	낮으면	Nominal		낮음, 낮기
	though	낮아도	Subject Honorific		낮으시다
	as (if)	낮듯(이)	Causative		낮게 하다, 낮추다

* Conj.: Conjunctive / Quot.: Quotative / adv.: adverbial / decl.: declarative / inter.: interrogative

low (*ant.* 높다) **ADV** 너무, 더, 아주, 훨씬 **N** 목소리, 소리, 음, 음성 | 곳, 산 | 기온, 온도 | 급여, 월급, 임금 | 가격 | 수준, 지위, 직급 | 점수, 평가 | 천장

▶ 오늘은 어제보다 기온이 더 낮아요. *Today the temperature is lower than yesterday.*

▶ 천장이 너무 낮아서 좀 갑갑해요. *It feels stuffy because the ceiling is too low.*

▶ 이 키는 여자가 부르기에는 너무 낮다. *This key is too low for women.*

		Present	Past	Future / Presumption
Declarative	I	낯설어, 낯설지	낯설었어, 낯설었지	낯설겠어, 낯설겠지, 낯설 거야
	II	낯설어요, 낯설죠	낯설었어요, 낯설었죠	낯설겠어요, 낯설겠죠, 낯설 거예요
	III	낯설다	낯설었다	낯설겠다, 낯설 거다
	IV	낯섭니다	낯설었습니다	낯설겠습니다, 낯설 겁니다
Interrogative	I	낯설어?, 낯설지?	낯설었어?, 낯설었지?	낯설겠어?, 낯설까?
	II	낯설어요?, 낯설죠?	낯설었어요?, 낯설었죠?	낯설겠어요?, 낯설까요?
	III	낯서니?, 낯서냐?	낯설었니?, 낯설었냐?	낯설겠니?, 낯설겠냐?
	IV	낯섭니까?	낯설었습니까?	낯설겠습니까?
Adnominal		낯선	낯선	낯설

* I: Intimate / II: Polite / III: Plain / IV: Deferential

Conjunctive	and	낯설고, 낯설며	Conj.	not	낯설지 (않다)
	or	낯설거나, 낯설든(지)		adv.	낯설게
	but	낯설지만, 낯서나, 낯선데	Quot.	decl.	낯설다고
	so	낯설어(서), 낯서니(까), 낯설므로		inter.	낯서냐고
	if	낯설면	Nominal		낯섦, 낯설기
	though	낯설어도	Subject Honorific		낯서시다
	as (if)	낯설듯(이)	Causative		낯설게 하다

* Conj.: Conjunctive / Quot.: Quotative / adv.: adverbial / decl.: declarative / inter.: interrogative

strange, unfamiliar (*ant.* 낯익다) **ADV** 생판, 전혀 | 모두 | 가장, 너무 **N** 사람 | 시간 | 고장, 곳, 도시, 땅, 외국, 지방 | 얼굴 | 광경, 풍경 **V** 느끼다

▶ 이 도시가 저한테는 낯설어요. *I'm not familiar with this city.*

▶ 저는 낯선 사람하고 있을 때는 보통 말을 잘 안 해요. *I usually don't talk much when I'm with a stranger.*

낯익다 /난닉따/ nan·nik·da REGULAR 93

		Present	Past	Future / Presumption
Declarative	I	낯익어, 낯익지	낯익었어, 낯익었지	낯익겠어, 낯익겠지, 낯익을 거야
	II	낯익어요, 낯익죠	낯익었어요, 낯익었죠	낯익겠어요, 낯익겠죠, 낯익을 거 예요
	III	낯익다	낯익었다	낯익겠다, 낯익을 거다
	IV	낯익습니다	낯익었습니다	낯익겠습니다, 낯익을 겁니다
Interrogative	I	낯익어?, 낯익지?	낯익었어?, 낯익었지?	낯익겠어?, 낯익을까?
	II	낯익어요?, 낯익죠?	낯익었어요?, 낯익었죠?	낯익겠어요?, 낯익을까요?
	III	낯익니?, 낯익(으)냐?	낯익었니?, 낯익었냐?	낯익겠니?, 낯익겠냐?
	IV	낯익습니까?	낯익었습니까?	낯익겠습니까?
Adnominal		낯익은	낯익은	낯익을

* I: Intimate / II: Polite / III: Plain / IV: Deferential

Conjunctive	and	낯익고, 낯익으며	Conj. not	낯익지 (않다)
	or	낯익거나, 낯익든(지)	adv.	낯익게
	but	낯익지만, 낯익으나, 낯익은데	Quot. decl.	낯익다고
	so	낯익어(서), 낯익으니(까), 낯익으므로	inter.	낯익(으)냐고
	if	낯익으면	Nominal	낯익음, 낯익기
	though	낯익어도	Subject Honorific	낯익으시다
	as (if)	낯익듯(이)	Causative	낯익게 하다

* Conj.: Conjunctive / Quot.: Quotative / adv.: adverbial / decl.: declarative / inter.: interrogative

familiar (*ant.* 낯설다) N 모습, 얼굴 | 사람, 손님 | 느낌 | 목소리, 이름 | 풍경
▶ 그 사람 얼굴은 낯익은데 이름은 기억이 안 나. *His face is familiar to me but I can't remember his name.*
▶ 낯익은 목소리가 귀에 들려왔다. *A familiar voice came in my ear.*

		Present	Past	Future / Presumption
Declarative	I	냉정해, 냉정하지	냉정했어, 냉정했지	냉정하겠어, 냉정하겠지, 냉정할 거야
	II	냉정해요, 냉정하죠	냉정했어요, 냉정했죠	냉정하겠어요, 냉정하겠죠, 냉정할 거예요
	III	냉정하다	냉정했다	냉정하겠다, 냉정할 거다
	IV	냉정합니다	냉정했습니다	냉정하겠습니다, 냉정할 겁니다
Interrogative	I	냉정해?, 냉정하지?	냉정했어?, 냉정했지?	냉정하겠어?, 냉정할까?
	II	냉정해요?, 냉정하죠?	냉정했어요?, 냉정했죠?	냉정하겠어요?, 냉정할까요?
	III	냉정하니?, 냉정하냐?	냉정했니?, 냉정했냐?	냉정하겠니?, 냉정하겠냐?
	IV	냉정합니까?	냉정했습니까?	냉정하겠습니까?
Imperative	I	냉정해	-	-
	II	냉정하세요	-	-
	III	냉정해라	-	-
	IV	냉정하십시오	-	-
Adnominal		냉정한	냉정한	냉정할

* I: Intimate / II: Polite / III: Plain / IV: Deferential

Conjunctive	and	냉정하고, 냉정하며	Conj.	not	냉정하지 (않다)
	or	냉정하거나, 냉정하든(지)		adv.	냉정하게, 냉정히
	but	냉정하지만, 냉정하나, 냉정한데	Quot.	decl.	냉정하다고
				inter.	냉정하냐고
	so	냉정해(서), 냉정하니(까), 냉정하므로		imp.	냉정하라고
	if	냉정하면	Nominal		냉정함, 냉정하기
	though	냉정해도	Subject Honorific		냉정하시다
	as (if)	냉정하듯(이)	Causative		냉정하게 하다

* Conj.: Conjunctive / Quot.: Quotative / adv.: adverbial / decl.: declarative / inter.: interrogative / imp.: imperative

cold, cold-hearted, calm (*syn.* 차갑다, 매정하다 *ant.* 따뜻하다, 친절하다) N 태도 | 표정 | 성격 | 사람, 인간 | 판단, 평가 | 현실 ADJ 차갑다 V 거절하다, 말하다 | 굴다, 대하다 | 잃다 | 유지하다

▸ 이럴 때일수록 냉정해야 해. *You need to be calm at this time.*

▸ 그녀는 내 부탁을 냉정하게 거절했다. *She coldly rejected my request.*

▸ 냉정히 말해, 이것은 너의 문제다. *Strictly speaking, this is your issue.*

		Present	Past	Future / Presumption
Declarative	I	넉넉해, 넉넉하지	넉넉했어, 넉넉했지	넉넉하겠어, 넉넉하겠지, 넉넉할 거야
	II	넉넉해요, 넉넉하죠	넉넉했어요, 넉넉했죠	넉넉하겠어요, 넉넉하겠죠, 넉넉할 거예요
	III	넉넉하다	넉넉했다	넉넉하겠다, 넉넉할 거다
	IV	넉넉합니다	넉넉했습니다	넉넉하겠습니다, 넉넉할 겁니다
Interrogative	I	넉넉해?, 넉넉하지?	넉넉했어?, 넉넉했지?	넉넉하겠어?, 넉넉할까?
	II	넉넉해요?, 넉넉하죠?	넉넉했어요?, 넉넉했죠?	넉넉하겠어요?, 넉넉할까요?
	III	넉넉하니?, 넉넉하냐?	넉넉했니?, 넉넉했냐?	넉넉하겠니?, 넉넉하겠냐?
	IV	넉넉합니까?	넉넉했습니까?	넉넉하겠습니까?
Adnominal		넉넉한	넉넉한	넉넉할

* I: Intimate / II: Polite / III: Plain / IV: Deferential

Conjunctive	and	넉넉하고, 넉넉하며	Conj.	not	넉넉하지 (않다)
	or	넉넉하거나, 넉넉하든(지)		adv.	넉넉하게, 넉넉히
	but	넉넉하지만, 넉넉하나, 넉넉한데	Quot.	decl.	넉넉하다고
	so	넉넉해(서), 넉넉하니(까), 넉넉하므로		inter.	넉넉하냐고
	if	넉넉하면	Nominal		넉넉함, 넉넉하기
	though	넉넉해도	Subject Honorific		넉넉하시다
	as (if)	넉넉하듯(이)	Causative		넉넉하게 하다

* Conj.: Conjunctive / Quot.: Quotative / adv.: adverbial / decl.: declarative / inter.: interrogative

enough, sufficient (*syn.* 충분하다 *ant.* 모자라다) N 살림(살이), 생활 | 집 | 마음 | 양 | 돈, 자금 | 시간

▶ 서두르지 마. 시간은 넉넉해. *Don't rush. We have enough time.*
▶ 돈은 넉넉하게 있어? *Do you have enough money?*
▶ 저는 가난하지만 마음만은 넉넉해요. *I'm poor but rich in mind.*

		Present	Past	Future / Presumption
Declarative	I	넓어, 넓지	넓었어, 넓었지	넓겠어, 넓겠지, 넓을 거야
	II	넓어요, 넓죠	넓었어요, 넓었죠	넓겠어요, 넓겠죠, 넓을 거예요
	III	넓다	넓었다	넓겠다, 넓을 거다
	IV	넓습니다	넓었습니다	넓겠습니다, 넓을 겁니다
Interrogative	I	넓어?, 넓지?	넓었어?, 넓었지?	넓겠어?, 넓을까?
	II	넓어요?, 넓죠?	넓었어요?, 넓었죠?	넓겠어요?, 넓을까요?
	III	넓니?, 넓(으)냐?	넓었니?, 넓었냐?	넓겠니?, 넓겠냐?
	IV	넓습니까?	넓었습니까?	넓겠습니까?
Adnominal		넓은	넓은	넓을

* I: Intimate / II: Polite / III: Plain / IV: Deferential

Conjunctive	and	넓고, 넓으며	Conj.	not	넓지 (않다)
	or	넓거나, 넓든(지)		adv.	넓게
	but	넓지만, 넓으나, 넓은데	Quot.	decl.	넓다고
	so	넓어(서), 넓으니(까), 넓으므로		inter.	넓(으)냐고
	if	넓으면		Nominal	넓음, 넓기
	though	넓어도		Subject Honorific	넓으시다
	as (if)	넓듯(이)		Causative	넓게 하다, 넓히다

* Conj.: Conjunctive / Quot.: Quotative / adv.: adverbial / decl.: declarative / inter.: interrogative

large, broad (*syn.* 너르다 *ant.* 좁다) ADV 굉장히, 너무, 상당히, 아주, 한없이 N 강, 공터, 들, 들판, 땅, 바다, 벌판, 우주, 초원, 평야, 하늘 | 마당, 방, 사무실, 정원, 집 | 세상, 장소, 지역 | 공간, 면적, 범위 | 모자 | 마음 | 어깨 | 발

▶ 호남평야는 한국에서 가장 넓은 평야입니다. *The Honam plain is the largest plain in Korea.*

▶ 실수를 넓은 마음으로 이해해 주세요. *Please be generous with my mistakes.*

▶ 남편은 발이 넓어요. *My husband has many acquaintances.*

		Present	Past	Future / Presumption
Declarative	I	노래, 노랗지	노랬어, 노랬지	노랗겠어, 노랗겠지, 노랄 거야
	II	노래요, 노랗죠	노랬어요, 노랬죠	노랗겠어요, 노랗겠죠, 노랄 거예요
	III	노랗다	노랬다	노랗겠다, 노랄 거다
	IV	노랗습니다	노랬습니다	노랗겠습니다, 노랄 겁니다
Interrogative	I	노래?, 노랗지?	노랬어?, 노랬지?	노랗겠어?, 노랄까?
	II	노래요?, 노랗죠?	노랬어요?, 노랬죠?	노랗겠어요?, 노랄까요?
	III	노랗니?, 노라냐?/노랗냐?	노랬니?, 노랬냐?	노랗겠니?, 노랗겠냐?
	IV	노랗습니까?	노랬습니까?	노랗겠습니까?
Adnominal		노란	노란	노랄

* I: Intimate / II: Polite / III: Plain / IV: Deferential

Conjunctive	and	노랗고, 노라며	Conj.	not	노랗지 (않다)
	or	노랗거나, 노랗든(지)		adv.	노랗게
	but	노랗지만, 노라나, 노란데	Quot.	decl.	노랗다고
	so	노래(서), 노라니(까), 노라므로		inter.	노라냐고/노랗냐고
	if	노라면		Nominal	노람, 노랗기
	though	노래도		Subject Honorific	노라시다
	as (if)	노랗듯(이)		Causative	노랗게 하다

* Conj.: Conjunctive / Quot.: Quotative / adv.: adverbial / decl.: declarative / inter.: interrogative

yellow N 개나리, 꽃, 무궁화, 장미 | 빛깔, 색(깔) | 바탕 | 리본 | 셔츠 | 물 V 물들다 | 물들이다

▶ 가을이면 나뭇잎이 빨갛고 노랗게 물들어요. *Leaves turn red and yellow in autumn.*

▶ 개나리가 모두 노란 건 아냐. *Not all forsythias are yellow.*

		Present	Past	Future / Presumption
Declarative	I	놀라워, 놀랍지	놀라웠어, 놀라웠지	놀랍겠어, 놀랍겠지, 놀라울 거야
	II	놀라워요, 놀랍죠	놀라웠어요, 놀라웠죠	놀랍겠어요, 놀랍겠죠, 놀라울 거예요
	III	놀랍다	놀라웠다	놀랍겠다, 놀라울 거다
	IV	놀랍습니다	놀라웠습니다	놀랍겠습니다, 놀라울 겁니다
Interrogative	I	놀라워?, 놀랍지?	놀라웠어?, 놀라웠지?	놀랍겠어?, 놀라울까?
	II	놀라워요?, 놀랍죠?	놀라웠어요?, 놀라웠죠?	놀랍겠어요?, 놀라울까요?
	III	놀랍니?, 놀라우냐?/놀랍냐?	놀라웠니?, 놀라웠냐?	놀랍겠니?, 놀랍겠냐?
	IV	놀랍습니까?	놀라웠습니까?	놀랍겠습니까?
Adnominal		놀라운	놀라운	놀라울

* I: Intimate / II: Polite / III: Plain / IV: Deferential

Conjunctive	and	놀랍고, 놀라우며	Conj.	not	놀랍지 (않다)
	or	놀랍거나, 놀랍든(지)		adv.	놀랍게
	but	놀랍지만, 놀라우나, 놀라운데	Quot.	decl.	놀랍다고
	so	놀라워(서), 놀라우니(까), 놀라우므로		inter.	놀라우냐고/놀랍냐고
	if	놀라우면		Nominal	놀라움, 놀랍기
	though	놀라워도		Subject Honorific	놀라우시다
	as (if)	놀랍듯(이)		Causative	놀랍게 하다

* Conj.: Conjunctive / Quot.: Quotative / adv.: adverbial / decl.: declarative / inter.: interrogative

surprising, amazing **ADV** 실로, 아주, 정말, 참 **N** 사건, 일 | 소식 | 속도 | 솜씨, 재능 | 사실 | 발견, 성과 | 발전

▸ 놀랍게도 그 사람은 그 시험에 한 번에 붙었다. *To my surprise, he passed the exam on the first try.*

▸ 중국은 놀라운 속도로 발전하고 있습니다. *China is developing at a surprising rate.*

		Present	Past	Future / Presumption
Declarative	I	높아, 높지	높았어, 높았지	높겠어, 높겠지, 높을 거야
	II	높아요, 높죠	높았어요, 높았죠	높겠어요, 높겠죠, 높을 거예요
	III	높다	높았다	높겠다, 높을 거다
	IV	높습니다	높았습니다	높겠습니다, 높을 겁니다
Interrogative	I	높아?, 높지?	높았어?, 높았지?	높겠어?, 높을까?
	II	높아요?, 높죠?	높았어요?, 높았죠?	높겠어요?, 높을까요?
	III	높니?, 높(으)냐?	높았니?, 높았냐?	높겠니?, 높겠냐?
	IV	높습니까?	높았습니까?	높겠습니까?
Adnominal		높은	높은	높을

* I: Intimate / II: Polite / III: Plain / IV: Deferential

Conjunctive	and	높고, 높으며	Conj.	not	높지 (않다)
	or	높거나, 높든(지)		adv.	높게, 높이
	but	높지만, 높으나, 높은데	Quot.	decl.	높다고
	so	높아(서), 높으니(까), 높으므로		inter.	높(으)냐고
	if	높으면	Nominal		높음, 높기
	though	높아도	Subject Honorific		높으시다
	as (if)	높듯(이)	Causative		높게 하다, 높이다

* Conj.: Conjunctive / Quot.: Quotative / adv.: adverbial / decl.: declarative / inter.: interrogative

---

high (*ant.* 낮다) **ADV** 가장, 대단히, 아주, 제일 **N** 사람 | 곳, 봉우리, 산, 언덕, 하늘 | 계급, 수준, 신분, 자리, 지위 | 건물, 담, 벽, 빌딩, 천장 | 점수, 평가 | 구두, 굽 | 의자 | 가격 | 기온, 습도, 열, 온도 | 파도 | 목소리, 소리, 음 | 가능성, 값, 비율, 수치, 확률 | 이자

▶ 열이 높아요. *You have a high temperature.*

▶ 그 영화는 비평가들에게 높은 평가를 받았다. *The movie was very highly regarded by critics.*

▶ 누나는 남자 보는 눈이 높아요. *My older sister has high standards for men.*

		Present	Past	Future / Presumption
Declarative	I	눈부셔, 눈부시지	눈부셨어, 눈부셨지	눈부시겠어, 눈부시겠지, 눈부실 거야
	II	눈부셔요, 눈부시죠	눈부셨어요, 눈부셨죠	눈부시겠어요, 눈부시겠죠, 눈부실 거예요
	III	눈부시다	눈부셨다	눈부시겠다, 눈부실 거다
	IV	눈부십니다	눈부셨습니다	눈부시겠습니다, 눈부실 겁니다
Interrogative	I	눈부셔?, 눈부시지?	눈부셨어?, 눈부셨지?	눈부시겠어?, 눈부실까?
	II	눈부셔요?, 눈부시죠?	눈부셨어요?, 눈부셨죠?	눈부시겠어요?, 눈부실까요?
	III	눈부시니?, 눈부시냐?	눈부셨니?, 눈부셨냐?	눈부시겠니?, 눈부시겠냐?
	IV	눈부십니까?	눈부셨습니까?	눈부시겠습니까?
Adnominal		눈부신	눈부신	눈부실

* I: Intimate / II: Polite / III: Plain / IV: Deferential

Conjunctive	and	눈부시고, 눈부시며	Conj.	not	눈부시지 (않다)
	or	눈부시거나, 눈부시든(지)		adv.	눈부시게
	but	눈부시지만, 눈부시나, 눈부신데	Quot.	decl.	눈부시다고
	so	눈부셔(서), 눈부시니(까), 눈부시므로		inter.	눈부시냐고
	if	눈부시면	Nominal		눈부심, 눈부시기
	though	눈부셔도	Subject Honorific		눈부시시다
	as (if)	눈부시듯(이)	Causative		눈부시게 하다

* Conj.: Conjunctive / Quot.: Quotative / adv.: adverbial / decl.: declarative / inter.: interrogative

dazzling, blinding N 성공, 활동, 활약 | 발달, 발전, 성과, 성장, 업적, 향상 | 불빛, 빛, 태양, 햇빛, 햇살 | 미소 | 생애 V 반짝이다, 빛나다

▸ 햇빛이 눈부셔요. *The sun is dazzling.*

▸ 한국은 지난 몇십 년간 눈부시게 발전했다. *South Korea has made remarkable improvements over the past decades.*

		Present	Past	Future / Presumption
Declarative	I	느려, 느리지	느렸어, 느렸지	느리겠어, 느리겠지, 느릴 거야
	II	느려요, 느리죠	느렸어요, 느렸죠	느리겠어요, 느리겠죠, 느릴 거예요
	III	느리다	느렸다	느리겠다, 느릴 거다
	IV	느립니다	느렸습니다	느리겠습니다, 느릴 겁니다
Interrogative	I	느려?, 느리지?	느렸어?, 느렸지?	느리겠어?, 느릴까?
	II	느려요?, 느리죠?	느렸어요?, 느렸죠?	느리겠어요?, 느릴까요?
	III	느리니?, 느리냐?	느렸니?, 느렸냐?	느리겠니?, 느리겠냐?
	IV	느립니까?	느렸습니까?	느리겠습니까?
Adnominal		느린	느린	느릴

* I: Intimate / II: Polite / III: Plain / IV: Deferential

Conjunctive	and	느리고, 느리며	Conj.	not	느리지 (않다)
	or	느리거나, 느리든(지)		adv.	느리게
	but	느리지만, 느리나, 느린데	Quot.	decl.	느리다고
	so	느려(서), 느리니(까), 느리므로		inter.	느리냐고
	if	느리면	Nominal		느림, 느리기
	though	느려도	Subject Honorific		느리시다
	as (if)	느리듯(이)	Causative		느리게 하다

* Conj.: Conjunctive / Quot.: Quotative / adv.: adverbial / decl.: declarative / inter.: interrogative

slow (*ant.* 빠르다) ADV 더 | 약간, 좀 | 너무, 매우, 아주 N 속도 | 말, 말투 | 걸음, 동작 | 화면 | 시계 V 가다, 움직이다 | 말하다 | 읽다

▶ 너 평소에 걸음이 그렇게 느려? *Do you usually walk so slowly?*

▶ 제 시계는 5분 느리게 가요. *My watch is five minutes slow.*

▶ 저는 말이 약간 느린 편이에요. *I talk a little slowly.*

		Present	Past	Future / Presumption
Declarative	I	늦어, 늦지	늦었어, 늦었지	늦겠어, 늦겠지, 늦을 거야
	II	늦어요, 늦죠	늦었어요, 늦었죠	늦겠어요, 늦겠죠, 늦을 거예요
	III	늦다	늦었다	늦겠다, 늦을 거다
	IV	늦습니다	늦었습니다	늦겠습니다, 늦을 겁니다
Interrogative	I	늦어?, 늦지?	늦었어?, 늦었지?	늦겠어?, 늦을까?
	II	늦어요?, 늦죠?	늦었어요?, 늦었죠?	늦겠어요?, 늦을까요?
	III	늦니?, 늦(으)냐?	늦었니?, 늦었냐?	늦겠니?, 늦겠냐?
	IV	늦습니까?	늦었습니까?	늦겠습니까?
Adnominal		늦은	늦은	늦을

* I: Intimate / II: Polite / III: Plain / IV: Deferential

Conjunctive	and	늦고, 늦으며	Conj.	not	늦지 (않다)
	or	늦거나, 늦든(지)		adv.	늦게
	but	늦지만, 늦으나, 늦은데	Quot.	decl.	늦다고
	so	늦어(서), 늦으니(까), 늦으므로		inter.	늦(으)냐고
	if	늦으면		Nominal	늦음, 늦기
	though	늦어도		Subject Honorific	늦으시다
	as (if)	늦듯(이)		Causative	늦게 하다, 늦추다

* Conj.: Conjunctive / Quot.: Quotative / adv.: adverbial / decl.: declarative / inter.: interrogative

late (*ant.* 빠르다) **ADV** 너무 | 벌써, 이미 **N** 시간 | 밤 | 전화 | 귀가 | 이유 **V** 일어나다 | 자다 | 끝나다 | 나타나다 | 도착하다

▶ 제 시계는 2분 늦어요. *My watch is two minutes slow.*

▶ 기차가 예정보다 30분 늦게 도착했어요. *The train arrived thirty minutes behind schedule.*

		Present	Past	Future / Presumption
Declarative	I	달라, 다르지	달랐어, 달랐지	다르겠어, 다르겠지, 다를 거야
	II	달라요, 다르죠	달랐어요, 달랐죠	다르겠어요, 다르겠죠, 다를 거예요
	III	다르다	달랐다	다르겠다, 다를 거다
	IV	다릅니다	달랐습니다	다르겠습니다, 다를 겁니다
Interrogative	I	달라?, 다르지?	달랐어?, 달랐지?	다르겠어?, 다를까?
	II	달라요?, 다르죠?	달랐어요?, 달랐죠?	다르겠어요?, 다를까요?
	III	다르니?, 다르냐?	달랐니?, 달랐냐?	다르겠니?, 다르겠냐?
	IV	다릅니까?	달랐습니까?	다르겠습니까?
Adnominal		다른	다른	다를

* I: Intimate / II: Polite / III: Plain / IV: Deferential

Conjunctive	and	다르고, 다르며	Conj.	not	다르지 (않다)
	or	다르거나, 다르든(지)		adv.	다르게, 달리
	but	다르지만, 다르나, 다른데	Quot.	decl.	다르다고
	so	달라(서), 다르니(까), 다르므로		inter.	다르냐고
	if	다르면		Nominal	다름, 다르기
	though	달라도		Subject Honorific	다르시다
	as (if)	다르듯(이)		Causative	다르게 하다

* Conj.: Conjunctive / Quot.: Quotative / adv.: adverbial / decl.: declarative / inter.: interrogative

---

different (*ant.* 같다) **P** -와/과 **ADV** 또 | 각각, 각기, 서로 | 아주, 완전히, 전혀 **N** 사람 | 곳, 지역 | 전화 | 방법 | 문제 | 나라, 회사 | 일 | 디자인, 색 | 말 | 쪽 | 의견 | 때 | 번호

▸ 제 아들은 다른 아이들하고 다릅니다. *My son is different from other children.*
▸ 실망스럽게도 그녀는 사진하고는 많이 달랐다. *To my disappointment, she was quite different from the picture.*
▸ 저는 의견이 다릅니다. *I disagree with you.*

다름없다 /다르멉따/ da·reu·meop·da REGULAR

		Present	Past	Future / Presumption
Declarative	I	다름없어, 다름없지	다름없었어, 다름없었지	다름없겠어, 다름없겠지, 다름없을 거야
	II	다름없어요, 다름없죠	다름없었어요, 다름없었죠	다름없겠어요, 다름없겠죠, 다름없을 거예요
	III	다름없다	다름없었다	다름없겠다, 다름없을 거다
	IV	다름없습니다	다름없었습니다	다름없겠습니다, 다름없을 겁니다
Interrogative	I	다름없어?, 다름없지?	다름없었어?, 다름없었지?	다름없겠어?, 다름없을까?
	II	다름없어요?, 다름없죠?	다름없었어요?, 다름없었죠?	다름없겠어요?, 다름없을까요?
	III	다름없니?, 다름없(느)냐?	다름없었니?, 다름없었냐?	다름없겠니?, 다름없겠냐?
	IV	다름없습니까?	다름없었습니까?	다름없겠습니까?
Adnominal		다름없는	다름없는	다름없을

* I: Intimate / II: Polite / III: Plain / IV: Deferential

Conjunctive				Conj. / Quot.		
	and	다름없고, 다름없으며			not	다름없지 (않다)
	or	다름없거나, 다름없든(지)			adv.	다름없게, 다름없이
	but	다름없지만, 다름없으나, 다름없는데			decl.	다름없다고
	so	다름없어(서), 다름없으니(까), 다름없으므로			inter.	다름없(느)냐고
	if	다름없으면			Nominal	다름없음, 다름없기
	though	다름없어도			Subject Honorific	다름없으시다
	as (if)	다름없듯(이)			Causative	다름없게 하다

* Conj.: Conjunctive / Quot.: Quotative / adv.: adverbial / decl.: declarative / inter.: interrogative

as good as, same (*syn.* 같다 *ant.* 다르다) **P** -와/과 | -(이)나 **ADV** 거저 **N** 행위 | 말 | 모습 | 생활

▶ 이 책은 새 것과 다름없어요. *This book is as good as a new one.*
▶ 이 가격이면 거저나 다름없어요. *At this price, it's next to nothing.*

다양하다 da·yang·ha·da

		Present	Past	Future / Presumption
Declarative	I	다양해, 다양하지	다양했어, 다양했지	다양하겠어, 다양하겠지, 다양할 거야
	II	다양해요, 다양하죠	다양했어요, 다양했죠	다양하겠어요, 다양하겠죠, 다양할 거예요
	III	다양하다	다양했다	다양하겠다, 다양할 거다
	IV	다양합니다	다양했습니다	다양하겠습니다, 다양할 겁니다
Interrogative	I	다양해?, 다양하지?	다양했어?, 다양했지?	다양하겠어?, 다양할까?
	II	다양해요?, 다양하죠?	다양했어요?, 다양했죠?	다양하겠어요?, 다양할까요?
	III	다양하니?, 다양하냐?	다양했니?, 다양했냐?	다양하겠니?, 다양하겠냐?
	IV	다양합니까?	다양했습니까?	다양하겠습니까?
Adnominal		다양한	다양한	다양할

* I: Intimate / II: Polite / III: Plain / IV: Deferential

Conjunctive	and	다양하고, 다양하며	Conj.	not	다양하지 (않다)
	or	다양하거나, 다양하든(지)		adv.	다양하게
	but	다양하지만, 다양하나, 다양한데	Quot.	decl.	다양하다고
	so	다양해(서), 다양하니(까), 다양하므로		inter.	다양하냐고
	if	다양하면	Nominal		다양함, 다양하기
	though	다양해도	Subject Honorific		다양하시다
	as (if)	다양하듯(이)	Causative		다양하게 하다

* Conj.: Conjunctive / Quot.: Quotative / adv.: adverbial / decl.: declarative / inter.: interrogative

various, diverse (*ant.* 단조롭다, 단순하다) **ADV** 대단히, 매우, 아주, 정말 **N** 스타일, 종류 | 사람, 인종 | 방법 | 의견 | 문화 | 색깔, 색상 | 상품, 서비스 | 쓰임새, 용도

▶ 다양한 의견을 듣는 것은 중요합니다. *It is important to hear a variety of opinions.*

▶ 숯은 쓰임새가 다양하다. *Charcoal can be used in many ways.*

다정하다 da·jeong·ha·da   하 REGULAR

		Present	Past	Future / Presumption
Declarative	I	다정해, 다정하지	다정했어, 다정했지	다정하겠어, 다정하겠지, 다정할 거야
	II	다정해요, 다정하죠	다정했어요, 다정했죠	다정하겠어요, 다정하겠죠, 다정할 거예요
	III	다정하다	다정했다	다정하겠다, 다정할 거다
	IV	다정합니다	다정했습니다	다정하겠습니다, 다정할 겁니다
Interrogative	I	다정해?, 다정하지?	다정했어?, 다정했지?	다정하겠어?, 다정할까?
	II	다정해요?, 다정하죠?	다정했어요?, 다정했죠?	다정하겠어요?, 다정할까요?
	III	다정하니?, 다정하냐?	다정했니?, 다정했냐?	다정하겠니?, 다정하겠냐?
	IV	다정합니까?	다정했습니까?	다정하겠습니까?
Adnominal		다정한	다정한	다정할

* I: Intimate / II: Polite / III: Plain / IV: Deferential

Conjunctive	and	다정하고, 다정하며	**Conj.**	not	다정하지 (않다)
	or	다정하거나, 다정하든(지)		adv.	다정하게, 다정히
	but	다정하지만, 다정하나, 다정한데	**Quot.**	decl.	다정하다고
	so	다정해(서), 다정하니(까), 다정하므로		inter.	다정하냐고
	if	다정하면	Nominal		다정함, 다정하기
	though	다정해도	Subject Honorific		다정하시다
	as (if)	다정하듯(이)	Causative		다정하게 하다

* Conj.: Conjunctive / Quot.: Quotative / adv.: adverbial / decl.: declarative / inter.: interrogative

kind, friendly, gentle (*ant.* 냉정하다, 쌀쌀맞다) ADV 아주, 정말, 참 N 말 | 분, 사람 | 눈길, 눈빛, 목소리, 미소 | 사이 | 마음 V 대하다 | 부르다 | 속삭이다

▸ 선생님은 제가 생각한 것보다 더 다정한 분이셨어요. *The teacher was friendlier than I thought.*

▸ 그 사람들은 나를 다정하게 대해 주었다. *They treated me in a friendly way.*

		Present	Past	Future / Presumption
Declarative	I	단단해, 단단하지	단단했어, 단단했지	단단하겠어, 단단하겠지, 단단할 거야
	II	단단해요, 단단하죠	단단했어요, 단단했죠	단단하겠어요, 단단하겠죠, 단단할 거예요
	III	단단하다	단단했다	단단하겠다, 단단할 거다
	IV	단단합니다	단단했습니다	단단하겠습니다, 단단할 겁니다
Interrogative	I	단단해?, 단단하지?	단단했어?, 단단했지?	단단하겠어?, 단단할까?
	II	단단해요?, 단단하죠?	단단했어요?, 단단했죠?	단단하겠어요?, 단단할까요?
	III	단단하니?, 단단하냐?	단단했니?, 단단했냐?	단단하겠니?, 단단하겠냐?
	IV	단단합니까?	단단했습니까?	단단하겠습니까?
Adnominal		단단한	단단한	단단할

* I: Intimate / II: Polite / III: Plain / IV: Deferential

Conjunctive	and	단단하고, 단단하며	Conj.	not	단단하지 (않다)
	or	단단하거나, 단단하든(지)		adv.	단단하게, 단단히
	but	단단하지만, 단단하나, 단단한데	Quot.	decl.	단단하다고
	so	단단해(서), 단단하니(까), 단단하므로		inter.	단단하냐고
	if	단단하면	Nominal		단단함, 단단하기
	though	단단해도	Subject Honorific		단단하시다
	as (if)	단단하듯(이)	Causative		단단하게 하다

* Conj.: Conjunctive / Quot.: Quotative / adv.: adverbial / decl.: declarative / inter.: interrogative

hard, solid, tight (*syn.* 딴딴하다, 강하다 *ant.* 무르다, 약하다) ADV 너무, 아주 N 나무, 돌, 바위, 암석 | 결심, 마음가짐 | 몸집, 체격, 체구 | 물건, 물질, 물체 V 묶다

▶ 특수 유리는 강철처럼 단단하다. *Special glass is as hard as steel.*

▶ 신발 끈이 안 풀리게 단단히 묶어라. *Tie the shoelace tight so it won't come loose.*

		Present	Past	Future / Presumption
Declarative	I	단순해, 단순하지	단순했어, 단순했지	단순하겠어, 단순하겠지, 단순할 거야
	II	단순해요, 단순하죠	단순했어요, 단순했죠	단순하겠어요, 단순하겠죠, 단순할 거예요
	III	단순하다	단순했다	단순하겠다, 단순할 거다
	IV	단순합니다	단순했습니다	단순하겠습니다, 단순할 겁니다
Interrogative	I	단순해?, 단순하지?	단순했어?, 단순했지?	단순하겠어?, 단순할까?
	II	단순해요?, 단순하죠?	단순했어요?, 단순했죠?	단순하겠어요?, 단순할까요?
	III	단순하니?, 단순하냐?	단순했니?, 단순했냐?	단순하겠니?, 단순하겠냐?
	IV	단순합니까?	단순했습니까?	단순하겠습니까?
Adnominal		단순한	단순한	단순할

* I: Intimate / II: Polite / III: Plain / IV: Deferential

Conjunctive	and	단순하고, 단순하며	Conj.	not	단순하지 (않다)
	or	단순하거나, 단순하든(지)		adv.	단순하게, 단순히
	but	단순하지만, 단순하나, 단순한데	Quot.	decl.	단순하다고
	so	단순해(서), 단순하니(까), 단순하므로		inter.	단순하냐고
	if	단순하면	Nominal		단순함, 단순하기
	though	단순해도	Subject Honorific		단순하시다
	as (if)	단순하듯(이)	Causative		단순하게 하다

* Conj.: Conjunctive / Quot.: Quotative / adv.: adverbial / decl.: declarative / inter.: interrogative

simple (*syn.* 간단하다 *ant.* 복잡하다) **ADV** 너무, 아주, 훨씬 **N** 생각 | 일, 작업 | 디자인 | 계산 | 구조 | 실수 | 문제 | 사람 | 성격
▶그 일은 네 생각만큼 단순하지 않다. *It is not as simple as you think.*
▶그 여자는 어린아이처럼 단순하다. *She is as simple as a child.*

단정하다 dan·jeong·ha·da

		Present	Past	Future / Presumption
Declarative	I	단정해, 단정하지	단정했어, 단정했지	단정하겠어, 단정하겠지, 단정할 거야
	II	단정해요, 단정하죠	단정했어요, 단정했죠	단정하겠어요, 단정하겠죠, 단정할 거예요
	III	단정하다	단정했다	단정하겠다, 단정할 거다
	IV	단정합니다	단정했습니다	단정하겠습니다, 단정할 겁니다
Interrogative	I	단정해?, 단정하지?	단정했어?, 단정했지?	단정하겠어?, 단정할까?
	II	단정해요?, 단정하죠?	단정했어요?, 단정했죠?	단정하겠어요?, 단정할까요?
	III	단정하니?, 단정하냐?	단정했니?, 단정했냐?	단정하겠니?, 단정하겠냐?
	IV	단정합니까?	단정했습니까?	단정하겠습니까?
Adnominal		단정한	단정한	단정할

* I: Intimate / II: Polite / III: Plain / IV: Deferential

Conjunctive	and	단정하고, 단정하며	Conj.	not	단정하지 (않다)
	or	단정하거나, 단정하든(지)		adv.	단정하게, 단정히
	but	단정하지만, 단정하나, 단정한데	Quot.	decl.	단정하다고
	so	단정해(서), 단정하니(까), 단정하므로		inter.	단정하냐고
	if	단정하면	Nominal		단정함, 단정하기
	though	단정해도	Subject Honorific		단정하시다
	as (if)	단정하듯(이)	Causative		단정하게 하다

* Conj.: Conjunctive / Quot.: Quotative / adv.: adverbial / decl.: declarative / inter.: interrogative

neat, tidy **ADV** 늘, 언제나, 항상 **N** 복장, 옷, 옷차림 | 모습, 용모 | 품행 **V** 입다 | 매다 | 빗다

▸ 그는 품행이 단정하다. *He is a man of good conduct.*

▸ 그는 하얀 셔츠 위에 넥타이를 단정하게 매고 있었다. *He wore a white shirt and tie neatly.*

단조롭다 /단조롭따/ dan·jo·rop·da   ㅂ IRREGULAR

		Present	Past	Future / Presumption
Declarative	I	단조로워, 단조롭지	단조로웠어, 단조로웠지	단조롭겠어, 단조롭겠지, 단조로울 거야
	II	단조로워요, 단조롭죠	단조로웠어요, 단조로웠죠	단조롭겠어요, 단조롭겠죠, 단조로울 거예요
	III	단조롭다	단조로웠다	단조롭겠다, 단조로울 거다
	IV	단조롭습니다	단조로웠습니다	단조롭겠습니다, 단조로울 겁니다
Interrogative	I	단조로워?, 단조롭지?	단조로웠어?, 단조로웠지?	단조롭겠어?, 단조로울까?
	II	단조로워요?, 단조롭죠?	단조로웠어요?, 단조로웠죠?	단조롭겠어요?, 단조로울까요?
	III	단조롭니?, 단조로우냐?/단조롭냐?	단조로웠니?, 단조로웠냐?	단조롭겠니?, 단조롭겠냐?
	IV	단조롭습니까?	단조로웠습니까?	단조롭겠습니까?
Adnominal		단조로운	단조로운	단조로울

* I: Intimate / II: Polite / III: Plain / IV: Deferential

Conjunctive	and	단조롭고, 단조로우며	Conj.	not	단조롭지 (않다)
	or	단조롭거나, 단조롭든(지)		adv.	단조롭게, 단조로이
	but	단조롭지만, 단조로우나, 단조로운데		decl.	단조롭다고
	so	단조로워(서), 단조로우니(까), 단조로우므로	Quot.	inter.	단조로우냐고/단조롭냐고
	if	단조로우면		Nominal	단조로움, 단조롭기
	though	단조로워도		Subject Honorific	단조로우시다
	as (if)	단조롭듯(이)		Causative	단조롭게 하다

* Conj.: Conjunctive / Quot.: Quotative / adv.: adverbial / decl.: declarative / inter.: interrogative

monotonous, flat (*syn.* 단순하다 *ant.* 다양하다) **ADV** 너무 | 좀 **N** 나날, 생활, 일상 | 작업 | 목소리 | 가락, 리듬, 멜로디

▶ 이 노래는 멜로디가 너무 단조로워. *The melody of this song is too simple.*
▶ 단조로운 일상에서 벗어나고 싶어요. *I want to escape from my monotonous daily life.*

		Present	Past	Future / Presumption
Declarative	I	단호해, 단호하지	단호했어, 단호했지	단호하겠어, 단호하겠지, 단호할 거야
	II	단호해요, 단호하죠	단호했어요, 단호했죠	단호하겠어요, 단호하겠죠, 단호할 거예요
	III	단호하다	단호했다	단호하겠다, 단호할 거다
	IV	단호합니다	단호했습니다	단호하겠습니다, 단호할 겁니다
Interrogative	I	단호해?, 단호하지?	단호했어?, 단호했지?	단호하겠어?, 단호할까?
	II	단호해요?, 단호하죠?	단호했어요?, 단호했죠?	단호하겠어요?, 단호할까요?
	III	단호하니?, 단호하냐?	단호했니?, 단호했냐?	단호하겠니?, 단호하겠냐?
	IV	단호합니까?	단호했습니까?	단호하겠습니까?
Adnominal		단호한	단호한	단호할

* I: Intimate / II: Polite / III: Plain / IV: Deferential

Conjunctive	and	단호하고, 단호하며	Conj.	not	단호하지 (않다)
	or	단호하거나, 단호하든(지)		adv.	단호하게, 단호히
	but	단호하지만, 단호하나, 단호한데	Quot.	decl.	단호하다고
	so	단호해(서), 단호하니(까), 단호하므로		inter.	단호하냐고
	if	단호하면	Nominal		단호함, 단호하기
	though	단호해도	Subject Honorific		단호하시다
	as (if)	단호하듯(이)	Causative		단호하게 하다

* Conj.: Conjunctive / Quot.: Quotative / adv.: adverbial / decl.: declarative / inter.: interrogative

firm, determined ADV 매우, 아주 N 태도 | 거부, 거절 | 입장 | 조처, 조치 | 결심 | 반대 | 의견 | 표정 V 말하다 | 거절하다 | 반대하다

▶ 정부는 이 사안에 대해 단호한 입장을 취해 왔다. *The government has taken a firm stance on this issue.*

▶ 그녀는 그 보도 내용을 단호하게 부인했다. *She flatly denied the reports.*

		Present	Past	Future / Presumption
Declarative	I	달아, 달지	달았어, 달았지	달겠어, 달겠지, 달 거야
	II	달아요, 달죠	달았어요, 달았죠	달겠어요, 달겠죠, 달 거예요
	III	달다	달았다	달겠다, 달 거다
	IV	답니다	달았습니다	달겠습니다, 달 겁니다
Interrogative	I	달아?, 달지?	달았어?, 달았지?	달겠어?, 달까?
	II	달아요?, 달죠?	달았어요?, 달았죠?	달겠어요?, 달까요?
	III	다니?, 다냐?	달았니?, 달았냐?	달겠니?, 달겠냐?
	IV	답니까?	달았습니까?	달겠습니까?
Adnominal		단	단	달

* I: Intimate / II: Polite / III: Plain / IV: Deferential

Conjunctive	and	달고, 달며	Conj.	not	달지 (않다)
	or	달거나, 달든(지)		adv.	달게
	but	달지만, 다나, 단데	Quot.	decl.	달다고
	so	달아(서), 다니(까), 달므로		inter.	다냐고
	if	달면		Nominal	닮, 달기
	though	달아도		Subject Honorific	다시다
	as (if)	달듯(이)		Causative	달게 하다

* Conj.: Conjunctive / Quot.: Quotative / adv.: adverbial / decl.: declarative / inter.: interrogative

sweet, sugary (*syn.* 달콤하다 *ant.* 쓰다) **ADV** 너무 | 좀 **N** 맛 | 과일, 수박, 음식, 초콜릿 | 차, 커피

▸ 저는 단 음식이 너무 좋아요. *I have a sweet tooth.*
▸ 커피가 너무 달아요. *The coffee is too sweet.*

		Present	Past	Future / Presumption
Declarative	I	답답해, 답답하지	답답했어, 답답했지	답답하겠어, 답답하겠지, 답답할 거야
	II	답답해요, 답답하죠	답답했어요, 답답했죠	답답하겠어요, 답답하겠죠, 답답할 거예요
	III	답답하다	답답했다	답답하겠다, 답답할 거다
	IV	답답합니다	답답했습니다	답답하겠습니다, 답답할 겁니다
Interrogative	I	답답해?, 답답하지?	답답했어?, 답답했지?	답답하겠어?, 답답할까?
	II	답답해요?, 답답하죠?	답답했어요?, 답답했죠?	답답하겠어요?, 답답할까요?
	III	답답하니?, 답답하냐?	답답했니?, 답답했냐?	답답하겠니?, 답답하겠냐?
	IV	답답합니까?	답답했습니까?	답답하겠습니까?
Adnominal		답답한	답답한	답답할

* I: Intimate / II: Polite / III: Plain / IV: Deferential

Conjunctive	and	답답하고, 답답하며	Conj.	not	답답하지 (않다)
	or	답답하거나, 답답하든(지)		adv.	답답하게
	but	답답하지만, 답답하나, 답답한데	Quot.	decl.	답답하다고
	so	답답해(서), 답답하니(까), 답답하므로		inter.	답답하냐고
	if	답답하면		Nominal	답답함, 답답하기
	though	답답해도		Subject Honorific	답답하시다
	as (if)	답답하듯(이)		Causative	답답하게 하다

* Conj.: Conjunctive / Quot.: Quotative / adv.: adverbial / decl.: declarative / inter.: interrogative

stuffy, stifling (*syn.* 갑갑하다 *ant.* 시원하다) **ADV** 너무, 정말, 참 **N** 사람 | 기운, 분위기 | 말, 소리, 침묵 | 가슴, 기분, 느낌, 마음, 생각, 심정 | 일 | 노릇 | 정도 | 공기, 날씨, 바람 | 성격 **V** 죽다

▶ 방 안 공기가 너무 답답해요. *It's too stuffy in the room.*

▶ 아무도 내 말을 안 믿으니 답답해 죽겠어요. *I feel frustrated because no one believes me.*

		Present	Past	Future / Presumption
Declarative	I	당당해, 당당하지	당당했어, 당당했지	당당하겠어, 당당하겠지, 당당할 거야
	II	당당해요, 당당하죠	당당했어요, 당당했죠	당당하겠어요, 당당하겠죠, 당당할 거예요
	III	당당하다	당당했다	당당하겠다, 당당할 거다
	IV	당당합니다	당당했습니다	당당하겠습니다, 당당할 겁니다
Interrogative	I	당당해?, 당당하지?	당당했어?, 당당했지?	당당하겠어?, 당당할까?
	II	당당해요?, 당당하죠?	당당했어요?, 당당했죠?	당당하겠어요?, 당당할까요?
	III	당당하니?, 당당하냐?	당당했니?, 당당했냐?	당당하겠니?, 당당하겠냐?
	IV	당당합니까?	당당했습니까?	당당하겠습니까?
Imperative	I	당당해	-	-
	II	당당하세요	-	-
	III	당당해라	-	-
	IV	당당하십시오	-	-
Adnominal		당당한	당당한	당당할

* I: Intimate / II: Polite / III: Plain / IV: Deferential

Conjunctive	and	당당하고, 당당하며	Conj.	not	당당하지 (않다)
	or	당당하거나, 당당하든(지)		adv.	당당하게, 당당히
	but	당당하지만, 당당하나, 당당한데	Quot.	decl.	당당하다고
				inter.	당당하냐고
	so	당당해(서), 당당하니(까), 당당하므로		imp.	당당하라고
	if	당당하면	Nominal		당당함, 당당하기
	though	당당해도	Subject Honorific		당당하시다
	as (if)	당당하듯(이)	Causative		당당하게 하다

* Conj.: Conjunctive / Quot.: Quotative / adv.: adverbial / decl.: declarative / inter.: interrogative / imp.: imperative

confident, honorable (*ant.* 비겁하다) **ADV** 꽤, 아주 **N** 모습, 태도, 행동 | 체격, 체구, 풍채 | 기세 | 사람 | 말 | 승부 **V** 겨루다, 싸우다 | 말하다, 밝히다

▸우리는 당당하게 우승을 거뒀다. *We won the championship fair and square.*
▸나는 그의 당당한 태도에 호감이 들었다. *I was attracted to his confident attitude.*
▸그는 체격이 당당하다. *He is well-built.*

당연하다 dang·yeon·ha·da

		Present	Past	Future / Presumption
Declarative	I	당연해, 당연하지	당연했어, 당연했지	당연하겠어, 당연하겠지, 당연할 거야
	II	당연해요, 당연하죠	당연했어요, 당연했죠	당연하겠어요, 당연하겠죠, 당연할 거예요
	III	당연하다	당연했다	당연하겠다, 당연할 거다
	IV	당연합니다	당연했습니다	당연하겠습니다, 당연할 겁니다
Interrogative	I	당연해?, 당연하지?	당연했어?, 당연했지?	당연하겠어?, 당연할까?
	II	당연해요?, 당연하죠?	당연했어요?, 당연했죠?	당연하겠어요?, 당연할까요?
	III	당연하니?, 당연하냐?	당연했니?, 당연했냐?	당연하겠니?, 당연하겠냐?
	IV	당연합니까?	당연했습니까?	당연하겠습니까?
Adnominal		당연한	당연한	당연할

* I: Intimate / II: Polite / III: Plain / IV: Deferential

Conjunctive	and	당연하고, 당연하며	Conj.	not	당연하지 (않다)
	or	당연하거나, 당연하든(지)		adv.	당연하게
	but	당연하지만, 당연하나, 당연한데	Quot.	decl.	당연하다고
	so	당연해(서), 당연하니(까), 당연하므로		inter.	당연하냐고
	if	당연하면	Nominal		당연함, 당연하기
	though	당연해도	Subject Honorific		당연하시다
	as (if)	당연하듯(이)	Causative		당연하게 하다

* Conj.: Conjunctive / Quot.: Quotative / adv.: adverbial / decl.: declarative / inter.: interrogative

natural, reasonable **ADV** 너무나, 지극히 **N** 것, 일 | 결과 | 생각 | 말 | 법, 이치 **V** 여기다

▶ 아이들을 돌보는 건 부모로서 제가 당연히 해야 하는 일이에요. *It is my duty as a parent to take care of my children.*

▶ 네가 수업에 많이 빠졌으니 F를 받은 게 당연해. *It is not surprising that you got an F because you missed so many classes.*

		Present	Past	Future / Presumption
Declarative	I	대단해, 대단하지	대단했어, 대단했지	대단하겠어, 대단하겠지, 대단할 거야
	II	대단해요, 대단하죠	대단했어요, 대단했죠	대단하겠어요, 대단하겠죠, 대단할 거예요
	III	대단하다	대단했다	대단하겠다, 대단할 거다
	IV	대단합니다	대단했습니다	대단하겠습니다, 대단할 겁니다
Interrogative	I	대단해?, 대단하지?	대단했어?, 대단했지?	대단하겠어?, 대단할까?
	II	대단해요?, 대단하죠?	대단했어요?, 대단했죠?	대단하겠어요?, 대단할까요?
	III	대단하니?, 대단하냐?	대단했니?, 대단했냐?	대단하겠니?, 대단하겠냐?
	IV	대단합니까?	대단했습니까?	대단하겠습니까?
Adnominal		대단한	대단한	대단할

* I: Intimate / II: Polite / III: Plain / IV: Deferential

Conjunctive	and	대단하고, 대단하며	Conj.	not	대단하지 (않다)
	or	대단하거나, 대단하든(지)		adv.	대단하게, 대단히
	but	대단하지만, 대단하나, 대단한데	Quot.	decl.	대단하다고
	so	대단해(서), 대단하니(까), 대단하므로		inter.	대단하냐고
	if	대단하면		Nominal	대단함, 대단하기
	though	대단해도		Subject Honorific	대단하시다
	as (if)	대단하듯(이)		Causative	대단하게 하다

* Conj.: Conjunctive / Quot.: Quotative / adv.: adverbial / decl.: declarative / inter.: interrogative

great, huge (*syn.* 엄청나다, 굉장하다 *ant.* 보잘것없다) **ADV** 정말, 참 **N** 미인, 사람, 인물, 인파 | 일 | 기세 | 생각 | 성공, 성황, 열정, 인기 | 힘 | 문제 | 용기 | 경기 | 능력, 솜씨, 실력, 재능 | 양 | 작품 | 물건 **ADJ** 뛰어나다, 훌륭하다

▶ 그 노래는 작년에 대단한 인기를 끌었다. *The song was very popular last year.*
▶ 사모님이 대단한 미인이시네요. *Your wife is very beautiful.*
▶ 이건 대단히 뛰어난 작품입니다. *This is a magnificent work.*

더럽다 /더럽따/ deo·reop·da

ㅂ IRREGULAR 117

		Present	Past	Future / Presumption
Declarative	I	더러워, 더럽지	더러웠어, 더러웠지	더럽겠어, 더럽겠지, 더러울 거야
	II	더러워요, 더럽죠	더러웠어요, 더러웠죠	더럽겠어요, 더럽겠죠, 더러울 거예요
	III	더럽다	더러웠다	더럽겠다, 더러울 거다
	IV	더럽습니다	더러웠습니다	더럽겠습니다, 더러울 겁니다
Interrogative	I	더러워?, 더럽지?	더러웠어?, 더러웠지?	더럽겠어?, 더러울까?
	II	더러워요?, 더럽죠?	더러웠어요?, 더러웠죠?	더럽겠어요?, 더러울까요?
	III	더럽니?, 더러우냐?/ 더럽냐?	더러웠니?, 더러웠냐?	더럽겠니?, 더럽겠냐?
	IV	더럽습니까?	더러웠습니까?	더럽겠습니까?
Adnominal		더러운	더러운	더러울

* I: Intimate / II: Polite / III: Plain / IV: Deferential

Conjunctive	and	더럽고, 더러우며	Conj.	not	더럽지 (않다)
	or	더럽거나, 더럽든(지)		adv.	더럽게
	but	더럽지만, 더러우나, 더러운데	Quot.	decl.	더럽다고
	so	더러워(서), 더러우니(까), 더러우므로		inter.	더러우냐고/더럽냐고
	if	더러우면	Nominal		더러움, 더럽기
	though	더러워도	Subject Honorific		더러우시다
	as (if)	더럽듯(이)	Causative		더럽게 하다, 더럽히다

* Conj.: Conjunctive / Quot.: Quotative / adv.: adverbial / decl.: declarative / inter.: interrogative

dirty, filthy (*syn.* 지저분하다 *ant.* 깨끗하다) **ADV** 너무, 아주, 정말 **N** 발, 손 | 물, 얼룩 | 옷 | 새끼, 자식 | 일 | 꼴 | 돈 | 그릇 | 수법

▶ 물이 너무 더러워서 들어가고 싶지 않아요. *The water is dirty, so I don't want to go into it.*

▶ 왜 손이 그렇게 더러운 거니? *Why are your hands so dirty?*

		Present	Past	Future / Presumption
Declarative	I	더워, 덥지	더웠어, 더웠지	덥겠어, 덥겠지, 더울 거야
	II	더워요, 덥죠	더웠어요, 더웠죠	덥겠어요, 덥겠죠, 더울 거예요
	III	덥다	더웠다	덥겠다, 더울 거다
	IV	덥습니다	더웠습니다	덥겠습니다, 더울 겁니다
Interrogative	I	더워?, 덥지?	더웠어?, 더웠지?	덥겠어?, 더울까?
	II	더워요?, 덥죠?	더웠어요?, 더웠죠?	덥겠어요?, 더울까요?
	III	덥니?, 더우냐?/덥냐?	더웠니?, 더웠냐?	덥겠니?, 덥겠냐?
	IV	덥습니까?	더웠습니까?	덥겠습니까?
Adnominal		더운	더운	더울

* I: Intimate / II: Polite / III: Plain / IV: Deferential

Conjunctive	and	덥고, 더우며	Conj.	not	덥지 (않다)
	or	덥거나, 덥든(지)		adv.	덥게
	but	덥지만, 더우나, 더운데	Quot.	decl.	덥다고
	so	더워(서), 더우니(까), 더우므로		inter.	더우냐고/덥냐고
	if	더우면		Nominal	더움, 덥기
	though	더워도		Subject Honorific	더우시다
	as (if)	덥듯(이)		Causative	덥게 하다, 덥히다

* Conj.: Conjunctive / Quot.: Quotative / adv.: adverbial / decl.: declarative / inter.: interrogative

hot, warm (*syn.* 무덥다 *ant.* 춥다) ADV 너무, 몹시, 정말 N 물 | 기후, 날씨, 바람 | 날, 때, 여름 | 공기, 김, 열기 V 죽다 | 힘들다

▶ 한국의 여름은 덥고 습해요. *Summer in Korea is hot and humid.*
▶ 회의실이 너무 덥지 않아? *Don't you think the meeting room is too hot?*

		Present	Past	Future / Presumption
Declarative	I	독특해, 독특하지	독특했어, 독특했지	독특하겠어, 독특하겠지, 독특할 거야
	II	독특해요, 독특하죠	독특했어요, 독특했죠	독특하겠어요, 독특하겠죠, 독특할 거예요
	III	독특하다	독특했다	독특하겠다, 독특할 거다
	IV	독특합니다	독특했습니다	독특하겠습니다, 독특할 겁니다
Interrogative	I	독특해?, 독특하지?	독특했어?, 독특했지?	독특하겠어?, 독특할까?
	II	독특해요?, 독특하죠?	독특했어요?, 독특했죠?	독특하겠어요?, 독특할까요?
	III	독특하니?, 독특하냐?	독특했니?, 독특했냐?	독특하겠니?, 독특하겠냐?
	IV	독특합니까?	독특했습니까?	독특하겠습니까?
Adnominal		독특한	독특한	독특할

* I: Intimate / II: Polite / III: Plain / IV: Deferential

Conjunctive	and	독특하고, 독특하며	Conj.	not	독특하지 (않다)
	or	독특하거나, 독특하든(지)		adv.	독특하게
	but	독특하지만, 독특하나, 독특한데	Quot.	decl.	독특하다고
	so	독특해(서), 독특하니(까), 독특하므로		inter.	독특하냐고
	if	독특하면		Nominal	독특함, 독특하기
	though	독특해도		Subject Honorific	독특하시다
	as (if)	독특하듯(이)		Causative	독특하게 하다

* Conj.: Conjunctive / Quot.: Quotative / adv.: adverbial / decl.: declarative / inter.: interrogative

---

unique, unusual, distinctive (*syn.* 특이하다 *ant.* 평범하다) **ADV** 상당히, 아주 | 좀 | 워낙 **N** 냄새, 맛 | 방법, 방식 | 개성 | 생각 | 분위기 | 디자인 | 작품

▸ 이 옷은 디자인이 상당히 독특합니다. *The design of these clothes is very unusual.*

▸ 이 가게는 분위기가 독특하다. *This shop has a distinctive atmosphere.*

		Present	Past	Future / Presumption
Declarative	I	독해, 독하지	독했어, 독했지	독하겠어, 독하겠지, 독할 거야
	II	독해요, 독하죠	독했어요, 독했죠	독하겠어요, 독하겠죠, 독할 거예요
	III	독하다	독했다	독하겠다, 독할 거다
	IV	독합니다	독했습니다	독하겠습니다, 독할 겁니다
Interrogative	I	독해?, 독하지?	독했어?, 독했지?	독하겠어?, 독할까?
	II	독해요?, 독하죠?	독했어요?, 독했죠?	독하겠어요?, 독할까요?
	III	독하니?, 독하냐?	독했니?, 독했냐?	독하겠니?, 독하겠냐?
	IV	독합니까?	독했습니까?	독하겠습니까?
Adnominal		독한	독한	독할

* I: Intimate / II: Polite / III: Plain / IV: Deferential

Conjunctive	and	독하고, 독하며	Conj.	not	독하지 (않다)
	or	독하거나, 독하든(지)		adv.	독하게
	but	독하지만, 독하나, 독한데	Quot.	decl.	독하다고
	so	독해(서), 독하니(까), 독하므로		inter.	독하냐고
	if	독하면	Nominal		독함, 독하기
	though	독해도	Subject Honorific		독하시다
	as (if)	독하듯(이)	Causative		독하게 하다

* Conj.: Conjunctive / Quot.: Quotative / adv.: adverbial / decl.: declarative / inter.: interrogative

1 strong, pungent (*ant.* 순하다) **ADV** 너무, 아주, 정말 **N** 맥주, 소주, 술, 위스키 | 가스, 냄새 | 약 | 담배 | 감기

▶ 소주가 맥주보다 훨씬 독합니다. *Soju is much stronger than beer.*

▶ 독한 감기에 걸려서 주말 내내 집에 있었다. *I was home throughout the weekend due to the nasty cold.*

2 dogged (*ant.* 순하다) **ADV** 너무, 아주, 정말 **N** 마음 | 결심 | 구석 | 사람 | 말, 소리 **V** 공부하다, 일하다

▶ 많은 사람들이 자기 집을 갖고 싶어 독하게 일한다. *Many people work doggedly to get their own house.*

▶ 많은 사람들이 새해가 되면 담배를 끊겠다고 독한 결심을 한다. *Many people make a firm New Year's resolution to quit smoking.*

		Present	Past	Future / Presumption
Declarative	I	동그래, 동그랗지	동그랬어, 동그랬지	동그랗겠어, 동그랗겠지, 동그랄 거야
	II	동그래요, 동그랗죠	동그랬어요, 동그랬죠	동그랗겠어요, 동그랗겠죠, 동그랄 거예요
	III	동그랗다	동그랬다	동그랗겠다, 동그랄 거다
	IV	동그랗습니다	동그랬습니다	동그랗겠습니다, 동그랄 겁니다
Interrogative	I	동그래?, 동그랗지?	동그랬어?, 동그랬지?	동그랗겠어?, 동그랄까?
	II	동그래요?, 동그랗죠?	동그랬어요?, 동그랬죠?	동그랗겠어요?, 동그랄까요?
	III	동그랗니?, 동그라냐?/동그랗냐?	동그랬니?, 동그랬냐?	동그랗겠니?, 동그랗겠냐?
	IV	동그랗습니까?	동그랬습니까?	동그랗겠습니까?
Adnominal		동그란	동그란	동그랄

* I: Intimate / II: Polite / III: Plain / IV: Deferential

Conjunctive	and	동그랗고, 동그라며	Conj.	not	동그랗지 (않다)
	or	동그랗거나, 동그랗든(지)		adv.	동그랗게
	but	동그랗지만, 동그라나, 동그란데	Quot.	decl.	동그랗다고
	so	동그래(서), 동그라니(까), 동그라므로		inter.	동그라냐고/동그랗냐고
	if	동그라면		Nominal	동그람, 동그랗기
	though	동그래도		Subject Honorific	동그라시다
	as (if)	동그랗듯(이)		Causative	동그랗게 하다

* Conj.: Conjunctive / Quot.: Quotative / adv.: adverbial / decl.: declarative / inter.: interrogative

round (*syn.* 둥글다 *ant.* 네모나다) N 눈, 얼굴 | 모양 V 말다 | 모이다

▶ 아내는 얼굴이 작고 동그래요. *My wife has a small and round face.*

▶ 반죽을 동그란 모양으로 말아 주세요. *Roll the dough into a round shape.*

		Present	Past	Future / Presumption
Declarative	I	동등해, 동등하지	동등했어, 동등했지	동등하겠어, 동등하겠지, 동등할 거야
	II	동등해요, 동등하죠	동등했어요, 동등했죠	동등하겠어요, 동등하겠죠, 동등할 거예요
	III	동등하다	동등했다	동등하겠다, 동등할 거다
	IV	동등합니다	동등했습니다	동등하겠습니다, 동등할 겁니다
Interrogative	I	동등해?, 동등하지?	동등했어?, 동등했지?	동등하겠어?, 동등할까?
	II	동등해요?, 동등하죠?	동등했어요?, 동등했죠?	동등하겠어요?, 동등할까요?
	III	동등하니?, 동등하냐?	동등했니?, 동등했냐?	동등하겠니?, 동등하겠냐?
	IV	동등합니까?	동등했습니까?	동등하겠습니까?
Adnominal		동등한	동등한	동등할

* I: Intimate / II: Polite / III: Plain / IV: Deferential

Conjunctive	and	동등하고, 동등하며	Conj.	not	동등하지 (않다)
	or	동등하거나, 동등하든(지)		adv.	동등하게
	but	동등하지만, 동등하나, 동등한데	Quot.	decl.	동등하다고
	so	동등해(서), 동등하니(까), 동등하므로		inter.	동등하냐고
	if	동등하면	Nominal		동등함, 동등하기
	though	동등해도	Subject Honorific		동등하시다
	as (if)	동등하듯(이)	Causative		동등하게 하다

* Conj.: Conjunctive / Quot.: Quotative / adv.: adverbial / decl.: declarative / inter.: interrogative

equal, equivalent P -와/과 N 권리 | 자격 | 기회, 대우, 취급 | 입장 | 조건

▶ 저는 단지 다른 사람들과 동등한 대우를 받기를 원할 뿐입니다. *I just want to be treated on the same footing as others.*

▶ 우리 회사에서는 남자와 여자가 모두 동등한 기회를 받습니다. *In our company, men and women are given equal opportunities.*

		Present	Past	Future / Presumption
Declarative	I	동일해, 동일하지	동일했어, 동일했지	동일하겠어, 동일하겠지, 동일할 거야
	II	동일해요, 동일하죠	동일했어요, 동일했죠	동일하겠어요, 동일하겠죠, 동일할 거예요
	III	동일하다	동일했다	동일하겠다, 동일할 거다
	IV	동일합니다	동일했습니다	동일하겠습니다, 동일할 겁니다
Interrogative	I	동일해?, 동일하지?	동일했어?, 동일했지?	동일하겠어?, 동일할까?
	II	동일해요?, 동일하죠?	동일했어요?, 동일했죠?	동일하겠어요?, 동일할까요?
	III	동일하니?, 동일하냐?	동일했니?, 동일했냐?	동일하겠니?, 동일하겠냐?
	IV	동일합니까?	동일했습니까?	동일하겠습니까?
Adnominal		동일한	동일한	동일할

* I: Intimate / II: Polite / III: Plain / IV: Deferential

Conjunctive	and	동일하고, 동일하며	Conj.	not	동일하지 (않다)
	or	동일하거나, 동일하든(지)		adv.	동일하게
	but	동일하지만, 동일하나, 동일한데	Quot.	decl.	동일하다고
	so	동일해(서), 동일하니(까), 동일하므로		inter.	동일하냐고
	if	동일하면	Nominal		동일함, 동일하기
	though	동일해도	Subject Honorific		동일하시다
	as (if)	동일하듯(이)	Causative		동일하게 하다

* Conj.: Conjunctive / Quot.: Quotative / adv.: adverbial / decl.: declarative / inter.: interrogative

same, identical, equal (*syn.* 같다 *ant.* 다르다) P -와/과 ADV 거의 N 사람, 인물 | 머리 | 스타일 | 업무 | 내용 | 물건, 물질, 상품 | 문제 | 조건

▶ 모든 조건이 동일하다면 제일 간단한 방법이 제일 좋은 방법이에요. *All things being equal, the simplest solution is likely to be the best one.*

▶ 사실 눈과 얼음은 동일한 물질이다. *Actually snow and ice are the same substance.*

두껍다 /두껍따/ du·kkeop·da ㅂ IRREGULAR

		Present	Past	Future / Presumption
Declarative	I	두꺼워, 두껍지	두꺼웠어, 두꺼웠지	두껍겠어, 두껍겠지, 두꺼울 거야
	II	두꺼워요, 두껍죠	두꺼웠어요, 두꺼웠죠	두껍겠어요, 두껍겠죠, 두꺼울 거예요
	III	두껍다	두꺼웠다	두껍겠다, 두꺼울 거다
	IV	두껍습니다	두꺼웠습니다	두껍겠습니다, 두꺼울 겁니다
Interrogative	I	두꺼워?, 두껍지?	두꺼웠어?, 두꺼웠지?	두껍겠어?, 두꺼울까?
	II	두꺼워요?, 두껍죠?	두꺼웠어요?, 두꺼웠죠?	두껍겠어요?, 두꺼울까요?
	III	두껍니?, 두꺼우냐?/두껍냐?	두꺼웠니?, 두꺼웠냐?	두껍겠니?, 두껍겠냐?
	IV	두껍습니까?	두꺼웠습니까?	두껍겠습니까?
Adnominal		두꺼운	두꺼운	두꺼울

* I: Intimate / II: Polite / III: Plain / IV: Deferential

Conjunctive	and	두껍고, 두꺼우며	Conj.	not	두껍지 (않다)
	or	두껍거나, 두껍든(지)		adv.	두껍게
	but	두껍지만, 두꺼우나, 두꺼운데	Quot.	decl.	두껍다고
	so	두꺼워(서), 두꺼우니(까), 두꺼우므로		inter.	두꺼우냐고/두껍냐고
	if	두꺼우면		Nominal	두꺼움, 두껍기
	though	두꺼워도		Subject Honorific	두꺼우시다
	as (if)	두껍듯(이)		Causative	두껍게 하다

* Conj.: Conjunctive / Quot.: Quotative / adv.: adverbial / decl.: declarative / inter.: interrogative

---

thick (*syn.* 두텁다 *ant.* 얇다, 가늘다) **ADV** 너무 | 더 **N** 종이, 책 | 입술 | 천, 커튼 | 양말, 옷, 외투, 코트 | 안경 | 이불 | 화장 **V** 쌓이다 | 썰다 | 칠하다

▸ 두꺼운 코트를 입어라. 감기 들라. *Put on a heavy coat, or you might catch a cold.*

▸ 저는 평소에 화장을 두껍게 하지 않아요. *I usually don't put on heavy makeup.*

		Present	Past	Future / Presumption
Declarative	I	두드러져, 두드러지지	두드러졌어, 두드러졌지	두드러지겠어, 두드러지겠지, 두드러질 거야
	II	두드러져요, 두드러지죠	두드러졌어요, 두드러졌죠	두드러지겠어요, 두드러지겠죠, 두드러질 거예요
	III	두드러지다	두드러졌다	두드러지겠다, 두드러질 거다
	IV	두드러집니다	두드러졌습니다	두드러지겠습니다, 두드러질 겁니다
Interrogative	I	두드러져?, 두드러지지?	두드러졌어?, 두드러졌지?	두드러지겠어?, 두드러질까?
	II	두드러져요?, 두드러지죠?	두드러졌어요?, 두드러졌죠?	두드러지겠어요?, 두드러질까요?
	III	두드러지니?, 두드러지냐?	두드러졌니?, 두드러졌냐?	두드러지겠니?, 두드러지겠냐?
	IV	두드러집니까?	두드러졌습니까?	두드러지겠습니까?
Adnominal		두드러진	두드러진	두드러질

* I: Intimate / II: Polite / III: Plain / IV: Deferential

Conjunctive	and	두드러지고, 두드러지며	**Conj.**	not	두드러지지 (않다)
	or	두드러지거나, 두드러지든(지)		adv.	두드러지게
	but	두드러지지만, 두드러지나, 두드러진데	**Quot.**	decl.	두드러지다고
	so	두드러져(서), 두드러지니(까), 두드러지므로		inter.	두드러지냐고
	if	두드러지면	Nominal		두드러짐, 두드러지기
	though	두드러져도	Subject Honorific		두드러지시다
	as (if)	두드러지듯(이)	Causative		두드러지게 하다

* Conj.: Conjunctive / Quot.: Quotative / adv.: adverbial / decl.: declarative / inter.: interrogative

---

remarkable, noticeable ADV 가장, 더욱 **N** 특색, 특징 | 증가, 차이 | 존재 | 행동, 활약 | 발전, 성장, 향상 **V** 보이다

▶ 오늘 발표에서 그녀의 활약이 두드러졌다. *Her performance in today's presentation stood out.*

▶ 그 두 값 사이에 두드러진 차이가 있나요? *Is there a significant difference between the two values?*

두렵다 /두렵따/ du·ryeop·da ㅂ IRREGULAR

		Present	Past	Future / Presumption
Declarative	I	두려워, 두렵지	두려웠어, 두려웠지	두렵겠어, 두렵겠지, 두려울 거야
	II	두려워요, 두렵죠	두려웠어요, 두려웠죠	두렵겠어요, 두렵겠죠, 두려울 거예요
	III	두렵다	두려웠다	두렵겠다, 두려울 거다
	IV	두렵습니다	두려웠습니다	두렵겠습니다, 두려울 겁니다
Interrogative	I	두려워?, 두렵지?	두려웠어?, 두려웠지?	두렵겠어?, 두려울까?
	II	두려워요?, 두렵죠?	두려웠어요?, 두려웠죠?	두렵겠어요?, 두려울까요?
	III	두렵니?, 두려우냐?/두렵냐?	두려웠니?, 두려웠냐?	두렵겠니?, 두렵겠냐?
	IV	두렵습니까?	두려웠습니까?	두렵겠습니까?
Adnominal		두려운	두려운	두려울

* I: Intimate / II: Polite / III: Plain / IV: Deferential

Conjunctive	and	두렵고, 두려우며	Conj.	not	두렵지 (않다)
	or	두렵거나, 두렵든(지)		adv.	두렵게
	but	두렵지만, 두려우나, 두려운데	Quot.	decl.	두렵다고
	so	두려워(서), 두려우니(까), 두려우므로		inter.	두려우냐고/두렵냐고
	if	두려우면		Nominal	두려움, 두렵기
	though	두려워도		Subject Honorific	두려우시다
	as (if)	두렵듯(이)		Causative	두렵게 하다

* Conj.: Conjunctive / Quot.: Quotative / adv.: adverbial / decl.: declarative / inter.: interrogative

afraid, scared ADV 어쩐지 | 전혀 | 너무나, 몹시 N 가슴, 마음, 생각 | 것, 일 | 나머지 | 존재 | 실패 | 표정 V 떨다

▶ 사실 누구나 실패가 두려운 법입니다. *Actually everybody is afraid of failure.*

▶ 또 실수할까 봐 두려워요. *I'm afraid I make a mistake again.*

		Present	Past	Future / Presumption
Declarative	I	둥글어, 둥글지	둥글었어, 둥글었지	둥글겠어, 둥글겠지, 둥글 거야
	II	둥글어요, 둥글죠	둥글었어요, 둥글었죠	둥글겠어요, 둥글겠죠, 둥글 거예요
	III	둥글다	둥글었다	둥글겠다, 둥글 거다
	IV	둥급니다	둥글었습니다	둥글겠습니다, 둥글 겁니다
Interrogative	I	둥글어?, 둥글지?	둥글었어?, 둥글었지?	둥글겠어?, 둥글까?
	II	둥글어요?, 둥글죠?	둥글었어요?, 둥글었죠?	둥글겠어요?, 둥글까요?
	III	둥그니?, 둥그냐?	둥글었니?, 둥글었냐?	둥글겠니?, 둥글겠냐?
	IV	둥급니까?	둥글었습니까?	둥글겠습니까?
Adnominal		둥근	둥근	둥글

* I: Intimate / II: Polite / III: Plain / IV: Deferential

Conjunctive	and	둥글고, 둥글며	Conj.	not	둥글지 (않다)
	or	둥글거나, 둥글든(지)		adv.	둥글게
	but	둥글지만, 둥그나, 둥근데	Quot.	decl.	둥글다고
	so	둥글어(서), 둥그니(까), 둥글므로		inter.	둥그냐고
	if	둥글면		Nominal	둥긂, 둥글기
	though	둥글어도		Subject Honorific	둥그시다
	as (if)	둥글듯(이)		Causative	둥글게 하다

* Conj.: Conjunctive / Quot.: Quotative / adv.: adverbial / decl.: declarative / inter.: interrogative

round (*syn.* 둥그렇다 *ant.* 네모나다) N 달, 지구 | 모양 | 얼굴 | 사람 V 감다, 구부리다, 말다 | 썰다, 자르다 | 모이다

▶ 지구가 둥글다는 것은 이제 상식이 되었다. *It became common knowledge that the earth is round.*

▶ 학생들이 선생님 주변으로 둥글게 모였다. *Students gathered around the teacher in a circle.*

		Present	Past	Future / Presumption
Declarative	I	뒤늦어, 뒤늦지	뒤늦었어, 뒤늦었지	뒤늦겠어, 뒤늦겠지, 뒤늦을 거야
	II	뒤늦어요, 뒤늦죠	뒤늦었어요, 뒤늦었죠	뒤늦겠어요, 뒤늦겠죠, 뒤늦을 거예요
	III	뒤늦다	뒤늦었다	뒤늦겠다, 뒤늦을 거다
	IV	뒤늦습니다	뒤늦었습니다	뒤늦겠습니다, 뒤늦을 겁니다
Interrogative	I	뒤늦어?, 뒤늦지?	뒤늦었어?, 뒤늦었지?	뒤늦겠어?, 뒤늦을까?
	II	뒤늦어요?, 뒤늦죠?	뒤늦었어요?, 뒤늦었죠?	뒤늦겠어요?, 뒤늦을까요?
	III	뒤늦니?, 뒤늦(으)냐?	뒤늦었니?, 뒤늦었냐?	뒤늦겠니?, 뒤늦겠냐?
	IV	뒤늦습니까?	뒤늦었습니까?	뒤늦겠습니까?
Adnominal		뒤늦은	뒤늦은	뒤늦을

* I: Intimate / II: Polite / III: Plain / IV: Deferential

Conjunctive	and	뒤늦고, 뒤늦으며	Conj.	not	뒤늦지 (않다)
	or	뒤늦거나, 뒤늦든(지)		adv.	뒤늦게
	but	뒤늦지만, 뒤늦으나, 뒤늦은데	Quot.	decl.	뒤늦다고
	so	뒤늦어(서), 뒤늦으니(까), 뒤늦으므로		inter.	뒤늦(으)냐고
	if	뒤늦으면		Nominal	뒤늦음, 뒤늦기
	though	뒤늦어도		Subject Honorific	뒤늦으시다
	as (if)	뒤늦듯(이)		Causative	뒤늦게 하다

* Conj.: Conjunctive / Quot.: Quotative / adv.: adverbial / decl.: declarative / inter.: interrogative

belated N 감 | 출발 | 대책 | 축하 | 확인 | 후회 V 깨닫다, 알다 | 나타나다

▶ 내가 버스를 잘못 탔다는 걸 뒤늦게 깨달았어. *I realized that I took the wrong bus.*

▶ 뒤늦은 감이 있지만 승진 축하해! *Congratulations on your promotion, even though it's a little late.*

		Present	Past	Future / Presumption
Declarative	I	드물어, 드물지	드물었어, 드물었지	드물겠어, 드물겠지, 드물 거야
	II	드물어요, 드물죠	드물었어요, 드물었죠	드물겠어요, 드물겠죠, 드물 거예요
	III	드물다	드물었다	드물겠다, 드물 거다
	IV	드뭅니다	드물었습니다	드물겠습니다, 드물 겁니다
Interrogative	I	드물어?, 드물지?	드물었어?, 드물었지?	드물겠어?, 드물까?
	II	드물어요?, 드물죠?	드물었어요?, 드물었죠?	드물겠어요?, 드물까요?
	III	드무니?, 드무냐?	드물었니?, 드물었냐?	드물겠니?, 드물겠냐?
	IV	드뭅니까?	드물었습니까?	드물겠습니까?
Adnominal		드문	드문	드물

* I: Intimate / II: Polite / III: Plain / IV: Deferential

Conjunctive	and	드물고, 드물며	Conj.	not	드물지 (않다)
	or	드물거나, 드물든(지)		adv.	드물게
	but	드물지만, 드무나, 드문데	Quot.	decl.	드물다고
	so	드물어(서), 드무니(까), 드물므로		inter.	드무냐고
	if	드물면		Nominal	드묾, 드물기
	though	드물어도		Subject Honorific	드무시다
	as (if)	드물듯(이)		Causative	드물게 하다

* Conj.: Conjunctive / Quot.: Quotative / adv.: adverbial / decl.: declarative / inter.: interrogative

rare, uncommon (*syn.* 희박하다, 희소하다 *ant.* 흔하다) **ADV** 극히, 매우, 아주 | 비교적 **N** 사건, 일 | 것 | 기회 | 미인 | 이름 | 재능 **V** 만나다, 보다

▶ 제가 아침을 먹는 건 드문 일이에요. *It is unusual for me to have breakfast.*
▶ 부산에서는 눈을 볼 기회가 드물어요. *You will seldom see snow in Busan.*

		Present	Past	Future / Presumption
Declarative	I	든든해, 든든하지	든든했어, 든든했지	든든하겠어, 든든하겠지, 든든할 거야
	II	든든해요, 든든하죠	든든했어요, 든든했죠	든든하겠어요, 든든하겠죠, 든든할 거예요
	III	든든하다	든든했다	든든하겠다, 든든할 거다
	IV	든든합니다	든든했습니다	든든하겠습니다, 든든할 겁니다
Interrogative	I	든든해?, 든든하지?	든든했어?, 든든했지?	든든하겠어?, 든든할까?
	II	든든해요?, 든든하죠?	든든했어요?, 든든했죠?	든든하겠어요?, 든든할까요?
	III	든든하니?, 든든하냐?	든든했니?, 든든했냐?	든든하겠니?, 든든하겠냐?
	IV	든든합니까?	든든했습니까?	든든하겠습니까?
Adnominal		든든한	든든한	든든할

* I: Intimate / II: Polite / III: Plain / IV: Deferential

Conjunctive	and	든든하고, 든든하며	Conj.	not	든든하지 (않다)
	or	든든하거나, 든든하든(지)		adv.	든든하게, 든든히
	but	든든하지만, 든든하나, 든든한데	Quot.	decl.	든든하다고
	so	든든해(서), 든든하니(까), 든든하므로		inter.	든든하냐고
	if	든든하면	Nominal		든든함, 든든하기
	though	든든해도	Subject Honorific		든든하시다
	as (if)	든든하듯(이)	Causative		든든하게 하다

* Conj.: Conjunctive / Quot.: Quotative / adv.: adverbial / decl.: declarative / inter.: interrogative

1 reassured, reliable ADV 아주 N 사람 | 마음, 생각 | 버팀목, 후원자, 힘 | 건물
- ▸ 네가 있으니 마음이 든든하구나. *I feel reassured that you are with me.*
- ▸ 부모님은 저의 든든한 버팀목이세요. *My parents are the pillar of hope for me.*

2 full N 속 V 먹다
- ▸ 속이 든든하지 않으면 더 추운 법이야. *One tends to feel colder if they are hungry.*
- ▸ 속이 든든하니 이제 좀 살 것 같다. *Now that I'm full, I feel much better.*

		Present	Past	Future / Presumption
Declarative	I	따가워, 따갑지	따가웠어, 따가웠지	따갑겠어, 따갑겠지, 따가울 거야
	II	따가워요, 따갑죠	따가웠어요, 따가웠죠	따갑겠어요, 따갑겠죠, 따가울 거예요
	III	따갑다	따가웠다	따갑겠다, 따가울 거다
	IV	따갑습니다	따가웠습니다	따갑겠습니다, 따가울 겁니다
Interrogative	I	따가워?, 따갑지?	따가웠어?, 따가웠지?	따갑겠어?, 따가울까?
	II	따가워요?, 따갑죠?	따가웠어요?, 따가웠죠?	따갑겠어요?, 따가울까요?
	III	따갑니?, 따가우냐?/따갑냐?	따가웠니?, 따가웠냐?	따갑겠니?, 따갑겠냐?
	IV	따갑습니까?	따가웠습니까?	따갑겠습니까?
Adnominal		따가운	따가운	따가울

* I: Intimate / II: Polite / III: Plain / IV: Deferential

Conjunctive	and	따갑고, 따가우며	Conj.	not	따갑지 (않다)
	or	따갑거나, 따갑든(지)		adv.	따갑게
	but	따갑지만, 따가우나, 따가운데	Quot.	decl.	따갑다고
	so	따가워(서), 따가우니(까), 따가우므로		inter.	따가우냐고/따갑냐고
	if	따가우면		Nominal	따가움, 따갑기
	though	따가워도		Subject Honorific	따가우시다
	as (if)	따갑듯(이)		Causative	따갑게 하다

* Conj.: Conjunctive / Quot.: Quotative / adv.: adverbial / decl.: declarative / inter.: interrogative

1 stinging ADV 너무, 하도 N 눈, 목, 무릎, 손 | 부위, 상처

▶ 모기한테 물린 데가 너무 따가워요. *The mosquito bites sting so badly.*

▶ 어제부터 목이 따가워요. *I have had a stinging sensation on my throat since yesterday.*

2 hot ADV 너무 N 햇볕, 햇살

▶ 햇볕이 너무 따가워요. *The sun is too hot.*

		Present	Past	Future / Presumption
Declarative	I	따뜻해, 따뜻하지	따뜻했어, 따뜻했지	따뜻하겠어, 따뜻하겠지, 따뜻할 거야
	II	따뜻해요, 따뜻하죠	따뜻했어요, 따뜻했죠	따뜻하겠어요, 따뜻하겠죠, 따뜻할 거예요
	III	따뜻하다	따뜻했다	따뜻하겠다, 따뜻할 거다
	IV	따뜻합니다	따뜻했습니다	따뜻하겠습니다, 따뜻할 겁니다
Interrogative	I	따뜻해?, 따뜻하지?	따뜻했어?, 따뜻했지?	따뜻하겠어?, 따뜻할까?
	II	따뜻해요?, 따뜻하죠?	따뜻했어요?, 따뜻했죠?	따뜻하겠어요?, 따뜻할까요?
	III	따뜻하니?, 따뜻하냐?	따뜻했니?, 따뜻했냐?	따뜻하겠니?, 따뜻하겠냐?
	IV	따뜻합니까?	따뜻했습니까?	따뜻하겠습니까?
Adnominal		따뜻한	따뜻한	따뜻할

* I: Intimate / II: Polite / III: Plain / IV: Deferential

Conjunctive	and	따뜻하고, 따뜻하며	Conj.	not	따뜻하지 (않다)
	or	따뜻하거나, 따뜻하든(지)		adv.	따뜻하게, 따뜻이
	but	따뜻하지만, 따뜻하나, 따뜻한데	Quot.	decl.	따뜻하다고
	so	따뜻해(서), 따뜻하니(까), 따뜻하므로		inter.	따뜻하냐고
	if	따뜻하면	Nominal		따뜻함, 따뜻하기
	though	따뜻해도	Subject Honorific		따뜻하시다
	as (if)	따뜻하듯(이)	Causative		따뜻하게 하다

* Conj.: Conjunctive / Quot.: Quotative / adv.: adverbial / decl.: declarative / inter.: interrogative

warm (*syn.* 따스하다 *ant.* 차갑다) ADV 제법 | 더 | 비교적 N 물, 우유, 음료, 차, 커피 | 마음, 배려, 환영 | 날씨 | 겨울, 봄 | 사람 | 미소 | 분위기 V 입다 | 맞이하다 | 데우다

▸ 옷을 따뜻하게 입고 나가라. *Dress warmly to go out.*
▸ 따뜻한 차 한 잔 드시겠어요? *Would you like some warm tea?*
▸ 날씨가 따뜻하면 우유가 쉽게 상해요. *Milk easily goes bad in warm weather.*

딱딱하다 /딱따카다/ ttak·tta·ka·da

		Present	Past	Future / Presumption
Declarative	I	딱딱해, 딱딱하지	딱딱했어, 딱딱했지	딱딱하겠어, 딱딱하겠지, 딱딱할 거야
	II	딱딱해요, 딱딱하죠	딱딱했어요, 딱딱했죠	딱딱하겠어요, 딱딱하겠죠, 딱딱할 거예요
	III	딱딱하다	딱딱했다	딱딱하겠다, 딱딱할 거다
	IV	딱딱합니다	딱딱했습니다	딱딱하겠습니다, 딱딱할 겁니다
Interrogative	I	딱딱해?, 딱딱하지?	딱딱했어?, 딱딱했지?	딱딱하겠어?, 딱딱할까?
	II	딱딱해요?, 딱딱하죠?	딱딱했어요?, 딱딱했죠?	딱딱하겠어요?, 딱딱할까요?
	III	딱딱하니?, 딱딱하냐?	딱딱했니?, 딱딱했냐?	딱딱하겠니?, 딱딱하겠냐?
	IV	딱딱합니까?	딱딱했습니까?	딱딱하겠습니까?
Adnominal		딱딱한	딱딱한	딱딱할

* I: Intimate / II: Polite / III: Plain / IV: Deferential

Conjunctive	and	딱딱하고, 딱딱하며	Conj.	not	딱딱하지 (않다)
	or	딱딱하거나, 딱딱하든(지)		adv.	딱딱하게
	but	딱딱하지만, 딱딱하나, 딱딱한데	Quot.	decl.	딱딱하다고
	so	딱딱해(서), 딱딱하니(까), 딱딱하므로		inter.	딱딱하냐고
	if	딱딱하면	Nominal		딱딱함, 딱딱하기
	though	딱딱해도	Subject Honorific		딱딱하시다
	as (if)	딱딱하듯(이)	Causative		딱딱하게 하다

* Conj.: Conjunctive / Quot.: Quotative / adv.: adverbial / decl.: declarative / inter.: interrogative

hard, stiff (*ant.* 푹신하다, 부드럽다) **ADV** 너무 | 약간, 좀 **N** 말(투), 문장, 소리, 이야기, 표현 | 느낌, 인사, 표정 | 분위기, 태도 | 매트리스, 의자, 침대 | 빵 **V** 굳다

▶ 딱딱한 의자는 불편하지만 건강에는 좋다. *A hard chair is uncomfortable but good for your health.*

▶ 이렇게 딱딱한 분위기는 더 못 견디겠어. 난 빠질래. *I can't stand this stiff atmosphere any more. I'm out.*

		Present	Past	Future / Presumption
Declarative	I	떠들썩해, 떠들썩하지	떠들썩했어, 떠들썩했지	떠들썩하겠어, 떠들썩하겠지, 떠들썩할 거야
	II	떠들썩해요, 떠들썩하죠	떠들썩했어요, 떠들썩했죠	떠들썩하겠어요, 떠들썩하겠죠, 떠들썩할 거예요
	III	떠들썩하다	떠들썩했다	떠들썩하겠다, 떠들썩할 거다
	IV	떠들썩합니다	떠들썩했습니다	떠들썩하겠습니다, 떠들썩할 겁니다
Interrogative	I	떠들썩해?, 떠들썩하지?	떠들썩했어?, 떠들썩했지?	떠들썩하겠어?, 떠들썩할까?
	II	떠들썩해요?, 떠들썩하죠?	떠들썩했어요?, 떠들썩했죠?	떠들썩하겠어요?, 떠들썩할까요?
	III	떠들썩하니?, 떠들썩하냐?	떠들썩했니?, 떠들썩했냐?	떠들썩하겠니?, 떠들썩하겠냐?
	IV	떠들썩합니까?	떠들썩했습니까?	떠들썩하겠습니까?
Adnominal		떠들썩한	떠들썩한	떠들썩할

* I: Intimate / II: Polite / III: Plain / IV: Deferential

Conjunctive	and	떠들썩하고, 떠들썩하며	**Conj.**	not	떠들썩하지 (않다)
	or	떠들썩하거나, 떠들썩하든(지)		adv.	떠들썩하게
	but	떠들썩하지만, 떠들썩하나, 떠들썩한데	**Quot.**	decl.	떠들썩하다고
	so	떠들썩해(서), 떠들썩하니(까), 떠들썩하므로		inter.	떠들썩하냐고
	if	떠들썩하면	Nominal		떠들썩함, 떠들썩하기
	though	떠들썩해도	Subject Honorific		떠들썩하시다
	as (if)	떠들썩하듯(이)	Causative		떠들썩하게 하다

* Conj.: Conjunctive / Quot.: Quotative / adv.: adverbial / decl.: declarative / inter.: interrogative

noisy, uproarious (*syn.* 시끄럽다, 소란스럽다 *ant.* 조용하다) **ADV** 요즘 **N** 선전 | 거리 | 사건 | 소리 | 소문 | 모임, 잔치, 파티, 행사 | 환영 | 분위기

▸ 저는 떠들썩한 파티를 안 좋아해요. *I don't like loud parties.*
▸ 왜 밖이 이렇게 떠들썩해? *Why is it so noisy outside?*

		Present	Past	Future / Presumption
Declarative	I	떳떳해, 떳떳하지	떳떳했어, 떳떳했지	떳떳하겠어, 떳떳하겠지, 떳떳할 거야
	II	떳떳해요, 떳떳하죠	떳떳했어요, 떳떳했죠	떳떳하겠어요, 떳떳하겠죠, 떳떳할 거예요
	III	떳떳하다	떳떳했다	떳떳하겠다, 떳떳할 거다
	IV	떳떳합니다	떳떳했습니다	떳떳하겠습니다, 떳떳할 겁니다
Interrogative	I	떳떳해?, 떳떳하지?	떳떳했어?, 떳떳했지?	떳떳하겠어?, 떳떳할까?
	II	떳떳해요?, 떳떳하죠?	떳떳했어요?, 떳떳했죠?	떳떳하겠어요?, 떳떳할까요?
	III	떳떳하니?, 떳떳하냐?	떳떳했니?, 떳떳했냐?	떳떳하겠니?, 떳떳하겠냐?
	IV	떳떳합니까?	떳떳했습니까?	떳떳하겠습니까?
Adnominal		떳떳한	떳떳한	떳떳할

* I: Intimate / II: Polite / III: Plain / IV: Deferential

Conjunctive	and	떳떳하고, 떳떳하며	Conj.	not	떳떳하지 (않다)
	or	떳떳하거나, 떳떳하든(지)		adv.	떳떳하게, 떳떳이
	but	떳떳하지만, 떳떳하나, 떳떳한데	Quot.	decl.	떳떳하다고
	so	떳떳해(서), 떳떳하니(까), 떳떳하므로		inter.	떳떳하냐고
	if	떳떳하면	Nominal		떳떳함, 떳떳하기
	though	떳떳해도	Subject Honorific		떳떳하시다
	as (if)	떳떳하듯(이)	Causative		떳떳하게 하다

* Conj.: Conjunctive / Quot.: Quotative / adv.: adverbial / decl.: declarative / inter.: interrogative

blameless (*syn.* 당당하다) N 몸 | 직업 | 행동 | 권리 | 마음, 생각 | 사람 | 입장
V 밝히다 | 요구하다 | 살다

▶ 저는 잘못한 게 없으니 떳떳해요. *I'm blameless because I did nothing wrong.*

▶ 이제부터 저도 떳떳이 살고 싶어요. *I'd like to live with a clear conscience from now on.*

		Present	Past	Future / Presumption
Declarative	I	똑같아, 똑같지	똑같았어, 똑같았지	똑같겠어, 똑같겠지, 똑같을 거야
	II	똑같아요, 똑같죠	똑같았어요, 똑같았죠	똑같겠어요, 똑같겠죠, 똑같을 거예요
	III	똑같다	똑같았다	똑같겠다, 똑같을 거다
	IV	똑같습니다	똑같았습니다	똑같겠습니다, 똑같을 겁니다
Interrogative	I	똑같아?, 똑같지?	똑같았어?, 똑같았지?	똑같겠어?, 똑같을까?
	II	똑같아요?, 똑같죠?	똑같았어요?, 똑같았죠?	똑같겠어요?, 똑같을까요?
	III	똑같니?, 똑같(으)냐?	똑같았니?, 똑같았나?	똑같겠니?, 똑같겠냐?
	IV	똑같습니까?	똑같았습니까?	똑같겠습니까?
Adnominal		똑같은	똑같은	똑같을

* I: Intimate / II: Polite / III: Plain / IV: Deferential

Conjunctive	and	똑같고, 똑같으며	Conj.	not	똑같지 (않다)
	or	똑같거나, 똑같든(지)		adv.	똑같게, 똑같이
	but	똑같지만, 똑같으나, 똑같은데	Quot.	decl.	똑같다고
	so	똑같아(서), 똑같으니(까), 똑같으므로		inter.	똑같(으)냐고
	if	똑같으면	Nominal		똑같음, 똑같기
	though	똑같아도	Subject Honorific		똑같으시다
	as (if)	똑같듯(이)	Causative		똑같게 하다

* Conj.: Conjunctive / Quot.: Quotative / adv.: adverbial / decl.: declarative / inter.: interrogative

same, identical (*syn.* 같다, 동일하다 *ant.* 다르다) **P** -와/과 **ADV** 다, 모두 | 늘, 항상 | 완전히, 정확히 | 거의 **N** 말, 소리, 얘기 | 일 | 것 | 사람 | 실수 | 생각 | 옷 | 디자인, 모양

▸ 어쩌면 너는 옛날이랑 똑같구나. *You haven't changed at all!*
▸ 중요한 것은 똑같은 실수를 반복하지 않는 거야. *The important thing is not to repeat the same mistake.*
▸ 나도 너랑 똑같은 생각이야. *I couldn't agree more.*

똑똑하다 /똑또카다/ ttok·tto·ka·da

		Present	Past	Future / Presumption
Declarative	I	똑똑해, 똑똑하지	똑똑했어, 똑똑했지	똑똑하겠어, 똑똑하겠지, 똑똑할 거야
	II	똑똑해요, 똑똑하죠	똑똑했어요, 똑똑했죠	똑똑하겠어요, 똑똑하겠죠, 똑똑할 거예요
	III	똑똑하다	똑똑했다	똑똑하겠다, 똑똑할 거다
	IV	똑똑합니다	똑똑했습니다	똑똑하겠습니다, 똑똑할 겁니다
Interrogative	I	똑똑해?, 똑똑하지?	똑똑했어?, 똑똑했지?	똑똑하겠어?, 똑똑할까?
	II	똑똑해요?, 똑똑하죠?	똑똑했어요?, 똑똑했죠?	똑똑하겠어요?, 똑똑할까요?
	III	똑똑하니?, 똑똑하냐?	똑똑했니?, 똑똑했냐?	똑똑하겠니?, 똑똑하겠냐?
	IV	똑똑합니까?	똑똑했습니까?	똑똑하겠습니까?
Adnominal		똑똑한	똑똑한	똑똑할

* I: Intimate / II: Polite / III: Plain / IV: Deferential

Conjunctive				Conj.		
	and	똑똑하고, 똑똑하며		Conj.	not	똑똑하지 (않다)
	or	똑똑하거나, 똑똑하든(지)			adv.	똑똑하게
	but	똑똑하지만, 똑똑하나, 똑똑한데		Quot.	decl.	똑똑하다고
	so	똑똑해(서), 똑똑하니(까), 똑똑하므로			inter.	똑똑하냐고
	if	똑똑하면		Nominal		똑똑함, 똑똑하기
	though	똑똑해도		Subject Honorific		똑똑하시다
	as (if)	똑똑하듯(이)		Causative		똑똑하게 하다

* Conj.: Conjunctive / Quot.: Quotative / adv.: adverbial / decl.: declarative / inter.: interrogative

smart, intelligent (*syn.* 영리하다 *ant.* 멍청하다) **ADV** 매우, 아주 **N** 사람, 아이, 학생 | 머리 **V** 척하다, 체하다 | 보이다, 생기다

▶ 고 녀석, 똑똑하게 생겼구나. *You look smart, kiddo.*

▶ 제 동생이 저보다 훨씬 똑똑해요. *My younger brother/sister is much smarter than me.*

		Present	Past	Future / Presumption
Declarative	I	뚜렷해, 뚜렷하지	뚜렷했어, 뚜렷했지	뚜렷하겠어, 뚜렷하겠지, 뚜렷할 거야
	II	뚜렷해요, 뚜렷하죠	뚜렷했어요, 뚜렷했죠	뚜렷하겠어요, 뚜렷하겠죠, 뚜렷할 거예요
	III	뚜렷하다	뚜렷했다	뚜렷하겠다, 뚜렷할 거다
	IV	뚜렷합니다	뚜렷했습니다	뚜렷하겠습니다, 뚜렷할 겁니다
Interrogative	I	뚜렷해?, 뚜렷하지?	뚜렷했어?, 뚜렷했지?	뚜렷하겠어?, 뚜렷할까?
	II	뚜렷해요?, 뚜렷하죠?	뚜렷했어요?, 뚜렷했죠?	뚜렷하겠어요?, 뚜렷할까요?
	III	뚜렷하니?, 뚜렷하냐?	뚜렷했니?, 뚜렷했냐?	뚜렷하겠니?, 뚜렷하겠냐?
	IV	뚜렷합니까?	뚜렷했습니까?	뚜렷하겠습니까?
Adnominal		뚜렷한	뚜렷한	뚜렷할

* I: Intimate / II: Polite / III: Plain / IV: Deferential

Conjunctive	and	뚜렷하고, 뚜렷하며	Conj.	not	뚜렷하지 (않다)
	or	뚜렷하거나, 뚜렷하든(지)		adv.	뚜렷하게, 뚜렷이
	but	뚜렷하지만, 뚜렷하나, 뚜렷한데	Quot.	decl.	뚜렷하다고
	so	뚜렷해(서), 뚜렷하니(까), 뚜렷하므로		inter.	뚜렷하냐고
	if	뚜렷하면	Nominal		뚜렷함, 뚜렷하기
	though	뚜렷해도	Subject Honorific		뚜렷하시다
	as (if)	뚜렷하듯(이)	Causative		뚜렷하게 하다

* Conj.: Conjunctive / Quot.: Quotative / adv.: adverbial / decl.: declarative / inter.: interrogative

clear, distinct (*syn.* 분명하다, 선명하다 *ant.* 희미하다) N 얼굴 | 대조, 차이 | 증거 | 윤곽 | 목적, 이유 | 변화 | 기억 | 특징 | 사계절

▸ 뚜렷한 증거에도 불구하고 그녀는 혐의를 계속 부인했다. *She denied all charges despite the clear evidence.*

▸ 우리나라는 사계절이 뚜렷해요. *Korea has four distinct seasons.*

뚱뚱하다 ttung·ttung·ha·da

		Present	Past	Future / Presumption
Declarative	I	뚱뚱해, 뚱뚱하지	뚱뚱했어, 뚱뚱했지	뚱뚱하겠어, 뚱뚱하겠지, 뚱뚱할 거야
	II	뚱뚱해요, 뚱뚱하죠	뚱뚱했어요, 뚱뚱했죠	뚱뚱하겠어요, 뚱뚱하겠죠, 뚱뚱할 거예요
	III	뚱뚱하다	뚱뚱했다	뚱뚱하겠다, 뚱뚱할 거다
	IV	뚱뚱합니다	뚱뚱했습니다	뚱뚱하겠습니다, 뚱뚱할 겁니다
Interrogative	I	뚱뚱해?, 뚱뚱하지?	뚱뚱했어?, 뚱뚱했지?	뚱뚱하겠어?, 뚱뚱할까?
	II	뚱뚱해요?, 뚱뚱하죠?	뚱뚱했어요?, 뚱뚱했죠?	뚱뚱하겠어요?, 뚱뚱할까요?
	III	뚱뚱하니?, 뚱뚱하냐?	뚱뚱했니?, 뚱뚱했냐?	뚱뚱하겠니?, 뚱뚱하겠냐?
	IV	뚱뚱합니까?	뚱뚱했습니까?	뚱뚱하겠습니까?
Adnominal		뚱뚱한	뚱뚱한	뚱뚱할

* I: Intimate / II: Polite / III: Plain / IV: Deferential

Conjunctive	and	뚱뚱하고, 뚱뚱하며	Conj.	not	뚱뚱하지 (않다)
	or	뚱뚱하거나, 뚱뚱하든(지)		adv.	뚱뚱하게
	but	뚱뚱하지만, 뚱뚱하나, 뚱뚱한데	Quot.	decl.	뚱뚱하다고
	so	뚱뚱해(서), 뚱뚱하니(까), 뚱뚱하므로		inter.	뚱뚱하냐고
	if	뚱뚱하면	Nominal		뚱뚱함, 뚱뚱하기
	though	뚱뚱해도	Subject Honorific		뚱뚱하시다
	as (if)	뚱뚱하듯(이)	Causative		뚱뚱하게 하다

* Conj.: Conjunctive / Quot.: Quotative / adv.: adverbial / decl.: declarative / inter.: interrogative

fat, overweight (*ant.* 날씬하다, 마르다) ADV 너무 | 약간, 좀 N 남자, 사람, 여자, 중년 | 몸, 몸매, 몸집, 체격 | 편

▶ 많은 여자들이 자신을 뚱뚱하다고 생각하는 경향이 있어요. *Many women tend to consider themselves overweight.*

▶ 저는 뚱뚱한 편입니다. *I'm on the plump side.*

뛰어나다 ttwi·eo·na·da   REGULAR

		Present	Past	Future / Presumption
Declarative	I	뛰어나, 뛰어나지	뛰어났어, 뛰어났지	뛰어나겠어, 뛰어나겠지, 뛰어날 거야
	II	뛰어나요, 뛰어나죠	뛰어났어요, 뛰어났죠	뛰어나겠어요, 뛰어나겠죠, 뛰어날 거예요
	III	뛰어나다	뛰어났다	뛰어나겠다, 뛰어날 거다
	IV	뛰어납니다	뛰어났습니다	뛰어나겠습니다, 뛰어날 겁니다
Interrogative	I	뛰어나?, 뛰어나지?	뛰어났어?, 뛰어났지?	뛰어나겠어?, 뛰어날까?
	II	뛰어나요?, 뛰어나죠?	뛰어났어요?, 뛰어났죠?	뛰어나겠어요?, 뛰어날까요?
	III	뛰어나니?, 뛰어나냐?	뛰어났니?, 뛰어났냐?	뛰어나겠니?, 뛰어나겠냐?
	IV	뛰어납니까?	뛰어났습니까?	뛰어나겠습니까?
Adnominal		뛰어난	뛰어난	뛰어날

* I: Intimate / II: Polite / III: Plain / IV: Deferential

Conjunctive	and	뛰어나고, 뛰어나며	Conj.	not	뛰어나지 (않다)
	or	뛰어나거나, 뛰어나든(지)		adv.	뛰어나게
	but	뛰어나지만, 뛰어나나, 뛰어난데	Quot.	decl.	뛰어나다고
	so	뛰어나(서), 뛰어나니(까), 뛰어나므로		inter.	뛰어나냐고
	if	뛰어나면		Nominal	뛰어남, 뛰어나기
	though	뛰어나도		Subject Honorific	뛰어나시다
	as (if)	뛰어나듯(이)		Causative	뛰어나게 하다

* Conj.: Conjunctive / Quot.: Quotative / adv.: adverbial / decl.: declarative / inter.: interrogative

excellent, outstanding (*syn.* 탁월하다) **P** -에 **ADV** 가장, 아주 | 더, 훨씬 **N** 사람, 선수, 인물, 학생 | 소질, 자질, 재능 | 작품 | 기량, 기술, 솜씨, 재주 **V** 잘하다

▶ 저는 학교 다닐 때 과학에 뛰어났습니다. *When I was in school, I was excellent at science.*

▶ 그는 어릴 적부터 미술에 뛰어난 재능을 보였다. *He has shown an outstanding talent for art since he was little.*

		Present	Past	Future / Presumption
Declarative	I	뜨거워, 뜨겁지	뜨거웠어, 뜨거웠지	뜨겁겠어, 뜨겁겠지, 뜨거울 거야
	II	뜨거워요, 뜨겁죠	뜨거웠어요, 뜨거웠죠	뜨겁겠어요, 뜨겁겠죠, 뜨거울 거예요
	III	뜨겁다	뜨거웠다	뜨겁겠다, 뜨거울 거다
	IV	뜨겁습니다	뜨거웠습니다	뜨겁겠습니다, 뜨거울 겁니다
Interrogative	I	뜨거워?, 뜨겁지?	뜨거웠어?, 뜨거웠지?	뜨겁겠어?, 뜨거울까?
	II	뜨거워요?, 뜨겁죠?	뜨거웠어요?, 뜨거웠죠?	뜨겁겠어요?, 뜨거울까요?
	III	뜨겁니?, 뜨거우냐?/뜨겁냐?	뜨거웠니?, 뜨거웠냐?	뜨겁겠니?, 뜨겁겠냐?
	IV	뜨겁습니까?	뜨거웠습니까?	뜨겁겠습니까?
Adnominal		뜨거운	뜨거운	뜨거울

* I: Intimate / II: Polite / III: Plain / IV: Deferential

Conjunctive	and	뜨겁고, 뜨거우며	Conj.	not	뜨겁지 (않다)
	or	뜨겁거나, 뜨겁든(지)		adv.	뜨겁게
	but	뜨겁지만, 뜨거우나, 뜨거운데	Quot.	decl.	뜨겁다고
	so	뜨거워(서), 뜨거우니(까), 뜨거우므로		inter.	뜨거우냐고/뜨겁냐고
	if	뜨거우면	Nominal		뜨거움, 뜨겁기
	though	뜨거워도	Subject Honorific		뜨거우시다
	as (if)	뜨겁듯(이)	Causative		뜨겁게 하다

* Conj.: Conjunctive / Quot.: Quotative / adv.: adverbial / decl.: declarative / inter.: interrogative

hot, burning (*ant.* 차갑다) **ADV** 너무, 몹시, 아주 **N** 국, 국물, 기름, 물, 밥, 우유, 차, 커피 | 심장 | 눈물 | 열기, 태양, 햇볕, 햇살 | 때 | 맛 | 논쟁, 쟁점 | 냄비 | 박수 | 사랑 **V** 내리쬐다 | 데우다

▶ 냄비가 너무 뜨거워서 만질 수가 없어요. *The pot is too hot to touch.*
▶ 공연이 끝나자 관객들은 무대 위 배우들에게 뜨거운 박수를 보냈다. *When the performance was over, the audience gave a very big hand to the actor on the stage.*
▶ 길거리 흡연은 뜨거운 쟁점이 되고 있다. *Smoking in the street has become a hot issue.*

		Present	Past	Future / Presumption
Declarative	I	마땅해, 마땅하지	마땅했어, 마땅했지	마땅하겠어, 마땅하겠지, 마땅할 거야
	II	마땅해요, 마땅하죠	마땅했어요, 마땅했죠	마땅하겠어요, 마땅하겠죠, 마땅할 거예요
	III	마땅하다	마땅했다	마땅하겠다, 마땅할 거다
	IV	마땅합니다	마땅했습니다	마땅하겠습니다, 마땅할 겁니다
Interrogative	I	마땅해?, 마땅하지?	마땅했어?, 마땅했지?	마땅하겠어?, 마땅할까?
	II	마땅해요?, 마땅하죠?	마땅했어요?, 마땅했죠?	마땅하겠어요?, 마땅할까요?
	III	마땅하니?, 마땅하냐?	마땅했니?, 마땅했냐?	마땅하겠니?, 마땅하겠냐?
	IV	마땅합니까?	마땅했습니까?	마땅하겠습니까?
Adnominal		마땅한	마땅한	마땅할

* I: Intimate / II: Polite / III: Plain / IV: Deferential

Conjunctive	and	마땅하고, 마땅하며	Conj.	not	마땅하지 (않다)
	or	마땅하거나, 마땅하든(지)		adv.	마땅하게, 마땅히
	but	마땅하지만, 마땅하나, 마땅한데	Quot.	decl.	마땅하다고
	so	마땅해(서), 마땅하니(까), 마땅하므로		inter.	마땅하냐고
	if	마땅하면		Nominal	마땅함, 마땅하기
	though	마땅해도		Subject Honorific	마땅하시다
	as (if)	마땅하듯(이)		Causative	마땅하게 하다

* Conj.: Conjunctive / Quot.: Quotative / adv.: adverbial / decl.: declarative / inter.: interrogative

1 natural P -아/어
▶ 그 사람은 비난을 받아 마땅하다. *He deserves to be criticized.*
▶ 잘못을 했으면 마땅히 벌을 받아야지. *It's natural for you to be punished for the wrong you've done.*

2 right, proper N 사람, 인물 | 말 | 혼처 | 일, 일자리, 직업 | 경우 | 생각
▶ 마땅한 일자리를 아직 못 찾았어요. *I haven't found the right job for me.*
▶ 지난주에 이사 와서 마땅히 갈 데가 없어요. *I moved in last week, so I don't know about good places to go.*

		Present	Past	Future / Presumption
Declarative	I	막강해, 막강하지	막강했어, 막강했지	막강하겠어, 막강하겠지, 막강할 거야
	II	막강해요, 막강하죠	막강했어요, 막강했죠	막강하겠어요, 막강하겠죠, 막강할 거예요
	III	막강하다	막강했다	막강하겠다, 막강할 거다
	IV	막강합니다	막강했습니다	막강하겠습니다, 막강할 겁니다
Interrogative	I	막강해?, 막강하지?	막강했어?, 막강했지?	막강하겠어?, 막강할까?
	II	막강해요?, 막강하죠?	막강했어요?, 막강했죠?	막강하겠어요?, 막강할까요?
	III	막강하니?, 막강하냐?	막강했니?, 막강했냐?	막강하겠니?, 막강하겠냐?
	IV	막강합니까?	막강했습니까?	막강하겠습니까?
Adnominal		막강한	막강한	막강할

* I: Intimate / II: Polite / III: Plain / IV: Deferential

Conjunctive	and	막강하고, 막강하며	Conj.	not	막강하지 (않다)
	or	막강하거나, 막강하든(지)		adv.	막강하게
	but	막강하지만, 막강하나, 막강한데	Quot.	decl.	막강하다고
	so	막강해(서), 막강하니(까), 막강하므로		inter.	막강하냐고
	if	막강하면	Nominal		막강함, 막강하기
	though	막강해도	Subject Honorific		막강하시다
	as (if)	막강하듯(이)	Causative		막강하게 하다

* Conj.: Conjunctive / Quot.: Quotative / adv.: adverbial / decl.: declarative / inter.: interrogative

powerful, strong N 권력, 세력, 영향력 | 힘 | 공격, 수비

▶ 우리 팀의 강점은 막강한 수비다. *The strength of our team is a strong defense.*

▶ 그녀는 조직 내에서 막강한 영향력을 갖고 있다. *She has power within the organization.*

		Present	Past	Future / Presumption
Declarative	I	막대해, 막대하지	막대했어, 막대했지	막대하겠어, 막대하겠지, 막대할 거야
	II	막대해요, 막대하죠	막대했어요, 막대했죠	막대하겠어요, 막대하겠죠, 막대할 거예요
	III	막대하다	막대했다	막대하겠다, 막대할 거다
	IV	막대합니다	막대했습니다	막대하겠습니다, 막대할 겁니다
Interrogative	I	막대해?, 막대하지?	막대했어?, 막대했지?	막대하겠어?, 막대할까?
	II	막대해요?, 막대하죠?	막대했어요?, 막대했죠?	막대하겠어요?, 막대할까요?
	III	막대하니?, 막대하냐?	막대했니?, 막대했냐?	막대하겠니?, 막대하겠냐?
	IV	막대합니까?	막대했습니까?	막대하겠습니까?
Adnominal		막대한	막대한	막대할

* I: Intimate / II: Polite / III: Plain / IV: Deferential

Conjunctive	and	막대하고, 막대하며	Conj.	not	막대하지 (않다)
	or	막대하거나, 막대하든(지)		adv.	막대하게
	but	막대하지만, 막대하나, 막대한데	Quot.	decl.	막대하다고
	so	막대해(서), 막대하니(까), 막대하므로		inter.	막대하냐고
	if	막대하면		Nominal	막대함, 막대하기
	though	막대해도		Subject Honorific	막대하시다
	as (if)	막대하듯(이)		Causative	막대하게 하다

* Conj.: Conjunctive / Quot.: Quotative / adv.: adverbial / decl.: declarative / inter.: interrogative

huge, enormous (*ant.* 미미하다) N 유산, 재산 | 손실, 손해, 피해 | 금액, 돈, 비용 | 양 | 수익, 이익

▸ 그는 할아버지로부터 막대한 재산을 물려받았다. *He inherited a huge fortune from his grandfather.*

▸ 우리 회사는 이번 투자로 막대한 피해를 입었다. *Our firm had a great damage from this investment.*

막막하다 /망마카다/ mang·ma·ka·da

		Present	Past	Future / Presumption
Declarative	I	막막해, 막막하지	막막했어, 막막했지	막막하겠어, 막막하겠지, 막막할 거야
	II	막막해요, 막막하죠	막막했어요, 막막했죠	막막하겠어요, 막막하겠죠, 막막할 거예요
	III	막막하다	막막했다	막막하겠다, 막막할 거다
	IV	막막합니다	막막했습니다	막막하겠습니다, 막막할 겁니다
Interrogative	I	막막해?, 막막하지?	막막했어?, 막막했지?	막막하겠어?, 막막할까?
	II	막막해요?, 막막하죠?	막막했어요?, 막막했죠?	막막하겠어요?, 막막할까요?
	III	막막하니?, 막막하냐?	막막했니?, 막막했냐?	막막하겠니?, 막막하겠냐?
	IV	막막합니까?	막막했습니까?	막막하겠습니까?
Adnominal		막막한	막막한	막막할

* I: Intimate / II: Polite / III: Plain / IV: Deferential

Conjunctive	and	막막하고, 막막하며	Conj.	not	막막하지 (않다)
	or	막막하거나, 막막하든(지)		adv.	막막하게
	but	막막하지만, 막막하나, 막막한데	Quot.	decl.	막막하다고
	so	막막해(서), 막막하니(까), 막막하므로		inter.	막막하냐고
	if	막막하면	Nominal		막막함, 막막하기
	though	막막해도	Subject Honorific		막막하시다
	as (if)	막막하듯(이)	Causative		막막하게 하다

* Conj.: Conjunctive / Quot.: Quotative / adv.: adverbial / decl.: declarative / inter.: interrogative

at a loss (*syn.* 아득하다) N 길 | 산중, 황야 | 기분 | 처지

▸ 먹고살 길이 막막합니다. *I don't know how I can make a living.*

▸ 무엇을 해야 할지 막막해요. *I'm at a loss about what to do.*

막연하다 /마견하다/ ma·gyeon·ha·da   하 REGULAR

		Present	Past	Future / Presumption
Declarative	I	막연해, 막연하지	막연했어, 막연했지	막연하겠어, 막연하겠지, 막연할 거야
	II	막연해요, 막연하죠	막연했어요, 막연했죠	막연하겠어요, 막연하겠죠, 막연할 거예요
	III	막연하다	막연했다	막연하겠다, 막연할 거다
	IV	막연합니다	막연했습니다	막연하겠습니다, 막연할 겁니다
Interrogative	I	막연해?, 막연하지?	막연했어?, 막연했지?	막연하겠어?, 막연할까?
	II	막연해요?, 막연하죠?	막연했어요?, 막연했죠?	막연하겠어요?, 막연할까요?
	III	막연하니?, 막연하냐?	막연했니?, 막연했냐?	막연하겠니?, 막연하겠냐?
	IV	막연합니까?	막연했습니까?	막연하겠습니까?
Adnominal		막연한	막연한	막연할

* I: Intimate / II: Polite / III: Plain / IV: Deferential

Conjunctive	and	막연하고, 막연하며	Conj.	not	막연하지 (않다)
	or	막연하거나, 막연하든(지)		adv.	막연하게, 막연히
	but	막연하지만, 막연하나, 막연한데	Quot.	decl.	막연하다고
	so	막연해(서), 막연하니(까), 막연하므로		inter.	막연하냐고
	if	막연하면	Nominal		막연함, 막연하기
	though	막연해도	Subject Honorific		막연하시다
	as (if)	막연하듯(이)	Causative		막연하게 하다

* Conj.: Conjunctive / Quot.: Quotative / adv.: adverbial / decl.: declarative / inter.: interrogative

vague (*syn.* 어렴풋하다 *ant.* 분명하다) N 기대, 추측, 희망 | 느낌, 생각, 의견 | 두려움, 불안 | 얘기 | 계획 | 설명 | 대답
  ▸ 많은 고등학생들이 대학 생활에 대해 막연한 기대를 갖고 있다. *Many high school students have vague expectations about campus life.*
  ▸ 네가 한 말은 막연한 추측에 불과해. *What you said is nothing but a wild guess.*

		Present	Past	Future / Presumption
Declarative	I	만만해, 만만하지	만만했어, 만만했지	만만하겠어, 만만하겠지, 만만할 거야
	II	만만해요, 만만하죠	만만했어요, 만만했죠	만만하겠어요, 만만하겠죠, 만만할 거예요
	III	만만하다	만만했다	만만하겠다, 만만할 거다
	IV	만만합니다	만만했습니다	만만하겠습니다, 만만할 겁니다
Interrogative	I	만만해?, 만만하지?	만만했어?, 만만했지?	만만하겠어?, 만만할까?
	II	만만해요?, 만만하죠?	만만했어요?, 만만했죠?	만만하겠어요?, 만만할까요?
	III	만만하니?, 만만하냐?	만만했니?, 만만했냐?	만만하겠니?, 만만하겠냐?
	IV	만만합니까?	만만했습니까?	만만하겠습니까?
Adnominal		만만한	만만한	만만할

* I: Intimate / II: Polite / III: Plain / IV: Deferential

Conjunctive	and	만만하고, 만만하며	Conj.	not	만만하지 (않다)
	or	만만하거나, 만만하든(지)		adv.	만만하게, 만만히
	but	만만하지만, 만만하나, 만만한데	Quot.	decl.	만만하다고
	so	만만해(서), 만만하니(까), 만만하므로		inter.	만만하냐고
	if	만만하면	Nominal		만만함, 만만하기
	though	만만해도	Subject Honorific		만만하시다
	as (if)	만만하듯(이)	Causative		만만하게 하다

* Conj.: Conjunctive / Quot.: Quotative / adv.: adverbial / decl.: declarative / inter.: interrogative

---

easy to deal with (*syn.* 호락호락하다 *ant.* 만만찮다) **ADV** 그렇게 | 결코, 그리 | 아주, 제일 **N** 사람, 상대 | 세상 **V** 대하다, 보다 | 보이다

▸ 내가 그렇게 만만해 보여? *Do you take me for a pushover?*
▸ 세상은 네 생각처럼 만만하지 않아. *The world is not your oyster.*

		Present	Past	Future / Presumption
Declarative	I	만족스러워, 만족스럽지	만족스러웠어, 만족스러웠지	만족스럽겠어, 만족스럽겠지, 만족스러울 거야
	II	만족스러워요, 만족스럽죠	만족스러웠어요, 만족스러웠죠	만족스럽겠어요, 만족스럽겠죠, 만족스러울 거예요
	III	만족스럽다	만족스러웠다	만족스럽겠다, 만족스러울 거다
	IV	만족스럽습니다	만족스러웠습니다	만족스럽겠습니다, 만족스러울 겁니다
Interrogative	I	만족스러워?, 만족스럽지?	만족스러웠어?, 만족스러웠지?	만족스럽겠어?, 만족스러울까?
	II	만족스러워요?, 만족스럽죠?	만족스러웠어요?, 만족스러웠죠?	만족스럽겠어요?, 만족스러울까요?
	III	만족스럽니?, 만족스러우냐?/만족스럽냐?	만족스러웠니?, 만족스러웠냐?	만족스럽겠니?, 만족스럽겠냐?
	IV	만족스럽습니까?	만족스러웠습니까?	만족스럽겠습니까?
Adnominal		만족스러운	만족스러운	만족스러울

* I: Intimate / II: Polite / III: Plain / IV: Deferential

Conjunctive	and	만족스럽고, 만족스러우며	Conj.	not	만족스럽지 (않다)
	or	만족스럽거나, 만족스럽든(지)		adv.	만족스럽게, 만족스레
	but	만족스럽지만, 만족스러우나, 만족스러운데	Quot.	decl.	만족스럽다고
	so	만족스러워(서), 만족스러우니(까), 만족스러우므로		inter.	만족스러우냐고/만족스럽냐고
	if	만족스러우면	Nominal		만족스러움, 만족스럽기
	though	만족스러워도	Subject Honorific		만족스러우시다
	as (if)	만족스럽듯(이)	Causative		만족스럽게 하다

* Conj.: Conjunctive / Quot.: Quotative / adv.: adverbial / decl.: declarative / inter.: interrogative

satisfactory, satisfied (*ant.* 불만족스럽다) **ADV** 매우, 아주, 충분히 | 썩 **N** 미소, 얼굴, 웃음, 표정 | 생각 | 결과 | 대답 | 설명
▶ 시험 결과가 썩 만족스럽지 않아요. *I'm not so happy with my exam results.*
▶ 당신은 만족스러운 미소를 지으며 이곳을 떠나게 될 것입니다. *You'll leave here with a satisfied smile.*

		Present	Past	Future / Presumption
Declarative	I	많아, 많지	많았어, 많았지	많겠어, 많겠지, 많을 거야
	II	많아요, 많죠	많았어요, 많았죠	많겠어요, 많겠죠, 많을 거예요
	III	많다	많았다	많겠다, 많을 거다
	IV	많습니다	많았습니다	많겠습니다, 많을 겁니다
Interrogative	I	많아?, 많지?	많았어?, 많았지?	많겠어?, 많을까?
	II	많아요?, 많죠?	많았어요?, 많았죠?	많겠어요?, 많을까요?
	III	많니?, 많(으)냐?	많았니?, 많았냐?	많겠니?, 많겠냐?
	IV	많습니까?	많았습니까?	많겠습니까?
Adnominal		많은	많은	많을

* I: Intimate / II: Polite / III: Plain / IV: Deferential

Conjunctive	and	많고, 많으며	Conj.	not	많지 (않다)
	or	많거나, 많든(지)		adv.	많게, 많이
	but	많지만, 많으나, 많은데	Quot.	decl.	많다고
	so	많아(서), 많으니(까), 많으므로		inter.	많(으)냐고
	if	많으면	Nominal		많음, 많기
	though	많아도	Subject Honorific		많으시다
	as (if)	많듯(이)	Causative		많게 하다

* Conj.: Conjunctive / Quot.: Quotative / adv.: adverbial / decl.: declarative / inter.: interrogative

many, much (*ant.* 적다) **ADV** 더 | 너무, 아주, 정말 **N** 사람 | 돈, 액수 | 시간 | 일 | 것 | 도움 | 문제 | 말

▶ 많은 사람들이 일에서 오는 압박감으로 스트레스를 받는다. *Many people feel stressed out because of the pressure at work.*

▶ 그 사람은 말이 너무 많아. *He talks too much.*

▶ 이태원에는 외국인이 많다. *There are many foreigners in Itaewon.*

		Present	Past	Future / Presumption
Declarative	I	맑아, 맑지	맑았어, 맑았지	맑겠어, 맑겠지, 맑을 거야
	II	맑아요, 맑죠	맑았어요, 맑았죠	맑겠어요, 맑겠죠, 맑을 거예요
	III	맑다	맑았다	맑겠다, 맑을 거다
	IV	맑습니다	맑았습니다	맑겠습니다, 맑을 겁니다
Interrogative	I	맑아?, 맑지?	맑았어?, 맑았지?	맑겠어?, 맑을까?
	II	맑아요?, 맑죠?	맑았어요?, 맑았죠?	맑겠어요?, 맑을까요?
	III	맑니?, 맑(으)냐?	맑았니?, 맑았냐?	맑겠니?, 맑겠냐?
	IV	맑습니까?	맑았습니까?	맑겠습니까?
Adnominal		맑은	맑은	맑을

* I: Intimate / II: Polite / III: Plain / IV: Deferential

Conjunctive	and	맑고, 맑으며	Conj.	not	맑지 (않다)
	or	맑거나, 맑든(지)		adv.	맑게
	but	맑지만, 맑으나, 맑은데	Quot.	decl.	맑다고
	so	맑아(서), 맑으니(까), 맑으므로		inter.	맑(으)냐고
	if	맑으면	Nominal		맑음, 맑기
	though	맑아도	Subject Honorific		맑으시다
	as (if)	맑듯(이)	Causative		맑게 하다, 맑히다

* Conj.: Conjunctive / Quot.: Quotative / adv.: adverbial / decl.: declarative / inter.: interrogative

clear (*syn.* 깨끗하다 *ant.* 더럽다, 흐리다) **ADV** 매우, 아주 | 대체로 **N** 가을, 공기, 날씨, 물, 하늘, 호수 | 날 | 목소리, 소리 | 머리, 정신 **V** 개다

▶ 이 바다는 물이 맑기로 유명해요. *This sea is famous for its clean water.*

▶ 날씨가 모처럼 맑다. *The weather is nice for a change.*

▶ 한숨 잤더니 머리가 맑아진 느낌이에요. *I feel like my head has cleared up after getting some sleep.*

		Present	Past	Future / Presumption
Declarative	I	맛없어, 맛없지	맛없었어, 맛없었지	맛없겠어, 맛없겠지, 맛없을 거야
	II	맛없어요, 맛없죠	맛없었어요, 맛없었죠	맛없겠어요, 맛없겠죠, 맛없을 거예요
	III	맛없다	맛없었다	맛없겠다, 맛없을 거다
	IV	맛없습니다	맛없었습니다	맛없겠습니다, 맛없을 겁니다
Interrogative	I	맛없어?, 맛없지?	맛없었어?, 맛없었지?	맛없겠어?, 맛없을까?
	II	맛없어요?, 맛없죠?	맛없었어요?, 맛없었죠?	맛없겠어요?, 맛없을까요?
	III	맛없니?, 맛없(느)냐?	맛없었니?, 맛없었냐?	맛없겠니?, 맛없겠냐?
	IV	맛없습니까?	맛없었습니까?	맛없겠습니까?
Adnominal		맛없는	맛없는	맛없을

* I: Intimate / II: Polite / III: Plain / IV: Deferential

Conjunctive	and	맛없고, 맛없으며	Conj.	not	맛없지 (않다)
	or	맛없거나, 맛없든(지)		adv.	맛없게, 맛없이
	but	맛없지만, 맛없으나, 맛없는데	Quot.	decl.	맛없다고
	so	맛없어(서), 맛없으니(까), 맛없으므로		inter.	맛없(느)냐고
	if	맛없으면		Nominal	맛없음, 맛없기
	though	맛없어도		Subject Honorific	맛없으시다
	as (if)	맛없듯(이)		Causative	맛없게 하다

* Conj.: Conjunctive / Quot.: Quotative / adv.: adverbial / decl.: declarative / inter.: interrogative

---

bad, tasteless (*ant.* 맛있다) N 맥주, 음식, 커피 | 경우 | 레스토랑, 식당, 음식점

▶ 김 빠진 맥주는 맛없어. *Beer which has gone flat tastes bad.*

▶ 그렇게 맛없는 음식은 처음이었어. *I've never had such bad food.*

맛있다 /마싣따; 마딛따/ ma·sit·da

		Present	Past	Future / Presumption
Declarative	I	맛있어, 맛있지	맛있었어, 맛있었지	맛있겠어, 맛있겠지, 맛있을 거야
	II	맛있어요, 맛있죠	맛있었어요, 맛있었죠	맛있겠어요, 맛있겠죠, 맛있을 거예요
	III	맛있다	맛있었다	맛있겠다, 맛있을 거다
	IV	맛있습니다	맛있었습니다	맛있겠습니다, 맛있을 겁니다
Interrogative	I	맛있어?, 맛있지?	맛있었어?, 맛있었지?	맛있겠어?, 맛있을까?
	II	맛있어요?, 맛있죠?	맛있었어요?, 맛있었죠?	맛있겠어요?, 맛있을까요?
	III	맛있니?, 맛있(느)냐?	맛있었니?, 맛있었냐?	맛있겠니?, 맛있겠냐?
	IV	맛있습니까?	맛있었습니까?	맛있겠습니까?
Adnominal		맛있는	맛있는	맛있을

* I: Intimate / II: Polite / III: Plain / IV: Deferential

Conjunctive	and	맛있고, 맛있으며	Conj.	not	맛있지 (않다)
	or	맛있거나, 맛있든(지)		adv.	맛있게
	but	맛있지만, 맛있으나, 맛있는데	Quot.	decl.	맛있다고
	so	맛있어(서), 맛있으니(까), 맛있으므로		inter.	맛있(느)냐고
	if	맛있으면	Nominal		맛있음, 맛있기
	though	맛있어도	Subject Honorific		맛있으시다
	as (if)	맛있듯(이)	Causative		맛있게 하다

* Conj.: Conjunctive / Quot.: Quotative / adv.: adverbial / decl.: declarative / inter.: interrogative

delicious, good (*syn.* 맛나다 *ant.* 맛없다) **ADV** 아주, 정말, 제일 **N** 밥, 요리, 음식, 케이크 | 것 | 가게, 레스토랑, 식당, 집 | 냄새 | 식사 **V** 들다, 먹다 | 보이다, 생기다

▶정말 맛있어 보이는데요. *It looks so yummy.*

▶저는 맛있는 음식을 먹을 때 행복해요. *When I eat delicious food, I feel happy.*

▶어디서 이렇게 맛있는 냄새가 나는 거지? *Where does this appetizing aroma come from?*

		Present	Past	Future / Presumption
Declarative	I	매워, 맵지	매웠어, 매웠지	맵겠어, 맵겠지, 매울 거야
	II	매워요, 맵죠	매웠어요, 매웠죠	맵겠어요, 맵겠죠, 매울 거예요
	III	맵다	매웠다	맵겠다, 매울 거다
	IV	맵습니다	매웠습니다	맵겠습니다, 매울 겁니다
Interrogative	I	매워?, 맵지?	매웠어?, 매웠지?	맵겠어?, 매울까?
	II	매워요?, 맵죠?	매웠어요?, 매웠죠?	맵겠어요?, 매울까요?
	III	맵니?, 매우냐?/맵냐?	매웠니?, 매웠냐?	맵겠니?, 맵겠냐?
	IV	맵습니까?	매웠습니까?	맵겠습니까?
Adnominal		매운	매운	매울

* I: Intimate / II: Polite / III: Plain / IV: Deferential

Conjunctive	and	맵고, 매우며	Conj.	not	맵지 (않다)
	or	맵거나, 맵든(지)		adv.	맵게
	but	맵지만, 매우나, 매운데	Quot.	decl.	맵다고
	so	매워(서), 매우니(까), 매우므로		inter.	매우냐고/맵냐고
	if	매우면	Nominal		매움, 맵기
	though	매워도	Subject Honorific		매우시다
	as (if)	맵듯(이)	Causative		맵게 하다

* Conj.: Conjunctive / Quot.: Quotative / adv.: adverbial / decl.: declarative / inter.: interrogative

---

spicy, hot (*syn.* 매콤하다) **ADV** 너무, 몹시, 아주 | 조금, 좀 **N** 고추, 고추장, 김치, 소스, 양념, 요리, 음식, 카레 | 맛 | 눈, 입, 혀 | 바람 **ADJ** 짜다 **V** 먹다

▶ 난 매운 음식이 별로야. *I don't like spicy food.*
▶ 매운 냄새를 맡으니 입 안에 침이 고여요. *The spicy smell made my mouth water.*
▶ 양파 때문에 눈이 매워서 눈물이 났어요. *My eyes were tearing because of the onions.*

		Present	Past	Future / Presumption
Declarative	I	머지않아, 머지않지	머지않았어, 머지않았지	머지않겠어, 머지않겠지, 머지않을 거야
Declarative	II	머지않아요, 머지않죠	머지않았어요, 머지않았죠	머지않겠어요, 머지않겠죠, 머지않을 거예요
Declarative	III	머지않다	머지않았다	머지않겠다, 머지않을 거다
Declarative	IV	머지않습니다	머지않았습니다	머지않겠습니다, 머지않을 겁니다
Interrogative	I	머지않아?, 머지않지?	머지않았어?, 머지않았지?	머지않겠어?, 머지않을까?
Interrogative	II	머지않아요?, 머지않죠?	머지않았어요?, 머지않았죠?	머지않겠어요?, 머지않을까요?
Interrogative	III	머지않니?, 머지않(으)냐?	머지않았니?, 머지않았냐?	머지않겠니?, 머지않겠냐?
Interrogative	IV	머지않습니까?	머지않았습니까?	머지않겠습니까?
Adnominal		머지않은	머지않은	머지않을

* I: Intimate / II: Polite / III: Plain / IV: Deferential

Conjunctive	and	머지않고, 머지않으며	Conj.	not	머지않지 (않다)
Conjunctive	or	머지않거나, 머지않든(지)	Conj.	adv.	머지않게
Conjunctive	but	머지않지만, 머지않으나, 머지않은데	Quot.	decl.	머지않다고
Conjunctive	so	머지않아(서), 머지않으니(까), 머지않으므로	Quot.	inter.	머지않(으)냐고
Conjunctive	if	머지않으면		Nominal	머지않음, 머지않기
Conjunctive	though	머지않아도		Subject Honorific	머지않으시다
Conjunctive	as (if)	머지않듯(이)		Causative	머지않게 하다

* Conj.: Conjunctive / Quot.: Quotative / adv.: adverbial / decl.: declarative / inter.: interrogative

soon, before long F 머지않아 | 머지않았- | 머지않은

▸ 저 가수는 머지않아 스타가 될 거야. *That singer will become a star before long.*
▸ 조금만 참아. 방학이 머지않았어. *Hang in there. Vacation is around the corner.*

멀다 meol·da

		Present	Past	Future / Presumption
Declarative	I	멀어, 멀지	멀었어, 멀었지	멀겠어, 멀겠지, 멀 거야
	II	멀어요, 멀죠	멀었어요, 멀었죠	멀겠어요, 멀겠죠, 멀 거예요
	III	멀다	멀었다	멀겠다, 멀 거다
	IV	멉니다	멀었습니다	멀겠습니다, 멀 겁니다
Interrogative	I	멀어?, 멀지?	멀었어?, 멀었지?	멀겠어?, 멀까?
	II	멀어요?, 멀죠?	멀었어요?, 멀었죠?	멀겠어요?, 멀까요?
	III	머니?, 머냐?	멀었니?, 멀었냐?	멀겠니?, 멀겠냐?
	IV	멉니까?	멀었습니까?	멀겠습니까?
Adnominal		먼	먼	멀

* I: Intimate / II: Polite / III: Plain / IV: Deferential

Conjunctive	and	멀고, 멀며	Conj.	not	멀지 (않다)
	or	멀거나, 멀든(지)		adv.	멀게, 멀리
	but	멀지만, 머나, 먼데	Quot.	decl.	멀다고
	so	멀어(서), 머니(까), 멀므로		inter.	머냐고
	if	멀면	Nominal		멂, 멀기
	though	멀어도	Subject Honorific		머시다
	as (if)	멀듯(이)	Causative		멀게 하다

* Conj.: Conjunctive / Quot.: Quotative / adv.: adverbial / decl.: declarative / inter.: interrogative

far, distant (*ant.* 가깝다) P -에서 | -와/과 ADV 아직 | 꽤, 너무, 아득히 | 그다지, 별로 N 곳, 나라, 바다, 산, 섬, 지방 | 길 | 친척 | 과거, 미래, 옛날, 장래, 훗날 | 거리

▸ 저희 집은 버스 정류장에서 꽤 멀어요. *I live quite far from the bus station.*
▸ 졸업한 게 먼 옛날처럼 느껴져요. *I feel as if I graduated ages ago.*
▸ 우리는 먼 친척이에요. *We're distantly related.*

		Present	Past	Future / Presumption
Declarative	I	멀쩡해, 멀쩡하지	멀쩡했어, 멀쩡했지	멀쩡하겠어, 멀쩡하겠지, 멀쩡할 거야
	II	멀쩡해요, 멀쩡하죠	멀쩡했어요, 멀쩡했죠	멀쩡하겠어요, 멀쩡하겠죠, 멀쩡할 거예요
	III	멀쩡하다	멀쩡했다	멀쩡하겠다, 멀쩡할 거다
	IV	멀쩡합니다	멀쩡했습니다	멀쩡하겠습니다, 멀쩡할 겁니다
Interrogative	I	멀쩡해?, 멀쩡하지?	멀쩡했어?, 멀쩡했지?	멀쩡하겠어?, 멀쩡할까?
	II	멀쩡해요?, 멀쩡하죠?	멀쩡했어요?, 멀쩡했죠?	멀쩡하겠어요?, 멀쩡할까요?
	III	멀쩡하니?, 멀쩡하냐?	멀쩡했니?, 멀쩡했냐?	멀쩡하겠니?, 멀쩡하겠냐?
	IV	멀쩡합니까?	멀쩡했습니까?	멀쩡하겠습니까?
Adnominal		멀쩡한	멀쩡한	멀쩡할

* I: Intimate / II: Polite / III: Plain / IV: Deferential

Conjunctive	and	멀쩡하고, 멀쩡하며	Conj.	not	멀쩡하지 (않다)
	or	멀쩡하거나, 멀쩡하든(지)		adv.	멀쩡하게, 멀쩡히
	but	멀쩡하지만, 멀쩡하나, 멀쩡한데	Quot.	decl.	멀쩡하다고
	so	멀쩡해(서), 멀쩡하니(까), 멀쩡하므로		inter.	멀쩡하냐고
	if	멀쩡하면		Nominal	멀쩡함, 멀쩡하기
	though	멀쩡해도		Subject Honorific	멀쩡하시다
	as (if)	멀쩡하듯(이)		Causative	멀쩡하게 하다

* Conj.: Conjunctive / Quot.: Quotative / adv.: adverbial / decl.: declarative / inter.: interrogative

1 intact, okay, good **N** 남자, 사람 | 몸, 얼굴 | 건물, 배, 집, 차 | 옷 **V** 생기다

▸ 멀쩡한 옷을 왜 버린 거야? *Why did you throw away perfectly good clothes?*

▸ 왜 멀쩡하게 생긴 분이 이런 짓을 하세요? *You look perfectly normal. Why are you doing this?*

2 sober **ADV** 아직 | 이렇게 **N** 사람 | 정신

▸ 그는 자신이 멀쩡하다고 우기지만 사실 그는 취했다. *He insists he's not drunk, but in fact he is.*

		Present	Past	Future / Presumption
Declarative	I	멋있어, 멋있지	멋있었어, 멋있었지	멋있겠어, 멋있겠지, 멋있을 거야
	II	멋있어요, 멋있죠	멋있었어요, 멋있었죠	멋있겠어요, 멋있겠죠, 멋있을 거예요
	III	멋있다	멋있었다	멋있겠다, 멋있을 거다
	IV	멋있습니다	멋있었습니다	멋있겠습니다, 멋있을 겁니다
Interrogative	I	멋있어?, 멋있지?	멋있었어?, 멋있었지?	멋있겠어?, 멋있을까?
	II	멋있어요?, 멋있죠?	멋있었어요?, 멋있었죠?	멋있겠어요?, 멋있을까요?
	III	멋있니?, 멋있(느)냐?	멋있었니?, 멋있었냐?	멋있겠니?, 멋있겠냐?
	IV	멋있습니까?	멋있었습니까?	멋있겠습니까?
Adnominal		멋있는	멋있는	멋있을

* I: Intimate / II: Polite / III: Plain / IV: Deferential

Conjunctive	and	멋있고, 멋있으며	Conj.	not	멋있지 (않다)
	or	멋있거나, 멋있든(지)		adv.	멋있게
	but	멋있지만, 멋있으나, 멋있는데	Quot.	decl.	멋있다고
	so	멋있어(서), 멋있으니(까), 멋있으므로		inter.	멋있(느)냐고
	if	멋있으면		Nominal	멋있음, 멋있기
	though	멋있어도		Subject Honorific	멋있으시다
	as (if)	멋있듯(이)		Causative	멋있게 하다

* Conj.: Conjunctive / Quot.: Quotative / adv.: adverbial / decl.: declarative / inter.: interrogative

nice, gorgeous (*syn.* 멋지다 *ant.* 볼품없다, 초라하다) ADV 되게, 정말, 참 N 사람 | 생각 | 말 | 모습 | 경치, 광경 V 보이다

▸ 양복을 입으니 정말 멋있으시네요. *You look great in your suit.*

▸ 네가 그 멋진 경치를 봤어야 하는데. *You should have seen the wonderful scenery.*

		Present	Past	Future / Presumption
Declarative	I	멋져, 멋지지	멋졌어, 멋졌지	멋지겠어, 멋지겠지, 멋질 거야
	II	멋져요, 멋지죠	멋졌어요, 멋졌죠	멋지겠어요, 멋지겠죠, 멋질 거예요
	III	멋지다	멋졌다	멋지겠다, 멋질 거다
	IV	멋집니다	멋졌습니다	멋지겠습니다, 멋질 겁니다
Interrogative	I	멋져?, 멋지지?	멋졌어?, 멋졌지?	멋지겠어?, 멋질까?
	II	멋져요?, 멋지죠?	멋졌어요?, 멋졌죠?	멋지겠어요?, 멋질까요?
	III	멋지니?, 멋지냐?	멋졌니?, 멋졌냐?	멋지겠니?, 멋지겠냐?
	IV	멋집니까?	멋졌습니까?	멋지겠습니까?
Adnominal		멋진	멋진	멋질

* I: Intimate / II: Polite / III: Plain / IV: Deferential

Conjunctive	and	멋지고, 멋지며	Conj.	not	멋지지 (않다)
	or	멋지거나, 멋지든(지)		adv.	멋지게
	but	멋지지만, 멋지나, 멋진데	Quot.	decl.	멋지다고
	so	멋져(서), 멋지니(까), 멋지므로		inter.	멋지냐고
	if	멋지면	Nominal		멋짐, 멋지기
	though	멋져도	Subject Honorific		멋지시다
	as (if)	멋지듯(이)	Causative		멋지게 하다

* Conj.: Conjunctive / Quot.: Quotative / adv.: adverbial / decl.: declarative / inter.: interrogative

great, nice, wonderful (*syn.* 멋있다 *ant.* 볼품없다, 초라하다) ADV 너무, 아주, 정말, 참 N 집 | 남자, 사람, 여자 | 날, 저녁 | 생각 | 선물 | 시간 | 그림 | 공연, 파티 | 곳 | 경치 | 드레스, 옷 V 보이다 | 입다

▶ 그 공연은 정말 멋졌다. *That performance was great.*
▶ 새 영어 선생님은 정말 멋진 분이셔. *My new English teacher is really handsome.*

명백하다 /명배카다/ myeong·bae·ka·da

		Present	Past	Future / Presumption
Declarative	I	명백해, 명백하지	명백했어, 명백했지	명백하겠어, 명백하겠지, 명백할 거야
	II	명백해요, 명백하죠	명백했어요, 명백했죠	명백하겠어요, 명백하겠죠, 명백할 거예요
	III	명백하다	명백했다	명백하겠다, 명백할 거다
	IV	명백합니다	명백했습니다	명백하겠습니다, 명백할 겁니다
Interrogative	I	명백해?, 명백하지?	명백했어?, 명백했지?	명백하겠어?, 명백할까?
	II	명백해요?, 명백하죠?	명백했어요?, 명백했죠?	명백하겠어요?, 명백할까요?
	III	명백하니?, 명백하냐?	명백했니?, 명백했냐?	명백하겠니?, 명백하겠냐?
	IV	명백합니까?	명백했습니까?	명백하겠습니까?
Adnominal		명백한	명백한	명백할

* I: Intimate / II: Polite / III: Plain / IV: Deferential

Conjunctive	and	명백하고, 명백하며	Conj.	not	명백하지 (않다)
	or	명백하거나, 명백하든(지)		adv.	명백하게, 명백히
	but	명백하지만, 명백하나, 명백한데	Quot.	decl.	명백하다고
	so	명백해(서), 명백하니(까), 명백하므로		inter.	명백하냐고
	if	명백하면	Nominal		명백함, 명백하기
	though	명백해도	Subject Honorific		명백하시다
	as (if)	명백하듯(이)	Causative		명백하게 하다

* Conj.: Conjunctive / Quot.: Quotative / adv.: adverbial / decl.: declarative / inter.: interrogative

obvious, clear (*syn.* 분명하다, 확실하다) N 사실 | 증거 | 실수, 잘못 | 실패

▶ 이것은 명백히 제 잘못이에요. *This is totally my fault.*
▶ 이것은 명백한 사실입니다. *This is an obvious fact.*

		Present	Past	Future / Presumption
Declarative	I	명확해, 명확하지	명확했어, 명확했지	명확하겠어, 명확하겠지, 명확할 거야
	II	명확해요, 명확하죠	명확했어요, 명확했죠	명확하겠어요, 명확하겠죠, 명확할 거예요
	III	명확하다	명확했다	명확하겠다, 명확할 거다
	IV	명확합니다	명확했습니다	명확하겠습니다, 명확할 겁니다
Interrogative	I	명확해?, 명확하지?	명확했어?, 명확했지?	명확하겠어?, 명확할까?
	II	명확해요?, 명확하죠?	명확했어요?, 명확했죠?	명확하겠어요?, 명확할까요?
	III	명확하니?, 명확하냐?	명확했니?, 명확했냐?	명확하겠니?, 명확하겠냐?
	IV	명확합니까?	명확했습니까?	명확하겠습니까?
Adnominal		명확한	명확한	명확할

* I: Intimate / II: Polite / III: Plain / IV: Deferential

Conjunctive	and	명확하고, 명확하며	Conj.	not	명확하지 (않다)
	or	명확하거나, 명확하든(지)		adv.	명확하게, 명확히
	but	명확하지만, 명확하나, 명확한데	Quot.	decl.	명확하다고
	so	명확해(서), 명확하니(까), 명확하므로		inter.	명확하냐고
	if	명확하면		Nominal	명확함, 명확하기
	though	명확해도		Subject Honorific	명확하시다
	as (if)	명확하듯(이)		Causative	명확하게 하다

* Conj.: Conjunctive / Quot.: Quotative / adv.: adverbial / decl.: declarative / inter.: interrogative

clear, obvious (*syn.* 뚜렷하다 *ant.* 불명확하다) **ADV** 더 **N** 설명 | 대답 | 규정, 지시 | 말(씀) | 생각, 입장 | 증거 | 표현 **V** 밝히다 | 말하다

▸ 환경 문제에 대한 당신의 명확한 입장을 밝혀 주세요. *Please state your clear stance on the environmental issue.*

▸ 몇몇 규정들은 명확하지가 않다. *Some regulations are not clear.*

		Present	Past	Future / Presumption
Declarative	I	모질어, 모질지	모질었어, 모질었지	모질겠어, 모질겠지, 모질 거야
	II	모질어요, 모질죠	모질었어요, 모질었죠	모질겠어요, 모질겠죠, 모질 거예요
	III	모질다	모질었다	모질겠다, 모질 거다
	IV	모집니다	모질었습니다	모질겠습니다, 모질 겁니다
Interrogative	I	모질어?, 모질지?	모질었어?, 모질었지?	모질겠어?, 모질까?
	II	모질어요?, 모질죠?	모질었어요?, 모질었죠?	모질겠어요?, 모질까요?
	III	모지니?, 모지냐?	모질었니?, 모질었냐?	모질겠니?, 모질겠냐?
	IV	모집니까?	모질었습니까?	모질겠습니까?
Adnominal		모진	모진	모질

* I: Intimate / II: Polite / III: Plain / IV: Deferential

Conjunctive	and	모질고, 모질며	Conj.	not	모질지 (않다)
	or	모질거나, 모질든(지)		adv.	모질게
	but	모질지만, 모지나, 모진데	Quot.	decl.	모질다고
	so	모질어(서), 모지니(까), 모질므로		inter.	모지냐고
	if	모질면	Nominal		모짊, 모질기
	though	모질어도	Subject Honorific		모지시다
	as (if)	모질듯(이)	Causative		모질게 하다

* Conj.: Conjunctive / Quot.: Quotative / adv.: adverbial / decl.: declarative / inter.: interrogative

hard, severe ADV 그렇게 N 마음 | 법 | 사람 | 추위 | 고생, 학대 V 먹다 | 굴다, 대하다 | 견디다

▸ 엄마는 왜 그 사람한테 그렇게 모질게 대하세요? *Why are you so harsh on him, mom?*

▸ 우리는 모진 추위에서도 살아남았다. *We survived the severe cold.*

▸ 마음 모질게 먹어. *You need to harden your heart.*

		Present	Past	Future / Presumption
Declarative	I	모호해, 모호하지	모호했어, 모호했지	모호하겠어, 모호하겠지, 모호할 거야
	II	모호해요, 모호하죠	모호했어요, 모호했죠	모호하겠어요, 모호하겠죠, 모호할 거예요
	III	모호하다	모호했다	모호하겠다, 모호할 거다
	IV	모호합니다	모호했습니다	모호하겠습니다, 모호할 겁니다
Interrogative	I	모호해?, 모호하지?	모호했어?, 모호했지?	모호하겠어?, 모호할까?
	II	모호해요?, 모호하죠?	모호했어요?, 모호했죠?	모호하겠어요?, 모호할까요?
	III	모호하니?, 모호하냐?	모호했니?, 모호했냐?	모호하겠니?, 모호하겠냐?
	IV	모호합니까?	모호했습니까?	모호하겠습니까?
Adnominal		모호한	모호한	모호할

* I: Intimate / II: Polite / III: Plain / IV: Deferential

Conjunctive	and	모호하고, 모호하며	Conj.	not	모호하지 (않다)
	or	모호하거나, 모호하든(지)		adv.	모호하게
	but	모호하지만, 모호하나, 모호한데		decl.	모호하다고
	so	모호해(서), 모호하니(까), 모호하므로	Quot.	inter.	모호하냐고
	if	모호하면		Nominal	모호함, 모호하기
	though	모호해도		Subject Honorific	모호하시다
	as (if)	모호하듯(이)		Causative	모호하게 하다

* Conj.: Conjunctive / Quot.: Quotative / adv.: adverbial / decl.: declarative / inter.: interrogative

vague, ambiguous (*syn.* 애매하다 *ant.* 분명하다) ADV 너무 | 일부러 N 태도 | 답변, 대답 | 말 | 표현 | 개념, 생각 | 설명 | 문장 V 설명하다 | 말하다

▸ 그들의 설명은 모호했다. *Their explanation was vague.*
▸ 모호한 문장을 피하시오. *Avoid ambiguous sentences.*

못되다 /몯뙤다/ mot·doe·da

		Present	Past	Future / Presumption
Declarative	I	못돼, 못되지	못됐어, 못됐지	못되겠어, 못되겠지, 못될 거야
	II	못돼요, 못되죠	못됐어요, 못됐죠	못되겠어요, 못되겠죠, 못될 거예요
	III	못되다	못됐다	못되겠다, 못될 거다
	IV	못됩니다	못됐습니다	못되겠습니다, 못될 겁니다
Interrogative	I	못돼?, 못되지?	못됐어?, 못됐지?	못되겠어?, 못될까?
	II	못돼요?, 못되죠?	못됐어요?, 못됐죠?	못되겠어요?, 못될까요?
	III	못되니?, 못되냐?	못됐니?, 못됐냐?	못되겠니?, 못되겠냐?
	IV	못됩니까?	못됐습니까?	못되겠습니까?
Adnominal		못된	못된	못될

* I: Intimate / II: Polite / III: Plain / IV: Deferential

Conjunctive	and	못되고, 못되며	Conj.	not	못되지 (않다)
	or	못되거나, 못되든(지)		adv.	못되게
	but	못되지만, 못되나, 못된데	Quot.	decl.	못되다고
	so	못돼(서), 못되니(까), 못되므로		inter.	못되냐고
	if	못되면	Nominal		못됨, 못되기
	though	못돼도	Subject Honorific		못되시다
	as (if)	못되듯(이)	Causative		못되게 하다

* Conj.: Conjunctive / Quot.: Quotative / adv.: adverbial / decl.: declarative / inter.: interrogative

---

bad, mean **ADV** 되게, 아주, 참 **N** 장난, 짓 | 일 | 것 | 사람, 친구 | 버릇 | 꾀, 생각 | 말, 소리 **V** 굴다

▶ 너 참 못됐어. *You're so mean.*

▶ 어렸을 때 저는 누나한테 못된 장난을 많이 쳤어요. *When I was a kid, I often played bad pranks on my older sister.*

		Present	Past	Future / Presumption
Declarative	I	못생겨, 못생기지	못생겼어, 못생겼지	못생기겠어, 못생기겠지, 못생길 거야
	II	못생겨요, 못생기죠	못생겼어요, 못생겼죠	못생기겠어요, 못생기겠죠, 못생길 거예요
	III	못생기다	못생겼다	못생기겠다, 못생길 거다
	IV	못생깁니다	못생겼습니다	못생기겠습니다, 못생길 겁니다
Interrogative	I	못생겨?, 못생기지?	못생겼어?, 못생겼지?	못생기겠어?, 못생길까?
	II	못생겨요?, 못생기죠?	못생겼어요?, 못생겼죠?	못생기겠어요?, 못생길까요?
	III	못생기니?, 못생기냐?	못생겼니?, 못생겼냐?	못생기겠니?, 못생기겠냐?
	IV	못생깁니까?	못생겼습니까?	못생기겠습니까?
Adnominal		못생긴	못생긴	못생길

* I: Intimate / II: Polite / III: Plain / IV: Deferential

Conjunctive	and	못생기고, 못생기며	Conj.	not	못생기지 (않다)
	or	못생기거나, 못생기든(지)		adv.	못생기게
	but	못생기지만, 못생기나, 못생긴데	Quot.	decl.	못생기다고
	so	못생겨(서), 못생기니(까), 못생기므로		inter.	못생기냐고
	if	못생기면		Nominal	못생김, 못생기기
	though	못생겨도		Subject Honorific	못생기시다
	as (if)	못생기듯(이)		Causative	못생기게 하다

* Conj.: Conjunctive / Quot.: Quotative / adv.: adverbial / decl.: declarative / inter.: interrogative

ugly, homely (*syn.* 못나다 *ant.* 잘생기다) **ADV** 정말, 지지리 **N** 얼굴 | 남자, 사람, 여자

▶ 저는 제가 못생겼다고 생각하지 않아요. *I don't think I am ugly.*

▶ 그렇게 못생긴 사람은 처음 봤어. *I've never seen such an ugly guy.*

		Present	Past	Future / Presumption
Declarative	I	못지않아, 못지않지	못지않았어, 못지않았지	못지않겠어, 못지않겠지, 못지않을 거야
	II	못지않아요, 못지않죠	못지않았어요, 못지않았죠	못지않겠어요, 못지않겠죠, 못지않을 거예요
	III	못지않다	못지않았다	못지않겠다, 못지않을 거다
	IV	못지않습니다	못지않았습니다	못지않겠습니다, 못지않을 겁니다
Interrogative	I	못지않아?, 못지않지?	못지않았어?, 못지않았지?	못지않겠어?, 못지않을까?
	II	못지않아요?, 못지않죠?	못지않았어요?, 못지않았죠?	못지않겠어요?, 못지않을까요?
	III	못지않니?, 못지않(으)냐?	못지않았니?, 못지않았냐?	못지않겠니?, 못지않겠냐?
	IV	못지않습니까?	못지않았습니까?	못지않겠습니까?
Adnominal		못지않은	못지않은	못지않을

* I: Intimate / II: Polite / III: Plain / IV: Deferential

Conjunctive	and	못지않고, 못지않으며	Conj.	not	못지않지 (않다)
	or	못지않거나, 못지않든(지)		adv.	못지않게
	but	못지않지만, 못지않으나, 못지않은데	Quot.	decl.	못지않다고
	so	못지않아(서), 못지않으니(까), 못지않으므로		inter.	못지않(으)냐고
	if	못지않으면	Nominal		못지않음, 못지않기
	though	못지않아도	Subject Honorific		못지않으시다
	as (if)	못지않듯(이)	Causative		못지않게 하다

* Conj.: Conjunctive / Quot.: Quotative / adv.: adverbial / decl.: declarative / inter.: interrogative

not inferior (*ff.* 못지아니하다 *ant.* 못하다) P -에

▶ 오늘도 어제 못지않게 추워. *It is just as cold as yesterday.*
▶ 그 사람 노래 실력은 가수에 못지않아. *He sings as well as a professional singer.*

		Present	Past	Future / Presumption
Declarative	I	못해, 못하지	못했어, 못했지	못하겠어, 못하겠지, 못할 거야
	II	못해요, 못하죠	못했어요, 못했죠	못하겠어요, 못하겠죠, 못할 거예요
	III	못하다	못했다	못하겠다, 못할 거다
	IV	못합니다	못했습니다	못하겠습니다, 못할 겁니다
Interrogative	I	못해?, 못하지?	못했어?, 못했지?	못하겠어?, 못할까?
	II	못해요?, 못하죠?	못했어요?, 못했죠?	못하겠어요?, 못할까요?
	III	못하니?, 못하냐?	못했니?, 못했냐?	못하겠니?, 못하겠냐?
	IV	못합니까?	못했습니까?	못하겠습니까?
Adnominal		못한	못한	못할

* I: Intimate / II: Polite / III: Plain / IV: Deferential

Conjunctive	and	못하고, 못하며	**Conj.**	not	못하지 (않다)
	or	못하거나, 못하든(지)		adv.	못하게
	but	못하지만, 못하나, 못한데	**Quot.**	decl.	못하다고
	so	못해(서), 못하니(까), 못하므로		inter.	못하냐고
	if	못하면		Nominal	못함, 못하기
	though	못해도		Subject Honorific	못하시다
	as (if)	못하듯(이)		Causative	못하게 하다

* Conj.: Conjunctive / Quot.: Quotative / adv.: adverbial / decl.: declarative / inter.: interrogative

1 inferior (*ant.* 낫다) **ADV** 잘 | 제대로 | 전혀

▶ 내 노트북은 이것보다 못해. *My laptop is not as good as this.*

▶ 이곳 서비스가 예전만 못하네. *The service here is not as good as it used to be.*

2 not **P** -지

▶ 네가 이번에 내린 결정은 현명하지 못했어. *The decision you made this time was not wise.*

▶ 제 말이 적절하지 못했음을 인정합니다. *I admit what I said was inappropriate.*

		Present	Past	Future / Presumption
Declarative	I	묘해, 묘하지	묘했어, 묘했지	묘하겠어, 묘하겠지, 묘할 거야
	II	묘해요, 묘하죠	묘했어요, 묘했죠	묘하겠어요, 묘하겠죠, 묘할 거예요
	III	묘하다	묘했다	묘하겠다, 묘할 거다
	IV	묘합니다	묘했습니다	묘하겠습니다, 묘할 겁니다
Interrogative	I	묘해?, 묘하지?	묘했어?, 묘했지?	묘하겠어?, 묘할까?
	II	묘해요?, 묘하죠?	묘했어요?, 묘했죠?	묘하겠어요?, 묘할까요?
	III	묘하니?, 묘하냐?	묘했니?, 묘했냐?	묘하겠니?, 묘하겠냐?
	IV	묘합니까?	묘했습니까?	묘하겠습니까?
Adnominal		묘한	묘한	묘할

* I: Intimate / II: Polite / III: Plain / IV: Deferential

Conjunctive	and	묘하고, 묘하며	Conj.	not	묘하지 (않다)
	or	묘하거나, 묘하든(지)		adv.	묘하게
	but	묘하지만, 묘하나, 묘한데	Quot.	decl.	묘하다고
	so	묘해(서), 묘하니(까), 묘하므로		inter.	묘하냐고
	if	묘하면		Nominal	묘함, 묘하기
	though	묘해도		Subject Honorific	묘하시다
	as (if)	묘하듯(이)		Causative	묘하게 하다

* Conj.: Conjunctive / Quot.: Quotative / adv.: adverbial / decl.: declarative / inter.: interrogative

odd, strange (*syn.* 기묘하다 *ant.* 평범하다) **ADV** 정말, 참 **N** 맛 | 감정, 기분, 느낌 | 매력 | 얘기 | 인연 | 소문 **V** 꼬이다 | 생기다

▶ 결혼식장에서 옛 여자 친구를 보니 기분이 묘했어. *I had a strange feeling seeing my ex-girlfriend at my wedding.*

▶ 그녀에게는 묘한 매력이 있다. *She has a mysterious magnetism to her.*

		Present	Past	Future / Presumption
Declarative	I	무거워, 무겁지	무거웠어, 무거웠지	무겁겠어, 무겁겠지, 무거울 거야
	II	무거워요, 무겁죠	무거웠어요, 무거웠죠	무겁겠어요, 무겁겠죠, 무거울 거예요
	III	무겁다	무거웠다	무겁겠다, 무거울 거다
	IV	무겁습니다	무거웠습니다	무겁겠습니다, 무거울 겁니다
Interrogative	I	무거워?, 무겁지?	무거웠어?, 무거웠지?	무겁겠어?, 무거울까?
	II	무거워요?, 무겁죠?	무거웠어요?, 무거웠죠?	무겁겠어요?, 무거울까요?
	III	무겁니?, 무거우냐?/무겁냐?	무거웠니?, 무거웠냐?	무겁겠니?, 무겁겠냐?
	IV	무겁습니까?	무거웠습니까?	무겁겠습니까?
Adnominal		무거운	무거운	무거울

* I: Intimate / II: Polite / III: Plain / IV: Deferential

Conjunctive	and	무겁고, 무거우며	Conj.	not	무겁지 (않다)
	or	무겁거나, 무겁든(지)		adv.	무겁게
	but	무겁지만, 무거우나, 무거운데	Quot.	decl.	무겁다고
	so	무거워(서), 무거우니(까), 무거우므로		inter.	무거우냐고/무겁냐고
	if	무거우면		Nominal	무거움, 무겁기
	though	무거워도		Subject Honorific	무거우시다
	as (if)	무겁듯(이)		Causative	무겁게 하다

* Conj.: Conjunctive / Quot.: Quotative / adv.: adverbial / decl.: declarative / inter.: interrogative

heavy (*ant.* 가볍다) **ADV** 굉장히, 너무, 제일 | 조금, 좀 **N** 가방, 물건, 상자, 짐 | 세금 | 벌, 벌금, 처벌 | 부담, 책임 | 돌 | 침묵 | 기분, 느낌, 마음 | 병 | 분위기 | 다리, 머리, 몸, 발걸음, 어깨, 입 **V** 짓누르다

▶ 이 짐은 혼자서 들기에는 너무 무거워. *This baggage is too heavy to carry alone.*
▶ 머리가 무거워서 좀 자야겠어. *My head feels heavy, so I need to get some sleep.*
▶ 죄책감 때문에 마음이 무거웠어요. *My heart felt heavy with guilt.*

		Present	Past	Future / Presumption
Declarative	I	무관심해, 무관심하지	무관심했어, 무관심했지	무관심하겠어, 무관심하겠지, 무관심할 거야
	II	무관심해요, 무관심하죠	무관심했어요, 무관심했죠	무관심하겠어요, 무관심하겠죠, 무관심할 거예요
	III	무관심하다	무관심했다	무관심하겠다, 무관심할 거다
	IV	무관심합니다	무관심했습니다	무관심하겠습니다, 무관심할 겁니다
Interrogative	I	무관심해?, 무관심하지?	무관심했어?, 무관심했지?	무관심하겠어?, 무관심할까?
	II	무관심해요?, 무관심하죠?	무관심했어요?, 무관심했죠?	무관심하겠어요?, 무관심할까요?
	III	무관심하니?, 무관심하냐?	무관심했니?, 무관심했냐?	무관심하겠니?, 무관심하겠냐?
	IV	무관심합니까?	무관심했습니까?	무관심하겠습니까?
Adnominal		무관심한	무관심한	무관심할

* I: Intimate / II: Polite / III: Plain / IV: Deferential

Conjunctive	and	무관심하고, 무관심하며	Conj.	not	무관심하지 (않다)
	or	무관심하거나, 무관심하든(지)		adv.	무관심하게
	but	무관심하지만, 무관심하나, 무관심한데	Quot.	decl.	무관심하다고
	so	무관심해(서), 무관심하니(까), 무관심하므로		inter.	무관심하냐고
	if	무관심하면		Nominal	무관심함, 무관심하기
	though	무관심해도		Subject Honorific	무관심하시다
	as (if)	무관심하듯(이)		Causative	무관심하게 하다

* Conj.: Conjunctive / Quot.: Quotative / adv.: adverbial / decl.: declarative / inter.: interrogative

---

indifferent **P** -에, -에게 **ADV** 도무지, 전혀 | 너무 **N** 태도, 행동 | 속 | 남편 | 표정 **V** 척하다, 체하다

▶ 정치에 무관심한 것은 옳지 않다. *It's not right to be indifferent to politics.*

▶ 그 사람은 다른 사람들에게 무관심해요. *He doesn't care about other people.*

▶ 그의 무관심한 태도는 아내에게 상처가 되었다. *His attitude of indifference hurt his wife.*

		Present	Past	Future / Presumption
Declarative	I	무관해, 무관하지	무관했어, 무관했지	무관하겠어, 무관하겠지, 무관할 거야
	II	무관해요, 무관하죠	무관했어요, 무관했죠	무관하겠어요, 무관하겠죠, 무관할 거예요
	III	무관하다	무관했다	무관하겠다, 무관할 거다
	IV	무관합니다	무관했습니다	무관하겠습니다, 무관할 겁니다
Interrogative	I	무관해?, 무관하지?	무관했어?, 무관했지?	무관하겠어?, 무관할까?
	II	무관해요?, 무관하죠?	무관했어요?, 무관했죠?	무관하겠어요?, 무관할까요?
	III	무관하니?, 무관하냐?	무관했니?, 무관했냐?	무관하겠니?, 무관하겠냐?
	IV	무관합니까?	무관했습니까?	무관하겠습니까?
Adnominal		무관한	무관한	무관할

* I: Intimate / II: Polite / III: Plain / IV: Deferential

Conjunctive	and	무관하고, 무관하며	Conj.	not	무관하지 (않다)
	or	무관하거나, 무관하든(지)		adv.	무관하게
	but	무관하지만, 무관하나, 무관한데	Quot.	decl.	무관하다고
	so	무관해(서), 무관하니(까), 무관하므로		inter.	무관하냐고
	if	무관하면	Nominal		무관함, 무관하기
	though	무관해도	Subject Honorific		무관하시다
	as (if)	무관하듯(이)	Causative		무관하게 하다

* Conj.: Conjunctive / Quot.: Quotative / adv.: adverbial / decl.: declarative / inter.: interrogative

irrelevant, unrelated (*syn.* 상관없다) **P** -와/과 **ADV** 전혀 **N** 얘기 | 일 | 사이 | 질문

▶ 주제와 무관한 질문은 받지 않겠습니다. *I won't accept any questions irrelevant to the topic.*

▶ 이 일은 나와는 전혀 무관해. *I have nothing to do with this.*

		Present	Past	Future / Presumption
Declarative	I	무더워, 무덥지	무더웠어, 무더웠지	무덥겠어, 무덥겠지, 무더울 거야
	II	무더워요, 무덥죠	무더웠어요, 무더웠죠	무덥겠어요, 무덥겠죠, 무더울 거 예요
	III	무덥다	무더웠다	무덥겠다, 무더울 거다
	IV	무덥습니다	무더웠습니다	무덥겠습니다, 무더울 겁니다
Interrogative	I	무더워?, 무덥지?	무더웠어?, 무더웠지?	무덥겠어?, 무더울까?
	II	무더워요?, 무덥죠?	무더웠어요?, 무더웠죠?	무덥겠어요?, 무더울까요?
	III	무덥니?, 무더우냐?/ 무덥냐?	무더웠니?, 무더웠냐?	무덥겠니?, 무덥겠냐?
	IV	무덥습니까?	무더웠습니까?	무덥겠습니까?
Adnominal		무더운	무더운	무더울

* I: Intimate / II: Polite / III: Plain / IV: Deferential

Conjunctive	and	무덥고, 무더우며	Conj.	not	무덥지 (않다)
	or	무덥거나, 무덥든(지)		adv.	무덥게
	but	무덥지만, 무더우나, 무더운데	Quot.	decl.	무덥다고
	so	무더워(서), 무더우니(까), 무더우므로		inter.	무더우냐고/무덥냐고
	if	무더우면	Nominal		무더움, 무덥기
	though	무더워도	Subject Honorific		무더우시다
	as (if)	무덥듯(이)	Causative		무덥게 하다

* Conj.: Conjunctive / Quot.: Quotative / adv.: adverbial / decl.: declarative / inter.: interrogative

stifling, sweltering (*syn.* 덥다 *ant.* 춥다) ADV 매우, 몹시 N 날씨, 바람 | 날, 밤, 여름(날)

▶ 어젯밤에는 무더운 날씨 때문에 잠을 못 잤어요. *Last night I couldn't sleep well because of the stifling weather.*

▶ 이 지역은 일 년 내내 무더워요. *It is sultry throughout the year in this region.*

		Present	Past	Future / Presumption
Declarative	I	무리해, 무리하지	무리했어, 무리했지	무리하겠어, 무리하겠지, 무리할 거야
	II	무리해요, 무리하죠	무리했어요, 무리했죠	무리하겠어요, 무리하겠죠, 무리할 거예요
	III	무리하다	무리했다	무리하겠다, 무리할 거다
	IV	무리합니다	무리했습니다	무리하겠습니다, 무리할 겁니다
Interrogative	I	무리해?, 무리하지?	무리했어?, 무리했지?	무리하겠어?, 무리할까?
	II	무리해요?, 무리하죠?	무리했어요?, 무리했죠?	무리하겠어요?, 무리할까요?
	III	무리하니?, 무리하냐?	무리했니?, 무리했냐?	무리하겠니?, 무리하겠냐?
	IV	무리합니까?	무리했습니까?	무리하겠습니까?
Adnominal		무리한	무리한	무리할

* I: Intimate / II: Polite / III: Plain / IV: Deferential

Conjunctive	and	무리하고, 무리하며	Conj.	not	무리하지 (않다)
	or	무리하거나, 무리하든(지)		adv.	무리하게
	but	무리하지만, 무리하나, 무리한데	Quot.	decl.	무리하다고
	so	무리해(서), 무리하니(까), 무리하므로		inter.	무리하냐고
	if	무리하면	Nominal		무리함, 무리하기
	though	무리해도	Subject Honorific		무리하시다
	as (if)	무리하듯(이)	Causative		무리하게 하다

* Conj.: Conjunctive / Quot.: Quotative / adv.: adverbial / decl.: declarative / inter.: interrogative

excessive (*syn.* 지나치다, 과하다) **ADV** 너무 **N** 부탁, 요구, 주문 | 다이어트 | 계획 **V** 일하다 | 운동하다

▶ 많은 사람들이 연초에 무리한 계획을 세웁니다. *Many people lay out an impractical plan at the beginning of the year.*

▶ 무리해서 일하지는 마. *Never work excessively.*

		Present	Past	Future / Presumption
Declarative	I	무모해, 무모하지	무모했어, 무모했지	무모하겠어, 무모하겠지, 무모할 거야
	II	무모해요, 무모하죠	무모했어요, 무모했죠	무모하겠어요, 무모하겠죠, 무모할 거예요
	III	무모하다	무모했다	무모하겠다, 무모할 거다
	IV	무모합니다	무모했습니다	무모하겠습니다, 무모할 겁니다
Interrogative	I	무모해?, 무모하지?	무모했어?, 무모했지?	무모하겠어?, 무모할까?
	II	무모해요?, 무모하죠?	무모했어요?, 무모했죠?	무모하겠어요?, 무모할까요?
	III	무모하니?, 무모하냐?	무모했니?, 무모했냐?	무모하겠니?, 무모하겠냐?
	IV	무모합니까?	무모했습니까?	무모하겠습니까?
Adnominal		무모한	무모한	무모할

* I: Intimate / II: Polite / III: Plain / IV: Deferential

Conjunctive	and	무모하고, 무모하며	Conj.	not	무모하지 (않다)
	or	무모하거나, 무모하든(지)		adv.	무모하게
	but	무모하지만, 무모하나, 무모한데	Quot.	decl.	무모하다고
	so	무모해(서), 무모하니(까), 무모하므로		,inter.	무모하냐고
	if	무모하면	Nominal		무모함, 무모하기
	though	무모해도	Subject Honorific		무모하시다
	as (if)	무모하듯(이)	Causative		무모하게 하다

* Conj.: Conjunctive / Quot.: Quotative / adv.: adverbial / decl.: declarative / inter.: interrogative

reckless, rash N 일, 짓, 행동 | 계획, 생각 | 사람 | 돌진 | 운전 | 모험, 시도 V 덤비다

▶ 거기 혼자 간 것은 무모한 짓이었다. *It was reckless to go there alone.*

▶ 그 사고는 신호를 어기고 길을 건너려는 무모한 시도 때문에 일어났다. *The accident occurred due to the reckless attempt to cross the road against the light.*

		Present	Past	Future / Presumption
Declarative	I	무사해, 무사하지	무사했어, 무사했지	무사하겠어, 무사하겠지, 무사할 거야
	II	무사해요, 무사하죠	무사했어요, 무사했죠	무사하겠어요, 무사하겠죠, 무사할 거예요
	III	무사하다	무사했다	무사하겠다, 무사할 거다
	IV	무사합니다	무사했습니다	무사하겠습니다, 무사할 겁니다
Interrogative	I	무사해?, 무사하지?	무사했어?, 무사했지?	무사하겠어?, 무사할까?
	II	무사해요?, 무사하죠?	무사했어요?, 무사했죠?	무사하겠어요?, 무사할까요?
	III	무사하니?, 무사하냐?	무사했니?, 무사했냐?	무사하겠니?, 무사하겠냐?
	IV	무사합니까?	무사했습니까?	무사하겠습니까?
Adnominal		무사한	무사한	무사할

* I: Intimate / II: Polite / III: Plain / IV: Deferential

Conjunctive	and	무사하고, 무사하며	Conj.	not	무사하지 (않다)
	or	무사하거나, 무사하든(지)		adv.	무사하게, 무사히
	but	무사하지만, 무사하나, 무사한데	Quot.	decl.	무사하다고
	so	무사해(서), 무사하니(까), 무사하므로		inter.	무사하냐고
	if	무사하면		Nominal	무사함, 무사하기
	though	무사해도		Subject Honorific	무사하시다
	as (if)	무사하듯(이)		Causative	무사하게 하다

* Conj.: Conjunctive / Quot.: Quotative / adv.: adverbial / decl.: declarative / inter.: interrogative

safe, unharmed ADV 다, 두루, 모두 N 모습 V 기도하다, 빌다

▸ 그는 딸이 무사하기를 빌었다. *He prayed that his daughter would be okay.*

▸ 지진 속에서도 그 건물만은 무사했다. *Only that building was unharmed in the earthquake.*

		Present	Past	Future / Presumption
Declarative	I	무서워, 무섭지	무서웠어, 무서웠지	무섭겠어, 무섭겠지, 무서울 거야
	II	무서워요, 무섭죠	무서웠어요, 무서웠죠	무섭겠어요, 무섭겠죠, 무서울 거 예요
	III	무섭다	무서웠다	무섭겠다, 무서울 거다
	IV	무섭습니다	무서웠습니다	무섭겠습니다, 무서울 겁니다
Interrogative	I	무서워?, 무섭지?	무서웠어?, 무서웠지?	무섭겠어?, 무서울까?
	II	무서워요?, 무섭죠?	무서웠어요?, 무서웠죠?	무섭겠어요?, 무서울까요?
	III	무섭니?,　무서우냐?/ 무섭냐?	무서웠니?, 무서웠냐?	무섭겠니?, 무섭겠냐?
	IV	무섭습니까?	무서웠습니까?	무섭겠습니까?
Adnominal		무서운	무서운	무서울

* I: Intimate / II: Polite / III: Plain / IV: Deferential

Conjunctive	and	무섭고, 무서우며	Conj.	not	무섭지 (않다)
	or	무섭거나, 무섭든(지)		adv.	무섭게
	but	무섭지만, 무서우나, 무서운데	Quot.	decl.	무섭다고
	so	무서워(서), 무서우니(까), 무서우므로		inter.	무서우냐고/무섭냐고
	if	무서우면	Nominal		무서움, 무섭기
	though	무서워도	Subject Honorific		무서우시다
	as (if)	무섭듯(이)	Causative		무섭게 하다

* Conj.: Conjunctive / Quot.: Quotative / adv.: adverbial / decl.: declarative / inter.: interrogative

scary, scared (*syn.* 두렵다, 겁나다) ADV 너무, 정말 | 왠지 N 복수 | 꿈 | 눈, 눈 초리, 얼굴, 표정 | 부모, 사람, 선생 | 말, 얘기 | 광경 | 생각 | 정도 | 영화 | 기 세, 속도 | 나머지 | 병 | 세상 | 것, 일 | 힘 V 죽다, 혼나다 | 생기다 | 떨다 | 도망 치다

▶ 무서운 얘기 해 줄까? *Do you want a scary story?*

▶ 가지 마세요. 혼자 있기 무서워요. *Please don't go. I'm afraid of being alone.*

▶ 그는 무서운 기세로 식탁 위 음식들을 먹어 치웠다. *He gulped down the foods on the table at a furious pace.*

		Present	Past	Future / Presumption
Declarative	I	무성해, 무성하지	무성했어, 무성했지	무성하겠어, 무성하겠지, 무성할 거야
	II	무성해요, 무성하죠	무성했어요, 무성했죠	무성하겠어요, 무성하겠죠, 무성할 거예요
	III	무성하다	무성했다	무성하겠다, 무성할 거다
	IV	무성합니다	무성했습니다	무성하겠습니다, 무성할 겁니다
Interrogative	I	무성해?, 무성하지?	무성했어?, 무성했지?	무성하겠어?, 무성할까?
	II	무성해요?, 무성하죠?	무성했어요?, 무성했죠?	무성하겠어요?, 무성할까요?
	III	무성하니?, 무성하냐?	무성했니?, 무성했냐?	무성하겠니?, 무성하겠냐?
	IV	무성합니까?	무성했습니까?	무성하겠습니까?
Adnominal		무성한	무성한	무성할

* I: Intimate / II: Polite / III: Plain / IV: Deferential

Conjunctive	and	무성하고, 무성하며	Conj.	not	무성하지 (않다)
	or	무성하거나, 무성하든(지)		adv.	무성하게, 무성히
	but	무성하지만, 무성하나, 무성한데	Quot.	decl.	무성하다고
	so	무성해(서), 무성하니(까), 무성하므로		inter.	무성하냐고
	if	무성하면	Nominal		무성함, 무성하기
	though	무성해도	Subject Honorific		무성하시다
	as (if)	무성하듯(이)	Causative		무성하게 하다

* Conj.: Conjunctive / Quot.: Quotative / adv.: adverbial / decl.: declarative / inter.: interrogative

1 thick, overgrown N 가지, 나무, 식물, 잎, 잡초, 풀 | 들판, 숲, 언덕 V 자라다 | 덮이다, 우거지다

▶ 비가 와서 마당의 잡초가 무성하게 자랐다. *The rain caused the weeds in the garden to grow thick.*

▶ 나무에 잎이 무성하다. *Trees are thick with leaves.*

2 widespread N 뒷말, 루머, 소문, 추측

▶ 인터넷에 그에 대한 소문이 무성하다. *The Internet is full of rumors about him.*

▶ 그가 사망했다는 추측이 무성했다. *There has been rampant speculation that he is dead.*

무수하다 mu·su·ha·da

		Present	Past	Future / Presumption
Declarative	I	무수해, 무수하지	무수했어, 무수했지	무수하겠어, 무수하겠지, 무수할 거야
	II	무수해요, 무수하죠	무수했어요, 무수했죠	무수하겠어요, 무수하겠죠, 무수할 거예요
	III	무수하다	무수했다	무수하겠다, 무수할 거다
	IV	무수합니다	무수했습니다	무수하겠습니다, 무수할 겁니다
Interrogative	I	무수해?, 무수하지?	무수했어?, 무수했지?	무수하겠어?, 무수할까?
	II	무수해요?, 무수하죠?	무수했어요?, 무수했죠?	무수하겠어요?, 무수할까요?
	III	무수하니?, 무수하냐?	무수했니?, 무수했냐?	무수하겠니?, 무수하겠냐?
	IV	무수합니까?	무수했습니까?	무수하겠습니까?
Adnominal		무수한	무수한	무수할

* I: Intimate / II: Polite / III: Plain / IV: Deferential

Conjunctive	and	무수하고, 무수하며		Conj.	not	무수하지 (않다)
	or	무수하거나, 무수하든(지)			adv.	무수하게, 무수히
	but	무수하지만, 무수하나, 무수한데		Quot.	decl.	무수하다고
	so	무수해(서), 무수하니(까), 무수하므로			inter.	무수하냐고
	if	무수하면		Nominal		무수함, 무수하기
	though	무수해도		Subject Honorific		무수하시다
	as (if)	무수하듯(이)		Causative		무수하게 하다

* Conj.: Conjunctive / Quot.: Quotative / adv.: adverbial / decl.: declarative / inter.: interrogative

---

countless, myriad (*syn.* 수없다 *ant.* 희박하다) **N** 별 | 사람 **ADJ** 많다

▶ 밤하늘에 별이 무수히 많았다. *There were numerous stars in the sky.*

▶ 무수히 많은 사람들이 지진으로 사망했다. *Countless people died in the earthquake.*

무식하다 /무시카다/ mu·si·ka·da

		Present	Past	Future / Presumption
Declarative	I	무식해, 무식하지	무식했어, 무식했지	무식하겠어, 무식하겠지, 무식할 거야
	II	무식해요, 무식하죠	무식했어요, 무식했죠	무식하겠어요, 무식하겠죠, 무식할 거예요
	III	무식하다	무식했다	무식하겠다, 무식할 거다
	IV	무식합니다	무식했습니다	무식하겠습니다, 무식할 겁니다
Interrogative	I	무식해?, 무식하지?	무식했어?, 무식했지?	무식하겠어?, 무식할까?
	II	무식해요?, 무식하죠?	무식했어요?, 무식했죠?	무식하겠어요?, 무식할까요?
	III	무식하니?, 무식하냐?	무식했니?, 무식했냐?	무식하겠니?, 무식하겠냐?
	IV	무식합니까?	무식했습니까?	무식하겠습니까?
Adnominal		무식한	무식한	무식할

* I: Intimate / II: Polite / III: Plain / IV: Deferential

Conjunctive	and	무식하고, 무식하며	Conj.	not	무식하지 (않다)
	or	무식하거나, 무식하든(지)		adv.	무식하게
	but	무식하지만, 무식하나, 무식한데	Quot.	decl.	무식하다고
	so	무식해(서), 무식하니(까), 무식하므로		inter.	무식하냐고
	if	무식하면	Nominal		무식함, 무식하기
	though	무식해도	Subject Honorific		무식하시다
	as (if)	무식하듯(이)	Causative		무식하게 하다

* Conj.: Conjunctive / Quot.: Quotative / adv.: adverbial / decl.: declarative / inter.: interrogative

ignorant, thoughtless (*ant.* 유식하다) **ADV** 너무, 아주 **N** 말, 소리 | 사람 | 행동 | 방법

▶ 저도 제가 무식하다는 걸 알아요. *I know I'm ignorant.*

▶ 무식한 소리 좀 그만해. *Stop talking nonsense.*

무심하다 mu·sim·ha·da

		Present	Past	Future / Presumption
Declarative	I	무심해, 무심하지	무심했어, 무심했지	무심하겠어, 무심하겠지, 무심할 거야
	II	무심해요, 무심하죠	무심했어요, 무심했죠	무심하겠어요, 무심하겠죠, 무심할 거예요
	III	무심하다	무심했다	무심하겠다, 무심할 거다
	IV	무심합니다	무심했습니다	무심하겠습니다, 무심할 겁니다
Interrogative	I	무심해?, 무심하지?	무심했어?, 무심했지?	무심하겠어?, 무심할까?
	II	무심해요?, 무심하죠?	무심했어요?, 무심했죠?	무심하겠어요?, 무심할까요?
	III	무심하니?, 무심하냐?	무심했니?, 무심했냐?	무심하겠니?, 무심하겠냐?
	IV	무심합니까?	무심했습니까?	무심하겠습니까?
Adnominal		무심한	무심한	무심할

* I: Intimate / II: Polite / III: Plain / IV: Deferential

Conjunctive	and	무심하고, 무심하며	**Conj.**	not	무심하지 (않다)
	or	무심하거나, 무심하든(지)		adv.	무심하게, 무심히
	but	무심하지만, 무심하나, 무심한데	**Quot.**	decl.	무심하다고
	so	무심해(서), 무심하니(까), 무심하므로		inter.	무심하냐고
	if	무심하면		Nominal	무심함, 무심하기
	though	무심해도		Subject Honorific	무심하시다
	as (if)	무심하듯(이)		Causative	무심하게 하다

* Conj.: Conjunctive / Quot.: Quotative / adv.: adverbial / decl.: declarative / inter.: interrogative

indifferent, remote (*syn.* 무관심하다, 무정하다) **P** -에, -에게 **ADV** 너무 **N** 태도 | 것 | 사람 | 표정

▶ 어떻게 어머니께 그렇게 무심할 수 있어요? *How can you be so inattentive to your mother?*

▶ 그는 무심한 표정으로 고개를 끄덕였다. *He nodded with a remote expression on his face.*

		Present	Past	Future / Presumption
Declarative	I	무의미해, 무의미하지	무의미했어, 무의미했지	무의미하겠어, 무의미하겠지, 무의미할 거야
	II	무의미해요, 무의미하죠	무의미했어요, 무의미했죠	무의미하겠어요, 무의미하겠죠, 무의미할 거예요
	III	무의미하다	무의미했다	무의미하겠다, 무의미할 거다
	IV	무의미합니다	무의미했습니다	무의미하겠습니다, 무의미할 겁니다
Interrogative	I	무의미해?, 무의미하지?	무의미했어?, 무의미했지?	무의미하겠어?, 무의미할까?
	II	무의미해요?, 무의미하죠?	무의미했어요?, 무의미했죠?	무의미하겠어요?, 무의미할까요?
	III	무의미하니?, 무의미하냐?	무의미했니?, 무의미했냐?	무의미하겠니?, 무의미하겠냐?
	IV	무의미합니까?	무의미했습니까?	무의미하겠습니까?
Adnominal		무의미한	무의미한	무의미할

* I: Intimate / II: Polite / III: Plain / IV: Deferential

Conjunctive	and	무의미하고, 무의미하며	Conj.	not	무의미하지 (않다)
	or	무의미하거나, 무의미하든(지)		adv.	무의미하게
	but	무의미하지만, 무의미하나, 무의미한데	Quot.	decl.	무의미하다고
	so	무의미해(서), 무의미하니(까), 무의미하므로		inter.	무의미하냐고
	if	무의미하면	Nominal		무의미함, 무의미하기
	though	무의미해도	Subject Honorific		무의미하시다
	as (if)	무의미하듯(이)	Causative		무의미하게 하다

* Conj.: Conjunctive / Quot.: Quotative / adv.: adverbial / decl.: declarative / inter.: interrogative

meaningless **ADV** 또(한) **N** 논쟁, 말, 얘기 | 인생 | 행동 **V** 느껴지다 | 보내다, 지내다

▶ 이 문제를 놓고 더 이상 얘기하는 것은 무의미하다. *It's meaningless to talk about this issue any further.*

▶ 요즘 제 인생이 무의미하다는 생각이 들어요. *Recently I feel like my life is meaningless.*

		Present	Past	Future / Presumption
Declarative	I	무책임해, 무책임하지	무책임했어, 무책임했지	무책임하겠어, 무책임하겠지, 무책임할 거야
	II	무책임해요, 무책임하죠	무책임했어요, 무책임했죠	무책임하겠어요, 무책임하겠죠, 무책임할 거예요
	III	무책임하다	무책임했다	무책임하겠다, 무책임할 거다
	IV	무책임합니다	무책임했습니다	무책임하겠습니다, 무책임할 겁니다
Interrogative	I	무책임해?, 무책임하지?	무책임했어?, 무책임했지?	무책임하겠어?, 무책임할까?
	II	무책임해요?, 무책임하죠?	무책임했어요?, 무책임했죠?	무책임하겠어요?, 무책임할까요?
	III	무책임하니?, 무책임하냐?	무책임했니?, 무책임했냐?	무책임하겠니?, 무책임하겠냐?
	IV	무책임합니까?	무책임했습니까?	무책임하겠습니까?
Adnominal		무책임한	무책임한	무책임할

*I: Intimate / II: Polite / III: Plain / IV: Deferential

Conjunctive	and	무책임하고, 무책임하며	Conj.	not	무책임하지 (않다)
	or	무책임하거나, 무책임하든(지)		adv.	무책임하게
	but	무책임하지만, 무책임하나, 무책임한데	Quot.	decl.	무책임하다고
	so	무책임해(서), 무책임하니(까), 무책임하므로		inter.	무책임하냐고
	if	무책임하면		Nominal	무책임함, 무책임하기
	though	무책임해도		Subject Honorific	무책임하시다
	as (if)	무책임하듯(이)		Causative	무책임하게 하다

*Conj.: Conjunctive / Quot.: Quotative / adv.: adverbial / decl.: declarative / inter.: interrogative

---

irresponsible ADV 너무(나) N 대답, 말, 발언 | 태도, 행동 | 사람

▸ 한마디 말도 없이 그만두다니 그 사람 참 무책임하군. *It was irresponsible of him to quit his job without saying a word.*

▸ 여기 무책임한 행동의 몇몇 예가 있습니다. *Here are some examples of irresponsible behavior.*

		Present	Past	Future / Presumption
Declarative	I	무한해, 무한하지	무한했어, 무한했지	무한하겠어, 무한하겠지, 무한할 거야
	II	무한해요, 무한하죠	무한했어요, 무한했죠	무한하겠어요, 무한하겠죠, 무한할 거예요
	III	무한하다	무한했다	무한하겠다, 무한할 거다
	IV	무한합니다	무한했습니다	무한하겠습니다, 무한할 겁니다
Interrogative	I	무한해?, 무한하지?	무한했어?, 무한했지?	무한하겠어?, 무한할까?
	II	무한해요?, 무한하죠?	무한했어요?, 무한했죠?	무한하겠어요?, 무한할까요?
	III	무한하니?, 무한하냐?	무한했니?, 무한했냐?	무한하겠니?, 무한하겠냐?
	IV	무한합니까?	무한했습니까?	무한하겠습니까?
Adnominal		무한한	무한한	무한할

* I: Intimate / II: Polite / III: Plain / IV: Deferential

Conjunctive	and	무한하고, 무한하며	Conj.	not	무한하지 (않다)
	or	무한하거나, 무한하든(지)		adv.	무한하게, 무한히
	but	무한하지만, 무한하나, 무한한데	Quot.	decl.	무한하다고
	so	무한해(서), 무한하니(까), 무한하므로		inter.	무한하냐고
	if	무한하면		Nominal	무한함, 무한하기
	though	무한해도		Subject Honorific	무한하시다
	as (if)	무한하듯(이)		Causative	무한하게 하다

* Conj.: Conjunctive / Quot.: Quotative / adv.: adverbial / decl.: declarative / inter.: interrogative

infinite, endless (*ant.* 유한하다) N 가능성 | 공간, 우주 | 인내심 | 반복 | 기쁨, 사랑, 영광

▶ 부모의 사랑은 무한하고 무조건적이다. *Parental love is endless and unconditional.*

▶ 모든 아이들은 무한한 가능성을 갖고 있다. *All children have infinite potential.*

묽다 /묵따/ muk·da

		Present	Past	Future / Presumption
Declarative	I	묽어, 묽지	묽었어, 묽었지	묽겠어, 묽겠지, 묽을 거야
	II	묽어요, 묽죠	묽었어요, 묽었죠	묽겠어요, 묽겠죠, 묽을 거예요
	III	묽다	묽었다	묽겠다, 묽을 거다
	IV	묽습니다	묽었습니다	묽겠습니다, 묽을 겁니다
Interrogative	I	묽어?, 묽지?	묽었어?, 묽었지?	묽겠어?, 묽을까?
	II	묽어요?, 묽죠?	묽었어요?, 묽었죠?	묽겠어요?, 묽을까요?
	III	묽니?, 묽(으)냐?	묽었니?, 묽었냐?	묽겠니?, 묽겠냐?
	IV	묽습니까?	묽었습니까?	묽겠습니까?
Adnominal		묽은	묽은	묽을

* I: Intimate / II: Polite / III: Plain / IV: Deferential

Conjunctive	and	묽고, 묽으며	Conj.	not	묽지 (않다)
	or	묽거나, 묽든(지)		adv.	묽게
	but	묽지만, 묽으나, 묽은데	Quot.	decl.	묽다고
	so	묽어(서), 묽으니(까), 묽으므로		inter.	묽(으)냐고
	if	묽으면		Nominal	묽음, 묽기
	though	묽어도		Subject Honorific	묽으시다
	as (if)	묽듯(이)		Causative	묽게 하다, 묽히다

* Conj.: Conjunctive / Quot.: Quotative / adv.: adverbial / decl.: declarative / inter.: interrogative

watery, thin (*ant.* 진하다) **ADV** 너무 **N** 간장 | 염산 | 대변, 똥, 변 | 수프, 죽

▶ 배탈이 났을 때는 묽은 죽이 좋아요. *Watery rice porridge is good when you have a stomachache.*

▶ 저는 최근 반 년 동안 거의 매일 묽은 변을 봤어요. *I've had watery stools almost everyday for half a year.*

		Present	Past	Future / Presumption
Declarative	I	미끄러워, 미끄럽지	미끄러웠어, 미끄러웠지	미끄럽겠어, 미끄럽겠지, 미끄러울 거야
	II	미끄러워요, 미끄럽죠	미끄러웠어요, 미끄러웠죠	미끄럽겠어요, 미끄럽겠죠, 미끄러울 거예요
	III	미끄럽다	미끄러웠다	미끄럽겠다, 미끄러울 거다
	IV	미끄럽습니다	미끄러웠습니다	미끄럽겠습니다, 미끄러울 겁니다
Interrogative	I	미끄러워?, 미끄럽지?	미끄러웠어?, 미끄러웠지?	미끄럽겠어?, 미끄러울까?
	II	미끄러워요?, 미끄럽죠?	미끄러웠어요?, 미끄러웠죠?	미끄럽겠어요?, 미끄러울까요?
	III	미끄럽니?, 미끄러우냐?/미끄럽냐?	미끄러웠니?, 미끄러웠냐?	미끄럽겠니?, 미끄럽겠냐?
	IV	미끄럽습니까?	미끄러웠습니까?	미끄럽겠습니까?
Adnominal		미끄러운	미끄러운	미끄러울

* I: Intimate / II: Polite / III: Plain / IV: Deferential

Conjunctive	and	미끄럽고, 미끄러우며	Conj.	not	미끄럽지 (않다)
	or	미끄럽거나, 미끄럽든(지)		adv.	미끄럽게
	but	미끄럽지만, 미끄러우나, 미끄러운데	Quot.	decl.	미끄럽다고
	so	미끄러워(서), 미끄러우니(까), 미끄러우므로		inter.	미끄러우냐고/미끄럽냐고
	if	미끄러우면	Nominal		미끄러움, 미끄럽기
	though	미끄러워도	Subject Honorific		미끄러우시다
	as (if)	미끄럽듯(이)	Causative		미끄럽게 하다

* Conj.: Conjunctive / Quot.: Quotative / adv.: adverbial / decl.: declarative / inter.: interrogative

slippery, slick (*syn.* 매끄럽다 *ant.* 뻑뻑하다, 빡빡하다) ADV 너무, 아주 N 길, 도로 | 바닥 V 조심하다 ADJ 위험하다

▶ 간밤의 눈으로 도로가 미끄럽다. *The roads are slippery because of last night's snowfall.*

▶ 바닥이 미끄러우니 조심하세요. *Be careful! The floor is slippery.*

		Present	Past	Future / Presumption
Declarative	I	미묘해, 미묘하지	미묘했어, 미묘했지	미묘하겠어, 미묘하겠지, 미묘할 거야
	II	미묘해요, 미묘하죠	미묘했어요, 미묘했죠	미묘하겠어요, 미묘하겠죠, 미묘할 거예요
	III	미묘하다	미묘했다	미묘하겠다, 미묘할 거다
	IV	미묘합니다	미묘했습니다	미묘하겠습니다, 미묘할 겁니다
Interrogative	I	미묘해?, 미묘하지?	미묘했어?, 미묘했지?	미묘하겠어?, 미묘할까?
	II	미묘해요?, 미묘하죠?	미묘했어요?, 미묘했죠?	미묘하겠어요?, 미묘할까요?
	III	미묘하니?, 미묘하냐?	미묘했니?, 미묘했냐?	미묘하겠니?, 미묘하겠냐?
	IV	미묘합니까?	미묘했습니까?	미묘하겠습니까?
Adnominal		미묘한	미묘한	미묘할

* I: Intimate / II: Polite / III: Plain / IV: Deferential

Conjunctive	and	미묘하고, 미묘하며	Conj.	not	미묘하지 (않다)
	or	미묘하거나, 미묘하든(지)		adv.	미묘하게
	but	미묘하지만, 미묘하나, 미묘한데	Quot.	decl.	미묘하다고
	so	미묘해(서), 미묘하니(까), 미묘하므로		inter.	미묘하냐고
	if	미묘하면	Nominal		미묘함, 미묘하기
	though	미묘해도	Subject Honorific		미묘하시다
	as (if)	미묘하듯(이)	Causative		미묘하게 하다

* Conj.: Conjunctive / Quot.: Quotative / adv.: adverbial / decl.: declarative / inter.: interrogative

subtle, delicate **ADV** 매우, 몹시 **N** 뉘앙스, 차이 | 문제 | 입장 | 변화 **ADJ** 다르다

▶ 그녀의 기술은 그 남자의 진술과 미묘하게 다르다. *Her description is subtly different from the man's statement.*

▶ 그 둘 사이에는 미묘한 차이가 있다. *There is a subtle difference between the two.*

		Present	Past	Future / Presumption
Declarative	I	미안해, 미안하지	미안했어, 미안했지	미안하겠어, 미안하겠지, 미안할 거야
	II	미안해요, 미안하죠	미안했어요, 미안했죠	미안하겠어요, 미안하겠죠, 미안할 거예요
	III	미안하다	미안했다	미안하겠다, 미안할 거다
	IV	미안합니다	미안했습니다	미안하겠습니다, 미안할 겁니다
Interrogative	I	미안해?, 미안하지?	미안했어?, 미안했지?	미안하겠어?, 미안할까?
	II	미안해요?, 미안하죠?	미안했어요?, 미안했죠?	미안하겠어요?, 미안할까요?
	III	미안하니?, 미안하냐?	미안했니?, 미안했냐?	미안하겠니?, 미안하겠냐?
	IV	미안합니까?	미안했습니까?	미안하겠습니까?
Adnominal		미안한	미안한	미안할

* I: Intimate / II: Polite / III: Plain / IV: Deferential

Conjunctive	and	미안하고, 미안하며	Conj.	not	미안하지 (않다)
	or	미안하거나, 미안하든(지)		adv.	미안하게
	but	미안하지만, 미안하나, 미안한데	Quot.	decl.	미안하다고
	so	미안해(서), 미안하니(까), 미안하므로		inter.	미안하냐고
	if	미안하면		Nominal	미안함, 미안하기
	though	미안해도		Subject Honorific	미안하시다
	as (if)	미안하듯(이)		Causative	미안하게 하다

* Conj.: Conjunctive / Quot.: Quotative / adv.: adverbial / decl.: declarative / inter.: interrogative

sorry (*syn.* 죄송하다 *ant.* 감사하다, 고맙다) ADV 너무, 정말 N 말 | 마음, 생각 | 것 | 사람 V 되다

▶ 늦어서 미안해. *I'm sorry for being late.*

▶ 요전에는 미안하게 됐어. *I'm sorry for the other day.*

미흡하다 /미흐파다/ mi·heu·pa·da

		Present	Past	Future / Presumption
Declarative	I	미흡해, 미흡하지	미흡했어, 미흡했지	미흡하겠어, 미흡하겠지, 미흡할 거야
	II	미흡해요, 미흡하죠	미흡했어요, 미흡했죠	미흡하겠어요, 미흡하겠죠, 미흡할 거예요
	III	미흡하다	미흡했다	미흡하겠다, 미흡할 거다
	IV	미흡합니다	미흡했습니다	미흡하겠습니다, 미흡할 겁니다
Interrogative	I	미흡해?, 미흡하지?	미흡했어?, 미흡했지?	미흡하겠어?, 미흡할까?
	II	미흡해요?, 미흡하죠?	미흡했어요?, 미흡했죠?	미흡하겠어요?, 미흡할까요?
	III	미흡하니?, 미흡하냐?	미흡했니?, 미흡했냐?	미흡하겠니?, 미흡하겠냐?
	IV	미흡합니까?	미흡했습니까?	미흡하겠습니까?
Adnominal		미흡한	미흡한	미흡할

* I: Intimate / II: Polite / III: Plain / IV: Deferential

Conjunctive	and	미흡하고, 미흡하며	Conj.	not	미흡하지 (않다)
	or	미흡하거나, 미흡하든(지)		adv.	미흡하게
	but	미흡하지만, 미흡하나, 미흡한데	Quot.	decl.	미흡하다고
	so	미흡해(서), 미흡하니(까), 미흡하므로		inter.	미흡하냐고
	if	미흡하면	Nominal		미흡함, 미흡하기
	though	미흡해도	Subject Honorific		미흡하시다
	as (if)	미흡하듯(이)	Causative		미흡하게 하다

* Conj.: Conjunctive / Quot.: Quotative / adv.: adverbial / decl.: declarative / inter.: interrogative

---

insufficient, unsatisfactory N 설명 | 서비스 | 점

▸ 설명이 미흡해서 죄송합니다. *I'm sorry my explanation is insufficient.*

▸ 미흡한 점이 있다고 생각되시면 알려 주십시오. *Please let us know if you find anything unsatisfactory.*

민감하다 min·gam·ha·da

		Present	Past	Future / Presumption
Declarative	I	민감해, 민감하지	민감했어, 민감했지	민감하겠어, 민감하겠지, 민감할 거야
	II	민감해요, 민감하죠	민감했어요, 민감했죠	민감하겠어요, 민감하겠죠, 민감할 거예요
	III	민감하다	민감했다	민감하겠다, 민감할 거다
	IV	민감합니다	민감했습니다	민감하겠습니다, 민감할 겁니다
Interrogative	I	민감해?, 민감하지?	민감했어?, 민감했지?	민감하겠어?, 민감할까?
	II	민감해요?, 민감하죠?	민감했어요?, 민감했죠?	민감하겠어요?, 민감할까요?
	III	민감하니?, 민감하냐?	민감했니?, 민감했냐?	민감하겠니?, 민감하겠냐?
	IV	민감합니까?	민감했습니까?	민감하겠습니까?
Adnominal		민감한	민감한	민감할

* I: Intimate / II: Polite / III: Plain / IV: Deferential

Conjunctive	and	민감하고, 민감하며	Conj.	not	민감하지 (않다)
	or	민감하거나, 민감하든(지)		adv.	민감하게
	but	민감하지만, 민감하나, 민감한데	Quot.	decl.	민감하다고
	so	민감해(서), 민감하니(까), 민감하므로		inter.	민감하냐고
	if	민감하면	Nominal		민감함, 민감하기
	though	민감해도	Subject Honorific		민감하시다
	as (if)	민감하듯(이)	Causative		민감하게 하다

* Conj.: Conjunctive / Quot.: Quotative / adv.: adverbial / decl.: declarative / inter.: interrogative

sensitive, delicate (*syn.* 예민하다 *ant.* 둔감하다, 둔하다) **P** -에 **ADV** 매우, 아주 **N** 반응 | 피부 | 문제, 사안, 주제 | 사람, 십대 | 부분

▶ 저는 피부가 민감해요. *I have sensitive skin.*

▶ 십대들은 자신의 외모에 민감하다. *Teenagers are sensitive about their appearance.*

민망하다 min·mang·ha·da

		Present	Past	Future / Presumption
Declarative	I	민망해, 민망하지	민망했어, 민망했지	민망하겠어, 민망하겠지, 민망할 거야
	II	민망해요, 민망하죠	민망했어요, 민망했죠	민망하겠어요, 민망하겠죠, 민망할 거예요
	III	민망하다	민망했다	민망하겠다, 민망할 거다
	IV	민망합니다	민망했습니다	민망하겠습니다, 민망할 겁니다
Interrogative	I	민망해?, 민망하지?	민망했어?, 민망했지?	민망하겠어?, 민망할까?
	II	민망해요?, 민망하죠?	민망했어요?, 민망했죠?	민망하겠어요?, 민망할까요?
	III	민망하니?, 민망하냐?	민망했니?, 민망했냐?	민망하겠니?, 민망하겠냐?
	IV	민망합니까?	민망했습니까?	민망하겠습니까?
Adnominal		민망한	민망한	민망할

* I: Intimate / II: Polite / III: Plain / IV: Deferential

Conjunctive	and	민망하고, 민망하며	Conj.	not	민망하지 (않다)
	or	민망하거나, 민망하든(지)		adv.	민망하게
	but	민망하지만, 민망하나, 민망한데	Quot.	decl.	민망하다고
	so	민망해(서), 민망하니(까), 민망하므로		inter.	민망하냐고
	if	민망하면	Nominal		민망함, 민망하기
	though	민망해도	Subject Honorific		민망하시다
	as (if)	민망하듯(이)	Causative		민망하게 하다

* Conj.: Conjunctive / Quot.: Quotative / adv.: adverbial / decl.: declarative / inter.: interrogative

---

embarrassed, ashamed (*syn.* 부끄럽다) **P** -기(가) **N** 꼴, 일 | 생각

▶ 어제 많은 사람들 앞에서 민망하게 넘어졌다. *Yesterday I fell awkwardly in front of many people.*

▶ 부모님 앞에서 노래를 한다는 건 민망한 일이에요. *It's so embarrassing singing in front of one's parents.*

		Present	Past	Future / Presumption
Declarative	I	밀접해, 밀접하지	밀접했어, 밀접했지	밀접하겠어, 밀접하겠지, 밀접할 거야
	II	밀접해요, 밀접하죠	밀접했어요, 밀접했죠	밀접하겠어요, 밀접하겠죠, 밀접할 거예요
	III	밀접하다	밀접했다	밀접하겠다, 밀접할 거다
	IV	밀접합니다	밀접했습니다	밀접하겠습니다, 밀접할 겁니다
Interrogative	I	밀접해?, 밀접하지?	밀접했어?, 밀접했지?	밀접하겠어?, 밀접할까?
	II	밀접해요?, 밀접하죠?	밀접했어요?, 밀접했죠?	밀접하겠어요?, 밀접할까요?
	III	밀접하니?, 밀접하냐?	밀접했니?, 밀접했냐?	밀접하겠니?, 밀접하겠냐?
	IV	밀접합니까?	밀접했습니까?	밀접하겠습니까?
Adnominal		밀접한	밀접한	밀접할

* I: Intimate / II: Polite / III: Plain / IV: Deferential

Conjunctive	and	밀접하고, 밀접하며	Conj.	not	밀접하지 (않다)
	or	밀접하거나, 밀접하든(지)		adv.	밀접하게
	but	밀접하지만, 밀접하나, 밀접한데	Quot.	decl.	밀접하다고
	so	밀접해(서), 밀접하니(까), 밀접하므로		inter.	밀접하냐고
	if	밀접하면		Nominal	밀접함, 밀접하기
	though	밀접해도		Subject Honorific	밀접하시다
	as (if)	밀접하듯(이)		Causative	밀접하게 하다

* Conj.: Conjunctive / Quot.: Quotative / adv.: adverbial / decl.: declarative / inter.: interrogative

close, intimate (*syn.* 긴밀하다) P -와/과 ADV 서로 | 매우, 아주 N 관계, 관련, 사이, 연관 V 관련되다

▸ 스트레스와 암은 밀접한 관련이 있다. *Stress and cancer are closely related.*

▸ 흡연은 폐암과 밀접하게 관련되어 있다. *Smoking is closely associated with lung cancer.*

밉다 /밉따/ mip·da

		Present	Past	Future / Presumption
Declarative	I	미워, 밉지	미웠어, 미웠지	밉겠어, 밉겠지, 미울 거야
	II	미워요, 밉죠	미웠어요, 미웠죠	밉겠어요, 밉겠죠, 미울 거예요
	III	밉다	미웠다	밉겠다, 미울 거다
	IV	밉습니다	미웠습니다	밉겠습니다, 미울 겁니다
Interrogative	I	미워?, 밉지?	미웠어?, 미웠지?	밉겠어?, 미울까?
	II	미워요?, 밉죠?	미웠어요?, 미웠죠?	밉겠어요?, 미울까요?
	III	밉니?, 미우냐?/밉냐?	미웠니?, 미웠냐?	밉겠니?, 밉겠냐?
	IV	밉습니까?	미웠습니까?	밉겠습니까?
Adnominal		미운	미운	미울

* I: Intimate / II: Polite / III: Plain / IV: Deferential

Conjunctive	and	밉고, 미우며	Conj.	not	밉지 (않다)
	or	밉거나, 밉든(지)		adv.	밉게
	but	밉지만, 미우나, 미운데	Quot.	decl.	밉다고
	so	미워(서), 미우니(까), 미우므로		inter.	미우냐고/밉냐고
	if	미우면	Nominal		미움, 밉기
	though	미워도	Subject Honorific		미우시다
	as (if)	밉듯(이)	Causative		밉게 하다

* Conj.: Conjunctive / Quot.: Quotative / adv.: adverbial / decl.: declarative / inter.: interrogative

---

detestable, hate (*syn.* 싫다 *ant.* 좋다) N 짓 | 사람 | 털 | 생각 | 말 V 죽다 | 보이다

▶ 걔가 미워 죽겠어. *I hate him.*

▶ 제 일곱 살짜리 아들은 정말 미운 짓만 해요. *My seven-year-old son is really mischievous.*

		Present	Past	Future / Presumption
Declarative	I	바람직해, 바람직하지	바람직했어, 바람직했지	바람직하겠어, 바람직하겠지, 바람직할 거야
	II	바람직해요, 바람직하죠	바람직했어요, 바람직했죠	바람직하겠어요, 바람직하겠죠, 바람직할 거예요
	III	바람직하다	바람직했다	바람직하겠다, 바람직할 거다
	IV	바람직합니다	바람직했습니다	바람직하겠습니다, 바람직할 겁니다
Interrogative	I	바람직해?, 바람직하지?	바람직했어?, 바람직했지?	바람직하겠어?, 바람직할까?
	II	바람직해요?, 바람직하죠?	바람직했어요?, 바람직했죠?	바람직하겠어요?, 바람직할까요?
	III	바람직하니?, 바람직하냐?	바람직했니?, 바람직했냐?	바람직하겠니?, 바람직하겠냐?
	IV	바람직합니까?	바람직했습니까?	바람직하겠습니까?
Adnominal		바람직한	바람직한	바람직할

* I: Intimate / II: Polite / III: Plain / IV: Deferential

Conjunctive	and	바람직하고, 바람직하며	Conj.	not	바람직하지 (않다)
	or	바람직하거나, 바람직하든(지)		adv.	바람직하게
	but	바람직하지만, 바람직하나, 바람직한데	Quot.	decl.	바람직하다고
	so	바람직해(서), 바람직하니(까), 바람직하므로		inter.	바람직하냐고
	if	바람직하면	Nominal		바람직함, 바람직하기
	though	바람직해도	Subject Honorific		바람직하시다
	as (if)	바람직하듯(이)	Causative		바람직하게 하다

* Conj.: Conjunctive / Quot.: Quotative / adv.: adverbial / decl.: declarative / inter.: interrogative

desirable ADV 별로 | 결코 N 일 | 방향 | 생각 | 관계 | 태도

▶ 학생이 수업 시간에 질문을 하는 것이 바람직합니다. *It is desirable that students ask many questions in class.*

▶ 자주 직장을 옮기는 것은 바람직하지 않습니다. *It's not desirable to change jobs frequently.*

		Present	Past	Future / Presumption
Declarative	I	발라, 바르지	발랐어, 발랐지	바르겠어, 바르겠지, 바를 거야
	II	발라요, 바르죠	발랐어요, 발랐죠	바르겠어요, 바르겠죠, 바를 거예요
	III	바르다	발랐다	바르겠다, 바를 거다
	IV	바릅니다	발랐습니다	바르겠습니다, 바를 겁니다
Interrogative	I	발라?, 바르지?	발랐어?, 발랐지?	바르겠어?, 바를까?
	II	발라요?, 바르죠?	발랐어요?, 발랐죠?	바르겠어요?, 바를까요?
	III	바르니?, 바르냐?	발랐니?, 발랐냐?	바르겠니?, 바르겠냐?
	IV	바릅니까?	발랐습니까?	바르겠습니까?
Adnominal		바른	바른	바를

* I: Intimate / II: Polite / III: Plain / IV: Deferential

Conjunctive	and	바르고, 바르며	Conj.	not	바르지 (않다)
	or	바르거나, 바르든(지)		adv.	바르게
	but	바르지만, 바르나, 바른데	Quot.	decl.	바르다고
	so	발라(서), 바르니(까), 바르므로		inter.	바르냐고
	if	바르면		Nominal	바름, 바르기
	though	발라도		Subject Honorific	바르시다
	as (if)	바르듯(이)		Causative	바르게 하다, 바루다

* Conj.: Conjunctive / Quot.: Quotative / adv.: adverbial / decl.: declarative / inter.: interrogative

1 straight (*syn.* 곧다, 반듯하다) N 선 | 자세 V 긋다 | 앉다
  ▸ 늘 바른 자세로 앉아라. *Sit up straight always.*

2 upright N 사람 | 예의, 예절, 인사성 | 생활 V 살다
  ▸ 그분은 예의가 참 바르다. *He is well-mannered.*

3 correct, right (*syn.* 옳다 *ant.* 그르다) N 방법 | 순서 | 위치, 자리
  ▸ 선생님은 우리에게 바른 순서대로 글씨를 쓰라고 하셨다. *My teacher told us to write in the correct stroke order.*

		Present	Past	Future / Presumption
Declarative	I	바빠, 바쁘지	바빴어, 바빴지	바쁘겠어, 바쁘겠지, 바쁠 거야
	II	바빠요, 바쁘죠	바빴어요, 바빴죠	바쁘겠어요, 바쁘겠죠, 바쁠 거예요
	III	바쁘다	바빴다	바쁘겠다, 바쁠 거다
	IV	바쁩니다	바빴습니다	바쁘겠습니다, 바쁠 겁니다
Interrogative	I	바빠?, 바쁘지?	바빴어?, 바빴지?	바쁘겠어?, 바쁠까?
	II	바빠요?, 바쁘죠?	바빴어요?, 바빴죠?	바쁘겠어요?, 바쁠까요?
	III	바쁘니?, 바쁘냐?	바빴니?, 바빴냐?	바쁘겠니?, 바쁘겠냐?
	IV	바쁩니까?	바빴습니까?	바쁘겠습니까?
Adnominal		바쁜	바쁜	바쁠

* I: Intimate / II: Polite / III: Plain / IV: Deferential

Conjunctive	and	바쁘고, 바쁘며	Conj.	not	바쁘지 (않다)
	or	바쁘거나, 바쁘든(지)		adv.	바쁘게, 바삐
	but	바쁘지만, 바쁘나, 바쁜데	Quot.	decl.	바쁘다고
	so	바빠(서), 바쁘니(까), 바쁘므로		inter.	바쁘냐고
	if	바쁘면	Nominal		바쁨, 바쁘기
	though	바빠도	Subject Honorific		바쁘시다
	as (if)	바쁘듯(이)	Causative		바쁘게 하다

* Conj.: Conjunctive / Quot.: Quotative / adv.: adverbial / decl.: declarative / inter.: interrogative

1 busy (*syn.* 분주하다 *ant.* 한가하다, 여유롭다) **ADV** 너무, 몹시, 아주 | 지금 | 좀 **N** 나날, 날, 때, 시간, 철, 하루 | 사람 | 일 | 가운데 **V** 죽다 | 지내다
▸ 지금은 바빠서 못 가. *I'm so busy that I can't leave.*
▸ 지금은 숙제 때문에 바빠요. *I'm busy with my homework.*

2 hasty, urgent (*syn.* 급하다) **N** 걸음, 손길 | 일
▸ 바쁜 일이 있어서 그만 일어나겠습니다. *I have something urgent, so I should go.*

반갑다 /반갑따/ ban·gap·da

		Present	Past	Future / Presumption
Declarative	I	반가워, 반갑지	반가웠어, 반가웠지	반갑겠어, 반갑겠지, 반가울 거야
	II	반가워요, 반갑죠	반가웠어요, 반가웠죠	반갑겠어요, 반갑겠죠, 반가울 거예요
	III	반갑다	반가웠다	반갑겠다, 반가울 거다
	IV	반갑습니다	반가웠습니다	반갑겠습니다, 반가울 겁니다
Interrogative	I	반가워?, 반갑지?	반가웠어?, 반가웠지?	반갑겠어?, 반가울까?
	II	반가워요?, 반갑죠?	반가웠어요?, 반가웠죠?	반갑겠어요?, 반가울까요?
	III	반갑니?, 반가우냐?/반갑냐?	반가웠니?, 반가웠냐?	반갑겠니?, 반갑겠냐?
	IV	반갑습니까?	반가웠습니까?	반갑겠습니까?
Adnominal		반가운	반가운	반가울

* I: Intimate / II: Polite / III: Plain / IV: Deferential

Conjunctive	and	반갑고, 반가우며	Conj.	not	반갑지 (않다)
	or	반갑거나, 반갑든(지)		adv.	반갑게
	but	반갑지만, 반가우나, 반가운데	Quot.	decl.	반갑다고
	so	반가워(서), 반가우니(까), 반가우므로		inter.	반가우냐고/반갑냐고
	if	반가우면	Nominal		반가움, 반갑기
	though	반가워도	Subject Honorific		반가우시다
	as (if)	반갑듯(이)	Causative		반갑게 하다

* Conj.: Conjunctive / Quot.: Quotative / adv.: adverbial / decl.: declarative / inter.: interrogative

glad, pleased, happy (*ant.* 괴롭다) **ADV** 아주, 정말 **N** 소식 | 사람, 손님 | 마음 | 기색, 얼굴, 표정 **V** 맞다, 맞이하다

▶ 다시 만나 뵙게 되어 정말 반갑습니다. *I'm so pleased to meet you again.*
▶ 그것 참 반가운 소식이군요. *That's good news.*

		Present	Past	Future / Presumption
Declarative	I	밝아, 밝지	밝았어, 밝았지	밝겠어, 밝겠지, 밝을 거야
	II	밝아요, 밝죠	밝았어요, 밝았죠	밝겠어요, 밝겠죠, 밝을 거예요
	III	밝다	밝았다	밝겠다, 밝을 거다
	IV	밝습니다	밝았습니다	밝겠습니다, 밝을 겁니다
Interrogative	I	밝아?, 밝지?	밝았어?, 밝았지?	밝겠어?, 밝을까?
	II	밝아요?, 밝죠?	밝았어요?, 밝았죠?	밝겠어요?, 밝을까요?
	III	밝니?, 밝(으)냐?	밝았니?, 밝았냐?	밝겠니?, 밝겠냐?
	IV	밝습니까?	밝았습니까?	밝겠습니까?
Adnominal		밝은	밝은	밝을

* I: Intimate / II: Polite / III: Plain / IV: Deferential

Conjunctive	and	밝고, 밝으며	Conj.	not	밝지 (않다)
	or	밝거나, 밝든(지)		adv.	밝게
	but	밝지만, 밝으나, 밝은데	Quot.	decl.	밝다고
	so	밝아(서), 밝으니(까), 밝으므로		inter.	밝(으)냐고
	if	밝으면	Nominal		밝음, 밝기
	though	밝아도	Subject Honorific		밝으시다
	as (if)	밝듯(이)	Causative		밝게 하다, 밝히다

* Conj.: Conjunctive / Quot.: Quotative / adv.: adverbial / decl.: declarative / inter.: interrogative

bright, light (*syn.* 환하다 *ant.* 어둡다) **ADV** 더 | 휘영청 **N** 색(깔), 색상 | 사람 | 미소, 얼굴, 표정 | 곳, 주변, 주위 | 성격 | 귀, 눈 | 내일, 미래, 전망 | 달, 달빛, 빛, 햇빛 | 방 | 조명 | 옷 **V** 빛나다 | 비추다 | 웃다

▸ 좀 더 밝은 색 옷을 입어 보지 그래? *Why don't you put on brighter clothes?*
▸ 주위가 너무 밝아서 모니터가 잘 안 보여요. *It's so bright around here that I can't see the monitor very well.*
▸ 남편은 잠귀가 아주 밝아요. *My husband is a light sleeper.*

		Present	Past	Future / Presumption
Declarative	I	밤늦어, 밤늦지	밤늦었어, 밤늦었지	밤늦겠어, 밤늦겠지, 밤늦을 거야
	II	밤늦어요, 밤늦죠	밤늦었어요, 밤늦었죠	밤늦겠어요, 밤늦겠죠, 밤늦을 거예요
	III	밤늦다	밤늦었다	밤늦겠다, 밤늦을 거다
	IV	밤늦습니다	밤늦었습니다	밤늦겠습니다, 밤늦을 겁니다
Interrogative	I	밤늦어?, 밤늦지?	밤늦었어?, 밤늦었지?	밤늦겠어?, 밤늦을까?
	II	밤늦어요?, 밤늦죠?	밤늦었어요?, 밤늦었죠?	밤늦겠어요?, 밤늦을까요?
	III	밤늦니?, 밤늦(으)냐?	밤늦었니?, 밤늦었냐?	밤늦겠니?, 밤늦겠냐?
	IV	밤늦습니까?	밤늦었습니까?	밤늦겠습니까?
Adnominal		밤늦은	밤늦은	밤늦을

* I: Intimate / II: Polite / III: Plain / IV: Deferential

Conjunctive	and	밤늦고, 밤늦으며	**Conj.**	not	밤늦지 (않다)
	or	밤늦거나, 밤늦든(지)		adv.	밤늦게
	but	밤늦지만, 밤늦으나, 밤늦은데	**Quot.**	decl.	밤늦다고
	so	밤늦어(서), 밤늦으니(까), 밤늦으므로		inter.	밤늦(으)냐고
	if	밤늦으면		Nominal	밤늦음, 밤늦기
	though	밤늦어도		Subject Honorific	밤늦으시다
	as (if)	밤늦듯(이)		Causative	밤늦게 하다

* Conj.: Conjunctive / Quot.: Quotative / adv.: adverbial / decl.: declarative / inter.: interrogative

late at night N 전화 | 시각, 시간 V 전화하다 | 실례하다 | 공부하다 | 돌아다니다 | 일하다

▶ 밤늦게 왜 전화한 거야? *Why did you call me at this time of night?*

▶ 그는 밤늦은 시각까지 계속 공부를 했다. *He went on studying deep into the night.*

		Present	Past	Future / Presumption
Declarative	I	벅차, 벅차지	벅찼어, 벅찼지	벅차겠어, 벅차겠지, 벅찰 거야
	II	벅차요, 벅차죠	벅찼어요, 벅찼죠	벅차겠어요, 벅차겠죠, 벅찰 거예요
	III	벅차다	벅찼다	벅차겠다, 벅찰 거다
	IV	벅찹니다	벅찼습니다	벅차겠습니다, 벅찰 겁니다
Interrogative	I	벅차?, 벅차지?	벅찼어?, 벅찼지?	벅차겠어?, 벅찰까?
	II	벅차요?, 벅차죠?	벅찼어요?, 벅찼죠?	벅차겠어요?, 벅찰까요?
	III	벅차니?, 벅차냐?	벅찼니?, 벅찼냐?	벅차겠니?, 벅차겠냐?
	IV	벅찹니까?	벅찼습니까?	벅차겠습니까?
Adnominal		벅찬	벅찬	벅찰

* I: Intimate / II: Polite / III: Plain / IV: Deferential

Conjunctive	and	벅차고, 벅차며	Conj.	not	벅차지 (않다)
	or	벅차거나, 벅차든(지)		adv.	벅차게
	but	벅차지만, 벅차나, 벅찬데	Quot.	decl.	벅차다고
	so	벅차(서), 벅차니(까), 벅차므로		inter.	벅차냐고
	if	벅차면		Nominal	벅참, 벅차기
	though	벅차도		Subject Honorific	벅차시다
	as (if)	벅차듯(이)		Causative	벅차게 하다

* Conj.: Conjunctive / Quot.: Quotative / adv.: adverbial / decl.: declarative / inter.: interrogative

1 hard to manage ADV 너무 N 과제, 일 | 상대 | 상황

▸ 이 일은 저한테 벅찰 것 같아요. *I think this work is too much for me.*

▸ 그 사람은 저에게는 벅찬 상대예요. *He is out of my league.*

2 full, overwhelmed ADV 너무 N 가슴 | 감격, 감동

▸ 그 소식에 가슴이 벅차서 한숨도 못 잤어요. *I couldn't sleep because I was overwhelmed by the news.*

▸ 대통령의 연설은 많은 국민들에게 벅찬 감동을 주었다. *The speech of the president deeply touched many people.*

		Present	Past	Future / Presumption
Declarative	I	번거로워, 번거롭지	번거로웠어, 번거로웠지	번거롭겠어, 번거롭겠지, 번거로울 거야
	II	번거로워요, 번거롭죠	번거로웠어요, 번거로웠죠	번거롭겠어요, 번거롭겠죠, 번거로울 거예요
	III	번거롭다	번거로웠다	번거롭겠다, 번거로울 거다
	IV	번거롭습니다	번거로웠습니다	번거롭겠습니다, 번거로울 겁니다
Interrogative	I	번거로워?, 번거롭지?	번거로웠어?, 번거로웠지?	번거롭겠어?, 번거로울까?
	II	번거로워요?, 번거롭죠?	번거로웠어요?, 번거로웠죠?	번거롭겠어요?, 번거로울까요?
	III	번거롭니?, 번거로우냐?/번거롭냐?	번거로웠니?, 번거로웠냐?	번거롭겠니?, 번거롭겠냐?
	IV	번거롭습니까?	번거로웠습니까?	번거롭겠습니까?
Adnominal		번거로운	번거로운	번거로울

* I: Intimate / II: Polite / III: Plain / IV: Deferential

Conjunctive	and	번거롭고, 번거로우며	Conj.	not	번거롭지 (않다)
	or	번거롭거나, 번거롭든(지)		adv.	번거롭게, 번거로이
	but	번거롭지만, 번거로우나, 번거로운데	Quot.	decl.	번거롭다고
	so	번거로워(서), 번거로우니(까), 번거로우므로		inter.	번거로우냐고/번거롭냐고
	if	번거로우면	Nominal		번거로움, 번거롭기
	though	번거로워도	Subject Honorific		번거로우시다
	as (if)	번거롭듯(이)	Causative		번거롭게 하다

* Conj.: Conjunctive / Quot.: Quotative / adv.: adverbial / decl.: declarative / inter.: interrogative

cumbersome, inconvenient P -기(가) ADV 너무 | 좀 N 규칙, 절차 | 것, 일 | 수고 | 설명 V 여기다 | 끼치다

▸ 사전을 찾는 일을 번거롭게 여겨선 안 된다. *Don't consider it tiresome to search through a dictionary.*

▸ 번거로움을 끼쳐서 죄송합니다. *I'm sorry for the trouble.*

▸ 제가 얼마나 번거로운 것을 싫어하는지 아시잖아요. *You know how I hate hassles.*

		Present	Past	Future / Presumption
Declarative	I	별달라, 별다르지	별달랐어, 별달랐지	별다르겠어, 별다르겠지, 별다를 거야
	II	별달라요, 별다르죠	별달랐어요, 별달랐죠	별다르겠어요, 별다르겠죠, 별다를 거예요
	III	별다르다	별달랐다	별다르겠다, 별다를 거다
	IV	별다릅니다	별달랐습니다	별다르겠습니다, 별다를 겁니다
Interrogative	I	별달라?, 별다르지?	별달랐어?, 별달랐지?	별다르겠어?, 별다를까?
	II	별달라요?, 별다르죠?	별달랐어요?, 별달랐죠?	별다르겠어요?, 별다를까요?
	III	별다르니?, 별다르냐?	별달랐니?, 별달랐냐?	별다르겠니?, 별다르겠냐?
	IV	별다릅니까?	별달랐습니까?	별다르겠습니까?
Adnominal		별다른	별다른	별다를

* I: Intimate / II: Polite / III: Plain / IV: Deferential

Conjunctive	and	별다르고, 별다르며	Conj.	not	별다르지 (않다)
	or	별다르거나, 별다르든(지)		adv.	별다르게, 별달리
	but	별다르지만, 별다르나, 별다른데	Quot.	decl.	별다르다고
	so	별달라(서), 별다르니(까), 별다르므로		inter.	별다르냐고
	if	별다르면		Nominal	별다름, 별다르기
	though	별달라도		Subject Honorific	별다르시다
	as (if)	별다르듯(이)		Causative	별다르게 하다

* Conj.: Conjunctive / Quot.: Quotative / adv.: adverbial / decl.: declarative / inter.: interrogative

particular, special (*syn.* 특별하다) F 별다른 | 별다르게 | 별다르지 ADV 아직 | 특별히 N 일 | 뜻, 이유 | 의견 | 문제 | 계획 | 소식

▶ 별다른 이유 없이 모임에 빠지면 안 돼. *You should not be absent from the meeting for no particular reason.*

▶ 새 계획은 예전 것과 별다르지 않아요. *The new plan is not much different from the old one.*

복잡하다 /복짜파다/ bok·ja·pa·da

		Present	Past	Future / Presumption
Declarative	I	복잡해, 복잡하지	복잡했어, 복잡했지	복잡하겠어, 복잡하겠지, 복잡할 거야
	II	복잡해요, 복잡하죠	복잡했어요, 복잡했죠	복잡하겠어요, 복잡하겠죠, 복잡할 거예요
	III	복잡하다	복잡했다	복잡하겠다, 복잡할 거다
	IV	복잡합니다	복잡했습니다	복잡하겠습니다, 복잡할 겁니다
Interrogative	I	복잡해?, 복잡하지?	복잡했어?, 복잡했지?	복잡하겠어?, 복잡할까?
	II	복잡해요?, 복잡하죠?	복잡했어요?, 복잡했죠?	복잡하겠어요?, 복잡할까요?
	III	복잡하니?, 복잡하냐?	복잡했니?, 복잡했냐?	복잡하겠니?, 복잡하겠냐?
	IV	복잡합니까?	복잡했습니까?	복잡하겠습니까?
Adnominal		복잡한	복잡한	복잡할

* I: Intimate / II: Polite / III: Plain / IV: Deferential

Conjunctive	and	복잡하고, 복잡하며	Conj.	not	복잡하지 (않다)
	or	복잡하거나, 복잡하든(지)		adv.	복잡하게
	but	복잡하지만, 복잡하나, 복잡한데	Quot.	decl.	복잡하다고
	so	복잡해(서), 복잡하니(까), 복잡하므로		inter.	복잡하냐고
	if	복잡하면	Nominal		복잡함, 복잡하기
	though	복잡해도	Subject Honorific		복잡하시다
	as (if)	복잡하듯(이)	Causative		복잡하게 하다

* Conj.: Conjunctive / Quot.: Quotative / adv.: adverbial / decl.: declarative / inter.: interrogative

1 complicated, complex (*ant.* 간단하다) **ADV** 너무, 매우 **N** 문제, 일 | 사연, 사정, 상황 | 계산 | 감정, 마음, 생각 | 줄거리 | 절차 | 기계 | 관계 | 구성, 구조 | 설명 **V** 꼬이다, 얽히다

▶ 이 책은 줄거리가 너무 복잡해서 이해가 안 돼. *The plot of this book is too complicated to follow.*

▶ 일을 복잡하게 만들어서 미안해. *I'm sorry to make things complicated.*

2 busy, crowded (*syn.* 혼잡하다 *ant.* 한산하다) **P** -(으)로 **ADV** 매우, 아주 **N** 버스, 지하철 | 교통 | 거리, 도로 | 사람

▶ 출퇴근 시간 지하철 2호선은 사람들로 굉장히 복잡합니다. *At rush hour, Subway Line 2 is very crowded with people.*

▶ 이 도로는 24시간 내내 복잡해요. *This road is congested 24 hours.*

		Present	Past	Future / Presumption
Declarative	I	부끄러워, 부끄럽지	부끄러웠어, 부끄러웠지	부끄럽겠어, 부끄럽겠지, 부끄러울 거야
	II	부끄러워요, 부끄럽죠	부끄러웠어요, 부끄러웠죠	부끄럽겠어요, 부끄럽겠죠, 부끄러울 거예요
	III	부끄럽다	부끄러웠다	부끄럽겠다, 부끄러울 거다
	IV	부끄럽습니다	부끄러웠습니다	부끄럽겠습니다, 부끄러울 겁니다
Interrogative	I	부끄러워?, 부끄럽지?	부끄러웠어?, 부끄러웠지?	부끄럽겠어?, 부끄러울까?
	II	부끄러워요?, 부끄럽죠?	부끄러웠어요?, 부끄러웠죠?	부끄럽겠어요?, 부끄러울까요?
	III	부끄럽니?, 부끄러우냐?/부끄럽냐?	부끄러웠니?, 부끄러웠냐?	부끄럽겠니?, 부끄럽겠냐?
	IV	부끄럽습니까?	부끄러웠습니까?	부끄럽겠습니까?
Adnominal		부끄러운	부끄러운	부끄러울

* I: Intimate / II: Polite / III: Plain / IV: Deferential

Conjunctive	and	부끄럽고, 부끄러우며	**Conj.**	not	부끄럽지 (않다)
	or	부끄럽거나, 부끄럽든(지)		adv.	부끄럽게
	but	부끄럽지만, 부끄러우나, 부끄러운데	**Quot.**	decl.	부끄럽다고
	so	부끄러워(서), 부끄러우니(까), 부끄러우므로		inter.	부끄러우냐고/부끄럽냐고
	if	부끄러우면	Nominal		부끄러움, 부끄럽기
	though	부끄러워도	Subject Honorific		부끄러우시다
	as (if)	부끄럽듯(이)	Causative		부끄럽게 하다

* Conj.: Conjunctive / Quot.: Quotative / adv.: adverbial / decl.: declarative / inter.: interrogative

1 ashamed (*syn.* 창피하다) **ADV** 너무, 몹시, 정말 **N** 마음, 생각 | 모습, 행동 | 경험 | 과거

▸ 말하기 부끄럽지만, 저는 엄마 생일이 언제인지 몰라요. *I'm ashamed to say that I don't know when my mom's birthday is.*

▸ 당신은 내가 부끄러워? *Are you ashamed of me?*

2 shy, embarrassed (*syn.* 수줍다, 민망하다) **ADV** 너무, 몹시 **N** 낯, 얼굴 | 생각 | 나머지

▸ 신부는 부끄러워서 말도 한마디 못 했다. *The bride was so shy that she couldn't say a word.*

▸ 그는 유달리 부끄러움이 많다. *He is very shy.*

		Present	Past	Future / Presumption
Declarative	I	부당해, 부당하지	부당했어, 부당했지	부당하겠어, 부당하겠지, 부당할 거야
	II	부당해요, 부당하죠	부당했어요, 부당했죠	부당하겠어요, 부당하겠죠, 부당할 거예요
	III	부당하다	부당했다	부당하겠다, 부당할 거다
	IV	부당합니다	부당했습니다	부당하겠습니다, 부당할 겁니다
Interrogative	I	부당해?, 부당하지?	부당했어?, 부당했지?	부당하겠어?, 부당할까?
	II	부당해요?, 부당하죠?	부당했어요?, 부당했죠?	부당하겠어요?, 부당할까요?
	III	부당하니?, 부당하냐?	부당했니?, 부당했냐?	부당하겠니?, 부당하겠냐?
	IV	부당합니까?	부당했습니까?	부당하겠습니까?
Adnominal		부당한	부당한	부당할

* I: Intimate / II: Polite / III: Plain / IV: Deferential

Conjunctive	and	부당하고, 부당하며	Conj.	not	부당하지 (않다)
	or	부당하거나, 부당하든(지)		adv.	부당하게, 부당히
	but	부당하지만, 부당하나, 부당한데	Quot.	decl.	부당하다고
	so	부당해(서), 부당하니(까), 부당하므로		inter.	부당하냐고
	if	부당하면	Nominal		부당함, 부당하기
	though	부당해도	Subject Honorific		부당하시다
	as (if)	부당하듯(이)	Causative		부당하게 하다

* Conj.: Conjunctive / Quot.: Quotative / adv.: adverbial / decl.: declarative / inter.: interrogative

unfair, unjust N 대우, 차별, 취급 | 해고 | 요구 | 이득, 이익 | 비난 | 결정, 조처, 조치, 처리 V 대하다

▶ 그 결정은 부당했지만, 우리에게는 항의할 힘이 없었다. *The decision was unfair, but we had no power to appeal against it.*

▶ 저희는 직장에서 부당한 대우를 받은 사람들을 돕습니다. *We help people with unfair treatment at work.*

		Present	Past	Future / Presumption
Declarative	I	부드러워, 부드럽지	부드러웠어, 부드러웠지	부드럽겠어, 부드럽겠지, 부드러울 거야
	II	부드러워요, 부드럽죠	부드러웠어요, 부드러웠죠	부드럽겠어요, 부드럽겠죠, 부드러울 거예요
	III	부드럽다	부드러웠다	부드럽겠다, 부드러울 거다
	IV	부드럽습니다	부드러웠습니다	부드럽겠습니다, 부드러울 겁니다
Interrogative	I	부드러워?, 부드럽지?	부드러웠어?, 부드러웠지?	부드럽겠어?, 부드러울까?
	II	부드러워요?, 부드럽죠?	부드러웠어요?, 부드러웠죠?	부드럽겠어요?, 부드러울까요?
	III	부드럽니?, 부드러우냐?/부드럽냐?	부드러웠니?, 부드러웠냐?	부드럽겠니?, 부드럽겠냐?
	IV	부드럽습니까?	부드러웠습니까?	부드럽겠습니까?
Adnominal		부드러운	부드러운	부드러울

* I: Intimate / II: Polite / III: Plain / IV: Deferential

Conjunctive	and	부드럽고, 부드러우며	Conj.	not	부드럽지 (않다)
	or	부드럽거나, 부드럽든(지)		adv.	부드럽게, 부드러이
	but	부드럽지만, 부드러우나, 부드러운데	Quot.	decl.	부드럽다고
	so	부드러워(서), 부드러우니(까), 부드러우므로		inter.	부드러우냐고/부드럽냐고
	if	부드러우면		Nominal	부드러움, 부드럽기
	though	부드러워도		Subject Honorific	부드러우시다
	as (if)	부드럽듯(이)		Causative	부드럽게 하다

* Conj.: Conjunctive / Quot.: Quotative / adv.: adverbial / decl.: declarative / inter.: interrogative

---

soft, smooth (*ant.* 딱딱하다) **ADV** 매우, 아주 | 더, 훨씬 **N** 사람 | 말씨, 말투, 목소리, 어조, 음성 | 느낌, 분위기 | 맛 | 감촉, 살결, 촉감, 피부 | 가죽, 털 | 태도 | 미소, 인상 | 바람 | 고기 | 키스 **V** 말하다 | 대하다

▶ 이 가죽은 촉감이 참 부드러워요. *This leather is so soft to the touch.*
▶ 그 사람은 목소리가 참 부드러워. *His voice is very soft.*
▶ 고기가 정말 부드럽고 맛있네요. *The meat is so tender and delicious.*

부럽다 /부럽따/ bu·reop·da

		Present	Past	Future / Presumption
Declarative	I	부러워, 부럽지	부러웠어, 부러웠지	부럽겠어, 부럽겠지, 부러울 거야
	II	부러워요, 부럽죠	부러웠어요, 부러웠죠	부럽겠어요, 부럽겠죠, 부러울 거예요
	III	부럽다	부러웠다	부럽겠다, 부러울 거다
	IV	부럽습니다	부러웠습니다	부럽겠습니다, 부러울 겁니다
Interrogative	I	부러워?, 부럽지?	부러웠어?, 부러웠지?	부럽겠어?, 부러울까?
	II	부러워요?, 부럽죠?	부러웠어요?, 부러웠죠?	부럽겠어요?, 부러울까요?
	III	부럽니?, 부러우냐?/ 부럽냐?	부러웠니?, 부러웠냐?	부럽겠니?, 부럽겠냐?
	IV	부럽습니까?	부러웠습니까?	부럽겠습니까?
Adnominal		부러운	부러운	부러울

* I: Intimate / II: Polite / III: Plain / IV: Deferential

Conjunctive	and	부럽고, 부러우며	**Conj.**	not	부럽지 (않다)
	or	부럽거나, 부럽든(지)		adv.	부럽게
	but	부럽지만, 부러우나, 부러운데	**Quot.**	decl.	부럽다고
	so	부러워(서), 부러우니(까), 부러우므로		inter.	부러우냐고/부럽냐고
	if	부러우면	Nominal		부러움, 부럽기
	though	부러워도	Subject Honorific		부러우시다
	as (if)	부럽듯(이)	Causative		부럽게 하다

* Conj.: Conjunctive / Quot.: Quotative / adv.: adverbial / decl.: declarative / inter.: interrogative

---

envious, jealous ADV 너무, 정말, 제일 N 사이 | 일 V 사다 | 죽다

▶ 나는 네가 정말 부러워. *I envy you so much.*

▶ 나와 내 동생은 사이가 좋아 주위의 부러움을 산다. *People envy me and my younger brother/sister because we are very close.*

르 IRREGULAR

		Present	Past	Future / Presumption
Declarative	I	불러, 부르지	불렀어, 불렀지	부르겠어, 부르겠지, 부를 거야
	II	불러요, 부르죠	불렀어요, 불렀죠	부르겠어요, 부르겠죠, 부를 거예요
	III	부르다	불렀다	부르겠다, 부를 거다
	IV	부릅니다	불렀습니다	부르겠습니다, 부를 겁니다
Interrogative	I	불러?, 부르지?	불렀어?, 불렀지?	부르겠어?, 부를까?
	II	불러요?, 부르죠?	불렀어요?, 불렀죠?	부르겠어요?, 부를까요?
	III	부르니?, 부르냐?	불렀니?, 불렀냐?	부르겠니?, 부르겠냐?
	IV	부릅니까?	불렀습니까?	부르겠습니까?
Adnominal		부른	부른	부를

* I: Intimate / II: Polite / III: Plain / IV: Deferential

Conjunctive	and	부르고, 부르며	Conj.	not	부르지 (않다)
	or	부르거나, 부르든(지)		adv.	부르게
	but	부르지만, 부르나, 부른데	Quot.	decl.	부르다고
	so	불러(서), 부르니(까), 부르므로		inter.	부르냐고
	if	부르면		Nominal	부름, 부르기
	though	불러도		Subject Honorific	부르시다
	as (if)	부르듯(이)		Causative	부르게 하다

* Conj.: Conjunctive / Quot.: Quotative / adv.: adverbial / decl.: declarative / inter.: interrogative

1 full (*ant.* 고프다) ADV 너무, 엄청 N 배 V 죽다

▶ 배가 불러 더 이상은 못 먹겠어요. *I'm so full that I can't eat another bite.*

▶ 밥을 먹고 나면 늘 배가 더부룩하게 불러요. *After I eat I always feel bloated.*

2 showing, visibly pregnant ADV 많이, 제법 | 아직 N 배

▶ 두 달 전보다 배가 많이 불렀네요. *You're showing more than two months ago.*

▶ 아내가 배가 많이 불러 주로 집에 있어요. *My wife is expecting soon, so she usually stays home.*

		Present	Past	Future / Presumption
Declarative	I	부실해, 부실하지	부실했어, 부실했지	부실하겠어, 부실하겠지, 부실할 거야
	II	부실해요, 부실하죠	부실했어요, 부실했죠	부실하겠어요, 부실하겠죠, 부실할 거예요
	III	부실하다	부실했다	부실하겠다, 부실할 거다
	IV	부실합니다	부실했습니다	부실하겠습니다, 부실할 겁니다
Interrogative	I	부실해?, 부실하지?	부실했어?, 부실했지?	부실하겠어?, 부실할까?
	II	부실해요?, 부실하죠?	부실했어요?, 부실했죠?	부실하겠어요?, 부실할까요?
	III	부실하니?, 부실하냐?	부실했니?, 부실했냐?	부실하겠니?, 부실하겠냐?
	IV	부실합니까?	부실했습니까?	부실하겠습니까?
Adnominal		부실한	부실한	부실할

* I: Intimate / II: Polite / III: Plain / IV: Deferential

Conjunctive	and	부실하고, 부실하며	Conj.	not	부실하지 (않다)
	or	부실하거나, 부실하든(지)		adv.	부실하게
	but	부실하지만, 부실하나, 부실한데	Quot.	decl.	부실하다고
	so	부실해(서), 부실하니(까), 부실하므로		inter.	부실하냐고
	if	부실하면	Nominal		부실함, 부실하기
	though	부실해도	Subject Honorific		부실하시다
	as (if)	부실하듯(이)	Causative		부실하게 하다

* Conj.: Conjunctive / Quot.: Quotative / adv.: adverbial / decl.: declarative / inter.: interrogative

weak, poor ADV 여기저기 **N** 공사, 기초 | 경영 | 다리, 몸, 사람, 하체 | 기업, 은행 | 내용 | 반찬

▶ 아들 녀석이 몸이 부실해서 걱정이야. *I'm worried about my son because he is so weak.*

▶ 이 보고서는 내용이 부실하다. *This report has poor content.*

부족하다 /부조카다/ bu·jok·ha·da 하 REGULAR

		Present	Past	Future / Presumption
Declarative	I	부족해, 부족하지	부족했어, 부족했지	부족하겠어, 부족하겠지, 부족할 거야
	II	부족해요, 부족하죠	부족했어요, 부족했죠	부족하겠어요, 부족하겠죠, 부족할 거예요
	III	부족하다	부족했다	부족하겠다, 부족할 거다
	IV	부족합니다	부족했습니다	부족하겠습니다, 부족할 겁니다
Interrogative	I	부족해?, 부족하지?	부족했어?, 부족했지?	부족하겠어?, 부족할까?
	II	부족해요?, 부족하죠?	부족했어요?, 부족했죠?	부족하겠어요?, 부족할까요?
	III	부족하니?, 부족하냐?	부족했니?, 부족했냐?	부족하겠니?, 부족하겠냐?
	IV	부족합니까?	부족했습니까?	부족하겠습니까?
Adnominal		부족한	부족한	부족할

* I: Intimate / II: Polite / III: Plain / IV: Deferential

Conjunctive					
	and	부족하고, 부족하며	Conj.	not	부족하지 (않다)
	or	부족하거나, 부족하든(지)		adv.	부족하게
	but	부족하지만, 부족하나, 부족한데	Quot.	decl.	부족하다고
	so	부족해(서), 부족하니(까), 부족하므로		inter.	부족하냐고
	if	부족하면		Nominal	부족함, 부족하기
	though	부족해도		Subject Honorific	부족하시다
	as (if)	부족하듯(이)		Causative	부족하게 하다

* Conj.: Conjunctive / Quot.: Quotative / adv.: adverbial / decl.: declarative / inter.: interrogative

short, insufficient (*syn.* 넉넉하다 *ant.* 모자라다) **ADV** 약간, 좀 | 매우, 턱없이 **N** 정도 | 사람 | 탓 | 문제 | 상태 | 국가 | 느낌 | 운동 | 준비 | 잠 | 능력 | 자료

▸ 비타민 D가 부족하면 구루병에 걸릴 수 있다. *Deficiency in vitamin D can cause rickets.*

▸ 우리 회사는 현재 사람이 부족해요. *Our firm is short-handed now.*

부지런하다 bu·ji·reon·ha·da

		Present	Past	Future / Presumption
Declarative	I	부지런해, 부지런하지	부지런했어, 부지런했지	부지런하겠어, 부지런하겠지, 부지런할 거야
	II	부지런해요, 부지런하죠	부지런했어요, 부지런했죠	부지런하겠어요, 부지런하겠죠, 부지런할 거예요
	III	부지런하다	부지런했다	부지런하겠다, 부지런할 거다
	IV	부지런합니다	부지런했습니다	부지런하겠습니다, 부지런할 겁니다
Interrogative	I	부지런해?, 부지런하지?	부지런했어?, 부지런했지?	부지런하겠어?, 부지런할까?
	II	부지런해요?, 부지런하죠?	부지런했어요?, 부지런했죠?	부지런하겠어요?, 부지런할까요?
	III	부지런하니?, 부지런하냐?	부지런했니?, 부지런했냐?	부지런하겠니?, 부지런하겠냐?
	IV	부지런합니까?	부지런했습니까?	부지런하겠습니까?
Imperative	I	부지런해	-	-
	II	부지런하세요	-	-
	III	부지런해라	-	-
	IV	부지런하십시오	-	-
Adnominal		부지런한	부지런한	부지런할

* I: Intimate / II: Polite / III: Plain / IV: Deferential

Conjunctive	and	부지런하고, 부지런하며	Conj. / not	부지런하지 (않다)
	or	부지런하거나, 부지런하든(지)	adv.	부지런하게, 부지런히
	but	부지런하지만, 부지런하나, 부지런한데	Quot. / decl.	부지런하다고
			inter.	부지런하냐고
	so	부지런해(서), 부지런하니(까), 부지런하므로	imp.	부지런하라고
	if	부지런하면	Nominal	부지런함, 부지런하기
	though	부지런해도	Subject Honorific	부지런하시다
	as (if)	부지런하듯(이)	Causative	부지런하게 하다

* Conj.: Conjunctive / Quot.: Quotative / adv.: adverbial / decl.: declarative / inter.: interrogative / imp.: imperative

---

diligent (*ant.* 게으르다) **ADV** 아주, 참 **N** 농부, 부자, 사람, 학생 **V** 일하다

▶ 그는 아주 부지런한 사람이다. *He is a very diligent man.*

▶ 저는 가족을 부양하기 위해 10년 동안 부지런히 일했습니다. *I have worked like an ant for ten years to support my family.*

		Present	Past	Future / Presumption
Declarative	I	분명해, 분명하지	분명했어, 분명했지	분명하겠어, 분명하겠지, 분명할 거야
	II	분명해요, 분명하죠	분명했어요, 분명했죠	분명하겠어요, 분명하겠죠, 분명할 거예요
	III	분명하다	분명했다	분명하겠다, 분명할 거다
	IV	분명합니다	분명했습니다	분명하겠습니다, 분명할 겁니다
Interrogative	I	분명해?, 분명하지?	분명했어?, 분명했지?	분명하겠어?, 분명할까?
	II	분명해요?, 분명하죠?	분명했어요?, 분명했죠?	분명하겠어요?, 분명할까요?
	III	분명하니?, 분명하냐?	분명했니?, 분명했냐?	분명하겠니?, 분명하겠냐?
	IV	분명합니까?	분명했습니까?	분명하겠습니까?
Adnominal		분명한	분명한	분명할

* I: Intimate / II: Polite / III: Plain / IV: Deferential

Conjunctive	and	분명하고, 분명하며	Conj.	not	분명하지 (않다)
	or	분명하거나, 분명하든(지)		adv.	분명하게, 분명히
	but	분명하지만, 분명하나, 분명한데	Quot.	decl.	분명하다고
	so	분명해(서), 분명하니(까), 분명하므로		inter.	분명하냐고
	if	분명하면		Nominal	분명함, 분명하기
	though	분명해도		Subject Honorific	분명하시다
	as (if)	분명하듯(이)		Causative	분명하게 하다

* Conj.: Conjunctive / Quot.: Quotative / adv.: adverbial / decl.: declarative / inter.: interrogative

clear, distinct (*syn.* 명확하다 *ant.* 불분명하다) **ADV** 매우, 아주 **N** 대답, 말, 말투 | 사실 | 사람 | 의견 | 실수 | 증거 **V** 말하다 | 드러나다

▶ 그 둘 중의 하나가 거짓말을 하고 있는 게 분명하다. *It is clear that one of the two is lying.*

▶ 분명히 말하지만 저는 이번 일과 아무 관계가 없어요. *For the record, I have nothing to do with this.*

		Present	Past	Future / Presumption
Declarative	I	분주해, 분주하지	분주했어, 분주했지	분주하겠어, 분주하겠지, 분주할 거야
	II	분주해요, 분주하죠	분주했어요, 분주했죠	분주하겠어요, 분주하겠죠, 분주할 거예요
	III	분주하다	분주했다	분주하겠다, 분주할 거다
	IV	분주합니다	분주했습니다	분주하겠습니다, 분주할 겁니다
Interrogative	I	분주해?, 분주하지?	분주했어?, 분주했지?	분주하겠어?, 분주할까?
	II	분주해요?, 분주하죠?	분주했어요?, 분주했죠?	분주하겠어요?, 분주할까요?
	III	분주하니?, 분주하냐?	분주했니?, 분주했냐?	분주하겠니?, 분주하겠냐?
	IV	분주합니까?	분주했습니까?	분주하겠습니까?
Adnominal		분주한	분주한	분주할

* I: Intimate / II: Polite / III: Plain / IV: Deferential

Conjunctive	and	분주하고, 분주하며	Conj.	not	분주하지 (않다)
	or	분주하거나, 분주하든(지)		adv.	분주하게, 분주히
	but	분주하지만, 분주하나, 분주한데	Quot.	decl.	분주하다고
	so	분주해(서), 분주하니(까), 분주하므로		inter.	분주하냐고
	if	분주하면	Nominal		분주함, 분주하기
	though	분주해도	Subject Honorific		분주하시다
	as (if)	분주하듯(이)	Causative		분주하게 하다

* Conj.: Conjunctive / Quot.: Quotative / adv.: adverbial / decl.: declarative / inter.: interrogative

---

busy (*syn.* 바쁘다) **ADV** 매우, 몹시 | 늘 **N** 생활 | 나날, 하루 | 거리 | 모습 **V** 움직이다 | 돌아다니다

▸ 요즘 누나는 결혼 준비로 분주해요. *These days, my older sister is busy with her wedding preparations.*

▸ 우리 부서는 월말이면 늘 분주하다. *Our department is always busy at the end of the month.*

		Present	Past	Future / Presumption
Declarative	I	불가능해, 불가능하지	불가능했어, 불가능했지	불가능하겠어, 불가능하겠지, 불가능할 거야
	II	불가능해요, 불가능하죠	불가능했어요, 불가능했죠	불가능하겠어요, 불가능하겠죠, 불가능할 거예요
	III	불가능하다	불가능했다	불가능하겠다, 불가능할 거다
	IV	불가능합니다	불가능했습니다	불가능하겠습니다, 불가능할 겁니다
Interrogative	I	불가능해?, 불가능하지?	불가능했어?, 불가능했지?	불가능하겠어?, 불가능할까?
	II	불가능해요?, 불가능하죠?	불가능했어요?, 불가능했죠?	불가능하겠어요?, 불가능할까요?
	III	불가능하니?, 불가능하냐?	불가능했니?, 불가능했냐?	불가능하겠니?, 불가능하겠냐?
	IV	불가능합니까?	불가능했습니까?	불가능하겠습니까?
Adnominal		불가능한	불가능한	불가능할

* I: Intimate / II: Polite / III: Plain / IV: Deferential

Conjunctive	and	불가능하고, 불가능하며	**Conj.**	not	불가능하지 (않다)
	or	불가능하거나, 불가능하든(지)		adv.	불가능하게
	but	불가능하지만, 불가능하나, 불가능한데	**Quot.**	decl.	불가능하다고
	so	불가능해(서), 불가능하니(까), 불가능하므로		inter.	불가능하냐고
	if	불가능하면		Nominal	불가능함, 불가능하기
	though	불가능해도		Subject Honorific	불가능하시다
	as (if)	불가능하듯(이)		Causative	불가능하게 하다

* Conj.: Conjunctive / Quot.: Quotative / adv.: adverbial / decl.: declarative / inter.: interrogative

impossible (*ant.* 가능하다) **ADV** 거의, 도저히, 전혀 **N** 경우, 문제, 일 | 계획, 꿈, 생각 | 약속 **V** 보이다

▶ 물론 그것은 힘든 일이지만 불가능한 것은 아니다. *Of course it is hard, but it is not impossible.*

▶ 우리가 이 경기를 이기는 것은 거의 불가능해 보인다. *It seems almost impossible for us to win this game.*

		Present	Past	Future / Presumption
Declarative	I	불가피해, 불가피하지	불가피했어, 불가피했지	불가피하겠어, 불가피하겠지, 불가피할 거야
	II	불가피해요, 불가피하죠	불가피했어요, 불가피했죠	불가피하겠어요, 불가피하겠죠, 불가피할 거예요
	III	불가피하다	불가피했다	불가피하겠다, 불가피할 거다
	IV	불가피합니다	불가피했습니다	불가피하겠습니다, 불가피할 겁니다
Interrogative	I	불가피해?, 불가피하지?	불가피했어?, 불가피했지?	불가피하겠어?, 불가피할까?
	II	불가피해요?, 불가피하죠?	불가피했어요?, 불가피했죠?	불가피하겠어요?, 불가피할까요?
	III	불가피하니?, 불가피하냐?	불가피했니?, 불가피했냐?	불가피하겠니?, 불가피하겠냐?
	IV	불가피합니까?	불가피했습니까?	불가피하겠습니까?
Adnominal		불가피한	불가피한	불가피할

* I: Intimate / II: Polite / III: Plain / IV: Deferential

Conjunctive	and	불가피하고, 불가피하며	Conj.	not	불가피하지 (않다)
	or	불가피하거나, 불가피하든(지)		adv.	불가피하게
	but	불가피하지만, 불가피하나, 불가피한데	Quot.	decl.	불가피하다고
	so	불가피해(서), 불가피하니(까), 불가피하므로		inter.	불가피하냐고
	if	불가피하면		Nominal	불가피함, 불가피하기
	though	불가피해도		Subject Honorific	불가피하시다
	as (if)	불가피하듯(이)		Causative	불가피하게 하다

* Conj.: Conjunctive / Quot.: Quotative / adv.: adverbial / decl.: declarative / inter.: interrogative

inevitable, unavoidable N 사정, 상황, 실정, 일 | 지연

▸ 불가피한 사정으로 오늘 행사는 취소되었습니다. *Today's event has been cancelled due to unavoidable circumstances.*

▸ 대규모 구조조정이 불가피합니다. *Major restructuring is inevitable.*

		Present	Past	Future / Presumption
Declarative	I	불과해, 불과하지	불과했어, 불과했지	불과하겠어, 불과하겠지, 불과할 거야
	II	불과해요, 불과하죠	불과했어요, 불과했죠	불과하겠어요, 불과하겠죠, 불과할 거예요
	III	불과하다	불과했다	불과하겠다, 불과할 거다
	IV	불과합니다	불과했습니다	불과하겠습니다, 불과할 겁니다
Interrogative	I	불과해?, 불과하지?	불과했어?, 불과했지?	불과하겠어?, 불과할까?
	II	불과해요?, 불과하죠?	불과했어요?, 불과했죠?	불과하겠어요?, 불과할까요?
	III	불과하니?, 불과하냐?	불과했니?, 불과했냐?	불과하겠니?, 불과하겠냐?
	IV	불과합니까?	불과했습니까?	불과하겠습니까?
Adnominal		불과한	불과한	불과할

* I: Intimate / II: Polite / III: Plain / IV: Deferential

Conjunctive	and	불과하고, 불과하며	Conj.	not	불과하지 (않다)
	or	불과하거나, 불과하든(지)		adv.	불과하게
	but	불과하지만, 불과하나, 불과한데	Quot.	decl.	불과하다고
	so	불과해(서), 불과하니(까), 불과하므로		inter.	불과하냐고
	if	불과하면	Nominal		불과함, 불과하기
	though	불과해도	Subject Honorific		불과하시다
	as (if)	불과하듯(이)	Causative		불과하게 하다

* Conj.: Conjunctive / Quot.: Quotative / adv.: adverbial / decl.: declarative / inter.: interrogative

only, no more than P -에 ADV 고작, 단지 N 얼마 | 며칠, 하루 | 말 | 사실 | 시작 | 추리, 추측 | 변명, 핑계 | 우연

▸ 그것은 단지 우연에 불과합니다. *That's nothing but a mere coincidence.*

▸ 이건 단지 시작에 불과해. *This is just the beginning.*

		Present	Past	Future / Presumption
Declarative	I	불길해, 불길하지	불길했어, 불길했지	불길하겠어, 불길하겠지, 불길할 거야
	II	불길해요, 불길하죠	불길했어요, 불길했죠	불길하겠어요, 불길하겠죠, 불길할 거예요
	III	불길하다	불길했다	불길하겠다, 불길할 거다
	IV	불길합니다	불길했습니다	불길하겠습니다, 불길할 겁니다
Interrogative	I	불길해?, 불길하지?	불길했어?, 불길했지?	불길하겠어?, 불길할까?
	II	불길해요?, 불길하죠?	불길했어요?, 불길했죠?	불길하겠어요?, 불길할까요?
	III	불길하니?, 불길하냐?	불길했니?, 불길했냐?	불길하겠니?, 불길하겠냐?
	IV	불길합니까?	불길했습니까?	불길하겠습니까?
Adnominal		불길한	불길한	불길할

* I: Intimate / II: Polite / III: Plain / IV: Deferential

Conjunctive	and	불길하고, 불길하며	Conj.	not	불길하지 (않다)
	or	불길하거나, 불길하든(지)		adv.	불길하게
	but	불길하지만, 불길하나, 불길한데	Quot.	decl.	불길하다고
	so	불길해(서), 불길하니(까), 불길하므로		inter.	불길하냐고
	if	불길하면	Nominal		불길함, 불길하기
	though	불길해도	Subject Honorific		불길하시다
	as (if)	불길하듯(이)	Causative		불길하게 하다

* Conj.: Conjunctive / Quot.: Quotative / adv.: adverbial / decl.: declarative / inter.: interrogative

---

ominous, foreboding (*ant.* 상서롭다) **ADV** 어쩐지, 왠지 **N** 느낌, 생각, 예감, 예언, 조짐, 징조 | 하늘 | 꿈 | 사건, 일 | 소식 | 말 | 숫자

▶ 불길한 예감이 사실로 드러났어요. *My ominous feeling turned out to be true.*

▶ 한국에서는 숫자 4를 불길하다고 생각한다. *The number 4 is considered unlucky in Korea.*

		Present	Past	Future / Presumption
Declarative	I	불리해, 불리하지	불리했어, 불리했지	불리하겠어, 불리하겠지, 불리할 거야
	II	불리해요, 불리하죠	불리했어요, 불리했죠	불리하겠어요, 불리하겠죠, 불리할 거예요
	III	불리하다	불리했다	불리하겠다, 불리할 거다
	IV	불리합니다	불리했습니다	불리하겠습니다, 불리할 겁니다
Interrogative	I	불리해?, 불리하지?	불리했어?, 불리했지?	불리하겠어?, 불리할까?
	II	불리해요?, 불리하죠?	불리했어요?, 불리했죠?	불리하겠어요?, 불리할까요?
	III	불리하니?, 불리하나?	불리했니?, 불리했냐?	불리하겠니?, 불리하겠냐?
	IV	불리합니까?	불리했습니까?	불리하겠습니까?
Adnominal		불리한	불리한	불리할

* I: Intimate / II: Polite / III: Plain / IV: Deferential

Conjunctive	and	불리하고, 불리하며	Conj.	not	불리하지 (않다)
	or	불리하거나, 불리하든(지)		adv.	불리하게
	but	불리하지만, 불리하나, 불리한데	Quot.	decl.	불리하다고
	so	불리해(서), 불리하니(까), 불리하므로		inter.	불리하냐고
	if	불리하면		Nominal	불리함, 불리하기
	though	불리해도		Subject Honorific	불리하시다
	as (if)	불리하듯(이)		Causative	불리하게 하다

* Conj.: Conjunctive / Quot.: Quotative / adv.: adverbial / decl.: declarative / inter.: interrogative

disadvantageous, unfavorable (*ant.* 유리하다) P -에게 N 입장 | 작용 | 조건 | 증거, 증언 | 상황 | 판결 V 돌아가다

▶ 이번 선거는 야당에게 불리하다. *Opposition parties are at a disadvantage in this election.*

▶ 모두 저한테 불리한 증거들이에요. *All the evidence is against me.*

		Present	Past	Future / Presumption
Declarative	I	불쌍해, 불쌍하지	불쌍했어, 불쌍했지	불쌍하겠어, 불쌍하겠지, 불쌍할 거야
	II	불쌍해요, 불쌍하죠	불쌍했어요, 불쌍했죠	불쌍하겠어요, 불쌍하겠죠, 불쌍할 거예요
	III	불쌍하다	불쌍했다	불쌍하겠다, 불쌍할 거다
	IV	불쌍합니다	불쌍했습니다	불쌍하겠습니다, 불쌍할 겁니다
Interrogative	I	불쌍해?, 불쌍하지?	불쌍했어?, 불쌍했지?	불쌍하겠어?, 불쌍할까?
	II	불쌍해요?, 불쌍하죠?	불쌍했어요?, 불쌍했죠?	불쌍하겠어요?, 불쌍할까요?
	III	불쌍하니?, 불쌍하냐?	불쌍했니?, 불쌍했냐?	불쌍하겠니?, 불쌍하겠냐?
	IV	불쌍합니까?	불쌍했습니까?	불쌍하겠습니까?
Adnominal		불쌍한	불쌍한	불쌍할

* I: Intimate / II: Polite / III: Plain / IV: Deferential

Conjunctive	and	불쌍하고, 불쌍하며	Conj.	not	불쌍하지 (않다)
	or	불쌍하거나, 불쌍하든(지)		adv.	불쌍하게, 불쌍히
	but	불쌍하지만, 불쌍하나, 불쌍한데	Quot.	decl.	불쌍하다고
	so	불쌍해(서), 불쌍하니(까), 불쌍하므로		inter.	불쌍하냐고
	if	불쌍하면		Nominal	불쌍함, 불쌍하기
	though	불쌍해도		Subject Honorific	불쌍하시다
	as (if)	불쌍하듯(이)		Causative	불쌍하게 하다

* Conj.: Conjunctive / Quot.: Quotative / adv.: adverbial / decl.: declarative / inter.: interrogative

poor, pitiful, pathetic (*syn.* 가엾다, 안되다) **ADV** 너무, 참 **N** 고아, 노인, 사람, 소녀, 아이 | 마음, 생각 | 인생 **V** 여기다 | 죽다 | 도와주다 | 보이다

▶ 저를 불쌍히 여기지 마세요. *Please don't take pity on me.*
▶ 불쌍한 아이들을 돕고 싶어요. *I'd like to help poor children.*

		Present	Past	Future / Presumption
Declarative	I	불안정해, 불안정하지	불안정했어, 불안정했지	불안정하겠어, 불안정하겠지, 불안정할 거야
	II	불안정해요, 불안정하죠	불안정했어요, 불안정했죠	불안정하겠어요, 불안정하겠죠, 불안정할 거예요
	III	불안정하다	불안정했다	불안정하겠다, 불안정할 거다
	IV	불안정합니다	불안정했습니다	불안정하겠습니다, 불안정할 겁니다
Interrogative	I	불안정해?, 불안정하지?	불안정했어?, 불안정했지?	불안정하겠어?, 불안정할까?
	II	불안정해요?, 불안정하죠?	불안정했어요?, 불안정했죠?	불안정하겠어요?, 불안정할까요?
	III	불안정하니?, 불안정하냐?	불안정했니?, 불안정했냐?	불안정하겠니?, 불안정하겠냐?
	IV	불안정합니까?	불안정했습니까?	불안정하겠습니까?
Adnominal		불안정한	불안정한	불안정할

* I: Intimate / II: Polite / III: Plain / IV: Deferential

Conjunctive	and	불안정하고, 불안정하며	Conj.	not	불안정하지 (않다)
	or	불안정하거나, 불안정하든(지)		adv.	불안정하게
	but	불안정하지만, 불안정하나, 불안정한데	Quot.	decl.	불안정하다고
	so	불안정해(서), 불안정하니(까), 불안정하므로		inter.	불안정하냐고
	if	불안정하면	Nominal		불안정함, 불안정하기
	though	불안정해도	Subject Honorific		불안정하시다
	as (if)	불안정하듯(이)	Causative		불안정하게 하다

* Conj.: Conjunctive / Quot.: Quotative / adv.: adverbial / decl.: declarative / inter.: interrogative

unstable, insecure ADV 매우, 아주 N 상태, 상황 | 경제, 물가, 사회 | 기분 | 생활 | 지위 | 직업 | 수입

▸ 그 나라의 정치적 상황이 매우 불안정해요. *The political situation in that country is very unstable.*

▸ 범죄율의 증가는 불안정한 사회를 반영합니다. *The rising rate of crime reflects an unstable society.*

불안하다 /부란하다/ bu·ran·ha·da

		Present	Past	Future / Presumption
Declarative	I	불안해, 불안하지	불안했어, 불안했지	불안하겠어, 불안하겠지, 불안할 거야
	II	불안해요, 불안하죠	불안했어요, 불안했죠	불안하겠어요, 불안하겠죠, 불안할 거예요
	III	불안하다	불안했다	불안하겠다, 불안할 거다
	IV	불안합니다	불안했습니다	불안하겠습니다, 불안할 겁니다
Interrogative	I	불안해?, 불안하지?	불안했어?, 불안했지?	불안하겠어?, 불안할까?
	II	불안해요?, 불안하죠?	불안했어요?, 불안했죠?	불안하겠어요?, 불안할까요?
	III	불안하니?, 불안하냐?	불안했니?, 불안했냐?	불안하겠니?, 불안하겠냐?
	IV	불안합니까?	불안했습니까?	불안하겠습니까?
Adnominal		불안한	불안한	불안할

* I: Intimate / II: Polite / III: Plain / IV: Deferential

Conjunctive	and	불안하고, 불안하며	Conj.	not	불안하지 (않다)
	or	불안하거나, 불안하든(지)		adv.	불안하게
	but	불안하지만, 불안하나, 불안한데	Quot.	decl.	불안하다고
	so	불안해(서), 불안하니(까), 불안하므로		inter.	불안하냐고
	if	불안하면	Nominal		불안함, 불안하기
	though	불안해도	Subject Honorific		불안하시다
	as (if)	불안하듯(이)	Causative		불안하게 하다

* Conj.: Conjunctive / Quot.: Quotative / adv.: adverbial / decl.: declarative / inter.: interrogative

anxious, uneasy (*syn.* 걱정스럽다 *ant.* 편안하다) ADV 늘 | 너무, 매우 N 기분, 느낌, 마음, 생각, 예감 | 눈빛, 표정 | 상태 V 떨다 | 느끼다 ADJ 초조하다

▸ 내일 발표가 있어 초조하고 불안해요. *I feel anxious about my presentation tomorrow.*

▸ 마음이 불안해서 잠이 안 와요. *I can't sleep because I'm nervous.*

		Present	Past	Future / Presumption
Declarative	I	불완전해, 불완전하지	불완전했어, 불완전했지	불완전하겠어, 불완전하겠지, 불완전할 거야
	II	불완전해요, 불완전하죠	불완전했어요, 불완전했죠	불완전하겠어요, 불완전하겠죠, 불완전할 거예요
	III	불완전하다	불완전했다	불완전하겠다, 불완전할 거다
	IV	불완전합니다	불완전했습니다	불완전하겠습니다, 불완전할 겁니다
Interrogative	I	불완전해?, 불완전하지?	불완전했어?, 불완전했지?	불완전하겠어?, 불완전할까?
	II	불완전해요?, 불완전하죠?	불완전했어요?, 불완전했죠?	불완전하겠어요?, 불완전할까요?
	III	불완전하니?, 불완전하냐?	불완전했니?, 불완전했냐?	불완전하겠니?, 불완전하겠냐?
	IV	불완전합니까?	불완전했습니까?	불완전하겠습니까?
Adnominal		불완전한	불완전한	불완전할

* I: Intimate / II: Polite / III: Plain / IV: Deferential

Conjunctive	and	불완전하고, 불완전하며	**Conj.**	not	불완전하지 (않다)
	or	불완전하거나, 불완전하든(지)		adv.	불완전하게
	but	불완전하지만, 불완전하나, 불완전한데		decl.	불완전하다고
	so	불완전해(서), 불완전하니(까), 불완전하므로	**Quot.**	inter.	불완전하냐고
	if	불완전하면		Nominal	불완전함, 불완전하기
	though	불완전해도		Subject Honorific	불완전하시다
	as (if)	불완전하듯(이)		Causative	불완전하게 하다

* Conj.: Conjunctive / Quot.: Quotative / adv.: adverbial / decl.: declarative / inter.: interrogative

incomplete, imperfect (*ant.* 완전하다) **ADV** 아직 **N** 계획 | 문장 | 인간, 존재 | 삶 | 상태

▶ 인간은 누구나 불완전하다. *Nobody is perfect.*

▶ 불완전한 문장 끝에 마침표를 찍어야 하나요? *Do I have to put a period at the end of an incomplete sentence?*

		Present	Past	Future / Presumption
Declarative	I	불투명해, 불투명하지	불투명했어, 불투명했지	불투명하겠어, 불투명하겠지, 불투명할 거야
	II	불투명해요, 불투명하죠	불투명했어요, 불투명했죠	불투명하겠어요, 불투명하겠죠, 불투명할 거예요
	III	불투명하다	불투명했다	불투명하겠다, 불투명할 거다
	IV	불투명합니다	불투명했습니다	불투명하겠습니다, 불투명할 겁니다
Interrogative	I	불투명해?, 불투명하지?	불투명했어?, 불투명했지?	불투명하겠어?, 불투명할까?
	II	불투명해요?, 불투명하죠?	불투명했어요?, 불투명했죠?	불투명하겠어요?, 불투명할까요?
	III	불투명하니?, 불투명하냐?	불투명했니?, 불투명했냐?	불투명하겠니?, 불투명하겠냐?
	IV	불투명합니까?	불투명했습니까?	불투명하겠습니까?
Adnominal		불투명한	불투명한	불투명할

* I: Intimate / II: Polite / III: Plain / IV: Deferential

Conjunctive	and	불투명하고, 불투명하며	Conj.	not	불투명하지 (않다)
	or	불투명하거나, 불투명하든(지)		adv.	불투명하게
	but	불투명하지만, 불투명하나, 불투명한데	Quot.	decl.	불투명하다고
	so	불투명해(서), 불투명하니(까), 불투명하므로		inter.	불투명하냐고
	if	불투명하면		Nominal	불투명함, 불투명하기
	though	불투명해도		Subject Honorific	불투명하시다
	as (if)	불투명하듯(이)		Causative	불투명하게 하다

* Conj.: Conjunctive / Quot.: Quotative / adv.: adverbial / decl.: declarative / inter.: interrogative

1 opaque (*ant.* 투명하다) N 유리 | 액체 | 비닐
▶ 밖에서 안이 안 보이게 창을 불투명한 유리로 바꿨어요. *I changed the window to opaque glass so the people outside cannot see inside.*

2 uncertain (*syn.* 불확실하다, 불분명하다 *ant.* 투명하다, 분명하다, 확실하다)
ADV 아직 N 상태, 상황 | 미래, 전망 | 과정 | 기준
▶ 그 사업은 전망이 불투명해요. *The business has an uncertain prospect.*
▶ 많은 학생들이 불투명한 채점 기준에 대해 불만을 가졌다. *Many students complained about the unclear rating criteria.*

		Present	Past	Future / Presumption
Declarative	I	불편해, 불편하지	불편했어, 불편했지	불편하겠어, 불편하겠지, 불편할 거야
	II	불편해요, 불편하죠	불편했어요, 불편했죠	불편하겠어요, 불편하겠죠, 불편할 거예요
	III	불편하다	불편했다	불편하겠다, 불편할 거다
	IV	불편합니다	불편했습니다	불편하겠습니다, 불편할 겁니다
Interrogative	I	불편해?, 불편하지?	불편했어?, 불편했지?	불편하겠어?, 불편할까?
	II	불편해요?, 불편하죠?	불편했어요?, 불편했죠?	불편하겠어요?, 불편할까요?
	III	불편하니?, 불편하냐?	불편했니?, 불편했냐?	불편하겠니?, 불편하겠냐?
	IV	불편합니까?	불편했습니까?	불편하겠습니까?
Adnominal		불편한	불편한	불편할

* I: Intimate / II: Polite / III: Plain / IV: Deferential

Conjunctive	and	불편하고, 불편하며	Conj.	not	불편하지 (않다)
	or	불편하거나, 불편하든(지)		adv.	불편하게
	but	불편하지만, 불편하나, 불편한데	Quot.	decl.	불편하다고
	so	불편해(서), 불편하니(까), 불편하므로		inter.	불편하냐고
	if	불편하면	Nominal		불편함, 불편하기
	though	불편해도	Subject Honorific		불편하시다
	as (if)	불편하듯(이)	Causative		불편하게 하다

* Conj.: Conjunctive / Quot.: Quotative / adv.: adverbial / decl.: declarative / inter.: interrogative

1 uncomfortable (*ant.* 편하다) **ADV** 좀 | 너무 **N** 것 | 사람 | 몸, 자세 | 느낌, 마음 | 자리 | 정도 | 관계 | 신발 **V** 느끼다 | 참다
  ▸ 노약자석이나 장애인석에 앉으면 마음이 불편합니다. *I feel uneasy sitting in the seats reserved for the old or disabled.*
  ▸ 새 신발이 아직 좀 불편해요. *I still feel a little uncomfortable in my new shoes.*

2 inconvenient **P** -에 **N** 교통 | 활동 | 주차 | 통학
  ▸ 이 백화점은 주차가 불편해요. *This department store is inconvenient to park at.*
  ▸ 저희 서비스를 이용하시기에 불편한 점은 말씀해 주세요. *Please let us know if you find any inconvenience with our services.*

		Present	Past	Future / Presumption
Declarative	I	불평등해, 불평등하지	불평등했어, 불평등했지	불평등하겠어, 불평등하겠지, 불평등할 거야
	II	불평등해요, 불평등하죠	불평등했어요, 불평등했죠	불평등하겠어요, 불평등하겠죠, 불평등할 거예요
	III	불평등하다	불평등했다	불평등하겠다, 불평등할 거다
	IV	불평등합니다	불평등했습니다	불평등하겠습니다, 불평등할 겁니다
Interrogative	I	불평등해?, 불평등하지?	불평등했어?, 불평등했지?	불평등하겠어?, 불평등할까?
	II	불평등해요?, 불평등하죠?	불평등했어요?, 불평등했죠?	불평등하겠어요?, 불평등할까요?
	III	불평등하니?, 불평등하냐?	불평등했니?, 불평등했냐?	불평등하겠니?, 불평등하겠냐?
	IV	불평등합니까?	불평등했습니까?	불평등하겠습니까?
Adnominal		불평등한	불평등한	불평등할

* I: Intimate / II: Polite / III: Plain / IV: Deferential

Conjunctive	and	불평등하고, 불평등하며	Conj.	not	불평등하지 (않다)
	or	불평등하거나, 불평등하든(지)		adv.	불평등하게
	but	불평등하지만, 불평등하나, 불평등한데	Quot.	decl.	불평등하다고
	so	불평등해(서), 불평등하니(까), 불평등하므로		inter.	불평등하냐고
	if	불평등하면	Nominal		불평등함, 불평등하기
	though	불평등해도	Subject Honorific		불평등하시다
	as (if)	불평등하듯(이)	Causative		불평등하게 하다

* Conj.: Conjunctive / Quot.: Quotative / adv.: adverbial / decl.: declarative / inter.: interrogative

unfair, unequal (*ant.* 평등하다) N 조약 | 대우, 차별, 취급 | 지위

▸ 조선 시대에는 남자와 여자의 지위가 불평등했다. *During the Chosun Dynasty, the social status of men and women was unequal.*

▸ 남자들도 때로는 불평등한 대우를 받습니다. *Men are also treated unfairly from time to time.*

불필요하다 /불피료하다/ bul·pi·ryo·ha·da   하 REGULAR

		Present	Past	Future / Presumption
Declarative	I	불필요해, 불필요하지	불필요했어, 불필요했지	불필요하겠어, 불필요하겠지, 불필요할 거야
	II	불필요해요, 불필요하죠	불필요했어요, 불필요했죠	불필요하겠어요, 불필요하겠죠, 불필요할 거예요
	III	불필요하다	불필요했다	불필요하겠다, 불필요할 거다
	IV	불필요합니다	불필요했습니다	불필요하겠습니다, 불필요할 겁니다
Interrogative	I	불필요해?, 불필요하지?	불필요했어?, 불필요했지?	불필요하겠어?, 불필요할까?
	II	불필요해요?, 불필요하죠?	불필요했어요?, 불필요했죠?	불필요하겠어요?, 불필요할까요?
	III	불필요하니?, 불필요하냐?	불필요했니?, 불필요했냐?	불필요하겠니?, 불필요하겠냐?
	IV	불필요합니까?	불필요했습니까?	불필요하겠습니까?
Adnominal		불필요한	불필요한	불필요할

* I: Intimate / II: Polite / III: Plain / IV: Deferential

Conjunctive	and	불필요하고, 불필요하며	**Conj.**	not	불필요하지 (않다)
	or	불필요하거나, 불필요하든(지)		adv.	불필요하게
	but	불필요하지만, 불필요하나, 불필요한데	**Quot.**	decl.	불필요하다고
	so	불필요해(서), 불필요하니(까), 불필요하므로		inter.	불필요하냐고
	if	불필요하면		Nominal	불필요함, 불필요하기
	though	불필요해도		Subject Honorific	불필요하시다
	as (if)	불필요하듯(이)		Causative	불필요하게 하다

* Conj.: Conjunctive / Quot.: Quotative / adv.: adverbial / decl.: declarative / inter.: interrogative

---

unnecessary, needless (*syn.* 쓸데없다 *ant.* 필요하다) **P** -에, -에게 **N** 부분 | 물건 | 참견 | 걱정 | 단어, 말 | 설명 | 비용, 지출 | 오해

▶ 왜 너는 불필요한 물건들을 늘 사니? *Why do you always buy unnecessary items?*

▶ 이 프로그램은 당신이 불필요한 지출을 하지 않도록 해 줄 것입니다. *This program will help you curb unnecessary spending.*

		Present	Past	Future / Presumption
Declarative	I	불행해, 불행하지	불행했어, 불행했지	불행하겠어, 불행하겠지, 불행할 거야
	II	불행해요, 불행하죠	불행했어요, 불행했죠	불행하겠어요, 불행하겠죠, 불행할 거예요
	III	불행하다	불행했다	불행하겠다, 불행할 거다
	IV	불행합니다	불행했습니다	불행하겠습니다, 불행할 겁니다
Interrogative	I	불행해?, 불행하지?	불행했어?, 불행했지?	불행하겠어?, 불행할까?
	II	불행해요?, 불행하죠?	불행했어요?, 불행했죠?	불행하겠어요?, 불행할까요?
	III	불행하니?, 불행하냐?	불행했니?, 불행했냐?	불행하겠니?, 불행하겠냐?
	IV	불행합니까?	불행했습니까?	불행하겠습니까?
Adnominal		불행한	불행한	불행할

* I: Intimate / II: Polite / III: Plain / IV: Deferential

Conjunctive	and	불행하고, 불행하며	Conj.	not	불행하지 (않다)
	or	불행하거나, 불행하든(지)		adv.	불행하게, 불행히
	but	불행하지만, 불행하나, 불행한데	Quot.	decl.	불행하다고
	so	불행해(서), 불행하니(까), 불행하므로		inter.	불행하냐고
	if	불행하면	Nominal		불행함, 불행하기
	though	불행해도	Subject Honorific		불행하시다
	as (if)	불행하듯(이)	Causative		불행하게 하다

* Conj.: Conjunctive / Quot.: Quotative / adv.: adverbial / decl.: declarative / inter.: interrogative

unhappy, unfortunate (*ant.* 행복하다) N 사람 | 일 | 처지 | 운명 | 일생 | 결혼 | 사고

▶ 불행히도 우리가 할 수 있는 게 많지 않다. *Unfortunately, there is not much we can do.*

▶ 저는 아이들을 위해 불행한 결혼 생활을 참아 왔어요. *I have endured an unhappy marriage for my children.*

		Present	Past	Future / Presumption
Declarative	I	불확실해, 불확실하지	불확실했어, 불확실했지	불확실하겠어, 불확실하겠지, 불확실할 거야
	II	불확실해요, 불확실하죠	불확실했어요, 불확실했죠	불확실하겠어요, 불확실하겠죠, 불확실할 거예요
	III	불확실하다	불확실했다	불확실하겠다, 불확실할 거다
	IV	불확실합니다	불확실했습니다	불확실하겠습니다, 불확실할 겁니다
Interrogative	I	불확실해?, 불확실하지?	불확실했어?, 불확실했지?	불확실하겠어?, 불확실할까?
	II	불확실해요?, 불확실하죠?	불확실했어요?, 불확실했죠?	불확실하겠어요?, 불확실할까요?
	III	불확실하니?, 불확실하냐?	불확실했니?, 불확실했냐?	불확실하겠니?, 불확실하겠냐?
	IV	불확실합니까?	불확실했습니까?	불확실하겠습니까?
Adnominal		불확실한	불확실한	불확실할

* I: Intimate / II: Polite / III: Plain / IV: Deferential

Conjunctive	and	불확실하고, 불확실하며	Conj.	not	불확실하지 (않다)
	or	불확실하거나, 불확실하든(지)		adv.	불확실하게
	but	불확실하지만, 불확실하나, 불확실한데	Quot.	decl.	불확실하다고
	so	불확실해(서), 불확실하니(까), 불확실하므로		inter.	불확실하냐고
	if	불확실하면		Nominal	불확실함, 불확실하기
	though	불확실해도		Subject Honorific	불확실하시다
	as (if)	불확실하듯(이)		Causative	불확실하게 하다

* Conj.: Conjunctive / Quot.: Quotative / adv.: adverbial / decl.: declarative / inter.: interrogative

uncertain, unclear (*ant.* 확실하다) N 정보 | 미래 | 상황

▸ 제가 오늘 밤 거기 갈 수 있을지는 불확실합니다. *It's not clear whether I can go there tonight.*

▸ 우리 회사의 미래는 불확실하다. *The future of our company is unclear.*

		Present	Past	Future / Presumption
Declarative	I	붉어, 붉지	붉었어, 붉었지	붉겠어, 붉겠지, 붉을 거야
	II	붉어요, 붉죠	붉었어요, 붉었죠	붉겠어요, 붉겠죠, 붉을 거예요
	III	붉다	붉었다	붉겠다, 붉을 거다
	IV	붉습니다	붉었습니다	붉겠습니다, 붉을 겁니다
Interrogative	I	붉어?, 붉지?	붉었어?, 붉었지?	붉겠어?, 붉을까?
	II	붉어요?, 붉죠?	붉었어요?, 붉었죠?	붉겠어요?, 붉을까요?
	III	붉니?, 붉(으)냐?	붉었니?, 붉었냐?	붉겠니?, 붉겠냐?
	IV	붉습니까?	붉었습니까?	붉겠습니까?
Adnominal		붉은	붉은	붉을

* I: Intimate / II: Polite / III: Plain / IV: Deferential

Conjunctive	and	붉고, 붉으며	Conj.	not	붉지 (않다)
	or	붉거나, 붉든(지)		adv.	붉게
	but	붉지만, 붉으나, 붉은데	Quot.	decl.	붉다고
	so	붉어(서), 붉으니(까), 붉으므로		inter.	붉(으)냐고
	if	붉으면		Nominal	붉음, 붉기
	though	붉어도		Subject Honorific	붉으시다
	as (if)	붉듯(이)		Causative	붉게 하다

* Conj.: Conjunctive / Quot.: Quotative / adv.: adverbial / decl.: declarative / inter.: interrogative

red (*syn.* 빨갛다) N 노을, 빛, 지평선 | 벽돌 | 꽃, 장미 | 입술 | 색 | 피 V 물들다 | 물들이다 | 타다 | 빛나다

▶ 마을의 단풍이 붉게 물들었다. *The maples in the neighborhood turned red.*
▶ 그녀는 등에 붉은 장미 문신이 있었다. *She had a tattoo of a red rose on her back.*

		Present	Past	Future / Presumption
Declarative	I	비겁해, 비겁하지	비겁했어, 비겁했지	비겁하겠어, 비겁하겠지, 비겁할 거야
	II	비겁해요, 비겁하죠	비겁했어요, 비겁했죠	비겁하겠어요, 비겁하겠죠, 비겁할 거예요
	III	비겁하다	비겁했다	비겁하겠다, 비겁할 거다
	IV	비겁합니다	비겁했습니다	비겁하겠습니다, 비겁할 겁니다
Interrogative	I	비겁해?, 비겁하지?	비겁했어?, 비겁했지?	비겁하겠어?, 비겁할까?
	II	비겁해요?, 비겁하죠?	비겁했어요?, 비겁했죠?	비겁하겠어요?, 비겁할까요?
	III	비겁하니?, 비겁하냐?	비겁했니?, 비겁했냐?	비겁하겠니?, 비겁하겠냐?
	IV	비겁합니까?	비겁했습니까?	비겁하겠습니까?
Adnominal		비겁한	비겁한	비겁할

* I: Intimate / II: Polite / III: Plain / IV: Deferential

Conjunctive	and	비겁하고, 비겁하며	Conj.	not	비겁하지 (않다)
	or	비겁하거나, 비겁하든(지)		adv.	비겁하게
	but	비겁하지만, 비겁하나, 비겁한데	Quot.	decl.	비겁하다고
	so	비겁해(서), 비겁하니(까), 비겁하므로		inter.	비겁하냐고
	if	비겁하면	Nominal		비겁함, 비겁하기
	though	비겁해도	Subject Honorific		비겁하시다
	as (if)	비겁하듯(이)	Causative		비겁하게 하다

* Conj.: Conjunctive / Quot.: Quotative / adv.: adverbial / decl.: declarative / inter.: interrogative

cowardly (*ant.* 용감하다) N 모습 | 짓, 행동 | 변명 | 녀석, 놈, 사람

▶ 비겁하게 도망 가는 거야? *Are you running away cowardly?*

▶ 그건 비겁한 변명일 뿐이야. *It is nothing but a pathetic excuse.*

비슷하다 /비스타다/ bi·seu·ta·da

		Present	Past	Future / Presumption
Declarative	I	비슷해, 비슷하지	비슷했어, 비슷했지	비슷하겠어, 비슷하겠지, 비슷할 거야
	II	비슷해요, 비슷하죠	비슷했어요, 비슷했죠	비슷하겠어요, 비슷하겠죠, 비슷할 거예요
	III	비슷하다	비슷했다	비슷하겠다, 비슷할 거다
	IV	비슷합니다	비슷했습니다	비슷하겠습니다, 비슷할 겁니다
Interrogative	I	비슷해?, 비슷하지?	비슷했어?, 비슷했지?	비슷하겠어?, 비슷할까?
	II	비슷해요?, 비슷하죠?	비슷했어요?, 비슷했죠?	비슷하겠어요?, 비슷할까요?
	III	비슷하니?, 비슷하냐?	비슷했니?, 비슷했냐?	비슷하겠니?, 비슷하겠냐?
	IV	비슷합니까?	비슷했습니까?	비슷하겠습니까?
Adnominal		비슷한	비슷한	비슷할

* I: Intimate / II: Polite / III: Plain / IV: Deferential

Conjunctive	and	비슷하고, 비슷하며	**Conj.**	not	비슷하지 (않다)
	or	비슷하거나, 비슷하든(지)		adv.	비슷하게
	but	비슷하지만, 비슷하나, 비슷한데	**Quot.**	decl.	비슷하다고
	so	비슷해(서), 비슷하니(까), 비슷하므로		inter.	비슷하냐고
	if	비슷하면	Nominal		비슷함, 비슷하기
	though	비슷해도	Subject Honorific		비슷하시다
	as (if)	비슷하듯(이)	Causative		비슷하게 하다

* Conj.: Conjunctive / Quot.: Quotative / adv.: adverbial / decl.: declarative / inter.: interrogative

similar, alike, like (*syn.* 유사하다 *ant.* 다르다) **P** -와/과 **ADV** 아주 | 서로 | 거의, 대체로, 얼추 **N** 사건, 일 | 점 | 사람 | 말, 소리, 얘기 | 생각 | 경험 | 상황, 처지 | 나이, 또래 **V** 생기다 | 닮다

▶ 우리는 비슷한 점이 많습니다. *We have much in common.*

▶ 저는 목소리가 아버지와 비슷하다는 말을 종종 들어요. *I often hear that my voice is similar to my father's.*

		Present	Past	Future / Presumption
Declarative	I	비싸, 비싸지	비쌌어, 비쌌지	비싸겠어, 비싸겠지, 비쌀 거야
	II	비싸요, 비싸죠	비쌌어요, 비쌌죠	비싸겠어요, 비싸겠죠, 비쌀 거예요
	III	비싸다	비쌌다	비싸겠다, 비쌀 거다
	IV	비쌉니다	비쌌습니다	비싸겠습니다, 비쌀 겁니다
Interrogative	I	비싸?, 비싸지?	비쌌어?, 비쌌지?	비싸겠어?, 비쌀까?
	II	비싸요?, 비싸죠?	비쌌어요?, 비쌌죠?	비싸겠어요?, 비쌀까요?
	III	비싸니?, 비싸냐?	비쌌니?, 비쌌냐?	비싸겠니?, 비싸겠냐?
	IV	비쌉니까?	비쌌습니까?	비싸겠습니까?
Adnominal		비싼	비싼	비쌀

* I: Intimate / II: Polite / III: Plain / IV: Deferential

Conjunctive	and	비싸고, 비싸며	Conj.	not	비싸지 (않다)
	or	비싸거나, 비싸든(지)		adv.	비싸게
	but	비싸지만, 비싸나, 비싼데	Quot.	decl.	비싸다고
	so	비싸(서), 비싸니(까), 비싸므로		inter.	비싸냐고
	if	비싸면	Nominal		비쌈, 비싸기
	though	비싸도	Subject Honorific		비싸시다
	as (if)	비싸듯(이)	Causative		비싸게 하다

* Conj.: Conjunctive / Quot.: Quotative / adv.: adverbial / decl.: declarative / inter.: interrogative

expensive, costly (*ant.* 싸다) **ADV** 너무, 터무니없이 | 약간, 좀 **N** 가격, 값, 요금 | 물건 | 가방, 옷, 책 | 대가 | 이자 | 곳 **V** 사다, 팔다 | 굴다

▸ 이 옷은 너무 비싸요. *These clothes are too expensive.*

▸ 정부는 여론을 무시한 데 대해 비싼 대가를 치러야 했다. *The government had to bear the cost of ignoring public opinion.*

▸ 비싸게 굴지 말고 좀 도와줘. *Don't be so difficult. Give me a hand.*

빠르다 ppa·reu·da

		Present	Past	Future / Presumption
Declarative	I	빨라, 빠르지	빨랐어, 빨랐지	빠르겠어, 빠르겠지, 빠를 거야
	II	빨라요, 빠르죠	빨랐어요, 빨랐죠	빠르겠어요, 빠르겠죠, 빠를 거예요
	III	빠르다	빨랐다	빠르겠다, 빠를 거다
	IV	빠릅니다	빨랐습니다	빠르겠습니다, 빠를 겁니다
Interrogative	I	빨라?, 빠르지?	빨랐어?, 빨랐지?	빠르겠어?, 빠를까?
	II	빨라요?, 빠르죠?	빨랐어요?, 빨랐죠?	빠르겠어요?, 빠를까요?
	III	빠르니?, 빠르냐?	빨랐니?, 빨랐냐?	빠르겠니?, 빠르겠냐?
	IV	빠릅니까?	빨랐습니까?	빠르겠습니까?
Adnominal		빠른	빠른	빠를

* I: Intimate / II: Polite / III: Plain / IV: Deferential

Conjunctive	and	빠르고, 빠르며	Conj.	not	빠르지 (않다)
	or	빠르거나, 빠르든(지)		adv.	빠르게, 빨리
	but	빠르지만, 빠르나, 빠른데	Quot.	decl.	빠르다고
	so	빨라(서), 빠르니(까), 빠르므로		inter.	빠르냐고
	if	빠르면		Nominal	빠름, 빠르기
	though	빨라도		Subject Honorific	빠르시다
	as (if)	빠르듯(이)		Causative	빠르게 하다

* Conj.: Conjunctive / Quot.: Quotative / adv.: adverbial / decl.: declarative / inter.: interrogative

fast, quick (*ant.* 느리다) **ADV** 굉장히, 너무 | 가장 **N** 속도 | 길 | 걸음, 동작 | 방법 | 세월, 시간, 시일 | 시계 | 사람 | 우편 | 성장 | 회복 | 공 | 비행기, 자동차, 차 | 말, 말투 | 눈치 | 계산 | 물살 **V** 퍼지다 | 달리다, 뛰다 | 말하다

▸ 저는 밥을 빨리 먹어요. *I'm a fast eater.*
▸ 제 시계는 5분 빨라요. *My watch is five minutes fast.*
▸ 세월 참 빠르네요. *Time flies.*

		Present	Past	Future / Presumption
Declarative	I	빨개, 빨갛지	빨갰어, 빨갰지	빨갛겠어, 빨갛겠지, 빨갈 거야
	II	빨개요, 빨갛죠	빨갰어요, 빨갰죠	빨갛겠어요, 빨갛겠죠, 빨갈 거예요
	III	빨갛다	빨갰다	빨갛겠다, 빨갈 거다
	IV	빨갛습니다	빨갰습니다	빨갛겠습니다, 빨갈 겁니다
Interrogative	I	빨개?, 빨갛지?	빨갰어?, 빨갰지?	빨갛겠어?, 빨갈까?
	II	빨개요?, 빨갛죠?	빨갰어요?, 빨갰죠?	빨갛겠어요?, 빨갈까요?
	III	빨갛니?, 빨가냐?/빨갛냐?	빨갰니?, 빨갰냐?	빨갛겠니?, 빨갛겠냐?
	IV	빨갛습니까?	빨갰습니까?	빨갛겠습니까?
Adnominal		빨간	빨간	빨갈

* I: Intimate / II: Polite / III: Plain / IV: Deferential

Conjunctive	and	빨갛고, 빨가며	Conj.	not	빨갛지 (않다)
	or	빨갛거나, 빨갛든(지)		adv.	빨갛게
	but	빨갛지만, 빨가나, 빨간데	Quot.	decl.	빨갛다고
	so	빨개(서), 빨가니(까), 빨가므로		inter.	빨가냐고/빨갛냐고
	if	빨가면	Nominal		빨감, 빨갛기
	though	빨개도	Subject Honorific		빨가시다
	as (if)	빨갛듯(이)	Causative		빨갛게 하다

* Conj.: Conjunctive / Quot.: Quotative / adv.: adverbial / decl.: declarative / inter.: interrogative

red (*syn.* 붉다) N 눈, 머리, 얼굴 | 연필 | 색 | 넥타이, 드레스, 바지, 스커트, 옷 | 사과 | 장미 V 물들다 | 붓다

▶ 왜 눈이 빨개? *Why are your eyes red?*

▶ 그녀는 어릴 때 빨간 머리 때문에 놀림을 받았다. *When she was little, she was teased for her red hair.*

		Present	Past	Future / Presumption
Declarative	I	뻔해, 뻔하지	뻔했어, 뻔했지	뻔하겠어, 뻔하겠지, 뻔할 거야
	II	뻔해요, 뻔하죠	뻔했어요, 뻔했죠	뻔하겠어요, 뻔하겠죠, 뻔할 거예요
	III	뻔하다	뻔했다	뻔하겠다, 뻔할 거다
	IV	뻔합니다	뻔했습니다	뻔하겠습니다, 뻔할 겁니다
Interrogative	I	뻔해?, 뻔하지?	뻔했어?, 뻔했지?	뻔하겠어?, 뻔할까?
	II	뻔해요?, 뻔하죠?	뻔했어요?, 뻔했죠?	뻔하겠어요?, 뻔할까요?
	III	뻔하니?, 뻔하냐?	뻔했니?, 뻔했냐?	뻔하겠니?, 뻔하겠냐?
	IV	뻔합니까?	뻔했습니까?	뻔하겠습니까?
Adnominal		뻔한	뻔한	뻔할

* I: Intimate / II: Polite / III: Plain / IV: Deferential

Conjunctive	and	뻔하고, 뻔하며	Conj.	not	뻔하지 (않다)
	or	뻔하거나, 뻔하든(지)		adv.	뻔하게, 뻔히
	but	뻔하지만, 뻔하나, 뻔한데	Quot.	decl.	뻔하다고
	so	뻔해(서), 뻔하니(까), 뻔하므로		inter.	뻔하냐고
	if	뻔하면		Nominal	뻔함, 뻔하기
	though	뻔해도		Subject Honorific	뻔하시다
	as (if)	뻔하듯(이)		Causative	뻔하게 하다

* Conj.: Conjunctive / Quot.: Quotative / adv.: adverbial / decl.: declarative / inter.: interrogative

clear, obvious **ADV** 하긴 **N** 일 | 거짓말, 말, 변명, 소리, 속임수, 얘기 | 사실

▶ 무슨 일이 일어날지 뻔해. *It's obvious what's going to happen.*

▶ 당신이 여태껏 들은 말 중에 제일 뻔한 거짓말은 무엇입니까? *What is the most obvious lie you have ever heard?*

		Present	Past	Future / Presumption
Declarative	I	뽀족해, 뽀족하지	뽀족했어, 뽀족했지	뽀족하겠어, 뽀족하겠지, 뽀족할 거야
	II	뽀족해요, 뽀족하죠	뽀족했어요, 뽀족했죠	뽀족하겠어요, 뽀족하겠죠, 뽀족할 거예요
	III	뽀족하다	뽀족했다	뽀족하겠다, 뽀족할 거다
	IV	뽀족합니다	뽀족했습니다	뽀족하겠습니다, 뽀족할 겁니다
Interrogative	I	뽀족해?, 뽀족하지?	뽀족했어?, 뽀족했지?	뽀족하겠어?, 뽀족할까?
	II	뽀족해요?, 뽀족하죠?	뽀족했어요?, 뽀족했죠?	뽀족하겠어요?, 뽀족할까요?
	III	뽀족하니?, 뽀족하냐?	뽀족했니?, 뽀족했냐?	뽀족하겠니?, 뽀족하겠냐?
	IV	뽀족합니까?	뽀족했습니까?	뽀족하겠습니까?
Adnominal		뽀족한	뽀족한	뽀족할

* I: Intimate / II: Polite / III: Plain / IV: Deferential

Conjunctive	and	뽀족하고, 뽀족하며	Conj.	not	뽀족하지 (않다)
	or	뽀족하거나, 뽀족하든(지)		adv.	뽀족하게
	but	뽀족하지만, 뽀족하나, 뽀족한데	Quot.	decl.	뽀족하다고
	so	뽀족해(서), 뽀족하니(까), 뽀족하므로		inter.	뽀족하냐고
	if	뽀족하면		Nominal	뽀족함, 뽀족하기
	though	뽀족해도		Subject Honorific	뽀족하시다
	as (if)	뽀족하듯(이)		Causative	뽀족하게 하다

* Conj.: Conjunctive / Quot.: Quotative / adv.: adverbial / decl.: declarative / inter.: interrogative

1 sharp, pointed (*syn.* 날카롭다) ADV 너무 N 구두 | 끝 | 연필 | 손톱 | 지붕 | 턱 | 가시, 잎 | 바늘 | 뿔 | V 깎다

▶ 그녀는 턱이 뽀족하고 입술이 얇다. *She has a pointed chin and thin lips.*

▶ 뽀족한 지붕은 쥐로부터 건물을 보호해 준다. *A pointed roof protects a building from mice.*

2 bright, brilliant ADV 달리 N 대책, 방법, 방안, 수, 해법 ADJ 별다르다

▶ 아직 뽀족한 방안을 찾지 못했어요. *I haven't found any good solution.*

▶ 별다른 뽀족한 수가 없으면 남들이 하는 대로 해라. *Do as others do unless you have a better idea.*

사납다 /사납따/ sa·nap·da

		Present	Past	Future / Presumption
Declarative	I	사나워, 사납지	사나웠어, 사나웠지	사납겠어, 사납겠지, 사나울 거야
	II	사나워요, 사납죠	사나웠어요, 사나웠죠	사납겠어요, 사납겠죠, 사나울 거예요
	III	사납다	사나웠다	사납겠다, 사나울 거다
	IV	사납습니다	사나웠습니다	사납겠습니다, 사나울 겁니다
Interrogative	I	사나워?, 사납지?	사나웠어?, 사나웠지?	사납겠어?, 사나울까?
	II	사나워요?, 사납죠?	사나웠어요?, 사나웠죠?	사납겠어요?, 사나울까요?
	III	사납니?, 사나우냐?/사납냐?	사나웠니?, 사나웠냐?	사납겠니?, 사납겠냐?
	IV	사납습니까?	사나웠습니까?	사납겠습니까?
Adnominal		사나운	사나운	사나울

* I: Intimate / II: Polite / III: Plain / IV: Deferential

Conjunctive	and	사납고, 사나우며	Conj.	not	사납지 (않다)
	or	사납거나, 사납든(지)		adv.	사납게
	but	사납지만, 사나우나, 사나운데	Quot.	decl.	사납다고
	so	사나워(서), 사나우니(까), 사나우므로		inter.	사나우냐고/사납냐고
	if	사나우면		Nominal	사나움, 사납기
	though	사나워도		Subject Honorific	사나우시다
	as (if)	사납듯(이)		Causative	사납게 하다

* Conj.: Conjunctive / Quot.: Quotative / adv.: adverbial / decl.: declarative / inter.: interrogative

wild, fierce (*ant.* 순하다) **ADV** 매우, 몹시 **N** 개, 동물, 말, 소, 짐승 | 날씨, 바다, 바람, 파도, 폭풍(우) | 눈초리, 사람, 얼굴, 인상, 표정 | 성질 **V** 불다 | 굴다, 날뛰다 | 보이다

▶ 그 개는 귀여워 보이지만, 사실 사납다. *The dog looks cute, but it's fierce.*
▶ 어제부터 날씨가 몹시 사나워요. *The weather has been so wild since yesterday.*

		Present	Past	Future / Presumption
Declarative	I	사랑스러워, 사랑스럽지	사랑스러웠어, 사랑스러웠지	사랑스럽겠어, 사랑스럽겠지, 사랑스러울 거야
	II	사랑스러워요, 사랑스럽죠	사랑스러웠어요, 사랑스러웠죠	사랑스럽겠어요, 사랑스럽겠죠, 사랑스러울 거예요
	III	사랑스럽다	사랑스러웠다	사랑스럽겠다, 사랑스러울 거다
	IV	사랑스럽습니다	사랑스러웠습니다	사랑스럽겠습니다, 사랑스러울 겁니다
Interrogative	I	사랑스러워?, 사랑스럽지?	사랑스러웠어?, 사랑스러웠지?	사랑스럽겠어?, 사랑스러울까?
	II	사랑스러워요?, 사랑스럽죠?	사랑스러웠어요?, 사랑스러웠죠?	사랑스럽겠어요?, 사랑스러울까요?
	III	사랑스럽니?, 사랑스러우냐?/사랑스럽냐?	사랑스러웠니?, 사랑스러웠냐?	사랑스럽겠니?, 사랑스럽겠냐?
	IV	사랑스럽습니까?	사랑스러웠습니까?	사랑스럽겠습니까?
Adnominal		사랑스러운	사랑스러운	사랑스러울

* I: Intimate / II: Polite / III: Plain / IV: Deferential

Conjunctive	and	사랑스럽고, 사랑스러우며	Conj.	not	사랑스럽지 (않다)
	or	사랑스럽거나, 사랑스럽든(지)		adv.	사랑스럽게, 사랑스레
	but	사랑스럽지만, 사랑스러우나, 사랑스러운데	Quot.	decl.	사랑스럽다고
	so	사랑스러워(서), 사랑스러우니(까), 사랑스러우므로		inter.	사랑스러우냐고/사랑스럽냐고
	if	사랑스러우면	Nominal		사랑스러움, 사랑스럽기
	though	사랑스러워도	Subject Honorific		사랑스러우시다
	as (if)	사랑스럽듯(이)	Causative		사랑스럽게 하다

* Conj.: Conjunctive / Quot.: Quotative / adv.: adverbial / decl.: declarative / inter.: interrogative

lovely, cute (*syn.* 귀엽다 *ant.* 밉다) **ADV** 가장, 정말 | 많이 **N** 남편, 딸, 사람, 아내, 아들, 아이, 여자, 자식 | 말 | 모습, 미소

▶ 그 여자는 지적이지는 않지만 사랑스럽다. *She's not intelligent, but she's lovely.*

▶ 그는 정말 사랑스러운 미소를 갖고 있다. *He has such a lovely smile.*

사소하다 sa·so·ha·da

		Present	Past	Future / Presumption
Declarative	I	사소해, 사소하지	사소했어, 사소했지	사소하겠어, 사소하겠지, 사소할 거야
	II	사소해요, 사소하죠	사소했어요, 사소했죠	사소하겠어요, 사소하겠죠, 사소할 거예요
	III	사소하다	사소했다	사소하겠다, 사소할 거다
	IV	사소합니다	사소했습니다	사소하겠습니다, 사소할 겁니다
Interrogative	I	사소해?, 사소하지?	사소했어?, 사소했지?	사소하겠어?, 사소할까?
	II	사소해요?, 사소하죠?	사소했어요?, 사소했죠?	사소하겠어요?, 사소할까요?
	III	사소하니?, 사소하냐?	사소했니?, 사소했냐?	사소하겠니?, 사소하겠냐?
	IV	사소합니까?	사소했습니까?	사소하겠습니까?
Adnominal		사소한	사소한	사소할

* I: Intimate / II: Polite / III: Plain / IV: Deferential

Conjunctive	and	사소하고, 사소하며	Conj.	not	사소하지 (않다)
	or	사소하거나, 사소하든(지)		adv.	사소하게
	but	사소하지만, 사소하나, 사소한데	Quot.	decl.	사소하다고
	so	사소해(서), 사소하니(까), 사소하므로		inter.	사소하냐고
	if	사소하면		Nominal	사소함, 사소하기
	though	사소해도		Subject Honorific	사소하시다
	as (if)	사소하듯(이)		Causative	사소하게 하다

* Conj.: Conjunctive / Quot.: Quotative / adv.: adverbial / decl.: declarative / inter.: interrogative

---

minor, trivial (*ant.* 중대하다) N 것, 문제, 사건, 일 | 실수, 잘못 | 말다툼, 분쟁, 불만, 시비 | 부분

▶ 이것은 사소한 문제가 아니다. *This is not a trivial issue.*

▶ 다툼은 항상 사소한 것에서부터 시작한다. *A fight always starts with small things.*

		Present	Past	Future / Presumption
Declarative	I	사이좋아, 사이좋지	사이좋았어, 사이좋았지	사이좋겠어, 사이좋겠지, 사이좋을 거야
	II	사이좋아요, 사이좋죠	사이좋았어요, 사이좋았죠	사이좋겠어요, 사이좋겠죠, 사이좋을 거예요
	III	사이좋다	사이좋았다	사이좋겠다, 사이좋을 거다
	IV	사이좋습니다	사이좋았습니다	사이좋겠습니다, 사이좋을 겁니다
Interrogative	I	사이좋아?, 사이좋지?	사이좋았어?, 사이좋았지?	사이좋겠어?, 사이좋을까?
	II	사이좋아요?, 사이좋죠?	사이좋았어요?, 사이좋았죠?	사이좋겠어요?, 사이좋을까요?
	III	사이좋니?, 사이좋(으)냐?	사이좋았니?, 사이좋았냐?	사이좋겠니?, 사이좋겠냐?
	IV	사이좋습니까?	사이좋았습니까?	사이좋겠습니까?
Adnominal		사이좋은	사이좋은	사이좋을

* I: Intimate / II: Polite / III: Plain / IV: Deferential

Conjunctive	and	사이좋고, 사이좋으며	Conj.	not	사이좋지 (않다)
	or	사이좋거나, 사이좋든(지)		adv.	사이좋게
	but	사이좋지만, 사이좋으나, 사이좋은데	Quot.	decl.	사이좋다고
	so	사이좋아(서), 사이좋으니(까), 사이좋으므로		inter.	사이좋(으)냐고
	if	사이좋으면	Nominal		사이좋음, 사이좋기
	though	사이좋아도	Subject Honorific		사이좋으시다
	as (if)	사이좋듯(이)	Causative		사이좋게 하다

* Conj.: Conjunctive / Quot.: Quotative / adv.: adverbial / decl.: declarative / inter.: interrogative

on good terms P -와/과 N 자매, 친구, 형제 V 지내다 | 놀다 | 살다

▸ 그들은 사이좋은 커플이다. *They are a loving couple.*

▸ 저랑 저희 형은 사이좋아요. *Me and my older brother are on good terms.*

상관없다 /상과넙따/ sang·gwa·neop·da

		Present	Past	Future / Presumption
Declarative	I	상관없어, 상관없지	상관없었어, 상관없었지	상관없겠어, 상관없겠지, 상관없을 거야
	II	상관없어요, 상관없죠	상관없었어요, 상관없었죠	상관없겠어요, 상관없겠죠, 상관없을 거예요
	III	상관없다	상관없었다	상관없겠다, 상관없을 거다
	IV	상관없습니다	상관없었습니다	상관없겠습니다, 상관없을 겁니다
Interrogative	I	상관없어?, 상관없지?	상관없었어?, 상관없었지?	상관없겠어?, 상관없을까?
	II	상관없어요?, 상관없죠?	상관없었어요?, 상관없었죠?	상관없겠어요?, 상관없을까요?
	III	상관없니?, 상관없(느)냐?	상관없었니?, 상관없었냐?	상관없겠니?, 상관없겠냐?
	IV	상관없습니까?	상관없었습니까?	상관없겠습니까?
Adnominal		상관없는	상관없는	상관없을

* I: Intimate / II: Polite / III: Plain / IV: Deferential

Conjunctive	and	상관없고, 상관없으며	Conj.	not	상관없지 (않다)	
	or	상관없거나, 상관없든(지)		adv.	상관없게, 상관없이	
	but	상관없지만, 상관없으나, 상관없는데	Quot.	decl.	상관없다고	
	so	상관없어(서), 상관없으니(까), 상관없으므로		inter.	상관없(느)냐고	
	if	상관없으면		Nominal	상관없음, 상관없기	
	though	상관없어도		Subject Honorific	상관없으시다	
	as (if)	상관없듯(이)		Causative	상관없게 하다	

* Conj.: Conjunctive / Quot.: Quotative / adv.: adverbial / decl.: declarative / inter.: interrogative

1 unrelated (*syn.* 관계없다) P -와/과 N 문제, 일, 주제 | 나이, 연령 | 학력 | 성별
▸ 저는 그 일하고 상관없어요. *I have nothing to do with it.*
▸ 나이에 상관없이 누구나 지원할 수 있다. *This is open to anyone irrespective of age.*

2 fine, okay (*syn.* 관계없다, 괜찮다) P -아도/어도 | -든
▸ 누가 뭐라고 해도 상관없어. *I don't care what others say.*
▸ 오늘 하든 내일 하든 저는 상관없어요. *It doesn't matter to me whether we do it today or tomorrow.*

		Present	Past	Future / Presumption
Declarative	I	상당해, 상당하지	상당했어, 상당했지	상당하겠어, 상당하겠지, 상당할 거야
	II	상당해요, 상당하죠	상당했어요, 상당했죠	상당하겠어요, 상당하겠죠, 상당할 거예요
	III	상당하다	상당했다	상당하겠다, 상당할 거다
	IV	상당합니다	상당했습니다	상당하겠습니다, 상당할 겁니다
Interrogative	I	상당해?, 상당하지?	상당했어?, 상당했지?	상당하겠어?, 상당할까?
	II	상당해요?, 상당하죠?	상당했어요?, 상당했죠?	상당하겠어요?, 상당할까요?
	III	상당하니?, 상당하냐?	상당했니?, 상당했냐?	상당하겠니?, 상당하겠냐?
	IV	상당합니까?	상당했습니까?	상당하겠습니까?
Adnominal		상당한	상당한	상당할

* I: Intimate / II: Polite / III: Plain / IV: Deferential

Conjunctive	and	상당하고, 상당하며	Conj.	not	상당하지 (않다)
	or	상당하거나, 상당하든(지)		adv.	상당하게, 상당히
	but	상당하지만, 상당하나, 상당한데	Quot.	decl.	상당하다고
	so	상당해(서), 상당하니(까), 상당하므로		inter.	상당하냐고
	if	상당하면		Nominal	상당함, 상당하기
	though	상당해도		Subject Honorific	상당하시다
	as (if)	상당하듯(이)		Causative	상당하게 하다

* Conj.: Conjunctive / Quot.: Quotative / adv.: adverbial / decl.: declarative / inter.: interrogative

considerable, sizeable N 부분 | 금액, 돈, 비용, 액수 | 수입, 이익 | 시간 | 거리 | 미인 | 규모, 양 | 차이 | 논란, 충격 | 관심 | 피해

▶ 그 결론에 도달하기까지 상당히 오랜 시간이 걸렸다. *It took a considerable amount of time to reach the conclusion.*

▶ 그는 상당한 양의 음반을 갖고 있다. *He has quite many records.*

		Present	Past	Future / Presumption
Declarative	I	상쾌해, 상쾌하지	상쾌했어, 상쾌했지	상쾌하겠어, 상쾌하겠지, 상쾌할 거야
	II	상쾌해요, 상쾌하죠	상쾌했어요, 상쾌했죠	상쾌하겠어요, 상쾌하겠죠, 상쾌할 거예요
	III	상쾌하다	상쾌했다	상쾌하겠다, 상쾌할 거다
	IV	상쾌합니다	상쾌했습니다	상쾌하겠습니다, 상쾌할 겁니다
Interrogative	I	상쾌해?, 상쾌하지?	상쾌했어?, 상쾌했지?	상쾌하겠어?, 상쾌할까?
	II	상쾌해요?, 상쾌하죠?	상쾌했어요?, 상쾌했죠?	상쾌하겠어요?, 상쾌할까요?
	III	상쾌하니?, 상쾌하냐?	상쾌했니?, 상쾌했냐?	상쾌하겠니?, 상쾌하겠냐?
	IV	상쾌합니까?	상쾌했습니까?	상쾌하겠습니까?
Adnominal		상쾌한	상쾌한	상쾌할

* I: Intimate / II: Polite / III: Plain / IV: Deferential

Conjunctive	and	상쾌하고, 상쾌하며	Conj.	not	상쾌하지 (않다)
	or	상쾌하거나, 상쾌하든(지)		adv.	상쾌하게
	but	상쾌하지만, 상쾌하나, 상쾌한데	Quot.	decl.	상쾌하다고
	so	상쾌해(서), 상쾌하니(까), 상쾌하므로		inter.	상쾌하냐고
	if	상쾌하면	Nominal		상쾌함, 상쾌하기
	though	상쾌해도	Subject Honorific		상쾌하시다
	as (if)	상쾌하듯(이)	Causative		상쾌하게 하다

* Conj.: Conjunctive / Quot.: Quotative / adv.: adverbial / decl.: declarative / inter.: interrogative

---

fresh, refreshing **ADV** 너무, 정말 **N** 날, 아침, 하루 | 기분, 마음 | 공기, 날씨, 바람

▶ 찬물로 샤워를 했더니 기분이 상쾌해. *I feel refreshed after taking a cold shower.*
▶ 상쾌한 산 바람이 정말 기분 좋네. *The cool mountain air feels so nice.*

		Present	Past	Future / Presumption
Declarative	I	새로워, 새롭지	새로웠어, 새로웠지	새롭겠어, 새롭겠지, 새로울 거야
	II	새로워요, 새롭죠	새로웠어요, 새로웠죠	새롭겠어요, 새롭겠죠, 새로울 거예요
	III	새롭다	새로웠다	새롭겠다, 새로울 거다
	IV	새롭습니다	새로웠습니다	새롭겠습니다, 새로울 겁니다
Interrogative	I	새로워?, 새롭지?	새로웠어?, 새로웠지?	새롭겠어?, 새로울까?
	II	새로워요?, 새롭죠?	새로웠어요?, 새로웠죠?	새롭겠어요?, 새로울까요?
	III	새롭니?, 새로우냐?/새롭냐?	새로웠니?, 새로웠냐?	새롭겠니?, 새롭겠냐?
	IV	새롭습니까?	새로웠습니까?	새롭겠습니까?
Adnominal		새로운	새로운	새로울

* I: Intimate / II: Polite / III: Plain / IV: Deferential

Conjunctive	and	새롭고, 새로우며	Conj.	not	새롭지 (않다)
	or	새롭거나, 새롭든(지)		adv.	새롭게, 새로이
	but	새롭지만, 새로우나, 새로운데	Quot.	decl.	새롭다고
	so	새로워(서), 새로우니(까), 새로우므로		inter.	새로우냐고/새롭냐고
	if	새로우면		Nominal	새로움, 새롭기
	though	새로워도		Subject Honorific	새로우시다
	as (if)	새롭듯(이)		Causative	새롭게 하다

* Conj.: Conjunctive / Quot.: Quotative / adv.: adverbial / decl.: declarative / inter.: interrogative

new, fresh (*ant.* 오래되다) ADV 아주, 완전히, 전혀 | 늘 | 별로 N 옷, 차, 책, 컴퓨터 | 일 | 집 | 직장 | 사업, 프로젝트 | 방법, 아이디어 | 증거 | 사람 | 분야 | 소식

▸ 이 책에는 새로운 것이 하나도 없어. *There's nothing new in this book.*
▸ 새로운 사람들과 일을 할 때면 설레요. *I'm excited to work with new people.*

		Present	Past	Future / Presumption
Declarative	I	색달라, 색다르지	색달랐어, 색달랐지	색다르겠어, 색다르겠지, 색다를 거야
	II	색달라요, 색다르죠	색달랐어요, 색달랐죠	색다르겠어요, 색다르겠죠, 색다를 거예요
	III	색다르다	색달랐다	색다르겠다, 색다를 거다
	IV	색다릅니다	색달랐습니다	색다르겠습니다, 색다를 겁니다
Interrogative	I	색달라?, 색다르지?	색달랐어?, 색달랐지?	색다르겠어?, 색다를까?
	II	색달라요?, 색다르죠?	색달랐어요?, 색달랐죠?	색다르겠어요?, 색다를까요?
	III	색다르니?, 색다르냐?	색달랐니?, 색달랐냐?	색다르겠니?, 색다르겠냐?
	IV	색다릅니까?	색달랐습니까?	색다르겠습니까?
Adnominal		색다른	색다른	색다를

* I: Intimate / II: Polite / III: Plain / IV: Deferential

Conjunctive	and	색다르고, 색다르며	Conj.	not	색다르지 (않다)
	or	색다르거나, 색다르든(지)		adv.	색다르게
	but	색다르지만, 색다르나, 색다른데	Quot.	decl.	색다르다고
	so	색달라(서), 색다르니(까), 색다르므로		inter.	색다르냐고
	if	색다르면		Nominal	색다름, 색다르기
	though	색달라도		Subject Honorific	색다르시다
	as (if)	색다르듯(이)		Causative	색다르게 하다

* Conj.: Conjunctive / Quot.: Quotative / adv.: adverbial / decl.: declarative / inter.: interrogative

unusual, unconventional (*syn.* 독특하다 *ant.* 평범하다) N 맛 | 모습 | 사람 | 취미, 취향 | 견해, 의견 | 것 | 곳 | 느낌, 분위기 | 경험

▶ 오늘 분위기가 색다르시네요. *You look very different today.*

▶ 색다른 경험을 원하신다면, 당신은 제대로 찾아오신 겁니다. *If you want an unusual experience, you are in the right place.*

		Present	Past	Future / Presumption
Declarative	I	생생해, 생생하지	생생했어, 생생했지	생생하겠어, 생생하겠지, 생생할 거야
	II	생생해요, 생생하죠	생생했어요, 생생했죠	생생하겠어요, 생생하겠죠, 생생할 거예요
	III	생생하다	생생했다	생생하겠다, 생생할 거다
	IV	생생합니다	생생했습니다	생생하겠습니다, 생생할 겁니다
Interrogative	I	생생해?, 생생하지?	생생했어?, 생생했지?	생생하겠어?, 생생할까?
	II	생생해요?, 생생하죠?	생생했어요?, 생생했죠?	생생하겠어요?, 생생할까요?
	III	생생하니?, 생생하냐?	생생했니?, 생생했냐?	생생하겠니?, 생생하겠냐?
	IV	생생합니까?	생생했습니까?	생생하겠습니까?
Adnominal		생생한	생생한	생생할

* I: Intimate / II: Polite / III: Plain / IV: Deferential

Conjunctive	and	생생하고, 생생하며	Conj.	not	생생하지 (않다)
	or	생생하거나, 생생하든(지)		adv.	생생하게, 생생히
	but	생생하지만, 생생하나, 생생한데	Quot.	decl.	생생하다고
	so	생생해(서), 생생하니(까), 생생하므로		inter.	생생하냐고
	if	생생하면	Nominal		생생함, 생생하기
	though	생생해도	Subject Honorific		생생하시다
	as (if)	생생하듯(이)	Causative		생생하게 하다

* Conj.: Conjunctive / Quot.: Quotative / adv.: adverbial / decl.: declarative / inter.: interrogative

vivid, fresh **ADV** 아직 | 아주 | 더 **N** 묘사, 표현 | 기억, 장면, 추억 | 사건 | 사진 | 설명 | 꿈 **V** 기억나다, 떠오르다, 생각나다 | 남다 | 기억하다, 생각하다

▸ 저는 아직도 그 장면을 생생히 기억합니다. *I still remember that scene vividly.*

▸ 그 꿈이 너무 생생해서 잊혀지지를 않아. *The dream was too vivid to forget.*

		Present	Past	Future / Presumption
Declarative	I	서늘해, 서늘하지	서늘했어, 서늘했지	서늘하겠어, 서늘하겠지, 서늘할 거야
	II	서늘해요, 서늘하죠	서늘했어요, 서늘했죠	서늘하겠어요, 서늘하겠죠, 서늘할 거예요
	III	서늘하다	서늘했다	서늘하겠다, 서늘할 거다
	IV	서늘합니다	서늘했습니다	서늘하겠습니다, 서늘할 겁니다
Interrogative	I	서늘해?, 서늘하지?	서늘했어?, 서늘했지?	서늘하겠어?, 서늘할까?
	II	서늘해요?, 서늘하죠?	서늘했어요?, 서늘했죠?	서늘하겠어요?, 서늘할까요?
	III	서늘하니?, 서늘하냐?	서늘했니?, 서늘했냐?	서늘하겠니?, 서늘하겠냐?
	IV	서늘합니까?	서늘했습니까?	서늘하겠습니까?
Adnominal		서늘한	서늘한	서늘할

* I: Intimate / II: Polite / III: Plain / IV: Deferential

Conjunctive	and	서늘하고, 서늘하며		Conj.	not	서늘하지 (않다)
	or	서늘하거나, 서늘하든(지)			adv.	서늘하게
	but	서늘하지만, 서늘하나, 서늘한데		Quot.	decl.	서늘하다고
	so	서늘해(서), 서늘하니(까), 서늘하므로			inter.	서늘하냐고
	if	서늘하면		Nominal		서늘함, 서늘하기
	though	서늘해도		Subject Honorific		서늘하시다
	as (if)	서늘하듯(이)		Causative		서늘하게 하다

* Conj.: Conjunctive / Quot.: Quotative / adv.: adverbial / decl.: declarative / inter.: interrogative

cool, chilly (*syn.* 시원하다, 선선하다 *ant.* 무덥다, 덥다) **ADV** 꽤, 제법 **N** 공기, 기후, 날씨, 바람 | 기운 | 곳, 장소

▶ 아침저녁으로 제법 서늘한 바람이 분다. *A cool breeze blows in the mornings and evenings.*

▶ 그것들을 서늘하고 통풍이 잘 되는 곳에 보관하세요. *Keep them in a cool, well-ventilated place.*

		Present	Past	Future / Presumption
Declarative	I	서툴러, 서투르지	서툴렀어, 서툴렀지	서투르겠어, 서투르겠지, 서투를 거야
	II	서툴러요, 서투르죠	서툴렀어요, 서툴렀죠	서투르겠어요, 서투르겠죠, 서투를 거예요
	III	서투르다	서툴렀다	서투르겠다, 서투를 거다
	IV	서투릅니다	서툴렀습니다	서투르겠습니다, 서투를 겁니다
Interrogative	I	서툴러?, 서투르지?	서툴렀어?, 서툴렀지?	서투르겠어?, 서투를까?
	II	서툴러요?, 서투르죠?	서툴렀어요?, 서툴렀죠?	서투르겠어요?, 서투를까요?
	III	서투르니?, 서투르냐?	서툴렀니?, 서툴렀냐?	서투르겠니?, 서투르겠냐?
	IV	서투릅니까?	서툴렀습니까?	서투르겠습니까?
Adnominal		서투른	서투른	서투를

* I: Intimate / II: Polite / III: Plain / IV: Deferential

Conjunctive	and	서투르고, 서투르며	Conj.	not	서투르지 (않다)
	or	서투르거나, 서투르든(지)		adv.	서투르게
	but	서투르지만, 서투르나, 서투른데	Quot.	decl.	서투르다고
	so	서툴러(서), 서투르니(까), 서투르므로		inter.	서투르냐고
	if	서투르면		Nominal	서투름, 서투르기
	though	서툴러도		Subject Honorific	서투르시다
	as (if)	서투르듯(이)		Causative	서투르게 하다

* Conj.: Conjunctive / Quot.: Quotative / adv.: adverbial / decl.: declarative / inter.: interrogative

poor, bad, clumsy (*sf.* 서툴다 *syn.* 어설프다, 미숙하다 *ant.* 능숙하다) P -에 ADV 너무, 몹시, 아주 | 아직 N 사람 | 솜씨 | 그림, 글씨 | 영어, 외국어 | 연기 | 글, 말, 문장, 표현

▶ 아빠는 애정 표현에 서투르세요. *My father is poor at expressing love.*

▶ 저는 호주에 온 지 20년이 다 되어 가지만 아직 영어가 서툴러요. *It's been almost twenty years since I came to Australia, but my English is still not very good.*

선명하다 seon·myeong·ha·da

		Present	Past	Future / Presumption
Declarative	I	선명해, 선명하지	선명했어, 선명했지	선명하겠어, 선명하겠지, 선명할 거야
	II	선명해요, 선명하죠	선명했어요, 선명했죠	선명하겠어요, 선명하겠죠, 선명할 거예요
	III	선명하다	선명했다	선명하겠다, 선명할 거다
	IV	선명합니다	선명했습니다	선명하겠습니다, 선명할 겁니다
Interrogative	I	선명해?, 선명하지?	선명했어?, 선명했지?	선명하겠어?, 선명할까?
	II	선명해요?, 선명하죠?	선명했어요?, 선명했죠?	선명하겠어요?, 선명할까요?
	III	선명하니?, 선명하냐?	선명했니?, 선명했냐?	선명하겠니?, 선명하겠냐?
	IV	선명합니까?	선명했습니까?	선명하겠습니까?
Adnominal		선명한	선명한	선명할

* I: Intimate / II: Polite / III: Plain / IV: Deferential

Conjunctive	and	선명하고, 선명하며	Conj.	not	선명하지 (않다)
	or	선명하거나, 선명하든(지)		adv.	선명하게, 선명히
	but	선명하지만, 선명하나, 선명한데	Quot.	decl.	선명하다고
	so	선명해(서), 선명하니(까), 선명하므로		inter.	선명하냐고
	if	선명하면		Nominal	선명함, 선명하기
	though	선명해도		Subject Honorific	선명하시다
	as (if)	선명하듯(이)		Causative	선명하게 하다

* Conj.: Conjunctive / Quot.: Quotative / adv.: adverbial / decl.: declarative / inter.: interrogative

clear, vivid (*syn.* 분명하다, 뚜렷하다 *ant.* 흐릿하다) N 빛깔, 색깔, 색상, 색채 | 영상, 이미지, 화질 | 기억 V 떠오르다 | 보이다 | 기억하다 | 남다

▶ 이 모델은 화질이 아주 선명합니다. *This model has great picture quality.*

▶ 그 사고는 아직 마음속에 선명하게 남아 있습니다. *That accident is still fresh in my mind.*

		Present	Past	Future / Presumption
Declarative	I	선해, 선하지	선했어, 선했지	선하겠어, 선하겠지, 선할 거야
	II	선해요, 선하죠	선했어요, 선했죠	선하겠어요, 선하겠죠, 선할 거예요
	III	선하다	선했다	선하겠다, 선할 거다
	IV	선합니다	선했습니다	선하겠습니다, 선할 겁니다
Interrogative	I	선해?, 선하지?	선했어?, 선했지?	선하겠어?, 선할까?
	II	선해요?, 선하죠?	선했어요?, 선했죠?	선하겠어요?, 선할까요?
	III	선하니?, 선하냐?	선했니?, 선했냐?	선하겠니?, 선하겠냐?
	IV	선합니까?	선했습니까?	선하겠습니까?
Adnominal		선한	선한	선할

* I: Intimate / II: Polite / III: Plain / IV: Deferential

Conjunctive	and	선하고, 선하며	Conj.	not	선하지 (않다)
	or	선하거나, 선하든(지)		adv.	선하게
	but	선하지만, 선하나, 선한데	Quot.	decl.	선하다고
	so	선해(서), 선하니(까), 선하므로		inter.	선하냐고
	if	선하면	Nominal		선함, 선하기
	though	선해도	Subject Honorific		선하시다
	as (if)	선하듯(이)	Causative		선하게 하다

* Conj.: Conjunctive / Quot.: Quotative / adv.: adverbial / decl.: declarative / inter.: interrogative

good, nice (*syn.* 착하다 *ant.* 악하다) N 사람 | 감정 | 본성 V 보이다

▸지호 씨는 사람이 참 선해 보여. *Jiho looks so nice.*

▸인간의 본성은 선하다. *All humans are born good.*

		Present	Past	Future / Presumption
Declarative	I	선해, 선하지	선했어, 선했지	선하겠어, 선하겠지, 선할 거야
	II	선해요, 선하죠	선했어요, 선했죠	선하겠어요, 선하겠죠, 선할 거예요
	III	선하다	선했다	선하겠다, 선할 거다
	IV	선합니다	선했습니다	선하겠습니다, 선할 겁니다
Interrogative	I	선해?, 선하지?	선했어?, 선했지?	선하겠어?, 선할까?
	II	선해요?, 선하죠?	선했어요?, 선했죠?	선하겠어요?, 선할까요?
	III	선하니?, 선하냐?	선했니?, 선했냐?	선하겠니?, 선하겠냐?
	IV	선합니까?	선했습니까?	선하겠습니까?
Adnominal		선한	선한	선할

* I: Intimate / II: Polite / III: Plain / IV: Deferential

Conjunctive	and	선하고, 선하며	Conj.	not	선하지 (않다)
	or	선하거나, 선하든(지)		adv.	선하게
	but	선하지만, 선하나, 선한데	Quot.	decl.	선하다고
	so	선해(서), 선하니(까), 선하므로		inter.	선하냐고
	if	선하면	Nominal		선함, 선하기
	though	선해도	Subject Honorific		선하시다
	as (if)	선하듯(이)	Causative		선하게 하다

* Conj.: Conjunctive / Quot.: Quotative / adv.: adverbial / decl.: declarative / inter.: interrogative

vivid, fresh P -에 ADV 아직, 여전히 N 눈, 눈앞

▶ 그 장면이 어제 일처럼 눈에 선해요. *The scene is still vivid like it was yesterday.*

▶ 사람들의 반응이 안 봐도 눈에 선합니다. *I can easily imagine how people will react.*

		Present	Past	Future / Presumption
Declarative	I	섬세해, 섬세하지	섬세했어, 섬세했지	섬세하겠어, 섬세하겠지, 섬세할 거야
	II	섬세해요, 섬세하죠	섬세했어요, 섬세했죠	섬세하겠어요, 섬세하겠죠, 섬세할 거예요
	III	섬세하다	섬세했다	섬세하겠다, 섬세할 거다
	IV	섬세합니다	섬세했습니다	섬세하겠습니다, 섬세할 겁니다
Interrogative	I	섬세해?, 섬세하지?	섬세했어?, 섬세했지?	섬세하겠어?, 섬세할까?
	II	섬세해요?, 섬세하죠?	섬세했어요?, 섬세했죠?	섬세하겠어요?, 섬세할까요?
	III	섬세하니?, 섬세하냐?	섬세했니?, 섬세했냐?	섬세하겠니?, 섬세하겠냐?
	IV	섬세합니까?	섬세했습니까?	섬세하겠습니까?
Adnominal		섬세한	섬세한	섬세할

* I: Intimate / II: Polite / III: Plain / IV: Deferential

Conjunctive	and	섬세하고, 섬세하며	Conj.	not	섬세하지 (않다)
	or	섬세하거나, 섬세하든(지)		adv.	섬세하게
	but	섬세하지만, 섬세하나, 섬세한데	Quot.	decl.	섬세하다고
	so	섬세해(서), 섬세하니(까), 섬세하므로		inter.	섬세하냐고
	if	섬세하면	Nominal		섬세함, 섬세하기
	though	섬세해도	Subject Honorific		섬세하시다
	as (if)	섬세하듯(이)	Causative		섬세하게 하다

* Conj.: Conjunctive / Quot.: Quotative / adv.: adverbial / decl.: declarative / inter.: interrogative

---

delicate, exquisite N 감정, 마음 | 감각, 신경 | 손가락 | 멜로디 | 배려 | 사람, 여성 V 다루다

▶ 이 일은 여성의 섬세함을 필요로 한다. *This job requires a woman's touch.*

▶ 이것은 예민한 사안이니 섬세하게 다루어야 한다. *This is a sensitive issue, so we should handle it delicately.*

섭섭하다 /섭써파다/ seop·seo·pa·da

		Present	Past	Future / Presumption
Declarative	I	섭섭해, 섭섭하지	섭섭했어, 섭섭했지	섭섭하겠어, 섭섭하겠지, 섭섭할 거야
	II	섭섭해요, 섭섭하죠	섭섭했어요, 섭섭했죠	섭섭하겠어요, 섭섭하겠죠, 섭섭할 거예요
	III	섭섭하다	섭섭했다	섭섭하겠다, 섭섭할 거다
	IV	섭섭합니다	섭섭했습니다	섭섭하겠습니다, 섭섭할 겁니다
Interrogative	I	섭섭해?, 섭섭하지?	섭섭했어?, 섭섭했지?	섭섭하겠어?, 섭섭할까?
	II	섭섭해요?, 섭섭하죠?	섭섭했어요?, 섭섭했죠?	섭섭하겠어요?, 섭섭할까요?
	III	섭섭하니?, 섭섭하냐?	섭섭했니?, 섭섭했냐?	섭섭하겠니?, 섭섭하겠냐?
	IV	섭섭합니까?	섭섭했습니까?	섭섭하겠습니까?
Adnominal		섭섭한	섭섭한	섭섭할

* I: Intimate / II: Polite / III: Plain / IV: Deferential

Conjunctive	and	섭섭하고, 섭섭하며	Conj.	not	섭섭하지 (않다)
	or	섭섭하거나, 섭섭하든(지)		adv.	섭섭하게
	but	섭섭하지만, 섭섭하나, 섭섭한데	Quot.	decl.	섭섭하다고
	so	섭섭해(서), 섭섭하니(까), 섭섭하므로		inter.	섭섭하냐고
	if	섭섭하면	Nominal		섭섭함, 섭섭하기
	though	섭섭해도	Subject Honorific		섭섭하시다
	as (if)	섭섭하듯(이)	Causative		섭섭하게 하다

* Conj.: Conjunctive / Quot.: Quotative / adv.: adverbial / decl.: declarative / inter.: interrogative

sorry, disappointed (*syn.* 서운하다) **ADV** 너무, 못내 **N** 감정, 마음, 생각 | 말 | 모양 **V** 듣다 | 생각하다, 여기다

▶ 지금부터 내가 하는 말 너무 섭섭하게 듣지 마. *Don't take this personally.*

▶ 지수가 못 와서 못내 섭섭하네. *It's too bad that Jisu is not here.*

		Present	Past	Future / Presumption
Declarative	I	성급해, 성급하지	성급했어, 성급했지	성급하겠어, 성급하겠지, 성급할 거야
	II	성급해요, 성급하죠	성급했어요, 성급했죠	성급하겠어요, 성급하겠죠, 성급할 거예요
	III	성급하다	성급했다	성급하겠다, 성급할 거다
	IV	성급합니다	성급했습니다	성급하겠습니다, 성급할 겁니다
Interrogative	I	성급해?, 성급하지?	성급했어?, 성급했지?	성급하겠어?, 성급할까?
	II	성급해요?, 성급하죠?	성급했어요?, 성급했죠?	성급하겠어요?, 성급할까요?
	III	성급하니?, 성급하냐?	성급했니?, 성급했냐?	성급하겠니?, 성급하겠냐?
	IV	성급합니까?	성급했습니까?	성급하겠습니까?
Adnominal		성급한	성급한	성급할

* I: Intimate / II: Polite / III: Plain / IV: Deferential

Conjunctive	and	성급하고, 성급하며	Conj.	not	성급하지 (않다)
	or	성급하거나, 성급하든(지)		adv.	성급하게, 성급히
	but	성급하지만, 성급하나, 성급한데	Quot.	decl.	성급하다고
	so	성급해(서), 성급하니(까), 성급하므로		inter.	성급하냐고
	if	성급하면	Nominal		성급함, 성급하기
	though	성급해도	Subject Honorific		성급하시다
	as (if)	성급하듯(이)	Causative		성급하게 하다

* Conj.: Conjunctive / Quot.: Quotative / adv.: adverbial / decl.: declarative / inter.: interrogative

hasty, impatient ADV 너무 | 그렇게 N 결론, 결정, 판단 | 사람, 성격 | 일 | 짓, 행동 | 일반화 V 굴다 | 뛰어들다

▶ 성급하게 결론 내리지 마. *Don't make a hasty conclusion.*

▶ 성급한 일반화란 불충분하거나 편향된 예에서 비롯된 오류를 말한다. *Hasty generalization is a fallacy of reasoning based on insufficient or biased evidence.*

		Present	Past	Future / Presumption
Declarative	I	성실해, 성실하지	성실했어, 성실했지	성실하겠어, 성실하겠지, 성실할 거야
	II	성실해요, 성실하죠	성실했어요, 성실했죠	성실하겠어요, 성실하겠죠, 성실할 거예요
	III	성실하다	성실했다	성실하겠다, 성실할 거다
	IV	성실합니다	성실했습니다	성실하겠습니다, 성실할 겁니다
Interrogative	I	성실해?, 성실하지?	성실했어?, 성실했지?	성실하겠어?, 성실할까?
	II	성실해요?, 성실하죠?	성실했어요?, 성실했죠?	성실하겠어요?, 성실할까요?
	III	성실하니?, 성실하냐?	성실했니?, 성실했냐?	성실하겠니?, 성실하겠냐?
	IV	성실합니까?	성실했습니까?	성실하겠습니까?
Imperative	I	성실해	-	-
	II	성실하세요	-	-
	III	성실해라	-	-
	IV	성실하십시오	-	-
Adnominal		성실한	성실한	성실할

* I: Intimate / II: Polite / III: Plain / IV: Deferential

Conjunctive	and	성실하고, 성실하며	Conj.	not	성실하지 (않다)
	or	성실하거나, 성실하든(지)		adv.	성실하게, 성실히
	but	성실하지만, 성실하나, 성실한데	Quot.	decl.	성실하다고
				inter.	성실하냐고
	so	성실해(서), 성실하니(까), 성실하므로		imp.	성실하라고
	if	성실하면	Nominal		성실함, 성실하기
	though	성실해도	Subject Honorific		성실하시다
	as (if)	성실하듯(이)	Causative		성실하게 하다

* Conj.: Conjunctive / Quot.: Quotative / adv.: adverbial / decl.: declarative / inter.: interrogative / imp.: imperative

hardworking, faithful, sincere (*syn.* 착실하다 *ant.* 불성실하다) **ADV** 매우, 정말로 **N** 분, 사람, 학생 | 노력 | 생활 | 자세, 태도 **V** 일하다 | 살다, 살아가다

▶ 그분은 제가 여태껏 만난 사람 중에 가장 성실한 사람입니다. *He is the most sincere man that I've ever met.*

▶ 그는 매사에 성실하다. *He always does his best.*

		Present	Past	Future / Presumption
Declarative	I	세, 세지	셌어, 셌지	세겠어, 세겠지, 셀 거야
	II	세요, 세죠	셌어요, 셌죠	세겠어요, 세겠죠, 셀 거예요
	III	세다	셌다	세겠다, 셀 거다
	IV	셉니다	셌습니다	세겠습니다, 셀 겁니다
Interrogative	I	세?, 세지?	셌어?, 셌지?	세겠어?, 셀까?
	II	세요?, 세죠?	셌어요?, 셌죠?	세겠어요?, 셀까요?
	III	세니?, 세냐?	셌니?, 셌냐?	세겠니?, 세겠냐?
	IV	셉니까?	셌습니까?	세겠습니까?
Adnominal		센	센	셀

* I: Intimate / II: Polite / III: Plain / IV: Deferential

Conjunctive	and	세고, 세며	Conj.	not	세지 (않다)
	or	세거나, 세든(지)		adv.	세게
	but	세지만, 세나, 센데	Quot.	decl.	세다고
	so	세(서), 세니(까), 세므로		inter.	세냐고
	if	세면		Nominal	셈, 세기
	though	세도		Subject Honorific	세시다
	as (if)	세듯(이)		Causative	세게 하다

* Conj.: Conjunctive / Quot.: Quotative / adv.: adverbial / decl.: declarative / inter.: interrogative

strong, powerful (*syn.* 강하다 *ant.* 약하다) **ADV** 꽤, 너무, 엄청 | 훨씬 **N** 사람 | 힘 | 불 | 바람 | 주먹 | 고집 | 술 **V** 때리다, 치다 | 밀다 | 잡아당기다 | 밟다 | 쥐다 | 던지다

▶ 지수 씨 보기보다 힘이 세더라고. *Jisu was stronger than he looks.*

▶ 아들 녀석이 고집이 너무 세서 걱정이야. *I'm worried about my son because he is too stubborn.*

▶ 아버지는 술이 굉장히 세세요. *My father can hold his liquor.*

		Present	Past	Future / Presumption
Declarative	I	세련돼, 세련되지	세련됐어, 세련됐지	세련되겠어, 세련되겠지, 세련될 거야
	II	세련돼요, 세련되죠	세련됐어요, 세련됐죠	세련되겠어요, 세련되겠죠, 세련될 거예요
	III	세련되다	세련됐다	세련되겠다, 세련될 거다
	IV	세련됩니다	세련됐습니다	세련되겠습니다, 세련될 겁니다
Interrogative	I	세련돼?, 세련되지?	세련됐어?, 세련됐지?	세련되겠어?, 세련될까?
	II	세련돼요?, 세련되죠?	세련됐어요?, 세련됐죠?	세련되겠어요?, 세련될까요?
	III	세련되니?, 세련되냐?	세련됐니?, 세련됐냐?	세련되겠니?, 세련되겠냐?
	IV	세련됩니까?	세련됐습니까?	세련되겠습니까?
Adnominal		세련된	세련된	세련될

* I: Intimate / II: Polite / III: Plain / IV: Deferential

Conjunctive	and	세련되고, 세련되며	Conj.	not	세련되지 (않다)
	or	세련되거나, 세련되든(지)		adv.	세련되게
	but	세련되지만, 세련되나, 세련된데	Quot.	decl.	세련되다고
	so	세련돼(서), 세련되니(까), 세련되므로		inter.	세련되냐고
	if	세련되면	Nominal		세련됨, 세련되기
	though	세련돼도	Subject Honorific		세련되시다
	as (if)	세련되듯(이)	Causative		세련되게 하다

* Conj.: Conjunctive / Quot.: Quotative / adv.: adverbial / decl.: declarative / inter.: interrogative

refined, sophisticated N 복장, 스타일, 옷, 옷차림 | 문장 | 사람, 신사, 여자 | 느낌, 매너, 분위기 | 디자인, 장식 V 입다 | 말하다 | 보이다

▶ 그 제품의 성공 비결은 세련된 디자인이다. *The key to the success of the product is its sophisticated design.*

▶ 너 그 옷 입으니까 세련돼 보인다. *You look sharp in those clothes.*

		Present	Past	Future / Presumption
Declarative	I	세심해, 세심하지	세심했어, 세심했지	세심하겠어, 세심하겠지, 세심할 거야
	II	세심해요, 세심하죠	세심했어요, 세심했죠	세심하겠어요, 세심하겠죠, 세심할 거예요
	III	세심하다	세심했다	세심하겠다, 세심할 거다
	IV	세심합니다	세심했습니다	세심하겠습니다, 세심할 겁니다
Interrogative	I	세심해?, 세심하지?	세심했어?, 세심했지?	세심하겠어?, 세심할까?
	II	세심해요?, 세심하죠?	세심했어요?, 세심했죠?	세심하겠어요?, 세심할까요?
	III	세심하니?, 세심하냐?	세심했니?, 세심했냐?	세심하겠니?, 세심하겠냐?
	IV	세심합니까?	세심했습니까?	세심하겠습니까?
Adnominal		세심한	세심한	세심할

* I: Intimate / II: Polite / III: Plain / IV: Deferential

Conjunctive	and	세심하고, 세심하며	Conj.	not	세심하지 (않다)
	or	세심하거나, 세심하든(지)		adv.	세심하게, 세심히
	but	세심하지만, 세심하나, 세심한데	Quot.	decl.	세심하다고
	so	세심해(서), 세심하니(까), 세심하므로		inter.	세심하냐고
	if	세심하면		Nominal	세심함, 세심하기
	though	세심해도		Subject Honorific	세심하시다
	as (if)	세심하듯(이)		Causative	세심하게 하다

* Conj.: Conjunctive / Quot.: Quotative / adv.: adverbial / decl.: declarative / inter.: interrogative

careful, scrupulous N 주의 | 관심, 배려 | 관리 V 살피다 | 배려하다, 보살피다 | 확인하다

▶ 모두 세심하게 확인했어? *Did you check everything carefully?*

▶ 굉장히 뜨거우니까 세심한 주의가 필요합니다. *You need to be extra careful because it is so hot.*

		Present	Past	Future / Presumption
Declarative	I	섹시해, 섹시하지	섹시했어, 섹시했지	섹시하겠어, 섹시하겠지, 섹시할 거야
	II	섹시해요, 섹시하죠	섹시했어요, 섹시했죠	섹시하겠어요, 섹시하겠죠, 섹시할 거예요
	III	섹시하다	섹시했다	섹시하겠다, 섹시할 거다
	IV	섹시합니다	섹시했습니다	섹시하겠습니다, 섹시할 겁니다
Interrogative	I	섹시해?, 섹시하지?	섹시했어?, 섹시했지?	섹시하겠어?, 섹시할까?
	II	섹시해요?, 섹시하죠?	섹시했어요?, 섹시했죠?	섹시하겠어요?, 섹시할까요?
	III	섹시하니?, 섹시하냐?	섹시했니?, 섹시했냐?	섹시하겠니?, 섹시하겠냐?
	IV	섹시합니까?	섹시했습니까?	섹시하겠습니까?
Adnominal		섹시한	섹시한	섹시할

* I: Intimate / II: Polite / III: Plain / IV: Deferential

Conjunctive	and	섹시하고, 섹시하며	Conj.	not	섹시하지 (않다)
	or	섹시하거나, 섹시하든(지)		adv.	섹시하게
	but	섹시하지만, 섹시하나, 섹시한데	Quot.	decl.	섹시하다고
	so	섹시해(서), 섹시하니(까), 섹시하므로		inter.	섹시하냐고
	if	섹시하면	Nominal		섹시함, 섹시하기
	though	섹시해도	Subject Honorific		섹시하시다
	as (if)	섹시하듯(이)	Causative		섹시하게 하다

* Conj.: Conjunctive / Quot.: Quotative / adv.: adverbial / decl.: declarative / inter.: interrogative

sexy, hot (*syn.* 관능적이다 *ant.* 청순하다 **ADV** 정말 | 은근히 **N** 남자, 여자 | 느낌 | 목소리 | 옷차림 | 몸매 | 매력 | 동작, 포즈

▶ 어느 아름다운 모델이 섹시한 포즈를 취하고 있다. *A pretty model is striking a sexy pose.*

▶ 지독한 감기 때문에 그녀의 목소리가 섹시하게 들렸다. *A bad cold made her voice sexy.*

		Present	Past	Future / Presumption
Declarative	I	소박해, 소박하지	소박했어, 소박했지	소박하겠어, 소박하겠지, 소박할 거야
	II	소박해요, 소박하죠	소박했어요, 소박했죠	소박하겠어요, 소박하겠죠, 소박할 거예요
	III	소박하다	소박했다	소박하겠다, 소박할 거다
	IV	소박합니다	소박했습니다	소박하겠습니다, 소박할 겁니다
Interrogative	I	소박해?, 소박하지?	소박했어?, 소박했지?	소박하겠어?, 소박할까?
	II	소박해요?, 소박하죠?	소박했어요?, 소박했죠?	소박하겠어요?, 소박할까요?
	III	소박하니?, 소박하냐?	소박했니?, 소박했냐?	소박하겠니?, 소박하겠냐?
	IV	소박합니까?	소박했습니까?	소박하겠습니까?
Adnominal		소박한	소박한	소박할

* I: Intimate / II: Polite / III: Plain / IV: Deferential

Conjunctive				Conj. / Quot.		
	and	소박하고, 소박하며		Conj.	not	소박하지 (않다)
	or	소박하거나, 소박하든(지)			adv.	소박하게
	but	소박하지만, 소박하나, 소박한데		Quot.	decl.	소박하다고
	so	소박해(서), 소박하니(까), 소박하므로			inter.	소박하냐고
	if	소박하면		Nominal		소박함, 소박하기
	though	소박해도		Subject Honorific		소박하시다
	as (if)	소박하듯(이)		Causative		소박하게 하다

* Conj.: Conjunctive / Quot.: Quotative / adv.: adverbial / decl.: declarative / inter.: interrogative

simple, plain (*syn.* 수수하다 *ant.* 화려하다) **ADV** 아주 **N** 사람 | 인품 | 생활 | 기쁨 | 식사 | 옷차림 | 말투 | 꿈 **V** 살다

▶ 저는 소박하게 살고 싶어요. *I'd like to live a simple life.*

▶ 소박한 사람들과 같이 있으면 마음이 편해진다. *I feel comfortable when I'm with simple people.*

		Present	Past	Future / Presumption
Declarative	I	소용없어, 소용없지	소용없었어, 소용없었지	소용없겠어, 소용없겠지, 소용없을 거야
	II	소용없어요, 소용없죠	소용없었어요, 소용없었죠	소용없겠어요, 소용없겠죠, 소용없을 거예요
	III	소용없다	소용없었다	소용없겠다, 소용없을 거다
	IV	소용없습니다	소용없었습니다	소용없겠습니다, 소용없을 겁니다
Interrogative	I	소용없어?, 소용없지?	소용없었어?, 소용없었지?	소용없겠어?, 소용없을까?
	II	소용없어요?, 소용없죠?	소용없었어요?, 소용없었죠?	소용없겠어요?, 소용없을까요?
	III	소용없니?, 소용없(느)냐?	소용없었니?, 소용없었냐?	소용없겠니?, 소용없겠냐?
	IV	소용없습니까?	소용없었습니까?	소용없겠습니까?
Adnominal		소용없는	소용없는	소용없을

* I: Intimate / II: Polite / III: Plain / IV: Deferential

Conjunctive	and	소용없고, 소용없으며	Conj.	not	소용없지 (않다)
	or	소용없거나, 소용없든(지)		adv.	소용없게, 소용없이
	but	소용없지만, 소용없으나, 소용없는데	Quot.	decl.	소용없다고
	so	소용없어(서), 소용없으니(까), 소용없으므로		inter.	소용없(느)냐고
	if	소용없으면		Nominal	소용없음, 소용없기
	though	소용없어도		Subject Honorific	소용없으시다
	as (if)	소용없듯(이)		Causative	소용없게 하다

* Conj.: Conjunctive / Quot.: Quotative / adv.: adverbial / decl.: declarative / inter.: interrogative

---

useless, pointless (*syn.* 쓸데없다) P -에, -에게 N 일 | 짓

▸ 지난 일을 후회해도 소용없어요. *It is no use crying over spilled milk.*
▸ 봐 달라고 빌어 봤자 소용없다. *There's no point begging for mercy.*

		Present	Past	Future / Presumption
Declarative	I	소중해, 소중하지	소중했어, 소중했지	소중하겠어, 소중하겠지, 소중할 거야
	II	소중해요, 소중하죠	소중했어요, 소중했죠	소중하겠어요, 소중하겠죠, 소중할 거예요
	III	소중하다	소중했다	소중하겠다, 소중할 거다
	IV	소중합니다	소중했습니다	소중하겠습니다, 소중할 겁니다
Interrogative	I	소중해?, 소중하지?	소중했어?, 소중했지?	소중하겠어?, 소중할까?
	II	소중해요?, 소중하죠?	소중했어요?, 소중했죠?	소중하겠어요?, 소중할까요?
	III	소중하니?, 소중하냐?	소중했니?, 소중했냐?	소중하겠니?, 소중하겠냐?
	IV	소중합니까?	소중했습니까?	소중하겠습니까?
Adnominal		소중한	소중한	소중할

* I: Intimate / II: Polite / III: Plain / IV: Deferential

Conjunctive	and	소중하고, 소중하며	**Conj.**	not	소중하지 (않다)
	or	소중하거나, 소중하든(지)		adv.	소중하게, 소중히
	but	소중하지만, 소중하나, 소중한데	**Quot.**	decl.	소중하다고
	so	소중해(서), 소중하니(까), 소중하므로		inter.	소중하냐고
	if	소중하면		Nominal	소중함, 소중하기
	though	소중해도		Subject Honorific	소중하시다
	as (if)	소중하듯(이)		Causative	소중하게 하다

* Conj.: Conjunctive / Quot.: Quotative / adv.: adverbial / decl.: declarative / inter.: interrogative

precious, valuable (*syn.* 귀하다, 귀중하다 *ant.* 하찮다) **ADV** 가장, 정말, 제일 **N** 가족, 사람, 친구 | 물건 | 기억, 추억 | 경험 | 시간 | 기회 **V** 다루다 | 간직하다 | 대하다, 여기다

▸ 시간은 돈보다 더 소중합니다. *Time is more precious than money.*
▸ 아내는 저한테 정말 소중한 사람이에요. *My wife means everything to me.*

		Present	Past	Future / Presumption
Declarative	I	속상해, 속상하지	속상했어, 속상했지	속상하겠어, 속상하겠지, 속상할 거야
	II	속상해요, 속상하죠	속상했어요, 속상했죠	속상하겠어요, 속상하겠죠, 속상할 거예요
	III	속상하다	속상했다	속상하겠다, 속상할 거다
	IV	속상합니다	속상했습니다	속상하겠습니다, 속상할 겁니다
Interrogative	I	속상해?, 속상하지?	속상했어?, 속상했지?	속상하겠어?, 속상할까?
	II	속상해요?, 속상하죠?	속상했어요?, 속상했죠?	속상하겠어요?, 속상할까요?
	III	속상하니?, 속상하냐?	속상했니?, 속상했냐?	속상하겠니?, 속상하겠냐?
	IV	속상합니까?	속상했습니까?	속상하겠습니까?
Adnominal		속상한	속상한	속상할

* I: Intimate / II: Polite / III: Plain / IV: Deferential

Conjunctive	and	속상하고, 속상하며	Conj.	not	속상하지 (않다)
	or	속상하거나, 속상하든(지)		adv.	속상하게
	but	속상하지만, 속상하나, 속상한데	Quot.	decl.	속상하다고
	so	속상해(서), 속상하니(까), 속상하므로		inter.	속상하냐고
	if	속상하면	Nominal		속상함, 속상하기
	though	속상해도	Subject Honorific		속상하시다
	as (if)	속상하듯(이)	Causative		속상하게 하다

* Conj.: Conjunctive / Quot.: Quotative / adv.: adverbial / decl.: declarative / inter.: interrogative

upset, annoyed ADV 너무, 많이, 몹시 N 일 | 것 | 마음 | 얼굴 V 죽다

▶ 시험에 떨어져서 속상해 죽겠어요. *I'm so upset because I failed the test.*
▶ 어제 일이 너무 속상해요. *I'm distressed about what happened yesterday.*

		Present	Past	Future / Presumption
Declarative	I	손쉬워, 손쉽지	손쉬웠어, 손쉬웠지	손쉽겠어, 손쉽겠지, 손쉬울 거야
	II	손쉬워요, 손쉽죠	손쉬웠어요, 손쉬웠죠	손쉽겠어요, 손쉽겠죠, 손쉬울 거예요
	III	손쉽다	손쉬웠다	손쉽겠다, 손쉬울 거다
	IV	손쉽습니다	손쉬웠습니다	손쉽겠습니다, 손쉬울 겁니다
Interrogative	I	손쉬워?, 손쉽지?	손쉬웠어?, 손쉬웠지?	손쉽겠어?, 손쉬울까?
	II	손쉬워요?, 손쉽죠?	손쉬웠어요?, 손쉬웠죠?	손쉽겠어요?, 손쉬울까요?
	III	손쉽니?, 손쉬우냐?/손쉽냐?	손쉬웠니?, 손쉬웠냐?	손쉽겠니?, 손쉽겠냐?
	IV	손쉽습니까?	손쉬웠습니까?	손쉽겠습니까?
Adnominal		손쉬운	손쉬운	손쉬울

* I: Intimate / II: Polite / III: Plain / IV: Deferential

Conjunctive	and	손쉽고, 손쉬우며	Conj.	not	손쉽지 (않다)
	or	손쉽거나, 손쉽든(지)		adv.	손쉽게
	but	손쉽지만, 손쉬우나, 손쉬운데	Quot.	decl.	손쉽다고
	so	손쉬워(서), 손쉬우니(까), 손쉬우므로		inter.	손쉬우냐고/손쉽냐고
	if	손쉬우면	Nominal		손쉬움, 손쉽기
	though	손쉬워도	Subject Honorific		손쉬우시다
	as (if)	손쉽듯(이)	Causative		손쉽게 하다

* Conj.: Conjunctive / Quot.: Quotative / adv.: adverbial / decl.: declarative / inter.: interrogative

easy (*syn.* 쉽다 *ant.* 어렵다) N 방법 | 일 | 승리, 우승 | 해결책 | 상대 V 이기다 | 구하다 | 끝내다

▶ 예상 외로 나는 그를 손쉽게 이겼다. *I won an unexpectedly easy victory over him.*

▶ 자는 것은 시간을 죽이는 가장 손쉬운 방법이다. *Sleeping is the easiest way to kill time.*

솔직하다 /솔찌카다/ sol·ji·ka·da

		Present	Past	Future / Presumption
Declarative	I	솔직해, 솔직하지	솔직했어, 솔직했지	솔직하겠어, 솔직하겠지, 솔직할 거야
	II	솔직해요, 솔직하죠	솔직했어요, 솔직했죠	솔직하겠어요, 솔직하겠죠, 솔직할 거예요
	III	솔직하다	솔직했다	솔직하겠다, 솔직할 거다
	IV	솔직합니다	솔직했습니다	솔직하겠습니다, 솔직할 겁니다
Interrogative	I	솔직해?, 솔직하지?	솔직했어?, 솔직했지?	솔직하겠어?, 솔직할까?
	II	솔직해요?, 솔직하죠?	솔직했어요?, 솔직했죠?	솔직하겠어요?, 솔직할까요?
	III	솔직하니?, 솔직하냐?	솔직했니?, 솔직했냐?	솔직하겠니?, 솔직하겠냐?
	IV	솔직합니까?	솔직했습니까?	솔직하겠습니까?
Imperative	I	솔직해	-	-
	II	솔직하세요	-	-
	III	솔직해라	-	-
	IV	솔직하십시오	-	-
Adnominal		솔직한	솔직한	솔직할

* I: Intimate / II: Polite / III: Plain / IV: Deferential

Conjunctive	and	솔직하고, 솔직하며	Conj.	not	솔직하지 (않다)
	or	솔직하거나, 솔직하든(지)		adv.	솔직하게, 솔직히
	but	솔직하지만, 솔직하나, 솔직한데	Quot.	decl.	솔직하다고
				inter.	솔직하냐고
	so	솔직해(서), 솔직하니(까), 솔직하므로		imp.	솔직하라고
	if	솔직하면	Nominal		솔직함, 솔직하기
	though	솔직해도	Subject Honorific		솔직하시다
	as (if)	솔직하듯(이)	Causative		솔직하게 하다

* Conj.: Conjunctive / Quot.: Quotative / adv.: adverbial / decl.: declarative / inter.: interrogative / imp.: imperative

honest, frank **P** -에, -에게 **N** 생각, 의견 | 대화 | 말씀, 얘기 | 답변, 대답 | 사람 | 태도 | 성격 | 마음, 심정 **V** 말하다 | 밝히다, 털어놓다 | 대답하다

▸ 솔직히 말해 주세요. *Please, be frank with me.*

▸ 그는 자기 감정에 솔직한 사람이다. *He is open about his feelings.*

		Present	Past	Future / Presumption
Declarative	I	수많아, 수많지	수많았어, 수많았지	수많겠어, 수많겠지, 수많을 거야
	II	수많아요, 수많죠	수많았어요, 수많았죠	수많겠어요, 수많겠죠, 수많을 거 예요
	III	수많다	수많았다	수많겠다, 수많을 거다
	IV	수많습니다	수많았습니다	수많겠습니다, 수많을 겁니다
Interrogative	I	수많아?, 수많지?	수많았어?, 수많았지?	수많겠어?, 수많을까?
	II	수많아요?, 수많죠?	수많았어요?, 수많았죠?	수많겠어요?, 수많을까요?
	III	수많니?, 수많(으)냐?	수많았니?, 수많았냐?	수많겠니?, 수많겠냐?
	IV	수많습니까?	수많았습니까?	수많겠습니까?
Adnominal		수많은	수많은	수많을

* I: Intimate / II: Polite / III: Plain / IV: Deferential

Conjunctive	and	수많고, 수많으며	Conj.	not	수많지 (않다)
	or	수많거나, 수많든(지)		adv.	수많게, 수많이
	but	수많지만, 수많으나, 수많은데	Quot.	decl.	수많다고
	so	수많아(서), 수많으니(까), 수많으므로		inter.	수많(으)냐고
	if	수많으면	Nominal		수많음, 수많기
	though	수많아도	Subject Honorific		수많으시다
	as (if)	수많듯(이)	Causative		수많게 하다

* Conj.: Conjunctive / Quot.: Quotative / adv.: adverbial / decl.: declarative / inter.: interrogative

many, numerous (*syn.* 숱하다) F 수많은 N 사람 | 군중, 인파 | 관객, 관중 | 팬 | 작품

▶ 한국 전쟁으로 수많은 사람들이 목숨을 잃었다. *A great number of people died during the Korean War.*

▶ 수많은 인파가 공원에 모여 있다. *There are a large number of people in the park.*

수줍다 /수줍따/ su·jup·da

		Present	Past	Future / Presumption
Declarative	I	수줍어, 수줍지	수줍었어, 수줍었지	수줍겠어, 수줍겠지, 수줍을 거야
	II	수줍어요, 수줍죠	수줍었어요, 수줍었죠	수줍겠어요, 수줍겠죠, 수줍을 거예요
	III	수줍다	수줍었다	수줍겠다, 수줍을 거다
	IV	수줍습니다	수줍었습니다	수줍겠습니다, 수줍을 겁니다
Interrogative	I	수줍어?, 수줍지?	수줍었어?, 수줍었지?	수줍겠어?, 수줍을까?
	II	수줍어요?, 수줍죠?	수줍었어요?, 수줍었죠?	수줍겠어요?, 수줍을까요?
	III	수줍니?, 수줍(으)냐?	수줍었니?, 수줍었냐?	수줍겠니?, 수줍겠냐?
	IV	수줍습니까?	수줍었습니까?	수줍겠습니까?
Adnominal		수줍은	수줍은	수줍을

* I: Intimate / II: Polite / III: Plain / IV: Deferential

Conjunctive	and	수줍고, 수줍으며		Conj.	not	수줍지 (않다)
	or	수줍거나, 수줍든(지)			adv.	수줍게
	but	수줍지만, 수줍으나, 수줍은데		Quot.	decl.	수줍다고
	so	수줍어(서), 수줍으니(까), 수줍으므로			inter.	수줍(으)냐고
	if	수줍으면		Nominal		수줍음, 수줍기
	though	수줍어도		Subject Honorific		수줍으시다
	as (if)	수줍듯(이)		Causative		수줍게 하다

* Conj.: Conjunctive / Quot.: Quotative / adv.: adverbial / decl.: declarative / inter.: interrogative

shy (*syn.* 부끄럽다) **ADV** 너무 **N** 미소, 웃음 | 기색, 얼굴, 태도, 표정 | 말 | 성격 **V** 웃다 | 말하다

▶ 저는 어릴 때 수줍음이 많았어요 *I was so shy when I was a child.*
▶ 그녀는 수줍게 웃었다. *She smiled shyly.*

순박하다 /순바카다/ sun·ba·ka·da   하 REGULAR

		Present	Past	Future / Presumption
Declarative	I	순박해, 순박하지	순박했어, 순박했지	순박하겠어, 순박하겠지, 순박할 거야
	II	순박해요, 순박하죠	순박했어요, 순박했죠	순박하겠어요, 순박하겠죠, 순박할 거예요
	III	순박하다	순박했다	순박하겠다, 순박할 거다
	IV	순박합니다	순박했습니다	순박하겠습니다, 순박할 겁니다
Interrogative	I	순박해?, 순박하지?	순박했어?, 순박했지?	순박하겠어?, 순박할까?
	II	순박해요?, 순박하죠?	순박했어요?, 순박했죠?	순박하겠어요?, 순박할까요?
	III	순박하니?, 순박하냐?	순박했니?, 순박했냐?	순박하겠니?, 순박하겠냐?
	IV	순박합니까?	순박했습니까?	순박하겠습니까?
Adnominal		순박한	순박한	순박할

* I: Intimate / II: Polite / III: Plain / IV: Deferential

Conjunctive	and	순박하고, 순박하며	Conj.	not	순박하지 (않다)
	or	순박하거나, 순박하든(지)		adv.	순박하게
	but	순박하지만, 순박하나, 순박한데	Quot.	decl.	순박하다고
	so	순박해(서), 순박하니(까), 순박하므로		inter.	순박하냐고
	if	순박하면	Nominal		순박함, 순박하기
	though	순박해도	Subject Honorific		순박하시다
	as (if)	순박하듯(이)	Causative		순박하게 하다

* Conj.: Conjunctive / Quot.: Quotative / adv.: adverbial / decl.: declarative / inter.: interrogative

simple, naive N 노인, 농부, 사람, 처녀 | 눈 V 살다

▶ 아버지는 농사일밖에 모르는 순박한 분이세요. *My father is so simple that he knows nothing but farming.*

▶ 그녀는 크고 순박한 눈으로 나를 바라보았다. *She looked at me with her big, childlike eyes.*

		Present	Past	Future / Presumption
Declarative	I	순수해, 순수하지	순수했어, 순수했지	순수하겠어, 순수하겠지, 순수할 거야
	II	순수해요, 순수하죠	순수했어요, 순수했죠	순수하겠어요, 순수하겠죠, 순수할 거예요
	III	순수하다	순수했다	순수하겠다, 순수할 거다
	IV	순수합니다	순수했습니다	순수하겠습니다, 순수할 겁니다
Interrogative	I	순수해?, 순수하지?	순수했어?, 순수했지?	순수하겠어?, 순수할까?
	II	순수해요?, 순수하죠?	순수했어요?, 순수했죠?	순수하겠어요?, 순수할까요?
	III	순수하니?, 순수하냐?	순수했니?, 순수했냐?	순수하겠니?, 순수하겠냐?
	IV	순수합니까?	순수했습니까?	순수하겠습니까?
Adnominal		순수한	순수한	순수할

* I: Intimate / II: Polite / III: Plain / IV: Deferential

Conjunctive	and	순수하고, 순수하며	Conj.	not	순수하지 (않다)
	or	순수하거나, 순수하든(지)		adv.	순수하게
	but	순수하지만, 순수하나, 순수한데	Quot.	decl.	순수하다고
	so	순수해(서), 순수하니(까), 순수하므로		inter.	순수하냐고
	if	순수하면	Nominal		순수함, 순수하기
	though	순수해도	Subject Honorific		순수하시다
	as (if)	순수하듯(이)	Causative		순수하게 하다

* Conj.: Conjunctive / Quot.: Quotative / adv.: adverbial / decl.: declarative / inter.: interrogative

pure, innocent (*ant.* 교활하다, 약삭빠르다) N 마음, 사랑, 열정 | 혈통 | 사람 | 동기, 의도 | 미소 V 받아들이다 | 대하다

▶ 그렇게 순수한 사람이 범죄를 저질렀다니 믿을 수가 없군. *I can't believe that such an innocent person committed a crime.*

▶ 의도는 순수했지만, 그녀는 모두를 짜증 나게 만들었다. *Despite her pure motives, she annoyed everybody.*

		Present	Past	Future / Presumption
Declarative	I	순진해, 순진하지	순진했어, 순진했지	순진하겠어, 순진하겠지, 순진할 거야
	II	순진해요, 순진하죠	순진했어요, 순진했죠	순진하겠어요, 순진하겠죠, 순진할 거예요
	III	순진하다	순진했다	순진하겠다, 순진할 거다
	IV	순진합니다	순진했습니다	순진하겠습니다, 순진할 겁니다
Interrogative	I	순진해?, 순진하지?	순진했어?, 순진했지?	순진하겠어?, 순진할까?
	II	순진해요?, 순진하죠?	순진했어요?, 순진했죠?	순진하겠어요?, 순진할까요?
	III	순진하니?, 순진하냐?	순진했니?, 순진했냐?	순진하겠니?, 순진하겠냐?
	IV	순진합니까?	순진했습니까?	순진하겠습니까?
Adnominal		순진한	순진한	순진할

* I: Intimate / II: Polite / III: Plain / IV: Deferential

Conjunctive	and	순진하고, 순진하며	Conj.	not	순진하지 (않다)
	or	순진하거나, 순진하든(지)		adv.	순진하게
	but	순진하지만, 순진하나, 순진한데	Quot.	decl.	순진하다고
	so	순진해(서), 순진하니(까), 순진하므로		inter.	순진하냐고
	if	순진하면	Nominal		순진함, 순진하기
	though	순진해도	Subject Honorific		순진하시다
	as (if)	순진하듯(이)	Causative		순진하게 하다

* Conj.: Conjunctive / Quot.: Quotative / adv.: adverbial / decl.: declarative / inter.: interrogative

innocent, naive **ADV** 정말 | 아직 **N** 사람, 소녀, 아이, 어린이, 청년 | 동심, 마음, 생각 | 미소, 얼굴, 표정 **V** 척하다, 체하다 **ADJ** 어리다

▸ 순진한 척하지 마. *Don't pretend to be innocent.*

▸ 많은 사람들이 그의 순진한 얼굴에 속아 넘어갔다. *Many people were fooled by his innocent look.*

		Present	Past	Future / Presumption
Declarative	I	순해, 순하지	순했어, 순했지	순하겠어, 순하겠지, 순할 거야
	II	순해요, 순하죠	순했어요, 순했죠	순하겠어요, 순하겠죠, 순할 거예요
	III	순하다	순했다	순하겠다, 순할 거다
	IV	순합니다	순했습니다	순하겠습니다, 순할 겁니다
Interrogative	I	순해?, 순하지?	순했어?, 순했지?	순하겠어?, 순할까?
	II	순해요?, 순하죠?	순했어요?, 순했죠?	순하겠어요?, 순할까요?
	III	순하니?, 순하냐?	순했니?, 순했냐?	순하겠니?, 순하겠냐?
	IV	순합니까?	순했습니까?	순하겠습니까?
Adnominal		순한	순한	순할

* I: Intimate / II: Polite / III: Plain / IV: Deferential

Conjunctive	and	순하고, 순하며	Conj.	not	순하지 (않다)
	or	순하거나, 순하든(지)		adv.	순하게
	but	순하지만, 순하나, 순한데	Quot.	decl.	순하다고
	so	순해(서), 순하니(까), 순하므로		inter.	순하냐고
	if	순하면	Nominal		순함, 순하기
	though	순해도	Subject Honorific		순하시다
	as (if)	순하듯(이)	Causative		순하게 하다

* Conj.: Conjunctive / Quot.: Quotative / adv.: adverbial / decl.: declarative / inter.: interrogative

gentle, mild (*ant.* 독하다) **ADV** 가장, 아주 **N** 맛 | 사람 | 성격, 성품, 인상 | 담배, 비누, 술, 화장품

▸ 남편은 순한 사람이에요. *My husband has a mild personality.*
▸ 저는 순한 담배를 좋아합니다. *I like mild cigarettes.*

숱하다 /수타다/ su·ta·da   하 REGULAR

		Present	Past	Future / Presumption
Declarative	I	숱해, 숱하지	숱했어, 숱했지	숱하겠어, 숱하겠지, 숱할 거야
	II	숱해요, 숱하죠	숱했어요, 숱했죠	숱하겠어요, 숱하겠죠, 숱할 거예요
	III	숱하다	숱했다	숱하겠다, 숱할 거다
	IV	숱합니다	숱했습니다	숱하겠습니다, 숱할 겁니다
Interrogative	I	숱해?, 숱하지?	숱했어?, 숱했지?	숱하겠어?, 숱할까?
	II	숱해요?, 숱하죠?	숱했어요?, 숱했죠?	숱하겠어요?, 숱할까요?
	III	숱하니?, 숱하냐?	숱했니?, 숱했냐?	숱하겠니?, 숱하겠냐?
	IV	숱합니까?	숱했습니까?	숱하겠습니까?
Adnominal		숱한	숱한	숱할

* I: Intimate / II: Polite / III: Plain / IV: Deferential

Conjunctive	and	숱하고, 숱하며	Conj.	not	숱하지 (않다)
	or	숱하거나, 숱하든(지)		adv.	숱하게
	but	숱하지만, 숱하나, 숱한데	Quot.	decl.	숱하다고
	so	숱해(서), 숱하니(까), 숱하므로		inter.	숱하냐고
	if	숱하면	Nominal		숱함, 숱하기
	though	숱해도	Subject Honorific		숱하시다
	as (if)	숱하듯(이)	Causative		숱하게 하다

* Conj.: Conjunctive / Quot.: Quotative / adv.: adverbial / decl.: declarative / inter.: interrogative

numerous, thick (*syn.* 수많다) **F** 숱한 | 숱하게 **N** 사람 | 비화 | 고비 | 고생, 시련, 실패, 우여곡절 | 경험 | 사건 | 세월, 시간 | 화제 **ADJ** 많다

▶ 저는 여태껏 숱한 고비를 넘겼습니다. *I've weathered a number of storms so far.*
▶ 숱한 실패 끝에 그는 마침내 그 문제를 푸는 데 성공했다. *After a lot of failure, he finally succeeded to solve the problem.*

		Present	Past	Future / Presumption
Declarative	I	쉬워, 쉽지	쉬웠어, 쉬웠지	쉽겠어, 쉽겠지, 쉬울 거야
	II	쉬워요, 쉽죠	쉬웠어요, 쉬웠죠	쉽겠어요, 쉽겠죠, 쉬울 거예요
	III	쉽다	쉬웠다	쉽겠다, 쉬울 거다
	IV	쉽습니다	쉬웠습니다	쉽겠습니다, 쉬울 겁니다
Interrogative	I	쉬워?, 쉽지?	쉬웠어?, 쉬웠지?	쉽겠어?, 쉬울까?
	II	쉬워요?, 쉽죠?	쉬웠어요?, 쉬웠죠?	쉽겠어요?, 쉬울까요?
	III	쉽니?, 쉬우냐?/쉽냐?	쉬웠니?, 쉬웠냐?	쉽겠니?, 쉽겠냐?
	IV	쉽습니까?	쉬웠습니까?	쉽겠습니까?
Adnominal		쉬운	쉬운	쉬울

* I: Intimate / II: Polite / III: Plain / IV: Deferential

Conjunctive	and	쉽고, 쉬우며	Conj.	not	쉽지 (않다)
	or	쉽거나, 쉽든(지)		adv.	쉽게, 쉬이
	but	쉽지만, 쉬우나, 쉬운데	Quot.	decl.	쉽다고
	so	쉬워(서), 쉬우니(까), 쉬우므로		inter.	쉬우냐고/쉽냐고
	if	쉬우면	Nominal		쉬움, 쉽기
	though	쉬워도	Subject Honorific		쉬우시다
	as (if)	쉽듯(이)	Causative		쉽게 하다

* Conj.: Conjunctive / Quot.: Quotative / adv.: adverbial / decl.: declarative / inter.: interrogative

easy, simple (*syn.* 손쉽다 *ant.* 어렵다) ADV 결코, 그렇게, 그리 | 너무, 아주 | 비교적 | 의외로 N 책 | 일 | 설명 | 문제 | 사람 | 말, 얘기 | 생각 | 방법 | 결정 | 표현 V 말하다, 설명하다 | 보다 | 찾다 | 이기다

▶ 이 문제는 결코 쉬운 문제가 아니에요. *This is not an easy problem at all.*
▶ 오래된 차는 고장 나기 쉬워요. *Old cars easily break down.*
▶ 알아듣기 쉽게 설명해 주시겠어요? *Could you explain it so I can understand?*

		Present	Past	Future / Presumption
Declarative	I	슬퍼, 슬프지	슬펐어, 슬펐지	슬프겠어, 슬프겠지, 슬플 거야
	II	슬퍼요, 슬프죠	슬펐어요, 슬펐죠	슬프겠어요, 슬프겠죠, 슬플 거예요
	III	슬프다	슬펐다	슬프겠다, 슬플 거다
	IV	슬픕니다	슬펐습니다	슬프겠습니다, 슬플 겁니다
Interrogative	I	슬퍼?, 슬프지?	슬펐어?, 슬펐지?	슬프겠어?, 슬플까?
	II	슬퍼요?, 슬프죠?	슬펐어요?, 슬펐죠?	슬프겠어요?, 슬플까요?
	III	슬프니?, 슬프냐?	슬펐니?, 슬펐냐?	슬프겠니?, 슬프겠냐?
	IV	슬픕니까?	슬펐습니까?	슬프겠습니까?
Adnominal		슬픈	슬픈	슬플

* I: Intimate / II: Polite / III: Plain / IV: Deferential

Conjunctive	and	슬프고, 슬프며	Conj.	not	슬프지 (않다)
	or	슬프거나, 슬프든(지)		adv.	슬프게, 슬피
	but	슬프지만, 슬프나, 슬픈데	Quot.	decl.	슬프다고
	so	슬퍼(서), 슬프니(까), 슬프므로		inter.	슬프냐고
	if	슬프면		Nominal	슬픔, 슬프기
	though	슬퍼도		Subject Honorific	슬프시다
	as (if)	슬프듯(이)		Causative	슬프게 하다

* Conj.: Conjunctive / Quot.: Quotative / adv.: adverbial / decl.: declarative / inter.: interrogative

sad, sorrowful (*ant.* 기쁘다) **ADV** 너무, 정말 **N** 얘기 | 소식, 일 | 얼굴, 표정 | 나머지 | 눈물 | 때 | 느낌, 마음, 생각 | 노래, 드라마, 영화 **V** 울다 | 보이다

▶ 슬픈 노래는 듣고 싶지 않아요. *I don't want to listen to a sad song.*

▶ 이렇게 슬픈 소식을 전하게 되어 안타깝습니다. *I'm sorry to report this sad news.*

시급하다 /시그파다/ si·geu·pa·da

		Present	Past	Future / Presumption
Declarative	I	시급해, 시급하지	시급했어, 시급했지	시급하겠어, 시급하겠지, 시급할 거야
	II	시급해요, 시급하죠	시급했어요, 시급했죠	시급하겠어요, 시급하겠죠, 시급할 거예요
	III	시급하다	시급했다	시급하겠다, 시급할 거다
	IV	시급합니다	시급했습니다	시급하겠습니다, 시급할 겁니다
Interrogative	I	시급해?, 시급하지?	시급했어?, 시급했지?	시급하겠어?, 시급할까?
	II	시급해요?, 시급하죠?	시급했어요?, 시급했죠?	시급하겠어요?, 시급할까요?
	III	시급하니?, 시급하냐?	시급했니?, 시급했냐?	시급하겠니?, 시급하겠냐?
	IV	시급합니까?	시급했습니까?	시급하겠습니까?
Adnominal		시급한	시급한	시급할

* I: Intimate / II: Polite / III: Plain / IV: Deferential

Conjunctive	and	시급하고, 시급하며	Conj.	not	시급하지 (않다)
	or	시급하거나, 시급하든(지)		adv.	시급하게, 시급히
	but	시급하지만, 시급하나, 시급한데	Quot.	decl.	시급하다고
	so	시급해(서), 시급하니(까), 시급하므로		inter.	시급하냐고
	if	시급하면	Nominal		시급함, 시급하기
	though	시급해도	Subject Honorific		시급하시다
	as (if)	시급하듯(이)	Causative		시급하게 하다

* Conj.: Conjunctive / Quot.: Quotative / adv.: adverbial / decl.: declarative / inter.: interrogative

urgent (*syn.* 급하다 *ant.* 여유롭다) **ADV** 가장, 매우, 아주 **N** 과제, 문제, 사안, 사항, 일 | 요구, 요청 | 상황 | 대책

▶ 물가 안정 대책 마련이 시급합니다. *Measures to stabilize prices are urgently needed.*
▶ 가장 시급한 문제가 뭐죠? *What's the most urgent matter?*

		Present	Past	Future / Presumption
Declarative	I	시끄러워, 시끄럽지	시끄러웠어, 시끄러웠지	시끄럽겠어, 시끄럽겠지, 시끄러울 거야
	II	시끄러워요, 시끄럽죠	시끄러웠어요, 시끄러웠죠	시끄럽겠어요, 시끄럽겠죠, 시끄러울 거예요
	III	시끄럽다	시끄러웠다	시끄럽겠다, 시끄러울 거다
	IV	시끄럽습니다	시끄러웠습니다	시끄럽겠습니다, 시끄러울 겁니다
Interrogative	I	시끄러워?, 시끄럽지?	시끄러웠어?, 시끄러웠지?	시끄럽겠어?, 시끄러울까?
	II	시끄러워요?, 시끄럽죠?	시끄러웠어요?, 시끄러웠죠?	시끄럽겠어요?, 시끄러울까요?
	III	시끄럽니?, 시끄러우냐?/시끄럽냐?	시끄러웠니?, 시끄러웠냐?	시끄럽겠니?, 시끄럽겠냐?
	IV	시끄럽습니까?	시끄러웠습니까?	시끄럽겠습니까?
Adnominal		시끄러운	시끄러운	시끄러울

* I: Intimate / II: Polite / III: Plain / IV: Deferential

Conjunctive	and	시끄럽고, 시끄러우며	Conj.	not	시끄럽지 (않다)
	or	시끄럽거나, 시끄럽든(지)		adv.	시끄럽게
	but	시끄럽지만, 시끄러우나, 시끄러운데	Quot.	decl.	시끄럽다고
	so	시끄러워(서), 시끄러우니(까), 시끄러우므로		inter.	시끄러우냐고/시끄럽냐고
	if	시끄러우면	Nominal		시끄러움, 시끄럽기
	though	시끄러워도	Subject Honorific		시끄러우시다
	as (if)	시끄럽듯(이)	Causative		시끄럽게 하다

* Conj.: Conjunctive / Quot.: Quotative / adv.: adverbial / decl.: declarative / inter.: interrogative

noisy, loud (*syn.* 떠들썩하다, 소란스럽다 *ant.* 조용하다) ADV 너무, 몹시 N 말, 소리, 잔소리 | 음악 | 사람, 이웃 | 문제 | 기계 V 떠들다 | 굴다 | 들리다 | 죽다 | 울다

▶ 저는 시끄러운 건 질색이에요. *I hate noises.*

▶ 볼륨 좀 줄여 줄래? 음악 소리가 너무 시끄러워서 집중이 안 돼. *Can you turn the music down? It is so loud I can't concentrate.*

		Present	Past	Future / Presumption
Declarative	I	시려, 시리지	시렸어, 시렸지	시리겠어, 시리겠지, 시릴 거야
	II	시려요, 시리죠	시렸어요, 시렸죠	시리겠어요, 시리겠죠, 시릴 거예요
	III	시리다	시렸다	시리겠다, 시릴 거다
	IV	시립니다	시렸습니다	시리겠습니다, 시릴 겁니다
Interrogative	I	시려?, 시리지?	시렸어?, 시렸지?	시리겠어?, 시릴까?
	II	시려요?, 시리죠?	시렸어요?, 시렸죠?	시리겠어요?, 시릴까요?
	III	시리니?, 시리냐?	시렸니?, 시렸냐?	시리겠니?, 시리겠냐?
	IV	시립니까?	시렸습니까?	시리겠습니까?
Adnominal		시린	시린	시릴

* I: Intimate / II: Polite / III: Plain / IV: Deferential

Conjunctive	and	시리고, 시리며	Conj.	not	시리지 (않다)
	or	시리거나, 시리든(지)		adv.	시리게
	but	시리지만, 시리나, 시린데	Quot.	decl.	시리다고
	so	시려(서), 시리니(까), 시리므로		inter.	시리냐고
	if	시리면	Nominal		시림, 시리기
	though	시려도	Subject Honorific		시리시다
	as (if)	시리듯(이)	Causative		시리게 하다

* Conj.: Conjunctive / Quot.: Quotative / adv.: adverbial / decl.: declarative / inter.: interrogative

---

cold ADV 너무 N 정도 | 눈, 발, 뼈, 손, 이 ADJ 차다

▶ 손이 너무 시려요. *My hands are freezing.*
▶ 찬물을 마시면 이가 시립니다. *My teeth ache when I drink cold water.*

		Present	Past	Future / Presumption
Declarative	I	시원해, 시원하지	시원했어, 시원했지	시원하겠어, 시원하겠지, 시원할 거야
	II	시원해요, 시원하죠	시원했어요, 시원했죠	시원하겠어요, 시원하겠죠, 시원할 거예요
	III	시원하다	시원했다	시원하겠다, 시원할 거다
	IV	시원합니다	시원했습니다	시원하겠습니다, 시원할 겁니다
Interrogative	I	시원해?, 시원하지?	시원했어?, 시원했지?	시원하겠어?, 시원할까?
	II	시원해요?, 시원하죠?	시원했어요?, 시원했죠?	시원하겠어요?, 시원할까요?
	III	시원하니?, 시원하냐?	시원했니?, 시원했냐?	시원하겠니?, 시원하겠냐?
	IV	시원합니까?	시원했습니까?	시원하겠습니까?
Adnominal		시원한	시원한	시원할

* I: Intimate / II: Polite / III: Plain / IV: Deferential

Conjunctive	and	시원하고, 시원하며	Conj.	not	시원하지 (않다)
	or	시원하거나, 시원하든(지)		adv.	시원하게, 시원히
	but	시원하지만, 시원하나, 시원한데	Quot.	decl.	시원하다고
	so	시원해(서), 시원하니(까), 시원하므로		inter.	시원하냐고
	if	시원하면		Nominal	시원함, 시원하기
	though	시원해도		Subject Honorific	시원하시다
	as (if)	시원하듯(이)		Causative	시원하게 하다

* Conj.: Conjunctive / Quot.: Quotative / adv.: adverbial / decl.: declarative / inter.: interrogative

cool (*ant.* 답답하다) **ADV** 아주 | 한결, 훨씬 **N** 공기, 바닷바람, 바람, 산들바람 | 기분, 느낌 | 냉커피, 맥주, 물, 음료수, 주스 | 맛 | 대답 | 계곡 | 날씨 | 말 | 성격 | 그늘 | 옷차림 | 마음, 속

- ▶ 시원한 물 좀 드릴까요? *Do you want some cold water?*
- ▶ 오늘은 날씨가 시원하네요. *It's cool today.*
- ▶ 속 시원히 말 좀 해 봐. *Spit it out!*

		Present	Past	Future / Presumption
Declarative	I	시커메, 시커멓지	시커멨어, 시커멨지	시커멓겠어, 시커멓겠지, 시커멀 거야
	II	시커메요, 시커멓죠	시커멨어요, 시커멨죠	시커멓겠어요, 시커멓겠죠, 시커멀 거예요
	III	시커멓다	시커멨다	시커멓겠다, 시커멀 거다
	IV	시커멓습니다	시커멨습니다	시커멓겠습니다, 시커멀 겁니다
Interrogative	I	시커메?, 시커멓지?	시커멨어?, 시커멨지?	시커멓겠어?, 시커멀까?
	II	시커메요?, 시커멓죠?	시커멨어요?, 시커멨죠?	시커멓겠어요?, 시커멀까요?
	III	시커멓니?, 시커머냐?/시커멓냐?	시커멨니?, 시커멨냐?	시커멓겠니?, 시커멓겠냐?
	IV	시커멓습니까?	시커멨습니까?	시커멓겠습니까?
Adnominal		시커먼	시커먼	시커멀

* I: Intimate / II: Polite / III: Plain / IV: Deferential

Conjunctive	and	시커멓고, 시커머며		Conj.	not	시커멓지 (않다)
	or	시커멓거나, 시커멓든(지)			adv.	시커멓게
	but	시커멓지만, 시커머나, 시커먼데		Quot.	decl.	시커멓다고
	so	시커메(서), 시커머니(까), 시커머므로			inter.	시커머냐고/시커멓냐고
	if	시커머면		Nominal		시커멈, 시커멓기
	though	시커메도		Subject Honorific		시커머시다
	as (if)	시커멓듯(이)		Causative		시커멓게 하다

* Conj.: Conjunctive / Quot.: Quotative / adv.: adverbial / decl.: declarative / inter.: interrogative

jet-black, dark (*syn.* 검다, 새까맣다 *ant.* 새하얗다) **ADV** 온통 **N** 구름, 그을음, 매연, 연기 | 기차 | 물체 | 모습, 얼굴 | 털 | 속, 속셈 **V** 그을리다, 타다 | 되다

▶ 그 사람은 속이 시커메요. *He's dark-hearted.*
▶ 시커먼 구름이 언덕 위를 뒤덮고 있었다. *Dark clouds hung over the hill.*

		Present	Past	Future / Presumption
Declarative	I	신기해, 신기하지	신기했어, 신기했지	신기하겠어, 신기하겠지, 신기할 거야
	II	신기해요, 신기하죠	신기했어요, 신기했죠	신기하겠어요, 신기하겠죠, 신기할 거예요
	III	신기하다	신기했다	신기하겠다, 신기할 거다
	IV	신기합니다	신기했습니다	신기하겠습니다, 신기할 겁니다
Interrogative	I	신기해?, 신기하지?	신기했어?, 신기했지?	신기하겠어?, 신기할까?
	II	신기해요?, 신기하죠?	신기했어요?, 신기했죠?	신기하겠어요?, 신기할까요?
	III	신기하니?, 신기하냐?	신기했니?, 신기했냐?	신기하겠니?, 신기하겠냐?
	IV	신기합니까?	신기했습니까?	신기하겠습니까?
Adnominal		신기한	신기한	신기할

* I: Intimate / II: Polite / III: Plain / IV: Deferential

Conjunctive	and	신기하고, 신기하며	Conj.	not	신기하지 (않다)
	or	신기하거나, 신기하든(지)		adv.	신기하게
	but	신기하지만, 신기하나, 신기한데	Quot.	decl.	신기하다고
	so	신기해(서), 신기하니(까), 신기하므로		inter.	신기하냐고
	if	신기하면		Nominal	신기함, 신기하기
	though	신기해도		Subject Honorific	신기하시다
	as (if)	신기하듯(이)		Causative	신기하게 하다

* Conj.: Conjunctive / Quot.: Quotative / adv.: adverbial / decl.: declarative / inter.: interrogative

amazing, wonderful (*syn.* 놀랍다 *ant.* 평범하다) **ADV** 너무, 되게, 정말, 참 | 어찌나 **N** 물건 | 일

▶ 인간이 언어를 구사할 수 있다는 것은 정말 신기한 일이다. *It's truly amazing that humans can use language.*

▶ 너와 여기서 마주치다니 신기하다. *It's surprising that I bumped into you here.*

신기하다² _{sin·gi·ha·da}

		Present	Past	Future / Presumption
Declarative	I	신기해, 신기하지	신기했어, 신기했지	신기하겠어, 신기하겠지, 신기할 거야
	II	신기해요, 신기하죠	신기했어요, 신기했죠	신기하겠어요, 신기하겠죠, 신기할 거예요
	III	신기하다	신기했다	신기하겠다, 신기할 거다
	IV	신기합니다	신기했습니다	신기하겠습니다, 신기할 겁니다
Interrogative	I	신기해?, 신기하지?	신기했어?, 신기했지?	신기하겠어?, 신기할까?
	II	신기해요?, 신기하죠?	신기했어요?, 신기했죠?	신기하겠어요?, 신기할까요?
	III	신기하니?, 신기하냐?	신기했니?, 신기했냐?	신기하겠니?, 신기하겠냐?
	IV	신기합니까?	신기했습니까?	신기하겠습니까?
Adnominal		신기한	신기한	신기할

* I: Intimate / II: Polite / III: Plain / IV: Deferential

Conjunctive	and	신기하고, 신기하며	Conj.	not	신기하지 (않다)
	or	신기하거나, 신기하든(지)		adv.	신기하게
	but	신기하지만, 신기하나, 신기한데	Quot.	decl.	신기하다고
	so	신기해(서), 신기하니(까), 신기하므로		inter.	신기하냐고
	if	신기하면	Nominal		신기함, 신기하기
	though	신기해도	Subject Honorific		신기하시다
	as (if)	신기하듯(이)	Causative		신기하게 하다

* Conj.: Conjunctive / Quot.: Quotative / adv.: adverbial / decl.: declarative / inter.: interrogative

novel, new **ADV** 정말, 참 **N** 물건 | 일 | 이야기

▸ 삼촌은 신기한 이야기를 많이 알고 있었다. *My uncle knew a lot of unusual stories.*

▸ 그 사람 눈에는 그 도시의 모든 것이 신기했다. *Everything about the city was new to his eyes.*

		Present	Past	Future / Presumption
Declarative	I	신선해, 신선하지	신선했어, 신선했지	신선하겠어, 신선하겠지, 신선할 거야
	II	신선해요, 신선하죠	신선했어요, 신선했죠	신선하겠어요, 신선하겠죠, 신선할 거예요
	III	신선하다	신선했다	신선하겠다, 신선할 거다
	IV	신선합니다	신선했습니다	신선하겠습니다, 신선할 겁니다
Interrogative	I	신선해?, 신선하지?	신선했어?, 신선했지?	신선하겠어?, 신선할까?
	II	신선해요?, 신선하죠?	신선했어요?, 신선했죠?	신선하겠어요?, 신선할까요?
	III	신선하니?, 신선하냐?	신선했니?, 신선했냐?	신선하겠니?, 신선하겠냐?
	IV	신선합니까?	신선했습니까?	신선하겠습니까?
Adnominal		신선한	신선한	신선할

* I: Intimate / II: Polite / III: Plain / IV: Deferential

Conjunctive	and	신선하고, 신선하며	Conj. not	신선하지 (않다)
	or	신선하거나, 신선하든(지)	adv.	신선하게
	but	신선하지만, 신선하나, 신선한데	Quot. decl.	신선하다고
	so	신선해(서), 신선하니(까), 신선하므로	inter.	신선하냐고
	if	신선하면	Nominal	신선함, 신선하기
	though	신선해도	Subject Honorific	신선하시다
	as (if)	신선하듯(이)	Causative	신선하게 하다

* Conj.: Conjunctive / Quot.: Quotative / adv.: adverbial / decl.: declarative / inter.: interrogative

fresh, new **ADV** 매우, 아주 **N** 공기 | 과일, 야채, 채소, 토마토 | 고기, 생선, 우유, 해산물, 회 | 재료 | 맛 | 감각 | 감동 | 식품, 음식 | 생각, 아이디어

▶ 감기에는 신선한 과일이 좋습니다. *Fresh fruits are good for people who have a cold.*

▶ 우리는 여러분의 신선한 생각을 기대하고 있습니다. *We expect fresh ideas from you.*

		Present	Past	Future / Presumption
Declarative	I	신성해, 신성하지	신성했어, 신성했지	신성하겠어, 신성하겠지, 신성할 거야
	II	신성해요, 신성하죠	신성했어요, 신성했죠	신성하겠어요, 신성하겠죠, 신성할 거예요
	III	신성하다	신성했다	신성하겠다, 신성할 거다
	IV	신성합니다	신성했습니다	신성하겠습니다, 신성할 겁니다
Interrogative	I	신성해?, 신성하지?	신성했어?, 신성했지?	신성하겠어?, 신성할까?
	II	신성해요?, 신성하죠?	신성했어요?, 신성했죠?	신성하겠어요?, 신성할까요?
	III	신성하니?, 신성하냐?	신성했니?, 신성했냐?	신성하겠니?, 신성하겠냐?
	IV	신성합니까?	신성했습니까?	신성하겠습니까?
Adnominal		신성한	신성한	신성할

* I: Intimate / II: Polite / III: Plain / IV: Deferential

Conjunctive	and	신성하고, 신성하며	Conj.	not	신성하지 (않다)
	or	신성하거나, 신성하든(지)		adv.	신성하게
	but	신성하지만, 신성하나, 신성한데	Quot.	decl.	신성하다고
	so	신성해(서), 신성하니(까), 신성하므로		inter.	신성하냐고
	if	신성하면	Nominal		신성함, 신성하기
	though	신성해도	Subject Honorific		신성하시다
	as (if)	신성하듯(이)	Causative		신성하게 하다

* Conj.: Conjunctive / Quot.: Quotative / adv.: adverbial / decl.: declarative / inter.: interrogative

sacred, holy (*ant.* 속되다) N 곳, 장소 | 의식 | 사랑 | 직업 | 행위 | 권리
- ▸ 투표는 우리나라 국민들 모두의 신성한 권리입니다. *Voting is a sacred right of every citizen in our country.*
- ▸ 이곳은 신성한 장소이기 때문에 입장하기 전에 신발을 벗어야 합니다. *This is a holy place, so you need to remove your shoes from your feet to enter.*

신속하다 /신소카다/ sin·so·ka·da 하 REGULAR

		Present	Past	Future / Presumption
Declarative	I	신속해, 신속하지	신속했어, 신속했지	신속하겠어, 신속하겠지, 신속할 거야
	II	신속해요, 신속하죠	신속했어요, 신속했죠	신속하겠어요, 신속하겠죠, 신속할 거예요
	III	신속하다	신속했다	신속하겠다, 신속할 거다
	IV	신속합니다	신속했습니다	신속하겠습니다, 신속할 겁니다
Interrogative	I	신속해?, 신속하지?	신속했어?, 신속했지?	신속하겠어?, 신속할까?
	II	신속해요?, 신속하죠?	신속했어요?, 신속했죠?	신속하겠어요?, 신속할까요?
	III	신속하니?, 신속하냐?	신속했니?, 신속했냐?	신속하겠니?, 신속하겠냐?
	IV	신속합니까?	신속했습니까?	신속하겠습니까?
Adnominal		신속한	신속한	신속할

* I: Intimate / II: Polite / III: Plain / IV: Deferential

Conjunctive	and	신속하고, 신속하며	Conj.	not	신속하지 (않다)
	or	신속하거나, 신속하든(지)		adv.	신속하게, 신속히
	but	신속하지만, 신속하나, 신속한데	Quot.	decl.	신속하다고
	so	신속해(서), 신속하니(까), 신속하므로		inter.	신속하냐고
	if	신속하면	Nominal		신속함, 신속하기
	though	신속해도	Subject Honorific		신속하시다
	as (if)	신속하듯(이)	Causative		신속하게 하다

* Conj.: Conjunctive / Quot.: Quotative / adv.: adverbial / decl.: declarative / inter.: interrogative

prompt, quick, swift (*syn.* 빠르다 *ant.* 느리다) ADV 최대한 N 대응, 대처, 반응, 처리 | 행동 | 배달 | 결정, 해결 | 답변, 답장

▸ 신속한 답변 감사합니다. *I appreciate your prompt reply.*

▸ 가능한 한 신속하게 지금 하는 일을 끝내라. *Finish what you are doing as quickly as you can.*

		Present	Past	Future / Presumption
Declarative	I	신중해, 신중하지	신중했어, 신중했지	신중하겠어, 신중하겠지, 신중할 거야
	II	신중해요, 신중하죠	신중했어요, 신중했죠	신중하겠어요, 신중하겠죠, 신중할 거예요
	III	신중하다	신중했다	신중하겠다, 신중할 거다
	IV	신중합니다	신중했습니다	신중하겠습니다, 신중할 겁니다
Interrogative	I	신중해?, 신중하지?	신중했어?, 신중했지?	신중하겠어?, 신중할까?
	II	신중해요?, 신중하죠?	신중했어요?, 신중했죠?	신중하겠어요?, 신중할까요?
	III	신중하니?, 신중하냐?	신중했니?, 신중했냐?	신중하겠니?, 신중하겠냐?
	IV	신중합니까?	신중했습니까?	신중하겠습니까?
Imperative	I	신중해	-	-
	II	신중하세요	-	-
	III	신중해라	-	-
	IV	신중하십시오	-	-
Adnominal		신중한	신중한	신중할

* I: Intimate / II: Polite / III: Plain / IV: Deferential

Conjunctive	and	신중하고, 신중하며	Conj.	not	신중하지 (않다)
	or	신중하거나, 신중하든(지)		adv.	신중하게, 신중히
	but	신중하지만, 신중하나, 신중한데	Quot.	decl.	신중하다고
	so	신중해(서), 신중하니(까), 신중하므로		inter.	신중하냐고
				imp.	신중하라고
	if	신중하면	Nominal		신중함, 신중하기
	though	신중해도	Subject Honorific		신중하시다
	as (if)	신중하듯(이)	Causative		신중하게 하다

* Conj.: Conjunctive / Quot.: Quotative / adv.: adverbial / decl.: declarative / inter.: interrogative / imp.: imperative

careful, cautious, prudent (*ant.* 경솔하다) **ADV** 더, 더욱, 보다 **N** 생각 | 행동 | 자세, 태도 | 사람 | 결정, 대처 | 검토 | 답변, 대답 **V** 생각하다 | 행동하다 | 고르다

▸ 아내는 매사에 신중합니다. *My wife is cautious in everything she does.*

▸ 대답하기 전에 신중하게 생각하세요. *Think carefully before giving an answer.*

		Present	Past	Future / Presumption
Declarative	I	신통해, 신통하지	신통했어, 신통했지	신통하겠어, 신통하겠지, 신통할 거야
	II	신통해요, 신통하죠	신통했어요, 신통했죠	신통하겠어요, 신통하겠죠, 신통할 거예요
	III	신통하다	신통했다	신통하겠다, 신통할 거다
	IV	신통합니다	신통했습니다	신통하겠습니다, 신통할 겁니다
Interrogative	I	신통해?, 신통하지?	신통했어?, 신통했지?	신통하겠어?, 신통할까?
	II	신통해요?, 신통하죠?	신통했어요?, 신통했죠?	신통하겠어요?, 신통할까요?
	III	신통하니?, 신통하냐?	신통했니?, 신통했냐?	신통하겠니?, 신통하겠냐?
	IV	신통합니까?	신통했습니까?	신통하겠습니까?
Adnominal		신통한	신통한	신통할

* I: Intimate / II: Polite / III: Plain / IV: Deferential

Conjunctive	and	신통하고, 신통하며	Conj.	not	신통하지 (않다)
	or	신통하거나, 신통하든(지)		adv.	신통하게
	but	신통하지만, 신통하나, 신통한데	Quot.	decl.	신통하다고
	so	신통해(서), 신통하니(까), 신통하므로		inter.	신통하냐고
	if	신통하면	Nominal		신통함, 신통하기
	though	신통해도	Subject Honorific		신통하시다
	as (if)	신통하듯(이)	Causative		신통하게 하다

* Conj.: Conjunctive / Quot.: Quotative / adv.: adverbial / decl.: declarative / inter.: interrogative

wonderful, amazing ADV 별로 | 아주, 참 **N** 재주 | 생각 | 약 | 사람, 아이 **V** 듣다

▶ 이 약은 참 신통하게 잘 들어. *This medicine works like a charm.*

▶ 꼬마 녀석이 신통하구나. *What a remarkable kid!*

		Present	Past	Future / Presumption
Declarative	I	싫어, 싫지	싫었어, 싫었지	싫겠어, 싫겠지, 싫을 거야
	II	싫어요, 싫죠	싫었어요, 싫었죠	싫겠어요, 싫겠죠, 싫을 거예요
	III	싫다	싫었다	싫겠다, 싫을 거다
	IV	싫습니다	싫었습니다	싫겠습니다, 싫을 겁니다
Interrogative	I	싫어?, 싫지?	싫었어?, 싫었지?	싫겠어?, 싫을까?
	II	싫어요?, 싫죠?	싫었어요?, 싫었죠?	싫겠어요?, 싫을까요?
	III	싫니?, 싫(으)냐?	싫었니?, 싫었냐?	싫겠니?, 싫겠냐?
	IV	싫습니까?	싫었습니까?	싫겠습니까?
Adnominal		싫은	싫은	싫을

* I: Intimate / II: Polite / III: Plain / IV: Deferential

Conjunctive	and	싫고, 싫으며	Conj.	not	싫지 (않다)
	or	싫거나, 싫든(지)		adv.	싫게
	but	싫지만, 싫으나, 싫은데	Quot.	decl.	싫다고
	so	싫어(서), 싫으니(까), 싫으므로		inter.	싫(으)냐고
	if	싫으면		Nominal	싫음, 싫기
	though	싫어도		Subject Honorific	싫으시다
	as (if)	싫듯(이)		Causative	싫게 하다

* Conj.: Conjunctive / Quot.: Quotative / adv.: adverbial / decl.: declarative / inter.: interrogative

hateful (*ant.* 좋다) **ADV** 너무, 정말 | 그렇게, 왜 **N** 말, 소리 | 남자, 사람, 여자 | 것, 일 | 기색, 내색, 얼굴 | 이유 | 날씨 | 공부, 과목 **V** 말하다 | 죽다 | 관두다, 그만두다

▶ 때로는 하기 싫은 일을 해야 한다는 게 참 슬퍼요. *It's so sad that sometimes we have to do things we don't want to do.*

▶ 지금은 그 얘기 하기 싫어요. *I don't want to talk about it now.*

심각하다 /심가카다/ sim·ga·ka·da   하 REGULAR

		Present	Past	Future / Presumption
Declarative	I	심각해, 심각하지	심각했어, 심각했지	심각하겠어, 심각하겠지, 심각할 거야
	II	심각해요, 심각하죠	심각했어요, 심각했죠	심각하겠어요, 심각하겠죠, 심각할 거예요
	III	심각하다	심각했다	심각하겠다, 심각할 거다
	IV	심각합니다	심각했습니다	심각하겠습니다, 심각할 겁니다
Interrogative	I	심각해?, 심각하지?	심각했어?, 심각했지?	심각하겠어?, 심각할까?
	II	심각해요?, 심각하죠?	심각했어요?, 심각했죠?	심각하겠어요?, 심각할까요?
	III	심각하니?, 심각하냐?	심각했니?, 심각했냐?	심각하겠니?, 심각하겠냐?
	IV	심각합니까?	심각했습니까?	심각하겠습니까?
Adnominal		심각한	심각한	심각할

* I: Intimate / II: Polite / III: Plain / IV: Deferential

Conjunctive	and	심각하고, 심각하며	Conj.	not	심각하지 (않다)
	or	심각하거나, 심각하든(지)		adv.	심각하게, 심각히
	but	심각하지만, 심각하나, 심각한데	Quot.	decl.	심각하다고
	so	심각해(서), 심각하니(까), 심각하므로		inter.	심각하냐고
	if	심각하면	Nominal		심각함, 심각하기
	though	심각해도	Subject Honorific		심각하시다
	as (if)	심각하듯(이)	Causative		심각하게 하다

* Conj.: Conjunctive / Quot.: Quotative / adv.: adverbial / decl.: declarative / inter.: interrogative

serious, grave (*syn.* 중대하다) **ADV** 그렇게 | 더 | 꽤, 매우 **N** 것, 문제 | 생각 | 얼굴, 표정 | 상태, 상황 | 부상, 손상, 위기, 위험, 타격, 피해 | 영향, 정도 | 병, 질병

▸ 저도 암이 심각한 병이라는 건 알아요. *I also know cancer is a serious disease.*
▸ 농담이 아니에요. 저는 심각합니다. *I'm not joking. I'm serious.*
▸ 대기오염은 많은 나라에서 심각한 문제야. *Air pollution is a serious problem in many countries.*

		Present	Past	Future / Presumption
Declarative	I	심심해, 심심하지	심심했어, 심심했지	심심하겠어, 심심하겠지, 심심할 거야
	II	심심해요, 심심하죠	심심했어요, 심심했죠	심심하겠어요, 심심하겠죠, 심심할 거예요
	III	심심하다	심심했다	심심하겠다, 심심할 거다
	IV	심심합니다	심심했습니다	심심하겠습니다, 심심할 겁니다
Interrogative	I	심심해?, 심심하지?	심심했어?, 심심했지?	심심하겠어?, 심심할까?
	II	심심해요?, 심심하죠?	심심했어요?, 심심했죠?	심심하겠어요?, 심심할까요?
	III	심심하니?, 심심하냐?	심심했니?, 심심했냐?	심심하겠니?, 심심하겠냐?
	IV	심심합니까?	심심했습니까?	심심하겠습니까?
Adnominal		심심한	심심한	심심할

* I: Intimate / II: Polite / III: Plain / IV: Deferential

Conjunctive	and	심심하고, 심심하며	Conj.	not	심심하지 (않다)
	or	심심하거나, 심심하든(지)		adv.	심심하게
	but	심심하지만, 심심하나, 심심한데	Quot.	decl.	심심하다고
	so	심심해(서), 심심하니(까), 심심하므로		inter.	심심하냐고
	if	심심하면	Nominal		심심함, 심심하기
	though	심심해도	Subject Honorific		심심하시다
	as (if)	심심하듯(이)	Causative		심심하게 하다

* Conj.: Conjunctive / Quot.: Quotative / adv.: adverbial / decl.: declarative / inter.: interrogative

---

bored (*syn.* 따분하다 *ant.* 바쁘다) **ADV** 그냥 | 너무 **N** 때 **V** 죽다

▸ 심심해 죽겠어요. *I'm bored to death.*

▸ 심심하면 전화해. *Call me when you're bored.*

		Present	Past	Future / Presumption
Declarative	I	심해, 심하지	심했어, 심했지	심하겠어, 심하겠지, 심할 거야
	II	심해요, 심하죠	심했어요, 심했죠	심하겠어요, 심하겠죠, 심할 거예요
	III	심하다	심했다	심하겠다, 심할 거다
	IV	심합니다	심했습니다	심하겠습니다, 심할 겁니다
Interrogative	I	심해?, 심하지?	심했어?, 심했지?	심하겠어?, 심할까?
	II	심해요?, 심하죠?	심했어요?, 심했죠?	심하겠어요?, 심할까요?
	III	심하니?, 심하냐?	심했니?, 심했냐?	심하겠니?, 심하겠냐?
	IV	심합니까?	심했습니까?	심하겠습니까?
Adnominal		심한	심한	심할

* I: Intimate / II: Polite / III: Plain / IV: Deferential

Conjunctive	and	심하고, 심하며	Conj.	not	심하지 (않다)
	or	심하거나, 심하든(지)		adv.	심하게, 심히
	but	심하지만, 심하나, 심한데	Quot.	decl.	심하다고
	so	심해(서), 심하니(까), 심하므로		inter.	심하냐고
	if	심하면	Nominal		심함, 심하기
	though	심해도	Subject Honorific		심하시다
	as (if)	심하듯(이)	Causative		심하게 하다

* Conj.: Conjunctive / Quot.: Quotative / adv.: adverbial / decl.: declarative / inter.: interrogative

heavy, severe ADV 꽤, 너무, 아주 N 말 | 손상, 충격 | 고통, 부상, 통증 | 감기, 기침, 두통 | 사람 | 운동 | 장난 | 스트레스 V 내리다, 붇다 | 다치다, 아프다 | 싸우다 | 말하다

▶ 기침이 심하고 열이 나요. *I have a terrible cough and a high fever.*
▶ 미안. 내 농담이 너무 심했어. *Sorry. I went too far with the joke.*
▶ 우리는 심하게 싸운 후에 헤어졌다. *We broke up after a big fight.*

		Present	Past	Future / Presumption
Declarative	I	싱거워, 싱겁지	싱거웠어, 싱거웠지	싱겁겠어, 싱겁겠지, 싱거울 거야
	II	싱거워요, 싱겁죠	싱거웠어요, 싱거웠죠	싱겁겠어요, 싱겁겠죠, 싱거울 거 예요
	III	싱겁다	싱거웠다	싱겁겠다, 싱거울 거다
	IV	싱겁습니다	싱거웠습니다	싱겁겠습니다, 싱거울 겁니다
Interrogative	I	싱거워?, 싱겁지?	싱거웠어?, 싱거웠지?	싱겁겠어?, 싱거울까?
	II	싱거워요?, 싱겁죠?	싱거웠어요?, 싱거웠죠?	싱겁겠어요?, 싱거울까요?
	III	싱겁니?, 싱거우냐?/ 싱겁냐?	싱거웠니?, 싱거웠냐?	싱겁겠니?, 싱겁겠냐?
	IV	싱겁습니까?	싱거웠습니까?	싱겁겠습니까?
Adnominal		싱거운	싱거운	싱거울

* I: Intimate / II: Polite / III: Plain / IV: Deferential

Conjunctive	and	싱겁고, 싱거우며	Conj.	not	싱겁지 (않다)
	or	싱겁거나, 싱겁든(지)		adv.	싱겁게
	but	싱겁지만, 싱거우나, 싱거운데	Quot.	decl.	싱겁다고
	so	싱거워(서), 싱거우니(까), 싱거우므로		inter.	싱거우냐고/싱겁냐고
	if	싱거우면	Nominal		싱거움, 싱겁기
	though	싱거워도	Subject Honorific		싱거우시다
	as (if)	싱겁듯(이)	Causative		싱겁게 하다

* Conj.: Conjunctive / Quot.: Quotative / adv.: adverbial / decl.: declarative / inter.: interrogative

bland (*ant.* 짜다) ADV 조금, 좀 | 너무 N 간, 맛 | 국, 차 | 농담, 말, 소리 | 사람
▶ 국이 좀 싱겁네. *The soup is a little bland.*
▶ 싱거우면 소금을 더 넣어. *Put more salt in if it's too bland.*

하 REGULAR

		Present	Past	Future / Presumption
Declarative	I	싱싱해, 싱싱하지	싱싱했어, 싱싱했지	싱싱하겠어, 싱싱하겠지, 싱싱할 거야
	II	싱싱해요, 싱싱하죠	싱싱했어요, 싱싱했죠	싱싱하겠어요, 싱싱하겠죠, 싱싱할 거예요
	III	싱싱하다	싱싱했다	싱싱하겠다, 싱싱할 거다
	IV	싱싱합니다	싱싱했습니다	싱싱하겠습니다, 싱싱할 겁니다
Interrogative	I	싱싱해?, 싱싱하지?	싱싱했어?, 싱싱했지?	싱싱하겠어?, 싱싱할까?
	II	싱싱해요?, 싱싱하죠?	싱싱했어요?, 싱싱했죠?	싱싱하겠어요?, 싱싱할까요?
	III	싱싱하니?, 싱싱하냐?	싱싱했니?, 싱싱했냐?	싱싱하겠니?, 싱싱하겠냐?
	IV	싱싱합니까?	싱싱했습니까?	싱싱하겠습니까?
Adnominal		싱싱한	싱싱한	싱싱할

* I: Intimate / II: Polite / III: Plain / IV: Deferential

Conjunctive	and	싱싱하고, 싱싱하며	Conj.	not	싱싱하지 (않다)
	or	싱싱하거나, 싱싱하든(지)		adv.	싱싱하게
	but	싱싱하지만, 싱싱하나, 싱싱한데	Quot.	decl.	싱싱하다고
	so	싱싱해(서), 싱싱하니(까), 싱싱하므로		inter.	싱싱하냐고
	if	싱싱하면	Nominal		싱싱함, 싱싱하기
	though	싱싱해도	Subject Honorific		싱싱하시다
	as (if)	싱싱하듯(이)	Causative		싱싱하게 하다

* Conj.: Conjunctive / Quot.: Quotative / adv.: adverbial / decl.: declarative / inter.: interrogative

fresh **ADV** 정말 | 아직 **N** 물고기, 생선 | 과일, 야채, 채소 | 냄새 | 재료

▶ 이 집 생선은 늘 보면 싱싱해. *The fish in this supermarket are always fresh.*

▶ 싱싱한 채소를 많이 드세요. *Eat many fresh vegetables.*

		Present	Past	Future / Presumption
Declarative	I	싸늘해, 싸늘하지	싸늘했어, 싸늘했지	싸늘하겠어, 싸늘하겠지, 싸늘할 거야
	II	싸늘해요, 싸늘하죠	싸늘했어요, 싸늘했죠	싸늘하겠어요, 싸늘하겠죠, 싸늘할 거예요
	III	싸늘하다	싸늘했다	싸늘하겠다, 싸늘할 거다
	IV	싸늘합니다	싸늘했습니다	싸늘하겠습니다, 싸늘할 겁니다
Interrogative	I	싸늘해?, 싸늘하지?	싸늘했어?, 싸늘했지?	싸늘하겠어?, 싸늘할까?
	II	싸늘해요?, 싸늘하죠?	싸늘했어요?, 싸늘했죠?	싸늘하겠어요?, 싸늘할까요?
	III	싸늘하니?, 싸늘하냐?	싸늘했니?, 싸늘했냐?	싸늘하겠니?, 싸늘하겠냐?
	IV	싸늘합니까?	싸늘했습니까?	싸늘하겠습니까?
Adnominal		싸늘한	싸늘한	싸늘할

* I: Intimate / II: Polite / III: Plain / IV: Deferential

Conjunctive	and	싸늘하고, 싸늘하며	Conj.	not	싸늘하지 (않다)
	or	싸늘하거나, 싸늘하든(지)		adv.	싸늘하게, 싸늘히
	but	싸늘하지만, 싸늘하나, 싸늘한데	Quot.	decl.	싸늘하다고
	so	싸늘해(서), 싸늘하니(까), 싸늘하므로		inter.	싸늘하냐고
	if	싸늘하면	Nominal		싸늘함, 싸늘하기
	though	싸늘해도	Subject Honorific		싸늘하시다
	as (if)	싸늘하듯(이)	Causative		싸늘하게 하다

* Conj.: Conjunctive / Quot.: Quotative / adv.: adverbial / decl.: declarative / inter.: interrogative

chilly, cold, icy (*syn.* 차다) **ADV** 이미 **N** 공기, 냉기, 바람 | 날씨 | 눈길, 눈빛, 표정 | 말투, 목소리 | 태도 **V** 식다 | 굳다

▶ 싸늘한 날씨가 며칠째 계속되고 있다. *There's been chilly weather for several days now.*

▶ 그녀의 목소리가 싸늘했다. *Her tone was cold.*

		Present	Past	Future / Presumption
Declarative	I	싸, 싸지	쌌어, 쌌지	싸겠어, 싸겠지, 쌀 거야
	II	싸요, 싸죠	쌌어요, 쌌죠	싸겠어요, 싸겠죠, 쌀 거예요
	III	싸다	쌌다	싸겠다, 쌀 거다
	IV	쌉니다	쌌습니다	싸겠습니다, 쌀 겁니다
Interrogative	I	싸?, 싸지?	쌌어?, 쌌지?	싸겠어?, 쌀까?
	II	싸요?, 싸죠?	쌌어요?, 쌌죠?	싸겠어요?, 쌀까요?
	III	싸니?, 싸냐?	쌌니?, 쌌냐?	싸겠니?, 싸겠냐?
	IV	쌉니까?	쌌습니까?	싸겠습니까?
Adnominal		싼	싼	쌀

* I: Intimate / II: Polite / III: Plain / IV: Deferential

Conjunctive	and	싸고, 싸며	Conj.	not	싸지 (않다)
	or	싸거나, 싸든(지)		adv.	싸게
	but	싸지만, 싸나, 싼데	Quot.	decl.	싸다고
	so	싸(서), 싸니(까), 싸므로		inter.	싸냐고
	if	싸면	Nominal		쌈, 싸기
	though	싸도	Subject Honorific		싸시다
	as (if)	싸듯(이)	Causative		싸게 하다

* Conj.: Conjunctive / Quot.: Quotative / adv.: adverbial / decl.: declarative / inter.: interrogative

cheap, inexpensive (*syn.* 값싸다, 저렴하다 *ant.* 비싸다) **ADV** 가장, 제일 | 훨씬 **N** 가게, 방, 식당, 집, 호텔 | 물건, 상품 | 가격, 값 | 곳 | 맛 | 자리, 좌석 | 이자 | 티켓, 표 **V** 사다 | 팔다

▶ 이 물건은 싸지만 품질은 좋아. *This is cheap but it's good quality also.*

▶ 싼 게 비지떡이다. *A cheap purchase is a waste of money.*

썰렁하다 sseol·leong·ha·da

		Present	Past	Future / Presumption
Declarative	I	썰렁해, 썰렁하지	썰렁했어, 썰렁했지	썰렁하겠어, 썰렁하겠지, 썰렁할 거야
	II	썰렁해요, 썰렁하죠	썰렁했어요, 썰렁했죠	썰렁하겠어요, 썰렁하겠죠, 썰렁할 거예요
	III	썰렁하다	썰렁했다	썰렁하겠다, 썰렁할 거다
	IV	썰렁합니다	썰렁했습니다	썰렁하겠습니다, 썰렁할 겁니다
Interrogative	I	썰렁해?, 썰렁하지?	썰렁했어?, 썰렁했지?	썰렁하겠어?, 썰렁할까?
	II	썰렁해요?, 썰렁하죠?	썰렁했어요?, 썰렁했죠?	썰렁하겠어요?, 썰렁할까요?
	III	썰렁하니?, 썰렁하냐?	썰렁했니?, 썰렁했냐?	썰렁하겠니?, 썰렁하겠냐?
	IV	썰렁합니까?	썰렁했습니까?	썰렁하겠습니까?
Adnominal		썰렁한	썰렁한	썰렁할

* I: Intimate / II: Polite / III: Plain / IV: Deferential

Conjunctive	and	썰렁하고, 썰렁하며	Conj.	not	썰렁하지 (않다)
	or	썰렁하거나, 썰렁하든(지)		adv.	썰렁하게
	but	썰렁하지만, 썰렁하나, 썰렁한데	Quot.	decl.	썰렁하다고
	so	썰렁해(서), 썰렁하니(까), 썰렁하므로		inter.	썰렁하냐고
	if	썰렁하면		Nominal	썰렁함, 썰렁하기
	though	썰렁해도		Subject Honorific	썰렁하시다
	as (if)	썰렁하듯(이)		Causative	썰렁하게 하다

* Conj.: Conjunctive / Quot.: Quotative / adv.: adverbial / decl.: declarative / inter.: interrogative

1 chilly N 냉기 | 바람 | 방 | 집
▸ 보일러가 고장 나서 집이 좀 썰렁해요. *My house is a little chilly because the boiler is out of order.*

2 empty N 집 | 분위기 | 거리 | 교실
▸ 명절 연휴라서 거리가 썰렁하네요. *The street is quiet because it's holiday break.*

3 corny, flat N 농담 | 분위기
▸ 그 사람 농담은 늘 썰렁해요. *His jokes are always corny.*

쑥스럽다 /쑥쓰럽따/ ssuk·seu·reop·da ㅂ IRREGULAR

		Present	Past	Future / Presumption
Declarative	I	쑥스러워, 쑥스럽지	쑥스러웠어, 쑥스러웠지	쑥스럽겠어, 쑥스럽겠지, 쑥스러울 거야
	II	쑥스러워요, 쑥스럽죠	쑥스러웠어요, 쑥스러웠죠	쑥스럽겠어요, 쑥스럽겠죠, 쑥스러울 거예요
	III	쑥스럽다	쑥스러웠다	쑥스럽겠다, 쑥스러울 거다
	IV	쑥스럽습니다	쑥스러웠습니다	쑥스럽겠습니다, 쑥스러울 겁니다
Interrogative	I	쑥스러워?, 쑥스럽지?	쑥스러웠어?, 쑥스러웠지?	쑥스럽겠어?, 쑥스러울까?
	II	쑥스러워요?, 쑥스럽죠?	쑥스러웠어요?, 쑥스러웠죠?	쑥스럽겠어요?, 쑥스러울까요?
	III	쑥스럽니?, 쑥스러우냐?/쑥스럽냐?	쑥스러웠니?, 쑥스러웠냐?	쑥스럽겠니?, 쑥스럽겠냐?
	IV	쑥스럽습니까?	쑥스러웠습니까?	쑥스럽겠습니까?
Adnominal		쑥스러운	쑥스러운	쑥스러울

* I: Intimate / II: Polite / III: Plain / IV: Deferential

Conjunctive	and	쑥스럽고, 쑥스러우며	Conj.	not	쑥스럽지 (않다)
	or	쑥스럽거나, 쑥스럽든(지)		adv.	쑥스럽게, 쑥스레
	but	쑥스럽지만, 쑥스러우나, 쑥스러운데	Quot.	decl.	쑥스럽다고
	so	쑥스러워(서), 쑥스러우니(까), 쑥스러우므로		inter.	쑥스러우냐고/쑥스럽냐고
	if	쑥스러우면		Nominal	쑥스러움, 쑥스럽기
	though	쑥스러워도		Subject Honorific	쑥스러우시다
	as (if)	쑥스럽듯(이)		Causative	쑥스럽게 하다

* Conj.: Conjunctive / Quot.: Quotative / adv.: adverbial / decl.: declarative / inter.: interrogative

shy, embarrassed (*syn.* 부끄럽다) **P** -기(가) **ADV** 좀 | 그냥, 어쩐지, 왠지 **N** 이야 기 | 노릇 | 생각

▶ 말하기 쑥스럽지만 저는 아직 구구단을 다 못 외웠어요. *It's embarrassing to say this, but I haven't mastered my times tables.*

▶ 많은 학생들 앞에서 말을 해야 했을 때 쑥스러워 죽는 줄 알았어요. *I nearly died from embarrassment when I had to speak in front of so many students.*

		Present	Past	Future / Presumption
Declarative	I	써, 쓰지	썼어, 썼지	쓰겠어, 쓰겠지, 쓸 거야
	II	써요, 쓰죠	썼어요, 썼죠	쓰겠어요, 쓰겠죠, 쓸 거예요
	III	쓴다	썼다	쓰겠다, 쓸 거다
	IV	씁니다	썼습니다	쓰겠습니다, 쓸 겁니다
Interrogative	I	써?, 쓰지?	썼어?, 썼지?	쓰겠어?, 쓸까?
	II	써요?, 쓰죠?	썼어요?, 썼죠?	쓰겠어요?, 쓸까요?
	III	쓰니?, 쓰냐?	썼니?, 썼냐?	쓰겠니?, 쓰겠냐?
	IV	씁니까?	썼습니까?	쓰겠습니까?
Adnominal		쓴	쓴	쓸

* I: Intimate / II: Polite / III: Plain / IV: Deferential

Conjunctive	and	쓰고, 쓰며	Conj.	not	쓰지 (않다)
	or	쓰거나, 쓰든(지)		adv.	쓰게
	but	쓰지만, 쓰나, 쓴데	Quot.	decl.	쓴다고
	so	써(서), 쓰니(까), 쓰므로		inter.	쓰냐고
	if	쓰면		Nominal	씀, 쓰기
	though	써도		Subject Honorific	쓰시다
	as (if)	쓰듯(이)		Causative	쓰게 하다

* Conj.: Conjunctive / Quot.: Quotative / adv.: adverbial / decl.: declarative / inter.: interrogative

bitter (*ant.* 달다) ADV 너무, 많이, 상당히, 엄청 N 맛 | 음식, 커피 | 약 | 소리

▶ 커피가 너무 써. *This coffee is bitter.*
▶ 좋은 약은 입에 쓴 법이야. *Good medicine tastes bitter.*

		Present	Past	Future / Presumption
Declarative	I	쓸데없어, 쓸데없지	쓸데없었어, 쓸데없었지	쓸데없겠어, 쓸데없겠지, 쓸데없을 거야
	II	쓸데없어요, 쓸데없죠	쓸데없었어요, 쓸데없었죠	쓸데없겠어요, 쓸데없겠죠, 쓸데없을 거예요
	III	쓸데없다	쓸데없었다	쓸데없겠다, 쓸데없을 거다
	IV	쓸데없습니다	쓸데없었습니다	쓸데없겠습니다, 쓸데없을 겁니다
Interrogative	I	쓸데없어?, 쓸데없지?	쓸데없었어?, 쓸데없었지?	쓸데없겠어?, 쓸데없을까?
	II	쓸데없어요?, 쓸데없죠?	쓸데없었어요?, 쓸데없었죠?	쓸데없겠어요?, 쓸데없을까요?
	III	쓸데없니?, 쓸데없(느)냐?	쓸데없었니?, 쓸데없었냐?	쓸데없겠니?, 쓸데없겠냐?
	IV	쓸데없습니까?	쓸데없었습니까?	쓸데없겠습니까?
Adnominal		쓸데없는	쓸데없는	쓸데없을

* I: Intimate / II: Polite / III: Plain / IV: Deferential

Conjunctive	and	쓸데없고, 쓸데없으며	Conj.	not	쓸데없지 (않다)
	or	쓸데없거나, 쓸데없든(지)		adv.	쓸데없게, 쓸데없이
	but	쓸데없지만, 쓸데없으나, 쓸데없는데	Quot.	decl.	쓸데없다고
	so	쓸데없어(서), 쓸데없으니(까), 쓸데없으므로		inter.	쓸데없(느)냐고
	if	쓸데없으면		Nominal	쓸데없음, 쓸데없기
	though	쓸데없어도		Subject Honorific	쓸데없으시다
	as (if)	쓸데없듯(이)		Causative	쓸데없게 하다

* Conj.: Conjunctive / Quot.: Quotative / adv.: adverbial / decl.: declarative / inter.: interrogative

unnecessary, useless (*syn.* 소용없다) **ADV** 왜 | 또, 자꾸 | 괜히, 그냥 **N** (말)참견, 간섭 | 말, 소리, 얘기 | 짓 | 일 | 걱정 | 고생 | 생각 **V** 나서다, 참견하다

▶ 쓸데없는 소리 좀 하지 마. *Don't make unnecessary comments.*
▶ 쓸데없이 남의 일에 참견하지 마. *Don't poke your nose into other people's business.*

쓸쓸하다 sseul·sseul·ha·da

		Present	Past	Future / Presumption
Declarative	I	쓸쓸해, 쓸쓸하지	쓸쓸했어, 쓸쓸했지	쓸쓸하겠어, 쓸쓸하겠지, 쓸쓸할 거야
	II	쓸쓸해요, 쓸쓸하죠	쓸쓸했어요, 쓸쓸했죠	쓸쓸하겠어요, 쓸쓸하겠죠, 쓸쓸할 거예요
	III	쓸쓸하다	쓸쓸했다	쓸쓸하겠다, 쓸쓸할 거다
	IV	쓸쓸합니다	쓸쓸했습니다	쓸쓸하겠습니다, 쓸쓸할 겁니다
Interrogative	I	쓸쓸해?, 쓸쓸하지?	쓸쓸했어?, 쓸쓸했지?	쓸쓸하겠어?, 쓸쓸할까?
	II	쓸쓸해요?, 쓸쓸하죠?	쓸쓸했어요?, 쓸쓸했죠?	쓸쓸하겠어요?, 쓸쓸할까요?
	III	쓸쓸하니?, 쓸쓸하냐?	쓸쓸했니?, 쓸쓸했냐?	쓸쓸하겠니?, 쓸쓸하겠냐?
	IV	쓸쓸합니까?	쓸쓸했습니까?	쓸쓸하겠습니까?
Adnominal		쓸쓸한	쓸쓸한	쓸쓸할

* I: Intimate / II: Polite / III: Plain / IV: Deferential

Conjunctive	and	쓸쓸하고, 쓸쓸하며	Conj.	not	쓸쓸하지 (않다)
	or	쓸쓸하거나, 쓸쓸하든(지)		adv.	쓸쓸하게, 쓸쓸히
	but	쓸쓸하지만, 쓸쓸하나, 쓸쓸한데	Quot.	decl.	쓸쓸하다고
	so	쓸쓸해(서), 쓸쓸하니(까), 쓸쓸하므로		inter.	쓸쓸하냐고
	if	쓸쓸하면	Nominal		쓸쓸함, 쓸쓸하기
	though	쓸쓸해도	Subject Honorific		쓸쓸하시다
	as (if)	쓸쓸하듯(이)	Causative		쓸쓸하게 하다

* Conj.: Conjunctive / Quot.: Quotative / adv.: adverbial / decl.: declarative / inter.: interrogative

lonely, solitary ADV 어쩐지, 왠지 | 너무 N 기분, 느낌, 마음, 생각 | 웃음 | 가을, 겨울 | 미소, 사람, 표정 V 느껴지다 | 살다, 지내다 | 웃다 | 보이다

▶ 네가 없으니 너무 쓸쓸해. *I feel so lonely without you.*

▶ 그녀는 쓸쓸한 표정으로 나를 쳐다보았다. *She looked at me with a forlorn look on her face.*

		Present	Past	Future / Presumption
Declarative	I	씩씩해, 씩씩하지	씩씩했어, 씩씩했지	씩씩하겠어, 씩씩하겠지, 씩씩할 거야
	II	씩씩해요, 씩씩하죠	씩씩했어요, 씩씩했죠	씩씩하겠어요, 씩씩하겠죠, 씩씩할 거예요
	III	씩씩하다	씩씩했다	씩씩하겠다, 씩씩할 거다
	IV	씩씩합니다	씩씩했습니다	씩씩하겠습니다, 씩씩할 겁니다
Interrogative	I	씩씩해?, 씩씩하지?	씩씩했어?, 씩씩했지?	씩씩하겠어?, 씩씩할까?
	II	씩씩해요?, 씩씩하죠?	씩씩했어요?, 씩씩했죠?	씩씩하겠어요?, 씩씩할까요?
	III	씩씩하니?, 씩씩하냐?	씩씩했니?, 씩씩했냐?	씩씩하겠니?, 씩씩하겠냐?
	IV	씩씩합니까?	씩씩했습니까?	씩씩하겠습니까?
Adnominal		씩씩한	씩씩한	씩씩할

* I: Intimate / II: Polite / III: Plain / IV: Deferential

Conjunctive	and	씩씩하고, 씩씩하며	Conj.	not	씩씩하지 (않다)
	or	씩씩하거나, 씩씩하든(지)		adv.	씩씩하게
	but	씩씩하지만, 씩씩하나, 씩씩한데	Quot.	decl.	씩씩하다고
	so	씩씩해(서), 씩씩하니(까), 씩씩하므로		inter.	씩씩하냐고
	if	씩씩하면	Nominal		씩씩함, 씩씩하기
	though	씩씩해도	Subject Honorific		씩씩하시다
	as (if)	씩씩하듯(이)	Causative		씩씩하게 하다

* Conj.: Conjunctive / Quot.: Quotative / adv.: adverbial / decl.: declarative / inter.: interrogative

vigorous, energetic N 모습 | 남자, 사나이, 사람, 젊은이, 청년 | 태도 | 대답 | 목소리 V 놀다 | 생기다 | 보이다

▶ 그녀는 늘 씩씩하고 밝아 보인다. *She always looks energetic and happy.*
▶ 그는 씩씩한 목소리로 대답했다. *He answered in an energetic voice.*

		Present	Past	Future / Presumption
Declarative	I	아까워, 아깝지	아까웠어, 아까웠지	아깝겠어, 아깝겠지, 아까울 거야
	II	아까워요, 아깝죠	아까웠어요, 아까웠죠	아깝겠어요, 아깝겠죠, 아까울 거예요
	III	아깝다	아까웠다	아깝겠다, 아까울 거다
	IV	아깝습니다	아까웠습니다	아깝겠습니다, 아까울 겁니다
Interrogative	I	아까워?, 아깝지?	아까웠어?, 아까웠지?	아깝겠어?, 아까울까?
	II	아까워요?, 아깝죠?	아까웠어요?, 아까웠죠?	아깝겠어요?, 아까울까요?
	III	아깝니?, 아까우냐?/아깝냐?	아까웠니?, 아까웠냐?	아깝겠니?, 아깝겠냐?
	IV	아깝습니까?	아까웠습니까?	아깝겠습니까?
Adnominal		아까운	아까운	아까울

* I: Intimate / II: Polite / III: Plain / IV: Deferential

Conjunctive	and	아깝고, 아까우며	Conj.	not	아깝지 (않다)
	or	아깝거나, 아깝든(지)		adv.	아깝게
	but	아깝지만, 아까우나, 아까운데	Quot.	decl.	아깝다고
	so	아까워(서), 아까우니(까), 아까우므로		inter.	아까우냐고/아깝냐고
	if	아까우면		Nominal	아까움, 아깝기
	though	아까워도		Subject Honorific	아까우시다
	as (if)	아깝듯(이)		Causative	아깝게 하다

* Conj.: Conjunctive / Quot.: Quotative / adv.: adverbial / decl.: declarative / inter.: interrogative

1 valuable, precious ADV 너무, 정말 | 못내 N 사람, 인물, 인재, 젊은이 | 기회 | 물건 | 시간 | 청춘 | 돈 | 재능 | 목숨
- ▶ 아까운 시간을 낭비했잖아. *I wasted my precious time.*
- ▶ 이 옷은 버리기 아까워. *These clothes are still too good to throw away.*

2 regrettable (*syn.* 안타깝다) ADV 너무
- ▶ 우리는 1점 차로 아깝게 졌다. *We narrowly lost by one point.*
- ▶ 그 큰돈을 잃어버렸다니 아깝다. *It's such a shame that you've lost so much money.*

		Present	Past	Future / Presumption
Declarative	I	아니야, 아니지	아니었어, 아니었지	아니겠어, 아니겠지, 아닐 거야
	II	아니에요, 아니죠	아니었어요, 아니었죠	아니겠어요, 아니겠죠, 아닐 거예요
	III	아니다	아니었다	아니겠다, 아닐 거다
	IV	아닙니다	아니었습니다	아니겠습니다, 아닐 겁니다
Interrogative	I	아니야?, 아니지?	아니었어?, 아니었지?	아니겠어?, 아닐까?
	II	아니에요?, 아니죠?	아니었어요?, 아니었죠?	아니겠어요?, 아닐까요?
	III	아니니?, 아니냐?	아니었니?, 아니었냐?	아니겠니?, 아니겠냐?
	IV	아닙니까?	아니었습니까?	아니겠습니까?
Adnominal		아닌	아닌	아닐

* I: Intimate / II: Polite / III: Plain / IV: Deferential

Conjunctive	and	아니고, 아니며	Conj.	not	아니지 (않다)
	or	아니거나, 아니든(지)		adv.	아니게
	but	아니지만, 아니나, 아닌데	Quot.	decl.	아니라고
	so	아니어(서), 아니니(까), 아니므로		inter.	아니냐고
	if	아니면	Nominal		아님, 아니기
	though	아니어도	Subject Honorific		아니시다
	as (if)	아니듯(이)	Causative		아니게 하다

* Conj.: Conjunctive / Quot.: Quotative / adv.: adverbial / decl.: declarative / inter.: interrogative

not **ADV** 결코, 전혀, 절대 | 아직 | 물론

▶ 그 책은 제 거 아니에요. *That book is not mine.*
▶ 유리창을 깬 건 절대로 제가 아닙니다. *It's not me that broke the window.*
▶ 제가 그때 제정신이 아니었어요. *I was not myself at that time.*

		Present	Past	Future / Presumption
Declarative	I	아득해, 아득하지	아득했어, 아득했지	아득하겠어, 아득하겠지, 아득할 거야
	II	아득해요, 아득하죠	아득했어요, 아득했죠	아득하겠어요, 아득하겠죠, 아득할 거예요
	III	아득하다	아득했다	아득하겠다, 아득할 거다
	IV	아득합니다	아득했습니다	아득하겠습니다, 아득할 겁니다
Interrogative	I	아득해?, 아득하지?	아득했어?, 아득했지?	아득하겠어?, 아득할까?
	II	아득해요?, 아득하죠?	아득했어요?, 아득했죠?	아득하겠어요?, 아득할까요?
	III	아득하니?, 아득하냐?	아득했니?, 아득했냐?	아득하겠니?, 아득하겠냐?
	IV	아득합니까?	아득했습니까?	아득하겠습니까?
Adnominal		아득한	아득한	아득할

* I: Intimate / II: Polite / III: Plain / IV: Deferential

Conjunctive	and	아득하고, 아득하며	Conj.	not	아득하지 (않다)
	or	아득하거나, 아득하든(지)		adv.	아득하게, 아득히
	but	아득하지만, 아득하나, 아득한데	Quot.	decl.	아득하다고
	so	아득해(서), 아득하니(까), 아득하므로		inter.	아득하냐고
	if	아득하면	Nominal		아득함, 아득하기
	though	아득해도	Subject Honorific		아득하시다
	as (if)	아득하듯(이)	Causative		아득하게 하다

* Conj.: Conjunctive / Quot.: Quotative / adv.: adverbial / decl.: declarative / inter.: interrogative

distant, far **N** 옛날 | 수평선, 하늘 | 기억, 추억 | 바다, 바닷길 | 길

▶ 아직 갈 길이 아득해요. *I still have a long way to go.*

▶ 아득한 옛날 일이라 자세히 기억나지는 않아요. *It's so long ago that I can't remember much about it.*

		Present	Past	Future / Presumption
Declarative	I	아름다워, 아름답지	아름다웠어, 아름다웠지	아름답겠어, 아름답겠지, 아름다울 거야
	II	아름다워요, 아름답죠	아름다웠어요, 아름다웠죠	아름답겠어요, 아름답겠죠, 아름다울 거예요
	III	아름답다	아름다웠다	아름답겠다, 아름다울 거다
	IV	아름답습니다	아름다웠습니다	아름답겠습니다, 아름다울 겁니다
Interrogative	I	아름다워?, 아름답지?	아름다웠어?, 아름다웠지?	아름답겠어?, 아름다울까?
	II	아름다워요?, 아름답죠?	아름다웠어요?, 아름다웠죠?	아름답겠어요?, 아름다울까요?
	III	아름답니?, 아름다우냐?/아름답냐?	아름다웠니?, 아름다웠냐?	아름답겠니?, 아름답겠냐?
	IV	아름답습니까?	아름다웠습니까?	아름답겠습니까?
Adnominal		아름다운	아름다운	아름다울

* I: Intimate / II: Polite / III: Plain / IV: Deferential

Conjunctive	and	아름답고, 아름다우며	Conj.	not	아름답지 (않다)
	or	아름답거나, 아름답든(지)		adv.	아름답게
	but	아름답지만, 아름다우나, 아름다운데	Quot.	decl.	아름답다고
	so	아름다워(서), 아름다우니(까), 아름다우므로		inter.	아름다우냐고/아름답냐고
	if	아름다우면		Nominal	아름다움, 아름답기
	though	아름다워도		Subject Honorific	아름다우시다
	as (if)	아름답듯(이)		Causative	아름답게 하다

* Conj.: Conjunctive / Quot.: Quotative / adv.: adverbial / decl.: declarative / inter.: interrogative

beautiful (*syn.* 예쁘다 *ant.* 추하다) **ADV** 가장, 매우, 정말, 참 **N** 새벽 | 경치, 풍경 | 꽃 | 목소리 | 얼굴, 외모, 용모 | 사람, 여인, 여자 | 마음(씨) **V** 빛나다 | 피다

▶ 제주도는 경치가 아름답기로 유명하다. *Jeju Island is famous for its scenic beauty.*

▶ 그녀는 외모뿐 아니라 마음도 아름답다. *She has inner beauty as well as outer beauty.*

		Present	Past	Future / Presumption
Declarative	I	-	-	-
	II	-	-	-
	III	-	-	-
	IV	-	-	-
Interrogative	I	-	-	-
	II	-	-	-
	III	-	-	-
	IV	-	-	-
Adnominal		아무런	아무런	-

* I: Intimate / II: Polite / III: Plain / IV: Deferential

Conjunctive	and	-	Conj.	not	아무렇지 (않다)
	or	아무렇거나, 아무렇든(지)		adv.	아무렇게
	but	-	Quot.	decl.	-
	so	-		inter.	-
	if	아무러면		Nominal	-
	though	아무래도		Subject Honorific	-
	as (if)	-		Causative	-

* Conj.: Conjunctive / Quot.: Quotative / adv.: adverbial / decl.: declarative / inter.: interrogative

concerned, meaningful F 아무렇지 | 아무런 | 아무래도 ADV 전혀 | 거의 N 상관 | 도움 | 문제 | 말 | 소용, 의미 | 이유 | 변화 | 연락 | 계획

▶ 저는 아무렇지도 않아요. *I'm fine.*

▶ 엄마한테 말해 봤자 아무런 소용도 없어요. *It's no use telling my mom.*

▶ 난 아무래도 좋아. *It doesn't matter to me.*

		Present	Past	Future / Presumption
Declarative	I	아쉬워, 아쉽지	아쉬웠어, 아쉬웠지	아쉽겠어, 아쉽겠지, 아쉬울 거야
	II	아쉬워요, 아쉽죠	아쉬웠어요, 아쉬웠죠	아쉽겠어요, 아쉽겠죠, 아쉬울 거예요
	III	아쉽다	아쉬웠다	아쉽겠다, 아쉬울 거다
	IV	아쉽습니다	아쉬웠습니다	아쉽겠습니다, 아쉬울 겁니다
Interrogative	I	아쉬워?, 아쉽지?	아쉬웠어?, 아쉬웠지?	아쉽겠어?, 아쉬울까?
	II	아쉬워요?, 아쉽죠?	아쉬웠어요?, 아쉬웠죠?	아쉽겠어요?, 아쉬울까요?
	III	아쉽니?, 아쉬우냐?/아쉽냐?	아쉬웠니?, 아쉬웠냐?	아쉽겠니?, 아쉽겠냐?
	IV	아쉽습니까?	아쉬웠습니까?	아쉽겠습니까?
Adnominal		아쉬운	아쉬운	아쉬울

* I: Intimate / II: Polite / III: Plain / IV: Deferential

Conjunctive	and	아쉽고, 아쉬우며	Conj.	not	아쉽지 (않다)
	or	아쉽거나, 아쉽든(지)		adv.	아쉽게
	but	아쉽지만, 아쉬우나, 아쉬운데	Quot.	decl.	아쉽다고
	so	아쉬워(서), 아쉬우니(까), 아쉬우므로		inter.	아쉬우냐고/아쉽냐고
	if	아쉬우면		Nominal	아쉬움, 아쉽기
	though	아쉬워도		Subject Honorific	아쉬우시다
	as (if)	아쉽듯(이)		Causative	아쉽게 하다

* Conj.: Conjunctive / Quot.: Quotative / adv.: adverbial / decl.: declarative / inter.: interrogative

sorry, sad (*syn.* 안타깝다, 서운하다 *ant.* 만족스럽다) **ADV** 좀 | 너무, 못내, 정말 **N** 소리 | 대로 | 때, 시간 | 마음, 생각 | 모양 | 사람 | 이별 | 일

▶ 아쉽지만 이만 가야 해요. *It's too bad that I need to get going.*

▶ 네가 안 와서 못내 아쉬웠어. *I felt something was missing because you didn't come.*

▶ 아쉬운 대로 이거라도 쓸래? *It's not good enough, but do you want to use this for now?*

		Present	Past	Future / Presumption
Declarative	I	아파, 아프지	아팠어, 아팠지	아프겠어, 아프겠지, 아플 거야
	II	아파요, 아프죠	아팠어요, 아팠죠	아프겠어요, 아프겠죠, 아플 거예요
	III	아프다	아팠다	아프겠다, 아플 거다
	IV	아픕니다	아팠습니다	아프겠습니다, 아플 겁니다
Interrogative	I	아파?, 아프지?	아팠어?, 아팠지?	아프겠어?, 아플까?
	II	아파요?, 아프죠?	아팠어요?, 아팠죠?	아프겠어요?, 아플까요?
	III	아프니?, 아프냐?	아팠니?, 아팠냐?	아프겠니?, 아프겠냐?
	IV	아픕니까?	아팠습니까?	아프겠습니까?
Adnominal		아픈	아픈	아플

* I: Intimate / II: Polite / III: Plain / IV: Deferential

Conjunctive	and	아프고, 아프며	Conj.	not	아프지 (않다)
	or	아프거나, 아프든(지)		adv.	아프게
	but	아프지만, 아프나, 아픈데	Quot.	decl.	아프다고
	so	아파(서), 아프니(까), 아프므로		inter.	아프냐고
	if	아프면	Nominal		아픔, 아프기
	though	아파도	Subject Honorific		아프시다
	as (if)	아프듯(이)	Causative		아프게 하다

* Conj.: Conjunctive / Quot.: Quotative / adv.: adverbial / decl.: declarative / inter.: interrogative

---

sick, painful (*ant.* 건강하다) **ADV** 어디 | 너무, 많이, 몹시 **N** 때 | 사람 | 곳, 데 | 일 | 문제 | 눈, 다리, 머리, 목, 몸, 허리 | 마음 | 얼굴

▶ 허리가 몹시 아파요. *I have a terrible backache.*

▶ 작년에 돌아가신 아버지를 생각하면 마음이 아파요. *I feel sad when I think of my father who passed away last year.*

안녕하다 an·nyeong·ha·da

		Present	Past	Future / Presumption
Declarative	I	안녕해, 안녕하지	안녕했어, 안녕했지	안녕하겠어, 안녕하겠지, 안녕할 거야
	II	안녕해요, 안녕하죠	안녕했어요, 안녕했죠	안녕하겠어요, 안녕하겠죠, 안녕할 거예요
	III	안녕하다	안녕했다	안녕하겠다, 안녕할 거다
	IV	안녕합니다	안녕했습니다	안녕하겠습니다, 안녕할 겁니다
Interrogative	I	안녕해?, 안녕하지?	안녕했어?, 안녕했지?	안녕하겠어?, 안녕할까?
	II	안녕해요?, 안녕하죠?	안녕했어요?, 안녕했죠?	안녕하겠어요?, 안녕할까요?
	III	안녕하니?, 안녕하냐?	안녕했니?, 안녕했냐?	안녕하겠니?, 안녕하겠냐?
	IV	안녕합니까?	안녕했습니까?	안녕하겠습니까?
Adnominal		안녕한	안녕한	안녕할

* I: Intimate / II: Polite / III: Plain / IV: Deferential

Conjunctive	and	안녕하고, 안녕하며	Conj.	not	안녕하지 (않다)
	or	안녕하거나, 안녕하든(지)		adv.	안녕하게, 안녕히
	but	안녕하지만, 안녕하나, 안녕한데	Quot.	decl.	안녕하다고
	so	안녕해(서), 안녕하니(까), 안녕하므로		inter.	안녕하냐고
	if	안녕하면		Nominal	안녕함, 안녕하기
	though	안녕해도		Subject Honorific	안녕하시다
	as (if)	안녕하듯(이)		Causative	안녕하게 하다

* Conj.: Conjunctive / Quot.: Quotative / adv.: adverbial / decl.: declarative / inter.: interrogative

fine ADV 그동안, 밤새 | 두루 V 지내다 | 가다 | 있다

▸ 안녕하세요? *How are you?*

▸ 안녕히 가세요/계세요. *Take care.*

▸ 가족들도 두루 안녕하시죠? *Are your family members well?*

		Present	Past	Future / Presumption
Declarative	I	안돼, 안되지	안됐어, 안됐지	안되겠어, 안되겠지, 안될 거야
	II	안돼요, 안되죠	안됐어요, 안됐죠	안되겠어요, 안되겠죠, 안될 거예요
	III	안되다	안됐다	안되겠다, 안될 거다
	IV	안됩니다	안됐습니다	안되겠습니다, 안될 겁니다
Interrogative	I	안돼?, 안되지?	안됐어?, 안됐지?	안되겠어?, 안될까?
	II	안돼요?, 안되죠?	안됐어요?, 안됐죠?	안되겠어요?, 안될까요?
	III	안되니?, 안되냐?	안됐니?, 안됐냐?	안되겠니?, 안되겠냐?
	IV	안됩니까?	안됐습니까?	안되겠습니까?
Adnominal		안된	안된	안될

* I: Intimate / II: Polite / III: Plain / IV: Deferential

Conjunctive	and	안되고, 안되며	Conj.	not	안되지 (않다)
	or	안되거나, 안되든(지)		adv.	안되게
	but	안되지만, 안되나, 안된데	Quot.	decl.	안되다고
	so	안돼(서), 안되니(까), 안되므로		inter.	안되냐고
	if	안되면	Nominal		안됨, 안되기
	though	안돼도	Subject Honorific		안되시다
	as (if)	안되듯(이)	Causative		안되게 하다

* Conj.: Conjunctive / Quot.: Quotative / adv.: adverbial / decl.: declarative / inter.: interrogative

---

sorry F 안된 | 안됐- ADV 너무, 참 N 사람 | 마음

▶ 그것 참 안됐네요. *That's too bad.*

▶ 딸아이가 휴일에도 아침 일찍 도서관에 가는 보면 마음이 참 안됐어요. *It's such a pity to see my daughter leave for the library early in the morning even during holidays.*

안전하다 an·jeon·ha·da　　　　　　　　　　하 REGULAR

		Present	Past	Future / Presumption
Declarative	I	안전해, 안전하지	안전했어, 안전했지	안전하겠어, 안전하겠지, 안전할 거야
	II	안전해요, 안전하죠	안전했어요, 안전했죠	안전하겠어요, 안전하겠죠, 안전할 거예요
	III	안전하다	안전했다	안전하겠다, 안전할 거다
	IV	안전합니다	안전했습니다	안전하겠습니다, 안전할 겁니다
Interrogative	I	안전해?, 안전하지?	안전했어?, 안전했지?	안전하겠어?, 안전할까?
	II	안전해요?, 안전하죠?	안전했어요?, 안전했죠?	안전하겠어요?, 안전할까요?
	III	안전하니?, 안전하냐?	안전했니?, 안전했냐?	안전하겠니?, 안전하겠냐?
	IV	안전합니까?	안전했습니까?	안전하겠습니까?
Adnominal		안전한	안전한	안전할

* I: Intimate / II: Polite / III: Plain / IV: Deferential

Conjunctive	and	안전하고, 안전하며	Conj.	not	안전하지 (않다)
	or	안전하거나, 안전하든(지)		adv.	안전하게, 안전히
	but	안전하지만, 안전하나, 안전한데	Quot.	decl.	안전하다고
	so	안전해(서), 안전하니(까), 안전하므로		inter.	안전하냐고
	if	안전하면	Nominal		안전함, 안전하기
	though	안전해도	Subject Honorific		안전하시다
	as (if)	안전하듯(이)	Causative		안전하게 하다

* Conj.: Conjunctive / Quot.: Quotative / adv.: adverbial / decl.: declarative / inter.: interrogative

safe, secure (*ant.* 위험하다) **N** 곳, 장소 | 구역, 지역 | 거리 | 투자 **V** 보관하다 | 지키다

▸ 저희는 귀중품을 안전하게 보관해 드립니다. *We provide safe custody for valuables.*

▸ 이 거리는 밤에는 안전하지 않습니다. *This street isn't safe at night.*

안타깝다 /안타깝따/ an·ta·kkap·da

ㅂ IRREGULAR 309

		Present	Past	Future / Presumption
Declarative	I	안타까워, 안타깝지	안타까웠어, 안타까웠지	안타깝겠어, 안타깝겠지, 안타까울 거야
	II	안타까워요, 안타깝죠	안타까웠어요, 안타까웠죠	안타깝겠어요, 안타깝겠죠, 안타까울 거예요
	III	안타깝다	안타까웠다	안타깝겠다, 안타까울 거다
	IV	안타깝습니다	안타까웠습니다	안타깝겠습니다, 안타까울 겁니다
Interrogative	I	안타까워?, 안타깝지?	안타까웠어?, 안타까웠지?	안타깝겠어?, 안타까울까?
	II	안타까워요?, 안타깝죠?	안타까웠어요?, 안타까웠죠?	안타깝겠어요?, 안타까울까요?
	III	안타깝니?, 안타까우냐?/안타깝냐?	안타까웠니?, 안타까웠냐?	안타깝겠니?, 안타깝겠냐?
	IV	안타깝습니까?	안타까웠습니까?	안타깝겠습니까?
Adnominal		안타까운	안타까운	안타까울

* I: Intimate / II: Polite / III: Plain / IV: Deferential

Conjunctive	and	안타깝고, 안타까우며	Conj.	not	안타깝지 (않다)
	or	안타깝거나, 안타깝든(지)		adv.	안타깝게, 안타까이
	but	안타깝지만, 안타까우나, 안타까운데	Quot.	decl.	안타깝다고
	so	안타까워(서), 안타까우니(까), 안타까우므로		inter.	안타까우냐고/안타깝냐고
	if	안타까우면		Nominal	안타까움, 안타깝기
	though	안타까워도		Subject Honorific	안타까우시다
	as (if)	안타깝듯(이)		Causative	안타깝게 하다

* Conj.: Conjunctive / Quot.: Quotative / adv.: adverbial / decl.: declarative / inter.: interrogative

sorry, sad ADV 매우, 정말, 참 N 일 | 마음, 생각, 심정 | 눈물 | 결과 | 모습, 표정

▸ 김 선생님이 돌아가셨다니 참 안타까운 일이에요. *It is so sad that Mr. Kim passed away.*

▸ 안타깝지만 저는 여기 머무를 수가 없습니다. *I'm sorry but I can't stay here.*

		Present	Past	Future / Presumption
Declarative	I	알맞아, 알맞지	알맞았어, 알맞았지	알맞겠어, 알맞겠지, 알맞을 거야
	II	알맞아요, 알맞죠	알맞았어요, 알맞았죠	알맞겠어요, 알맞겠죠, 알맞을 거 예요
	III	알맞다	알맞았다	알맞겠다, 알맞을 거다
	IV	알맞습니다	알맞았습니다	알맞겠습니다, 알맞을 겁니다
Interrogative	I	알맞아?, 알맞지?	알맞았어?, 알맞았지?	알맞겠어?, 알맞을까?
	II	알맞아요?, 알맞죠?	알맞았어요?, 알맞았죠?	알맞겠어요?, 알맞을까요?
	III	알맞니?, 알맞(으)냐?	알맞았니?, 알맞았냐?	알맞겠니?, 알맞겠냐?
	IV	알맞습니까?	알맞았습니까?	알맞겠습니까?
Adnominal		알맞은	알맞은	알맞을

* I: Intimate / II: Polite / III: Plain / IV: Deferential

Conjunctive	and	알맞고, 알맞으며	Conj.	not	알맞지 (않다)
	or	알맞거나, 알맞든(지)		adv.	알맞게
	but	알맞지만, 알맞으나, 알맞은데	Quot.	decl.	알맞다고
	so	알맞아(서), 알맞으니(까), 알맞으므로		inter.	알맞(으)냐고
	if	알맞으면		Nominal	알맞음, 알맞기
	though	알맞아도		Subject Honorific	알맞으시다
	as (if)	알맞듯(이)		Causative	알맞게 하다

* Conj.: Conjunctive / Quot.: Quotative / adv.: adverbial / decl.: declarative / inter.: interrogative

right, suitable, appropriate (*syn.* 적당하다) P -기(에), -에, -에게 ADV 꼭, 딱, 마침 N 때 | 날씨 | 가격 | 장소 | 단어, 말 V 익다 | 굽다, 데우다

▶ 빈칸에 알맞은 말을 써 넣으시오. *Fill in the blanks with the appropriate words.*
▶ 이 제품은 초보자들에게 딱 알맞습니다. *This product is perfect for beginners.*

애매하다 ae·mae·ha·da

		Present	Past	Future / Presumption
Declarative	I	애매해, 애매하지	애매했어, 애매했지	애매하겠어, 애매하겠지, 애매할 거야
	II	애매해요, 애매하죠	애매했어요, 애매했죠	애매하겠어요, 애매하겠죠, 애매할 거예요
	III	애매하다	애매했다	애매하겠다, 애매할 거다
	IV	애매합니다	애매했습니다	애매하겠습니다, 애매할 겁니다
Interrogative	I	애매해?, 애매하지?	애매했어?, 애매했지?	애매하겠어?, 애매할까?
	II	애매해요?, 애매하죠?	애매했어요?, 애매했죠?	애매하겠어요?, 애매할까요?
	III	애매하니?, 애매하냐?	애매했니?, 애매했냐?	애매하겠니?, 애매하겠냐?
	IV	애매합니까?	애매했습니까?	애매하겠습니까?
Adnominal		애매한	애매한	애매할

* I: Intimate / II: Polite / III: Plain / IV: Deferential

Conjunctive	and	애매하고, 애매하며	Conj.	not	애매하지 (않다)
	or	애매하거나, 애매하든(지)		adv.	애매하게
	but	애매하지만, 애매하나, 애매한데	Quot.	decl.	애매하다고
	so	애매해(서), 애매하니(까), 애매하므로		inter.	애매하냐고
	if	애매하면	Nominal		애매함, 애매하기
	though	애매해도	Subject Honorific		애매하시다
	as (if)	애매하듯(이)	Causative		애매하게 하다

* Conj.: Conjunctive / Quot.: Quotative / adv.: adverbial / decl.: declarative / inter.: interrogative

vague, uncertain (*ant.* 분명하다) N 답변, 대답, 설명 | 말, 표현 | 질문 | 입장, 태도 | 부분 V 말하다

▶ 질문이 너무 애매해서 일반적인 대답을 할 수밖에 없었어요. *The question was so vague that I had to give a general answer.*

▶ 네 보고서에는 애매한 표현이 좀 있어. *I see some ambiguous expressions in your paper.*

		Present	Past	Future / Presumption
Declarative	I	야해, 야하지	야했어, 야했지	야하겠어, 야하겠지, 야할 거야
	II	야해요, 야하죠	야했어요, 야했죠	야하겠어요, 야하겠죠, 야할 거예요
	III	야하다	야했다	야하겠다, 야할 거다
	IV	야합니다	야했습니다	야하겠습니다, 야할 겁니다
Interrogative	I	야해?, 야하지?	야했어?, 야했지?	야하겠어?, 야할까?
	II	야해요?, 야하죠?	야했어요?, 야했죠?	야하겠어요?, 야할까요?
	III	야하니?, 야하냐?	야했니?, 야했냐?	야하겠니?, 야하겠냐?
	IV	야합니까?	야했습니까?	야하겠습니까?
Adnominal		야한	야한	야할

* I: Intimate / II: Polite / III: Plain / IV: Deferential

Conjunctive	and	야하고, 야하며	Conj.	not	야하지 (않다)
	or	야하거나, 야하든(지)		adv.	야하게
	but	야하지만, 야하나, 야한데	Quot.	decl.	야하다고
	so	야해(서), 야하니(까), 야하므로		inter.	야하냐고
	if	야하면	Nominal		야함, 야하기
	though	야해도	Subject Honorific		야하시다
	as (if)	야하듯(이)	Causative		야하게 하다

* Conj.: Conjunctive / Quot.: Quotative / adv.: adverbial / decl.: declarative / inter.: interrogative

---

erotic, racy **ADV** 너무, 정말, 참 **N** 옷, 화장 | 농담, 말, 얘기 | 사람, 여자 | 생각 | 사진, 영화

▶ 저는 어릴 때 야한 영화를 몰래 보곤 했습니다. *I used to watch adult movies secretly when I was a child.*

▶ 그의 야한 농담은 때로는 사람들을 불편하게 만든다. *His sexual jokes sometimes make people uncomfortable.*

▶ 여보, 그 옷은 너무 야한 것 같아. *Honey, I think those clothes are too loud.*

		Present	Past	Future / Presumption
Declarative	I	약해, 약하지	약했어, 약했지	약하겠어, 약하겠지, 약할 거야
	II	약해요, 약하죠	약했어요, 약했죠	약하겠어요, 약하겠죠, 약할 거예요
	III	약하다	약했다	약하겠다, 약할 거다
	IV	약합니다	약했습니다	약하겠습니다, 약할 겁니다
Interrogative	I	약해?, 약하지?	약했어?, 약했지?	약하겠어?, 약할까?
	II	약해요?, 약하죠?	약했어요?, 약했죠?	약하겠어요?, 약할까요?
	III	약하니?, 약하냐?	약했니?, 약했냐?	약하겠니?, 약하겠냐?
	IV	약합니까?	약했습니까?	약하겠습니까?
Adnominal		약한	약한	약할

* I: Intimate / II: Polite / III: Plain / IV: Deferential

Conjunctive	and	약하고, 약하며	Conj.	not	약하지 (않다)
	or	약하거나, 약하든(지)		adv.	약하게
	but	약하지만, 약하나, 약한데	Quot.	decl.	약하다고
	so	약해(서), 약하니(까), 약하므로		inter.	약하냐고
	if	약하면	Nominal		약함, 약하기
	though	약해도	Subject Honorific		약하시다
	as (if)	약하듯(이)	Causative		약하게 하다

* Conj.: Conjunctive / Quot.: Quotative / adv.: adverbial / decl.: declarative / inter.: interrogative

weak, feeble (*ant.* 강하다) **P** -에 **ADV** 너무 | 좀 **N** 사람 | 다리, 맥박, 몸, 심장 | 모습 | 주먹 | 힘 | 공격, 수비 | 마음, 믿음, 의지

▸ 어머니는 심장이 약하세요. *My mother has a weak heart.*
▸ 저는 숫자에 약합니다. *I'm bad with numbers.*
▸ 의지가 약해서 담배를 못 끊겠어요. *I'm too weak-willed to quit smoking.*

		Present	Past	Future / Presumption
Declarative	I	얄미워, 얄밉지	얄미웠어, 얄미웠지	얄밉겠어, 얄밉겠지, 얄미울 거야
	II	얄미워요, 얄밉죠	얄미웠어요, 얄미웠죠	얄밉겠어요, 얄밉겠죠, 얄미울 거예요
	III	얄밉다	얄미웠다	얄밉겠다, 얄미울 거다
	IV	얄밉습니다	얄미웠습니다	얄밉겠습니다, 얄미울 겁니다
Interrogative	I	얄미워?, 얄밉지?	얄미웠어?, 얄미웠지?	얄밉겠어?, 얄미울까?
	II	얄미워요?, 얄밉죠?	얄미웠어요?, 얄미웠죠?	얄밉겠어요?, 얄미울까요?
	III	얄밉니?, 얄미우냐?/얄밉냐?	얄미웠니?, 얄미웠냐?	얄밉겠니?, 얄밉겠냐?
	IV	얄밉습니까?	얄미웠습니까?	얄밉겠습니까?
Adnominal		얄미운	얄미운	얄미울

* I: Intimate / II: Polite / III: Plain / IV: Deferential

Conjunctive	and	얄밉고, 얄미우며	Conj.	not	얄밉지 (않다)
	or	얄밉거나, 얄밉든(지)		adv.	얄밉게
	but	얄밉지만, 얄미우나, 얄미운데	Quot.	decl.	얄밉다고
	so	얄미워(서), 얄미우니(까), 얄미우므로		inter.	얄미우냐고/얄밉냐고
	if	얄미우면		Nominal	얄미움, 얄밉기
	though	얄미워도		Subject Honorific	얄미우시다
	as (if)	얄밉듯(이)		Causative	얄밉게 하다

* Conj.: Conjunctive / Quot.: Quotative / adv.: adverbial / decl.: declarative / inter.: interrogative

detestable (*syn.* 밉다) **ADV** 너무, 아주, 정말 | 여간 **N** 말, 소리 | 짓 **V** 굴다 | 죽다

▸ 그 사람 아주 얄미워 죽겠어요. *I hate him!*

▸ 내 여섯 살 먹은 조카 녀석은 얄미운 짓만 해. *My six-year-old nephew is so naughty.*

얇다 /얄따/ yal·da

		Present	Past	Future / Presumption
Declarative	I	얇아, 얇지	얇았어, 얇았지	얇겠어, 얇겠지, 얇을 거야
	II	얇아요, 얇죠	얇았어요, 얇았죠	얇겠어요, 얇겠죠, 얇을 거예요
	III	얇다	얇았다	얇겠다, 얇을 거다
	IV	얇습니다	얇았습니다	얇겠습니다, 얇을 겁니다
Interrogative	I	얇아?, 얇지?	얇았어?, 얇았지?	얇겠어?, 얇을까?
	II	얇아요?, 얇죠?	얇았어요?, 얇았죠?	얇겠어요?, 얇을까요?
	III	얇니?, 얇(으)냐?	얇았니?, 얇았냐?	얇겠니?, 얇겠냐?
	IV	얇습니까?	얇았습니까?	얇겠습니까?
Adnominal		얇은	얇은	얇을

* I: Intimate / II: Polite / III: Plain / IV: Deferential

Conjunctive				Conj.	not	얇지 (않다)
	and	얇고, 얇으며			adv.	얇게
	or	얇거나, 얇든(지)		Quot.	decl.	얇다고
	but	얇지만, 얇으나, 얇은데			inter.	얇(으)냐고
	so	얇아(서), 얇으니(까), 얇으므로			Nominal	얇음, 얇기
	if	얇으면			Subject Honorific	얇으시다
	though	얇아도			Causative	얇게 하다
	as (if)	얇듯(이)				

* Conj.: Conjunctive / Quot.: Quotative / adv.: adverbial / decl.: declarative / inter.: interrogative

thin, flimsy (*ant.* 두껍다) **ADV** 너무, 매우, 아주 **N** 비단, 종이 | 조각 | 판자 | 막 | 상의, 옷, 잠옷, 재킷, 치마 | 입술 | 껍질 **V** 썰다, 자르다

▶ 그렇게 얇은 셔츠를 입고 안 춥니? *Aren't you cold in such a thin shirt?*
▶ 당근을 얇게 썰어라. *Cut the carrots finely.*

		Present	Past	Future / Presumption
Declarative	I	얌전해, 얌전하지	얌전했어, 얌전했지	얌전하겠어, 얌전하겠지, 얌전할 거야
	II	얌전해요, 얌전하죠	얌전했어요, 얌전했죠	얌전하겠어요, 얌전하겠죠, 얌전할 거예요
	III	얌전하다	얌전했다	얌전하겠다, 얌전할 거다
	IV	얌전합니다	얌전했습니다	얌전하겠습니다, 얌전할 겁니다
Interrogative	I	얌전해?, 얌전하지?	얌전했어?, 얌전했지?	얌전하겠어?, 얌전할까?
	II	얌전해요?, 얌전하죠?	얌전했어요?, 얌전했죠?	얌전하겠어요?, 얌전할까요?
	III	얌전하니?, 얌전하냐?	얌전했니?, 얌전했냐?	얌전하겠니?, 얌전하겠냐?
	IV	얌전합니까?	얌전했습니까?	얌전하겠습니까?
Adnominal		얌전한	얌전한	얌전할

* I: Intimate / II: Polite / III: Plain / IV: Deferential

Conjunctive	and	얌전하고, 얌전하며	Conj.	not	얌전하지 (않다)
	or	얌전하거나, 얌전하든(지)		adv.	얌전하게, 얌전히
	but	얌전하지만, 얌전하나, 얌전한데	Quot.	decl.	얌전하다고
	so	얌전해(서), 얌전하니(까), 얌전하므로		inter.	얌전하냐고
	if	얌전하면	Nominal		얌전함, 얌전하기
	though	얌전해도	Subject Honorific		얌전하시다
	as (if)	얌전하듯(이)	Causative		얌전하게 하다

* Conj.: Conjunctive / Quot.: Quotative / adv.: adverbial / decl.: declarative / inter.: interrogative

coy, well-mannered ADV 되게, 아주 N 부인, 사람, 새댁, 아가씨, 아이, 여성, 여자, 처녀, 학생 | 고양이 | 얼굴 | 거동, 몸가짐, 행동 | 미소 V 굴다 | 척하다, 체하다 | 보이다, 생기다

▶ 아이들이 참 얌전하네요. *Your kids are very well-behaved.*
▶ 얌전한 고양이가 부뚜막에 먼저 올라간다. *It's always the quiet ones.*

		Present	Past	Future / Presumption
Declarative	I	얕아, 얕지	얕았어, 얕았지	얕겠어, 얕겠지, 얕을 거야
	II	얕아요, 얕죠	얕았어요, 얕았죠	얕겠어요, 얕겠죠, 얕을 거예요
	III	얕다	얕았다	얕겠다, 얕을 거다
	IV	얕습니다	얕았습니다	얕겠습니다, 얕을 겁니다
Interrogative	I	얕아?, 얕지?	얕았어?, 얕았지?	얕겠어?, 얕을까?
	II	얕아요?, 얕죠?	얕았어요?, 얕았죠?	얕겠어요?, 얕을까요?
	III	얕니?, 얕(으)냐?	얕았니?, 얕았냐?	얕겠니?, 얕겠냐?
	IV	얕습니까?	얕았습니까?	얕겠습니까?
Adnominal		얕은	얕은	얕을

* I: Intimate / II: Polite / III: Plain / IV: Deferential

Conjunctive	and	얕고, 얕으며	Conj.	not	얕지 (않다)
	or	얕거나, 얕든(지)		adv.	얕게
	but	얕지만, 얕으나, 얕은데	Quot.	decl.	얕다고
	so	얕아(서), 얕으니(까), 얕으므로		inter.	얕(으)냐고
	if	얕으면		Nominal	얕음, 얕기
	though	얕아도		Subject Honorific	얕으시다
	as (if)	얕듯(이)		Causative	얕게 하다

* Conj.: Conjunctive / Quot.: Quotative / adv.: adverbial / decl.: declarative / inter.: interrogative

shallow, light (*ant.* 깊다) ADV 너무 | 비교적 N 생각 | 강, 개울, 물, 바다 | 잠 | 꾀 | 냄비, 접시 | 지식

▶ 아이들이 얕은 개울에서 놀고 있다. *Children are playing in the shallow stream.*
▶ 물이 얕아서 안전해요. *The water is shallow so it's safe.*
▶ 그는 얕은 잠이 들었다. *He fell into a light sleep.*

어둡다 /어둡따/ eo·dup·da   ㅂ IRREGULAR

		Present	Past	Future / Presumption
Declarative	I	어두워, 어둡지	어두웠어, 어두웠지	어둡겠어, 어둡겠지, 어두울 거야
	II	어두워요, 어둡죠	어두웠어요, 어두웠죠	어둡겠어요, 어둡겠죠, 어두울 거예요
	III	어둡다	어두웠다	어둡겠다, 어두울 거다
	IV	어둡습니다	어두웠습니다	어둡겠습니다, 어두울 겁니다
Interrogative	I	어두워?, 어둡지?	어두웠어?, 어두웠지?	어둡겠어?, 어두울까?
	II	어두워요?, 어둡죠?	어두웠어요?, 어두웠죠?	어둡겠어요?, 어두울까요?
	III	어둡니?, 어두우냐?/어둡냐?	어두웠니?, 어두웠냐?	어둡겠니?, 어둡겠냐?
	IV	어둡습니까?	어두웠습니까?	어둡겠습니까?
Adnominal		어두운	어두운	어두울

* I: Intimate / II: Polite / III: Plain / IV: Deferential

Conjunctive	and	어둡고, 어두우며	Conj.	not	어둡지 (않다)
	or	어둡거나, 어둡든(지)		adv.	어둡게
	but	어둡지만, 어두우나, 어두운데	Quot.	decl.	어둡다고
	so	어두워(서), 어두우니(까), 어두우므로		inter.	어두우냐고/어둡냐고
	if	어두우면	Nominal		어두움, 어둡기
	though	어두워도	Subject Honorific		어두우시다
	as (if)	어둡듯(이)	Causative		어둡게 하다

* Conj.: Conjunctive / Quot.: Quotative / adv.: adverbial / decl.: declarative / inter.: interrogative

1 dark, gloomy (*ant.* 밝다, 환하다) **ADV** 너무, 몹시 **N** 밤 | 그림자 | 방 | 색 | 얼굴, 표정 | 과거, 미래 | 사람 | 골목(길), 길, 밤길 | 성격 | 하늘 | 그늘 | 빛, 조명 | 이미지 | 분위기

▸ 밖은 벌써 어두워요. *It's already dark outside.*

▸ 왜 그렇게 표정이 어둡니? *Why do you look so gloomy?*

2 bad, poor, weak (*ant.* 밝다) **P** -에 **N** 귀, 눈 | 계산, 숫자 | 물정, 사정, 실정 | 지리

▸ 할아버지는 귀가 어두우세요. *My grandfather has poor hearing.*

▸ 새로 온 관리자는 아직 회사 사정에 어둡다. *The new manager is still ignorant about the company's situation.*

		Present	Past	Future / Presumption
Declarative	I	어때, 어떻지	어땠어, 어땠지	어떻겠어, 어떻겠지, 어떨 거야
	II	어때요, 어떻죠	어땠어요, 어땠죠	어떻겠어요, 어떻겠죠, 어떨 거예요
	III	어떻다	어땠다	어떻겠다, 어떨 거다
	IV	어떻습니다	어땠습니다	어떻겠습니다, 어떨 겁니다
Interrogative	I	어때?, 어떻지?	어땠어?, 어땠지?	어떻겠어?, 어떨까?
	II	어때요?, 어떻죠?	어땠어요?, 어땠죠?	어떻겠어요?, 어떨까요?
	III	어떻니?, 어떠냐?/어떻냐?	어땠니?, 어땠냐?	어떻겠니?, 어떻겠냐?
	IV	어떻습니까?	어땠습니까?	어떻겠습니까?
Adnominal		어떤	어떤	어떨

* I: Intimate / II: Polite / III: Plain / IV: Deferential

Conjunctive	and	어떻고, 어떠며	Conj.	not	어떻지 (않다)
	or	어떻거나, 어떻든(지)		adv.	어떻게
	but	어떻지만, 어떠나, 어떤데	Quot.	decl.	어떻다고
	so	어때(서), 어떠니(까), 어떠므로		inter.	어떠냐고/어떻냐고
	if	어떠면	Nominal		어떰, 어떻기
	though	어때도	Subject Honorific		어떠시다
	as (if)	어떻듯(이)	Causative		어떻게 하다

* Conj.: Conjunctive / Quot.: Quotative / adv.: adverbial / decl.: declarative / inter.: interrogative

how, like what (*ff.* 어떠하다) **ADV** 그동안, 요즘 | 도대체 | 그래서, 그럼 **N** 생각 | 사람 | 일 | 말 | 설명 | 음식 **V** 모르다, 알다 | 살다, 지내다 | 먹다 | 가다, 오다 | 말하다 | 보다

▶ 네 생각은 어때? *What do you think?*
▶ 어떤 음식을 좋아해? *What kind of food do you like?*
▶ 요즘 어떻게 지내요? *How are you?*

		Present	Past	Future / Presumption
Declarative	I	어려워, 어렵지	어려웠어, 어려웠지	어렵겠어, 어렵겠지, 어려울 거야
	II	어려워요, 어렵죠	어려웠어요, 어려웠죠	어렵겠어요, 어렵겠죠, 어려울 거 예요
	III	어렵다	어려웠다	어렵겠다, 어려울 거다
	IV	어렵습니다	어려웠습니다	어렵겠습니다, 어려울 겁니다
Interrogative	I	어려워?, 어렵지?	어려웠어?, 어려웠지?	어렵겠어?, 어려울까?
	II	어려워요?, 어렵죠?	어려웠어요?, 어려웠죠?	어렵겠어요?, 어려울까요?
	III	어렵니?, 어려우냐?/ 어렵냐?	어려웠니?, 어려웠냐?	어렵겠니?, 어렵겠냐?
	IV	어렵습니까?	어려웠습니까?	어렵겠습니까?
Adnominal		어려운	어려운	어려울

* I: Intimate / II: Polite / III: Plain / IV: Deferential

Conjunctive	and	어렵고, 어려우며	Conj.	not	어렵지 (않다)
	or	어렵거나, 어렵든(지)		adv.	어렵게
	but	어렵지만, 어려우나, 어려운데	Quot.	decl.	어렵다고
	so	어려워(서), 어려우니(까), 어려우므로		inter.	어려우냐고/어렵냐고
	if	어려우면		Nominal	어려움, 어렵기
	though	어려워도		Subject Honorific	어려우시다
	as (if)	어렵듯(이)		Causative	어렵게 하다

* Conj.: Conjunctive / Quot.: Quotative / adv.: adverbial / decl.: declarative / inter.: interrogative

difficult, hard (*syn.* 힘들다 *ant.* 쉽다) ADV 꽤, 너무, 상당히 | 여간 N 문제, 시험 | 사건, 일 | 때, 시기, 시절 | 상황, 지경, 처지, 형편, 환경 | 생각 | 질문 | 말 | 고 비 | 부탁 | 정도 | 책 | 결정 | 글자, 단어, 한자 | 살림, 생활 | 상대 | 공부 ADJ 힘들다

- ▸ 시험이 너무 어려웠어요. *The exam was so difficult.*
- ▸ 한글은 배우기 어렵지 않아요. *Hangul is not difficult to learn.*
- ▸ 어릴 때 저희 집은 형편이 아주 어려웠어요. *My family was very poor when I was a child.*

어리다 eo·ri·da

		Present	Past	Future / Presumption
Declarative	I	어려, 어리지	어렸어, 어렸지	어리겠어, 어리겠지, 어릴 거야
	II	어려요, 어리죠	어렸어요, 어렸죠	어리겠어요, 어리겠죠, 어릴 거예요
	III	어리다	어렸다	어리겠다, 어릴 거다
	IV	어립니다	어렸습니다	어리겠습니다, 어릴 겁니다
Interrogative	I	어려?, 어리지?	어렸어?, 어렸지?	어리겠어?, 어릴까?
	II	어려요?, 어리죠?	어렸어요?, 어렸죠?	어리겠어요?, 어릴까요?
	III	어리니?, 어리냐?	어렸니?, 어렸냐?	어리겠니?, 어리겠냐?
	IV	어립니까?	어렸습니까?	어리겠습니까?
Adnominal		어린	어린	어릴

* I: Intimate / II: Polite / III: Plain / IV: Deferential

Conjunctive	and	어리고, 어리며	Conj.	not	어리지 (않다)	
	or	어리거나, 어리든(지)		adv.	어리게	
	but	어리지만, 어리나, 어린데	Quot.	decl.	어리다고	
	so	어려(서), 어리니(까), 어리므로		inter.	어리냐고	
	if	어리면		Nominal	어림, 어리기	
	though	어려도		Subject Honorific	어리시다	
	as (if)	어리듯(이)		Causative	어리게 하다	

* Conj.: Conjunctive / Quot.: Quotative / adv.: adverbial / decl.: declarative / inter.: interrogative

---

young, little (*ant.* 늙다) ADV 아직 | 너무, 아주, 한참 N 때, 시절 | 동생, 딸, 소녀, 소년, 손자, 아들, 아이, 자녀, 자식, 조카, 학생 | 나이 | 마음 | 나무 | 티, 표시 V 보이다

▸ 저는 어릴 때 교통사고를 당했습니다. *I had a car accident when I was little.*

▸ 제 남동생은 저보다 나이가 한 살 어려요. *My younger brother is a year younger than I am.*

어리석다 /어리석따/ eo·ri·seok·da REGULAR

		Present	Past	Future / Presumption
Declarative	I	어리석어, 어리석지	어리석었어, 어리석었지	어리석겠어, 어리석겠지, 어리석을 거야
	II	어리석어요, 어리석죠	어리석었어요, 어리석었죠	어리석겠어요, 어리석겠죠, 어리석을 거예요
	III	어리석다	어리석었다	어리석겠다, 어리석을 거다
	IV	어리석습니다	어리석었습니다	어리석겠습니다, 어리석을 겁니다
Interrogative	I	어리석어?, 어리석지?	어리석었어?, 어리석었지?	어리석겠어?, 어리석을까?
	II	어리석어요?, 어리석죠?	어리석었어요?, 어리석었죠?	어리석겠어요?, 어리석을까요?
	III	어리석니?, 어리석(으)냐?	어리석었니?, 어리석었냐?	어리석겠니?, 어리석겠냐?
	IV	어리석습니까?	어리석었습니까?	어리석겠습니까?
Adnominal		어리석은	어리석은	어리석을

* I: Intimate / II: Polite / III: Plain / IV: Deferential

Conjunctive	and	어리석고, 어리석으며	Conj.	not	어리석지 (않다)
	or	어리석거나, 어리석든(지)		adv.	어리석게
	but	어리석지만, 어리석으나, 어리석은데	Quot.	decl.	어리석다고
	so	어리석어(서), 어리석으니(까), 어리석으므로		inter.	어리석(으)냐고
	if	어리석으면		Nominal	어리석음, 어리석기
	though	어리석어도		Subject Honorific	어리석으시다
	as (if)	어리석듯(이)		Causative	어리석게 하다

* Conj.: Conjunctive / Quot.: Quotative / adv.: adverbial / decl.: declarative / inter.: interrogative

foolish, absurd (*syn.* 멍청하다 *ant.* 현명하다) **ADV** 정말 **N** 사람, 인간, 자 | 일, 짓, 행동 | 생각 | 실수 | 질문 **V** 굴다 | 깨닫다

▸ 그 사람을 믿다니 제가 어리석었어요. *I was foolish enough to trust him.*
▸ 어리석은 질문일지 모르겠어요. *This might be an absurd question.*

어색하다 /어새카다/ eo·sae·ka·da

		Present	Past	Future / Presumption
Declarative	I	어색해, 어색하지	어색했어, 어색했지	어색하겠어, 어색하겠지, 어색할 거야
	II	어색해요, 어색하죠	어색했어요, 어색했죠	어색하겠어요, 어색하겠죠, 어색할 거예요
	III	어색하다	어색했다	어색하겠다, 어색할 거다
	IV	어색합니다	어색했습니다	어색하겠습니다, 어색할 겁니다
Interrogative	I	어색해?, 어색하지?	어색했어?, 어색했지?	어색하겠어?, 어색할까?
	II	어색해요?, 어색하죠?	어색했어요?, 어색했죠?	어색하겠어요?, 어색할까요?
	III	어색하니?, 어색하냐?	어색했니?, 어색했냐?	어색하겠니?, 어색하겠냐?
	IV	어색합니까?	어색했습니까?	어색하겠습니까?
Adnominal		어색한	어색한	어색할

* I: Intimate / II: Polite / III: Plain / IV: Deferential

Conjunctive	and	어색하고, 어색하며	Conj.	not	어색하지 (않다)
	or	어색하거나, 어색하든(지)		adv.	어색하게
	but	어색하지만, 어색하나, 어색한데	Quot.	decl.	어색하다고
	so	어색해(서), 어색하니(까), 어색하므로		inter.	어색하냐고
	if	어색하면	Nominal		어색함, 어색하기
	though	어색해도	Subject Honorific		어색하시다
	as (if)	어색하듯(이)	Causative		어색하게 하다

* Conj.: Conjunctive / Quot.: Quotative / adv.: adverbial / decl.: declarative / inter.: interrogative

awkward ADV 약간, 어쩐지, 좀 | 너무, 되게, 영 N 침묵 | 분위기 | 미소, 웃음 | 변명 | 태도 | 기분, 느낌 | 인사 | 농담, 말투 | 문장 | 사이

▶ 이 문장은 조금 어색해요. *This sentence is a little awkward.*

▶ 아직 그 사람하고 사이가 좀 어색해요. *I still feel a little awkward to be alone with him.*

		Present	Past	Future / Presumption
Declarative	I	어지러워, 어지럽지	어지러웠어, 어지러웠지	어지럽겠어, 어지럽겠지, 어지러울 거야
	II	어지러워요, 어지럽죠	어지러웠어요, 어지러웠죠	어지럽겠어요, 어지럽겠죠, 어지러울 거예요
	III	어지럽다	어지러웠다	어지럽겠다, 어지러울 거다
	IV	어지럽습니다	어지러웠습니다	어지럽겠습니다, 어지러울 겁니다
Interrogative	I	어지러워?, 어지럽지?	어지러웠어?, 어지러웠지?	어지럽겠어?, 어지러울까?
	II	어지러워요?, 어지럽죠?	어지러웠어요?, 어지러웠죠?	어지럽겠어요?, 어지러울까요?
	III	어지럽니?, 어지러우냐?/어지럽냐?	어지러웠니?, 어지러웠냐?	어지럽겠니?, 어지럽겠냐?
	IV	어지럽습니까?	어지러웠습니까?	어지럽겠습니까?
Adnominal		어지러운	어지러운	어지러울

* I: Intimate / II: Polite / III: Plain / IV: Deferential

Conjunctive	and	어지럽고, 어지러우며	Conj.	not	어지럽지 (않다)
	or	어지럽거나, 어지럽든(지)		adv.	어지럽게
	but	어지럽지만, 어지러우나, 어지러운데	Quot.	decl.	어지럽다고
	so	어지러워(서), 어지러우니(까), 어지러우므로		inter.	어지러우냐고/어지럽냐고
	if	어지러우면		Nominal	어지러움, 어지럽기
	though	어지러워도		Subject Honorific	어지러우시다
	as (if)	어지럽듯(이)		Causative	어지럽게 하다, 어지럽히다

* Conj.: Conjunctive / Quot.: Quotative / adv.: adverbial / decl.: declarative / inter.: interrogative

1 dizzy ADV 갑자기 | 몹시 N 눈앞 | 머리 V 쓰러지다
▶ 갑자기 머리가 어지러워요. *Suddenly I feel dizzy.*
▶ 요즘 들어 자주 어지럽고 속이 울렁거려요. *Recently often my head is swimming around and I feel nauseous.*

2 chaotic ADV 몹시 | 여기저기 N 세상 | 변화 | 시절 V 널리다, 흩어지다
▶ 내 방에 들어가지 마. 방이 어지러워. *Don't enter my room. It's a mess.*

		Present	Past	Future / Presumption
Declarative	I	어처구니없어, 어처구니없지	어처구니없었어, 어처구니없었지	어처구니없겠어, 어처구니없겠지, 어처구니없을 거야
	II	어처구니없어요, 어처구니없죠	어처구니없었어요, 어처구니없었죠	어처구니없겠어요, 어처구니없겠죠, 어처구니없을 거예요
	III	어처구니없다	어처구니없었다	어처구니없겠다, 어처구니없을 거다
	IV	어처구니없습니다	어처구니없었습니다	어처구니없겠습니다, 어처구니없을 겁니다
Interrogative	I	어처구니없어?, 어처구니없지?	어처구니없었어?, 어처구니없었지?	어처구니없겠어?, 어처구니없을까?
	II	어처구니없어요?, 어처구니없죠?	어처구니없었어요?, 어처구니없었죠?	어처구니없겠어요?, 어처구니없을까요?
	III	어처구니없니?, 어처구니없(느)냐?	어처구니없었니?, 어처구니없었냐?	어처구니없겠니?, 어처구니없겠냐?
	IV	어처구니없습니까?	어처구니없었습니까?	어처구니없겠습니까?
Adnominal		어처구니없는	어처구니없는	어처구니없을

* I: Intimate / II: Polite / III: Plain / IV: Deferential

Conjunctive	and	어처구니없고, 어처구니없으며	Conj.	not	어처구니없지 (않다)
	or	어처구니없거나, 어처구니없든(지)		adv.	어처구니없게, 어처구니없이
	but	어처구니없지만, 어처구니없으나, 어처구니없는데	Quot.	decl.	어처구니없다고
	so	어처구니없어(서), 어처구니없으니(까), 어처구니없으므로		inter.	어처구니없(느)냐고
	if	어처구니없으면	Nominal		어처구니없음, 어처구니없기
	though	어처구니없어도	Subject Honorific		어처구니없으시다
	as (if)	어처구니없듯(이)	Causative		어처구니없게 하다

* Conj.: Conjunctive / Quot.: Quotative / adv.: adverbial / decl.: declarative / inter.: interrogative

---

nonsense, ridiculous, absurd (*syn.* 어이없다) **ADV** 정말 **N** 일, 짓 | 꼴 | 말, 얘기 | 실수 **V** 당하다

▶ 제가 어처구니없는 실수를 저질렀어요. *I made a ridiculous mistake.*

▶ 네가 내게 그런 말을 하다니 어처구니없다. *It's ridiculous of you to say such things to me.*

		Present	Past	Future / Presumption
Declarative	I	억울해, 억울하지	억울했어, 억울했지	억울하겠어, 억울하겠지, 억울할 거야
	II	억울해요, 억울하죠	억울했어요, 억울했죠	억울하겠어요, 억울하겠죠, 억울할 거예요
	III	억울하다	억울했다	억울하겠다, 억울할 거다
	IV	억울합니다	억울했습니다	억울하겠습니다, 억울할 겁니다
Interrogative	I	억울해?, 억울하지?	억울했어?, 억울했지?	억울하겠어?, 억울할까?
	II	억울해요?, 억울하죠?	억울했어요?, 억울했죠?	억울하겠어요?, 억울할까요?
	III	억울하니?, 억울하냐?	억울했니?, 억울했냐?	억울하겠니?, 억울하겠냐?
	IV	억울합니까?	억울했습니까?	억울하겠습니까?
Adnominal		억울한	억울한	억울할

* I: Intimate / II: Polite / III: Plain / IV: Deferential

Conjunctive	and	억울하고, 억울하며	Conj.	not	억울하지 (않다)
	or	억울하거나, 억울하든(지)		adv.	억울하게
	but	억울하지만, 억울하나, 억울한데	Quot.	decl.	억울하다고
	so	억울해(서), 억울하니(까), 억울하므로		inter.	억울하냐고
	if	억울하면		Nominal	억울함, 억울하기
	though	억울해도		Subject Honorific	억울하시다
	as (if)	억울하듯(이)		Causative	억울하게 하다

* Conj.: Conjunctive / Quot.: Quotative / adv.: adverbial / decl.: declarative / inter.: interrogative

unfair ADV 너무, 몹시, 정말 N 누명, 죄 | 사람 | 것, 일 | 마음, 생각, 심정 | 사연, 사정 | 눈물 | 죽음 V 죽다 ADJ 분하다

▶ 이건 너무 억울해요. *This is so unfair.*

▶ 그 사람은 억울하게 도둑으로 몰렸다. *He was unjustly accused of stealing.*

		Present	Past	Future / Presumption
Declarative	I	엄격해, 엄격하지	엄격했어, 엄격했지	엄격하겠어, 엄격하겠지, 엄격할 거야
	II	엄격해요, 엄격하죠	엄격했어요, 엄격했죠	엄격하겠어요, 엄격하겠죠, 엄격할 거예요
	III	엄격하다	엄격했다	엄격하겠다, 엄격할 거다
	IV	엄격합니다	엄격했습니다	엄격하겠습니다, 엄격할 겁니다
Interrogative	I	엄격해?, 엄격하지?	엄격했어?, 엄격했지?	엄격하겠어?, 엄격할까?
	II	엄격해요?, 엄격하죠?	엄격했어요?, 엄격했죠?	엄격하겠어요?, 엄격할까요?
	III	엄격하니?, 엄격하냐?	엄격했니?, 엄격했냐?	엄격하겠니?, 엄격하겠냐?
	IV	엄격합니까?	엄격했습니까?	엄격하겠습니까?
Adnominal		엄격한	엄격한	엄격할

* I: Intimate / II: Polite / III: Plain / IV: Deferential

Conjunctive	and	엄격하고, 엄격하며	Conj.	not	엄격하지 (않다)
	or	엄격하거나, 엄격하든(지)		adv.	엄격하게, 엄격히
	but	엄격하지만, 엄격하나, 엄격한데	Quot.	decl.	엄격하다고
	so	엄격해(서), 엄격하니(까), 엄격하므로		inter.	엄격하냐고
	if	엄격하면	Nominal		엄격함, 엄격하기
	though	엄격해도	Subject Honorific		엄격하시다
	as (if)	엄격하듯(이)	Causative		엄격하게 하다

* Conj.: Conjunctive / Quot.: Quotative / adv.: adverbial / decl.: declarative / inter.: interrogative

strict, severe (*syn.* 엄하다) **ADV** 대단히, 매우, 아주 **N** 규율, 규정, 규제, 규칙, 법 | 기준, 적용 | 심사 | 태도 | 훈련 | 가정 | 교사, 선생

▶ 우리는 지원자들을 공정하고 엄격하게 심사할 겁니다. *We will judge the applicants fairly and strictly.*

▶ 아버지는 저와 형에게 엄격했어요. *My father was strict with me and my brother.*

		Present	Past	Future / Presumption
Declarative	I	엄숙해, 엄숙하지	엄숙했어, 엄숙했지	엄숙하겠어, 엄숙하겠지, 엄숙할 거야
	II	엄숙해요, 엄숙하죠	엄숙했어요, 엄숙했죠	엄숙하겠어요, 엄숙하겠죠, 엄숙할 거예요
	III	엄숙하다	엄숙했다	엄숙하겠다, 엄숙할 거다
	IV	엄숙합니다	엄숙했습니다	엄숙하겠습니다, 엄숙할 겁니다
Interrogative	I	엄숙해?, 엄숙하지?	엄숙했어?, 엄숙했지?	엄숙하겠어?, 엄숙할까?
	II	엄숙해요?, 엄숙하죠?	엄숙했어요?, 엄숙했죠?	엄숙하겠어요?, 엄숙할까요?
	III	엄숙하니?, 엄숙하냐?	엄숙했니?, 엄숙했냐?	엄숙하겠니?, 엄숙하겠냐?
	IV	엄숙합니까?	엄숙했습니까?	엄숙하겠습니까?
Adnominal		엄숙한	엄숙한	엄숙할

* I: Intimate / II: Polite / III: Plain / IV: Deferential

Conjunctive	and	엄숙하고, 엄숙하며	Conj.	not	엄숙하지 (않다)
	or	엄숙하거나, 엄숙하든(지)		adv.	엄숙하게, 엄숙히
	but	엄숙하지만, 엄숙하나, 엄숙한데	Quot.	decl.	엄숙하다고
	so	엄숙해(서), 엄숙하니(까), 엄숙하므로		inter.	엄숙하냐고
	if	엄숙하면	Nominal		엄숙함, 엄숙하기
	though	엄숙해도	Subject Honorific		엄숙하시다
	as (if)	엄숙하듯(이)	Causative		엄숙하게 하다

* Conj.: Conjunctive / Quot.: Quotative / adv.: adverbial / decl.: declarative / inter.: interrogative

solemn, sober ADV 사뭇, 자못 N 의식 | 분위기 | 기분 | 얼굴, 표정 | 목소리, 어조, 음성 | 태도 V 치르다

▶ 장례식장의 분위기는 엄숙했다. *The atmosphere of the funeral was solemn.*
▶ 아버지는 엄숙한 표정을 하고 계셨다. *Dad had a grim look on his face.*

엄청나다 eom·cheong·na·da

		Present	Past	Future / Presumption
Declarative	I	엄청나, 엄청나지	엄청났어, 엄청났지	엄청나겠어, 엄청나겠지, 엄청날 거야
	II	엄청나요, 엄청나죠	엄청났어요, 엄청났죠	엄청나겠어요, 엄청나겠죠, 엄청날 거예요
	III	엄청나다	엄청났다	엄청나겠다, 엄청날 거다
	IV	엄청납니다	엄청났습니다	엄청나겠습니다, 엄청날 겁니다
Interrogative	I	엄청나?, 엄청나지?	엄청났어?, 엄청났지?	엄청나겠어?, 엄청날까?
	II	엄청나요?, 엄청나죠?	엄청났어요?, 엄청났죠?	엄청나겠어요?, 엄청날까요?
	III	엄청나니?, 엄청나냐?	엄청났니?, 엄청났냐?	엄청나겠니?, 엄청나겠냐?
	IV	엄청납니까?	엄청났습니까?	엄청나겠습니까?
Adnominal		엄청난	엄청난	엄청날

* I: Intimate / II: Polite / III: Plain / IV: Deferential

Conjunctive	and	엄청나고, 엄청나며	Conj.	not	엄청나지 (않다)
	or	엄청나거나, 엄청나든(지)		adv.	엄청나게, 엄청
	but	엄청나지만, 엄청나나, 엄청난데	Quot.	decl.	엄청나다고
	so	엄청나(서), 엄청나니(까), 엄청나므로		inter.	엄청나냐고
	if	엄청나면	Nominal		엄청남, 엄청나기
	though	엄청나도	Subject Honorific		엄청나시다
	as (if)	엄청나듯(이)	Causative		엄청나게 하다

* Conj.: Conjunctive / Quot.: Quotative / adv.: adverbial / decl.: declarative / inter.: interrogative

huge, great (*syn.* 굉장하다, 대단하다 *ant.* 미미하다) **ADV** 너무나, 실로 **N** 규모, 양 | 돈, 비용, 액수 | 가격, 수익 | 일 | 스트레스, 충격 | 손실, 손해, 피해 | 실수 | 힘 | 성공 | 변화 | 차이 | 노력 **V** 크다 **ADJ** 비싸다, 싸다

▶ 이 가구는 엄청나게 비싸요. *This furniture is incredibly expensive.*

▶ 이 화재로 엄청난 재산 손실이 발생했다. *There were huge property losses due to this fire.*

		Present	Past	Future / Presumption
Declarative	I	없어, 없지	없었어, 없었지	없겠어, 없겠지, 없을 거야
	II	없어요, 없죠	없었어요, 없었죠	없겠어요, 없겠죠, 없을 거예요
	III	없다	없었다	없겠다, 없을 거다
	IV	없습니다	없었습니다	없겠습니다, 없을 겁니다
Interrogative	I	없어?, 없지?	없었어?, 없었지?	없겠어?, 없을까?
	II	없어요?, 없죠?	없었어요?, 없었죠?	없겠어요?, 없을까요?
	III	없니?, 없(느)냐?	없었니?, 없었냐?	없겠니?, 없겠냐?
	IV	없습니까?	없었습니까?	없겠습니까?
Adnominal		없는	없는	없을

* I: Intimate / II: Polite / III: Plain / IV: Deferential

Conjunctive	and	없고, 없으며	Conj.	not	없지 (않다)
	or	없거나, 없든(지)		adv.	없게
	but	없지만, 없으나, 없는데	Quot.	decl.	없다고
	so	없어(서), 없으니(까), 없으므로		inter.	없(느)냐고
	if	없으면	Nominal		없음, 없기
	though	없어도	Subject Honorific		없으시다
	as (if)	없듯(이)	Causative		없게 하다, 없애다

* Conj.: Conjunctive / Quot.: Quotative / adv.: adverbial / decl.: declarative / inter.: interrogative

1 not exist, not have, absent (*ant.* 있다) ADV 거의, 전혀 | 별로 N 맛 | 귀신, 신, 외계인 | 범죄, 죄 | 반찬, 밥, 옷 | 남자, 동생, 부모, 형 | 문제, 별일, 일 | 가능성, 이유 | 공짜

▶ 세상에 공짜는 없다. *There is no free lunch.*

▶ 지금 당장은 할 일이 없어요. *I have nothing to do right now.*

▶ 저는 가족이 없어요. *I don't have a family.*

2 impossible, cannot N 수

▶ 정말? 믿을 수 없어. *Really? I can't believe it!*

▶ 저 혼자 그런 결정을 내릴 수는 없어요. *I can't make such a decision alone.*

		Present	Past	Future / Presumption
Declarative	I	엉뚱해, 엉뚱하지	엉뚱했어, 엉뚱했지	엉뚱하겠어, 엉뚱하겠지, 엉뚱할 거야
	II	엉뚱해요, 엉뚱하죠	엉뚱했어요, 엉뚱했죠	엉뚱하겠어요, 엉뚱하겠죠, 엉뚱할 거예요
	III	엉뚱하다	엉뚱했다	엉뚱하겠다, 엉뚱할 거다
	IV	엉뚱합니다	엉뚱했습니다	엉뚱하겠습니다, 엉뚱할 겁니다
Interrogative	I	엉뚱해?, 엉뚱하지?	엉뚱했어?, 엉뚱했지?	엉뚱하겠어?, 엉뚱할까?
	II	엉뚱해요?, 엉뚱하죠?	엉뚱했어요?, 엉뚱했죠?	엉뚱하겠어요?, 엉뚱할까요?
	III	엉뚱하니?, 엉뚱하냐?	엉뚱했니?, 엉뚱했냐?	엉뚱하겠니?, 엉뚱하겠냐?
	IV	엉뚱합니까?	엉뚱했습니까?	엉뚱하겠습니까?
Adnominal		엉뚱한	엉뚱한	엉뚱할

* I: Intimate / II: Polite / III: Plain / IV: Deferential

Conjunctive	and	엉뚱하고, 엉뚱하며	Conj.	not	엉뚱하지 (않다)
	or	엉뚱하거나, 엉뚱하든(지)		adv.	엉뚱하게
	but	엉뚱하지만, 엉뚱하나, 엉뚱한데	Quot.	decl.	엉뚱하다고
	so	엉뚱해(서), 엉뚱하니(까), 엉뚱하므로		inter.	엉뚱하냐고
	if	엉뚱하면	Nominal		엉뚱함, 엉뚱하기
	though	엉뚱해도	Subject Honorific		엉뚱하시다
	as (if)	엉뚱하듯(이)	Causative		엉뚱하게 하다

* Conj.: Conjunctive / Quot.: Quotative / adv.: adverbial / decl.: declarative / inter.: interrogative

1 unpredictable, wild ADV 아주 | 전혀 N 사람 | 일, 짓 | 상상, 생각 | 방향 | 곳 | 말, 소리 | 실수, 착각 | 결과 | 행동 | 구석, 데, 면

▸ 그 여자는 엉뚱한 데가 있어. *She's got an unpredictable side to her.*

▸ 창조적 작업은 때로는 엉뚱한 상상에서 출발한다. *Creative work sometimes starts with a wild imagination.*

2 irrelevant, wrong N 방향 | 오해 | 이름 | 대답, 발언, 질문 | 사람

▸ 교사는 엉뚱한 질문을 하는 학생들을 존중해야 한다. *Teachers should respect students who ask random questions.*

▸ 그는 경찰이 엉뚱한 사람을 체포했다고 주장했다. *He maintained that the police arrested the wrong person.*

		Present	Past	Future / Presumption
Declarative	I	여전해, 여전하지	여전했어, 여전했지	여전하겠어, 여전하겠지, 여전할 거야
	II	여전해요, 여전하죠	여전했어요, 여전했죠	여전하겠어요, 여전하겠죠, 여전할 거예요
	III	여전하다	여전했다	여전하겠다, 여전할 거다
	IV	여전합니다	여전했습니다	여전하겠습니다, 여전할 겁니다
Interrogative	I	여전해?, 여전하지?	여전했어?, 여전했지?	여전하겠어?, 여전할까?
	II	여전해요?, 여전하죠?	여전했어요?, 여전했죠?	여전하겠어요?, 여전할까요?
	III	여전하니?, 여전하냐?	여전했니?, 여전했냐?	여전하겠니?, 여전하겠냐?
	IV	여전합니까?	여전했습니까?	여전하겠습니까?
Adnominal		여전한	여전한	여전할

* I: Intimate / II: Polite / III: Plain / IV: Deferential

Conjunctive	and	여전하고, 여전하며	**Conj.**	not	여전하지 (않다)
	or	여전하거나, 여전하든(지)		adv.	여전하게, 여전히
	but	여전하지만, 여전하나, 여전한데	**Quot.**	decl.	여전하다고
	so	여전해(서), 여전하니(까), 여전하므로		inter.	여전하냐고
	if	여전하면	**Nominal**		여전함, 여전하기
	though	여전해도	**Subject Honorific**		여전하시다
	as (if)	여전하듯(이)	**Causative**		여전하게 하다

* Conj.: Conjunctive / Quot.: Quotative / adv.: adverbial / decl.: declarative / inter.: interrogative

---

still the same ADV 아직 N 사람 | 고통, 통증 | 모습, 미모 | 더위

▶ 그녀의 미모는 여전했다. *Her beauty was still the same.*

▶ 아버님은 여전하시죠? *How's your father?*

		Present	Past	Future / Presumption
Declarative	I	연해, 연하지	연했어, 연했지	연하겠어, 연하겠지, 연할 거야
	II	연해요, 연하죠	연했어요, 연했죠	연하겠어요, 연하겠죠, 연할 거예요
	III	연하다	연했다	연하겠다, 연할 거다
	IV	연합니다	연했습니다	연하겠습니다, 연할 겁니다
Interrogative	I	연해?, 연하지?	연했어?, 연했지?	연하겠어?, 연할까?
	II	연해요?, 연하죠?	연했어요?, 연했죠?	연하겠어요?, 연할까요?
	III	연하니?, 연하냐?	연했니?, 연했냐?	연하겠니?, 연하겠냐?
	IV	연합니까?	연했습니까?	연하겠습니까?
Adnominal		연한	연한	연할

* I: Intimate / II: Polite / III: Plain / IV: Deferential

Conjunctive	and	연하고, 연하며	Conj.	not	연하지 (않다)
	or	연하거나, 연하든(지)		adv.	연하게
	but	연하지만, 연하나, 연한데	Quot.	decl.	연하다고
	so	연해(서), 연하니(까), 연하므로		inter.	연하냐고
	if	연하면	Nominal		연함, 연하기
	though	연해도	Subject Honorific		연하시다
	as (if)	연하듯(이)	Causative		연하게 하다

* Conj.: Conjunctive / Quot.: Quotative / adv.: adverbial / decl.: declarative / inter.: interrogative

---

light, soft, weak (*ant.* 진하다) ADV 너무, 아주 | 좀 N 갈색, 녹색, 분홍, 색 | 맛, 차, 커피 | 고기, 채소

▶ 이 디자인으로 연한 녹색 있나요? *Do you have this design in light green?*

▶ 할아버지는 이가 약하셔서 연한 고기를 좋아하세요. *My grandpa likes tender meat because he has weak teeth.*

▶ 커피가 좀 연하네요. *This coffee is a little weak.*

		Present	Past	Future / Presumption
Declarative	I	열등해, 열등하지	열등했어, 열등했지	열등하겠어, 열등하겠지, 열등할 거야
	II	열등해요, 열등하죠	열등했어요, 열등했죠	열등하겠어요, 열등하겠죠, 열등할 거예요
	III	열등하다	열등했다	열등하겠다, 열등할 거다
	IV	열등합니다	열등했습니다	열등하겠습니다, 열등할 겁니다
Interrogative	I	열등해?, 열등하지?	열등했어?, 열등했지?	열등하겠어?, 열등할까?
	II	열등해요?, 열등하죠?	열등했어요?, 열등했죠?	열등하겠어요?, 열등할까요?
	III	열등하니?, 열등하냐?	열등했니?, 열등했냐?	열등하겠니?, 열등하겠냐?
	IV	열등합니까?	열등했습니까?	열등하겠습니까?
Adnominal		열등한	열등한	열등할

* I: Intimate / II: Polite / III: Plain / IV: Deferential

Conjunctive	and	열등하고, 열등하며	Conj.	not	열등하지 (않다)
	or	열등하거나, 열등하든(지)		adv.	열등하게
	but	열등하지만, 열등하나, 열등한데	Quot.	decl.	열등하다고
	so	열등해(서), 열등하니(까), 열등하므로		inter.	열등하냐고
	if	열등하면	Nominal		열등함, 열등하기
	though	열등해도	Subject Honorific		열등하시다
	as (if)	열등하듯(이)	Causative		열등하게 하다

* Conj.: Conjunctive / Quot.: Quotative / adv.: adverbial / decl.: declarative / inter.: interrogative

inferior (*ant.* 우등하다, 우월하다) P -보다

▶ 어떤 사람들은 한글이 한자보다 열등하다고 믿는다. *Some people believe that Hangul is inferior to Chinese characters.*

▶ 흑인이 백인보다 열등하다고 말하고 있는 겁니까? *Are you implying that black people are inferior to white people?*

		Present	Past	Future / Presumption
Declarative	I	열악해, 열악하지	열악했어, 열악했지	열악하겠어, 열악하겠지, 열악할 거야
	II	열악해요, 열악하죠	열악했어요, 열악했죠	열악하겠어요, 열악하겠죠, 열악할 거예요
	III	열악하다	열악했다	열악하겠다, 열악할 거다
	IV	열악합니다	열악했습니다	열악하겠습니다, 열악할 겁니다
Interrogative	I	열악해?, 열악하지?	열악했어?, 열악했지?	열악하겠어?, 열악할까?
	II	열악해요?, 열악하죠?	열악했어요?, 열악했죠?	열악하겠어요?, 열악할까요?
	III	열악하니?, 열악하냐?	열악했니?, 열악했냐?	열악하겠니?, 열악하겠냐?
	IV	열악합니까?	열악했습니까?	열악하겠습니까?
Adnominal		열악한	열악한	열악할

* I: Intimate / II: Polite / III: Plain / IV: Deferential

Conjunctive	and	열악하고, 열악하며	Conj.	not	열악하지 (않다)
	or	열악하거나, 열악하든(지)		adv.	열악하게
	but	열악하지만, 열악하나, 열악한데	Quot.	decl.	열악하다고
	so	열악해(서), 열악하니(까), 열악하므로		inter.	열악하냐고
	if	열악하면	Nominal		열악함, 열악하기
	though	열악해도	Subject Honorific		열악하시다
	as (if)	열악하듯(이)	Causative		열악하게 하다

* Conj.: Conjunctive / Quot.: Quotative / adv.: adverbial / decl.: declarative / inter.: interrogative

poor, inadequate N 여건, 조건, 환경 | 위생 | 생활

▶ 이 식물은 열악한 환경에서도 잘 자란다. *This plant grows well in a hostile environment.*

▶ 열악한 근무 여건은 근무자의 건강에 영향을 미칠 수 있다. *Poor working conditions can affect workers' health.*

엷다 /열따/ yeol·da REGULAR

		Present	Past	Future / Presumption
Declarative	I	엷어, 엷지	엷었어, 엷었지	엷겠어, 엷겠지, 엷을 거야
	II	엷어요, 엷죠	엷었어요, 엷었죠	엷겠어요, 엷겠죠, 엷을 거예요
	III	엷다	엷었다	엷겠다, 엷을 거다
	IV	엷습니다	엷었습니다	엷겠습니다, 엷을 겁니다
Interrogative	I	엷어?, 엷지?	엷었어?, 엷었지?	엷겠어?, 엷을까?
	II	엷어요?, 엷죠?	엷었어요?, 엷었죠?	엷겠어요?, 엷을까요?
	III	엷니?, 엷(으)냐?	엷었니?, 엷었냐?	엷겠니?, 엷겠냐?
	IV	엷습니까?	엷었습니까?	엷겠습니까?
Adnominal		엷은	엷은	엷을

* I: Intimate / II: Polite / III: Plain / IV: Deferential

Conjunctive	and	엷고, 엷으며	Conj.	not	엷지 (않다)
	or	엷거나, 엷든(지)		adv.	엷게
	but	엷지만, 엷으나, 엷은데	Quot.	decl.	엷다고
	so	엷어(서), 엷으니(까), 엷으므로		inter.	엷(으)냐고
	if	엷으면	Nominal		엷음, 엷기
	though	엷어도	Subject Honorific		엷으시다
	as (if)	엷듯(이)	Causative		엷게 하다

* Conj.: Conjunctive / Quot.: Quotative / adv.: adverbial / decl.: declarative / inter.: interrogative

1 light, pale (*syn.* 연하다 *ant.* 짙다, 진하다) N 미소, 웃음 | 색(깔) | 화장 | 구름, 안개

▸ 아침마다 엷은 안개가 끼었다. *There was a light fog every morning.*

▸ 그녀는 보통 엷은 화장을 한다. *She usually does light makeup.*

2 thin (*syn.* 얇다 *ant.* 두껍다) N 이불 | 옷 | 얼음

▸ 이불이 너무 엷어서 밤에 추워요. *It's cold because the blanket is too flimsy.*

		Present	Past	Future / Presumption
Declarative	I	영원해, 영원하지	영원했어, 영원했지	영원하겠어, 영원하겠지, 영원할 거야
	II	영원해요, 영원하죠	영원했어요, 영원했죠	영원하겠어요, 영원하겠죠, 영원할 거예요
	III	영원하다	영원했다	영원하겠다, 영원할 거다
	IV	영원합니다	영원했습니다	영원하겠습니다, 영원할 겁니다
Interrogative	I	영원해?, 영원하지?	영원했어?, 영원했지?	영원하겠어?, 영원할까?
	II	영원해요?, 영원하죠?	영원했어요?, 영원했죠?	영원하겠어요?, 영원할까요?
	III	영원하니?, 영원하냐?	영원했니?, 영원했냐?	영원하겠니?, 영원하겠냐?
	IV	영원합니까?	영원했습니까?	영원하겠습니까?
Adnominal		영원한	영원한	영원할

* I: Intimate / II: Polite / III: Plain / IV: Deferential

Conjunctive	and	영원하고, 영원하며	Conj.	not	영원하지 (않다)
	or	영원하거나, 영원하든(지)		adv.	영원하게, 영원히
	but	영원하지만, 영원하나, 영원한데	Quot.	decl.	영원하다고
	so	영원해(서), 영원하니(까), 영원하므로		inter.	영원하냐고
	if	영원하면	Nominal		영원함, 영원하기
	though	영원해도	Subject Honorific		영원하시다
	as (if)	영원하듯(이)	Causative		영원하게 하다

* Conj.: Conjunctive / Quot.: Quotative / adv.: adverbial / decl.: declarative / inter.: interrogative

eternal, everlasting N 것 | 미소 | 사랑, 우정 | 이별 | 진리 | 생명 | 행복

▶ 당신을 영원히 사랑합니다. *I'll love you forever.*
▶ 영원한 것은 없어요. *Nothing lasts forever.*

		Present	Past	Future / Presumption
Declarative	I	예민해, 예민하지	예민했어, 예민했지	예민하겠어, 예민하겠지, 예민할 거야
	II	예민해요, 예민하죠	예민했어요, 예민했죠	예민하겠어요, 예민하겠죠, 예민할 거예요
	III	예민하다	예민했다	예민하겠다, 예민할 거다
	IV	예민합니다	예민했습니다	예민하겠습니다, 예민할 겁니다
Interrogative	I	예민해?, 예민하지?	예민했어?, 예민했지?	예민하겠어?, 예민할까?
	II	예민해요?, 예민하죠?	예민했어요?, 예민했죠?	예민하겠어요?, 예민할까요?
	III	예민하니?, 예민하냐?	예민했니?, 예민했냐?	예민하겠니?, 예민하겠냐?
	IV	예민합니까?	예민했습니까?	예민하겠습니까?
Adnominal		예민한	예민한	예민할

* I: Intimate / II: Polite / III: Plain / IV: Deferential

Conjunctive	and	예민하고, 예민하며	Conj.	not	예민하지 (않다)
	or	예민하거나, 예민하든(지)		adv.	예민하게
	but	예민하지만, 예민하나, 예민한데	Quot.	decl.	예민하다고
	so	예민해(서), 예민하니(까), 예민하므로		inter.	예민하냐고
	if	예민하면		Nominal	예민함, 예민하기
	though	예민해도		Subject Honorific	예민하시다
	as (if)	예민하듯(이)		Causative	예민하게 하다

* Conj.: Conjunctive / Quot.: Quotative / adv.: adverbial / decl.: declarative / inter.: interrogative

sensitive, sharp, edgy (*syn.* 민감하다 *ant.* 둔하다) P -에 ADV 너무, 아주 N 사람 | 반응 | 감각, 귀, 냄새, 신경, 청각 | 성격 | 나이 V 굴다

▶ 개는 냄새에 예민합니다. *Dogs have a keen sense of smell.*

▶ 며칠 뒤에 중요한 시험이 있어서 요즘 신경이 예민해요. *I'm edgy at the moment because there's an important test in a few days.*

		Present	Past	Future / Presumption
Declarative	I	예뻐, 예쁘지	예뻤어, 예뻤지	예쁘겠어, 예쁘겠지, 예쁠 거야
	II	예뻐요, 예쁘죠	예뻤어요, 예뻤죠	예쁘겠어요, 예쁘겠죠, 예쁠 거예요
	III	예쁘다	예뻤다	예쁘겠다, 예쁠 거다
	IV	예쁩니다	예뻤습니다	예쁘겠습니다, 예쁠 겁니다
Interrogative	I	예뻐?, 예쁘지?	예뻤어?, 예뻤지?	예쁘겠어?, 예쁠까?
	II	예뻐요?, 예쁘죠?	예뻤어요?, 예뻤죠?	예쁘겠어요?, 예쁠까요?
	III	예쁘니?, 예쁘냐?	예뻤니?, 예뻤냐?	예쁘겠니?, 예쁘겠냐?
	IV	예쁩니까?	예뻤습니까?	예쁘겠습니까?
Adnominal		예쁜	예쁜	예쁠

* I: Intimate / II: Polite / III: Plain / IV: Deferential

and	예쁘고, 예쁘며	Conj.	not	예쁘지 (않다)
or	예쁘거나, 예쁘든(지)		adv.	예쁘게
but	예쁘지만, 예쁘나, 예쁜데	Quot.	decl.	예쁘다고
so	예뻐(서), 예쁘니(까), 예쁘므로		inter.	예쁘냐고
if	예쁘면	Nominal		예쁨, 예쁘기
though	예뻐도	Subject Honorific		예쁘시다
as (if)	예쁘듯(이)	Causative		예쁘게 하다

* Conj.: Conjunctive / Quot.: Quotative / adv.: adverbial / decl.: declarative / inter.: interrogative

pretty (*syn.* 아름답다, 곱다 *ant.* 못생기다, 추하다) **ADV** 너무, 아주, 정말, 참 **N** 사람, 소녀, 아가씨, 아기, 아이, 여자, 처녀 | 꽃 | 얼굴 | 옷 | 말, 목소리 | 인형 | 글씨 **V** 생기다 | 보이다 | 꾸미다, 차려입다

▶ 왜 그렇게 예쁘게 차려입은 거야? *Why did you dress up so nicely?*
▶ 아기가 정말 예쁘네요. *Your baby is so pretty.*

		Present	Past	Future / Presumption
Declarative	I	오래야, 오래지	오래였어, 오래였지	오래겠어, 오래겠지, 오랠 거야
	II	오래예요, 오래죠	오래였어요, 오래였죠	오래겠어요, 오래겠죠, 오랠 거예요
	III	오래다	오래였다	오래겠다, 오랠 거다
	IV	오랩니다	오래였습니다	오래겠습니다, 오랠 겁니다
Interrogative	I	오래야?, 오래지?	오래였어?, 오래였지?	오래겠어?, 오랠까?
	II	오래예요?, 오래죠?	오래였어요?, 오래였죠?	오래겠어요?, 오랠까요?
	III	오래니?, 오래냐?	오래였니?, 오래였냐?	오래겠니?, 오래겠냐?
	IV	오랩니까?	오래였습니까?	오래겠습니까?
Adnominal		오랜	오랜	오랠

* I: Intimate / II: Polite / III: Plain / IV: Deferential

Conjunctive	and	오래고, 오래며	Conj.	not	오래지 (않다)
	or	오래거나, 오래든(지)		adv.	오래게, 오래
	but	오래지만, 오래나, 오랜데	Quot.	decl.	오래라고
	so	오래여(서), 오래니(까), 오래므로		inter.	오래냐고
	if	오래면		Nominal	오램, 오래기
	though	오래여도		Subject Honorific	오래시다
	as (if)	오래듯(이)		Causative	오래게 하다

* Conj.: Conjunctive / Quot.: Quotative / adv.: adverbial / decl.: declarative / inter.: interrogative

has been a long time ADV 벌써, 이미 N 지

▸ 그 사람 못 본 지 오래예요. *It's been a long time since I saw him last.*

▸ 그 여자랑 헤어진 지 오래야. *It's been a long time since I broke up with her.*

▸ 오래지 않아 이 일을 후회하게 될걸. *You'll regret this before long.*

		Present	Past	Future / Presumption
Declarative	I	올발라, 올바르지	올발랐어, 올발랐지	올바르겠어, 올바르겠지, 올바를 거야
	II	올발라요, 올바르죠	올발랐어요, 올발랐죠	올바르겠어요, 올바르겠죠, 올바를 거예요
	III	올바르다	올발랐다	올바르겠다, 올바를 거다
	IV	올바릅니다	올발랐습니다	올바르겠습니다, 올바를 겁니다
Interrogative	I	올발라?, 올바르지?	올발랐어?, 올발랐지?	올바르겠어?, 올바를까?
	II	올발라요?, 올바르죠?	올발랐어요?, 올발랐죠?	올바르겠어요?, 올바를까요?
	III	올바르니?, 올바르냐?	올발랐니?, 올발랐냐?	올바르겠니?, 올바르겠냐?
	IV	올바릅니까?	올발랐습니까?	올바르겠습니까?
Adnominal		올바른	올바른	올바를

* I: Intimate / II: Polite / III: Plain / IV: Deferential

Conjunctive	and	올바르고, 올바르며	Conj.	not	올바르지 (않다)
	or	올바르거나, 올바르든(지)		adv.	올바르게, 올바로
	but	올바르지만, 올바르나, 올바른데	Quot.	decl.	올바르다고
	so	올발라(서), 올바르니(까), 올바르므로		inter.	올바르냐고
	if	올바르면	Nominal		올바름, 올바르기
	though	올발라도	Subject Honorific		올바르시다
	as (if)	올바르듯(이)	Causative		올바르게 하다

* Conj.: Conjunctive / Quot.: Quotative / adv.: adverbial / decl.: declarative / inter.: interrogative

right, proper (*syn.* 바르다 *ant.* 그르다) N 결정, 판단 | 길, 방향 | 방법, 순서 | 마음가짐, 사고, 생각 | 행동, 행위 | 생활 | 자세, 태도

▸우리가 올바른 결정을 내렸는지 의심스러워요. *I doubt whether we've made the right decision.*

▸비밀번호가 올바르지 않습니다. *The password is not valid.*

		Present	Past	Future / Presumption
Declarative	I	옳아, 옳지	옳았어, 옳았지	옳겠어, 옳겠지, 옳을 거야
	II	옳아요, 옳죠	옳았어요, 옳았죠	옳겠어요, 옳겠죠, 옳을 거예요
	III	옳다	옳았다	옳겠다, 옳을 거다
	IV	옳습니다	옳았습니다	옳겠습니다, 옳을 겁니다
Interrogative	I	옳아?, 옳지?	옳았어?, 옳았지?	옳겠어?, 옳을까?
	II	옳아요?, 옳죠?	옳았어요?, 옳았죠?	옳겠어요?, 옳을까요?
	III	옳니?, 옳(으)냐?	옳았니?, 옳았냐?	옳겠니?, 옳겠냐?
	IV	옳습니까?	옳았습니까?	옳겠습니까?
Adnominal		옳은	옳은	옳을

* I: Intimate / II: Polite / III: Plain / IV: Deferential

Conjunctive	and	옳고, 옳으며	Conj.	not	옳지 (않다)
	or	옳거나, 옳든(지)		adv.	옳게
	but	옳지만, 옳으나, 옳은데	Quot.	decl.	옳다고
	so	옳아(서), 옳으니(까), 옳으므로		inter.	옳(으)냐고
	if	옳으면	Nominal		옳음, 옳기
	though	옳아도	Subject Honorific		옳으시다
	as (if)	옳듯(이)	Causative		옳게 하다

* Conj.: Conjunctive / Quot.: Quotative / adv.: adverbial / decl.: declarative / inter.: interrogative

---

right, proper (*syn.* 맞다, 바르다 *ant.* 그르다, 틀리다) ADV 모두 | 항상 | 과연 N 생각 | 일 | 결정, 판단 | 말 | 길, 방법, 방향 | 주장, 확신 | 답

▶ 우리가 옳은 일을 하는 건지 잘 모르겠어. *I'm not sure we're doing the right thing.*

▶ 네 말이 전적으로 옳아. *You're absolutely right.*

		Present	Past	Future / Presumption
Declarative	I	완벽해, 완벽하지	완벽했어, 완벽했지	완벽하겠어, 완벽하겠지, 완벽할 거야
	II	완벽해요, 완벽하죠	완벽했어요, 완벽했죠	완벽하겠어요, 완벽하겠죠, 완벽할 거예요
	III	완벽하다	완벽했다	완벽하겠다, 완벽할 거다
	IV	완벽합니다	완벽했습니다	완벽하겠습니다, 완벽할 겁니다
Interrogative	I	완벽해?, 완벽하지?	완벽했어?, 완벽했지?	완벽하겠어?, 완벽할까?
	II	완벽해요?, 완벽하죠?	완벽했어요?, 완벽했죠?	완벽하겠어요?, 완벽할까요?
	III	완벽하니?, 완벽하냐?	완벽했니?, 완벽했냐?	완벽하겠니?, 완벽하겠냐?
	IV	완벽합니까?	완벽했습니까?	완벽하겠습니까?
Adnominal		완벽한	완벽한	완벽할

* I: Intimate / II: Polite / III: Plain / IV: Deferential

Conjunctive	and	완벽하고, 완벽하며	Conj.	not	완벽하지 (않다)
	or	완벽하거나, 완벽하든(지)		adv.	완벽하게, 완벽히
	but	완벽하지만, 완벽하나, 완벽한데	Quot.	decl.	완벽하다고
	so	완벽해(서), 완벽하니(까), 완벽하므로		inter.	완벽하냐고
	if	완벽하면		Nominal	완벽함, 완벽하기
	though	완벽해도		Subject Honorific	완벽하시다
	as (if)	완벽하듯(이)		Causative	완벽하게 하다

* Conj.: Conjunctive / Quot.: Quotative / adv.: adverbial / decl.: declarative / inter.: interrogative

perfect (*syn.* 완전하다) **ADV** 거의 | 정말 **N** 서비스 | 대칭 | 문장 | 사람 | 상태 | 준비 | 성공, 승리 | 알리바이 | 연주 **V** 어울리다

▶ 완벽한 사람은 없습니다. *Nobody's perfect.*

▶ 그녀에게 완벽한 알리바이가 있어 경찰은 그녀를 풀어 줘야만 했다. *She had a perfect alibi and the police had to set her free.*

		Present	Past	Future / Presumption
Declarative	I	완전해, 완전하지	완전했어, 완전했지	완전하겠어, 완전하겠지, 완전할 거야
	II	완전해요, 완전하죠	완전했어요, 완전했죠	완전하겠어요, 완전하겠죠, 완전할 거예요
	III	완전하다	완전했다	완전하겠다, 완전할 거다
	IV	완전합니다	완전했습니다	완전하겠습니다, 완전할 겁니다
Interrogative	I	완전해?, 완전하지?	완전했어?, 완전했지?	완전하겠어?, 완전할까?
	II	완전해요?, 완전하죠?	완전했어요?, 완전했죠?	완전하겠어요?, 완전할까요?
	III	완전하니?, 완전하냐?	완전했니?, 완전했냐?	완전하겠니?, 완전하겠냐?
	IV	완전합니까?	완전했습니까?	완전하겠습니까?
Adnominal		완전한	완전한	완전할

* I: Intimate / II: Polite / III: Plain / IV: Deferential

Conjunctive	and	완전하고, 완전하며	Conj.	not	완전하지 (않다)
	or	완전하거나, 완전하든(지)		adv.	완전하게, 완전히
	but	완전하지만, 완전하나, 완전한데	Quot.	decl.	완전하다고
	so	완전해(서), 완전하니(까), 완전하므로		inter.	완전하냐고
	if	완전하면	Nominal		완전함, 완전하기
	though	완전해도	Subject Honorific		완전하시다
	as (if)	완전하듯(이)	Causative		완전하게 하다

* Conj.: Conjunctive / Quot.: Quotative / adv.: adverbial / decl.: declarative / inter.: interrogative

---

complete, full, perfect (*syn.* 완벽하다 *ant.* 불완전하다) **ADV** 거의 | 비로소 **N** 바보 | 실패, 패배 | 녹초 | 성공, 승리 | 사람, 인간 | 자유 | 상태, 형태

▶ 그 선수는 당시 완전한 상태가 아니었다. *The athlete wasn't in perfect condition.*
▶ 이제부터 난 완전히 자유야. *From now on, I'm completely free.*

		Present	Past	Future / Presumption
Declarative	I	왕성해, 왕성하지	왕성했어, 왕성했지	왕성하겠어, 왕성하겠지, 왕성할 거야
	II	왕성해요, 왕성하죠	왕성했어요, 왕성했죠	왕성하겠어요, 왕성하겠죠, 왕성할 거예요
	III	왕성하다	왕성했다	왕성하겠다, 왕성할 거다
	IV	왕성합니다	왕성했습니다	왕성하겠습니다, 왕성할 겁니다
Interrogative	I	왕성해?, 왕성하지?	왕성했어?, 왕성했지?	왕성하겠어?, 왕성할까?
	II	왕성해요?, 왕성하죠?	왕성했어요?, 왕성했죠?	왕성하겠어요?, 왕성할까요?
	III	왕성하니?, 왕성하냐?	왕성했니?, 왕성했냐?	왕성하겠니?, 왕성하겠냐?
	IV	왕성합니까?	왕성했습니까?	왕성하겠습니까?
Adnominal		왕성한	왕성한	왕성할

* I: Intimate / II: Polite / III: Plain / IV: Deferential

Conjunctive	and	왕성하고, 왕성하며	Conj.	not	왕성하지 (않다)
	or	왕성하거나, 왕성하든(지)		adv.	왕성하게, 왕성히
	but	왕성하지만, 왕성하나, 왕성한데	Quot.	decl.	왕성하다고
	so	왕성해(서), 왕성하니(까), 왕성하므로		inter.	왕성하냐고
	if	왕성하면		Nominal	왕성함, 왕성하기
	though	왕성해도		Subject Honorific	왕성하시다
	as (if)	왕성하듯(이)		Causative	왕성하게 하다

* Conj.: Conjunctive / Quot.: Quotative / adv.: adverbial / decl.: declarative / inter.: interrogative

energetic, active N 식욕 | 기세, 투지, 혈기 | 호기심 | 활약 V 먹다 | 일하다

▶ 십대들은 보통 식욕이 왕성하다. *Teenagers usually have a voracious appetite.*
▶ 그는 혈기 왕성한 청년이다. *He is a vigorous young man.*

외롭다 /외롭따/ oe·rop·da ㅂ IRREGULAR

		Present	Past	Future / Presumption
Declarative	I	외로워, 외롭지	외로웠어, 외로웠지	외롭겠어, 외롭겠지, 외로울 거야
	II	외로워요, 외롭죠	외로웠어요, 외로웠죠	외롭겠어요, 외롭겠죠, 외로울 거예요
	III	외롭다	외로웠다	외롭겠다, 외로울 거다
	IV	외롭습니다	외로웠습니다	외롭겠습니다, 외로울 겁니다
Interrogative	I	외로워?, 외롭지?	외로웠어?, 외로웠지?	외롭겠어?, 외로울까?
	II	외로워요?, 외롭죠?	외로웠어요?, 외로웠죠?	외롭겠어요?, 외로울까요?
	III	외롭니?, 외로우냐?/외롭냐?	외로웠니?, 외로웠냐?	외롭겠니?, 외롭겠냐?
	IV	외롭습니까?	외로웠습니까?	외롭겠습니까?
Adnominal		외로운	외로운	외로울

* I: Intimate / II: Polite / III: Plain / IV: Deferential

Conjunctive	and	외롭고, 외로우며	Conj.	not	외롭지 (않다)
	or	외롭거나, 외롭든(지)		adv.	외롭게, 외로이
	but	외롭지만, 외로우나, 외로운데	Quot.	decl.	외롭다고
	so	외로워(서), 외로우니(까), 외로우므로		inter.	외로우냐고/외롭냐고
	if	외로우면		Nominal	외로움, 외롭기
	though	외로워도		Subject Honorific	외로우시다
	as (if)	외롭듯(이)		Causative	외롭게 하다

* Conj.: Conjunctive / Quot.: Quotative / adv.: adverbial / decl.: declarative / inter.: interrogative

lonely, solitary (*syn.* 고독하다, 쓸쓸하다) **ADV** 너무, 많이 **N** 때 | 남자, 노처녀, 사람, 싱글 | 모습, 생활, 신세 **V** 힘들다 | 살다 | 죽다

▸ 얘기할 상대가 없어서 너무 외로워요. *I'm so lonely having no one to talk to.*
▸ 저는 외로움에 꽤 익숙해요. *I'm quite familiar with loneliness.*

		Present	Past	Future / Presumption
Declarative	I	요란해, 요란하지	요란했어, 요란했지	요란하겠어, 요란하겠지, 요란할 거야
	II	요란해요, 요란하죠	요란했어요, 요란했죠	요란하겠어요, 요란하겠죠, 요란할 거예요
	III	요란하다	요란했다	요란하겠다, 요란할 거다
	IV	요란합니다	요란했습니다	요란하겠습니다, 요란할 겁니다
Interrogative	I	요란해?, 요란하지?	요란했어?, 요란했지?	요란하겠어?, 요란할까?
	II	요란해요?, 요란하죠?	요란했어요?, 요란했죠?	요란하겠어요?, 요란할까요?
	III	요란하니?, 요란하냐?	요란했니?, 요란했냐?	요란하겠니?, 요란하겠냐?
	IV	요란합니까?	요란했습니까?	요란하겠습니까?
Adnominal		요란한	요란한	요란할

* I: Intimate / II: Polite / III: Plain / IV: Deferential

Conjunctive	and	요란하고, 요란하며	Conj.	not	요란하지 (않다)
	or	요란하거나, 요란하든(지)		adv.	요란하게
	but	요란하지만, 요란하나, 요란한데	Quot.	decl.	요란하다고
	so	요란해(서), 요란하니(까), 요란하므로		inter.	요란하냐고
	if	요란하면		Nominal	요란함, 요란하기
	though	요란해도		Subject Honorific	요란하시다
	as (if)	요란하듯(이)		Causative	요란하게 하다

* Conj.: Conjunctive / Quot.: Quotative / adv.: adverbial / decl.: declarative / inter.: interrogative

---

noisy, uproarious ADV 너무 N 경적, 사이렌, 소리 | 박수 V 울다 | 울리다

▶ 요란한 경찰차 사이렌에 나는 잠에서 깼다. *I woke up because of the loud police siren.*

▶ 빈 수레가 요란하다. *The empty wagon makes the most noise.*

		Present	Past	Future / Presumption
Declarative	I	용감해, 용감하지	용감했어, 용감했지	용감하겠어, 용감하겠지, 용감할 거야
	II	용감해요, 용감하죠	용감했어요, 용감했죠	용감하겠어요, 용감하겠죠, 용감할 거예요
	III	용감하다	용감했다	용감하겠다, 용감할 거다
	IV	용감합니다	용감했습니다	용감하겠습니다, 용감할 겁니다
Interrogative	I	용감해?, 용감하지?	용감했어?, 용감했지?	용감하겠어?, 용감할까?
	II	용감해요?, 용감하죠?	용감했어요?, 용감했죠?	용감하겠어요?, 용감할까요?
	III	용감하니?, 용감하냐?	용감했니?, 용감했냐?	용감하겠니?, 용감하겠냐?
	IV	용감합니까?	용감했습니까?	용감하겠습니까?
Adnominal		용감한	용감한	용감할

* I: Intimate / II: Polite / III: Plain / IV: Deferential

Conjunctive	and	용감하고, 용감하며	Conj.	not	용감하지 (않다)
	or	용감하거나, 용감하든(지)		adv.	용감하게, 용감히
	but	용감하지만, 용감하나, 용감한데	Quot.	decl.	용감하다고
	so	용감해(서), 용감하니(까), 용감하므로		inter.	용감하냐고
	if	용감하면	Nominal		용감함, 용감하기
	though	용감해도	Subject Honorific		용감하시다
	as (if)	용감하듯(이)	Causative		용감하게 하다

* Conj.: Conjunctive / Quot.: Quotative / adv.: adverbial / decl.: declarative / inter.: interrogative

---

brave, courageous (*ant.* 비겁하다) **ADV** 매우, 정말, 참 | 꽤 **N** 군인, 남자, 사람 | 행동, 행위 | 모습 **V** 싸우다 | 말하다

▸ 제 꿈은 용감한 군인이 되는 거예요. *My dream is to be a brave soldier.*

▸ 사람들은 용감하게 죽음에 맞서는 그녀의 모습에 감동을 받았다. *People were touched by the woman who bravely faced death.*

		Present	Past	Future / Presumption
Declarative	I	우수해, 우수하지	우수했어, 우수했지	우수하겠어, 우수하겠지, 우수할 거야
	II	우수해요, 우수하죠	우수했어요, 우수했죠	우수하겠어요, 우수하겠죠, 우수할 거예요
	III	우수하다	우수했다	우수하겠다, 우수할 거다
	IV	우수합니다	우수했습니다	우수하겠습니다, 우수할 겁니다
Interrogative	I	우수해?, 우수하지?	우수했어?, 우수했지?	우수하겠어?, 우수할까?
	II	우수해요?, 우수하죠?	우수했어요?, 우수했죠?	우수하겠어요?, 우수할까요?
	III	우수하니?, 우수하냐?	우수했니?, 우수했냐?	우수하겠니?, 우수하겠냐?
	IV	우수합니까?	우수했습니까?	우수하겠습니까?
Adnominal		우수한	우수한	우수할

* I: Intimate / II: Polite / III: Plain / IV: Deferential

Conjunctive	and	우수하고, 우수하며	Conj.	not	우수하지 (않다)
	or	우수하거나, 우수하든(지)		adv.	우수하게
	but	우수하지만, 우수하나, 우수한데	Quot.	decl.	우수하다고
	so	우수해(서), 우수하니(까), 우수하므로		inter.	우수하냐고
	if	우수하면	Nominal		우수함, 우수하기
	though	우수해도	Subject Honorific		우수하시다
	as (if)	우수하듯(이)	Causative		우수하게 하다

* Conj.: Conjunctive / Quot.: Quotative / adv.: adverbial / decl.: declarative / inter.: interrogative

excellent, superb (*syn.* 뛰어나다) **ADV** 가장, 대단히, 아주, 특히 **N** 성적 | 기술자, 사람, 사원, 선수, 인재, 학생 | 두뇌 | 기능, 상품, 작품, 제품, 품질 | 문화

▸ 그는 우수한 성적으로 대학을 졸업했다. *He graduated from college with honors.*
▸ 이 팀에는 우수한 선수들이 많다. *There are many outstanding players on this team.*

우스꽝스럽다 /우스꽝스럽따/ u·seu·kkwang·seu·reop·da　　ㅂ IRREGULAR

		Present	Past	Future / Presumption
Declarative	I	우스꽝스러워, 우스꽝스럽지	우스꽝스러웠어, 우스꽝스러웠지	우스꽝스럽겠어, 우스꽝스럽겠지, 우스꽝스러울 거야
	II	우스꽝스러워요, 우스꽝스럽죠	우스꽝스러웠어요, 우스꽝스러웠죠	우스꽝스럽겠어요, 우스꽝스럽겠죠, 우스꽝스러울 거예요
	III	우스꽝스럽다	우스꽝스러웠다	우스꽝스럽겠다, 우스꽝스러울 거다
	IV	우스꽝스럽습니다	우스꽝스러웠습니다	우스꽝스럽겠습니다, 우스꽝스러울 겁니다
Interrogative	I	우스꽝스러워?, 우스꽝스럽지?	우스꽝스러웠어?, 우스꽝스러웠지?	우스꽝스럽겠어?, 우스꽝스러울까?
	II	우스꽝스러워요?, 우스꽝스럽죠?	우스꽝스러웠어요?, 우스꽝스러웠죠?	우스꽝스럽겠어요?, 우스꽝스러울까요?
	III	우스꽝스럽니?, 우스꽝스러우냐?/우스꽝스럽냐?	우스꽝스러웠니?, 우스꽝스러웠냐?	우스꽝스럽겠니?, 우스꽝스럽겠냐?
	IV	우스꽝스럽습니까?	우스꽝스러웠습니까?	우스꽝스럽겠습니까?
Adnominal		우스꽝스러운	우스꽝스러운	우스꽝스러울

* I: Intimate / II: Polite / III: Plain / IV: Deferential

Conjunctive	and	우스꽝스럽고, 우스꽝스러우며	Conj.	not	우스꽝스럽지 (않다)
	or	우스꽝스럽거나, 우스꽝스럽든(지)		adv.	우스꽝스럽게, 우스꽝스레
	but	우스꽝스럽지만, 우스꽝스러우나, 우스꽝스러운데	Quot.	decl.	우스꽝스럽다고
	so	우스꽝스러워(서), 우스꽝스러우니(까), 우스꽝스러우므로		inter.	우스꽝스러우냐고/우스꽝스럽냐고
	if	우스꽝스러우면	Nominal		우스꽝스러움, 우스꽝스럽기
	though	우스꽝스러워도	Subject Honorific		우스꽝스러우시다
	as (if)	우스꽝스럽듯(이)	Causative		우스꽝스럽게 하다

* Conj.: Conjunctive / Quot.: Quotative / adv.: adverbial / decl.: declarative / inter.: interrogative

---

ridiculous, funny ADV 너무, 정말 N 꼴, 동작, 모습, 몸짓, 짓 | 얼굴, 표정 | 연기 | 일 V 들리다, 보이다 | 꾸미다

▶ 한 남자가 아기 앞에서 우스꽝스러운 몸짓을 하고 있다. *A man is making a funny gesture in front of a baby.*

▶ 나 이 옷 입으니까 우스꽝스러워 보이지? *I look funny in these clothes, don't I?*

		Present	Past	Future / Presumption
Declarative	I	우스워, 우습지	우스웠어, 우스웠지	우습겠어, 우습겠지, 우스울 거야
	II	우스워요, 우습죠	우스웠어요, 우스웠죠	우습겠어요, 우습겠죠, 우스울 거 예요
	III	우습다	우스웠다	우습겠다, 우스울 거다
	IV	우습습니다	우스웠습니다	우습겠습니다, 우스울 겁니다
Interrogative	I	우스워?, 우습지?	우스웠어?, 우스웠지?	우습겠어?, 우스울까?
	II	우스워요?, 우습죠?	우스웠어요?, 우스웠죠?	우습겠어요?, 우스울까요?
	III	우습니?, 우스우냐?/ 우습냐?	우스웠니?, 우스웠냐?	우습겠니?, 우습겠냐?
	IV	우습습니까?	우스웠습니까?	우습겠습니까?
Adnominal		우스운	우스운	우스울

* I: Intimate / II: Polite / III: Plain / IV: Deferential

Conjunctive	and	우습고, 우스우며	Conj.	not	우습지 (않다)
	or	우습거나, 우습든(지)		adv.	우습게
	but	우습지만, 우스우나, 우스운데	Quot.	decl.	우습다고
	so	우스워(서), 우스우니(까), 우스우므로		inter.	우스우냐고/우습냐고
	if	우스우면	Nominal		우스움, 우습기
	though	우스워도	Subject Honorific		우스우시다
	as (if)	우습듯(이)	Causative		우습게 하다

* Conj.: Conjunctive / Quot.: Quotative / adv.: adverbial / decl.: declarative / inter.: interrogative

---

funny, humorous **ADV** 그렇게 | 너무, 몹시, 아주 **N** 농담, 말, 소리, 얘기 | 생각 | 꼴, 모양 | 일 | 사람 **V** 보이다 | 죽다

▸우스운 얘기 해 줘. *Tell me a funny story.*

▸뭐가 그리 우습니? *What's so funny?*

▸여자라고 우습게 보지 마세요. *Don't underestimate me just because I'm a girl.*

		Present	Past	Future / Presumption
Declarative	I	우아해, 우아하지	우아했어, 우아했지	우아하겠어, 우아하겠지, 우아할 거야
	II	우아해요, 우아하죠	우아했어요, 우아했죠	우아하겠어요, 우아하겠죠, 우아할 거예요
	III	우아하다	우아했다	우아하겠다, 우아할 거다
	IV	우아합니다	우아했습니다	우아하겠습니다, 우아할 겁니다
Interrogative	I	우아해?, 우아하지?	우아했어?, 우아했지?	우아하겠어?, 우아할까?
	II	우아해요?, 우아하죠?	우아했어요?, 우아했죠?	우아하겠어요?, 우아할까요?
	III	우아하니?, 우아하냐?	우아했니?, 우아했냐?	우아하겠니?, 우아하겠냐?
	IV	우아합니까?	우아했습니까?	우아하겠습니까?
Adnominal		우아한	우아한	우아할

* I: Intimate / II: Polite / III: Plain / IV: Deferential

Conjunctive	and	우아하고, 우아하며	Conj.	not	우아하지 (않다)
	or	우아하거나, 우아하든(지)		adv.	우아하게
	but	우아하지만, 우아하나, 우아한데	Quot.	decl.	우아하다고
	so	우아해(서), 우아하니(까), 우아하므로		inter.	우아하냐고
	if	우아하면		Nominal	우아함, 우아하기
	though	우아해도		Subject Honorific	우아하시다
	as (if)	우아하듯(이)		Causative	우아하게 하다

* Conj.: Conjunctive / Quot.: Quotative / adv.: adverbial / decl.: declarative / inter.: interrogative

elegant, graceful (*syn.* 고상하다 *ant.* 천하다) N 사람 | 동작, 몸짓 | 거동, 모습, 발걸음, 자태, 태도 | 옷, 옷차림 | 미소 V 걷다

▶ 오늘 옷차림이 정말 우아하시네요. *You are dressed so gracefully today.*

▶ 모두가 그녀의 우아한 자태에 매료되었다. *Everyone was attracted by her elegant manners.*

		Present	Past	Future / Presumption
Declarative	I	우울해, 우울하지	우울했어, 우울했지	우울하겠어, 우울하겠지, 우울할 거야
	II	우울해요, 우울하죠	우울했어요, 우울했죠	우울하겠어요, 우울하겠죠, 우울할 거예요
	III	우울하다	우울했다	우울하겠다, 우울할 거다
	IV	우울합니다	우울했습니다	우울하겠습니다, 우울할 겁니다
Interrogative	I	우울해?, 우울하지?	우울했어?, 우울했지?	우울하겠어?, 우울할까?
	II	우울해요?, 우울하죠?	우울했어요?, 우울했죠?	우울하겠어요?, 우울할까요?
	III	우울하니?, 우울하냐?	우울했니?, 우울했냐?	우울하겠니?, 우울하겠냐?
	IV	우울합니까?	우울했습니까?	우울하겠습니까?
Adnominal		우울한	우울한	우울할

* I: Intimate / II: Polite / III: Plain / IV: Deferential

Conjunctive	and	우울하고, 우울하며	Conj.	not	우울하지 (않다)
	or	우울하거나, 우울하든(지)		adv.	우울하게, 우울히
	but	우울하지만, 우울하나, 우울한데	Quot.	decl.	우울하다고
	so	우울해(서), 우울하니(까), 우울하므로		inter.	우울하냐고
	if	우울하면	Nominal		우울함, 우울하기
	though	우울해도	Subject Honorific		우울하시다
	as (if)	우울하듯(이)	Causative		우울하게 하다

* Conj.: Conjunctive / Quot.: Quotative / adv.: adverbial / decl.: declarative / inter.: interrogative

---

gloomy, depressed ADV 너무 | 왠지 N 얼굴, 표정 | 기분 | 때 | 날씨 | 얘기 | 분위기 | 일 | 생각 | 소식

▸ 오늘은 기분이 우울해서 아무 것도 하기 싫어. *I feel so gloomy I don't want to do anything.*

▸ 왜 우울한 얼굴을 하고 있어? *Why the long face?*

		Present	Past	Future / Presumption
Declarative	I	원만해, 원만하지	원만했어, 원만했지	원만하겠어, 원만하겠지, 원만할 거야
	II	원만해요, 원만하죠	원만했어요, 원만했죠	원만하겠어요, 원만하겠죠, 원만할 거예요
	III	원만하다	원만했다	원만하겠다, 원만할 거다
	IV	원만합니다	원만했습니다	원만하겠습니다, 원만할 겁니다
Interrogative	I	원만해?, 원만하지?	원만했어?, 원만했지?	원만하겠어?, 원만할까?
	II	원만해요?, 원만하죠?	원만했어요?, 원만했죠?	원만하겠어요?, 원만할까요?
	III	원만하니?, 원만하냐?	원만했니?, 원만했냐?	원만하겠니?, 원만하겠냐?
	IV	원만합니까?	원만했습니까?	원만하겠습니까?
Adnominal		원만한	원만한	원만할

* I: Intimate / II: Polite / III: Plain / IV: Deferential

Conjunctive	and	원만하고, 원만하며	Conj.	not	원만하지 (않다)
	or	원만하거나, 원만하든(지)		adv.	원만하게, 원만히
	but	원만하지만, 원만하나, 원만한데	Quot.	decl.	원만하다고
	so	원만해(서), 원만하니(까), 원만하므로		inter.	원만하냐고
	if	원만하면		Nominal	원만함, 원만하기
	though	원만해도		Subject Honorific	원만하시다
	as (if)	원만하듯(이)		Causative	원만하게 하다

* Conj.: Conjunctive / Quot.: Quotative / adv.: adverbial / decl.: declarative / inter.: interrogative

amicable, easygoing N 수습, 처리, 해결 | 사람, 성격, 인물, 인품 | 가정 | 관계, 사이, 인간관계

▸ 제 남편은 성격이 원만해서 친구가 많아요. *My husband has many friends because he's an easy-going person.*

▸ 저는 부모님과의 사이가 원만하지 못해요. *I'm not on good terms with my parents.*

		Present	Past	Future / Presumption
Declarative	I	원활해, 원활하지	원활했어, 원활했지	원활하겠어, 원활하겠지, 원활할 거야
	II	원활해요, 원활하죠	원활했어요, 원활했죠	원활하겠어요, 원활하겠죠, 원활할 거예요
	III	원활하다	원활했다	원활하겠다, 원활할 거다
	IV	원활합니다	원활했습니다	원활하겠습니다, 원활할 겁니다
Interrogative	I	원활해?, 원활하지?	원활했어?, 원활했지?	원활하겠어?, 원활할까?
	II	원활해요?, 원활하죠?	원활했어요?, 원활했죠?	원활하겠어요?, 원활할까요?
	III	원활하니?, 원활하냐?	원활했니?, 원활했냐?	원활하겠니?, 원활하겠냐?
	IV	원활합니까?	원활했습니까?	원활하겠습니까?
Adnominal		원활한	원활한	원활할

* I: Intimate / II: Polite / III: Plain / IV: Deferential

Conjunctive	and	원활하고, 원활하며	Conj.	not	원활하지 (않다)
	or	원활하거나, 원활하든(지)		adv.	원활하게, 원활히
	but	원활하지만, 원활하나, 원활한데	Quot.	decl.	원활하다고
	so	원활해(서), 원활하니(까), 원활하므로		inter.	원활하냐고
	if	원활하면		Nominal	원활함, 원활하기
	though	원활해도		Subject Honorific	원활하시다
	as (if)	원활하듯(이)		Causative	원활하게 하다

* Conj.: Conjunctive / Quot.: Quotative / adv.: adverbial / decl.: declarative / inter.: interrogative

smooth (*syn.* 순조롭다) N 진행 | 공급 | 소통, 의사소통 V 이루어지다

▶ 경부고속도로는 현재 차량 소통이 원활합니다. *The traffic is flowing smoothly on the Gyeongbu Expressway.*

▶ 행사가 원활하게 진행되고 있어 다행이에요. *I'm relieved that the event is going well.*

		Present	Past	Future / Presumption
Declarative	I	웬만해, 웬만하지	웬만했어, 웬만했지	웬만하겠어, 웬만하겠지, 웬만할 거야
	II	웬만해요, 웬만하죠	웬만했어요, 웬만했죠	웬만하겠어요, 웬만하겠죠, 웬만할 거예요
	III	웬만하다	웬만했다	웬만하겠다, 웬만할 거다
	IV	웬만합니다	웬만했습니다	웬만하겠습니다, 웬만할 겁니다
Interrogative	I	웬만해?, 웬만하지?	웬만했어?, 웬만했지?	웬만하겠어?, 웬만할까?
	II	웬만해요?, 웬만하죠?	웬만했어요?, 웬만했죠?	웬만하겠어요?, 웬만할까요?
	III	웬만하니?, 웬만하냐?	웬만했니?, 웬만했냐?	웬만하겠니?, 웬만하겠냐?
	IV	웬만합니까?	웬만했습니까?	웬만하겠습니까?
Adnominal		웬만한	웬만한	웬만할

* I: Intimate / II: Polite / III: Plain / IV: Deferential

Conjunctive	and	웬만하고, 웬만하며	Conj.	not	웬만하지 (않다)
	or	웬만하거나, 웬만하든(지)		adv.	웬만하게, 웬만히
	but	웬만하지만, 웬만하나, 웬만한데	Quot.	decl.	웬만하다고
	so	웬만해(서), 웬만하니(까), 웬만하므로		inter.	웬만하냐고
	if	웬만하면		Nominal	웬만함, 웬만하기
	though	웬만해도		Subject Honorific	웬만하시다
	as (if)	웬만하듯(이)		Causative	웬만하게 하다

* Conj.: Conjunctive / Quot.: Quotative / adv.: adverbial / decl.: declarative / inter.: interrogative

tolerable, fairly good (*syn.* 어지간하다, 엔간하다) N 남자, 사람, 여자, 학생 | 일 | 집 | 노력 | 공격 | 믿음 | 병 | 부탁 | 말, 얘기 V 참다

▶ 웬만하면 약을 안 먹고 견뎌 봐. *Try to endure the pain without taking medicine if it is not too bad.*

▶ 그는 웬만한 일로는 화를 내지 않는다. *He doesn't get angry easily.*

		Present	Past	Future / Presumption
Declarative	I	위대해, 위대하지	위대했어, 위대했지	위대하겠어, 위대하겠지, 위대할 거야
	II	위대해요, 위대하죠	위대했어요, 위대했죠	위대하겠어요, 위대하겠죠, 위대할 거예요
	III	위대하다	위대했다	위대하겠다, 위대할 거다
	IV	위대합니다	위대했습니다	위대하겠습니다, 위대할 겁니다
Interrogative	I	위대해?, 위대하지?	위대했어?, 위대했지?	위대하겠어?, 위대할까?
	II	위대해요?, 위대하죠?	위대했어요?, 위대했죠?	위대하겠어요?, 위대할까요?
	III	위대하니?, 위대하나?	위대했니?, 위대했냐?	위대하겠니?, 위대하겠냐?
	IV	위대합니까?	위대했습니까?	위대하겠습니까?
Adnominal		위대한	위대한	위대할

* I: Intimate / II: Polite / III: Plain / IV: Deferential

Conjunctive	and	위대하고, 위대하며	Conj.	not	위대하지 (않다)
	or	위대하거나, 위대하든(지)		adv.	위대하게
	but	위대하지만, 위대하나, 위대한데	Quot.	decl.	위대하다고
	so	위대해(서), 위대하니(까), 위대하므로		inter.	위대하냐고
	if	위대하면	Nominal		위대함, 위대하기
	though	위대해도	Subject Honorific		위대하시다
	as (if)	위대하듯(이)	Causative		위대하게 하다

* Conj.: Conjunctive / Quot.: Quotative / adv.: adverbial / decl.: declarative / inter.: interrogative

---

great ADV 가장, 아주 | 참으로 N 과학자, 사람, 인물, 작가, 지도자, 화가 | 발자취, 업적, 작품 | 사랑 | 발명

▶ 그녀는 과학 분야에서 위대한 업적을 남겼다. *She has made great scientific achievements.*

▶ 세종대왕은 한국사에서 가장 위대한 인물 중 한 분입니다. *King Sejong is one of the greatest figures in Korean history.*

		Present	Past	Future / Presumption
Declarative	I	위험해, 위험하지	위험했어, 위험했지	위험하겠어, 위험하겠지, 위험할 거야
	II	위험해요, 위험하죠	위험했어요, 위험했죠	위험하겠어요, 위험하겠죠, 위험할 거예요
	III	위험하다	위험했다	위험하겠다, 위험할 거다
	IV	위험합니다	위험했습니다	위험하겠습니다, 위험할 겁니다
Interrogative	I	위험해?, 위험하지?	위험했어?, 위험했지?	위험하겠어?, 위험할까?
	II	위험해요?, 위험하죠?	위험했어요?, 위험했죠?	위험하겠어요?, 위험할까요?
	III	위험하니?, 위험하냐?	위험했니?, 위험했냐?	위험하겠니?, 위험하겠냐?
	IV	위험합니까?	위험했습니까?	위험하겠습니까?
Adnominal		위험한	위험한	위험할

* I: Intimate / II: Polite / III: Plain / IV: Deferential

Conjunctive	and	위험하고, 위험하며	Conj.	not	위험하지 (않다)
	or	위험하거나, 위험하든(지)		adv.	위험하게
	but	위험하지만, 위험하나, 위험한데	Quot.	decl.	위험하다고
	so	위험해(서), 위험하니(까), 위험하므로		inter.	위험하냐고
	if	위험하면	Nominal		위험함, 위험하기
	though	위험해도	Subject Honorific		위험하시다
	as (if)	위험하듯(이)	Causative		위험하게 하다

* Conj.: Conjunctive / Quot.: Quotative / adv.: adverbial / decl.: declarative / inter.: interrogative

---

dangerous, risky (*ant.* 안전하다) **ADV** 너무, 매우, 아주 **N** 일 | 고비 | 짓 | 곳, 지역 | 상태, 상황

▶ 이 구역은 임산부에게는 위험합니다. *This area is dangerous for pregnant women.*

▶ 환자가 위험한 고비는 넘겼습니다. *She is now out of critical condition.*

▶ 사람들이 전염병으로 대단히 위험한 상황에 처해 있다. *People are in grave danger from the epidemic.*

		Present	Past	Future / Presumption
Declarative	I	유능해, 유능하지	유능했어, 유능했지	유능하겠어, 유능하겠지, 유능할 거야
	II	유능해요, 유능하죠	유능했어요, 유능했죠	유능하겠어요, 유능하겠죠, 유능할 거예요
	III	유능하다	유능했다	유능하겠다, 유능할 거다
	IV	유능합니다	유능했습니다	유능하겠습니다, 유능할 겁니다
Interrogative	I	유능해?, 유능하지?	유능했어?, 유능했지?	유능하겠어?, 유능할까?
	II	유능해요?, 유능하죠?	유능했어요?, 유능했죠?	유능하겠어요?, 유능할까요?
	III	유능하니?, 유능하냐?	유능했니?, 유능했냐?	유능하겠니?, 유능하겠냐?
	IV	유능합니까?	유능했습니까?	유능하겠습니까?
Adnominal		유능한	유능한	유능할

* I: Intimate / II: Polite / III: Plain / IV: Deferential

Conjunctive	and	유능하고, 유능하며	Conj.	not	유능하지 (않다)
	or	유능하거나, 유능하든(지)		adv.	유능하게
	but	유능하지만, 유능하나, 유능한데	Quot.	decl.	유능하다고
	so	유능해(서), 유능하니(까), 유능하므로		inter.	유능하냐고
	if	유능하면	Nominal		유능함, 유능하기
	though	유능해도	Subject Honorific		유능하시다
	as (if)	유능하듯(이)	Causative		유능하게 하다

* Conj.: Conjunctive / Quot.: Quotative / adv.: adverbial / decl.: declarative / inter.: interrogative

capable, competent (*ant.* 무능하다) **ADV** 꽤, 매우, 아주 **N** 사람, 인재 | 경찰, 교사, 변호사, 비서, 의사, 형사

▶ 우리 회사는 유능한 인재가 필요합니다. *Our company needs competent people.*
▶ 그는 유능한 경찰이다. *He is a capable policeman.*

		Present	Past	Future / Presumption
Declarative	I	유리해, 유리하지	유리했어, 유리했지	유리하겠어, 유리하겠지, 유리할 거야
	II	유리해요, 유리하죠	유리했어요, 유리했죠	유리하겠어요, 유리하겠죠, 유리할 거예요
	III	유리하다	유리했다	유리하겠다, 유리할 거다
	IV	유리합니다	유리했습니다	유리하겠습니다, 유리할 겁니다
Interrogative	I	유리해?, 유리하지?	유리했어?, 유리했지?	유리하겠어?, 유리할까?
	II	유리해요?, 유리하죠?	유리했어요?, 유리했죠?	유리하겠어요?, 유리할까요?
	III	유리하니?, 유리하냐?	유리했니?, 유리했냐?	유리하겠니?, 유리하겠냐?
	IV	유리합니까?	유리했습니까?	유리하겠습니까?
Adnominal		유리한	유리한	유리할

* I: Intimate / II: Polite / III: Plain / IV: Deferential

Conjunctive	and	유리하고, 유리하며	Conj.	not	유리하지 (않다)
	or	유리하거나, 유리하든(지)		adv.	유리하게
	but	유리하지만, 유리하나, 유리한데	Quot.	decl.	유리하다고
	so	유리해(서), 유리하니(까), 유리하므로		inter.	유리하냐고
	if	유리하면	Nominal		유리함, 유리하기
	though	유리해도	Subject Honorific		유리하시다
	as (if)	유리하듯(이)	Causative		유리하게 하다

* Conj.: Conjunctive / Quot.: Quotative / adv.: adverbial / decl.: declarative / inter.: interrogative

advantageous (*ant.* 불리하다) **P** -에, -에게 **N** 위치, 입장 | 조건 | 전개 | 증언 | 판결 | 쪽

▸ 이 지역은 벼농사에 유리합니다. *This region is good for rice farming.*
▸ 우리는 유리한 입장에 있다. *We are at an advantage.*

		Present	Past	Future / Presumption
Declarative	I	유명해, 유명하지	유명했어, 유명했지	유명하겠어, 유명하겠지, 유명할 거야
	II	유명해요, 유명하죠	유명했어요, 유명했죠	유명하겠어요, 유명하겠죠, 유명할 거예요
	III	유명하다	유명했다	유명하겠다, 유명할 거다
	IV	유명합니다	유명했습니다	유명하겠습니다, 유명할 겁니다
Interrogative	I	유명해?, 유명하지?	유명했어?, 유명했지?	유명하겠어?, 유명할까?
	II	유명해요?, 유명하죠?	유명했어요?, 유명했죠?	유명하겠어요?, 유명할까요?
	III	유명하니?, 유명하냐?	유명했니?, 유명했냐?	유명하겠니?, 유명하겠냐?
	IV	유명합니까?	유명했습니까?	유명하겠습니까?
Adnominal		유명한	유명한	유명할

* I: Intimate / II: Polite / III: Plain / IV: Deferential

Conjunctive	and	유명하고, 유명하며	Conj.	not	유명하지 (않다)
	or	유명하거나, 유명하든(지)		adv.	유명하게
	but	유명하지만, 유명하나, 유명한데	Quot.	decl.	유명하다고
	so	유명해(서), 유명하니(까), 유명하므로		inter.	유명하냐고
	if	유명하면	Nominal		유명함, 유명하기
	though	유명해도	Subject Honorific		유명하시다
	as (if)	유명하듯(이)	Causative		유명하게 하다

* Conj.: Conjunctive / Quot.: Quotative / adv.: adverbial / decl.: declarative / inter.: interrogative

famous P -(으)로 ADV 가장, 매우, 아주 N 사람 | 가수, 디자이너, 배우, 작가, 화가

▶ 이 식당은 비빔밥으로 유명합니다. *This restaurant is well-known for bibimbap.*

▶ 제 꿈은 세계적으로 유명한 디자이너가 되는 거예요. *My dream is to be a world-famous designer.*

		Present	Past	Future / Presumption
Declarative	I	유사해, 유사하지	유사했어, 유사했지	유사하겠어, 유사하겠지, 유사할 거야
	II	유사해요, 유사하죠	유사했어요, 유사했죠	유사하겠어요, 유사하겠죠, 유사할 거예요
	III	유사하다	유사했다	유사하겠다, 유사할 거다
	IV	유사합니다	유사했습니다	유사하겠습니다, 유사할 겁니다
Interrogative	I	유사해?, 유사하지?	유사했어?, 유사했지?	유사하겠어?, 유사할까?
	II	유사해요?, 유사하죠?	유사했어요?, 유사했죠?	유사하겠어요?, 유사할까요?
	III	유사하니?, 유사하냐?	유사했니?, 유사했냐?	유사하겠니?, 유사하겠냐?
	IV	유사합니까?	유사했습니까?	유사하겠습니까?
Adnominal		유사한	유사한	유사할

* I: Intimate / II: Polite / III: Plain / IV: Deferential

Conjunctive	and	유사하고, 유사하며	Conj.	not	유사하지 (않다)
	or	유사하거나, 유사하든(지)		adv.	유사하게
	but	유사하지만, 유사하나, 유사한데	Quot.	decl.	유사하다고
	so	유사해(서), 유사하니(까), 유사하므로		inter.	유사하냐고
	if	유사하면	Nominal		유사함, 유사하기
	though	유사해도	Subject Honorific		유사하시다
	as (if)	유사하듯(이)	Causative		유사하게 하다

* Conj.: Conjunctive / Quot.: Quotative / adv.: adverbial / decl.: declarative / inter.: interrogative

similar, alike, like (*syn.* 비슷하다 *ant.* 다르다) P -와/과 ADV 매우, 상당히, 아주 | 거의 N 사건 | 단체 | 상품, 제품 | 생김새 | 예

▶ 그 두 종은 생김새가 매우 유사하다. *The two species look much alike.*
▶ 그 두 소설은 줄거리가 상당히 유사합니다. *The plot of the two novels is quite similar.*
▶ 유사한 예를 들어 볼게요. *Let me give you a similar example.*

		Present	Past	Future / Presumption
Declarative	I	유용해, 유용하지	유용했어, 유용했지	유용하겠어, 유용하겠지, 유용할 거야
	II	유용해요, 유용하죠	유용했어요, 유용했죠	유용하겠어요, 유용하겠죠, 유용할 거예요
	III	유용하다	유용했다	유용하겠다, 유용할 거다
	IV	유용합니다	유용했습니다	유용하겠습니다, 유용할 겁니다
Interrogative	I	유용해?, 유용하지?	유용했어?, 유용했지?	유용하겠어?, 유용할까?
	II	유용해요?, 유용하죠?	유용했어요?, 유용했죠?	유용하겠어요?, 유용할까요?
	III	유용하니?, 유용하냐?	유용했니?, 유용했냐?	유용하겠니?, 유용하겠냐?
	IV	유용합니까?	유용했습니까?	유용하겠습니까?
Adnominal		유용한	유용한	유용할

* I: Intimate / II: Polite / III: Plain / IV: Deferential

Conjunctive	and	유용하고, 유용하며	Conj.	not	유용하지 (않다)
	or	유용하거나, 유용하든(지)		adv.	유용하게
	but	유용하지만, 유용하나, 유용한데	Quot.	decl.	유용하다고
	so	유용해(서), 유용하니(까), 유용하므로		inter.	유용하냐고
	if	유용하면	Nominal		유용함, 유용하기
	though	유용해도	Subject Honorific		유용하시다
	as (if)	유용하듯(이)	Causative		유용하게 하다

* Conj.: Conjunctive / Quot.: Quotative / adv.: adverbial / decl.: declarative / inter.: interrogative

useful, handy (*ant.* 쓸모없다) **P** -에, -에게 **ADV** 매우, 아주 **N** 정보 | 인물, 인재 | 도움말, 조언 | 기능, 기술 **V** 쓰다 | 쓰이다

▶ 그 정보는 나에게 매우 유용했다. *The information was very useful to me.*

▶ 이 소프트웨어에는 유용한 기능이 많이 있습니다. *There are many useful functions in this software.*

유일하다 yu·il·ha·da

		Present	Past	Future / Presumption
Declarative	I	유일해, 유일하지	유일했어, 유일했지	유일하겠어, 유일하겠지, 유일할 거야
	II	유일해요, 유일하죠	유일했어요, 유일했죠	유일하겠어요, 유일하겠죠, 유일할 거예요
	III	유일하다	유일했다	유일하겠다, 유일할 거다
	IV	유일합니다	유일했습니다	유일하겠습니다, 유일할 겁니다
Interrogative	I	유일해?, 유일하지?	유일했어?, 유일했지?	유일하겠어?, 유일할까?
	II	유일해요?, 유일하죠?	유일했어요?, 유일했죠?	유일하겠어요?, 유일할까요?
	III	유일하니?, 유일하냐?	유일했니?, 유일했냐?	유일하겠니?, 유일하겠냐?
	IV	유일합니까?	유일했습니까?	유일하겠습니까?
Adnominal		유일한	유일한	유일할

* I: Intimate / II: Polite / III: Plain / IV: Deferential

Conjunctive	and	유일하고, 유일하며	Conj.	not	유일하지 (않다)
	or	유일하거나, 유일하든(지)		adv.	유일하게
	but	유일하지만, 유일하나, 유일한데	Quot.	decl.	유일하다고
	so	유일해(서), 유일하니(까), 유일하므로		inter.	유일하냐고
	if	유일하면	Nominal		유일함, 유일하기
	though	유일해도	Subject Honorific		유일하시다
	as (if)	유일하듯(이)	Causative		유일하게 하다

* Conj.: Conjunctive / Quot.: Quotative / adv.: adverbial / decl.: declarative / inter.: interrogative

only, sole **ADV** 거의 **N** 방법, 해결책 | 가족, 사람, 생존자, 친구 | 낙, 소망, 희망 | 증거 | 결점, 약점, 장점 | 이유 | 걱정, 문제 | 취미 | 기회

▶ 현실을 탈출하는 유일한 방법은 꿈을 꾸는 거예요. *The only way to escape from reality is through dreams.*

▶ 당신이 유일하게 왔어요. *You're the only that showed up.*

		Present	Past	Future / Presumption
Declarative	I	은은해, 은은하지	은은했어, 은은했지	은은하겠어, 은은하겠지, 은은할 거야
	II	은은해요, 은은하죠	은은했어요, 은은했죠	은은하겠어요, 은은하겠죠, 은은할 거예요
	III	은은하다	은은했다	은은하겠다, 은은할 거다
	IV	은은합니다	은은했습니다	은은하겠습니다, 은은할 겁니다
Interrogative	I	은은해?, 은은하지?	은은했어?, 은은했지?	은은하겠어?, 은은할까?
	II	은은해요?, 은은하죠?	은은했어요?, 은은했죠?	은은하겠어요?, 은은할까요?
	III	은은하니?, 은은하냐?	은은했니?, 은은했냐?	은은하겠니?, 은은하겠냐?
	IV	은은합니까?	은은했습니까?	은은하겠습니까?
Adnominal		은은한	은은한	은은할

* I: Intimate / II: Polite / III: Plain / IV: Deferential

Conjunctive	and	은은하고, 은은하며	Conj.	not	은은하지 (않다)
	or	은은하거나, 은은하든(지)		adv.	은은하게, 은은히
	but	은은하지만, 은은하나, 은은한데	Quot.	decl.	은은하다고
	so	은은해(서), 은은하니(까), 은은하므로		inter.	은은하냐고
	if	은은하면	Nominal		은은함, 은은하기
	though	은은해도	Subject Honorific		은은하시다
	as (if)	은은하듯(이)	Causative		은은하게 하다

* Conj.: Conjunctive / Quot.: Quotative / adv.: adverbial / decl.: declarative / inter.: interrogative

soft, subdued, subtle N (불)빛, 조명 | 향(기) | 맛 | 종소리 | 색 V 빛나다 | 울리다 | 풍기다

▶ 부엌에서 은은한 커피 향이 났다. *There was a mild coffee aroma from the kitchen.*

▶ 문틈으로 은은한 불빛이 새어 나왔다. *A soft light came through the cracks of the door.*

		Present	Past	Future / Presumption
Declarative	I	의심스러워, 의심스럽지	의심스러웠어, 의심스러웠지	의심스럽겠어, 의심스럽겠지, 의심스러울 거야
	II	의심스러워요, 의심스럽죠	의심스러웠어요, 의심스러웠죠	의심스럽겠어요, 의심스럽겠죠, 의심스러울 거예요
	III	의심스럽다	의심스러웠다	의심스럽겠다, 의심스러울 거다
	IV	의심스럽습니다	의심스러웠습니다	의심스럽겠습니다, 의심스러울 겁니다
Interrogative	I	의심스러워?, 의심스럽지?	의심스러웠어?, 의심스러웠지?	의심스럽겠어?, 의심스러울까?
	II	의심스러워요?, 의심스럽죠?	의심스러웠어요?, 의심스러웠죠?	의심스럽겠어요?, 의심스러울까요?
	III	의심스럽니?, 의심스러우냐?/의심스럽냐?	의심스러웠니?, 의심스러웠냐?	의심스럽겠니?, 의심스럽겠냐?
	IV	의심스럽습니까?	의심스러웠습니까?	의심스럽겠습니까?
Adnominal		의심스러운	의심스러운	의심스러울

* I: Intimate / II: Polite / III: Plain / IV: Deferential

Conjunctive	and	의심스럽고, 의심스러우며	Conj.	not	의심스럽지 (않다)
	or	의심스럽거나, 의심스럽든(지)		adv.	의심스럽게
	but	의심스럽지만, 의심스러우나, 의심스러운데	Quot.	decl.	의심스럽다고
	so	의심스러워(서), 의심스러우니(까), 의심스러우므로		inter.	의심스러우냐고/의심스럽냐고
	if	의심스러우면	Nominal		의심스러움, 의심스럽기
	though	의심스러워도	Subject Honorific		의심스러우시다
	as (if)	의심스럽듯(이)	Causative		의심스럽게 하다

* Conj.: Conjunctive / Quot.: Quotative / adv.: adverbial / decl.: declarative / inter.: interrogative

doubtful (*syn.* 미심쩍다, 수상하다 *ant.* 믿음직스럽다) N 사람 | 눈, 눈빛, 눈초리 | 정도 | 생각 | 행동

▸ 내가 그 일을 할 수 있을지 의심스럽다. *I doubt whether I can do that.*
▸ 승객들이 그 남자에게 의심스러운 눈초리를 보냈다. *Passengers cast a suspicious glance at him.*
▸ 의심스러우면 지수한테 물어봐. *If you don't believe me, go ask Jisu.*

의아하다 ui·a·ha·da

		Present	Past	Future / Presumption
Declarative	I	의아해, 의아하지	의아했어, 의아했지	의아하겠어, 의아하겠지, 의아할 거야
	II	의아해요, 의아하죠	의아했어요, 의아했죠	의아하겠어요, 의아하겠죠, 의아할 거예요
	III	의아하다	의아했다	의아하겠다, 의아할 거다
	IV	의아합니다	의아했습니다	의아하겠습니다, 의아할 겁니다
Interrogative	I	의아해?, 의아하지?	의아했어?, 의아했지?	의아하겠어?, 의아할까?
	II	의아해요?, 의아하죠?	의아했어요?, 의아했죠?	의아하겠어요?, 의아할까요?
	III	의아하니?, 의아하나?	의아했니?, 의아했냐?	의아하겠니?, 의아하겠냐?
	IV	의아합니까?	의아했습니까?	의아하겠습니까?
Adnominal		의아한	의아한	의아할

* I: Intimate / II: Polite / III: Plain / IV: Deferential

Conjunctive	and	의아하고, 의아하며	Conj.	not	의아하지 (않다)
	or	의아하거나, 의아하든(지)		adv.	의아하게
	but	의아하지만, 의아하나, 의아한데	Quot.	decl.	의아하다고
	so	의아해(서), 의아하니(까), 의아하므로		inter.	의아하냐고
	if	의아하면	Nominal		의아함, 의아하기
	though	의아해도	Subject Honorific		의아하시다
	as (if)	의아하듯(이)	Causative		의아하게 하다

* Conj.: Conjunctive / Quot.: Quotative / adv.: adverbial / decl.: declarative / inter.: interrogative

---

weird, doubtful N 눈, 얼굴, 표정 | 일 V 생각하다, 여기다 | 느끼다

▶ 아무도 그녀를 보지 못했다는 것이 의아하네요. *It's quite strange that no one saw her.*

▶ 그녀는 의아한 표정을 지었다. *She made a doubtful look.*

		Present	Past	Future / Presumption
Declarative	I	이래, 이렇지	이랬어, 이랬지	이렇겠어, 이렇겠지, 이럴 거야
	II	이래요, 이렇죠	이랬어요, 이랬죠	이렇겠어요, 이렇겠죠, 이럴 거예요
	III	이렇다	이랬다	이렇겠다, 이럴 거다
	IV	이렇습니다	이랬습니다	이렇겠습니다, 이럴 겁니다
Interrogative	I	이래?, 이렇지?	이랬어?, 이랬지?	이렇겠어?, 이럴까?
	II	이래요?, 이렇죠?	이랬어요?, 이랬죠?	이렇겠어요?, 이럴까요?
	III	이렇니?, 이러냐?/이렇냐?	이랬니?, 이랬냐?	이렇겠니?, 이렇겠냐?
	IV	이렇습니까?	이랬습니까?	이렇겠습니까?
Adnominal		이런	이런	이럴

* I: Intimate / II: Polite / III: Plain / IV: Deferential

Conjunctive	and	이렇고, 이러며	Conj.	not	이렇지 (않다)
	or	이렇거나, 이렇든(지)		adv.	이렇게
	but	이렇지만, 이러나, 이런데	Quot.	decl.	이렇다고
	so	이래(서), 이러니(까), 이러므로		inter.	이러냐고/이렇냐고
	if	이러면		Nominal	이럼, 이렇기
	though	이래도		Subject Honorific	이러시다
	as (if)	이렇듯(이)		Causative	이렇게 하다

* Conj.: Conjunctive / Quot.: Quotative / adv.: adverbial / decl.: declarative / inter.: interrogative

like this (*ff.* 이러하다) **ADV** 왜 | 계속 | 그럼 | 정말 **N** 일 | 식 | 말, 얘기 | 날, 때 | 짓 | 곳 | 날씨 | 사람 | 기회 | 꼴, 모습

▸ 어떻게 네가 나한테 이럴 수 있어? *How can you do this to me?*
▸ 간단히 말해서 상황은 이래. *In short, this is the situation.*
▸ 왜 이렇게 늦었어? *Why are you so late?*

		Present	Past	Future / Presumption
Declarative	I	이로워, 이롭지	이로웠어, 이로웠지	이롭겠어, 이롭겠지, 이로울 거야
	II	이로워요, 이롭죠	이로웠어요, 이로웠죠	이롭겠어요, 이롭겠죠, 이로울 거예요
	III	이롭다	이로웠다	이롭겠다, 이로울 거다
	IV	이롭습니다	이로웠습니다	이롭겠습니다, 이로울 겁니다
Interrogative	I	이로워?, 이롭지?	이로웠어?, 이로웠지?	이롭겠어?, 이로울까?
	II	이로워요?, 이롭죠?	이로웠어요?, 이로웠죠?	이롭겠어요?, 이로울까요?
	III	이롭니?, 이로우냐?/이롭냐?	이로웠니?, 이로웠냐?	이롭겠니?, 이롭겠냐?
	IV	이롭습니까?	이로웠습니까?	이롭겠습니까?
Adnominal		이로운	이로운	이로울

* I: Intimate / II: Polite / III: Plain / IV: Deferential

Conjunctive	and	이롭고, 이로우며	Conj.	not	이롭지 (않다)
	or	이롭거나, 이롭든(지)		adv.	이롭게
	but	이롭지만, 이로우나, 이로운데	Quot.	decl.	이롭다고
	so	이로워(서), 이로우니(까), 이로우므로		inter.	이로우냐고/이롭냐고
	if	이로우면		Nominal	이로움, 이롭기
	though	이로워도		Subject Honorific	이로우시다
	as (if)	이롭듯(이)		Causative	이롭게 하다

* Conj.: Conjunctive / Quot.: Quotative / adv.: adverbial / decl.: declarative / inter.: interrogative

beneficial, advantageous (*syn.* 유익하다 *ant.* 해롭다) **P** -에, -에게 **N** 문제, 일 | 책 | 사람 | 세상

▶ 담배는 건강에 이로울 게 하나도 없어. *There's nothing healthy about cigarettes.*
▶ 잠자코 있는 쪽이 너한테 이로워. *It would be in your own interest to keep silent.*

		Present	Past	Future / Presumption
Declarative	I	일러, 이르지	일렀어, 일렀지	이르겠어, 이르겠지, 이를 거야
	II	일러요, 이르죠	일렀어요, 일렀죠	이르겠어요, 이르겠죠, 이를 거예요
	III	이르다	일렀다	이르겠다, 이를 거다
	IV	이릅니다	일렀습니다	이르겠습니다, 이를 겁니다
Interrogative	I	일러?, 이르지?	일렀어?, 일렀지?	이르겠어?, 이를까?
	II	일러요?, 이르죠?	일렀어요?, 일렀죠?	이르겠어요?, 이를까요?
	III	이르니?, 이르냐?	일렀니?, 일렀냐?	이르겠니?, 이르겠냐?
	IV	이릅니까?	일렀습니까?	이르겠습니까?
Adnominal		이른	이른	이를

* I: Intimate / II: Polite / III: Plain / IV: Deferential

Conjunctive	and	이르고, 이르며	Conj.	not	이르지 (않다)
	or	이르거나, 이르든(지)		adv.	이르게
	but	이르지만, 이르나, 이른데	Quot.	decl.	이르다고
	so	일러(서), 이르니(까), 이르므로		inter.	이르냐고
	if	이르면	Nominal		이름, 이르기
	though	일러도	Subject Honorific		이르시다
	as (if)	이르듯(이)	Causative		이르게 하다

* Conj.: Conjunctive / Quot.: Quotative / adv.: adverbial / decl.: declarative / inter.: interrogative

early (*syn.* 빠르다 *ant.* 늦다) **P** -보다 | -기(에) **ADV** 아직 | 너무 | 좀 **N** 때, 봄, 새벽, 시각, 시간, 아침, 오후, 점심 | 첫눈 | 추위

▶ 오늘은 평소보다 이르게 집을 나섰다. *I left home earlier than usual.*

▶ 아직 경기의 결과를 예측하기에는 일러. *It's too early to predict the outcome of the game.*

이상하다 i·sang·ha·da

		Present	Past	Future / Presumption
Declarative	I	이상해, 이상하지	이상했어, 이상했지	이상하겠어, 이상하겠지, 이상할 거야
	II	이상해요, 이상하죠	이상했어요, 이상했죠	이상하겠어요, 이상하겠죠, 이상할 거예요
	III	이상하다	이상했다	이상하겠다, 이상할 거다
	IV	이상합니다	이상했습니다	이상하겠습니다, 이상할 겁니다
Interrogative	I	이상해?, 이상하지?	이상했어?, 이상했지?	이상하겠어?, 이상할까?
	II	이상해요?, 이상하죠?	이상했어요?, 이상했죠?	이상하겠어요?, 이상할까요?
	III	이상하니?, 이상하냐?	이상했니?, 이상했냐?	이상하겠니?, 이상하겠냐?
	IV	이상합니까?	이상했습니까?	이상하겠습니까?
Adnominal		이상한	이상한	이상할

* I: Intimate / II: Polite / III: Plain / IV: Deferential

Conjunctive	and	이상하고, 이상하며	Conj.	not	이상하지 (않다)
	or	이상하거나, 이상하든(지)		adv.	이상하게, 이상히
	but	이상하지만, 이상하나, 이상한데	Quot.	decl.	이상하다고
	so	이상해(서), 이상하니(까), 이상하므로		inter.	이상하냐고
	if	이상하면		Nominal	이상함, 이상하기
	though	이상해도		Subject Honorific	이상하시다
	as (if)	이상하듯(이)		Causative	이상하게 하다

* Conj.: Conjunctive / Quot.: Quotative / adv.: adverbial / decl.: declarative / inter.: interrogative

strange, odd, abnormal ADV 더 | 좀 | 너무, 아주, 정말 N 사람 | 말, 소리, 얘기 | 생각 | 소문 | 짓, 행동 | 일 | 냄새 V 생기다 | 들리다, 보이다 | 말하다

▶ 이상하게 들릴 수도 있지만 저는 조그만 벌레들이 무서워요. *This may sound weird, but I'm scared of little bugs.*

▶ 너 오늘 좀 이상하다. *You seem a little strange today.*

익다 /익따/ ik·da   REGULAR

		Present	Past	Future / Presumption
Declarative	I	익어, 익지	익었어, 익었지	익겠어, 익겠지, 익을 거야
	II	익어요, 익죠	익었어요, 익었죠	익겠어요, 익겠죠, 익을 거예요
	III	익다	익었다	익겠다, 익을 거다
	IV	익습니다	익었습니다	익겠습니다, 익을 겁니다
Interrogative	I	익어?, 익지?	익었어?, 익었지?	익겠어?, 익을까?
	II	익어요?, 익죠?	익었어요?, 익었죠?	익겠어요?, 익을까요?
	III	익니?, 익(으)냐?	익었니?, 익었냐?	익겠니?, 익겠냐?
	IV	익습니까?	익었습니까?	익겠습니까?
Adnominal		익은	익은	익을

* I: Intimate / II: Polite / III: Plain / IV: Deferential

Conjunctive	and	익고, 익으며	Conj.	not	익지 (않다)
	or	익거나, 익든(지)		adv.	익게
	but	익지만, 익으나, 익은데	Quot.	decl.	익다고
	so	익어(서), 익으니(까), 익으므로		inter.	익(으)냐고
	if	익으면		Nominal	익음, 익기
	though	익어도		Subject Honorific	익으시다
	as (if)	익듯(이)		Causative	익게 하다, 익히다

* Conj.: Conjunctive / Quot.: Quotative / adv.: adverbial / decl.: declarative / inter.: interrogative

familiar (*syn.* 익숙하다 *ant.* 설다) **ADV** 덜 | 완전히 **N** 목소리, 이름 | 광경, 풍경 | 일

▶ 그쪽 목소리가 귀에 익어요. *Your voice sounds familiar.*

▶ 이제는 일이 손에 어느 정도 익었어요. *I've become quite used to the work now.*

		Present	Past	Future / Presumption
Declarative	I	익숙해, 익숙하지	익숙했어, 익숙했지	익숙하겠어, 익숙하겠지, 익숙할 거야
	II	익숙해요, 익숙하죠	익숙했어요, 익숙했죠	익숙하겠어요, 익숙하겠죠, 익숙할 거예요
	III	익숙하다	익숙했다	익숙하겠다, 익숙할 거다
	IV	익숙합니다	익숙했습니다	익숙하겠습니다, 익숙할 겁니다
Interrogative	I	익숙해?, 익숙하지?	익숙했어?, 익숙했지?	익숙하겠어?, 익숙할까?
	II	익숙해요?, 익숙하죠?	익숙했어요?, 익숙했죠?	익숙하겠어요?, 익숙할까요?
	III	익숙하니?, 익숙하냐?	익숙했니?, 익숙했냐?	익숙하겠니?, 익숙하겠냐?
	IV	익숙합니까?	익숙했습니까?	익숙하겠습니까?
Adnominal		익숙한	익숙한	익숙할

* I: Intimate / II: Polite / III: Plain / IV: Deferential

Conjunctive	and	익숙하고, 익숙하며	Conj.	not	익숙하지 (않다)
	or	익숙하거나, 익숙하든(지)		adv.	익숙하게, 익숙히
	but	익숙하지만, 익숙하나, 익숙한데	Quot.	decl.	익숙하다고
	so	익숙해(서), 익숙하니(까), 익숙하므로		inter.	익숙하냐고
	if	익숙하면	Nominal		익숙함, 익숙하기
	though	익숙해도	Subject Honorific		익숙하시다
	as (if)	익숙하듯(이)	Causative		익숙하게 하다

* Conj.: Conjunctive / Quot.: Quotative / adv.: adverbial / decl.: declarative / inter.: interrogative

skilled, familiar (*ant.* 서툴다) **P** -에 **ADV** 너무, 아주 | 아직 **N** 손놀림, 솜씨 | 태도 | 사람, 사이, 친구 | 길, 장소, 지리 | 멜로디, 음악

▶ 제가 이쪽 지리에 익숙하지 않아서 생각보다 시간이 많이 걸렸어요. *It took longer than I thought because I'm not familiar with this area.*

▶ 어머니는 컴퓨터에 익숙하지 않으세요. *My mother is not familiar with a computer.*

		Present	Past	Future / Presumption
Declarative	I	일정해, 일정하지	일정했어, 일정했지	일정하겠어, 일정하겠지, 일정할 거야
	II	일정해요, 일정하죠	일정했어요, 일정했죠	일정하겠어요, 일정하겠죠, 일정할 거예요
	III	일정하다	일정했다	일정하겠다, 일정할 거다
	IV	일정합니다	일정했습니다	일정하겠습니다, 일정할 겁니다
Interrogative	I	일정해?, 일정하지?	일정했어?, 일정했지?	일정하겠어?, 일정할까?
	II	일정해요?, 일정하죠?	일정했어요?, 일정했죠?	일정하겠어요?, 일정할까요?
	III	일정하니?, 일정하냐?	일정했니?, 일정했냐?	일정하겠니?, 일정하겠냐?
	IV	일정합니까?	일정했습니까?	일정하겠습니까?
Adnominal		일정한	일정한	일정할

* I: Intimate / II: Polite / III: Plain / IV: Deferential

Conjunctive	and	일정하고, 일정하며	Conj.	not	일정하지 (않다)
	or	일정하거나, 일정하든(지)		adv.	일정하게
	but	일정하지만, 일정하나, 일정한데	Quot.	decl.	일정하다고
	so	일정해(서), 일정하니(까), 일정하므로		inter.	일정하냐고
	if	일정하면	Nominal		일정함, 일정하기
	though	일정해도	Subject Honorific		일정하시다
	as (if)	일정하듯(이)	Causative		일정하게 하다

* Conj.: Conjunctive / Quot.: Quotative / adv.: adverbial / decl.: declarative / inter.: interrogative

steady, regular, constant ADV 매월, 매주, 항상 N 기간, 시간 | 간격, 거리 | 직업 | 비율, 속도, 수준 | 수입 | 온도 | 길이 | 가격 | 리듬 V 맞추다 | 잡다, 정하다

▸ 일정한 시간마다 작업을 저장해라. *Save your work at regular intervals.*
▸ 저는 수입이 일정하지 않아요. *I don't have a steady income.*

있다 /읻따/ it·da

		Present	Past	Future / Presumption
Declarative	I	있어, 있지	있었어, 있었지	있겠어, 있겠지, 있을 거야
	II	있어요, 있죠	있었어요, 있었죠	있겠어요, 있겠죠, 있을 거예요
	III	있다	있었다	있겠다, 있을 거다
	IV	있습니다	있었습니다	있겠습니다, 있을 겁니다
Interrogative	I	있어?, 있지?	있었어?, 있었지?	있겠어?, 있을까?
	II	있어요?, 있죠?	있었어요?, 있었죠?	있겠어요?, 있을까요?
	III	있니?, 있(느)냐?	있었니?, 있었냐?	있겠니?, 있겠냐?
	IV	있습니까?	있었습니까?	있겠습니까?
Adnominal		있는	있는	있을

* I: Intimate / II: Polite / III: Plain / IV: Deferential

Conjunctive	and	있고, 있으며	Conj.	not	있지 (않다)
	or	있거나, 있든(지)		adv.	있게
	but	있지만, 있으나, 있는데	Quot.	decl.	있다고
	so	있어(서), 있으니(까), 있으므로		inter.	있(느)냐고
	if	있으면		Nominal	있음, 있기
	though	있어도		Subject Honorific	있으시다
	as (if)	있듯(이)		Causative	있게 하다

* Conj.: Conjunctive / Quot.: Quotative / adv.: adverbial / decl.: declarative / inter.: interrogative

1 be, exist, stay (*ant.* 없다) N 가게, 개, 나무, 동물, 물, 사람, 신, 외계인
  ▸ 저는 외계인이 있다고 믿습니다. *I believe that extraterrestrial life exists.*
  ▸ 금세 올 테니까, 여기 잠시 있어. *I'll be right back. Stay here for a moment.*

2 have, own (*ant.* 없다) N 돈 | 권리 | 경험 | 양심 | 시험
  ▸ 이 분야에 경험이 있으세요? *Do you have experience in this area?*
  ▸ 모두가 행복해질 권리가 있습니다. *Everyone has a right to be happy.*

3 capable of, possible N 수
  ▸ 사고는 누구에게나 일어날 수 있다. *An accident can happen to anybody.*
  ▸ 이번 시험이 취소될 수도 있어요. *This test can be cancelled.*

		Present	Past	Future / Presumption
Declarative	I	자랑스러워, 자랑스럽지	자랑스러웠어, 자랑스러웠지	자랑스럽겠어, 자랑스럽겠지, 자랑스러울 거야
	II	자랑스러워요, 자랑스럽죠	자랑스러웠어요, 자랑스러웠죠	자랑스럽겠어요, 자랑스럽겠죠, 자랑스러울 거예요
	III	자랑스럽다	자랑스러웠다	자랑스럽겠다, 자랑스러울 거다
	IV	자랑스럽습니다	자랑스러웠습니다	자랑스럽겠습니다, 자랑스러울 겁니다
Interrogative	I	자랑스러워?, 자랑스럽지?	자랑스러웠어?, 자랑스러웠지?	자랑스럽겠어?, 자랑스러울까?
	II	자랑스러워요?, 자랑스럽죠?	자랑스러웠어요?, 자랑스러웠죠?	자랑스럽겠어요?, 자랑스러울까요?
	III	자랑스럽니?, 자랑스러우냐?/자랑스럽냐?	자랑스러웠니?, 자랑스러웠냐?	자랑스럽겠니?, 자랑스럽겠냐?
	IV	자랑스럽습니까?	자랑스러웠습니까?	자랑스럽겠습니까?
Adnominal		자랑스러운	자랑스러운	자랑스러울

* I: Intimate / II: Polite / III: Plain / IV: Deferential

Conjunctive	and	자랑스럽고, 자랑스러우며	Conj.	not	자랑스럽지 (않다)
	or	자랑스럽거나, 자랑스럽든(지)		adv.	자랑스럽게, 자랑스레
	but	자랑스럽지만, 자랑스러우나, 자랑스러운데	Quot.	decl.	자랑스럽다고
	so	자랑스러워(서), 자랑스러우니(까), 자랑스러우므로		inter.	자랑스러우냐고/자랑스럽냐고
	if	자랑스러우면	Nominal		자랑스러움, 자랑스럽기
	though	자랑스러워도	Subject Honorific		자랑스러우시다
	as (if)	자랑스럽듯(이)	Causative		자랑스럽게 하다

* Conj.: Conjunctive / Quot.: Quotative / adv.: adverbial / decl.: declarative / inter.: interrogative

proud **ADV** 매우, 아주, 자못, 정말 **N** 기분 | 일 | 사람 **V** 생각하다, 여기다

▶ 저는 제가 이 팀의 일원이라는 사실을 자랑스럽게 생각합니다. *I'm proud that I belong to this team.*

▶ 저는 저희 형이 정말 자랑스러워요. *I'm very proud of my older brother.*

		Present	Past	Future / Presumption
Declarative	I	자세해, 자세하지	자세했어, 자세했지	자세하겠어, 자세하겠지, 자세할 거야
	II	자세해요, 자세하죠	자세했어요, 자세했죠	자세하겠어요, 자세하겠죠, 자세할 거예요
	III	자세하다	자세했다	자세하겠다, 자세할 거다
	IV	자세합니다	자세했습니다	자세하겠습니다, 자세할 겁니다
Interrogative	I	자세해?, 자세하지?	자세했어?, 자세했지?	자세하겠어?, 자세할까?
	II	자세해요?, 자세하죠?	자세했어요?, 자세했죠?	자세하겠어요?, 자세할까요?
	III	자세하니?, 자세하냐?	자세했니?, 자세했냐?	자세하겠니?, 자세하겠냐?
	IV	자세합니까?	자세했습니까?	자세하겠습니까?
Adnominal		자세한	자세한	자세할

* I: Intimate / II: Polite / III: Plain / IV: Deferential

Conjunctive	and	자세하고, 자세하며	Conj.	not	자세하지 (않다)
	or	자세하거나, 자세하든(지)		adv.	자세하게, 자세히
	but	자세하지만, 자세하나, 자세한데	Quot.	decl.	자세하다고
	so	자세해(서), 자세하니(까), 자세하므로		inter.	자세하냐고
	if	자세하면	Nominal		자세함, 자세하기
	though	자세해도	Subject Honorific		자세하시다
	as (if)	자세하듯(이)	Causative		자세하게 하다

* Conj.: Conjunctive / Quot.: Quotative / adv.: adverbial / decl.: declarative / inter.: interrogative

detailed (*syn.* 상세하다) **ADV** 더 | 아주 **N** 내용 | 설명, 해설 | 사항 | 정보 | 말, 얘기 | 검사, 보고, 조사 **V** 설명하다 | 말하다, 얘기하다

▶ 좀 더 자세하게 말해 봐. *Give me a more detailed account.*

▶ 협정의 자세한 내용은 아직 발표되지 않았습니다. *Details of the agreement have not been released.*

		Present	Past	Future / Presumption
Declarative	I	자연스러워, 자연스럽지	자연스러웠어, 자연스러웠지	자연스럽겠어, 자연스럽겠지, 자연스러울 거야
	II	자연스러워요, 자연스럽죠	자연스러웠어요, 자연스러웠죠	자연스럽겠어요, 자연스럽겠죠, 자연스러울 거예요
	III	자연스럽다	자연스러웠다	자연스럽겠다, 자연스러울 거다
	IV	자연스럽습니다	자연스러웠습니다	자연스럽겠습니다, 자연스러울 겁니다
Interrogative	I	자연스러워?, 자연스럽지?	자연스러웠어?, 자연스러웠지?	자연스럽겠어?, 자연스러울까?
	II	자연스러워요?, 자연스럽죠?	자연스러웠어요?, 자연스러웠죠?	자연스럽겠어요?, 자연스러울까요?
	III	자연스럽니?, 자연스러우냐?/자연스럽냐?	자연스러웠니?, 자연스러웠냐?	자연스럽겠니?, 자연스럽겠냐?
	IV	자연스럽습니까?	자연스러웠습니까?	자연스럽겠습니까?
Adnominal		자연스러운	자연스러운	자연스러울

* I: Intimate / II: Polite / III: Plain / IV: Deferential

Conjunctive	and	자연스럽고, 자연스러우며	Conj.	not	자연스럽지 (않다)
	or	자연스럽거나, 자연스럽든(지)		adv.	자연스럽게, 자연스레
	but	자연스럽지만, 자연스러우나, 자연스러운데	Quot.	decl.	자연스럽다고
	so	자연스러워(서), 자연스러우니(까), 자연스러우므로		inter.	자연스러우냐고/자연스럽냐고
	if	자연스러우면		Nominal	자연스러움, 자연스럽기
	though	자연스러워도		Subject Honorific	자연스러우시다
	as (if)	자연스럽듯(이)		Causative	자연스럽게 하다

* Conj.: Conjunctive / Quot.: Quotative / adv.: adverbial / decl.: declarative / inter.: interrogative

---

natural (*ant.* 부자연스럽다) **ADV** 극히, 너무나, 매우, 아주, 지극히 **N** 일, 현상 | 반응, 태도, 행동 | 느낌 | 상태 **V** 대하다 | 보이다 | 행동하다 | 말하다

▶ 아이들이 세상에 호기심을 갖는 것은 자연스러운 일이에요. *It is natural for children to be curious about the world.*

▶ 긴장하지 말고 자연스럽게 얘기하세요. *Don't be nervous. Speak naturally.*

자유롭다 /자유롭따/ ja·yu·rop·da

		Present	Past	Future / Presumption
Declarative	I	자유로워, 자유롭지	자유로웠어, 자유로웠지	자유롭겠어, 자유롭겠지, 자유로울 거야
	II	자유로워요, 자유롭죠	자유로웠어요, 자유로웠죠	자유롭겠어요, 자유롭겠죠, 자유로울 거예요
	III	자유롭다	자유로웠다	자유롭겠다, 자유로울 거다
	IV	자유롭습니다	자유로웠습니다	자유롭겠습니다, 자유로울 겁니다
Interrogative	I	자유로워?, 자유롭지?	자유로웠어?, 자유로웠지?	자유롭겠어?, 자유로울까?
	II	자유로워요?, 자유롭죠?	자유로웠어요?, 자유로웠죠?	자유롭겠어요?, 자유로울까요?
	III	자유롭니?, 자유로우냐?/자유롭냐?	자유로웠니?, 자유로웠냐?	자유롭겠니?, 자유롭겠냐?
	IV	자유롭습니까?	자유로웠습니까?	자유롭겠습니까?
Adnominal		자유로운	자유로운	자유로울

* I: Intimate / II: Polite / III: Plain / IV: Deferential

Conjunctive	and	자유롭고, 자유로우며	Conj.	not	자유롭지 (않다)
	or	자유롭거나, 자유롭든(지)		adv.	자유롭게, 자유로이
	but	자유롭지만, 자유로우나, 자유로운데	Quot.	decl.	자유롭다고
	so	자유로워(서), 자유로우니(까), 자유로우므로		inter.	자유로우냐고/자유롭냐고
	if	자유로우면		Nominal	자유로움, 자유롭기
	though	자유로워도		Subject Honorific	자유로우시다
	as (if)	자유롭듯(이)		Causative	자유롭게 하다

* Conj.: Conjunctive / Quot.: Quotative / adv.: adverbial / decl.: declarative / inter.: interrogative

free, liberal N 몸 | 행동 | 시간 | 생활 | 분위기 | 선택 | 영혼 | 출입 V 살다 | 돌아다니다, 움직이다 | 말하다, 묻다, 질문하다

▶ 저희는 출퇴근 시간이 자유롭습니다. *Our working hours are flexible.*
▶ 자유롭게 질문하시면 됩니다. *Feel free to ask questions.*

		Present	Past	Future / Presumption
Declarative	I	작아, 작지	작았어, 작았지	작겠어, 작겠지, 작을 거야
	II	작아요, 작죠	작았어요, 작았죠	작겠어요, 작겠죠, 작을 거예요
	III	작다	작았다	작겠다, 작을 거다
	IV	작습니다	작았습니다	작겠습니다, 작을 겁니다
Interrogative	I	작아?, 작지?	작았어?, 작았지?	작겠어?, 작을까?
	II	작아요?, 작죠?	작았어요?, 작았죠?	작겠어요?, 작을까요?
	III	작니?, 작(으)냐?	작았니?, 작았냐?	작겠니?, 작겠냐?
	IV	작습니까?	작았습니까?	작겠습니까?
Adnominal		작은	작은	작을

* I: Intimate / II: Polite / III: Plain / IV: Deferential

Conjunctive	and	작고, 작으며	Conj.	not	작지 (않다)
	or	작거나, 작든(지)		adv.	작게
	but	작지만, 작으나, 작은데	Quot.	decl.	작다고
	so	작아(서), 작으니(까), 작으므로		inter.	작(으)냐고
	if	작으면	Nominal		작음, 작기
	though	작아도	Subject Honorific		작으시다
	as (if)	작듯(이)	Causative		작게 하다

* Conj.: Conjunctive / Quot.: Quotative / adv.: adverbial / decl.: declarative / inter.: interrogative

---

small, little (*ant.* 크다) **ADV** 더 | 너무, 매우, 아주 **N** 마을, 섬 | 목소리, 소리 | 사이즈, 크기 | 문제, 일 | 배, 보트 | 오빠 | 방, 집 | 가게, 회사 | 선물 | 병 | 구멍 | 실수 | 나라, 도시 | 키 | 화재 | 모자, 바지, 옷 | 글씨, 글자

▶ 작은 문제라도 무시하면 안 돼. *You shouldn't ignore even a small problem.*

▶ 이 모자는 저한테 너무 작아요. *This hat is too small for me.*

		Present	Past	Future / Presumption
Declarative	I	잔인해, 잔인하지	잔인했어, 잔인했지	잔인하겠어, 잔인하겠지, 잔인할 거야
	II	잔인해요, 잔인하죠	잔인했어요, 잔인했죠	잔인하겠어요, 잔인하겠죠, 잔인할 거예요
	III	잔인하다	잔인했다	잔인하겠다, 잔인할 거다
	IV	잔인합니다	잔인했습니다	잔인하겠습니다, 잔인할 겁니다
Interrogative	I	잔인해?, 잔인하지?	잔인했어?, 잔인했지?	잔인하겠어?, 잔인할까?
	II	잔인해요?, 잔인하죠?	잔인했어요?, 잔인했죠?	잔인하겠어요?, 잔인할까요?
	III	잔인하니?, 잔인하냐?	잔인했니?, 잔인했냐?	잔인하겠니?, 잔인하겠냐?
	IV	잔인합니까?	잔인했습니까?	잔인하겠습니까?
Adnominal		잔인한	잔인한	잔인할

* I: Intimate / II: Polite / III: Plain / IV: Deferential

Conjunctive	and	잔인하고, 잔인하며	Conj.	not	잔인하지 (않다)
	or	잔인하거나, 잔인하든(지)		adv.	잔인하게
	but	잔인하지만, 잔인하나, 잔인한데	Quot.	decl.	잔인하다고
	so	잔인해(서), 잔인하니(까), 잔인하므로		inter.	잔인하냐고
	if	잔인하면		Nominal	잔인함, 잔인하기
	though	잔인해도		Subject Honorific	잔인하시다
	as (if)	잔인하듯(이)		Causative	잔인하게 하다

* Conj.: Conjunctive / Quot.: Quotative / adv.: adverbial / decl.: declarative / inter.: interrogative

cruel, brutal (*syn.* 무자비하다) ADV 너무, 정말, 참 N 짓, 행위 | 사람 | 공격 | 말, 애기 | 성격 | 생각 | 운명 | 장면 V 굴다 | 살해하다, 죽이다

▸ 그런 짓을 하다니 너 참 잔인하구나. *It's so cruel of you to do such a thing.*

▸ 이 책에는 잔인한 장면이 많이 나온다. *This book contains many scenes of brutality.*

		Present	Past	Future / Presumption
Declarative	I	잔잔해, 잔잔하지	잔잔했어, 잔잔했지	잔잔하겠어, 잔잔하겠지, 잔잔할 거야
	II	잔잔해요, 잔잔하죠	잔잔했어요, 잔잔했죠	잔잔하겠어요, 잔잔하겠죠, 잔잔할 거예요
	III	잔잔하다	잔잔했다	잔잔하겠다, 잔잔할 거다
	IV	잔잔합니다	잔잔했습니다	잔잔하겠습니다, 잔잔할 겁니다
Interrogative	I	잔잔해?, 잔잔하지?	잔잔했어?, 잔잔했지?	잔잔하겠어?, 잔잔할까?
	II	잔잔해요?, 잔잔하죠?	잔잔했어요?, 잔잔했죠?	잔잔하겠어요?, 잔잔할까요?
	III	잔잔하니?, 잔잔하냐?	잔잔했니?, 잔잔했냐?	잔잔하겠니?, 잔잔하겠냐?
	IV	잔잔합니까?	잔잔했습니까?	잔잔하겠습니까?
Adnominal		잔잔한	잔잔한	잔잔할

* I: Intimate / II: Polite / III: Plain / IV: Deferential

Conjunctive	and	잔잔하고, 잔잔하며	Conj.	not	잔잔하지 (않다)
	or	잔잔하거나, 잔잔하든(지)		adv.	잔잔하게, 잔잔히
	but	잔잔하지만, 잔잔하나, 잔잔한데	Quot.	decl.	잔잔하다고
	so	잔잔해(서), 잔잔하니(까), 잔잔하므로		inter.	잔잔하냐고
	if	잔잔하면		Nominal	잔잔함, 잔잔하기
	though	잔잔해도		Subject Honorific	잔잔하시다
	as (if)	잔잔하듯(이)		Causative	잔잔하게 하다

* Conj.: Conjunctive / Quot.: Quotative / adv.: adverbial / decl.: declarative / inter.: interrogative

calm, still N 물, 물결, 바다, 수면, 파도, 호수 | 바람 | 눈 | 목소리, 미소 | 감동
▸ 그 이야기는 사람들에게 잔잔한 감동을 주었다. *The story quietly touched people.*
▸ 파도가 잔잔해서 서핑하기에는 별로예요. *The waves are too small to surf.*

		Present	Past	Future / Presumption
Declarative	I	잘나, 잘나지	잘났어, 잘났지	잘나겠어, 잘나겠지, 잘날 거야
	II	잘나요, 잘나죠	잘났어요, 잘났죠	잘나겠어요, 잘나겠죠, 잘날 거예요
	III	잘나다	잘났다	잘나겠다, 잘날 거다
	IV	잘납니다	잘났습니다	잘나겠습니다, 잘날 겁니다
Interrogative	I	잘나?, 잘나지?	잘났어?, 잘났지?	잘나겠어?, 잘날까?
	II	잘나요?, 잘나죠?	잘났어요?, 잘났죠?	잘나겠어요?, 잘날까요?
	III	잘나니?, 잘나냐?	잘났니?, 잘났냐?	잘나겠니?, 잘나겠냐?
	IV	잘납니까?	잘났습니까?	잘나겠습니까?
Adnominal		잘난	잘난	잘날

* I: Intimate / II: Polite / III: Plain / IV: Deferential

Conjunctive	and	잘나고, 잘나며	Conj.	not	잘나지 (않다)
	or	잘나거나, 잘나든(지)		adv.	잘나게
	but	잘나지만, 잘나나, 잘난데	Quot.	decl.	잘나다고
	so	잘나(서), 잘나니(까), 잘나므로		inter.	잘나냐고
	if	잘나면	Nominal		잘남, 잘나기
	though	잘나도	Subject Honorific		잘나시다
	as (if)	잘나듯(이)	Causative		잘나게 하다

* Conj.: Conjunctive / Quot.: Quotative / adv.: adverbial / decl.: declarative / inter.: interrogative

---

good, distinguished (*ant.* 못나다) **ADV** 그렇게 | 제일 | 혼자 **N** 사람 | 맛 | 생각 | 아들, 애인 | 얼굴, 인물 **V** 척하다, 체하다

▶ 잘난 체하지 좀 마. *Don't be so stuck-up.*

▶ 그 여자는 자기가 잘난 줄 알아요. *She thinks she is somebody.*

		Present	Past	Future / Presumption
Declarative	I	잘아, 잘지	잘았어, 잘았지	잘겠어, 잘겠지, 잘 거야
	II	잘아요, 잘죠	잘았어요, 잘았죠	잘겠어요, 잘겠죠, 잘 거예요
	III	잘다	잘았다	잘겠다, 잘 거다
	IV	잡니다	잘았습니다	잘겠습니다, 잘 겁니다
Interrogative	I	잘아?, 잘지?	잘았어?, 잘았지?	잘겠어?, 잘까?
	II	잘아요?, 잘죠?	잘았어요?, 잘았죠?	잘겠어요?, 잘까요?
	III	자니?, 자냐?	잘았니?, 잘았냐?	잘겠니?, 잘겠냐?
	IV	잡니까?	잘았습니까?	잘겠습니까?
Adnominal		잔	잔	잘

* I: Intimate / II: Polite / III: Plain / IV: Deferential

Conjunctive	and	잘고, 잘며	Conj.	not	잘지 (않다)
	or	잘거나, 잘든(지)		adv.	잘게
	but	잘지만, 자나, 잔데	Quot.	decl.	잘다고
	so	잘아(서), 자니(까), 잘므로		inter.	자냐고
	if	잘면		Nominal	잚, 잘기
	though	잘아도		Subject Honorific	자시다
	as (if)	잘듯(이)		Causative	잘게 하다

* Conj.: Conjunctive / Quot.: Quotative / adv.: adverbial / decl.: declarative / inter.: interrogative

small, little, fine (*ant.* 굵다) **ADV** 너무 **N** 글씨 | 사과 **V** 다지다, 썰다, 자르다, 찢다

▸ 양파를 잘게 썰어 줘. *Finely chop the onion.*
▸ 글씨가 너무 잘아서 읽을 수가 없어. *The letters are too small to read.*

잘생기다 jal·saeng·gi·da

		Present	Past	Future / Presumption
Declarative	I	잘생겨, 잘생기지	잘생겼어, 잘생겼지	잘생기겠어, 잘생기겠지, 잘생길 거야
	II	잘생겨요, 잘생기죠	잘생겼어요, 잘생겼죠	잘생기겠어요, 잘생기겠죠, 잘생길 거예요
	III	잘생기다	잘생겼다	잘생기겠다, 잘생길 거다
	IV	잘생깁니다	잘생겼습니다	잘생기겠습니다, 잘생길 겁니다
Interrogative	I	잘생겨?, 잘생기지?	잘생겼어?, 잘생겼지?	잘생기겠어?, 잘생길까?
	II	잘생겨요?, 잘생기죠?	잘생겼어요?, 잘생겼죠?	잘생기겠어요?, 잘생길까요?
	III	잘생기니?, 잘생기냐?	잘생겼니?, 잘생겼냐?	잘생기겠니?, 잘생기겠냐?
	IV	잘생깁니까?	잘생겼습니까?	잘생기겠습니까?
Adnominal		잘생긴	잘생긴	잘생길

* I: Intimate / II: Polite / III: Plain / IV: Deferential

Conjunctive	and	잘생기고, 잘생기며	Conj.	not	잘생기지 (않다)
	or	잘생기거나, 잘생기든(지)		adv.	잘생기게
	but	잘생기지만, 잘생기나, 잘생긴데	Quot.	decl.	잘생기다고
	so	잘생겨(서), 잘생기니(까), 잘생기므로		inter.	잘생기냐고
	if	잘생기면		Nominal	잘생김, 잘생기기
	though	잘생겨도		Subject Honorific	잘생기시다
	as (if)	잘생기듯(이)		Causative	잘생기게 하다

* Conj.: Conjunctive / Quot.: Quotative / adv.: adverbial / decl.: declarative / inter.: interrogative

good-looking, handsome (*syn.* 잘나다 *ant.* 못생기다) **ADV** 아주, 정말, 참 **N** 남자, 사람, 젊은이, 청년 | 얼굴, 외모, 용모

▶ 그는 키가 크고 잘생겼다. *He is tall and handsome.*

▶ 아들 녀석은 잘생겨서 여자들한테 인기가 많아요. *Many girls like my son because he's handsome.*

		Present	Past	Future / Presumption
Declarative	I	잦아, 잦지	잦았어, 잦았지	잦겠어, 잦겠지, 잦을 거야
	II	잦아요, 잦죠	잦았어요, 잦았죠	잦겠어요, 잦겠죠, 잦을 거예요
	III	잦다	잦았다	잦겠다, 잦을 거다
	IV	잦습니다	잦았습니다	잦겠습니다, 잦을 겁니다
Interrogative	I	잦아?, 잦지?	잦았어?, 잦았지?	잦겠어?, 잦을까?
	II	잦아요?, 잦죠?	잦았어요?, 잦았죠?	잦겠어요?, 잦을까요?
	III	잦니?, 잦(으)냐?	잦았니?, 잦았냐?	잦겠니?, 잦겠냐?
	IV	잦습니까?	잦았습니까?	잦겠습니까?
Adnominal		잦은	잦은	잦을

* I: Intimate / II: Polite / III: Plain / IV: Deferential

Conjunctive	and	잦고, 잦으며		Conj.	not	잦지 (않다)
	or	잦거나, 잦든(지)			adv.	잦게, 자주
	but	잦지만, 잦으나, 잦은데		Quot.	decl.	잦다고
	so	잦아(서), 잦으니(까), 잦으므로			inter.	잦(으)냐고
	if	잦으면		Nominal		잦음, 잦기
	though	잦아도		Subject Honorific		잦으시다
	as (if)	잦듯(이)		Causative		잦게 하다

* Conj.: Conjunctive / Quot.: Quotative / adv.: adverbial / decl.: declarative / inter.: interrogative

frequent (*syn.* 빈번하다 *ant.* 드물다) **ADV** 너무 **N** 기침 | 사고 | 왕래 | 외출 | 지각

▸ 사고 잦은 구간 *accident-prone zone*

▸ 요즘 왜 이리 지각이 잦습니까? *Why are you late for work so frequently these days?*

		Present	Past	Future / Presumption
Declarative	I	재미없어, 재미없지	재미없었어, 재미없었지	재미없겠어, 재미없겠지, 재미없을 거야
	II	재미없어요, 재미없죠	재미없었어요, 재미없었죠	재미없겠어요, 재미없겠죠, 재미없을 거예요
	III	재미없다	재미없었다	재미없겠다, 재미없을 거다
	IV	재미없습니다	재미없었습니다	재미없겠습니다, 재미없을 겁니다
Interrogative	I	재미없어?, 재미없지?	재미없었어?, 재미없었지?	재미없겠어?, 재미없을까?
	II	재미없어요?, 재미없죠?	재미없었어요?, 재미없었죠?	재미없겠어요?, 재미없을까요?
	III	재미없니?, 재미없(느)냐?	재미없었니?, 재미없었냐?	재미없겠니?, 재미없겠냐?
	IV	재미없습니까?	재미없었습니까?	재미없겠습니까?
Adnominal		재미없는	재미없는	재미없을

* I: Intimate / II: Polite / III: Plain / IV: Deferential

Conjunctive	and	재미없고, 재미없으며	Conj.	not	재미없지 (않다)
	or	재미없거나, 재미없든(지)		adv.	재미없게
	but	재미없지만, 재미없으나, 재미없는데	Quot.	decl.	재미없다고
	so	재미없어(서), 재미없으니(까), 재미없으므로		inter.	재미없(느)냐고
	if	재미없으면	Nominal		재미없음, 재미없기
	though	재미없어도	Subject Honorific		재미없으시다
	as (if)	재미없듯(이)	Causative		재미없게 하다

* Conj.: Conjunctive / Quot.: Quotative / adv.: adverbial / decl.: declarative / inter.: interrogative

boring, dull (*ant.* 재미있다) **ADV** 너무 **N** 시간 | 연극, 영화, 책, 파티 | 얘기 | 일 | 사람

▶ 그 영화는 재미없고 게다가 엄청 길었다. *The movie was boring and very long.*
▶ 그 사람은 내가 아는 제일 재미없는 사람이에요. *He's the most boring person that I've ever met.*

재미있다 /재미읻따/ jae·mi·it·da REGULAR

		Present	Past	Future / Presumption
Declarative	I	재미있어, 재미있지	재미있었어, 재미있었지	재미있겠어, 재미있겠지, 재미있을 거야
	II	재미있어요, 재미있죠	재미있었어요, 재미있었죠	재미있겠어요, 재미있겠죠, 재미있을 거예요
	III	재미있다	재미있었다	재미있겠다, 재미있을 거다
	IV	재미있습니다	재미있었습니다	재미있겠습니다, 재미있을 겁니다
Interrogative	I	재미있어?, 재미있지?	재미있었어?, 재미있었지?	재미있겠어?, 재미있을까?
	II	재미있어요?, 재미있죠?	재미있었어요?, 재미있었죠?	재미있겠어요?, 재미있을까요?
	III	재미있니?, 재미있(느)냐?	재미있었니?, 재미있었냐?	재미있겠니?, 재미있겠냐?
	IV	재미있습니까?	재미있었습니까?	재미있겠습니까?
Adnominal		재미있는	재미있는	재미있을

* I: Intimate / II: Polite / III: Plain / IV: Deferential

Conjunctive	and	재미있고, 재미있으며	Conj.	not	재미있지 (않다)
	or	재미있거나, 재미있든(지)		adv.	재미있게
	but	재미있지만, 재미있으나, 재미있는데	Quot.	decl.	재미있다고
	so	재미있어(서), 재미있으니(까), 재미있으므로		inter.	재미있(느)냐고
	if	재미있으면	Nominal		재미있음, 재미있기
	though	재미있어도	Subject Honorific		재미있으시다
	as (if)	재미있듯(이)	Causative		재미있게 하다

* Conj.: Conjunctive / Quot.: Quotative / adv.: adverbial / decl.: declarative / inter.: interrogative

funny, interesting (*syn.* 재미나다 *ant.* 재미없다) **ADV** 굉장히, 아주, 정말 **N** 농담, 얘기 | 것, 일 | 소설, 영화, 책 | 곳 | 사람 | 시간 **V** 놀다 | 살다 | 지내다

▸ 그 책 재미있었어? *Did you enjoy the book?*

▸ 어제 우리는 모두 수영장에서 정말 재미있게 놀았다. *We all had so much fun in the pool yesterday.*

		Present	Past	Future / Presumption
Declarative	I	저래, 저렇지	저랬어, 저랬지	저렇겠어, 저렇겠지, 저럴 거야
	II	저래요, 저렇죠	저랬어요, 저랬죠	저렇겠어요, 저렇겠죠, 저럴 거예요
	III	저렇다	저랬다	저렇겠다, 저럴 거다
	IV	저렇습니다	저랬습니다	저렇겠습니다, 저럴 겁니다
Interrogative	I	저래?, 저렇지?	저랬어?, 저랬지?	저렇겠어?, 저럴까?
	II	저래요?, 저렇죠?	저랬어요?, 저랬죠?	저렇겠어요?, 저럴까요?
	III	저렇니?, 저러냐?/저렇냐?	저랬니?, 저랬냐?	저렇겠니?, 저렇겠냐?
	IV	저렇습니까?	저랬습니까?	저렇겠습니까?
Adnominal		저런	저런	저럴

* I: Intimate / II: Polite / III: Plain / IV: Deferential

Conjunctive	and	저렇고, 저러며	Conj.	not	저렇지 (않다)
	or	저렇거나, 저렇든(지)		adv.	저렇게
	but	저렇지만, 저러나, 저런데	Quot.	decl.	저렇다고
	so	저래(서), 저러니(까), 저러므로		inter.	저러냐고/저렇냐고
	if	저러면		Nominal	저럼, 저렇기
	though	저래도		Subject Honorific	저러시다
	as (if)	저렇듯(이)		Causative	저렇게 하다

* Conj.: Conjunctive / Quot.: Quotative / adv.: adverbial / decl.: declarative / inter.: interrogative

like that (*ff.* 저러하다) **ADV** 왜 | 어쩌면 | 원래 | 늘 **N** 것 | 남자, 사람, 아이, 여자 | 말, 소리 | 짓 | 식 | 일

▸ 저 사람 왜 저래? *What is wrong with him?*
▸ 사춘기 여자 애들은 다 저렇습니다. *Girls at puberty are all like that.*
▸ 그녀는 늘 저런 식이다. *That's always the way with her.*

		Present	Past	Future / Presumption
Declarative	I	적어, 적지	적었어, 적었지	적겠어, 적겠지, 적을 거야
	II	적어요, 적죠	적었어요, 적었죠	적겠어요, 적겠죠, 적을 거예요
	III	적다	적었다	적겠다, 적을 거다
	IV	적습니다	적었습니다	적겠습니다, 적을 겁니다
Interrogative	I	적어?, 적지?	적었어?, 적었지?	적겠어?, 적을까?
	II	적어요?, 적죠?	적었어요?, 적었죠?	적겠어요?, 적을까요?
	III	적니?, 적(으)냐?	적었니?, 적었냐?	적겠니?, 적겠냐?
	IV	적습니까?	적었습니까?	적겠습니까?
Adnominal		적은	적은	적을

* I: Intimate / II: Polite / III: Plain / IV: Deferential

Conjunctive	and	적고, 적으며	Conj.	not	적지 (않다)
	or	적거나, 적든(지)		adv.	적게
	but	적지만, 적으나, 적은데	Quot.	decl.	적다고
	so	적어(서), 적으니(까), 적으므로		inter.	적(으)냐고
	if	적으면		Nominal	적음, 적기
	though	적어도		Subject Honorific	적으시다
	as (if)	적듯(이)		Causative	적게 하다

* Conj.: Conjunctive / Quot.: Quotative / adv.: adverbial / decl.: declarative / inter.: interrogative

few, little, small (*ant.* 많다) **ADV** 가장, 극히, 너무 | 더, 훨씬 **N** 사람 | 돈, 보수, 액수, 월급, 임금 | 비용 | 수 | 시간

▶ 적게 말하고 많이 들어라. *Talk less and listen more.*

▶ 저는 적은 월급으로 살아가고 있어요. *I am living on a small salary.*

적당하다 /적땅하다/ jeok·dang·ha·da

		Present	Past	Future / Presumption
Declarative	I	적당해, 적당하지	적당했어, 적당했지	적당하겠어, 적당하겠지, 적당할 거야
	II	적당해요, 적당하죠	적당했어요, 적당했죠	적당하겠어요, 적당하겠죠, 적당할 거예요
	III	적당하다	적당했다	적당하겠다, 적당할 거다
	IV	적당합니다	적당했습니다	적당하겠습니다, 적당할 겁니다
Interrogative	I	적당해?, 적당하지?	적당했어?, 적당했지?	적당하겠어?, 적당할까?
	II	적당해요?, 적당하죠?	적당했어요?, 적당했죠?	적당하겠어요?, 적당할까요?
	III	적당하니?, 적당하냐?	적당했니?, 적당했냐?	적당하겠니?, 적당하겠냐?
	IV	적당합니까?	적당했습니까?	적당하겠습니까?
Adnominal		적당한	적당한	적당할

* I: Intimate / II: Polite / III: Plain / IV: Deferential

Conjunctive	and	적당하고, 적당하며	Conj.	not	적당하지 (않다)
	or	적당하거나, 적당하든(지)		adv.	적당하게, 적당히
	but	적당하지만, 적당하나, 적당한데	Quot.	decl.	적당하다고
	so	적당해(서), 적당하니(까), 적당하므로		inter.	적당하냐고
	if	적당하면		Nominal	적당함, 적당하기
	though	적당해도		Subject Honorific	적당하시다
	as (if)	적당하듯(이)		Causative	적당하게 하다

* Conj.: Conjunctive / Quot.: Quotative / adv.: adverbial / decl.: declarative / inter.: interrogative

moderate, suitable (*syn.* 맞다, 알맞다, 적절하다 *ant.* 부적당하다) P -기(에), -에, -에게 ADV 가장, 딱, 마침, 아주 N 가격, 값 | 운동 | 기회, 때 | 말 | 사람 | 곳, 장소 | 크기 | 온도 | 비율

▸ 이 집은 아이들이 있는 가정에 적당하다. *This house is just right for a family with kids.*

▸ 적당한 운동은 최상의 신체 상태를 위해 필수적이다. *Moderate exercise is essential for optimal physical fitness.*

		Present	Past	Future / Presumption
Declarative	I	적절해, 적절하지	적절했어, 적절했지	적절하겠어, 적절하겠지, 적절할 거야
	II	적절해요, 적절하죠	적절했어요, 적절했죠	적절하겠어요, 적절하겠죠, 적절할 거예요
	III	적절하다	적절했다	적절하겠다, 적절할 거다
	IV	적절합니다	적절했습니다	적절하겠습니다, 적절할 겁니다
Interrogative	I	적절해?, 적절하지?	적절했어?, 적절했지?	적절하겠어?, 적절할까?
	II	적절해요?, 적절하죠?	적절했어요?, 적절했죠?	적절하겠어요?, 적절할까요?
	III	적절하니?, 적절하냐?	적절했니?, 적절했냐?	적절하겠니?, 적절하겠냐?
	IV	적절합니까?	적절했습니까?	적절하겠습니까?
Adnominal		적절한	적절한	적절할

* I: Intimate / II: Polite / III: Plain / IV: Deferential

Conjunctive	and	적절하고, 적절하며	**Conj.**	not	적절하지 (않다)
	or	적절하거나, 적절하든(지)		adv.	적절하게, 적절히
	but	적절하지만, 적절하나, 적절한데	**Quot.**	decl.	적절하다고
	so	적절해(서), 적절하니(까), 적절하므로		inter.	적절하냐고
	if	적절하면	Nominal		적절함, 적절하기
	though	적절해도	Subject Honorific		적절하시다
	as (if)	적절하듯(이)	Causative		적절하게 하다

* Conj.: Conjunctive / Quot.: Quotative / adv.: adverbial / decl.: declarative / inter.: interrogative

right, proper, appropriate (*syn.* 맞다, 알맞다 *ant.* 부적절하다) **ADV** 가장 | 매우 **N** 조처, 조치 | 말, 표현, | 예 | 대답, 질문 | 때, 시기 | 균형 | 행동 | 가격 | 보상 | 치료

▸ 제가 아까 한 말은 적절하지 못했던 걸 인정해요. *What I said a while ago was admittedly not appropriate.*

▸ 지금 당장은 적절한 예가 생각나지 않습니다. *I can't come up with a good example at the moment.*

		Present	Past	Future / Presumption
Declarative	I	적합해, 적합하지	적합했어, 적합했지	적합하겠어, 적합하겠지, 적합할 거야
	II	적합해요, 적합하죠	적합했어요, 적합했죠	적합하겠어요, 적합하겠죠, 적합할 거예요
	III	적합하다	적합했다	적합하겠다, 적합할 거다
	IV	적합합니다	적합했습니다	적합하겠습니다, 적합할 겁니다
Interrogative	I	적합해?, 적합하지?	적합했어?, 적합했지?	적합하겠어?, 적합할까?
	II	적합해요?, 적합하죠?	적합했어요?, 적합했죠?	적합하겠어요?, 적합할까요?
	III	적합하니?, 적합하냐?	적합했니?, 적합했냐?	적합하겠니?, 적합하겠냐?
	IV	적합합니까?	적합했습니까?	적합하겠습니까?
Adnominal		적합한	적합한	적합할

* I: Intimate / II: Polite / III: Plain / IV: Deferential

Conjunctive	and	적합하고, 적합하며	Conj.	not	적합하지 (않다)
	or	적합하거나, 적합하든(지)		adv.	적합하게
	but	적합하지만, 적합하나, 적합한데	Quot.	decl.	적합하다고
	so	적합해(서), 적합하니(까), 적합하므로		inter.	적합하냐고
	if	적합하면	Nominal		적합함, 적합하기
	though	적합해도	Subject Honorific		적합하시다
	as (if)	적합하듯(이)	Causative		적합하게 하다

* Conj.: Conjunctive / Quot.: Quotative / adv.: adverbial / decl.: declarative / inter.: interrogative

suitable, appropriate (*syn.* 맞다 *ant.* 부적합하다) **P** -기(에), -에, -에게 **ADV** 가장, 아주 **N** 사람, 인물 | 장소 | 직업 | 복장 | 예

▶ 본 방송은 12세 미만의 어린이들이 보기에 적합하지 않습니다. *This program is not appropriate for children under 12.*

▶ 적합한 예가 잘 생각이 안 나네요. *I can't think of a good example.*

		Present	Past	Future / Presumption
Declarative	I	절박해, 절박하지	절박했어, 절박했지	절박하겠어, 절박하겠지, 절박할 거야
	II	절박해요, 절박하죠	절박했어요, 절박했죠	절박하겠어요, 절박하겠죠, 절박할 거예요
	III	절박하다	절박했다	절박하겠다, 절박할 거다
	IV	절박합니다	절박했습니다	절박하겠습니다, 절박할 겁니다
Interrogative	I	절박해?, 절박하지?	절박했어?, 절박했지?	절박하겠어?, 절박할까?
	II	절박해요?, 절박하죠?	절박했어요?, 절박했죠?	절박하겠어요?, 절박할까요?
	III	절박하니?, 절박하냐?	절박했니?, 절박했냐?	절박하겠니?, 절박하겠냐?
	IV	절박합니까?	절박했습니까?	절박하겠습니까?
Adnominal		절박한	절박한	절박할

* I: Intimate / II: Polite / III: Plain / IV: Deferential

Conjunctive	and	절박하고, 절박하며	Conj.	not	절박하지 (않다)
	or	절박하거나, 절박하든(지)		adv.	절박하게
	but	절박하지만, 절박하나, 절박한데	Quot.	decl.	절박하다고
	so	절박해(서), 절박하니(까), 절박하므로		inter.	절박하냐고
	if	절박하면	Nominal		절박함, 절박하기
	though	절박해도	Subject Honorific		절박하시다
	as (if)	절박하듯(이)	Causative		절박하게 하다

* Conj.: Conjunctive / Quot.: Quotative / adv.: adverbial / decl.: declarative / inter.: interrogative

---

desperate, urgent ADV 그만큼 | 아무리 N 사정, 사태, 상황 | 고비 | 때, 시기 | 문제, 용무 | 마음, 심정 V 느끼다

▸ 지금 우리들에게 가장 절박한 문제는 생존이에요. *The most urgent matter for us now is survival.*

▸ 지금 제 상황이 절박합니다. *I'm in a desperate situation.*

절실하다 /절씰하다/ jeol·sil·ha·da

		Present	Past	Future / Presumption
Declarative	I	절실해, 절실하지	절실했어, 절실했지	절실하겠어, 절실하겠지, 절실할 거야
	II	절실해요, 절실하죠	절실했어요, 절실했죠	절실하겠어요, 절실하겠죠, 절실할 거예요
	III	절실하다	절실했다	절실하겠다, 절실할 거다
	IV	절실합니다	절실했습니다	절실하겠습니다, 절실할 겁니다
Interrogative	I	절실해?, 절실하지?	절실했어?, 절실했지?	절실하겠어?, 절실할까?
	II	절실해요?, 절실하죠?	절실했어요?, 절실했죠?	절실하겠어요?, 절실할까요?
	III	절실하니?, 절실하냐?	절실했니?, 절실했냐?	절실하겠니?, 절실하겠냐?
	IV	절실합니까?	절실했습니까?	절실하겠습니까?
Adnominal		절실한	절실한	절실할

* I: Intimate / II: Polite / III: Plain / IV: Deferential

Conjunctive	and	절실하고, 절실하며	**Conj.**	not	절실하지 (않다)
	or	절실하거나, 절실하든(지)		adv.	절실하게, 절실히
	but	절실하지만, 절실하나, 절실한데	**Quot.**	decl.	절실하다고
	so	절실해(서), 절실하니(까), 절실하므로		inter.	절실하냐고
	if	절실하면	Nominal		절실함, 절실하기
	though	절실해도	Subject Honorific		절실하시다
	as (if)	절실하듯(이)	Causative		절실하게 하다

* Conj.: Conjunctive / Quot.: Quotative / adv.: adverbial / decl.: declarative / inter.: interrogative

desperate, urgent ADV 가장, 너무 N 문제 | 요구 | 표현 | 필요 | 감정, 소망 V 깨닫다, 느끼다

▶ 당신의 지혜가 절실하게 필요합니다. *I am in desperate need of your help.*

▶ 가족의 소중함을 절실하게 깨달았어요. *I've fully realized the value of family.*

		Present	Past	Future / Presumption
Declarative	I	젊어, 젊지	젊었어, 젊었지	젊겠어, 젊겠지, 젊을 거야
	II	젊어요, 젊죠	젊었어요, 젊었죠	젊겠어요, 젊겠죠, 젊을 거예요
	III	젊다	젊었다	젊겠다, 젊을 거다
	IV	젊습니다	젊었습니다	젊겠습니다, 젊을 겁니다
Interrogative	I	젊어?, 젊지?	젊었어?, 젊었지?	젊겠어?, 젊을까?
	II	젊어요?, 젊죠?	젊었어요?, 젊었죠?	젊겠어요?, 젊을까요?
	III	젊니?, 젊(으)냐?	젊었니?, 젊었냐?	젊겠니?, 젊겠냐?
	IV	젊습니까?	젊었습니까?	젊겠습니까?
Adnominal		젊은	젊은	젊을

* I: Intimate / II: Polite / III: Plain / IV: Deferential

Conjunctive	and	젊고, 젊으며	Conj.	not	젊지 (않다)
	or	젊거나, 젊든(지)		adv.	젊게
	but	젊지만, 젊으나, 젊은데	Quot.	decl.	젊다고
	so	젊어(서), 젊으니(까), 젊으므로		inter.	젊(으)냐고
	if	젊으면	Nominal		젊음, 젊기
	though	젊어도	Subject Honorific		젊으시다
	as (if)	젊듯(이)	Causative		젊게 하다

* Conj.: Conjunctive / Quot.: Quotative / adv.: adverbial / decl.: declarative / inter.: interrogative

---

young, youthful (*ant.* 늙다) **ADV** 아직 | 한창 | 굉장히, 너무 **N** 날, 때, 시절 | 남녀, 남자, 부부, 사람, 아가씨, 아이, 여자, 청년 | 나이 | 피 **V** 보이다 | 죽다

▶ 할아버지는 나이보다 젊어 보이세요. *My grandfather looks young for his age.*

▶ 요즘 젊은 사람들은 텔레비전 앞에서 너무 많은 시간을 보내요. *Young people these days spend too much time in front of the television.*

		Present	Past	Future / Presumption
Declarative	I	점잖아, 점잖지	점잖았어, 점잖았지	점잖겠어, 점잖겠지, 점잖을 거야
	II	점잖아요, 점잖죠	점잖았어요, 점잖았죠	점잖겠어요, 점잖겠죠, 점잖을 거예요
	III	점잖다	점잖았다	점잖겠다, 점잖을 거다
	IV	점잖습니다	점잖았습니다	점잖겠습니다, 점잖을 겁니다
Interrogative	I	점잖아?, 점잖지?	점잖았어?, 점잖았지?	점잖겠어?, 점잖을까?
	II	점잖아요?, 점잖죠?	점잖았어요?, 점잖았죠?	점잖겠어요?, 점잖을까요?
	III	점잖니?, 점잖(으)냐?	점잖았니?, 점잖았냐?	점잖겠니?, 점잖겠냐?
	IV	점잖습니까?	점잖았습니까?	점잖겠습니까?
Adnominal		점잖은	점잖은	점잖을

* I: Intimate / II: Polite / III: Plain / IV: Deferential

Conjunctive	and	점잖고, 점잖으며	Conj.	not	점잖지 (않다)
	or	점잖거나, 점잖든(지)		adv.	점잖게, 점잖이
	but	점잖지만, 점잖으나, 점잖은데	Quot.	decl.	점잖다고
	so	점잖아(서), 점잖으니(까), 점잖으므로		inter.	점잖(으)냐고
	if	점잖으면	Nominal		점잖음, 점잖기
	though	점잖아도	Subject Honorific		점잖으시다
	as (if)	점잖듯(이)	Causative		점잖게 하다

* Conj.: Conjunctive / Quot.: Quotative / adv.: adverbial / decl.: declarative / inter.: interrogative

gentle, decent, respectable N 아주 N 남자, 노인, 사람, 손님, 신사, 어른 | 태도, 행동 | 자리 V 굴다 | 말하다 | 입다 | 척하다, 체하다

▶ 손 교수님은 점잖은 신사예요. *Professor Sohn is a decent man.*

▶ 그는 다른 사람들 앞에서는 점잖은 척한다. *He pretends to be gentle in front of others.*

		Present	Past	Future / Presumption
Declarative	I	정교해, 정교하지	정교했어, 정교했지	정교하겠어, 정교하겠지, 정교할 거야
	II	정교해요, 정교하죠	정교했어요, 정교했죠	정교하겠어요, 정교하겠죠, 정교할 거예요
	III	정교하다	정교했다	정교하겠다, 정교할 거다
	IV	정교합니다	정교했습니다	정교하겠습니다, 정교할 겁니다
Interrogative	I	정교해?, 정교하지?	정교했어?, 정교했지?	정교하겠어?, 정교할까?
	II	정교해요?, 정교하죠?	정교했어요?, 정교했죠?	정교하겠어요?, 정교할까요?
	III	정교하니?, 정교하냐?	정교했니?, 정교했냐?	정교하겠니?, 정교하겠냐?
	IV	정교합니까?	정교했습니까?	정교하겠습니까?
Adnominal		정교한	정교한	정교할

* I: Intimate / II: Polite / III: Plain / IV: Deferential

Conjunctive	and	정교하고, 정교하며	Conj.	not	정교하지 (않다)
	or	정교하거나, 정교하든(지)		adv.	정교하게
	but	정교하지만, 정교하나, 정교한데	Quot.	decl.	정교하다고
	so	정교해(서), 정교하니(까), 정교하므로		inter.	정교하냐고
	if	정교하면		Nominal	정교함, 정교하기
	though	정교해도		Subject Honorific	정교하시다
	as (if)	정교하듯(이)		Causative	정교하게 하다

* Conj.: Conjunctive / Quot.: Quotative / adv.: adverbial / decl.: declarative / inter.: interrogative

sophisticated, exquisite, elaborate (*syn.* 정밀하다 *ant.* 조잡하다) **ADV** 꽤, 매우, 상당히, 아주 **N** 세공, 조각 | 분리 | 기계, 도자기, 시계, 작품, 장치 | 디자인, 무늬, 문양, 장식 | 솜씨, 작업 **V** 만들다

▸ 이 기계는 정말로 정교해. *This machine is really elaborate.*

▸ 그 거울은 뒷면에 정교한 무늬가 있었다. *The mirror had elaborate patterns on the back.*

정답다 /정답따/ jeong·dap·da

		Present	Past	Future / Presumption
Declarative	I	정다워, 정답지	정다웠어, 정다웠지	정답겠어, 정답겠지, 정다울 거야
	II	정다워요, 정답죠	정다웠어요, 정다웠죠	정답겠어요, 정답겠죠, 정다울 거예요
	III	정답다	정다웠다	정답겠다, 정다울 거다
	IV	정답습니다	정다웠습니다	정답겠습니다, 정다울 겁니다
Interrogative	I	정다워?, 정답지?	정다웠어?, 정다웠지?	정답겠어?, 정다울까?
	II	정다워요?, 정답죠?	정다웠어요?, 정다웠죠?	정답겠어요?, 정다울까요?
	III	정답니?, 정다우냐?/정답냐?	정다웠니?, 정다웠냐?	정답겠니?, 정답겠냐?
	IV	정답습니까?	정다웠습니까?	정답겠습니까?
Adnominal		정다운	정다운	정다울

* I: Intimate / II: Polite / III: Plain / IV: Deferential

Conjunctive	and	정답고, 정다우며	Conj.	not	정답지 (않다)
	or	정답거나, 정답든(지)		adv.	정답게
	but	정답지만, 정다우나, 정다운데	Quot.	decl.	정답다고
	so	정다워(서), 정다우니(까), 정다우므로		inter.	정다우냐고/정답냐고
	if	정다우면	Nominal		정다움, 정답기
	though	정다워도	Subject Honorific		정다우시다
	as (if)	정답듯(이)	Causative		정답게 하다

* Conj.: Conjunctive / Quot.: Quotative / adv.: adverbial / decl.: declarative / inter.: interrogative

warm, friendly (*ant.* 쌀쌀맞다) N 모습 | 말, 얘기 | 가족, 사람, 얼굴, 친구 | 때 | 인사 V 지내다 | 맞이하다, 인사하다

▶ 저는 이웃이랑 정답게 지내고 있어요. *I'm on friendly terms with my neighbor.*
▶ 그 부부는 우리에게 정다운 인사를 건넸다. *The couple gave us warm greetings.*

		Present	Past	Future / Presumption
Declarative	I	정당해, 정당하지	정당했어, 정당했지	정당하겠어, 정당하겠지, 정당할 거야
	II	정당해요, 정당하죠	정당했어요, 정당했죠	정당하겠어요, 정당하겠죠, 정당할 거예요
	III	정당하다	정당했다	정당하겠다, 정당할 거다
	IV	정당합니다	정당했습니다	정당하겠습니다, 정당할 겁니다
Interrogative	I	정당해?, 정당하지?	정당했어?, 정당했지?	정당하겠어?, 정당할까?
	II	정당해요?, 정당하죠?	정당했어요?, 정당했죠?	정당하겠어요?, 정당할까요?
	III	정당하니?, 정당하냐?	정당했니?, 정당했냐?	정당하겠니?, 정당하겠냐?
	IV	정당합니까?	정당했습니까?	정당하겠습니까?
Adnominal		정당한	정당한	정당할

* I: Intimate / II: Polite / III: Plain / IV: Deferential

Conjunctive	and	정당하고, 정당하며	Conj.	not	정당하지 (않다)
	or	정당하거나, 정당하든(지)		adv.	정당하게
	but	정당하지만, 정당하나, 정당한데	Quot.	decl.	정당하다고
	so	정당해(서), 정당하니(까), 정당하므로		inter.	정당하냐고
	if	정당하면	Nominal		정당함, 정당하기
	though	정당해도	Subject Honorific		정당하시다
	as (if)	정당하듯(이)	Causative		정당하게 하다

* Conj.: Conjunctive / Quot.: Quotative / adv.: adverbial / decl.: declarative / inter.: interrogative

just, fair (*ant.* 부당하다) N 이유 | 권리, 요구, 주장 | 비판, 비평, 평가 | 대가 | 방법 | 근거, 판결, 판단 | 대우 | 수단

▶ 저는 정당한 이유 없이 해고됐어요. *I was dismissed without a good reason.*

▶ 저는 그에 대한 비판이 정당했다고 생각해요. *I think the criticism of him was fair.*

		Present	Past	Future / Presumption
Declarative	I	정직해, 정직하지	정직했어, 정직했지	정직하겠어, 정직하겠지, 정직할 거야
	II	정직해요, 정직하죠	정직했어요, 정직했죠	정직하겠어요, 정직하겠죠, 정직할 거예요
	III	정직하다	정직했다	정직하겠다, 정직할 거다
	IV	정직합니다	정직했습니다	정직하겠습니다, 정직할 겁니다
Interrogative	I	정직해?, 정직하지?	정직했어?, 정직했지?	정직하겠어?, 정직할까?
	II	정직해요?, 정직하죠?	정직했어요?, 정직했죠?	정직하겠어요?, 정직할까요?
	III	정직하니?, 정직하냐?	정직했니?, 정직했냐?	정직하겠니?, 정직하겠냐?
	IV	정직합니까?	정직했습니까?	정직하겠습니까?
Imperative	I	정직해	-	-
	II	정직하세요	-	-
	III	정직해라	-	-
	IV	정직하십시오	-	-
Adnominal		정직한	정직한	정직할

* I: Intimate / II: Polite / III: Plain / IV: Deferential

Conjunctive	and	정직하고, 정직하며	Conj.	not	정직하지 (않다)
	or	정직하거나, 정직하든(지)		adv.	정직하게
	but	정직하지만, 정직하나, 정직한데	Quot.	decl.	정직하다고
				inter.	정직하냐고
	so	정직해(서), 정직하니(까), 정직하므로		imp.	정직하라고
	if	정직하면		Nominal	정직함, 정직하기
	though	정직해도		Subject Honorific	정직하시다
	as (if)	정직하듯(이)		Causative	정직하게 하다

* Conj.: Conjunctive / Quot.: Quotative / adv.: adverbial / decl.: declarative / inter.: interrogative / imp.: imperative

honest, truthful (*syn.* 솔직하다) **ADV** 매우, 아주 **N** 사람 | 답변, 대답 **V** 말하다 | 살다 **ADJ** 성실하다

▶ 너는 너무 정직한 게 문제야. *You are too honest.*
▶ 그 사람은 정직하고 성실해요. *He is frank and sincere.*

		Present	Past	Future / Presumption
Declarative	I	정확해, 정확하지	정확했어, 정확했지	정확하겠어, 정확하겠지, 정확할 거야
	II	정확해요, 정확하죠	정확했어요, 정확했죠	정확하겠어요, 정확하겠죠, 정확할 거예요
	III	정확하다	정확했다	정확하겠다, 정확할 거다
	IV	정확합니다	정확했습니다	정확하겠습니다, 정확할 겁니다
Interrogative	I	정확해?, 정확하지?	정확했어?, 정확했지?	정확하겠어?, 정확할까?
	II	정확해요?, 정확하죠?	정확했어요?, 정확했죠?	정확하겠어요?, 정확할까요?
	III	정확하니?, 정확하냐?	정확했니?, 정확했냐?	정확하겠니?, 정확하겠냐?
	IV	정확합니까?	정확했습니까?	정확하겠습니까?
Adnominal		정확한	정확한	정확할

* I: Intimate / II: Polite / III: Plain / IV: Deferential

Conjunctive	and	정확하고, 정확하며	Conj.	not	정확하지 (않다)
	or	정확하거나, 정확하든(지)		adv.	정확하게, 정확히
	but	정확하지만, 정확하나, 정확한데	Quot.	decl.	정확하다고
	so	정확해(서), 정확하니(까), 정확하므로		inter.	정확하냐고
	if	정확하면		Nominal	정확함, 정확하기
	though	정확해도		Subject Honorific	정확하시다
	as (if)	정확하듯(이)		Causative	정확하게 하다

* Conj.: Conjunctive / Quot.: Quotative / adv.: adverbial / decl.: declarative / inter.: interrogative

---

accurate, exact (*syn.* 맞다 *ant.* 부정확하다) N 시각, 시간 | 시계 | 정보 | 위치 | 판단 | 진단 | 발음 | 원인 | 답 V 맞다 | 맞히다

▶ 그가 한 말이 정확히 맞습니다. *What he said is accurate.*
▶ 그 사고의 정확한 원인이 무엇입니까? *What's the exact cause of the accident?*

		Present	Past	Future / Presumption
Declarative	I	조그매, 조그맣지	조그맸어, 조그맸지	조그맣겠어, 조그맣겠지, 조그말 거야
	II	조그매요, 조그맣죠	조그맸어요, 조그맸죠	조그맣겠어요, 조그맣겠죠, 조그말 거예요
	III	조그맣다	조그맸다	조그맣겠다, 조그말 거다
	IV	조그맣습니다	조그맸습니다	조그맣겠습니다, 조그말 겁니다
Interrogative	I	조그매?, 조그맣지?	조그맸어?, 조그맸지?	조그맣겠어?, 조그말까?
	II	조그매요?, 조그맣죠?	조그맸어요?, 조그맸죠?	조그맣겠어요?, 조그말까요?
	III	조그맣니?, 조그마냐?/조그맣냐?	조그맸니?, 조그맸냐?	조그맣겠니?, 조그맣겠냐?
	IV	조그맣습니까?	조그맸습니까?	조그맣겠습니까?
Adnominal		조그만	조그만	조그말

* I: Intimate / II: Polite / III: Plain / IV: Deferential

Conjunctive	and	조그맣고, 조그마며		Conj.	not	조그맣지 (않다)
	or	조그맣거나, 조그맣든(지)			adv.	조그맣게
	but	조그맣지만, 조그마나, 조그만데		Quot.	decl.	조그맣다고
	so	조그매(서), 조그마니(까), 조그마므로			inter.	조그마냐고/조그맣냐고
	if	조그마면		Nominal		조그맘, 조그맣기
	though	조그매도		Subject Honorific		조그마시다
	as (if)	조그맣듯(이)		Causative		조그맣게 하다

* Conj.: Conjunctive / Quot.: Quotative / adv.: adverbial / decl.: declarative / inter.: interrogative

---

small, little (*ff.* 조그마하다 *syn.* 작다 *ant.* 큼직하다) N 선물 | 일 | 가게, 집 | 아이 | 책상 | 회사 | 뒤뜰 | 목소리, 소리 | 실수 | 틈 V 웅크리다

▶ 너한테 줄 조그만 선물이 있어. *I have a small gift for you.*

▶ 네 작업에서 조그만 실수를 몇 개 찾았어. *I found a few small errors in your work.*

		Present	Past	Future / Presumption
Declarative	I	조심스러워, 조심스럽지	조심스러워어, 조심스러웠지	조심스럽겠어, 조심스럽겠지, 조심스러울 거야
	II	조심스러워요, 조심스럽죠	조심스러워어요, 조심스러웠죠	조심스럽겠어요, 조심스럽겠죠, 조심스러울 거예요
	III	조심스럽다	조심스러웠다	조심스럽겠다, 조심스러울 거다
	IV	조심스럽습니다	조심스러웠습니다	조심스럽겠습니다, 조심스러울 겁니다
Interrogative	I	조심스러워?, 조심스럽지?	조심스러워어?, 조심스러웠지?	조심스럽겠어?, 조심스러울까?
	II	조심스러워요?, 조심스럽죠?	조심스러워어요?, 조심스러웠죠?	조심스럽겠어요?, 조심스러울까요?
	III	조심스럽니?, 조심스러우냐?/조심스럽냐?	조심스러웠니?, 조심스러웠냐?	조심스럽겠니?, 조심스럽겠냐?
	IV	조심스럽습니까?	조심스러웠습니까?	조심스럽겠습니까?
Adnominal		조심스러운	조심스러운	조심스러울

* I: Intimate / II: Polite / III: Plain / IV: Deferential

Conjunctive	and	조심스럽고, 조심스러우며	Conj.	not	조심스럽지 (않다)
	or	조심스럽거나, 조심스럽든(지)		adv.	조심스럽게, 조심스레
	but	조심스럽지만, 조심스러우나, 조심스러운데	Quot.	decl.	조심스럽다고
	so	조심스러워(서), 조심스러우니(까), 조심스러우므로		inter.	조심스러우냐고/조심스럽냐고
	if	조심스러우면		Nominal	조심스러움, 조심스럽기
	though	조심스러워도		Subject Honorific	조심스러우시다
	as (if)	조심스럽듯(이)		Causative	조심스럽게 하다

* Conj.: Conjunctive / Quot.: Quotative / adv.: adverbial / decl.: declarative / inter.: interrogative

careful, cautious **N** 말 | 태도 | 모습, 행동 | 사람 | 대답 **V** 다루다 | 말하다, 묻다 | 걷다 | 나르다

▶ 우리는 얼음 위를 아주 조심스레 걸어 갔다. *We walked on the ice very carefully.*

▶ 이 상자는 깨지기 쉬운 물건을 담고 있어서 조심스럽게 다뤄야 합니다. *This box contains fragile items in it, so it needs to be handled carefully.*

		Present	Past	Future / Presumption
Declarative	I	조용해, 조용하지	조용했어, 조용했지	조용하겠어, 조용하겠지, 조용할 거야
	II	조용해요, 조용하죠	조용했어요, 조용했죠	조용하겠어요, 조용하겠죠, 조용할 거예요
	III	조용하다	조용했다	조용하겠다, 조용할 거다
	IV	조용합니다	조용했습니다	조용하겠습니다, 조용할 겁니다
Interrogative	I	조용해?, 조용하지?	조용했어?, 조용했지?	조용하겠어?, 조용할까?
	II	조용해요?, 조용하죠?	조용했어요?, 조용했죠?	조용하겠어요?, 조용할까요?
	III	조용하니?, 조용하냐?	조용했니?, 조용했냐?	조용하겠니?, 조용하겠냐?
	IV	조용합니까?	조용했습니까?	조용하겠습니까?
Adnominal		조용한	조용한	조용할

* I: Intimate / II: Polite / III: Plain / IV: Deferential

Conjunctive	and	조용하고, 조용하며	Conj.	not	조용하지 (않다)
	or	조용하거나, 조용하든(지)		adv.	조용하게, 조용히
	but	조용하지만, 조용하나, 조용한데	Quot.	decl.	조용하다고
	so	조용해(서), 조용하니(까), 조용하므로		inter.	조용하냐고
	if	조용하면	Nominal		조용함, 조용하기
	though	조용해도	Subject Honorific		조용하시다
	as (if)	조용하듯(이)	Causative		조용하게 하다

* Conj.: Conjunctive / Quot.: Quotative / adv.: adverbial / decl.: declarative / inter.: interrogative

silent, quiet (*ant.* 시끄럽다) ADV 너무, 매우, 무척, 아주 N 거리, 곳, 공원, 구석, 도시, 동네, 마을, 방, 시골, 자리, 장소, 주택가, 호텔 | 목소리, 사람, 성격 | 날, 밤, 저녁 | 마음, 분위기 | 음악 V 말하다 | 살다

▶ 저는 조용한 음악을 즐겨 듣습니다. *I usually listen to quiet music.*
▶ 도서관에서는 조용히 하세요. *Be quiet in the library.*
▶ 어디 조용한 데서 얘기 좀 하자. *Let's talk at some quiet place.*

		Present	Past	Future / Presumption
Declarative	I	좁아, 좁지	좁았어, 좁았지	좁겠어, 좁겠지, 좁을 거야
	II	좁아요, 좁죠	좁았어요, 좁았죠	좁겠어요, 좁겠죠, 좁을 거예요
	III	좁다	좁았다	좁겠다, 좁을 거다
	IV	좁습니다	좁았습니다	좁겠습니다, 좁을 겁니다
Interrogative	I	좁아?, 좁지?	좁았어?, 좁았지?	좁겠어?, 좁을까?
	II	좁아요?, 좁죠?	좁았어요?, 좁았죠?	좁겠어요?, 좁을까요?
	III	좁니?, 좁(으)냐?	좁았니?, 좁았냐?	좁겠니?, 좁겠냐?
	IV	좁습니까?	좁았습니까?	좁겠습니까?
Adnominal		좁은	좁은	좁을

* I: Intimate / II: Polite / III: Plain / IV: Deferential

Conjunctive	and	좁고, 좁으며	Conj.	not	좁지 (않다)
	or	좁거나, 좁든(지)		adv.	좁게
	but	좁지만, 좁으나, 좁은데	Quot.	decl.	좁다고
	so	좁아(서), 좁으니(까), 좁으므로		inter.	좁(으)냐고
	if	좁으면		Nominal	좁음, 좁기
	though	좁아도		Subject Honorific	좁으시다
	as (if)	좁듯(이)		Causative	좁게 하다, 좁히다

* Conj.: Conjunctive / Quot.: Quotative / adv.: adverbial / decl.: declarative / inter.: interrogative

narrow, small (*ant.* 넓다) ADV 너무, 매우, 정말 | 꼬불꼬불 N 골목, 길, 도로 | 문, 방, 집, 통로, 틈 | 어깨 | 공간, 면적, 범위 | 생각, 식견 | 세상 V 죽다 | 터지다

▸ 골목길이 너무 좁아서 차 두 대가 지나갈 수가 없어. *The alley is too narrow for two cars to pass each other.*

▸ 그 사람은 생각이 좁아. *He has a one-track mind.*

▸ 제가 어깨가 좀 좁아요. *I have rather narrow shoulders.*

좋다 /조타/ jo·ta

		Present	Past	Future / Presumption
Declarative	I	좋아, 좋지	좋았어, 좋았지	좋겠어, 좋겠지, 좋을 거야
	II	좋아요, 좋죠	좋았어요, 좋았죠	좋겠어요, 좋겠죠, 좋을 거예요
	III	좋다	좋았다	좋겠다, 좋을 거다
	IV	좋습니다	좋았습니다	좋겠습니다, 좋을 겁니다
Interrogative	I	좋아?, 좋지?	좋았어?, 좋았지?	좋겠어?, 좋을까?
	II	좋아요?, 좋죠?	좋았어요?, 좋았죠?	좋겠어요?, 좋을까요?
	III	좋니?, 좋(으)냐?	좋았니?, 좋았냐?	좋겠니?, 좋겠냐?
	IV	좋습니까?	좋았습니까?	좋겠습니까?
Adnominal		좋은	좋은	좋을

* I: Intimate / II: Polite / III: Plain / IV: Deferential

Conjunctive	and	좋고, 좋으며	Conj.	not	좋지 (않다)
	or	좋거나, 좋든(지)		adv.	좋게
	but	좋지만, 좋으나, 좋은데	Quot.	decl.	좋다고
	so	좋아(서), 좋으니(까), 좋으므로		inter.	좋(으)냐고
	if	좋으면	Nominal		좋음, 좋기
	though	좋아도	Subject Honorific		좋으시다
	as (if)	좋듯(이)	Causative		좋게 하다

* Conj.: Conjunctive / Quot.: Quotative / adv.: adverbial / decl.: declarative / inter.: interrogative

1 good, fine (*ant.* 나쁘다) ADV 가장, 너무, 딱, 아주 N 방법, 생각, 아이디어 | 사람, 친구 | 가게, 곳, 식당, 영화, 음식, 장소 | 날씨 | 일 | 말, 얘기 | 때, 시간 | 기회 | 소식, | 결과 | 아침 | 성적, 점수 | 물건, 약 | 관계, 사이 | 기분, 느낌
▸ 그것 좋은 생각이다. *That's a good idea!*
▸ 저는 시어머니와 사이가 좋아요. *I'm on good terms with my mother-in-law.*
▸ 그 사람은 식성이 좋아요. *He has a good appetite.*

2 hope, wish F 좋겠- P -(으)면
▸ 내일 비가 안 왔으면 좋겠어요. *I hope it won't rain tomorrow.*
▸ 빨리 어른이 됐으면 좋겠어요. *I wish I could grow up fast.*

3 fond, like (*ant.* 싫다) ADV 되게, 엄청, 정말 N 일 | 사람 | 노래, 영화
▸ 저는 그 사람이 좋아요. *I like him.*
▸ 너 좋을 대로 해. *Do as you want.*

		Present	Past	Future / Presumption
Declarative	I	죄송해, 죄송하지	죄송했어, 죄송했지	죄송하겠어, 죄송하겠지, 죄송할 거야
	II	죄송해요, 죄송하죠	죄송했어요, 죄송했죠	죄송하겠어요, 죄송하겠죠, 죄송할 거예요
	III	죄송하다	죄송했다	죄송하겠다, 죄송할 거다
	IV	죄송합니다	죄송했습니다	죄송하겠습니다, 죄송할 겁니다
Interrogative	I	죄송해?, 죄송하지?	죄송했어?, 죄송했지?	죄송하겠어?, 죄송할까?
	II	죄송해요?, 죄송하죠?	죄송했어요?, 죄송했죠?	죄송하겠어요?, 죄송할까요?
	III	죄송하니?, 죄송하냐?	죄송했니?, 죄송했냐?	죄송하겠니?, 죄송하겠냐?
	IV	죄송합니까?	죄송했습니까?	죄송하겠습니까?
Adnominal		죄송한	죄송한	죄송할

* I: Intimate / II: Polite / III: Plain / IV: Deferential

Conjunctive	and	죄송하고, 죄송하며	Conj.	not	죄송하지 (않다)
	or	죄송하거나, 죄송하든(지)		adv.	죄송하게
	but	죄송하지만, 죄송하나, 죄송한데	Quot.	decl.	죄송하다고
	so	죄송해(서), 죄송하니(까), 죄송하므로		inter.	죄송하냐고
	if	죄송하면	Nominal		죄송함, 죄송하기
	though	죄송해도	Subject Honorific		죄송하시다
	as (if)	죄송하듯(이)	Causative		죄송하게 하다

* Conj.: Conjunctive / Quot.: Quotative / adv.: adverbial / decl.: declarative / inter.: interrogative

sorry (*syn.* 미안하다) **ADV** 대단히, 정말 **N** 말씀 | 부탁 **V** 빌다

▸ 죄송하지만 안 되겠어요. *I'm sorry but I can't.*

▸ 실망시켜서 죄송해요. *I'm sorry to disappoint you.*

▸ 죄송한 말씀이지만 제 생각은 다릅니다. *With all due respect, I don't agree with you.*

		Present	Past	Future / Presumption
Declarative	I	주요해, 주요하지	주요했어, 주요했지	주요하겠어, 주요하겠지, 주요할 거야
	II	주요해요, 주요하죠	주요했어요, 주요했죠	주요하겠어요, 주요하겠죠, 주요할 거예요
	III	주요하다	주요했다	주요하겠다, 주요할 거다
	IV	주요합니다	주요했습니다	주요하겠습니다, 주요할 겁니다
Interrogative	I	주요해?, 주요하지?	주요했어?, 주요했지?	주요하겠어?, 주요할까?
	II	주요해요?, 주요하죠?	주요했어요?, 주요했죠?	주요하겠어요?, 주요할까요?
	III	주요하니?, 주요하냐?	주요했니?, 주요했냐?	주요하겠니?, 주요하겠냐?
	IV	주요합니까?	주요했습니까?	주요하겠습니까?
Adnominal		주요한	주요한	주요할

* I: Intimate / II: Polite / III: Plain / IV: Deferential

Conjunctive	and	주요하고, 주요하며	Conj.	not	주요하지 (않다)
	or	주요하거나, 주요하든(지)		adv.	주요하게
	but	주요하지만, 주요하나, 주요한데	Quot.	decl.	주요하다고
	so	주요해(서), 주요하니(까), 주요하므로		inter.	주요하냐고
	if	주요하면		Nominal	주요함, 주요하기
	though	주요해도		Subject Honorific	주요하시다
	as (if)	주요하듯(이)		Causative	주요하게 하다

* Conj.: Conjunctive / Quot.: Quotative / adv.: adverbial / decl.: declarative / inter.: interrogative

major, main (*ant.* 사소하다) **ADV** 가장 **N** 인물 | 문제, 사건, 쟁점 | 도시 | 목적, 목표, 원인 | 수출품 | 과목 | 내용, 특징 | 관심사 | 기능

▶ 스트레스는 암의 주요한 원인 중 하나다. *Stress is one of the main causes of cancer.*

▶ 주요한 문제를 먼저 논의합시다. *Let's discuss the major issue first.*

		Present	Past	Future / Presumption
Declarative	I	중대해, 중대하지	중대했어, 중대했지	중대하겠어, 중대하겠지, 중대할 거야
	II	중대해요, 중대하죠	중대했어요, 중대했죠	중대하겠어요, 중대하겠죠, 중대할 거예요
	III	중대하다	중대했다	중대하겠다, 중대할 거다
	IV	중대합니다	중대했습니다	중대하겠습니다, 중대할 겁니다
Interrogative	I	중대해?, 중대하지?	중대했어?, 중대했지?	중대하겠어?, 중대할까?
	II	중대해요?, 중대하죠?	중대했어요?, 중대했죠?	중대하겠어요?, 중대할까요?
	III	중대하니?, 중대하냐?	중대했니?, 중대했냐?	중대하겠니?, 중대하겠냐?
	IV	중대합니까?	중대했습니까?	중대하겠습니까?
Adnominal		중대한	중대한	중대할

* I: Intimate / II: Polite / III: Plain / IV: Deferential

Conjunctive	and	중대하고, 중대하며	Conj.	not	중대하지 (않다)
	or	중대하거나, 중대하든(지)		adv.	중대하게
	but	중대하지만, 중대하나, 중대한데	Quot.	decl.	중대하다고
	so	중대해(서), 중대하니(까), 중대하므로		inter.	중대하냐고
	if	중대하면	Nominal		중대함, 중대하기
	though	중대해도	Subject Honorific		중대하시다
	as (if)	중대하듯(이)	Causative		중대하게 하다

* Conj.: Conjunctive / Quot.: Quotative / adv.: adverbial / decl.: declarative / inter.: interrogative

significant, serious (*syn.* 중요하다, 심각하다 *ant.* 미미하다, 사소하다) **ADV** (지) 극히, 대단히, 매우, 무척, 아주 **N** 문제, 일 | 국면, 사건, 사태, 사항 | 임무 | 뉴스, 발표 | 시기 | 변화 | 결정 | 결점, 결함, 실수 | 영향 | 사실

▸ 거기 간 것은 중대한 실수였어요. *It was a serious mistake that I went there.*
▸ 저는 중대한 결정을 내리기 전에 식구들이랑 꼭 의논을 해요. *I always consult my family before making an important decision.*

		Present	Past	Future / Presumption
Declarative	I	중요해, 중요하지	중요했어, 중요했지	중요하겠어, 중요하겠지, 중요할 거야
	II	중요해요, 중요하죠	중요했어요, 중요했죠	중요하겠어요, 중요하겠죠, 중요할 거예요
	III	중요하다	중요했다	중요하겠다, 중요할 거다
	IV	중요합니다	중요했습니다	중요하겠습니다, 중요할 겁니다
Interrogative	I	중요해?, 중요하지?	중요했어?, 중요했지?	중요하겠어?, 중요할까?
	II	중요해요?, 중요하죠?	중요했어요?, 중요했죠?	중요하겠어요?, 중요할까요?
	III	중요하니?, 중요하냐?	중요했니?, 중요했냐?	중요하겠니?, 중요하겠냐?
	IV	중요합니까?	중요했습니까?	중요하겠습니까?
Adnominal		중요한	중요한	중요할

* I: Intimate / II: Polite / III: Plain / IV: Deferential

Conjunctive	and	중요하고, 중요하며	Conj.	not	중요하지 (않다)
	or	중요하거나, 중요하든(지)		adv.	중요하게
	but	중요하지만, 중요하나, 중요한데	Quot.	decl.	중요하다고
	so	중요해(서), 중요하니(까), 중요하므로		inter.	중요하냐고
	if	중요하면	Nominal		중요함, 중요하기
	though	중요해도	Subject Honorific		중요하시다
	as (if)	중요하듯(이)	Causative		중요하게 하다

* Conj.: Conjunctive / Quot.: Quotative / adv.: adverbial / decl.: declarative / inter.: interrogative

important (*ant.* 하찮다) ADV 가장, 대단히, 매우, 아주, 제일 | 그다지, 그리, 별로, 특별히 N 문제, 용건, 일 | 대목, 부분, 사항, 요소 | 역할 | 생각 | 문서, 물건, 서류 | 사람, 인물 | 약속 | 말, 얘기, 정보 | 때, 시기 | 회의 | 곳, 자리 | 증거

▸ 저는 결과가 과정보다 더 중요하다고 생각해요. *I think the result is more important than the process.*

▸ 누가 거기에 가느냐는 별로 중요하지 않아요. *Who goes there is not so important.*

즐겁다 /즐겁따/ jeul·geop·da　　　　　　　　ㅂ IRREGULAR

		Present	Past	Future / Presumption
Declarative	I	즐거워, 즐겁지	즐거웠어, 즐거웠지	즐겁겠어, 즐겁겠지, 즐거울 거야
	II	즐거워요, 즐겁죠	즐거웠어요, 즐거웠죠	즐겁겠어요, 즐겁겠죠, 즐거울 거예요
	III	즐겁다	즐거웠다	즐겁겠다, 즐거울 거다
	IV	즐겁습니다	즐거웠습니다	즐겁겠습니다, 즐거울 겁니다
Interrogative	I	즐거워?, 즐겁지?	즐거웠어?, 즐거웠지?	즐겁겠어?, 즐거울까?
	II	즐거워요?, 즐겁죠?	즐거웠어요?, 즐거웠죠?	즐겁겠어요?, 즐거울까요?
	III	즐겁니?,　즐거우냐?/ 즐겁냐?	즐거웠니?, 즐거웠냐?	즐겁겠니?, 즐겁겠냐?
	IV	즐겁습니까?	즐거웠습니까?	즐겁겠습니까?
Adnominal		즐거운	즐거운	즐거울

* I: Intimate / II: Polite / III: Plain / IV: Deferential

Conjunctive	and	즐겁고, 즐거우며	Conj.	not	즐겁지 (않다)
	or	즐겁거나, 즐겁든(지)		adv.	즐겁게, 즐거이
	but	즐겁지만, 즐거우나, 즐거운데	Quot.	decl.	즐겁다고
	so	즐거워(서), 즐거우니(까), 즐거우므로		inter.	즐거우냐고/즐겁냐고
	if	즐거우면		Nominal	즐거움, 즐겁기
	though	즐거워도		Subject Honorific	즐거우시다
	as (if)	즐겁듯(이)		Causative	즐겁게 하다

* Conj.: Conjunctive / Quot.: Quotative / adv.: adverbial / decl.: declarative / inter.: interrogative

pleasant, happy (*syn.* 기쁘다, 행복하다 *ant.* 슬프다) **ADV** 너무, 무척, 아주, 정말 | 마냥 **N** 날, 시간, 아침, 저녁, 주말, 하루 | 여행, 휴가 | 일 | 추억 | 비명 | 기분, 분위기 | 식사, 파티 | 경험 | 표정 **V** 보내다, 지내다 | (뛰)놀다 | 살다

▶ 그 사람이랑 같이 있으면 정말 즐거워요. *He's so fun to be with.*

▶ 즐거운 시간 보내세요. *Have a great time.*

		Present	Past	Future / Presumption
Declarative	I	지겨워, 지겹지	지겨웠어, 지겨웠지	지겹겠어, 지겹겠지, 지겨울 거야
	II	지겨워요, 지겹죠	지겨웠어요, 지겨웠죠	지겹겠어요, 지겹겠죠, 지겨울 거예요
	III	지겹다	지겨웠다	지겹겠다, 지겨울 거다
	IV	지겹습니다	지겨웠습니다	지겹겠습니다, 지겨울 겁니다
Interrogative	I	지겨워?, 지겹지?	지겨웠어?, 지겨웠지?	지겹겠어?, 지겨울까?
	II	지겨워요?, 지겹죠?	지겨웠어요?, 지겨웠죠?	지겹겠어요?, 지겨울까요?
	III	지겹니?, 지겨우냐?/지겹냐?	지겨웠니?, 지겨웠냐?	지겹겠니?, 지겹겠냐?
	IV	지겹습니까?	지겨웠습니까?	지겹겠습니까?
Adnominal		지겨운	지겨운	지겨울

* I: Intimate / II: Polite / III: Plain / IV: Deferential

and	지겹고, 지겨우며	Conj.	not	지겹지 (않다)
or	지겹거나, 지겹든(지)		adv.	지겹게
but	지겹지만, 지겨우나, 지겨운데	Quot.	decl.	지겹다고
so	지겨워(서), 지겨우니(까), 지겨우므로		inter.	지겨우냐고/지겹냐고
if	지겨우면		Nominal	지겨움, 지겹기
though	지겨워도		Subject Honorific	지겨우시다
as (if)	지겹듯(이)		Causative	지겹게 하다

* Conj.: Conjunctive / Quot.: Quotative / adv.: adverbial / decl.: declarative / inter.: interrogative

tired, bored (*syn.* 지루하다 *ant.* 재미있다) **ADV** 이제 | 너무, 아주 **N** 일 | 영화, 책 **V** 죽다

▶ 집에만 있는 것도 지겨워 죽겠어. *I'm sick and tired of sitting at home.*
▶ 그 수업 너무 지겨웠어요. *The class was so boring.*

		Present	Past	Future / Presumption
Declarative	I	지나쳐, 지나치지	지나쳤어, 지나쳤지	지나치겠어, 지나치겠지, 지나칠 거야
	II	지나쳐요, 지나치죠	지나쳤어요, 지나쳤죠	지나치겠어요, 지나치겠죠, 지나칠 거예요
	III	지나치다	지나쳤다	지나치겠다, 지나칠 거다
	IV	지나칩니다	지나쳤습니다	지나치겠습니다, 지나칠 겁니다
Interrogative	I	지나쳐?, 지나치지?	지나쳤어?, 지나쳤지?	지나치겠어?, 지나칠까?
	II	지나쳐요?, 지나치죠?	지나쳤어요?, 지나쳤죠?	지나치겠어요?, 지나칠까요?
	III	지나치니?, 지나치냐?	지나쳤니?, 지나쳤냐?	지나치겠니?, 지나치겠냐?
	IV	지나칩니까?	지나쳤습니까?	지나치겠습니까?
Adnominal		지나친	지나친	지나칠

* I: Intimate / II: Polite / III: Plain / IV: Deferential

Conjunctive	and	지나치고, 지나치며	Conj.	not	지나치지 (않다)
	or	지나치거나, 지나치든(지)		adv.	지나치게
	but	지나치지만, 지나치나, 지나친데	Quot.	decl.	지나치다고
	so	지나쳐(서), 지나치니(까), 지나치므로		inter.	지나치냐고
	if	지나치면		Nominal	지나침, 지나치기
	though	지나쳐도		Subject Honorific	지나치시다
	as (if)	지나치듯(이)		Causative	지나치게 하다

* Conj.: Conjunctive / Quot.: Quotative / adv.: adverbial / decl.: declarative / inter.: interrogative

excessive (*ant.* 모자라다) **ADV** 약간, 좀 **N** 생각 | 정도 | 농담, 말, 장난, 행동 | 걱정 | 술, 음주, 흡연 | 친절 | 간섭 | 욕심 | 칭찬

▶ 아버지는 지나치게 담배를 많이 피우세요. *My father smokes too much.*
▶ 농담이 지나치시네요. *You've gone too far with that joke.*
▶ 아무리 조심해도 지나치지 않아요. *You can't be too careful.*

		Present	Past	Future / Presumption
Declarative	I	지독해, 지독하지	지독했어, 지독했지	지독하겠어, 지독하겠지, 지독할 거야
	II	지독해요, 지독하죠	지독했어요, 지독했죠	지독하겠어요, 지독하겠죠, 지독할 거예요
	III	지독하다	지독했다	지독하겠다, 지독할 거다
	IV	지독합니다	지독했습니다	지독하겠습니다, 지독할 겁니다
Interrogative	I	지독해?, 지독하지?	지독했어?, 지독했지?	지독하겠어?, 지독할까?
	II	지독해요?, 지독하죠?	지독했어요?, 지독했죠?	지독하겠어요?, 지독할까요?
	III	지독하니?, 지독하냐?	지독했니?, 지독했냐?	지독하겠니?, 지독하겠냐?
	IV	지독합니까?	지독했습니까?	지독하겠습니까?
Adnominal		지독한	지독한	지독할

* I: Intimate / II: Polite / III: Plain / IV: Deferential

Conjunctive	and	지독하고, 지독하며	Conj.	not	지독하지 (않다)
	or	지독하거나, 지독하든(지)		adv.	지독하게, 지독히
	but	지독하지만, 지독하나, 지독한데	Quot.	decl.	지독하다고
	so	지독해(서), 지독하니(까), 지독하므로		inter.	지독하냐고
	if	지독하면	Nominal		지독함, 지독하기
	though	지독해도	Subject Honorific		지독하시다
	as (if)	지독하듯(이)	Causative		지독하게 하다

* Conj.: Conjunctive / Quot.: Quotative / adv.: adverbial / decl.: declarative / inter.: interrogative

hard, terrible, severe ADV 너무, 아주, 정말 N 냄새, 악취 | 감기, 독감, 두통 | 가뭄, 날씨, 더위, 추위 | 가난 | 구두쇠, 바보, 사람 | 짓 | 고문, 고생, 꼴 | 말 V 퍼붓다

▶ 이 지독한 냄새는 어디서 나는 거야? *Where does this foul smell come from?*
▶ 이번 독감은 정말 지독해. *This is a nasty flu.*

		Present	Past	Future / Presumption
Declarative	I	지루해, 지루하지	지루했어, 지루했지	지루하겠어, 지루하겠지, 지루할 거야
	II	지루해요, 지루하죠	지루했어요, 지루했죠	지루하겠어요, 지루하겠죠, 지루할 거예요
	III	지루하다	지루했다	지루하겠다, 지루할 거다
	IV	지루합니다	지루했습니다	지루하겠습니다, 지루할 겁니다
Interrogative	I	지루해?, 지루하지?	지루했어?, 지루했지?	지루하겠어?, 지루할까?
	II	지루해요?, 지루하죠?	지루했어요?, 지루했죠?	지루하겠어요?, 지루할까요?
	III	지루하니?, 지루하냐?	지루했니?, 지루했냐?	지루하겠니?, 지루하겠냐?
	IV	지루합니까?	지루했습니까?	지루하겠습니까?
Adnominal		지루한	지루한	지루할

* I: Intimate / II: Polite / III: Plain / IV: Deferential

Conjunctive	and	지루하고, 지루하며	Conj.	not	지루하지 (않다)
	or	지루하거나, 지루하든(지)		adv.	지루하게
	but	지루하지만, 지루하나, 지루한데	Quot.	decl.	지루하다고
	so	지루해(서), 지루하니(까), 지루하므로		inter.	지루하냐고
	if	지루하면		Nominal	지루함, 지루하기
	though	지루해도		Subject Honorific	지루하시다
	as (if)	지루하듯(이)		Causative	지루하게 하다

* Conj.: Conjunctive / Quot.: Quotative / adv.: adverbial / decl.: declarative / inter.: interrogative

boring, bored (*syn.* 지겹다 *ant.* 재미있다, 즐겁다) **ADV** 너무, 정말 | 좀 **N** 대화, 설명, 얘기 | 연설 | 장마 | 생각 | 시간 | 일 | 영화 | 회의 **V** 미치다, 죽다

▶ 연설은 너무 길고 지루했다. *The speech was so long and boring.*

▶ 지루해 미치겠다. *I'm bored to death.*

		Present	Past	Future / Presumption
Declarative	I	지저분해, 지저분하지	지저분했어, 지저분했지	지저분하겠어, 지저분하겠지, 지저분할 거야
	II	지저분해요, 지저분하죠	지저분했어요, 지저분했죠	지저분하겠어요, 지저분하겠죠, 지저분할 거예요
	III	지저분하다	지저분했다	지저분하겠다, 지저분할 거다
	IV	지저분합니다	지저분했습니다	지저분하겠습니다, 지저분할 겁니다
Interrogative	I	지저분해?, 지저분하지?	지저분했어?, 지저분했지?	지저분하겠어?, 지저분할까?
	II	지저분해요?, 지저분하죠?	지저분했어요?, 지저분했죠?	지저분하겠어요?, 지저분할까요?
	III	지저분하니?, 지저분하나?	지저분했니?, 지저분했냐?	지저분하겠니?, 지저분하겠냐?
	IV	지저분합니까?	지저분했습니까?	지저분하겠습니까?
Adnominal		지저분한	지저분한	지저분할

* I: Intimate / II: Polite / III: Plain / IV: Deferential

Conjunctive	and	지저분하고, 지저분하며	Conj.	not	지저분하지 (않다)
	or	지저분하거나, 지저분하든(지)		adv.	지저분하게
	but	지저분하지만, 지저분하나, 지저분한데	Quot.	decl.	지저분하다고
	so	지저분해(서), 지저분하니(까), 지저분하므로		inter.	지저분하냐고
	if	지저분하면	Nominal		지저분함, 지저분하기
	though	지저분해도	Subject Honorific		지저분하시다
	as (if)	지저분하듯(이)	Causative		지저분하게 하다

* Conj.: Conjunctive / Quot.: Quotative / adv.: adverbial / decl.: declarative / inter.: interrogative

dirty, messy (*syn.* 더럽다 *ant.* 깨끗하다) **ADV** 너무 | 좀 **N** 사람 | 얘기 | 방, 사무실 | 거리, 곳 | (옷)차림

▶ 지금 내 방이 너무 지저분해. *My room is so messy now.*

▶ 뭐가 이렇게 지저분해? 당장 치워. *What's this mess? Clean this up right now!*

		Present	Past	Future / Presumption
Declarative	I	진실해, 진실하지	진실했어, 진실했지	진실하겠어, 진실하겠지, 진실할 거야
	II	진실해요, 진실하죠	진실했어요, 진실했죠	진실하겠어요, 진실하겠죠, 진실할 거예요
	III	진실하다	진실했다	진실하겠다, 진실할 거다
	IV	진실합니다	진실했습니다	진실하겠습니다, 진실할 겁니다
Interrogative	I	진실해?, 진실하지?	진실했어?, 진실했지?	진실하겠어?, 진실할까?
	II	진실해요?, 진실하죠?	진실했어요?, 진실했죠?	진실하겠어요?, 진실할까요?
	III	진실하니?, 진실하냐?	진실했니?, 진실했냐?	진실하겠니?, 진실하겠냐?
	IV	진실합니까?	진실했습니까?	진실하겠습니까?
Adnominal		진실한	진실한	진실할

* I: Intimate / II: Polite / III: Plain / IV: Deferential

Conjunctive	and	진실하고, 진실하며	Conj.	not	진실하지 (않다)
	or	진실하거나, 진실하든(지)		adv.	진실하게
	but	진실하지만, 진실하나, 진실한데	Quot.	decl.	진실하다고
	so	진실해(서), 진실하니(까), 진실하므로		inter.	진실하냐고
	if	진실하면		Nominal	진실함, 진실하기
	though	진실해도		Subject Honorific	진실하시다
	as (if)	진실하듯(이)		Causative	진실하게 하다

* Conj.: Conjunctive / Quot.: Quotative / adv.: adverbial / decl.: declarative / inter.: interrogative

truthful, sincere (*ant.* 거짓되다) N 사람 | 말, 얘기 | 감정, 마음, 생각 | 사랑 V 보이다 | 대하다

▶ 그 사람은 진실해 보이지가 않아. *He doesn't look sincere.*
▶ 그녀는 그때 그것이 진실한 사랑인 줄 알았다. *She believed it was true love at that time.*

		Present	Past	Future / Presumption
Declarative	I	진정해, 진정하지	진정했어, 진정했지	진정하겠어, 진정하겠지, 진정할 거야
	II	진정해요, 진정하죠	진정했어요, 진정했죠	진정하겠어요, 진정하겠죠, 진정할 거예요
	III	진정하다	진정했다	진정하겠다, 진정할 거다
	IV	진정합니다	진정했습니다	진정하겠습니다, 진정할 겁니다
Interrogative	I	진정해?, 진정하지?	진정했어?, 진정했지?	진정하겠어?, 진정할까?
	II	진정해요?, 진정하죠?	진정했어요?, 진정했죠?	진정하겠어요?, 진정할까요?
	III	진정하니?, 진정하냐?	진정했니?, 진정했냐?	진정하겠니?, 진정하겠냐?
	IV	진정합니까?	진정했습니까?	진정하겠습니까?
Adnominal		진정한	진정한	진정할

* I: Intimate / II: Polite / III: Plain / IV: Deferential

Conjunctive	and	진정하고, 진정하며	Conj.	not	진정하지 (않다)
	or	진정하거나, 진정하든(지)		adv.	진정하게
	but	진정하지만, 진정하나, 진정한데	Quot.	decl.	진정하다고
	so	진정해(서), 진정하니(까), 진정하므로		inter.	진정하냐고
	if	진정하면	Nominal		진정함, 진정하기
	though	진정해도	Subject Honorific		진정하시다
	as (if)	진정하듯(이)	Causative		진정하게 하다

* Conj.: Conjunctive / Quot.: Quotative / adv.: adverbial / decl.: declarative / inter.: interrogative

true, real (*ant.* 거짓되다) **F** 진정한 **ADV** 결코 **N** 친구 | 사랑, 우정, 행복 | 효과 | 민주주의 | 영웅 | 용기 | 이유

▸ 어려울 때 함께하는 친구가 진정한 친구다. *A friend in need is a friend indeed.*
▸ 여기 온 진정한 이유가 뭡니까? *What's the real reason you came here?*

		Present	Past	Future / Presumption
Declarative	I	진지해, 진지하지	진지했어, 진지했지	진지하겠어, 진지하겠지, 진지할 거야
	II	진지해요, 진지하죠	진지했어요, 진지했죠	진지하겠어요, 진지하겠죠, 진지할 거예요
	III	진지하다	진지했다	진지하겠다, 진지할 거다
	IV	진지합니다	진지했습니다	진지하겠습니다, 진지할 겁니다
Interrogative	I	진지해?, 진지하지?	진지했어?, 진지했지?	진지하겠어?, 진지할까?
	II	진지해요?, 진지하죠?	진지했어요?, 진지했죠?	진지하겠어요?, 진지할까요?
	III	진지하니?, 진지하냐?	진지했니?, 진지했냐?	진지하겠니?, 진지하겠냐?
	IV	진지합니까?	진지했습니까?	진지하겠습니까?
Adnominal		진지한	진지한	진지할

* I: Intimate / II: Polite / III: Plain / IV: Deferential

Conjunctive	and	진지하고, 진지하며	Conj.	not	진지하지 (않다)
	or	진지하거나, 진지하든(지)		adv.	진지하게
	but	진지하지만, 진지하나, 진지한데	Quot.	decl.	진지하다고
	so	진지해(서), 진지하니(까), 진지하므로		inter.	진지하냐고
	if	진지하면		Nominal	진지함, 진지하기
	though	진지해도		Subject Honorific	진지하시다
	as (if)	진지하듯(이)		Causative	진지하게 하다

* Conj.: Conjunctive / Quot.: Quotative / adv.: adverbial / decl.: declarative / inter.: interrogative

serious, earnest (*ant.* 장난스럽다) ADV 너무, 아주 | 사뭇, 자못 N 생각 | 얼굴, 태도, 표정 | 논의, 대화, 말, 말투, 얘기, 토론 | 사람 | 관계, 교제 V 말하다 | 받아들이다 | 사귀다

▸ 우리는 몇 시간 동안 진지한 대화를 나누었다. *We had an earnest conversation for hours.*

▸ 그 사람은 매사에 진지하다. *He's serious about everything.*

		Present	Past	Future / Presumption
Declarative	I	진해, 진하지	진했어, 진했지	진하겠어, 진하겠지, 진할 거야
	II	진해요, 진하죠	진했어요, 진했죠	진하겠어요, 진하겠죠, 진할 거예요
	III	진하다	진했다	진하겠다, 진할 거다
	IV	진합니다	진했습니다	진하겠습니다, 진할 겁니다
Interrogative	I	진해?, 진하지?	진했어?, 진했지?	진하겠어?, 진할까?
	II	진해요?, 진하죠?	진했어요?, 진했죠?	진하겠어요?, 진할까요?
	III	진하니?, 진하냐?	진했니?, 진했냐?	진하겠니?, 진하겠냐?
	IV	진합니까?	진했습니까?	진하겠습니까?
Adnominal		진한	진한	진할

* I: Intimate / II: Polite / III: Plain / IV: Deferential

Conjunctive	and	진하고, 진하며	Conj.	not	진하지 (않다)
	or	진하거나, 진하든(지)		adv.	진하게
	but	진하지만, 진하나, 진한데	Quot.	decl.	진하다고
	so	진해(서), 진하니(까), 진하므로		inter.	진하냐고
	if	진하면	Nominal		진함, 진하기
	though	진해도	Subject Honorific		진하시다
	as (if)	진하듯(이)	Causative		진하게 하다

* Conj.: Conjunctive / Quot.: Quotative / adv.: adverbial / decl.: declarative / inter.: interrogative

dark, deep, thick (*syn.* 짙다 *ant.* 연하다, 옅다, 흐리다) ADV 너무 | 약간, 좀 N 맛, 차, 초콜릿, 커피, 크림 | 색(깔) | 키스 | 화장 | 감동 | 냄새, 향기

▶ 커피가 너무 진한 것 같아. *I think this coffee is too strong.*
▶ 사람들은 그의 이야기에 진한 감동을 느꼈다. *People were deeply moved by his story.*

		Present	Past	Future / Presumption
Declarative	I	짙어, 짙지	짙었어, 짙었지	짙겠어, 짙겠지, 짙을 거야
	II	짙어요, 짙죠	짙었어요, 짙었죠	짙겠어요, 짙겠죠, 짙을 거예요
	III	짙다	짙었다	짙겠다, 짙을 거다
	IV	짙습니다	짙었습니다	짙겠습니다, 짙을 겁니다
Interrogative	I	짙어?, 짙지?	짙었어?, 짙었지?	짙겠어?, 짙을까?
	II	짙어요?, 짙죠?	짙었어요?, 짙었죠?	짙겠어요?, 짙을까요?
	III	짙니?, 짙(으)냐?	짙었니?, 짙었냐?	짙겠니?, 짙겠냐?
	IV	짙습니까?	짙었습니까?	짙겠습니까?
Adnominal		짙은	짙은	짙을

* I: Intimate / II: Polite / III: Plain / IV: Deferential

Conjunctive	and	짙고, 짙으며	Conj.	not	짙지 (않다)
	or	짙거나, 짙든(지)		adv.	짙게
	but	짙지만, 짙으나, 짙은데	Quot.	decl.	짙다고
	so	짙어(서), 짙으니(까), 짙으므로		inter.	짙(으)냐고
	if	짙으면		Nominal	짙음, 짙기
	though	짙어도		Subject Honorific	짙으시다
	as (if)	짙듯(이)		Causative	짙게 하다

* Conj.: Conjunctive / Quot.: Quotative / adv.: adverbial / decl.: declarative / inter.: interrogative

deep, dark (*syn.* 진하다 *ant.* 옅다, 연하다, 흐리다) **ADV** 더욱, 점점, 한층 **N** 구름, 안개, 연기 | 화장 | 갈색, 녹색, 색 | 눈썹, 속눈썹, 수염 | 어둠 | 향기

▶ 넌 짙은 색 옷이 잘 어울려. *Dark-colored clothes suit you.*

▶ 아들의 짙은 눈썹은 아이 아빠를 닮았어요. *My son's thick eyebrows resemble his dad's.*

		Present	Past	Future / Presumption
Declarative	I	짜, 짜지	짰어, 짰지	짜겠어, 짜겠지, 짤 거야
	II	짜요, 짜죠	짰어요, 짰죠	짜겠어요, 짜겠죠, 짤 거예요
	III	짜다	짰다	짜겠다, 짤 거다
	IV	짭니다	짰습니다	짜겠습니다, 짤 겁니다
Interrogative	I	짜?, 짜지?	짰어?, 짰지?	짜겠어?, 짤까?
	II	짜요?, 짜죠?	짰어요?, 짰죠?	짜겠어요?, 짤까요?
	III	짜니?, 짜냐?	짰니?, 짰냐?	짜겠니?, 짜겠냐?
	IV	짭니까?	짰습니까?	짜겠습니까?
Adnominal		짠	짠	짤

* I: Intimate / II: Polite / III: Plain / IV: Deferential

Conjunctive	and	짜고, 짜며	Conj.	not	짜지 (않다)
	or	짜거나, 짜든(지)		adv.	짜게
	but	짜지만, 짜나, 짠데	Quot.	decl.	짜다고
	so	짜(서), 짜니(까), 짜므로		inter.	짜냐고
	if	짜면		Nominal	짬, 짜기
	though	짜도		Subject Honorific	짜시다
	as (if)	짜듯(이)		Causative	짜게 하다

* Conj.: Conjunctive / Quot.: Quotative / adv.: adverbial / decl.: declarative / inter.: interrogative

1 salty (*ant.* 싱겁다) ADV 너무 | 약간, 조금, 좀 N 국, 생선, 음식 | 맛
▶ 할머니는 짠 음식을 좋아하지 않으세요. *My grandmother doesn't like salty foods.*
▶ 국이 짰나 봐. 계속 목이 마르네. *The soup must have been salty. I keep feeling thirsty.*

2 stingy ADV 굉장히, 너무 N 사람 | 점수, 학점 | 급여, 봉급, 월급 V 주다
▶ 이 회사는 급여가 짜요. *This company doesn't pay good wages.*
▶ 너는 사람이 왜 그렇게 짜? 죽고 나서 그 돈 갖고 갈 거야? *Why are you so stingy? Are you going to take your money with you after you die?*

		Present	Past	Future / Presumption
Declarative	I	짜증스러워, 짜증스럽지	짜증스러웠어, 짜증스러웠지	짜증스럽겠어, 짜증스럽겠지, 짜증스러울 거야
	II	짜증스러워요, 짜증스럽죠	짜증스러웠어요, 짜증스러웠죠	짜증스럽겠어요, 짜증스럽겠죠, 짜증스러울 거예요
	III	짜증스럽다	짜증스러웠다	짜증스럽겠다, 짜증스러울 거다
	IV	짜증스럽습니다	짜증스러웠습니다	짜증스럽겠습니다, 짜증스러울 겁니다
Interrogative	I	짜증스러워?, 짜증스럽지?	짜증스러웠어?, 짜증스러웠지?	짜증스럽겠어?, 짜증스러울까?
	II	짜증스러워요?, 짜증스럽죠?	짜증스러웠어요?, 짜증스러웠죠?	짜증스럽겠어요?, 짜증스러울까요?
	III	짜증스럽니?, 짜증스러우냐?/짜증스럽냐?	짜증스러웠니?, 짜증스러웠냐?	짜증스럽겠니?, 짜증스럽겠냐?
	IV	짜증스럽습니까?	짜증스러웠습니까?	짜증스럽겠습니까?
Adnominal		짜증스러운	짜증스러운	짜증스러울

* I: Intimate / II: Polite / III: Plain / IV: Deferential

Conjunctive	and	짜증스럽고, 짜증스러우며	Conj.	not	짜증스럽지 (않다)
	or	짜증스럽거나, 짜증스럽든(지)		adv.	짜증스럽게, 짜증스레
	but	짜증스럽지만, 짜증스러우나, 짜증스러운데	Quot.	decl.	짜증스럽다고
	so	짜증스러워(서), 짜증스러우니(까), 짜증스러우므로		inter.	짜증스러우냐고/짜증스럽냐고
	if	짜증스러우면		Nominal	짜증스러움, 짜증스럽기
	though	짜증스러워도		Subject Honorific	짜증스러우시다
	as (if)	짜증스럽듯(이)		Causative	짜증스럽게 하다

* Conj.: Conjunctive / Quot.: Quotative / adv.: adverbial / decl.: declarative / inter.: interrogative

---

irritating, annoying, annoyed ADV 너무, 정말 N 기분 | 때 | 목소리 | 일 | 사람 V 말하다 | 굴다

▶ 새치기하는 사람들을 보면 정말 짜증스러워요. *People who cut in line really get on my nerves.*

▶ 그렇게 짜증스럽게 굴지 마라. *Stop being so tiresome!*

		Present	Past	Future / Presumption
Declarative	I	짧아, 짧지	짧았어, 짧았지	짧겠어, 짧겠지, 짧을 거야
	II	짧아요, 짧죠	짧았어요, 짧았죠	짧겠어요, 짧겠죠, 짧을 거예요
	III	짧다	짧았다	짧겠다, 짧을 거다
	IV	짧습니다	짧았습니다	짧겠습니다, 짧을 겁니다
Interrogative	I	짧아?, 짧지?	짧았어?, 짧았지?	짧겠어?, 짧을까?
	II	짧아요?, 짧죠?	짧았어요?, 짧았죠?	짧겠어요?, 짧을까요?
	III	짧니?, 짧(으)냐?	짧았니?, 짧았냐?	짧겠니?, 짧겠냐?
	IV	짧습니까?	짧았습니까?	짧겠습니까?
Adnominal		짧은	짧은	짧을

* I: Intimate / II: Polite / III: Plain / IV: Deferential

Conjunctive	and	짧고, 짧으며	Conj.	not	짧지 (않다)
	or	짧거나, 짧든(지)		adv.	짧게
	but	짧지만, 짧으나, 짧은데	Quot.	decl.	짧다고
	so	짧아(서), 짧으니(까), 짧으므로		inter.	짧(으)냐고
	if	짧으면	Nominal		짧음, 짧기
	though	짧아도	Subject Honorific		짧으시다
	as (if)	짧듯(이)	Causative		짧게 하다

* Conj.: Conjunctive / Quot.: Quotative / adv.: adverbial / decl.: declarative / inter.: interrogative

short, brief (*ant.* 길다) **ADV** 너무, 아주 | 좀 **N** 기간, 순간, 시간, 인생, 일정 | 머리 | 바지, 셔츠, 소매, 치마 | 여행 | 문장 **V** 깎다, 자르다 | 줄이다 | 만들다

▶ 예술은 길고 인생은 짧다. *Art is long, life is short.*
▶ 머리를 짧게 자르니 훨씬 낫네. *You look much better with short hair.*
▶ 대답을 짧게 해 주세요. *Please keep your answer short.*

		Present	Past	Future / Presumption
Declarative	I	차가워, 차갑지	차가웠어, 차가웠지	차갑겠어, 차갑겠지, 차가울 거야
	II	차가워요, 차갑죠	차가웠어요, 차가웠죠	차갑겠어요, 차갑겠죠, 차가울 거예요
	III	차갑다	차가웠다	차갑겠다, 차가울 거다
	IV	차갑습니다	차가웠습니다	차갑겠습니다, 차가울 겁니다
Interrogative	I	차가워?, 차갑지?	차가웠어?, 차가웠지?	차갑겠어?, 차가울까?
	II	차가워요?, 차갑죠?	차가웠어요?, 차가웠죠?	차갑겠어요?, 차가울까요?
	III	차갑니?, 차가우냐?/차갑냐?	차가웠니?, 차가웠냐?	차갑겠니?, 차갑겠냐?
	IV	차갑습니까?	차가웠습니까?	차갑겠습니까?
Adnominal		차가운	차가운	차가울

* I: Intimate / II: Polite / III: Plain / IV: Deferential

Conjunctive	and	차갑고, 차가우며	Conj.	not	차갑지 (않다)
	or	차갑거나, 차갑든(지)		adv.	차갑게
	but	차갑지만, 차가우나, 차가운데	Quot.	decl.	차갑다고
	so	차가워(서), 차가우니(까), 차가우므로		inter.	차가우냐고/차갑냐고
	if	차가우면	Nominal		차가움, 차갑기
	though	차가워도	Subject Honorific		차가우시다
	as (if)	차갑듯(이)	Causative		차갑게 하다

* Conj.: Conjunctive / Quot.: Quotative / adv.: adverbial / decl.: declarative / inter.: interrogative

cold (*syn.* 차다 *ant.* 뜨겁다) **ADV** 너무, 매우, 몹시, 아주 | 조금, 좀 **N** 맥주, 물, 얼음, 음료, 주스 | 공기, 바람 | 눈, 눈초리, 시선 | 느낌 | 손 | **V** 굴다, 대하다

▶ 방 안 공기가 몹시 차가워요. *The air in the room is so cold.*

▶ 언제부터인가 그 여자는 나를 아주 차갑게 대했다. *She has been very cold towards me for a while.*

차다 cha·da

		Present	Past	Future / Presumption
Declarative	I	차, 차지	찼어, 찼지	차겠어, 차겠지, 찰 거야
	II	차요, 차죠	찼어요, 찼죠	차겠어요, 차겠죠, 찰 거예요
	III	차다	찼다	차겠다, 찰 거다
	IV	찹니다	찼습니다	차겠습니다, 찰 겁니다
Interrogative	I	차?, 차지?	찼어?, 찼지?	차겠어?, 찰까?
	II	차요?, 차죠?	찼어요?, 찼죠?	차겠어요?, 찰까요?
	III	차니?, 차냐?	찼니?, 찼냐?	차겠니?, 차겠냐?
	IV	찹니까?	찼습니까?	차겠습니까?
Adnominal		찬	찬	찰

* I: Intimate / II: Polite / III: Plain / IV: Deferential

Conjunctive	and	차고, 차며	Conj.	not	차지 (않다)
	or	차거나, 차든(지)		adv.	차게
	but	차지만, 차나, 찬데	Quot.	decl.	차다고
	so	차(서), 차니(까), 차므로		inter.	차냐고
	if	차면	Nominal		참, 차기
	though	차도	Subject Honorific		차시다
	as (if)	차듯(이)	Causative		차게 하다

* Conj.: Conjunctive / Quot.: Quotative / adv.: adverbial / decl.: declarative / inter.: interrogative

cold, chilly (*syn.* 차갑다 *ant.* 뜨겁다) **ADV** 몹시, 아주 **N** 공기, 기운, 바람, 이슬 | 속 | 맥주, 물, 술, 음식, 커피 | 발, 손

▶ 찬 음식을 먹고 배탈이 났어요. *My stomach aches after eating cold food.*

▶ 저는 발이 차서 늘 양말을 신고 있어요. *I have cold feet so I always wear socks.*

		Present	Past	Future / Presumption
Declarative	I	차분해, 차분하지	차분했어, 차분했지	차분하겠어, 차분하겠지, 차분할 거야
	II	차분해요, 차분하죠	차분했어요, 차분했죠	차분하겠어요, 차분하겠죠, 차분할 거예요
	III	차분하다	차분했다	차분하겠다, 차분할 거다
	IV	차분합니다	차분했습니다	차분하겠습니다, 차분할 겁니다
Interrogative	I	차분해?, 차분하지?	차분했어?, 차분했지?	차분하겠어?, 차분할까?
	II	차분해요?, 차분하죠?	차분했어요?, 차분했죠?	차분하겠어요?, 차분할까요?
	III	차분하니?, 차분하냐?	차분했니?, 차분했냐?	차분하겠니?, 차분하겠냐?
	IV	차분합니까?	차분했습니까?	차분하겠습니까?
Adnominal		차분한	차분한	차분할

* I: Intimate / II: Polite / III: Plain / IV: Deferential

Conjunctive	and	차분하고, 차분하며	Conj.	not	차분하지 (않다)
	or	차분하거나, 차분하든(지)		adv.	차분하게, 차분히
	but	차분하지만, 차분하나, 차분한데	Quot.	decl.	차분하다고
	so	차분해(서), 차분하니(까), 차분하므로		inter.	차분하냐고
	if	차분하면		Nominal	차분함, 차분하기
	though	차분해도		Subject Honorific	차분하시다
	as (if)	차분하듯(이)		Causative	차분하게 하다

* Conj.: Conjunctive / Quot.: Quotative / adv.: adverbial / decl.: declarative / inter.: interrogative

calm, cool (*syn.* 침착하다) **ADV** 매우, 아주 | 의외로 **N** 색깔 | 분위기 | 생각 | 태도, 행동 | 목소리 | 성격 | 말투, 얘기 | 모습, 표정 | 기분, 느낌, 마음 **V** 말하다 **ADJ** 침착하다

▶ 저는 성격이 차분한 편이에요. *I have a calm personality.*
▶ 그녀의 목소리는 의외로 차분했다. *Her voice was more calm than I thought.*

착잡하다 /착짜파다/ chak·ja·pa·da

		Present	Past	Future / Presumption
Declarative	I	착잡해, 착잡하지	착잡했어, 착잡했지	착잡하겠어, 착잡하겠지, 착잡할 거야
	II	착잡해요, 착잡하죠	착잡했어요, 착잡했죠	착잡하겠어요, 착잡하겠죠, 착잡할 거예요
	III	착잡하다	착잡했다	착잡하겠다, 착잡할 거다
	IV	착잡합니다	착잡했습니다	착잡하겠습니다, 착잡할 겁니다
Interrogative	I	착잡해?, 착잡하지?	착잡했어?, 착잡했지?	착잡하겠어?, 착잡할까?
	II	착잡해요?, 착잡하죠?	착잡했어요?, 착잡했죠?	착잡하겠어요?, 착잡할까요?
	III	착잡하니?, 착잡하냐?	착잡했니?, 착잡했냐?	착잡하겠니?, 착잡하겠냐?
	IV	착잡합니까?	착잡했습니까?	착잡하겠습니까?
Adnominal		착잡한	착잡한	착잡할

* I: Intimate / II: Polite / III: Plain / IV: Deferential

Conjunctive	and	착잡하고, 착잡하며	**Conj.**	not	착잡하지 (않다)
	or	착잡하거나, 착잡하든(지)		adv.	착잡하게
	but	착잡하지만, 착잡하나, 착잡한데	**Quot.**	decl.	착잡하다고
	so	착잡해(서), 착잡하니(까), 착잡하므로		inter.	착잡하냐고
	if	착잡하면	Nominal		착잡함, 착잡하기
	though	착잡해도	Subject Honorific		착잡하시다
	as (if)	착잡하듯(이)	Causative		착잡하게 하다

* Conj.: Conjunctive / Quot.: Quotative / adv.: adverbial / decl.: declarative / inter.: interrogative

mixed and uneasy N 기분, 마음, 심경, 심정

▶ 어제는 그 일 때문에 하루 종일 기분이 착잡했어요. *Yesterday I had mixed feelings about it all day.*

▶ 우리는 착잡한 마음으로 장례식에 참석했다. *We attended the funeral with mixed feelings.*

		Present	Past	Future / Presumption
Declarative	I	착해, 착하지	착했어, 착했지	착하겠어, 착하겠지, 착할 거야
	II	착해요, 착하죠	착했어요, 착했죠	착하겠어요, 착하겠죠, 착할 거예요
	III	착하다	착했다	착하겠다, 착할 거다
	IV	착합니다	착했습니다	착하겠습니다, 착할 겁니다
Interrogative	I	착해?, 착하지?	착했어?, 착했지?	착하겠어?, 착할까?
	II	착해요?, 착하죠?	착했어요?, 착했죠?	착하겠어요?, 착할까요?
	III	착하니?, 착하냐?	착했니?, 착했냐?	착하겠니?, 착하겠냐?
	IV	착합니까?	착했습니까?	착하겠습니까?
Adnominal		착한	착한	착할

* I: Intimate / II: Polite / III: Plain / IV: Deferential

Conjunctive	and	착하고, 착하며	Conj.	not	착하지 (않다)
	or	착하거나, 착하든(지)		adv.	착하게
	but	착하지만, 착하나, 착한데	Quot.	decl.	착하다고
	so	착해(서), 착하니(까), 착하므로		inter.	착하냐고
	if	착하면		Nominal	착함, 착하기
	though	착해도		Subject Honorific	착하시다
	as (if)	착하듯(이)		Causative	착하게 하다

* Conj.: Conjunctive / Quot.: Quotative / adv.: adverbial / decl.: declarative / inter.: interrogative

good-natured (*ant.* 나쁘다, 못되다) ADV 참 | 의외로 N 남자, 딸, 사람, 아들, 아이, 여자 | 일, 짓, 행동 | 마음, 마음씨, 성품 | 말 | 몸매 V 척하다, 체하다 | 살다

▶ 그는 착하고 정직한 사람이다. *He is a kind and honest man.*

▶ 착한 일을 하면 복을 받게 되어 있어. *People who do something good should be blessed.*

		Present	Past	Future / Presumption
Declarative	I	찬란해, 찬란하지	찬란했어, 찬란했지	찬란하겠어, 찬란하겠지, 찬란할 거야
	II	찬란해요, 찬란하죠	찬란했어요, 찬란했죠	찬란하겠어요, 찬란하겠죠, 찬란할 거예요
	III	찬란하다	찬란했다	찬란하겠다, 찬란할 거다
	IV	찬란합니다	찬란했습니다	찬란하겠습니다, 찬란할 겁니다
Interrogative	I	찬란해?, 찬란하지?	찬란했어?, 찬란했지?	찬란하겠어?, 찬란할까?
	II	찬란해요?, 찬란하죠?	찬란했어요?, 찬란했죠?	찬란하겠어요?, 찬란할까요?
	III	찬란하니?, 찬란하나?	찬란했니?, 찬란했냐?	찬란하겠니?, 찬란하겠냐?
	IV	찬란합니까?	찬란했습니까?	찬란하겠습니까?
Adnominal		찬란한	찬란한	찬란할

* I: Intimate / II: Polite / III: Plain / IV: Deferential

Conjunctive	and	찬란하고, 찬란하며	Conj.	not	찬란하지 (않다)
	or	찬란하거나, 찬란하든(지)		adv.	찬란하게, 찬란히
	but	찬란하지만, 찬란하나, 찬란한데	Quot.	decl.	찬란하다고
	so	찬란해(서), 찬란하니(까), 찬란하므로		inter.	찬란하냐고
	if	찬란하면	Nominal		찬란함, 찬란하기
	though	찬란해도	Subject Honorific		찬란하시다
	as (if)	찬란하듯(이)	Causative		찬란하게 하다

* Conj.: Conjunctive / Quot.: Quotative / adv.: adverbial / decl.: declarative / inter.: interrogative

---

brilliant, splendid N 문명, 문화 | 아침 | 업적, 유산 | 빛, 태양, 햇빛 | 승리 | 과거, 미래, 역사 V 비치다, 빛나다

▶ 태양이 찬란하게 빛나고 있었다. *The sun was shining brightly.*

▶ 그 건물은 그들의 찬란했던 과거의 마지막 유물이다. *The building is the last remaining relic of their glorious past.*

참되다 /참뙤다/ cham·doe·da

		Present	Past	Future / Presumption
Declarative	I	참돼, 참되지	참됐어, 참됐지	참되겠어, 참되겠지, 참될 거야
	II	참돼요, 참되죠	참됐어요, 참됐죠	참되겠어요, 참되겠죠, 참될 거예요
	III	참되다	참됐다	참되겠다, 참될 거다
	IV	참됩니다	참됐습니다	참되겠습니다, 참될 겁니다
Interrogative	I	참돼?, 참되지?	참됐어?, 참됐지?	참되겠어?, 참될까?
	II	참돼요?, 참되죠?	참됐어요?, 참됐죠?	참되겠어요?, 참될까요?
	III	참되니?, 참되냐?	참됐니?, 참됐냐?	참되겠니?, 참되겠냐?
	IV	참됩니까?	참됐습니까?	참되겠습니까?
Adnominal		참된	참된	참될

* I: Intimate / II: Polite / III: Plain / IV: Deferential

Conjunctive	and	참되고, 참되며	Conj.	not	참되지 (않다)
	or	참되거나, 참되든(지)		adv.	참되게
	but	참되지만, 참되나, 참된데	Quot.	decl.	참되다고
	so	참돼(서), 참되니(까), 참되므로		inter.	참되냐고
	if	참되면		Nominal	참됨, 참되기
	though	참돼도		Subject Honorific	참되시다
	as (if)	참되듯(이)		Causative	참되게 하다

* Conj.: Conjunctive / Quot.: Quotative / adv.: adverbial / decl.: declarative / inter.: interrogative

true, real (*syn.* 참답다 *ant.* 거짓되다) F 참된 | 참되게 N 행복 | 사람 | 꿈 | 사랑 V 살다

▶ 참된 행복이란 무엇일까요? *What is true happiness?*

▶ 부모님은 저에게 참되게 살라고 가르치셨어요. *My parents taught me to live a sincere life.*

참신하다 cham·sin·ha·da

		Present	Past	Future / Presumption
Declarative	I	참신해, 참신하지	참신했어, 참신했지	참신하겠어, 참신하겠지, 참신할 거야
	II	참신해요, 참신하죠	참신했어요, 참신했죠	참신하겠어요, 참신하겠죠, 참신할 거예요
	III	참신하다	참신했다	참신하겠다, 참신할 거다
	IV	참신합니다	참신했습니다	참신하겠습니다, 참신할 겁니다
Interrogative	I	참신해?, 참신하지?	참신했어?, 참신했지?	참신하겠어?, 참신할까?
	II	참신해요?, 참신하죠?	참신했어요?, 참신했죠?	참신하겠어요?, 참신할까요?
	III	참신하니?, 참신하냐?	참신했니?, 참신했냐?	참신하겠니?, 참신하겠냐?
	IV	참신합니까?	참신했습니까?	참신하겠습니까?
Adnominal		참신한	참신한	참신할

* I: Intimate / II: Polite / III: Plain / IV: Deferential

Conjunctive	and	참신하고, 참신하며	Conj.	not	참신하지 (않다)
	or	참신하거나, 참신하든(지)		adv.	참신하게
	but	참신하지만, 참신하나, 참신한데	Quot.	decl.	참신하다고
	so	참신해(서), 참신하니(까), 참신하므로		inter.	참신하냐고
	if	참신하면	Nominal		참신함, 참신하기
	though	참신해도	Subject Honorific		참신하시다
	as (if)	참신하듯(이)	Causative		참신하게 하다

* Conj.: Conjunctive / Quot.: Quotative / adv.: adverbial / decl.: declarative / inter.: interrogative

original, fresh, imaginative (*syn.* 새롭다, 신선하다 *ant.* 구태의연하다) N 디자인, 스타일 | 기획 | 생각, 아이디어 | 인물, 인재 | 소재 V 돋보이다

▶ 참신한 아이디어가 있으신 분은 저희에게 연락 주십시오. *If you have an original idea, please contact us.*

▶ 그 영화는 소재가 참신하다. *The subject matter of the film is original.*

		Present	Past	Future / Presumption
Declarative	I	창피해, 창피하지	창피했어, 창피했지	창피하겠어, 창피하겠지, 창피할 거야
	II	창피해요, 창피하죠	창피했어요, 창피했죠	창피하겠어요, 창피하겠죠, 창피할 거예요
	III	창피하다	창피했다	창피하겠다, 창피할 거다
	IV	창피합니다	창피했습니다	창피하겠습니다, 창피할 겁니다
Interrogative	I	창피해?, 창피하지?	창피했어?, 창피했지?	창피하겠어?, 창피할까?
	II	창피해요?, 창피하죠?	창피했어요?, 창피했죠?	창피하겠어요?, 창피할까요?
	III	창피하니?, 창피하냐?	창피했니?, 창피했냐?	창피하겠니?, 창피하겠냐?
	IV	창피합니까?	창피했습니까?	창피하겠습니까?
Adnominal		창피한	창피한	창피할

* I: Intimate / II: Polite / III: Plain / IV: Deferential

Conjunctive	and	창피하고, 창피하며	Conj.	not	창피하지 (않다)
	or	창피하거나, 창피하든(지)		adv.	창피하게
	but	창피하지만, 창피하나, 창피한데	Quot.	decl.	창피하다고
	so	창피해(서), 창피하니(까), 창피하므로		inter.	창피하냐고
	if	창피하면	Nominal		창피함, 창피하기
	though	창피해도	Subject Honorific		창피하시다
	as (if)	창피하듯(이)	Causative		창피하게 하다

* Conj.: Conjunctive / Quot.: Quotative / adv.: adverbial / decl.: declarative / inter.: interrogative

ashamed, embarrassed (*syn.* 부끄럽다 *ant.* 당당하다) ADV 너무, 몹시, 정말 N 생각 | 얼굴 | 꼴, 노릇 | 일, 짓, 행동 | 실수 | 옷차림 | 소문 V 죽다 | 혼나다 | 울다

▸ 어젯밤 내가 한 짓이 너무 창피해 혼났어요. *I'm extremely ashamed of what I did last night.*

▸ 창피한 줄 아세요! *Shame on you!*

		Present	Past	Future / Presumption
Declarative	I	철저해, 철저하지	철저했어, 철저했지	철저하겠어, 철저하겠지, 철저할 거야
	II	철저해요, 철저하죠	철저했어요, 철저했죠	철저하겠어요, 철저하겠죠, 철저할 거예요
	III	철저하다	철저했다	철저하겠다, 철저할 거다
	IV	철저합니다	철저했습니다	철저하겠습니다, 철저할 겁니다
Interrogative	I	철저해?, 철저하지?	철저했어?, 철저했지?	철저하겠어?, 철저할까?
	II	철저해요?, 철저하죠?	철저했어요?, 철저했죠?	철저하겠어요?, 철저할까요?
	III	철저하니?, 철저하냐?	철저했니?, 철저했냐?	철저하겠니?, 철저하겠냐?
	IV	철저합니까?	철저했습니까?	철저하겠습니까?
Adnominal		철저한	철저한	철저할

* I: Intimate / II: Polite / III: Plain / IV: Deferential

Conjunctive	and	철저하고, 철저하며	Conj.	not	철저하지 (않다)
	or	철저하거나, 철저하든(지)		adv.	철저하게, 철저히
	but	철저하지만, 철저하나, 철저한데	Quot.	decl.	철저하다고
	so	철저해(서), 철저하니(까), 철저하므로		inter.	철저하냐고
	if	철저하면		Nominal	철저함, 철저하기
	though	철저해도		Subject Honorific	철저하시다
	as (if)	철저하듯(이)		Causative	철저하게 하다

* Conj.: Conjunctive / Quot.: Quotative / adv.: adverbial / decl.: declarative / inter.: interrogative

thorough (*ant.* 어설프다, 허술하다) P -에 N 검사, 검토, 수색, 연구, 조사, 준비 | 감시, 개혁, 관리, 통제 | 사람 | 비밀 | 무관심

▸ 경찰은 철저한 조사를 약속했다. *The police promised a thorough investigation.*
▸ 그녀는 시간 약속을 철저히 지킨다. *She is very punctual.*

		Present	Past	Future / Presumption
Declarative	I	초라해, 초라하지	초라했어, 초라했지	초라하겠어, 초라하겠지, 초라할 거야
	II	초라해요, 초라하죠	초라했어요, 초라했죠	초라하겠어요, 초라하겠죠, 초라할 거예요
	III	초라하다	초라했다	초라하겠다, 초라할 거다
	IV	초라합니다	초라했습니다	초라하겠습니다, 초라할 겁니다
Interrogative	I	초라해?, 초라하지?	초라했어?, 초라했지?	초라하겠어?, 초라할까?
	II	초라해요?, 초라하죠?	초라했어요?, 초라했죠?	초라하겠어요?, 초라할까요?
	III	초라하니?, 초라하냐?	초라했니?, 초라했냐?	초라하겠니?, 초라하겠냐?
	IV	초라합니까?	초라했습니까?	초라하겠습니까?
Adnominal		초라한	초라한	초라할

* I: Intimate / II: Polite / III: Plain / IV: Deferential

Conjunctive	and	초라하고, 초라하며	Conj.	not	초라하지 (않다)
	or	초라하거나, 초라하든(지)		adv.	초라하게
	but	초라하지만, 초라하나, 초라한데	Quot.	decl.	초라하다고
	so	초라해(서), 초라하니(까), 초라하므로		inter.	초라하냐고
	if	초라하면		Nominal	초라함, 초라하기
	though	초라해도		Subject Honorific	초라하시다
	as (if)	초라하듯(이)		Causative	초라하게 하다

* Conj.: Conjunctive / Quot.: Quotative / adv.: adverbial / decl.: declarative / inter.: interrogative

shabby, humble (*ant.* 화려하다) **ADV** 너무 | 한없이 **N** (옷)차림, 꼴, 모습, 몰골, 복장, 옷, 행색 | 생활 | 집 | 살림 | 밥상

▶ 한 초라한 행색의 노인이 대문 앞에 서 있었다. *A shabby old man stood at the door.*

▶ 밥상이 너무 초라해 민망하지만 많이 드세요. *There is not much to eat, but help yourself.*

하 REGULAR

		Present	Past	Future / Presumption
Declarative	I	초조해, 초조하지	초조했어, 초조했지	초조하겠어, 초조하겠지, 초조할 거야
	II	초조해요, 초조하죠	초조했어요, 초조했죠	초조하겠어요, 초조하겠죠, 초조할 거예요
	III	초조하다	초조했다	초조하겠다, 초조할 거다
	IV	초조합니다	초조했습니다	초조하겠습니다, 초조할 겁니다
Interrogative	I	초조해?, 초조하지?	초조했어?, 초조했지?	초조하겠어?, 초조할까?
	II	초조해요?, 초조하죠?	초조했어요?, 초조했죠?	초조하겠어요?, 초조할까요?
	III	초조하니?, 초조하냐?	초조했니?, 초조했냐?	초조하겠니?, 초조하겠냐?
	IV	초조합니까?	초조했습니까?	초조하겠습니까?
Adnominal		초조한	초조한	초조할

* I: Intimate / II: Polite / III: Plain / IV: Deferential

Conjunctive	and	초조하고, 초조하며	Conj.	not	초조하지 (않다)
	or	초조하거나, 초조하든(지)		adv.	초조하게, 초조히
	but	초조하지만, 초조하나, 초조한데	Quot.	decl.	초조하다고
	so	초조해(서), 초조하니(까), 초조하므로		inter.	초조하냐고
	if	초조하면	Nominal		초조함, 초조하기
	though	초조해도	Subject Honorific		초조하시다
	as (if)	초조하듯(이)	Causative		초조하게 하다

* Conj.: Conjunctive / Quot.: Quotative / adv.: adverbial / decl.: declarative / inter.: interrogative

restless, nervous, anxious (*ant.* 느긋하다) **ADV** 매우, 몹시 **N** 때 | 기분, 마음 | 기색, 눈빛, 빛, 얼굴 | 상태 **V** 기다리다 | 달래다 | 느끼다 **ADJ** 불안하다

▶ 그녀는 초조한 기색이 역력했다. *Her nervousness was apparent.*
▶ 검사 결과를 알고 싶어 마음이 초조합니다. *I'm impatient to know my test results.*

		Present	Past	Future / Presumption
Declarative	I	촌스러워, 촌스럽지	촌스러웠어, 촌스러웠지	촌스럽겠어, 촌스럽겠지, 촌스러울 거야
	II	촌스러워요, 촌스럽죠	촌스러웠어요, 촌스러웠죠	촌스럽겠어요, 촌스럽겠죠, 촌스러울 거예요
	III	촌스럽다	촌스러웠다	촌스럽겠다, 촌스러울 거다
	IV	촌스럽습니다	촌스러웠습니다	촌스럽겠습니다, 촌스러울 겁니다
Interrogative	I	촌스러워?, 촌스럽지?	촌스러웠어?, 촌스러웠지?	촌스럽겠어?, 촌스러울까?
	II	촌스러워요?, 촌스럽죠?	촌스러웠어요?, 촌스러웠죠?	촌스럽겠어요?, 촌스러울까요?
	III	촌스럽니?, 촌스러우냐?/촌스럽냐?	촌스러웠니?, 촌스러웠냐?	촌스럽겠니?, 촌스럽겠냐?
	IV	촌스럽습니까?	촌스러웠습니까?	촌스럽겠습니까?
Adnominal		촌스러운	촌스러운	촌스러울

* I: Intimate / II: Polite / III: Plain / IV: Deferential

Conjunctive	and	촌스럽고, 촌스러우며	Conj.	not	촌스럽지 (않다)
	or	촌스럽거나, 촌스럽든(지)		adv.	촌스럽게, 촌스레
	but	촌스럽지만, 촌스러우나, 촌스러운데	Quot.	decl.	촌스럽다고
	so	촌스러워(서), 촌스러우니(까), 촌스러우므로		inter.	촌스러우냐고/촌스럽냐고
	if	촌스러우면		Nominal	촌스러움, 촌스럽기
	though	촌스러워도		Subject Honorific	촌스러우시다
	as (if)	촌스럽듯(이)		Causative	촌스럽게 하다

* Conj.: Conjunctive / Quot.: Quotative / adv.: adverbial / decl.: declarative / inter.: interrogative

countrified, dowdy (*ant.* 세련되다) **ADV** 좀 | 너무, 정말 **N** 복장, 옷차림 | 사람 | 말, 말투, 소리 | 취미 | 모습, 얼굴, 외모 | 이름 **V** 굴다 | 입다 | 생기다

▸ 야, 촌스럽게 굴지 마. *Hey, don't behave like a country bumpkin.*

▸ 친구들은 제 촌스러운 이름을 놀리고는 했어요. *My friends used to make fun of my rustic-sounding name.*

춥다 /춥따/ chup·da

		Present	Past	Future / Presumption
Declarative	I	추워, 춥지	추웠어, 추웠지	춥겠어, 춥겠지, 추울 거야
	II	추워요, 춥죠	추웠어요, 추웠죠	춥겠어요, 춥겠죠, 추울 거예요
	III	춥다	추웠다	춥겠다, 추울 거다
	IV	춥습니다	추웠습니다	춥겠습니다, 추울 겁니다
Interrogative	I	추워?, 춥지?	추웠어?, 추웠지?	춥겠어?, 추울까?
	II	추워요?, 춥죠?	추웠어요?, 추웠죠?	춥겠어요?, 추울까요?
	III	춥니?, 추우냐?/춥냐?	추웠니?, 추웠냐?	춥겠니?, 춥겠냐?
	IV	춥습니까?	추웠습니까?	춥겠습니까?
Adnominal		추운	추운	추울

* I: Intimate / II: Polite / III: Plain / IV: Deferential

Conjunctive	and	춥고, 추우며	Conj.	not	춥지 (않다)
	or	춥거나, 춥든(지)		adv.	춥게
	but	춥지만, 추우나, 추운데	Quot.	decl.	춥다고
	so	추워(서), 추우니(까), 추우므로		inter.	추우냐고/춥냐고
	if	추우면		Nominal	추움, 춥기
	though	추워도		Subject Honorific	추우시다
	as (if)	춥듯(이)		Causative	춥게 하다

* Conj.: Conjunctive / Quot.: Quotative / adv.: adverbial / decl.: declarative / inter.: interrogative

cold, chilly (*ant.* 덥다) **ADV** 너무, 몹시 | 좀 | 으스스, 으슬으슬 **N** 겨울, 날, 날씨 | 몸 | 밤, 아침 **V** 죽다 | 떨리다

▶ 살면서 이번만큼 추운 겨울은 없었어. *This is the coldest winter I've ever experienced.*

▶ 추워 죽겠어. 창문 닫아. *It's freezing. Close the window.*

		Present	Past	Future / Presumption
Declarative	I	충분해, 충분하지	충분했어, 충분했지	충분하겠어, 충분하겠지, 충분할 거야
	II	충분해요, 충분하죠	충분했어요, 충분했죠	충분하겠어요, 충분하겠죠, 충분할 거예요
	III	충분하다	충분했다	충분하겠다, 충분할 거다
	IV	충분합니다	충분했습니다	충분하겠습니다, 충분할 겁니다
Interrogative	I	충분해?, 충분하지?	충분했어?, 충분했지?	충분하겠어?, 충분할까?
	II	충분해요?, 충분하죠?	충분했어요?, 충분했죠?	충분하겠어요?, 충분할까요?
	III	충분하니?, 충분하나?	충분했니?, 충분했냐?	충분하겠니?, 충분하겠냐?
	IV	충분합니까?	충분했습니까?	충분하겠습니까?
Adnominal		충분한	충분한	충분할

* I: Intimate / II: Polite / III: Plain / IV: Deferential

Conjunctive	and	충분하고, 충분하며	Conj.	not	충분하지 (않다)
	or	충분하거나, 충분하든(지)		adv.	충분하게, 충분히
	but	충분하지만, 충분하나, 충분한데	Quot.	decl.	충분하다고
	so	충분해(서), 충분하니(까), 충분하므로		inter.	충분하냐고
	if	충분하면		Nominal	충분함, 충분하기
	though	충분해도		Subject Honorific	충분하시다
	as (if)	충분하듯(이)		Causative	충분하게 하다

* Conj.: Conjunctive / Quot.: Quotative / adv.: adverbial / decl.: declarative / inter.: interrogative

enough (*syn.* 넉넉하다 *ant.* 불충분하다, 부족하다) **P** -기(에), -에, -에게 **ADV** 이 제 | 아직 **N** 돈 | 시간 | 근거, 이유, 증거 | 생각 | 수면, 휴식 | 식량, 음식 | 양 | 정보 | 보상, 보수 | 자격 | 거리, 공간 | 운동 | 준비 **V** 먹다 | 남다

▸음식은 충분하니까 마음껏 드세요. *Help yourself. We have enough food.*

▸제 수입은 많지는 않지만, 우리 가족이 살기에 충분해요. *My income is not large, but it's enough for my family to live on.*

충실하다 chung·sil·ha·da

		Present	Past	Future / Presumption
Declarative	I	충실해, 충실하지	충실했어, 충실했지	충실하겠어, 충실하겠지, 충실할 거야
	II	충실해요, 충실하죠	충실했어요, 충실했죠	충실하겠어요, 충실하겠죠, 충실할 거예요
	III	충실하다	충실했다	충실하겠다, 충실할 거다
	IV	충실합니다	충실했습니다	충실하겠습니다, 충실할 겁니다
Interrogative	I	충실해?, 충실하지?	충실했어?, 충실했지?	충실하겠어?, 충실할까?
	II	충실해요?, 충실하죠?	충실했어요?, 충실했죠?	충실하겠어요?, 충실할까요?
	III	충실하니?, 충실하냐?	충실했니?, 충실했냐?	충실하겠니?, 충실하겠냐?
	IV	충실합니까?	충실했습니까?	충실하겠습니까?
Imperative	I	충실해	-	-
	II	충실하세요	-	-
	III	충실해라	-	-
	IV	충실하십시오	-	-
Adnominal		충실한	충실한	충실할

* I: Intimate / II: Polite / III: Plain / IV: Deferential

Conjunctive	and	충실하고, 충실하며	Conj.	not	충실하지 (않다)
	or	충실하거나, 충실하든(지)		adv.	충실하게, 충실히
	but	충실하지만, 충실하나, 충실한데	Quot.	decl.	충실하다고
				inter.	충실하냐고
	so	충실해(서), 충실하니(까), 충실하므로		imp.	충실하라고
	if	충실하면	Nominal		충실함, 충실하기
	though	충실해도	Subject Honorific		충실하시다
	as (if)	충실하듯(이)	Causative		충실하게 하다

* Conj.: Conjunctive / Quot.: Quotative / adv.: adverbial / decl.: declarative / inter.: interrogative / imp.: imperative

faithful, loyal P -에, -에게 N 번역 | 사람, 친구 | 생활 | 노력

▶ 기본에 충실해라. *Stick to the basics.*

▶ 이 번역은 원문에 아주 충실하다. *This translation is very faithful to the original.*

		Present	Past	Future / Presumption
Declarative	I	치밀해, 치밀하지	치밀했어, 치밀했지	치밀하겠어, 치밀하겠지, 치밀할 거야
	II	치밀해요, 치밀하죠	치밀했어요, 치밀했죠	치밀하겠어요, 치밀하겠죠, 치밀할 거예요
	III	치밀하다	치밀했다	치밀하겠다, 치밀할 거다
	IV	치밀합니다	치밀했습니다	치밀하겠습니다, 치밀할 겁니다
Interrogative	I	치밀해?, 치밀하지?	치밀했어?, 치밀했지?	치밀하겠어?, 치밀할까?
	II	치밀해요?, 치밀하죠?	치밀했어요?, 치밀했죠?	치밀하겠어요?, 치밀할까요?
	III	치밀하니?, 치밀하냐?	치밀했니?, 치밀했냐?	치밀하겠니?, 치밀하겠냐?
	IV	치밀합니까?	치밀했습니까?	치밀하겠습니까?
Adnominal		치밀한	치밀한	치밀할

* I: Intimate / II: Polite / III: Plain / IV: Deferential

Conjunctive	and	치밀하고, 치밀하며	Conj.	not	치밀하지 (않다)
	or	치밀하거나, 치밀하든(지)		adv.	치밀하게
	but	치밀하지만, 치밀하나, 치밀한데	Quot.	decl.	치밀하다고
	so	치밀해(서), 치밀하니(까), 치밀하므로		inter.	치밀하냐고
	if	치밀하면	Nominal		치밀함, 치밀하기
	though	치밀해도	Subject Honorific		치밀하시다
	as (if)	치밀하듯(이)	Causative		치밀하게 하다

* Conj.: Conjunctive / Quot.: Quotative / adv.: adverbial / decl.: declarative / inter.: interrogative

elaborate, meticulous (*syn.* 꼼꼼하다, 면밀하다 *ant.* 엉성하다) **ADV** 워낙 **N** 계획, 준비 | 성격 | 구상, 연구 | 계산 | 경영 **V** 짜다

▶ 그는 그 일을 실현시키기 위해 치밀한 계획을 세웠다. *He made an elaborate plan to make it happen.*

▶ 그는 치밀한 사람이다. *He's a meticulous person.*

		Present	Past	Future / Presumption
Declarative	I	치열해, 치열하지	치열했어, 치열했지	치열하겠어, 치열하겠지, 치열할 거야
	II	치열해요, 치열하죠	치열했어요, 치열했죠	치열하겠어요, 치열하겠죠, 치열할 거예요
	III	치열하다	치열했다	치열하겠다, 치열할 거다
	IV	치열합니다	치열했습니다	치열하겠습니다, 치열할 겁니다
Interrogative	I	치열해?, 치열하지?	치열했어?, 치열했지?	치열하겠어?, 치열할까?
	II	치열해요?, 치열하죠?	치열했어요?, 치열했죠?	치열하겠어요?, 치열할까요?
	III	치열하니?, 치열하냐?	치열했니?, 치열했냐?	치열하겠니?, 치열하겠냐?
	IV	치열합니까?	치열했습니까?	치열하겠습니까?
Adnominal		치열한	치열한	치열할

* I: Intimate / II: Polite / III: Plain / IV: Deferential

Conjunctive	and	치열하고, 치열하며	Conj.	not	치열하지 (않다)
	or	치열하거나, 치열하든(지)		adv.	치열하게
	but	치열하지만, 치열하나, 치열한데	Quot.	decl.	치열하다고
	so	치열해(서), 치열하니(까), 치열하므로		inter.	치열하냐고
	if	치열하면	Nominal		치열함, 치열하기
	though	치열해도	Subject Honorific		치열하시다
	as (if)	치열하듯(이)	Causative		치열하게 하다

* Conj.: Conjunctive / Quot.: Quotative / adv.: adverbial / decl.: declarative / inter.: interrogative

---

fierce, intense ADV 가장, 아주 | 한창 N 경쟁, 경합, 접전 | 공방전, 다툼, 싸움, 전투 | 논쟁, 대립 V 싸우다

▶ 그 두 회사는 특허를 놓고 치열한 다툼을 벌이고 있다. *The two companies are in a fierce patent dispute.*

▶ 우리의 첫 번째 목표는 치열한 경쟁에서 살아남는 것이다. *Our first goal is to survive in the face of stiff competition.*

		Present	Past	Future / Presumption
Declarative	I	친절해, 친절하지	친절했어, 친절했지	친절하겠어, 친절하겠지, 친절할 거야
	II	친절해요, 친절하죠	친절했어요, 친절했죠	친절하겠어요, 친절하겠죠, 친절할 거예요
	III	친절하다	친절했다	친절하겠다, 친절할 거다
	IV	친절합니다	친절했습니다	친절하겠습니다, 친절할 겁니다
Interrogative	I	친절해?, 친절하지?	친절했어?, 친절했지?	친절하겠어?, 친절할까?
	II	친절해요?, 친절하죠?	친절했어요?, 친절했죠?	친절하겠어요?, 친절할까요?
	III	친절하니?, 친절하냐?	친절했니?, 친절했냐?	친절하겠니?, 친절하겠냐?
	IV	친절합니까?	친절했습니까?	친절하겠습니까?
Imperative	I	친절해	-	-
	II	친절하세요	-	-
	III	친절해라	-	-
	IV	친절하십시오	-	-
Adnominal		친절한	친절한	친절할

* I: Intimate / II: Polite / III: Plain / IV: Deferential

Conjunctive	and	친절하고, 친절하며	Conj.	not	친절하지 (않다)
	or	친절하거나, 친절하든(지)		adv.	친절하게, 친절히
	but	친절하지만, 친절하나, 친절한데	Quot.	decl.	친절하다고
				inter.	친절하냐고
	so	친절해(서), 친절하니(까), 친절하므로		imp.	친절하라고
	if	친절하면	Nominal		친절함, 친절하기
	though	친절해도	Subject Honorific		친절하시다
	as (if)	친절하듯(이)	Causative		친절하게 하다

* Conj.: Conjunctive / Quot.: Quotative / adv.: adverbial / decl.: declarative / inter.: interrogative / imp.: imperative

kind, friendly, nice (*syn.* 상냥하다 *ant.* 불친절하다) **ADV** 매우, 아주, 정말 **N** 사람 | 배려 | 대접, 서비스 | 말, 태도, 행동 | 설명 | 환영 **V** 대하다

▶ 손님들에게 좀 더 친절하게 대하세요. *Be more attentive to the customers.*
▶ 친절한 설명 감사합니다. *I appreciate your kind explanation.*

		Present	Past	Future / Presumption
Declarative	I	친해, 친하지	친했어, 친했지	친하겠어, 친하겠지, 친할 거야
	II	친해요, 친하죠	친했어요, 친했죠	친하겠어요, 친하겠죠, 친할 거예요
	III	친하다	친했다	친하겠다, 친할 거다
	IV	친합니다	친했습니다	친하겠습니다, 친할 겁니다
Interrogative	I	친해?, 친하지?	친했어?, 친했지?	친하겠어?, 친할까?
	II	친해요?, 친하죠?	친했어요?, 친했죠?	친하겠어요?, 친할까요?
	III	친하니?, 친하냐?	친했니?, 친했냐?	친하겠니?, 친하겠냐?
	IV	친합니까?	친했습니까?	친하겠습니까?
Adnominal		친한	친한	친할

* I: Intimate / II: Polite / III: Plain / IV: Deferential

Conjunctive	and	친하고, 친하며	Conj.	not	친하지 (않다)
	or	친하거나, 친하든(지)		adv.	친하게
	but	친하지만, 친하나, 친한데	Quot.	decl.	친하다고
	so	친해(서), 친하니(까), 친하므로		inter.	친하냐고
	if	친하면	Nominal		친함, 친하기
	though	친해도	Subject Honorific		친하시다
	as (if)	친하듯(이)	Causative		친하게 하다

* Conj.: Conjunctive / Quot.: Quotative / adv.: adverbial / decl.: declarative / inter.: interrogative

---

close (syn. 가깝다) P -와/과 ADV 가장, 제일 | 아무리 | 상당히, 아주, 특히 N 사람, 선배, 이웃, 친구 | 관계, 사이 V 놀다, 어울리다, 지내다 | 척하다, 체하다

▸ 너랑 친하게 지내고 싶어. *I want to be friends with you.*

▸ 저는 이웃들이랑 친해요. *I'm close to my neighbors.*

		Present	Past	Future / Presumption
Declarative	I	침착해, 침착하지	침착했어, 침착했지	침착하겠어, 침착하겠지, 침착할 거야
	II	침착해요, 침착하죠	침착했어요, 침착했죠	침착하겠어요, 침착하겠죠, 침착할 거예요
	III	침착하다	침착했다	침착하겠다, 침착할 거다
	IV	침착합니다	침착했습니다	침착하겠습니다, 침착할 겁니다
Interrogative	I	침착해?, 침착하지?	침착했어?, 침착했지?	침착하겠어?, 침착할까?
	II	침착해요?, 침착하죠?	침착했어요?, 침착했죠?	침착하겠어요?, 침착할까요?
	III	침착하니?, 침착하냐?	침착했니?, 침착했냐?	침착하겠니?, 침착하겠냐?
	IV	침착합니까?	침착했습니까?	침착하겠습니까?
Imperative	I	침착해	-	-
	II	침착하세요	-	-
	III	침착해라	-	-
	IV	침착하십시오	-	-
Adnominal		침착한	침착한	침착할

* I: Intimate / II: Polite / III: Plain / IV: Deferential

Conjunctive	and	침착하고, 침착하며	Conj.	not	침착하지 (않다)
	or	침착하거나, 침착하든(지)		adv.	침착하게, 침착히
	but	침착하지만, 침착하나, 침착한데	Quot.	decl.	침착하다고
	so	침착해(서), 침착하니(까), 침착하므로		inter.	침착하냐고
				imp.	침착하라고
	if	침착하면		Nominal	침착함, 침착하기
	though	침착해도		Subject Honorific	침착하시다
	as (if)	침착하듯(이)		Causative	침착하게 하다

* Conj.: Conjunctive / Quot.: Quotative / adv.: adverbial / decl.: declarative / inter.: interrogative / imp.: imperative

calm, poised (*syn.* 차분하다) **ADV** 대단히, 매우, 아주 **N** 태도, 행동 | 성격 | 목소리 | 사람 **V** 유지하다 | 잃다 | 말하다, 이야기하다 | 행동하다

▶ 그녀는 어려운 상황에서도 침착함을 잃지 않았다. *She kept herself calm in that difficult situation.*

▶ 승무원들은 침착하게 승객들의 탈출을 도왔다. *The crew members calmly helped passengers escape from the plane.*

▶ 야, 흥분하지 마, 침착해. *Take it easy! Stay calm!*

캄캄하다 kam·kam·ha·da

		Present	Past	Future / Presumption
Declarative	I	캄캄해, 캄캄하지	캄캄했어, 캄캄했지	캄캄하겠어, 캄캄하겠지, 캄캄할 거야
	II	캄캄해요, 캄캄하죠	캄캄했어요, 캄캄했죠	캄캄하겠어요, 캄캄하겠죠, 캄캄할 거예요
	III	캄캄하다	캄캄했다	캄캄하겠다, 캄캄할 거다
	IV	캄캄합니다	캄캄했습니다	캄캄하겠습니다, 캄캄할 겁니다
Interrogative	I	캄캄해?, 캄캄하지?	캄캄했어?, 캄캄했지?	캄캄하겠어?, 캄캄할까?
	II	캄캄해요?, 캄캄하죠?	캄캄했어요?, 캄캄했죠?	캄캄하겠어요?, 캄캄할까요?
	III	캄캄하니?, 캄캄하냐?	캄캄했니?, 캄캄했냐?	캄캄하겠니?, 캄캄하겠냐?
	IV	캄캄합니까?	캄캄했습니까?	캄캄하겠습니까?
Adnominal		캄캄한	캄캄한	캄캄할

* I: Intimate / II: Polite / III: Plain / IV: Deferential

Conjunctive	and	캄캄하고, 캄캄하며	Conj.	not	캄캄하지 (않다)
	or	캄캄하거나, 캄캄하든(지)		adv.	캄캄하게
	but	캄캄하지만, 캄캄하나, 캄캄한데	Quot.	decl.	캄캄하다고
	so	캄캄해(서), 캄캄하니(까), 캄캄하므로		inter.	캄캄하냐고
	if	캄캄하면		Nominal	캄캄함, 캄캄하기
	though	캄캄해도		Subject Honorific	캄캄하시다
	as (if)	캄캄하듯(이)		Causative	캄캄하게 하다

* Conj.: Conjunctive / Quot.: Quotative / adv.: adverbial / decl.: declarative / inter.: interrogative

pitch-black, dark N 밤, 어둠 | 방 | 속 | 거리 | 눈앞, 앞, 앞날 | 동굴 | (밤)하늘 | 밖

▸ 밖은 벌써 캄캄해졌어요. *It's already very dark outside.*

▸ 어린 두 딸을 혼자 키울 생각을 하니 눈앞이 캄캄합니다. *I'm at a loss thinking that I have to raise my two young daughters alone.*

		Present	Past	Future / Presumption
Declarative	I	커다래, 커다랗지	커다랬어, 커다랬지	커다랗겠어, 커다랗겠지, 커다랄 거야
	II	커다래요, 커다랗죠	커다랬어요, 커다랬죠	커다랗겠어요, 커다랗겠죠, 커다랄 거예요
	III	커다랗다	커다랬다	커다랗겠다, 커다랄 거다
	IV	커다랗습니다	커다랬습니다	커다랗겠습니다, 커다랄 겁니다
Interrogative	I	커다래?, 커다랗지?	커다랬어?, 커다랬지?	커다랗겠어?, 커다랄까?
	II	커다래요?, 커다랗죠?	커다랬어요?, 커다랬죠?	커다랗겠어요?, 커다랄까요?
	III	커다랗니?, 커다라냐?/커다랗냐?	커다랬니?, 커다랬냐?	커다랗겠니?, 커다랗겠냐?
	IV	커다랗습니까?	커다랬습니까?	커다랗겠습니까?
Adnominal		커다란	커다란	커다랄

* I: Intimate / II: Polite / III: Plain / IV: Deferential

Conjunctive	and	커다랗고, 커다라며	Conj.	not	커다랗지 (않다)
	or	커다랗거나, 커다랗든(지)		adv.	커다랗게
	but	커다랗지만, 커다라나, 커다란데	Quot.	decl.	커다랗다고
	so	커다래(서), 커다라니(까), 커다라므로		inter.	커다라냐고/커다랗냐고
	if	커다라면		Nominal	커다람, 커다랗기
	though	커다래도		Subject Honorific	커다라시다
	as (if)	커다랗듯(이)		Causative	커다랗게 하다

* Conj.: Conjunctive / Quot.: Quotative / adv.: adverbial / decl.: declarative / inter.: interrogative

big, large, huge (*syn.* 크다 *ant.* 조그맣다) N 돌, 바위 | 문제 | 변화, 영향, 차이 | 성공 | 실수 | 의미 | 목소리 | 충격 | 기쁨, 축복 | 단점, 장점

▸캠핑의 커다란 장점은 비용이 싸다는 것이다. *One of the great benefits of camping is that it's cheap.*

▸그의 죽음은 많은 사람들에게 커다란 충격이었다. *His death was a great blow to many people.*

		Present	Past	Future / Presumption
Declarative	I	커, 크지	컸어, 컸지	크겠어, 크겠지, 클 거야
	II	커요, 크죠	컸어요, 컸죠	크겠어요, 크겠죠, 클 거예요
	III	크다	컸다	크겠다, 클 거다
	IV	큽니다	컸습니다	크겠습니다, 클 겁니다
Interrogative	I	커?, 크지?	컸어?, 컸지?	크겠어?, 클까?
	II	커요?, 크죠?	컸어요?, 컸죠?	크겠어요?, 클까요?
	III	크니?, 크냐?	컸니?, 컸냐?	크겠니?, 크겠냐?
	IV	큽니까?	컸습니까?	크겠습니까?
Adnominal		큰	큰	클

* I: Intimate / II: Polite / III: Plain / IV: Deferential

Conjunctive	and	크고, 크며	Conj.	not	크지 (않다)
	or	크거나, 크든(지)		adv.	크게
	but	크지만, 크나, 큰데	Quot.	decl.	크다고
	so	커(서), 크니(까), 크므로		inter.	크냐고
	if	크면	Nominal		큼, 크기
	though	커도	Subject Honorific		크시다
	as (if)	크듯(이)	Causative		크게 하다, 키우다

* Conj.: Conjunctive / Quot.: Quotative / adv.: adverbial / decl.: declarative / inter.: interrogative

big, large (*ant.* 작다) **ADV** 더, 훨씬 | 가장, 꽤, 매우, 제일 | 너무 **N** 목소리, 소리 | 부자, 사람, 인물 | 덩치, 몸집, 키 | 돈 | 문제, 사고, 실수 | 손해, 피해 | 도움 | 영향, 충격 | 집 | 성공, 업적 | 돌, 바위, 파도 | 길 | 규모, 크기

▶ 제 남동생은 저보다 키가 더 커요. *My younger brother is taller than me.*
▶ 좀 더 크게 말씀해 주세요. *Could you speak up, please?*
▶ 이 책은 저에게 큰 도움이 됐어요. *This book was very helpful to me.*

		Present	Past	Future / Presumption
Declarative	I	타당해, 타당하지	타당했어, 타당했지	타당하겠어, 타당하겠지, 타당할 거야
	II	타당해요, 타당하죠	타당했어요, 타당했죠	타당하겠어요, 타당하겠죠, 타당할 거예요
	III	타당하다	타당했다	타당하겠다, 타당할 거다
	IV	타당합니다	타당했습니다	타당하겠습니다, 타당할 겁니다
Interrogative	I	타당해?, 타당하지?	타당했어?, 타당했지?	타당하겠어?, 타당할까?
	II	타당해요?, 타당하죠?	타당했어요?, 타당했죠?	타당하겠어요?, 타당할까요?
	III	타당하니?, 타당하냐?	타당했니?, 타당했냐?	타당하겠니?, 타당하겠냐?
	IV	타당합니까?	타당했습니까?	타당하겠습니까?
Adnominal		타당한	타당한	타당할

* I: Intimate / II: Polite / III: Plain / IV: Deferential

Conjunctive	and	타당하고, 타당하며	Conj.	not	타당하지 (않다)
	or	타당하거나, 타당하든(지)		adv.	타당하게
	but	타당하지만, 타당하나, 타당한데	Quot.	decl.	타당하다고
	so	타당해(서), 타당하니(까), 타당하므로		inter.	타당하냐고
	if	타당하면	Nominal		타당함, 타당하기
	though	타당해도	Subject Honorific		타당하시다
	as (if)	타당하듯(이)	Causative		타당하게 하다

* Conj.: Conjunctive / Quot.: Quotative / adv.: adverbial / decl.: declarative / inter.: interrogative

---

reasonable, valid (*ant.* 부당하다) **ADV** 지극히 **N** 근거, 사유, 이유 | 결론 | 의문 | 방법, 조치 | 생각, 요구, 의견, 주장 | 일 | 행동

▶ 그 무엇도 부정 행위에 대한 타당한 이유가 될 수 없다. *Nothing justifies cheating on an exam.*

▶ 그들의 요구는 사실 지극히 타당하다. *Their demands are actually very reasonable.*

		Present	Past	Future / Presumption
Declarative	I	탁월해, 탁월하지	탁월했어, 탁월했지	탁월하겠어, 탁월하겠지, 탁월할 거야
	II	탁월해요, 탁월하죠	탁월했어요, 탁월했죠	탁월하겠어요, 탁월하겠죠, 탁월할 거예요
	III	탁월하다	탁월했다	탁월하겠다, 탁월할 거다
	IV	탁월합니다	탁월했습니다	탁월하겠습니다, 탁월할 겁니다
Interrogative	I	탁월해?, 탁월하지?	탁월했어?, 탁월했지?	탁월하겠어?, 탁월할까?
	II	탁월해요?, 탁월하죠?	탁월했어요?, 탁월했죠?	탁월하겠어요?, 탁월할까요?
	III	탁월하니?, 탁월하냐?	탁월했니?, 탁월했냐?	탁월하겠니?, 탁월하겠냐?
	IV	탁월합니까?	탁월했습니까?	탁월하겠습니까?
Adnominal		탁월한	탁월한	탁월할

* I: Intimate / II: Polite / III: Plain / IV: Deferential

Conjunctive	and	탁월하고, 탁월하며	Conj.	not	탁월하지 (않다)
	or	탁월하거나, 탁월하든(지)		adv.	탁월하게
	but	탁월하지만, 탁월하나, 탁월한데	Quot.	decl.	탁월하다고
	so	탁월해(서), 탁월하니(까), 탁월하므로		inter.	탁월하냐고
	if	탁월하면		Nominal	탁월함, 탁월하기
	though	탁월해도		Subject Honorific	탁월하시다
	as (if)	탁월하듯(이)		Causative	탁월하게 하다

* Conj.: Conjunctive / Quot.: Quotative / adv.: adverbial / decl.: declarative / inter.: interrogative

excellent, superior (*syn.* 뛰어나다 *ant.* 형편없다) N 기량, 기술, 능력, 수완, 재능 | 선택 | 연주 | 선수 | 의견

▶ 그 사람은 능력이 탁월하다. *He has a high ability.*

▶ 당신과 결혼한 건 탁월한 선택이었어. *It was an excellent choice to marry you.*

		Present	Past	Future / Presumption
Declarative	I	투명해, 투명하지	투명했어, 투명했지	투명하겠어, 투명하겠지, 투명할 거야
	II	투명해요, 투명하죠	투명했어요, 투명했죠	투명하겠어요, 투명하겠죠, 투명할 거예요
	III	투명하다	투명했다	투명하겠다, 투명할 거다
	IV	투명합니다	투명했습니다	투명하겠습니다, 투명할 겁니다
Interrogative	I	투명해?, 투명하지?	투명했어?, 투명했지?	투명하겠어?, 투명할까?
	II	투명해요?, 투명하죠?	투명했어요?, 투명했죠?	투명하겠어요?, 투명할까요?
	III	투명하니?, 투명하냐?	투명했니?, 투명했냐?	투명하겠니?, 투명하겠냐?
	IV	투명합니까?	투명했습니까?	투명하겠습니까?
Adnominal		투명한	투명한	투명할

* I: Intimate / II: Polite / III: Plain / IV: Deferential

Conjunctive	and	투명하고, 투명하며	Conj.	not	투명하지 (않다)
	or	투명하거나, 투명하든(지)		adv.	투명하게
	but	투명하지만, 투명하나, 투명한데	Quot.	decl.	투명하다고
	so	투명해(서), 투명하니(까), 투명하므로		inter.	투명하냐고
	if	투명하면	Nominal		투명함, 투명하기
	though	투명해도	Subject Honorific		투명하시다
	as (if)	투명하듯(이)	Causative		투명하게 하다

* Conj.: Conjunctive / Quot.: Quotative / adv.: adverbial / decl.: declarative / inter.: interrogative

transparent (*ant.* 불투명하다) N 유리 | 액체 | 테이프 | 눈동자 | 피부 | 하늘 | 물 | 경영 | 거래

▶ 물이 어찌나 투명한지 바닥이 다 보여. *The water is so clear that I can see the bottom.*

▶ 우리는 모든 거래를 투명하게 합니다. *We keep all our dealings transparent.*

		Present	Past	Future / Presumption
Declarative	I	특별해, 특별하지	특별했어, 특별했지	특별하겠어, 특별하겠지, 특별할 거야
	II	특별해요, 특별하죠	특별했어요, 특별했죠	특별하겠어요, 특별하겠죠, 특별할 거예요
	III	특별하다	특별했다	특별하겠다, 특별할 거다
	IV	특별합니다	특별했습니다	특별하겠습니다, 특별할 겁니다
Interrogative	I	특별해?, 특별하지?	특별했어?, 특별했지?	특별하겠어?, 특별할까?
	II	특별해요?, 특별하죠?	특별했어요?, 특별했죠?	특별하겠어요?, 특별할까요?
	III	특별하니?, 특별하냐?	특별했니?, 특별했냐?	특별하겠니?, 특별하겠냐?
	IV	특별합니까?	특별했습니까?	특별하겠습니까?
Adnominal		특별한	특별한	특별할

* I: Intimate / II: Polite / III: Plain / IV: Deferential

Conjunctive	and	특별하고, 특별하며	Conj.	not	특별하지 (않다)
	or	특별하거나, 특별하든(지)		adv.	특별하게, 특별히
	but	특별하지만, 특별하나, 특별한데	Quot.	decl.	특별하다고
	so	특별해(서), 특별하니(까), 특별하므로		inter.	특별하냐고
	if	특별하면	Nominal		특별함, 특별하기
	though	특별해도	Subject Honorific		특별하시다
	as (if)	특별하듯(이)	Causative		특별하게 하다

* Conj.: Conjunctive / Quot.: Quotative / adv.: adverbial / decl.: declarative / inter.: interrogative

special (*syn.* 남다르다 *ant.* 평범하다) ADV 아주 N 메뉴, 요리 | 대우, 취급 | 이유 | 날 | 경우 | 관심, 배려, 흥미 | 재능 | 사람, 손님, 존재 | 취미 | 임무, 훈련 | 계획, 기회

▶ 이번 주말에 특별한 계획 있어요? *Do you have any special plans for the weekend?*

▶ 특별히 기억나는 것은 없어요. *I don't remember anything special.*

		Present	Past	Future / Presumption
Declarative	I	특수해, 특수하지	특수했어, 특수했지	특수하겠어, 특수하겠지, 특수할 거야
	II	특수해요, 특수하죠	특수했어요, 특수했죠	특수하겠어요, 특수하겠죠, 특수할 거예요
	III	특수하다	특수했다	특수하겠다, 특수할 거다
	IV	특수합니다	특수했습니다	특수하겠습니다, 특수할 겁니다
Interrogative	I	특수해?, 특수하지?	특수했어?, 특수했지?	특수하겠어?, 특수할까?
	II	특수해요?, 특수하죠?	특수했어요?, 특수했죠?	특수하겠어요?, 특수할까요?
	III	특수하니?, 특수하냐?	특수했니?, 특수했냐?	특수하겠니?, 특수하겠냐?
	IV	특수합니까?	특수했습니까?	특수하겠습니까?
Adnominal		특수한	특수한	특수할

* I: Intimate / II: Polite / III: Plain / IV: Deferential

Conjunctive	and	특수하고, 특수하며	Conj.	not	특수하지 (않다)
	or	특수하거나, 특수하든(지)		adv.	특수하게
	but	특수하지만, 특수하나, 특수한데	Quot.	decl.	특수하다고
	so	특수해(서), 특수하니(까), 특수하므로		inter.	특수하냐고
	if	특수하면	Nominal		특수함, 특수하기
	though	특수해도	Subject Honorific		특수하시다
	as (if)	특수하듯(이)	Causative		특수하게 하다

* Conj.: Conjunctive / Quot.: Quotative / adv.: adverbial / decl.: declarative / inter.: interrogative

special, unusual (*syn.* 특이하다) F 특수한 N 교육, 훈련 | 효과 | 부대 | 기술, 제작, 촬영 | 경우, 사례, 케이스 | 재료 | 체질

▶ 이번은 매우 특수한 경우입니다. *This is a very special case.*
▶ 그는 군대에서 특수한 훈련을 받았다. *He received special training in the army.*

		Present	Past	Future / Presumption
Declarative	I	특이해, 특이하지	특이했어, 특이했지	특이하겠어, 특이하겠지, 특이할 거야
	II	특이해요, 특이하죠	특이했어요, 특이했죠	특이하겠어요, 특이하겠죠, 특이할 거예요
	III	특이하다	특이했다	특이하겠다, 특이할 거다
	IV	특이합니다	특이했습니다	특이하겠습니다, 특이할 겁니다
Interrogative	I	특이해?, 특이하지?	특이했어?, 특이했지?	특이하겠어?, 특이할까?
	II	특이해요?, 특이하죠?	특이했어요?, 특이했죠?	특이하겠어요?, 특이할까요?
	III	특이하니?, 특이하냐?	특이했니?, 특이했냐?	특이하겠니?, 특이하겠냐?
	IV	특이합니까?	특이했습니까?	특이하겠습니까?
Adnominal		특이한	특이한	특이할

* I: Intimate / II: Polite / III: Plain / IV: Deferential

Conjunctive	and	특이하고, 특이하며	Conj.	not	특이하지 (않다)
	or	특이하거나, 특이하든(지)		adv.	특이하게
	but	특이하지만, 특이하나, 특이한데	Quot.	decl.	특이하다고
	so	특이해(서), 특이하니(까), 특이하므로		inter.	특이하냐고
	if	특이하면	Nominal		특이함, 특이하기
	though	특이해도	Subject Honorific		특이하시다
	as (if)	특이하듯(이)	Causative		특이하게 하다

* Conj.: Conjunctive / Quot.: Quotative / adv.: adverbial / decl.: declarative / inter.: interrogative

---

unusual, unique (*syn.* 독특하다) ADV 좀 | 매우, 아주, 정말 N 체질 | 성격 | 맛 | 모양 | 사람, 존재 | 사례 | 모습 | 목소리 | 복장, 옷차림 | 향 V 생기다

▶ 목소리가 정말 특이하시네요. *You have a unique voice.*

▶ 이 음식은 맛이 좀 특이하다. *This food tastes somewhat peculiar.*

		Present	Past	Future / Presumption
Declarative	I	특정해, 특정하지	특정했어, 특정했지	특정하겠어, 특정하겠지, 특정할 거야
	II	특정해요, 특정하죠	특정했어요, 특정했죠	특정하겠어요, 특정하겠죠, 특정할 거예요
	III	특정하다	특정했다	특정하겠다, 특정할 거다
	IV	특정합니다	특정했습니다	특정하겠습니다, 특정할 겁니다
Interrogative	I	특정해?, 특정하지?	특정했어?, 특정했지?	특정하겠어?, 특정할까?
	II	특정해요?, 특정하죠?	특정했어요?, 특정했죠?	특정하겠어요?, 특정할까요?
	III	특정하니?, 특정하냐?	특정했니?, 특정했냐?	특정하겠니?, 특정하겠냐?
	IV	특정합니까?	특정했습니까?	특정하겠습니까?
Adnominal		특정한	특정한	특정할

* I: Intimate / II: Polite / III: Plain / IV: Deferential

Conjunctive	and	특정하고, 특정하며	Conj.	not	특정하지 (않다)
	or	특정하거나, 특정하든(지)		adv.	특정하게
	but	특정하지만, 특정하나, 특정한데	Quot.	decl.	특정하다고
	so	특정해(서), 특정하니(까), 특정하므로		inter.	특정하냐고
	if	특정하면		Nominal	특정함, 특정하기
	though	특정해도		Subject Honorific	특정하시다
	as (if)	특정하듯(이)		Causative	특정하게 하다

* Conj.: Conjunctive / Quot.: Quotative / adv.: adverbial / decl.: declarative / inter.: interrogative

---

particular, certain F 특정한 N 지역 | 집단 | 종류 | 사건 | 상품 | 목적 | 문제, 분야, 주제 | 후보

▶ 저는 특정한 후보를 지지하지 않습니다. *I don't support any particular candidate.*
▶ 그 바이러스는 몸 안의 특정한 세포를 공격한다. *The virus attacks specific cells in the body.*

		Present	Past	Future / Presumption
Declarative	I	튼튼해, 튼튼하지	튼튼했어, 튼튼했지	튼튼하겠어, 튼튼하겠지, 튼튼할 거야
	II	튼튼해요, 튼튼하죠	튼튼했어요, 튼튼했죠	튼튼하겠어요, 튼튼하겠죠, 튼튼할 거예요
	III	튼튼하다	튼튼했다	튼튼하겠다, 튼튼할 거다
	IV	튼튼합니다	튼튼했습니다	튼튼하겠습니다, 튼튼할 겁니다
Interrogative	I	튼튼해?, 튼튼하지?	튼튼했어?, 튼튼했지?	튼튼하겠어?, 튼튼할까?
	II	튼튼해요?, 튼튼하죠?	튼튼했어요?, 튼튼했죠?	튼튼하겠어요?, 튼튼할까요?
	III	튼튼하니?, 튼튼하냐?	튼튼했니?, 튼튼했냐?	튼튼하겠니?, 튼튼하겠냐?
	IV	튼튼합니까?	튼튼했습니까?	튼튼하겠습니까?
Adnominal		튼튼한	튼튼한	튼튼할

* I: Intimate / II: Polite / III: Plain / IV: Deferential

Conjunctive	and	튼튼하고, 튼튼하며	Conj.	not	튼튼하지 (않다)
	or	튼튼하거나, 튼튼하든(지)		adv.	튼튼하게, 튼튼히
	but	튼튼하지만, 튼튼하나, 튼튼한데	Quot.	decl.	튼튼하다고
	so	튼튼해(서), 튼튼하니(까), 튼튼하므로		inter.	튼튼하냐고
	if	튼튼하면	Nominal		튼튼함, 튼튼하기
	though	튼튼해도	Subject Honorific		튼튼하시다
	as (if)	튼튼하듯(이)	Causative		튼튼하게 하다

* Conj.: Conjunctive / Quot.: Quotative / adv.: adverbial / decl.: declarative / inter.: interrogative

---

strong, sturdy (*syn.* 견고하다, 건강하다 *ant.* 약하다) **ADV** 꽤, 상당히, 아주 **N** 골격, 몸, 사람, 체격 | 건물, 다리, 의자, 집, 책상 | 기업, 회사 | 구조, 기초, 뼈대 | 밧줄 **V** 만들다, 짓다 | 묶다

▸ 이 의자는 아주 튼튼해요. *This chair is very strong.*

▸ 오래 가려면 기초가 튼튼해야 한다. *To last long, the foundation should be solid.*

		Present	Past	Future / Presumption
Declarative	I	틀림없어, 틀림없지	틀림없었어, 틀림없었지	틀림없겠어, 틀림없겠지, 틀림없을 거야
	II	틀림없어요, 틀림없죠	틀림없었어요, 틀림없었죠	틀림없겠어요, 틀림없겠죠, 틀림없을 거예요
	III	틀림없다	틀림없었다	틀림없겠다, 틀림없을 거다
	IV	틀림없습니다	틀림없었습니다	틀림없겠습니다, 틀림없을 겁니다
Interrogative	I	틀림없어?, 틀림없지?	틀림없었어?, 틀림없었지?	틀림없겠어?, 틀림없을까?
	II	틀림없어요?, 틀림없죠?	틀림없었어요?, 틀림없었죠?	틀림없겠어요?, 틀림없을까요?
	III	틀림없니?, 틀림없(느)냐?	틀림없었니?, 틀림없었냐?	틀림없겠니?, 틀림없겠냐?
	IV	틀림없습니까?	틀림없었습니까?	틀림없겠습니까?
Adnominal		틀림없는	틀림없는	틀림없을

* I: Intimate / II: Polite / III: Plain / IV: Deferential

Conjunctive	and	틀림없고, 틀림없으며	Conj.	not	틀림없지 (않다)
	or	틀림없거나, 틀림없든(지)		adv.	틀림없게, 틀림없이
	but	틀림없지만, 틀림없으나, 틀림없는데	Quot.	decl.	틀림없다고
	so	틀림없어(서), 틀림없으니(까), 틀림없으므로		inter.	틀림없(느)냐고
	if	틀림없으면	Nominal		틀림없음, 틀림없기
	though	틀림없어도	Subject Honorific		틀림없으시다
	as (if)	틀림없듯(이)	Causative		틀림없게 하다

* Conj.: Conjunctive / Quot.: Quotative / adv.: adverbial / decl.: declarative / inter.: interrogative

sure, certain (*syn.* 분명하다, 확실하다) ADV 거의 N 사실, 진짜 | 물건 V 단언하다, 보증하다, 생각하다, 확신하다

▶ 이건 틀림없는 거짓말이야. *This is a definite lie.*
▶ 그녀가 수지일 리가 없어. 네가 잘못 본 게 틀림없어. *She can't be Suji. You must be mistaken.*
▶ 틀림없어? *Are you sure?*

		Present	Past	Future / Presumption
Declarative	I	파래, 파랗지	파랬어, 파랬지	파랗겠어, 파랗겠지, 파랄 거야
	II	파래요, 파랗죠	파랬어요, 파랬죠	파랗겠어요, 파랗겠죠, 파랄 거예요
	III	파랗다	파랬다	파랗겠다, 파랄 거다
	IV	파랗습니다	파랬습니다	파랗겠습니다, 파랄 겁니다
Interrogative	I	파래?, 파랗지?	파랬어?, 파랬지?	파랗겠어?, 파랄까?
	II	파래요?, 파랗죠?	파랬어요?, 파랬죠?	파랗겠어요?, 파랄까요?
	III	파랗니?, 파라냐?/파랗냐?	파랬니?, 파랬냐?	파랗겠니?, 파랗겠냐?
	IV	파랗습니까?	파랬습니까?	파랗겠습니까?
Adnominal		파란	파란	파랄

* I: Intimate / II: Polite / III: Plain / IV: Deferential

Conjunctive	and	파랗고, 파라며		Conj.	not	파랗지 (않다)
	or	파랗거나, 파랗든(지)			adv.	파랗게
	but	파랗지만, 파라나, 파란데		Quot.	decl.	파랗다고
	so	파래(서), 파라니(까), 파라므로			inter.	파라냐고/파랗냐고
	if	파라면		Nominal		파람, 파랗기
	though	파래도		Subject Honorific		파라시다
	as (if)	파랗듯(이)		Causative		파랗게 하다

* Conj.: Conjunctive / Quot.: Quotative / adv.: adverbial / decl.: declarative / inter.: interrogative

blue (*syn.* 푸르다) N 하늘 | 눈 | 빛깔, 색 | 넥타이, 모자, 셔츠 | 물감 V 질리다

▶ 눈이 파랗게 멍들었어요. *I got a black eye.*

▶ 하늘을 꼭 파랗게 칠할 필요는 없어. *You don't have to paint the sky blue.*

▶ 그의 얼굴이 공포로 파랗게 질렸다. *His face turned pale with fear.*

		Present	Past	Future / Presumption
Declarative	I	편리해, 편리하지	편리했어, 편리했지	편리하겠어, 편리하겠지, 편리할 거야
	II	편리해요, 편리하죠	편리했어요, 편리했죠	편리하겠어요, 편리하겠죠, 편리할 거예요
	III	편리하다	편리했다	편리하겠다, 편리할 거다
	IV	편리합니다	편리했습니다	편리하겠습니다, 편리할 겁니다
Interrogative	I	편리해?, 편리하지?	편리했어?, 편리했지?	편리하겠어?, 편리할까?
	II	편리해요?, 편리하죠?	편리했어요?, 편리했죠?	편리하겠어요?, 편리할까요?
	III	편리하니?, 편리하냐?	편리했니?, 편리했냐?	편리하겠니?, 편리하겠냐?
	IV	편리합니까?	편리했습니까?	편리하겠습니까?
Adnominal		편리한	편리한	편리할

* I: Intimate / II: Polite / III: Plain / IV: Deferential

Conjunctive	and	편리하고, 편리하며	Conj.	not	편리하지 (않다)
	or	편리하거나, 편리하든(지)		adv.	편리하게
	but	편리하지만, 편리하나, 편리한데	Quot.	decl.	편리하다고
	so	편리해(서), 편리하니(까), 편리하므로		inter.	편리하냐고
	if	편리하면		Nominal	편리함, 편리하기
	though	편리해도		Subject Honorific	편리하시다
	as (if)	편리하듯(이)		Causative	편리하게 하다

* Conj.: Conjunctive / Quot.: Quotative / adv.: adverbial / decl.: declarative / inter.: interrogative

convenient (*ant.* 불편하다) **P** -기(에), -에 **ADV** 대단히, 매우, 아주, 정말 **N** 곳, 위치, 장소 | 때, 시간 | 기능 | 교통 | 도구, 물건, 시설, 장치 | 방법 | 세상

▶ 이 동네는 대체로 교통이 편리해요. *This neighborhood is convenient for transportation.*

▶ 이 핸드폰은 어른들이 사용하기에 편리해요. *This cell phone is convenient for senior citizens.*

		Present	Past	Future / Presumption
Declarative	I	편안해, 편안하지	편안했어, 편안했지	편안하겠어, 편안하겠지, 편안할 거야
	II	편안해요, 편안하죠	편안했어요, 편안했죠	편안하겠어요, 편안하겠죠, 편안할 거예요
	III	편안하다	편안했다	편안하겠다, 편안할 거다
	IV	편안합니다	편안했습니다	편안하겠습니다, 편안할 겁니다
Interrogative	I	편안해?, 편안하지?	편안했어?, 편안했지?	편안하겠어?, 편안할까?
	II	편안해요?, 편안하죠?	편안했어요?, 편안했죠?	편안하겠어요?, 편안할까요?
	III	편안하니?, 편안하냐?	편안했니?, 편안했냐?	편안하겠니?, 편안하겠냐?
	IV	편안합니까?	편안했습니까?	편안하겠습니까?
Adnominal		편안한	편안한	편안할

* I: Intimate / II: Polite / III: Plain / IV: Deferential

Conjunctive	and	편안하고, 편안하며	Conj.	not	편안하지 (않다)
	or	편안하거나, 편안하든(지)		adv.	편안하게, 편안히
	but	편안하지만, 편안하나, 편안한데	Quot.	decl.	편안하다고
	so	편안해(서), 편안하니(까), 편안하므로		inter.	편안하냐고
	if	편안하면	Nominal		편안함, 편안하기
	though	편안해도	Subject Honorific		편안하시다
	as (if)	편안하듯(이)	Causative		편안하게 하다

* Conj.: Conjunctive / Quot.: Quotative / adv.: adverbial / decl.: declarative / inter.: interrogative

comfortable (*syn.* 편하다 *ant.* 불안하다, 불편하다) **ADV** 정말 | 두루 **N** 기분, 느낌, 마음 | 분위기 | 상태, 얼굴, 자세 | 시간 | 생활 | 여행 | 곳, 옷, 의자, 호텔 **V** 느끼다 | 살다, 지내다 | 눕다, 쉬다, 앉다

▸ 그 사람하고 같이 있으면 마음이 편안해요. *I feel at ease when I'm with him.*
▸ 의자가 참 편안하네요. *The chair is so comfortable.*
▸ 편안히 쉬세요. *Take it easy.*

		Present	Past	Future / Presumption
Declarative	I	편해, 편하지	편했어, 편했지	편하겠어, 편하겠지, 편할 거야
	II	편해요, 편하죠	편했어요, 편했죠	편하겠어요, 편하겠죠, 편할 거예요
	III	편하다	편했다	편하겠다, 편할 거다
	IV	편합니다	편했습니다	편하겠습니다, 편할 겁니다
Interrogative	I	편해?, 편하지?	편했어?, 편했지?	편하겠어?, 편할까?
	II	편해요?, 편하죠?	편했어요?, 편했죠?	편하겠어요?, 편할까요?
	III	편하니?, 편하냐?	편했니?, 편했냐?	편하겠니?, 편하겠냐?
	IV	편합니까?	편했습니까?	편하겠습니까?
Adnominal		편한	편한	편할

* I: Intimate / II: Polite / III: Plain / IV: Deferential

Conjunctive	and	편하고, 편하며	Conj.	not	편하지 (않다)
	or	편하거나, 편하든(지)		adv.	편하게, 편히
	but	편하지만, 편하나, 편한데	Quot.	decl.	편하다고
	so	편해(서), 편하니(까), 편하므로		inter.	편하냐고
	if	편하면	Nominal		편함, 편하기
	though	편해도	Subject Honorific		편하시다
	as (if)	편하듯(이)	Causative		편하게 하다

* Conj.: Conjunctive / Quot.: Quotative / adv.: adverbial / decl.: declarative / inter.: interrogative

1 comfortable, relaxed (*syn.* 편안하다 *ant.* 불편하다) **ADV** 더, 훨씬 | 가장, 제일, 참 | 그냥 **N** 날, 때, 시간 | 예약 | 시설 | 사람, 친구 | 복장, 옷 | 마음 | 곳, 장소 **V** 보내다, 지내다 | 보다, 쉬다, 앉다

▶ 편한 자세로 누우세요. *Lie down in a comfortable position.*
▶ 저는 집에서 일하는 게 편해요. *I feel comfortable working at home.*

2 convenient (*syn.* 편리하다 *ant.* 불편하다) **P** -에, -에게 **ADV** 매우, 아주 **N** 예약 | 시설 | 시간 | 변경 | 이용

▶ 이 전자사전은 사용하기에 상당히 편하다. *This electronic dictionary is quite easy to use.*
▶ 글자가 큰 책들은 읽기에 편해요. *Large print books are easy to read.*

		Present	Past	Future / Presumption
Declarative	I	평등해, 평등하지	평등했어, 평등했지	평등하겠어, 평등하겠지, 평등할 거야
	II	평등해요, 평등하죠	평등했어요, 평등했죠	평등하겠어요, 평등하겠죠, 평등할 거예요
	III	평등하다	평등했다	평등하겠다, 평등할 거다
	IV	평등합니다	평등했습니다	평등하겠습니다, 평등할 겁니다
Interrogative	I	평등해?, 평등하지?	평등했어?, 평등했지?	평등하겠어?, 평등할까?
	II	평등해요?, 평등하죠?	평등했어요?, 평등했죠?	평등하겠어요?, 평등할까요?
	III	평등하니?, 평등하냐?	평등했니?, 평등했냐?	평등하겠니?, 평등하겠냐?
	IV	평등합니까?	평등했습니까?	평등하겠습니까?
Adnominal		평등한	평등한	평등할

* I: Intimate / II: Polite / III: Plain / IV: Deferential

Conjunctive	and	평등하고, 평등하며	Conj.	not	평등하지 (않다)
	or	평등하거나, 평등하든(지)		adv.	평등하게
	but	평등하지만, 평등하나, 평등한데	Quot.	decl.	평등하다고
	so	평등해(서), 평등하니(까), 평등하므로		inter.	평등하냐고
	if	평등하면	Nominal		평등함, 평등하기
	though	평등해도	Subject Honorific		평등하시다
	as (if)	평등하듯(이)	Causative		평등하게 하다

* Conj.: Conjunctive / Quot.: Quotative / adv.: adverbial / decl.: declarative / inter.: interrogative

equal (*syn.* 동등하다 *ant.* 불평등하다) P -와/과 ADV 똑같이, 모두 N 권리, 기회 | 사회 | 대우, 분배 | 교육 | 나라 | 삶 V 나누다 | 다루다, 대하다

▶ 모든 사람이 법 앞에서 평등하다. *All are equal before the law.*

▶ 만약 남자와 여자가 평등하다면, 왜 한국 여자들은 군대에 안 가죠? *If men and women are equal, why don't Korean women go into the service?*

		Present	Past	Future / Presumption
Declarative	I	평범해, 평범하지	평범했어, 평범했지	평범하겠어, 평범하겠지, 평범할 거야
	II	평범해요, 평범하죠	평범했어요, 평범했죠	평범하겠어요, 평범하겠죠, 평범할 거예요
	III	평범하다	평범했다	평범하겠다, 평범할 거다
	IV	평범합니다	평범했습니다	평범하겠습니다, 평범할 겁니다
Interrogative	I	평범해?, 평범하지?	평범했어?, 평범했지?	평범하겠어?, 평범할까?
	II	평범해요?, 평범하죠?	평범했어요?, 평범했죠?	평범하겠어요?, 평범할까요?
	III	평범하니?, 평범하냐?	평범했니?, 평범했냐?	평범하겠니?, 평범하겠냐?
	IV	평범합니까?	평범했습니까?	평범하겠습니까?
Adnominal		평범한	평범한	평범할

* I: Intimate / II: Polite / III: Plain / IV: Deferential

Conjunctive	and	평범하고, 평범하며	Conj.	not	평범하지 (않다)
	or	평범하거나, 평범하든(지)		adv.	평범하게
	but	평범하지만, 평범하나, 평범한데	Quot.	decl.	평범하다고
	so	평범해(서), 평범하니(까), 평범하므로		inter.	평범하냐고
	if	평범하면	Nominal		평범함, 평범하기
	though	평범해도	Subject Honorific		평범하시다
	as (if)	평범하듯(이)	Causative		평범하게 하다

* Conj.: Conjunctive / Quot.: Quotative / adv.: adverbial / decl.: declarative / inter.: interrogative

ordinary, common (*syn.* 무난하다 *ant.* 비범하다, 뛰어나다) **ADV** 그냥, 그저 | (지)극히, 아주 **N** 사람, 샐러리맨, 인간, 인물, 학생 | 삶, 생활, 인생, 일생 | 생각 | 문구 | 가정 | 연기 | 작품 | 행복 | 경치 | 문제, 실수 | 수준 | 용모 **V** 살다 | 행동하다 | 보이다

▶ 죄송하지만 귀하의 디자인은 너무 평범합니다. *I'm sorry but your design is too plain.*

▶ 학창 시절에 저는 평범한 학생이었어요. *I was an ordinary student at school.*

		Present	Past	Future / Presumption
Declarative	I	평화로워, 평화롭지	평화로웠어, 평화로웠지	평화롭겠어, 평화롭겠지, 평화로울 거야
	II	평화로워요, 평화롭죠	평화로웠어요, 평화로웠죠	평화롭겠어요, 평화롭겠죠, 평화로울 거예요
	III	평화롭다	평화로웠다	평화롭겠다, 평화로울 거다
	IV	평화롭습니다	평화로웠습니다	평화롭겠습니다, 평화로울 겁니다
Interrogative	I	평화로워?, 평화롭지?	평화로웠어?, 평화로웠지?	평화롭겠어?, 평화로울까?
	II	평화로워요?, 평화롭죠?	평화로웠어요?, 평화로웠죠?	평화롭겠어요?, 평화로울까요?
	III	평화롭니?, 평화로우냐?/평화롭냐?	평화로웠니?, 평화로웠냐?	평화롭겠니?, 평화롭겠냐?
	IV	평화롭습니까?	평화로웠습니까?	평화롭겠습니까?
Adnominal		평화로운	평화로운	평화로울

* I: Intimate / II: Polite / III: Plain / IV: Deferential

Conjunctive	and	평화롭고, 평화로우며	Conj.	not	평화롭지 (않다)
	or	평화롭거나, 평화롭든(지)		adv.	평화롭게, 평화로이
	but	평화롭지만, 평화로우나, 평화로운데	Quot.	decl.	평화롭다고
	so	평화로워(서), 평화로우니(까), 평화로우므로		inter.	평화로우냐고/평화롭냐고
	if	평화로우면		Nominal	평화로움, 평화롭기
	though	평화로워도		Subject Honorific	평화로우시다
	as (if)	평화롭듯(이)		Causative	평화롭게 하다

* Conj.: Conjunctive / Quot.: Quotative / adv.: adverbial / decl.: declarative / inter.: interrogative

peaceful **N** 공존 | 시기, 시대 | 통일 | 가정 | 상태 | 분위기 | 농촌, 마을 **V** 살다, 지내다 | 바라다, 원하다 | 지키다 | 깨뜨리다

▶ 아기가 평화롭게 자고 있다. *The baby is sleeping peacefully.*

▶ 남편과 저는 평화로운 시골 생활을 즐기고 있어요. *My husband and I are enjoying a peaceful rural life.*

		Present	Past	Future / Presumption
Declarative	I	포근해, 포근하지	포근했어, 포근했지	포근하겠어, 포근하겠지, 포근할 거야
	II	포근해요, 포근하죠	포근했어요, 포근했죠	포근하겠어요, 포근하겠죠, 포근할 거예요
	III	포근하다	포근했다	포근하겠다, 포근할 거다
	IV	포근합니다	포근했습니다	포근하겠습니다, 포근할 겁니다
Interrogative	I	포근해?, 포근하지?	포근했어?, 포근했지?	포근하겠어?, 포근할까?
	II	포근해요?, 포근하죠?	포근했어요?, 포근했죠?	포근하겠어요?, 포근할까요?
	III	포근하니?, 포근하냐?	포근했니?, 포근했냐?	포근하겠니?, 포근하겠냐?
	IV	포근합니까?	포근했습니까?	포근하겠습니까?
Adnominal		포근한	포근한	포근할

* I: Intimate / II: Polite / III: Plain / IV: Deferential

Conjunctive	and	포근하고, 포근하며	Conj.	not	포근하지 (않다)
	or	포근하거나, 포근하든(지)		adv.	포근하게, 포근히
	but	포근하지만, 포근하나, 포근한데	Quot.	decl.	포근하다고
	so	포근해(서), 포근하니(까), 포근하므로		inter.	포근하냐고
	if	포근하면	Nominal		포근함, 포근하기
	though	포근해도	Subject Honorific		포근하시다
	as (if)	포근하듯(이)	Causative		포근하게 하다

* Conj.: Conjunctive / Quot.: Quotative / adv.: adverbial / decl.: declarative / inter.: interrogative

cozy, warm (*syn.* 아늑하다) ADV 아주 N 날씨 | 이불, 침대 | 겨울, 봄볕 | 느낌, 분위기 | 사람 V 느끼다

▸ 이 이불은 참 포근해요. *I feel so snug under this comforter.*

▸ 오늘은 날씨가 포근합니다. *It's a mild day today.*

폭넓다 /퐁널따/ pong·neol·da

		Present	Past	Future / Presumption
Declarative	I	폭넓어, 폭넓지	폭넓었어, 폭넓었지	폭넓겠어, 폭넓겠지, 폭넓을 거야
	II	폭넓어요, 폭넓죠	폭넓었어요, 폭넓었죠	폭넓겠어요, 폭넓겠죠, 폭넓을 거예요
	III	폭넓다	폭넓었다	폭넓겠다, 폭넓을 거다
	IV	폭넓습니다	폭넓었습니다	폭넓겠습니다, 폭넓을 겁니다
Interrogative	I	폭넓어?, 폭넓지?	폭넓었어?, 폭넓었지?	폭넓겠어?, 폭넓을까?
	II	폭넓어요?, 폭넓죠?	폭넓었어요?, 폭넓었죠?	폭넓겠어요?, 폭넓을까요?
	III	폭넓니?, 폭넓(으)냐?	폭넓었니?, 폭넓었냐?	폭넓겠니?, 폭넓겠냐?
	IV	폭넓습니까?	폭넓었습니까?	폭넓겠습니까?
Adnominal		폭넓은	폭넓은	폭넓을

* I: Intimate / II: Polite / III: Plain / IV: Deferential

Conjunctive	and	폭넓고, 폭넓으며	Conj.	not	폭넓지 (않다)
	or	폭넓거나, 폭넓든(지)		adv.	폭넓게
	but	폭넓지만, 폭넓으나, 폭넓은데	Quot.	decl.	폭넓다고
	so	폭넓어(서), 폭넓으니(까), 폭넓으므로		inter.	폭넓(으)냐고
	if	폭넓으면		Nominal	폭넓음, 폭넓기
	though	폭넓어도		Subject Honorific	폭넓으시다
	as (if)	폭넓듯(이)		Causative	폭넓게 하다

* Conj.: Conjunctive / Quot.: Quotative / adv.: adverbial / decl.: declarative / inter.: interrogative

wide, extensive N 지지 | 경험, 교양, 지식 | 독서 | 영향 | 교제 | 의견 | 주제 | 활동

▸ 남편은 폭넓은 음악 지식을 갖고 있다. *My husband has a broad knowledge of music.*

▸ 저는 이 분야에 폭넓은 경험이 있습니다. *I have extensive experience in this area.*

		Present	Past	Future / Presumption
Declarative	I	푸르러, 푸르지	푸르렀어, 푸르렀지	푸르겠어, 푸르겠지, 푸를 거야
	II	푸르러요, 푸르죠	푸르렀어요, 푸르렀죠	푸르겠어요, 푸르겠죠, 푸를 거예요
	III	푸르다	푸르렀다	푸르겠다, 푸를 거다
	IV	푸릅니다	푸르렀습니다	푸르겠습니다, 푸를 겁니다
Interrogative	I	푸르러?, 푸르지?	푸르렀어?, 푸르렀지?	푸르겠어?, 푸를까?
	II	푸르러요?, 푸르죠?	푸르렀어요?, 푸르렀죠?	푸르겠어요?, 푸를까요?
	III	푸르니?, 푸르냐?	푸르렀니?, 푸르렀냐?	푸르겠니?, 푸르겠냐?
	IV	푸릅니까?	푸르렀습니까?	푸르겠습니까?
Adnominal		푸른	푸른	푸를

* I: Intimate / II: Polite / III: Plain / IV: Deferential

Conjunctive	and	푸르고, 푸르며	Conj.	not	푸르지 (않다)
	or	푸르거나, 푸르든(지)		adv.	푸르게
	but	푸르지만, 푸르나, 푸른데	Quot.	decl.	푸르다고
	so	푸르러(서), 푸르니(까), 푸르므로		inter.	푸르냐고
	if	푸르면		Nominal	푸름, 푸르기
	though	푸르러도		Subject Honorific	푸르시다
	as (if)	푸르듯(이)		Causative	푸르게 하다

* Conj.: Conjunctive / Quot.: Quotative / adv.: adverbial / decl.: declarative / inter.: interrogative

---

blue, azure, green **ADV** 온통 | 늘, 언제나 **N** 나무, 들판, 물, 바다, 봄, 산, 소나무, 숲, 초원, 하늘 | 빛 | 가을 | 기운 | 야채, 채소

▶ 푸른 들판이 우리 앞에 끝없이 펼쳐져 있었다. *The green field extended endlessly in front of us.*

▶ 하늘이 엄청 푸르러요. *The sky is clear blue.*

풍부하다 pung·bu·ha·da

		Present	Past	Future / Presumption
Declarative	I	풍부해, 풍부하지	풍부했어, 풍부했지	풍부하겠어, 풍부하겠지, 풍부할 거야
	II	풍부해요, 풍부하죠	풍부했어요, 풍부했죠	풍부하겠어요, 풍부하겠죠, 풍부할 거예요
	III	풍부하다	풍부했다	풍부하겠다, 풍부할 거다
	IV	풍부합니다	풍부했습니다	풍부하겠습니다, 풍부할 겁니다
Interrogative	I	풍부해?, 풍부하지?	풍부했어?, 풍부했지?	풍부하겠어?, 풍부할까?
	II	풍부해요?, 풍부하죠?	풍부했어요?, 풍부했죠?	풍부하겠어요?, 풍부할까요?
	III	풍부하니?, 풍부하냐?	풍부했니?, 풍부했냐?	풍부하겠니?, 풍부하겠냐?
	IV	풍부합니까?	풍부했습니까?	풍부하겠습니까?
Adnominal		풍부한	풍부한	풍부할

* I: Intimate / II: Polite / III: Plain / IV: Deferential

Conjunctive	and	풍부하고, 풍부하며	**Conj.**	not	풍부하지 (않다)
	or	풍부하거나, 풍부하든(지)		adv.	풍부하게
	but	풍부하지만, 풍부하나, 풍부한데	**Quot.**	decl.	풍부하다고
	so	풍부해(서), 풍부하니(까), 풍부하므로		inter.	풍부하냐고
	if	풍부하면	Nominal		풍부함, 풍부하기
	though	풍부해도	Subject Honorific		풍부하시다
	as (if)	풍부하듯(이)	Causative		풍부하게 하다

* Conj.: Conjunctive / Quot.: Quotative / adv.: adverbial / decl.: declarative / inter.: interrogative

rich, plentiful (*ant.* 부족하다, 모자라다) **ADV** 매우, 아주 | 비교적 **N** 경험 | 감(수)성, 상상력, 창의력, 창의성 | 자원 | 성량 | 상식, 정보, 지식, 학식 | 어휘(력) | 표정

▶ 우리나라는 자원이 풍부하지 않습니다. *My country isn't abundant in natural resources.*

▶ 상식이 풍부하시군요. *You have a great deal of common knowledge.*

▶ 유머 감각이 풍부한 남자가 제 이상형이에요. *My ideal type is a man with a good sense of humor.*

		Present	Past	Future / Presumption
Declarative	I	풍성해, 풍성하지	풍성했어, 풍성했지	풍성하겠어, 풍성하겠지, 풍성할 거야
	II	풍성해요, 풍성하죠	풍성했어요, 풍성했죠	풍성하겠어요, 풍성하겠죠, 풍성할 거예요
	III	풍성하다	풍성했다	풍성하겠다, 풍성할 거다
	IV	풍성합니다	풍성했습니다	풍성하겠습니다, 풍성할 겁니다
Interrogative	I	풍성해?, 풍성하지?	풍성했어?, 풍성했지?	풍성하겠어?, 풍성할까?
	II	풍성해요?, 풍성하죠?	풍성했어요?, 풍성했죠?	풍성하겠어요?, 풍성할까요?
	III	풍성하니?, 풍성하냐?	풍성했니?, 풍성했냐?	풍성하겠니?, 풍성하겠냐?
	IV	풍성합니까?	풍성했습니까?	풍성하겠습니까?
Adnominal		풍성한	풍성한	풍성할

* I: Intimate / II: Polite / III: Plain / IV: Deferential

Conjunctive	and	풍성하고, 풍성하며	Conj.	not	풍성하지 (않다)
	or	풍성하거나, 풍성하든(지)		adv.	풍성하게, 풍성히
	but	풍성하지만, 풍성하나, 풍성한데	Quot.	decl.	풍성하다고
	so	풍성해(서), 풍성하니(까), 풍성하므로		inter.	풍성하냐고
	if	풍성하면	Nominal		풍성함, 풍성하기
	though	풍성해도	Subject Honorific		풍성하시다
	as (if)	풍성하듯(이)	Causative		풍성하게 하다

* Conj.: Conjunctive / Quot.: Quotative / adv.: adverbial / decl.: declarative / inter.: interrogative

plentiful, abundant N 가을, 추석, 한가위 | 결실, 수확 | 볼거리 | 느낌 V 맺다

▸ 풍성한 한가위 되세요. *Have a great Hangawi!*

▸ 매년 그 축제는 볼거리가 풍성하다. *Every year there are a variety of interesting things to see at the festival.*

		Present	Past	Future / Presumption
Declarative	I	피곤해, 피곤하지	피곤했어, 피곤했지	피곤하겠어, 피곤하겠지, 피곤할 거야
	II	피곤해요, 피곤하죠	피곤했어요, 피곤했죠	피곤하겠어요, 피곤하겠죠, 피곤할 거예요
	III	피곤하다	피곤했다	피곤하겠다, 피곤할 거다
	IV	피곤합니다	피곤했습니다	피곤하겠습니다, 피곤할 겁니다
Interrogative	I	피곤해?, 피곤하지?	피곤했어?, 피곤했지?	피곤하겠어?, 피곤할까?
	II	피곤해요?, 피곤하죠?	피곤했어요?, 피곤했죠?	피곤하겠어요?, 피곤할까요?
	III	피곤하니?, 피곤하냐?	피곤했니?, 피곤했냐?	피곤하겠니?, 피곤하겠냐?
	IV	피곤합니까?	피곤했습니까?	피곤하겠습니까?
Adnominal		피곤한	피곤한	피곤할

* I: Intimate / II: Polite / III: Plain / IV: Deferential

Conjunctive	and	피곤하고, 피곤하며	Conj.	not	피곤하지 (않다)
	or	피곤하거나, 피곤하든(지)		adv.	피곤하게
	but	피곤하지만, 피곤하나, 피곤한데	Quot.	decl.	피곤하다고
	so	피곤해(서), 피곤하니(까), 피곤하므로		inter.	피곤하냐고
	if	피곤하면		Nominal	피곤함, 피곤하기
	though	피곤해도		Subject Honorific	피곤하시다
	as (if)	피곤하듯(이)		Causative	피곤하게 하다

* Conj.: Conjunctive / Quot.: Quotative / adv.: adverbial / decl.: declarative / inter.: interrogative

tired, fatigued (*syn.* 피로하다) ADV 너무, 몹시, 정말, 참 | 조금, 좀 | 요즘 N 때 | 몸 | 기색, 모양, 사람, 얼굴 | 탓 | 하루 | 기분 | 눈, 다리, 입술 | 스타일 V 죽다 | 지치다 | 눕다, 쉬다 | 보이다

▶ 몹시 피곤해 보이시네요. 좀 쉬세요. *You look so tired. Get some rest.*
▶ 그 여자는 정말 피곤한 스타일이다. *She's a pretty tiring person.*

		Present	Past	Future / Presumption
Declarative	I	피로해, 피로하지	피로했어, 피로했지	피로하겠어, 피로하겠지, 피로할 거야
	II	피로해요, 피로하죠	피로했어요, 피로했죠	피로하겠어요, 피로하겠죠, 피로할 거예요
	III	피로하다	피로했다	피로하겠다, 피로할 거다
	IV	피로합니다	피로했습니다	피로하겠습니다, 피로할 겁니다
Interrogative	I	피로해?, 피로하지?	피로했어?, 피로했지?	피로하겠어?, 피로할까?
	II	피로해요?, 피로하죠?	피로했어요?, 피로했죠?	피로하겠어요?, 피로할까요?
	III	피로하니?, 피로하냐?	피로했니?, 피로했냐?	피로하겠니?, 피로하겠냐?
	IV	피로합니까?	피로했습니까?	피로하겠습니까?
Adnominal		피로한	피로한	피로할

* I: Intimate / II: Polite / III: Plain / IV: Deferential

Conjunctive	and	피로하고, 피로하며	Conj.	not	피로하지 (않다)
	or	피로하거나, 피로하든(지)		adv.	피로하게
	but	피로하지만, 피로하나, 피로한데	Quot.	decl.	피로하다고
	so	피로해(서), 피로하니(까), 피로하므로		inter.	피로하냐고
	if	피로하면		Nominal	피로함, 피로하기
	though	피로해도		Subject Honorific	피로하시다
	as (if)	피로하듯(이)		Causative	피로하게 하다

* Conj.: Conjunctive / Quot.: Quotative / adv.: adverbial / decl.: declarative / inter.: interrogative

tired, fatigued (*syn.* 피곤하다) **ADV** 몹시, 정말 **N** 기색, 몸, 얼굴 | 모양 | 눈 **V** 보이다

▸요즘 들어 눈이 몹시 피로해요. *These days, my eyes feel so tired.*

▸모두가 지쳤지만, 그에게서는 피로한 기색을 찾아볼 수 없었다. *Everybody was exhausted, but he didn't look tired at all.*

		Present	Past	Future / Presumption
Declarative	I	필요해, 필요하지	필요했어, 필요했지	필요하겠어, 필요하겠지, 필요할 거야
	II	필요해요, 필요하죠	필요했어요, 필요했죠	필요하겠어요, 필요하겠죠, 필요할 거예요
	III	필요하다	필요했다	필요하겠다, 필요할 거다
	IV	필요합니다	필요했습니다	필요하겠습니다, 필요할 겁니다
Interrogative	I	필요해?, 필요하지?	필요했어?, 필요했지?	필요하겠어?, 필요할까?
	II	필요해요?, 필요하죠?	필요했어요?, 필요했죠?	필요하겠어요?, 필요할까요?
	III	필요하니?, 필요하냐?	필요했니?, 필요했냐?	필요하겠니?, 필요하겠냐?
	IV	필요합니까?	필요했습니까?	필요하겠습니까?
Adnominal		필요한	필요한	필요할

* I: Intimate / II: Polite / III: Plain / IV: Deferential

Conjunctive	and	필요하고, 필요하며	Conj.	not	필요하지 (않다)
	or	필요하거나, 필요하든(지)		adv.	필요하게
	but	필요하지만, 필요하나, 필요한데	Quot.	decl.	필요하다고
	so	필요해(서), 필요하니(까), 필요하므로		inter.	필요하냐고
	if	필요하면	Nominal		필요함, 필요하기
	though	필요해도	Subject Honorific		필요하시다
	as (if)	필요하듯(이)	Causative		필요하게 하다

* Conj.: Conjunctive / Quot.: Quotative / adv.: adverbial / decl.: declarative / inter.: interrogative

necessary (*ant.* 불필요하다) **P** -에, -에게 **ADV** 더 | 꼭, 반드시, 절실히 | 당장 **N** 때 | 것, 물건, 물품, 서류, 자료 | 사람 | 사항, 정보 | 돈 | 재료 | 기술 | 도움

▶ 도움이 필요하면 부르세요. *Call me if you need help.*

▶ 다른 사람들에게 꼭 필요한 사람이 되고 싶어요. *I want to be a person who is needed by others.*

		Present	Past	Future / Presumption
Declarative	I	하얘, 하얗지	하얬어, 하얬지	하얗겠어, 하얗겠지, 하얄 거야
	II	하얘요, 하얗죠	하얬어요, 하얬죠	하얗겠어요, 하얗겠죠, 하얄 거예요
	III	하얗다	하얬다	하얗겠다, 하얄 거다
	IV	하얗습니다	하얬습니다	하얗겠습니다, 하얄 겁니다
Interrogative	I	하얘?, 하얗지?	하얬어?, 하얬지?	하얗겠어?, 하얄까?
	II	하얘요?, 하얗죠?	하얬어요?, 하얬죠?	하얗겠어요?, 하얄까요?
	III	하얗니?, 하야냐?/하얗냐?	하얬니?, 하얬냐?	하얗겠니?, 하얗겠냐?
	IV	하얗습니까?	하얬습니까?	하얗겠습니까?
Adnominal		하얀	하얀	하얄

* I: Intimate / II: Polite / III: Plain / IV: Deferential

Conjunctive	and	하얗고, 하야며	Conj.	not	하얗지 (않다)
	or	하얗거나, 하얗든(지)		adv.	하얗게
	but	하얗지만, 하야나, 하얀데	Quot.	decl.	하얗다고
	so	하얘(서), 하야니(까), 하야므로		inter.	하야냐고/하얗냐고
	if	하야면		Nominal	하얌, 하얗기
	though	하얘도		Subject Honorific	하야시다
	as (if)	하얗듯(이)		Causative	하얗게 하다

* Conj.: Conjunctive / Quot.: Quotative / adv.: adverbial / decl.: declarative / inter.: interrogative

white (*syn.* 희다 *ant.* 까맣다) N 눈 | 거품 | 얼굴, 이, 치아, 피부 | 구름, 꽃 | 종이 | 옷, 와이셔츠, 유니폼

▶ 스트레스 때문에 머리가 하얗게 셌어요. *Stress has turned my hair gray.*

▶ 하얀 눈이 온 세상을 뒤덮었어요. *White snow covered the whole world.*

		Present	Past	Future / Presumption
Declarative	I	하찮아, 하찮지	하찮았어, 하찮았지	하찮겠어, 하찮겠지, 하찮을 거야
	II	하찮아요, 하찮죠	하찮았어요, 하찮았죠	하찮겠어요, 하찮겠죠, 하찮을 거 예요
	III	하찮다	하찮았다	하찮겠다, 하찮을 거다
	IV	하찮습니다	하찮았습니다	하찮겠습니다, 하찮을 겁니다
Interrogative	I	하찮아?, 하찮지?	하찮았어?, 하찮았지?	하찮겠어?, 하찮을까?
	II	하찮아요?, 하찮죠?	하찮았어요?, 하찮았죠?	하찮겠어요?, 하찮을까요?
	III	하찮니?, 하찮(으)냐?	하찮았니?, 하찮았냐?	하찮겠니?, 하찮겠냐?
	IV	하찮습니까?	하찮았습니까?	하찮겠습니까?
Adnominal		하찮은	하찮은	하찮을

* I: Intimate / II: Polite / III: Plain / IV: Deferential

Conjunctive	and	하찮고, 하찮으며	Conj.	not	하찮지 (않다)
	or	하찮거나, 하찮든(지)		adv.	하찮게, 하찮이
	but	하찮지만, 하찮으나, 하찮은데	Quot.	decl.	하찮다고
	so	하찮아(서), 하찮으니(까), 하찮으므로		inter.	하찮(으)냐고
	if	하찮으면	Nominal		하찮음, 하찮기
	though	하찮아도	Subject Honorific		하찮으시다
	as (if)	하찮듯(이)	Causative		하찮게 하다

* Conj.: Conjunctive / Quot.: Quotative / adv.: adverbial / decl.: declarative / inter.: interrogative

---

trivial, unimportant, little (*syn.* 시시하다 *ant.* 중요하다) **ADV** 비록, 아무리 | 극히, 아주 **N** 것, 물건, 일 | 실수 | 사람, 인물, 존재 | 생각 | 문제 | 돈, 액수 | 재주 **V** 여기다

▶ 우리 하찮은 일로 싸우지 말자. *Let's stop arguing over a trivial thing.*

▶ 작은 벌레도 하찮게 여기지 마세요. *You shouldn't be dismissive of even the smallest bug.*

		Present	Past	Future / Presumption
Declarative	I	한가해, 한가하지	한가했어, 한가했지	한가하겠어, 한가하겠지, 한가할 거야
	II	한가해요, 한가하죠	한가했어요, 한가했죠	한가하겠어요, 한가하겠죠, 한가할 거예요
	III	한가하다	한가했다	한가하겠다, 한가할 거다
	IV	한가합니다	한가했습니다	한가하겠습니다, 한가할 겁니다
Interrogative	I	한가해?, 한가하지?	한가했어?, 한가했지?	한가하겠어?, 한가할까?
	II	한가해요?, 한가하죠?	한가했어요?, 한가했죠?	한가하겠어요?, 한가할까요?
	III	한가하니?, 한가하냐?	한가했니?, 한가했냐?	한가하겠니?, 한가하겠냐?
	IV	한가합니까?	한가했습니까?	한가하겠습니까?
Adnominal		한가한	한가한	한가할

* I: Intimate / II: Polite / III: Plain / IV: Deferential

Conjunctive	and	한가하고, 한가하며	Conj.	not	한가하지 (않다)
	or	한가하거나, 한가하든(지)		adv.	한가하게
	but	한가하지만, 한가하나, 한가한데	Quot.	decl.	한가하다고
	so	한가해(서), 한가하니(까), 한가하므로		inter.	한가하냐고
	if	한가하면		Nominal	한가함, 한가하기
	though	한가해도		Subject Honorific	한가하시다
	as (if)	한가하듯(이)		Causative	한가하게 하다

* Conj.: Conjunctive / Quot.: Quotative / adv.: adverbial / decl.: declarative / inter.: interrogative

free (*ant.* 바쁘다) P 너무, 무척 | 보통 N 사람 | 때, 세월, 시간

▶ 언제가 한가하세요? *When do you have free time?*

▶ 네가 한가할 때 전화해. *Call me when you have time.*

한심하다 han·sim·ha·da

		Present	Past	Future / Presumption
Declarative	I	한심해, 한심하지	한심했어, 한심했지	한심하겠어, 한심하겠지, 한심할 거야
	II	한심해요, 한심하죠	한심했어요, 한심했죠	한심하겠어요, 한심하겠죠, 한심할 거예요
	III	한심하다	한심했다	한심하겠다, 한심할 거다
	IV	한심합니다	한심했습니다	한심하겠습니다, 한심할 겁니다
Interrogative	I	한심해?, 한심하지?	한심했어?, 한심했지?	한심하겠어?, 한심할까?
	II	한심해요?, 한심하죠?	한심했어요?, 한심했죠?	한심하겠어요?, 한심할까요?
	III	한심하니?, 한심하냐?	한심했니?, 한심했냐?	한심하겠니?, 한심하겠냐?
	IV	한심합니까?	한심했습니까?	한심하겠습니까?
Adnominal		한심한	한심한	한심할

* I: Intimate / II: Polite / III: Plain / IV: Deferential

Conjunctive	and	한심하고, 한심하며	Conj.	not	한심하지 (않다)
	or	한심하거나, 한심하든(지)		adv.	한심하게
	but	한심하지만, 한심하나, 한심한데	Quot.	decl.	한심하다고
	so	한심해(서), 한심하니(까), 한심하므로		inter.	한심하냐고
	if	한심하면	Nominal		한심함, 한심하기
	though	한심해도	Subject Honorific		한심하시다
	as (if)	한심하듯(이)	Causative		한심하게 하다

* Conj.: Conjunctive / Quot.: Quotative / adv.: adverbial / decl.: declarative / inter.: interrogative

pathetic, pitiful ADV 너무, 정말 N 노릇, 짝 | 실수, 일, 짓거리 | 모습 | 사람, 새끼, 자식 | 생각 | 말, 소리 V 보이다

▶ 한심한 소리 좀 하지 마. *Don't be silly.*
▶ 내 자신이 정말 한심해 보여요. *I feel pathetic.*

		Present	Past	Future / Presumption
Declarative	I	해로워, 해롭지	해로웠어, 해로웠지	해롭겠어, 해롭겠지, 해로울 거야
	II	해로워요, 해롭죠	해로웠어요, 해로웠죠	해롭겠어요, 해롭겠죠, 해로울 거예요
	III	해롭다	해로웠다	해롭겠다, 해로울 거다
	IV	해롭습니다	해로웠습니다	해롭겠습니다, 해로울 겁니다
Interrogative	I	해로워?, 해롭지?	해로웠어?, 해로웠지?	해롭겠어?, 해로울까?
	II	해로워요?, 해롭죠?	해로웠어요?, 해로웠죠?	해롭겠어요?, 해로울까요?
	III	해롭니?, 해로우냐?/해롭냐?	해로웠니?, 해로웠냐?	해롭겠니?, 해롭겠냐?
	IV	해롭습니까?	해로웠습니까?	해롭겠습니까?
Adnominal		해로운	해로운	해로울

* I: Intimate / II: Polite / III: Plain / IV: Deferential

Conjunctive	and	해롭고, 해로우며	Conj.	not	해롭지 (않다)
	or	해롭거나, 해롭든(지)		adv.	해롭게, 해로이
	but	해롭지만, 해로우나, 해로운데	Quot.	decl.	해롭다고
	so	해로워(서), 해로우니(까), 해로우므로		inter.	해로우냐고/해롭냐고
	if	해로우면		Nominal	해로움, 해롭기
	though	해로워도		Subject Honorific	해로우시다
	as (if)	해롭듯(이)		Causative	해롭게 하다

* Conj.: Conjunctive / Quot.: Quotative / adv.: adverbial / decl.: declarative / inter.: interrogative

harmful, bad (*ant.* 이롭다) **P** -에, -에게 **ADV** 매우, 아주, 특히 **N** 건강, 눈, 몸, 피부 | 영향 | 물질 | 사람 **V** 끼치다, 입히다, 주다

▶ 과식은 건강에 해로워요. *Overeating is bad for your health.*

▶ 담배는 특히 십대 청소년들에게 해롭다. *Smoking is harmful, especially to teenagers.*

		Present	Past	Future / Presumption
Declarative	I	행복해, 행복하지	행복했어, 행복했지	행복하겠어, 행복하겠지, 행복할 거야
	II	행복해요, 행복하죠	행복했어요, 행복했죠	행복하겠어요, 행복하겠죠, 행복할 거예요
	III	행복하다	행복했다	행복하겠다, 행복할 거다
	IV	행복합니다	행복했습니다	행복하겠습니다, 행복할 겁니다
Interrogative	I	행복해?, 행복하지?	행복했어?, 행복했지?	행복하겠어?, 행복할까?
	II	행복해요?, 행복하죠?	행복했어요?, 행복했죠?	행복하겠어요?, 행복할까요?
	III	행복하니?, 행복하냐?	행복했니?, 행복했냐?	행복하겠니?, 행복하겠냐?
	IV	행복합니까?	행복했습니까?	행복하겠습니까?
Imperative	I	행복해	-	-
	II	행복하세요	-	-
	III	행복해라	-	-
	IV	행복하십시오	-	-
Adnominal		행복한	행복한	행복할

* I: Intimate / II: Polite / III: Plain / IV: Deferential

Conjunctive	and	행복하고, 행복하며	Conj.	not	행복하지 (않다)
	or	행복하거나, 행복하든(지)		adv.	행복하게
	but	행복하지만, 행복하나, 행복한데	Quot.	decl.	행복하다고
				inter.	행복하냐고
	so	행복해(서), 행복하니(까), 행복하므로		imp.	행복하라고
	if	행복하면		Nominal	행복함, 행복하기
	though	행복해도		Subject Honorific	행복하시다
	as (if)	행복하듯(이)		Causative	행복하게 하다

* Conj.: Conjunctive / Quot.: Quotative / adv.: adverbial / decl.: declarative / inter.: interrogative / imp.: imperative

happy (*ant.* 불행하다) ADV 부디 | 가장, 너무, 더없이, 정말 N 가정, 결혼 | 사람 | 나날, 날 | 미소, 얼굴, 웃음 | 기분, 마음, 모습 | 미래, 순간 | 생각 | 삶, 일생 V 살다 | 바라다, 빌다 ADJ 건강하다

▸ 저는 요즘 행복한 나날을 보내고 있어요. *I'm very happy these days.*
▸ 제 꿈은 행복한 가정을 꾸리는 거예요. *My dream is to have a happy family.*
▸ 건강하고, 행복해라. *Take care and be happy!*

		Present	Past	Future / Presumption
Declarative	I	허름해, 허름하지	허름했어, 허름했지	허름하겠어, 허름하겠지, 허름할 거야
	II	허름해요, 허름하죠	허름했어요, 허름했죠	허름하겠어요, 허름하겠죠, 허름할 거예요
	III	허름하다	허름했다	허름하겠다, 허름할 거다
	IV	허름합니다	허름했습니다	허름하겠습니다, 허름할 겁니다
Interrogative	I	허름해?, 허름하지?	허름했어?, 허름했지?	허름하겠어?, 허름할까?
	II	허름해요?, 허름하죠?	허름했어요?, 허름했죠?	허름하겠어요?, 허름할까요?
	III	허름하니?, 허름하냐?	허름했니?, 허름했냐?	허름하겠니?, 허름하겠냐?
	IV	허름합니까?	허름했습니까?	허름하겠습니까?
Adnominal		허름한	허름한	허름할

* I: Intimate / II: Polite / III: Plain / IV: Deferential

Conjunctive	and	허름하고, 허름하며	Conj.	not	허름하지 (않다)
	or	허름하거나, 허름하든(지)		adv.	허름하게
	but	허름하지만, 허름하나, 허름한데	Quot.	decl.	허름하다고
	so	허름해(서), 허름하니(까), 허름하므로		inter.	허름하냐고
	if	허름하면	Nominal		허름함, 허름하기
	though	허름해도	Subject Honorific		허름하시다
	as (if)	허름하듯(이)	Causative		허름하게 하다

* Conj.: Conjunctive / Quot.: Quotative / adv.: adverbial / decl.: declarative / inter.: interrogative

shabby, humble N (옷)차림, 구두, 몰골, 옷 | 가게, 술집, 집, 호텔

▸ 사람들은 그의 허름한 옷차림 때문에 그를 거지라고 생각했다. *People thought him to be a beggar because of his shabby clothes.*

▸ 우리는 정말로 허름한 호텔에 묵었지만, 그래도 행복했다. *We were happy, even though we stayed in a really shabby hotel.*

		Present	Past	Future / Presumption
Declarative	I	허무해, 허무하지	허무했어, 허무했지	허무하겠어, 허무하겠지, 허무할 거야
	II	허무해요, 허무하죠	허무했어요, 허무했죠	허무하겠어요, 허무하겠죠, 허무할 거예요
	III	허무하다	허무했다	허무하겠다, 허무할 거다
	IV	허무합니다	허무했습니다	허무하겠습니다, 허무할 겁니다
Interrogative	I	허무해?, 허무하지?	허무했어?, 허무했지?	허무하겠어?, 허무할까?
	II	허무해요?, 허무하죠?	허무했어요?, 허무했죠?	허무하겠어요?, 허무할까요?
	III	허무하니?, 허무하냐?	허무했니?, 허무했냐?	허무하겠니?, 허무하겠냐?
	IV	허무합니까?	허무했습니까?	허무하겠습니까?
Adnominal		허무한	허무한	허무할

* I: Intimate / II: Polite / III: Plain / IV: Deferential

Conjunctive	and	허무하고, 허무하며	Conj.	not	허무하지 (않다)
	or	허무하거나, 허무하든(지)		adv.	허무하게
	but	허무하지만, 허무하나, 허무한데	Quot.	decl.	허무하다고
	so	허무해(서), 허무하니(까), 허무하므로		inter.	허무하냐고
	if	허무하면	Nominal		허무함, 허무하기
	though	허무해도	Subject Honorific		허무하시다
	as (if)	허무하듯(이)	Causative		허무하게 하다

* Conj.: Conjunctive / Quot.: Quotative / adv.: adverbial / decl.: declarative / inter.: interrogative

---

vain, futile (*syn.* 허망하다) **ADV** 너무 **N** 세상, 인생 | 사랑 | 기분 | 꿈 | 죽음, 최후 **V** 끝나다, 죽다 | 사라지다 | 지다

▸ 요즘 들어 인생이 허무하게 느껴져요. *These days I feel the futility of life.*

▸ 우리는 첫 경기에서 허무하게 졌다. *We were defeated hopelessly in the first game.*

		Present	Past	Future / Presumption
Declarative	I	험해, 험하지	험했어, 험했지	험하겠어, 험하겠지, 험할 거야
	II	험해요, 험하죠	험했어요, 험했죠	험하겠어요, 험하겠죠, 험할 거예요
	III	험하다	험했다	험하겠다, 험할 거다
	IV	험합니다	험했습니다	험하겠습니다, 험할 겁니다
Interrogative	I	험해?, 험하지?	험했어?, 험했지?	험하겠어?, 험할까?
	II	험해요?, 험하죠?	험했어요?, 험했죠?	험하겠어요?, 험할까요?
	III	험하니?, 험하냐?	험했니?, 험했냐?	험하겠니?, 험하겠냐?
	IV	험합니까?	험했습니까?	험하겠습니까?
Adnominal		험한	험한	험할

* I: Intimate / II: Polite / III: Plain / IV: Deferential

Conjunctive	and	험하고, 험하며	Conj.	not	험하지 (않다)
	or	험하거나, 험하든(지)		adv.	험하게
	but	험하지만, 험하나, 험한데	Quot.	decl.	험하다고
	so	험해(서), 험하니(까), 험하므로		inter.	험하냐고
	if	험하면	Nominal		험함, 험하기
	though	험해도	Subject Honorific		험하시다
	as (if)	험하듯(이)	Causative		험하게 하다

* Conj.: Conjunctive / Quot.: Quotative / adv.: adverbial / decl.: declarative / inter.: interrogative

---

rough, tough ADV 너무, 아주 N 골짜기, 길, 바위, 비탈길, 산, 산길 | 일 | 곳, 지형 | 세상 | 날씨 | 운전

▸ 남편은 운전을 험하게 해요. *My husband is an aggressive driver.*

▸ 이 길은 험해서 운전하기가 쉽지 않아. *This road is so rugged that it's not easy to drive on.*

현명하다 hyeon·myeong·ha·da

		Present	Past	Future / Presumption
Declarative	I	현명해, 현명하지	현명했어, 현명했지	현명하겠어, 현명하겠지, 현명할 거야
	II	현명해요, 현명하죠	현명했어요, 현명했죠	현명하겠어요, 현명하겠죠, 현명할 거예요
	III	현명하다	현명했다	현명하겠다, 현명할 거다
	IV	현명합니다	현명했습니다	현명하겠습니다, 현명할 겁니다
Interrogative	I	현명해?, 현명하지?	현명했어?, 현명했지?	현명하겠어?, 현명할까?
	II	현명해요?, 현명하죠?	현명했어요?, 현명했죠?	현명하겠어요?, 현명할까요?
	III	현명하니?, 현명하냐?	현명했니?, 현명했냐?	현명하겠니?, 현명하겠냐?
	IV	현명합니까?	현명했습니까?	현명하겠습니까?
Adnominal		현명한	현명한	현명할

* I: Intimate / II: Polite / III: Plain / IV: Deferential

Conjunctive	and	현명하고, 현명하며	Conj.	not	현명하지 (않다)
	or	현명하거나, 현명하든(지)		adv.	현명하게
	but	현명하지만, 현명하나, 현명한데	Quot.	decl.	현명하다고
	so	현명해(서), 현명하니(까), 현명하므로		inter.	현명하냐고
	if	현명하면	Nominal		현명함, 현명하기
	though	현명해도	Subject Honorific		현명하시다
	as (if)	현명하듯(이)	Causative		현명하게 하다

* Conj.: Conjunctive / Quot.: Quotative / adv.: adverbial / decl.: declarative / inter.: interrogative

wise (*syn.* 지혜롭다 *ant.* 어리석다) ADV 가장, 대단히, 아주 N 사람 | 일 | 생각, 판단 | 결정, 대처, 방법, 선택 | 처신, 태도, 행동 V 굴다, 대처하다, 처신하다

▸ 경험은 바보도 현명하게 만든다. *Experience makes even fools wise.*

▸ 현명한 선택을 하리라 믿어. *I believe you'll make a wise choice.*

		Present	Past	Future / Presumption
Declarative	I	화려해, 화려하지	화려했어, 화려했지	화려하겠어, 화려하겠지, 화려할 거야
	II	화려해요, 화려하죠	화려했어요, 화려했죠	화려하겠어요, 화려하겠죠, 화려할 거예요
	III	화려하다	화려했다	화려하겠다, 화려할 거다
	IV	화려합니다	화려했습니다	화려하겠습니다, 화려할 겁니다
Interrogative	I	화려해?, 화려하지?	화려했어?, 화려했지?	화려하겠어?, 화려할까?
	II	화려해요?, 화려하죠?	화려했어요?, 화려했죠?	화려하겠어요?, 화려할까요?
	III	화려하니?, 화려하냐?	화려했니?, 화려했냐?	화려하겠니?, 화려하겠냐?
	IV	화려합니까?	화려했습니까?	화려하겠습니까?
Adnominal		화려한	화려한	화려할

* I: Intimate / II: Polite / III: Plain / IV: Deferential

Conjunctive	and	화려하고, 화려하며	Conj.	not	화려하지 (않다)
	or	화려하거나, 화려하든(지)		adv.	화려하게
	but	화려하지만, 화려하나, 화려한데	Quot.	decl.	화려하다고
	so	화려해(서), 화려하니(까), 화려하므로		inter.	화려하냐고
	if	화려하면	Nominal		화려함, 화려하기
	though	화려해도	Subject Honorific		화려하시다
	as (if)	화려하듯(이)	Causative		화려하게 하다

* Conj.: Conjunctive / Quot.: Quotative / adv.: adverbial / decl.: declarative / inter.: interrogative

fancy, colorful, impressive (*ant.* 수수하다) **ADV** 너무, 매우 **N** 복장, 옷, 옷차림, 의상 | 무늬, 장식 | 무대 | 경력 | 색깔, 색상 | 싱글 | 연기 | 분위기 **V** 꾸미다, 차려입다

▶ 한복은 색상이 화려하고 우아합니다. *Hanbok is very colorful and graceful.*

▶ 저는 화려한 분위기를 별로 안 좋아합니다. *I don't like to be in a fancy atmosphere.*

		Present	Past	Future / Presumption
Declarative	I	확고해, 확고하지	확고했어, 확고했지	확고하겠어, 확고하겠지, 확고할 거야
	II	확고해요, 확고하죠	확고했어요, 확고했죠	확고하겠어요, 확고하겠죠, 확고할 거예요
	III	확고하다	확고했다	확고하겠다, 확고할 거다
	IV	확고합니다	확고했습니다	확고하겠습니다, 확고할 겁니다
Interrogative	I	확고해?, 확고하지?	확고했어?, 확고했지?	확고하겠어?, 확고할까?
	II	확고해요?, 확고하죠?	확고했어요?, 확고했죠?	확고하겠어요?, 확고할까요?
	III	확고하니?, 확고하냐?	확고했니?, 확고했냐?	확고하겠니?, 확고하겠냐?
	IV	확고합니까?	확고했습니까?	확고하겠습니까?
Adnominal		확고한	확고한	확고할

* I: Intimate / II: Polite / III: Plain / IV: Deferential

Conjunctive	and	확고하고, 확고하며	Conj.	not	확고하지 (않다)
	or	확고하거나, 확고하든(지)		adv.	확고하게, 확고히
	but	확고하지만, 확고하나, 확고한데	Quot.	decl.	확고하다고
	so	확고해(서), 확고하니(까), 확고하므로		inter.	확고하냐고
	if	확고하면	Nominal		확고함, 확고하기
	though	확고해도	Subject Honorific		확고하시다
	as (if)	확고하듯(이)	Causative		확고하게 하다

* Conj.: Conjunctive / Quot.: Quotative / adv.: adverbial / decl.: declarative / inter.: interrogative

---

firm, solid ADV 매우, 아주 N 견해, 결심, 믿음, 생각, 신념, 의견, 의지, 주장 | 입장, 지위 | 목적 | 근거, 증거

▶ 저는 그 사람에게 죄가 없다는 확고한 믿음이 있습니다. *I strongly believe that he is innocent.*

▶ 저희 입장은 확고합니다. *We are very firm in our position.*

확실하다 /확씰하다/ hwak·sil·ha·da 하 REGULAR

		Present	Past	Future / Presumption
Declarative	I	확실해, 확실하지	확실했어, 확실했지	확실하겠어, 확실하겠지, 확실할 거야
	II	확실해요, 확실하죠	확실했어요, 확실했죠	확실하겠어요, 확실하겠죠, 확실할 거예요
	III	확실하다	확실했다	확실하겠다, 확실할 거다
	IV	확실합니다	확실했습니다	확실하겠습니다, 확실할 겁니다
Interrogative	I	확실해?, 확실하지?	확실했어?, 확실했지?	확실하겠어?, 확실할까?
	II	확실해요?, 확실하죠?	확실했어요?, 확실했죠?	확실하겠어요?, 확실할까요?
	III	확실하니?, 확실하냐?	확실했니?, 확실했냐?	확실하겠니?, 확실하겠냐?
	IV	확실합니까?	확실했습니까?	확실하겠습니까?
Adnominal		확실한	확실한	확실할

* I: Intimate / II: Polite / III: Plain / IV: Deferential

Conjunctive	and	확실하고, 확실하며	Conj.	not	확실하지 (않다)
	or	확실하거나, 확실하든(지)		adv.	확실하게, 확실히
	but	확실하지만, 확실하나, 확실한데	Quot.	decl.	확실하다고
	so	확실해(서), 확실하니(까), 확실하므로		inter.	확실하냐고
	if	확실하면	Nominal		확실함, 확실하기
	though	확실해도	Subject Honorific		확실하시다
	as (if)	확실하듯(이)	Causative		확실하게 하다

* Conj.: Conjunctive / Quot.: Quotative / adv.: adverbial / decl.: declarative / inter.: interrogative

sure, certain (*syn.* 분명하다 *ant.* 불확실하다) **ADV** 거의 | 가장, 아주, 정말 **N** 단서, 물증, 소식, 정보, 증거, 출처 | 대답 | 방법 | 사람 | 결정 | 말 | 계획 | 느낌 | 사실 | 결과 | 승리 | 이유 **V** 말하다 | 밝히다, 보여주다

▶ 저의 승리가 확실합니다. *I'll definitely win.*
▶ 확실해? *Are you sure?*
▶ 그가 그 여자를 죽였다는 확실한 증거는 없어요. *There is no definite proof that he killed her.*

환하다 hwan·ha·da

		Present	Past	Future / Presumption
Declarative	I	환해, 환하지	환했어, 환했지	환하겠어, 환하겠지, 환할 거야
	II	환해요, 환하죠	환했어요, 환했죠	환하겠어요, 환하겠죠, 환할 거예요
	III	환하다	환했다	환하겠다, 환할 거다
	IV	환합니다	환했습니다	환하겠습니다, 환할 겁니다
Interrogative	I	환해?, 환하지?	환했어?, 환했지?	환하겠어?, 환할까?
	II	환해요?, 환하죠?	환했어요?, 환했죠?	환하겠어요?, 환할까요?
	III	환하니?, 환하냐?	환했니?, 환했냐?	환하겠니?, 환하겠냐?
	IV	환합니까?	환했습니까?	환하겠습니까?
Adnominal		환한	환한	환할

* I: Intimate / II: Polite / III: Plain / IV: Deferential

Conjunctive	and	환하고, 환하며	Conj.	not	환하지 (않다)
	or	환하거나, 환하든(지)		adv.	환하게, 환히
	but	환하지만, 환하나, 환한데	Quot.	decl.	환하다고
	so	환해(서), 환하니(까), 환하므로		inter.	환하냐고
	if	환하면	Nominal		환함, 환하기
	though	환해도	Subject Honorific		환하시다
	as (if)	환하듯(이)	Causative		환하게 하다

* Conj.: Conjunctive / Quot.: Quotative / adv.: adverbial / decl.: declarative / inter.: interrogative

---

bright, light (*syn.* 밝다 *ant.* 어둡다) **ADV** 더, 유난히 **N** 미소, 얼굴, 웃음 | (불)빛, 불, 조명 | 날, 때, 시각, 시간 | 바깥, 밖 | 방 | 색 **V** 웃다 | 비치다, 빛나다 | 비추다

▶ 여덟 시가 다 되었는데도 밖은 아직 환해요. *It's almost eight, but it's still bright outside.*

▶ 엄마는 나를 향해 환한 미소를 지었다. *Mom looked at me with a bright smile.*

		Present	Past	Future / Presumption
Declarative	I	활발해, 활발하지	활발했어, 활발했지	활발하겠어, 활발하겠지, 활발할 거야
	II	활발해요, 활발하죠	활발했어요, 활발했죠	활발하겠어요, 활발하겠죠, 활발할 거예요
	III	활발하다	활발했다	활발하겠다, 활발할 거다
	IV	활발합니다	활발했습니다	활발하겠습니다, 활발할 겁니다
Interrogative	I	활발해?, 활발하지?	활발했어?, 활발했지?	활발하겠어?, 활발할까?
	II	활발해요?, 활발하죠?	활발했어요?, 활발했죠?	활발하겠어요?, 활발할까요?
	III	활발하니?, 활발하냐?	활발했니?, 활발했냐?	활발하겠니?, 활발하겠냐?
	IV	활발합니까?	활발했습니까?	활발하겠습니까?
Adnominal		활발한	활발한	활발할

* I: Intimate / II: Polite / III: Plain / IV: Deferential

Conjunctive	and	활발하고, 활발하며	Conj.	not	활발하지 (않다)
	or	활발하거나, 활발하든(지)		adv.	활발하게, 활발히
	but	활발하지만, 활발하나, 활발한데	Quot.	decl.	활발하다고
	so	활발해(서), 활발하니(까), 활발하므로		inter.	활발하냐고
	if	활발하면	Nominal		활발함, 활발하기
	though	활발해도	Subject Honorific		활발하시다
	as (if)	활발하듯(이)	Causative		활발하게 하다

* Conj.: Conjunctive / Quot.: Quotative / adv.: adverbial / decl.: declarative / inter.: interrogative

vigorous, active **ADV** 가장, 매우, 아주 **N** 논의, 논쟁, 얘기, 토론 | 성격 | 사람, 소년, 아이 | 활동 | 거래, 교류

▶ 적절한 운동은 혈액 순환을 활발하게 한다. *Moderate exercise stimulates blood circulation.*

▶ 활발한 논의를 기대합니다. *I look forward to a lively discussion.*

		Present	Past	Future / Presumption
Declarative	I	황당해, 황당하지	황당했어, 황당했지	황당하겠어, 황당하겠지, 황당할 거야
	II	황당해요, 황당하죠	황당했어요, 황당했죠	황당하겠어요, 황당하겠죠, 황당할 거예요
	III	황당하다	황당했다	황당하겠다, 황당할 거다
	IV	황당합니다	황당했습니다	황당하겠습니다, 황당할 겁니다
Interrogative	I	황당해?, 황당하지?	황당했어?, 황당했지?	황당하겠어?, 황당할까?
	II	황당해요?, 황당하죠?	황당했어요?, 황당했죠?	황당하겠어요?, 황당할까요?
	III	황당하니?, 황당하냐?	황당했니?, 황당했냐?	황당하겠니?, 황당하겠냐?
	IV	황당합니까?	황당했습니까?	황당하겠습니까?
Adnominal		황당한	황당한	황당할

* I: Intimate / II: Polite / III: Plain / IV: Deferential

Conjunctive	and	황당하고, 황당하며	Conj.	not	황당하지 (않다)
	or	황당하거나, 황당하든(지)		adv.	황당하게
	but	황당하지만, 황당하나, 황당한데	Quot.	decl.	황당하다고
	so	황당해(서), 황당하니(까), 황당하므로		inter.	황당하냐고
	if	황당하면	Nominal		황당함, 황당하기
	though	황당해도	Subject Honorific		황당하시다
	as (if)	황당하듯(이)	Causative		황당하게 하다

* Conj.: Conjunctive / Quot.: Quotative / adv.: adverbial / decl.: declarative / inter.: interrogative

dumbfounded, aghast (*syn.* 어이없다) N 생각 | 것, 일 | 말 | 꿈 | 표정

▶ 내 평생 그렇게 황당한 얘기는 처음 듣는다. *I've never heard of such a ridiculous story in my life.*

▶ 황당해서 말이 안 나왔다. *I was at a loss for words.*

		Present	Past	Future / Presumption
Declarative	I	황량해, 황량하지	황량했어, 황량했지	황량하겠어, 황량하겠지, 황량할 거야
	II	황량해요, 황량하죠	황량했어요, 황량했죠	황량하겠어요, 황량하겠죠, 황량할 거예요
	III	황량하다	황량했다	황량하겠다, 황량할 거다
	IV	황량합니다	황량했습니다	황량하겠습니다, 황량할 겁니다
Interrogative	I	황량해?, 황량하지?	황량했어?, 황량했지?	황량하겠어?, 황량할까?
	II	황량해요?, 황량하죠?	황량했어요?, 황량했죠?	황량하겠어요?, 황량할까요?
	III	황량하니?, 황량하냐?	황량했니?, 황량했냐?	황량하겠니?, 황량하겠냐?
	IV	황량합니까?	황량했습니까?	황량하겠습니까?
Adnominal		황량한	황량한	황량할

* I: Intimate / II: Polite / III: Plain / IV: Deferential

Conjunctive	and	황량하고, 황량하며	Conj.	not	황량하지 (않다)
	or	황량하거나, 황량하든(지)		adv.	황량하게
	but	황량하지만, 황량하나, 황량한데	Quot.	decl.	황량하다고
	so	황량해(서), 황량하니(까), 황량하므로		inter.	황량하냐고
	if	황량하면	Nominal		황량함, 황량하기
	though	황량해도	Subject Honorific		황량하시다
	as (if)	황량하듯(이)	Causative		황량하게 하다

* Conj.: Conjunctive / Quot.: Quotative / adv.: adverbial / decl.: declarative / inter.: interrogative

---

bleak, desolate, stark N 들판, 벌판, 사막 | 경치, 광경, 풍경 | 거리 | 겨울 | 마음

▶ 우리 앞에 황량한 사막이 끝없이 펼쳐져 있었다. *There spread a bleak, endless desert before us.*

▶ 모두 떠나고 나니 마음이 황량했다. *After everybody left, I felt empty.*

훌륭하다 hul·lyung·ha·da

		Present	Past	Future / Presumption
Declarative	I	훌륭해, 훌륭하지	훌륭했어, 훌륭했지	훌륭하겠어, 훌륭하겠지, 훌륭할 거야
	II	훌륭해요, 훌륭하죠	훌륭했어요, 훌륭했죠	훌륭하겠어요, 훌륭하겠죠, 훌륭할 거예요
	III	훌륭하다	훌륭했다	훌륭하겠다, 훌륭할 거다
	IV	훌륭합니다	훌륭했습니다	훌륭하겠습니다, 훌륭할 겁니다
Interrogative	I	훌륭해?, 훌륭하지?	훌륭했어?, 훌륭했지?	훌륭하겠어?, 훌륭할까?
	II	훌륭해요?, 훌륭하죠?	훌륭했어요?, 훌륭했죠?	훌륭하겠어요?, 훌륭할까요?
	III	훌륭하니?, 훌륭하냐?	훌륭했니?, 훌륭했냐?	훌륭하겠니?, 훌륭하겠냐?
	IV	훌륭합니까?	훌륭했습니까?	훌륭하겠습니까?
Adnominal		훌륭한	훌륭한	훌륭할

* I: Intimate / II: Polite / III: Plain / IV: Deferential

Conjunctive	and	훌륭하고, 훌륭하며	Conj.	not	훌륭하지 (않다)
	or	훌륭하거나, 훌륭하든(지)		adv.	훌륭하게, 훌륭히
	but	훌륭하지만, 훌륭하나, 훌륭한데	Quot.	decl.	훌륭하다고
	so	훌륭해(서), 훌륭하니(까), 훌륭하므로		inter.	훌륭하냐고
	if	훌륭하면		Nominal	훌륭함, 훌륭하기
	though	훌륭해도		Subject Honorific	훌륭하시다
	as (if)	훌륭하듯(이)		Causative	훌륭하게 하다

* Conj.: Conjunctive / Quot.: Quotative / adv.: adverbial / decl.: declarative / inter.: interrogative

excellent, great, honorable ADV 가장, 매우, 아주, 정말, 참 N 교사, 사람, 선생님, 선수, 어머니, 인물, 인재 | 솜씨 | 생각 | 작품 | 일 | 식사 | 연기 | 선물 | 영화 V 해내다 | 키우다 | 자라다

▶ 그렇게 훌륭한 선생님을 만난 건 정말 행운이었어요. *It was my luck to meet such an excellent teacher.*

▶ 자제분들을 정말 훌륭하게 키우셨네요. *You have raised your children very well.*

흐리다 heu·ri·da   REGULAR

		Present	Past	Future / Presumption
Declarative	I	흐려, 흐리지	흐렸어, 흐렸지	흐리겠어, 흐리겠지, 흐릴 거야
	II	흐려요, 흐리죠	흐렸어요, 흐렸죠	흐리겠어요, 흐리겠죠, 흐릴 거예요
	III	흐리다	흐렸다	흐리겠다, 흐릴 거다
	IV	흐립니다	흐렸습니다	흐리겠습니다, 흐릴 겁니다
Interrogative	I	흐려?, 흐리지?	흐렸어?, 흐렸지?	흐리겠어?, 흐릴까?
	II	흐려요?, 흐리죠?	흐렸어요?, 흐렸죠?	흐리겠어요?, 흐릴까요?
	III	흐리니?, 흐리냐?	흐렸니?, 흐렸냐?	흐리겠니?, 흐리겠냐?
	IV	흐립니까?	흐렸습니까?	흐리겠습니까?
Adnominal		흐린	흐린	흐릴

* I: Intimate / II: Polite / III: Plain / IV: Deferential

Conjunctive	and	흐리고, 흐리며	Conj.	not	흐리지 (않다)
	or	흐리거나, 흐리든(지)		adv.	흐리게
	but	흐리지만, 흐리나, 흐린데	Quot.	decl.	흐리다고
	so	흐려(서), 흐리니(까), 흐리므로		inter.	흐리냐고
	if	흐리면		Nominal	흐림, 흐리기
	though	흐려도		Subject Honorific	흐리시다
	as (if)	흐리듯(이)		Causative	흐리게 하다, 흐리다

* Conj.: Conjunctive / Quot.: Quotative / adv.: adverbial / decl.: declarative / inter.: interrogative

1 cloudy (*ant.* 맑다) **ADV** 무척, 잔뜩 **N** 날, 날씨, 오후 | 구름, 하늘 | 강물, 물
▸ 오늘은 하루 종일 날씨가 흐리겠습니다. *It will be cloudy all day long.*

2 dim, vague, blurry (*ant.* 맑다) **N** 거울 | 글씨, 인쇄 | 사진 | 불빛 | 기억 | 의식
▸ 인쇄가 너무 흐려서 못 알아보겠어요. *The print is too blurry to read.*
▸ 그렇게 흐린 불빛 아래서 책을 읽지 마라. *Don't read books in such a dim light.*

		Present	Past	Future / Presumption
Declarative	I	흐뭇해, 흐뭇하지	흐뭇했어, 흐뭇했지	흐뭇하겠어, 흐뭇하겠지, 흐뭇할 거야
	II	흐뭇해요, 흐뭇하죠	흐뭇했어요, 흐뭇했죠	흐뭇하겠어요, 흐뭇하겠죠, 흐뭇할 거예요
	III	흐뭇하다	흐뭇했다	흐뭇하겠다, 흐뭇할 거다
	IV	흐뭇합니다	흐뭇했습니다	흐뭇하겠습니다, 흐뭇할 겁니다
Interrogative	I	흐뭇해?, 흐뭇하지?	흐뭇했어?, 흐뭇했지?	흐뭇하겠어?, 흐뭇할까?
	II	흐뭇해요?, 흐뭇하죠?	흐뭇했어요?, 흐뭇했죠?	흐뭇하겠어요?, 흐뭇할까요?
	III	흐뭇하니?, 흐뭇하냐?	흐뭇했니?, 흐뭇했냐?	흐뭇하겠니?, 흐뭇하겠냐?
	IV	흐뭇합니까?	흐뭇했습니까?	흐뭇하겠습니까?
Adnominal		흐뭇한	흐뭇한	흐뭇할

* I: Intimate / II: Polite / III: Plain / IV: Deferential

Conjunctive	and	흐뭇하고, 흐뭇하며	Conj.	not	흐뭇하지 (않다)
	or	흐뭇하거나, 흐뭇하든(지)		adv.	흐뭇하게
	but	흐뭇하지만, 흐뭇하나, 흐뭇한데	Quot.	decl.	흐뭇하다고
	so	흐뭇해(서), 흐뭇하니(까), 흐뭇하므로		inter.	흐뭇하냐고
	if	흐뭇하면	Nominal		흐뭇함, 흐뭇하기
	though	흐뭇해도	Subject Honorific		흐뭇하시다
	as (if)	흐뭇하듯(이)	Causative		흐뭇하게 하다

* Conj.: Conjunctive / Quot.: Quotative / adv.: adverbial / decl.: declarative / inter.: interrogative

pleased, satisfied (*syn.* 흡족하다) N 미소, 웃음, 표정 | 기분, 마음 | 광경, 정경 | 얘기 | 일

▶ 아들이 상을 받는 모습을 보니 마음이 흐뭇했어요. *I was happy to see my son receive the award.*

▶ 그들이 서로를 격려하는 모습은 흐뭇한 광경이었다. *It was a heartwarming sight that they cheered on one another.*

		Present	Past	Future / Presumption
Declarative	I	혼해, 혼하지	혼했어, 혼했지	혼하겠어, 혼하겠지, 혼할 거야
	II	혼해요, 혼하죠	혼했어요, 혼했죠	혼하겠어요, 혼하겠죠, 혼할 거예요
	III	혼하다	혼했다	혼하겠다, 혼할 거다
	IV	혼합니다	혼했습니다	혼하겠습니다, 혼할 겁니다
Interrogative	I	혼해?, 혼하지?	혼했어?, 혼했지?	혼하겠어?, 혼할까?
	II	혼해요?, 혼하죠?	혼했어요?, 혼했죠?	혼하겠어요?, 혼할까요?
	III	혼하니?, 혼하냐?	혼했니?, 혼했냐?	혼하겠니?, 혼하겠냐?
	IV	혼합니까?	혼했습니까?	혼하겠습니까?
Adnominal		혼한	혼한	혼할

* I: Intimate / II: Polite / III: Plain / IV: Deferential

Conjunctive	and	혼하고, 혼하며	Conj.	not	혼하지 (않다)
	or	혼하거나, 혼하든(지)		adv.	혼하게, 혼히
	but	혼하지만, 혼하나, 혼한데	Quot.	decl.	혼하다고
	so	혼해(서), 혼하니(까), 혼하므로		inter.	혼하냐고
	if	혼하면	Nominal		혼함, 혼하기
	though	혼해도	Subject Honorific		혼하시다
	as (if)	혼하듯(이)	Causative		혼하게 하다

* Conj.: Conjunctive / Quot.: Quotative / adv.: adverbial / decl.: declarative / inter.: interrogative

common, commonplace (*ant.* 드물다) ADV 너무, 매우, 아주 | 그리 N 모임 | 일 | 이름 | (질)병, 증상 | 문제 | 물건 | 원인 | 꽃

▶ 감기는 연중 아무 때나 걸릴 수 있는 혼한 질병입니다. *A cold is a common disease that can occur at any time of the year.*

▶ 제가 살던 마을에서는 글을 모르는 사람이 혼했어요. *In the village where I used to live, illiteracy was common.*

		Present	Past	Future / Presumption
Declarative	I	흥미로워, 흥미롭지	흥미로웠어, 흥미로웠지	흥미롭겠어, 흥미롭겠지, 흥미로울 거야
	II	흥미로워요, 흥미롭죠	흥미로웠어요, 흥미로웠죠	흥미롭겠어요, 흥미롭겠죠, 흥미로울 거예요
	III	흥미롭다	흥미로웠다	흥미롭겠다, 흥미로울 거다
	IV	흥미롭습니다	흥미로웠습니다	흥미롭겠습니다, 흥미로울 겁니다
Interrogative	I	흥미로워?, 흥미롭지?	흥미로웠어?, 흥미로웠지?	흥미롭겠어?, 흥미로울까?
	II	흥미로워요?, 흥미롭죠?	흥미로웠어요?, 흥미로웠죠?	흥미롭겠어요?, 흥미로울까요?
	III	흥미롭니?, 흥미로우냐?/흥미롭냐?	흥미로웠니?, 흥미로웠냐?	흥미롭겠니?, 흥미롭겠냐?
	IV	흥미롭습니까?	흥미로웠습니까?	흥미롭겠습니까?
Adnominal		흥미로운	흥미로운	흥미로울

* I: Intimate / II: Polite / III: Plain / IV: Deferential

Conjunctive	and	흥미롭고, 흥미로우며	Conj.	not	흥미롭지 (않다)
	or	흥미롭거나, 흥미롭든(지)		adv.	흥미롭게
	but	흥미롭지만, 흥미로우나, 흥미로운데	Quot.	decl.	흥미롭다고
	so	흥미로워(서), 흥미로우니(까), 흥미로우므로		inter.	흥미로우냐고/흥미롭냐고
	if	흥미로우면		Nominal	흥미로움, 흥미롭기
	though	흥미로워도		Subject Honorific	흥미로우시다
	as (if)	흥미롭듯(이)		Causative	흥미롭게 하다

* Conj.: Conjunctive / Quot.: Quotative / adv.: adverbial / decl.: declarative / inter.: interrogative

---

interesting ADV 매우 | 별로, 전혀 N 일 | 사실 | 사람 | 얘기, 질문 | 결과 | 사건 | 생각, 아이디어, 의견, 제안 | 주제

▶ 그것 참 흥미로운 생각이군요. *Your idea looks very interesting.*

▶ 그것은 흥미롭고 복잡한 주제다. *It is a fascinating and complicated topic.*

		Present	Past	Future / Presumption
Declarative	I	희어, 희지	희었어, 희었지	희겠어, 희겠지, 흴 거야
	II	희어요, 희죠	희었어요, 희었죠	희겠어요, 희겠죠, 흴 거예요
	III	희다	희었다	희겠다, 흴 거다
	IV	흽니다	희었습니다	희겠습니다, 흴 겁니다
Interrogative	I	희어?, 희지?	희었어?, 희었지?	희겠어?, 흴까?
	II	희어요?, 희죠?	희었어요?, 희었죠?	희겠어요?, 흴까요?
	III	희니?, 희냐?	희었니?, 희었냐?	희겠니?, 희겠냐?
	IV	흽니까?	희었습니까?	희겠습니까?
Adnominal		흰	흰	흴

* I: Intimate / II: Polite / III: Plain / IV: Deferential

Conjunctive	and	희고, 희며	Conj.	not	희지 (않다)
	or	희거나, 희든(지)		adv.	희게
	but	희지만, 희나, 흰데	Quot.	decl.	희다고
	so	희어(서), 희니(까), 희므로		inter.	희냐고
	if	희면	Nominal		흼, 희기
	though	희어도	Subject Honorific		희시다
	as (if)	희듯(이)	Causative		희게 하다

* Conj.: Conjunctive / Quot.: Quotative / adv.: adverbial / decl.: declarative / inter.: interrogative

white (*syn.* 하얗다 *ant.* 검다) **ADV** 더, 유난히 **N** 구름, 눈 | 봉투, 종이 | 셔츠, 옷 | 바탕 | 벽 | 머리, 살결, 손, 얼굴, 피부 | 우유

▶ 딸아이는 피부가 희어요. *My daughter has a fair complexion.*

▶ 흰 봉투 봤어? *Did you see a white envelope?*

▶ 저는 흰 우유를 안 먹어요. *I don't drink plain milk.*

희미하다 /히미하다/ hui·mi·ha·da

		Present	Past	Future / Presumption
Declarative	I	희미해, 희미하지	희미했어, 희미했지	희미하겠어, 희미하겠지, 희미할 거야
	II	희미해요, 희미하죠	희미했어요, 희미했죠	희미하겠어요, 희미하겠죠, 희미할 거예요
	III	희미하다	희미했다	희미하겠다, 희미할 거다
	IV	희미합니다	희미했습니다	희미하겠습니다, 희미할 겁니다
Interrogative	I	희미해?, 희미하지?	희미했어?, 희미했지?	희미하겠어?, 희미할까?
	II	희미해요?, 희미하죠?	희미했어요?, 희미했죠?	희미하겠어요?, 희미할까요?
	III	희미하니?, 희미하냐?	희미했니?, 희미했냐?	희미하겠니?, 희미하겠냐?
	IV	희미합니까?	희미했습니까?	희미하겠습니까?
Adnominal		희미한	희미한	희미할

* I: Intimate / II: Polite / III: Plain / IV: Deferential

Conjunctive	and	희미하고, 희미하며	Conj.	not	희미하지 (않다)
	or	희미하거나, 희미하든(지)		adv.	희미하게
	but	희미하지만, 희미하나, 희미한데	Quot.	decl.	희미하다고
	so	희미해(서), 희미하니(까), 희미하므로		inter.	희미하냐고
	if	희미하면	Nominal		희미함, 희미하기
	though	희미해도	Subject Honorific		희미하시다
	as (if)	희미하듯(이)	Causative		희미하게 하다

* Conj.: Conjunctive / Quot.: Quotative / adv.: adverbial / decl.: declarative / inter.: interrogative

dim, faint (*syn.* 어렴풋하다 *ant.* 뚜렷하다, 분명하다) N 기억 | (불)빛, 가로등, 달빛, 등불 | 미소, 웃음 | (목)소리 | 그림자 V 들리다, 보이다 | 반짝이다, 빛나다 | 웃다

▸ 이 방 불빛이 너무 희미해. *The light in this room is too dim.*

▸ 제가 세 살 때 엄마가 돌아가셔서, 엄마에 대한 기억은 희미해요. *My mom passed away when I was three, so I have a very dim memory of her.*

▸ 그때 어디선가 여자의 목소리가 희미하게 들렸다. *Then, a woman's voice was faintly heard from somewhere.*

힘겹다 /힘겹따/ him·gyeop·da   ㅂ IRREGULAR

		Present	Past	Future / Presumption
Declarative	I	힘겨워, 힘겹지	힘겨웠어, 힘겨웠지	힘겹겠어, 힘겹겠지, 힘겨울 거야
	II	힘겨워요, 힘겹죠	힘겨웠어요, 힘겨웠죠	힘겹겠어요, 힘겹겠죠, 힘겨울 거예요
	III	힘겹다	힘겨웠다	힘겹겠다, 힘겨울 거다
	IV	힘겹습니다	힘겨웠습니다	힘겹겠습니다, 힘겨울 겁니다
Interrogative	I	힘겨워?, 힘겹지?	힘겨웠어?, 힘겨웠지?	힘겹겠어?, 힘겨울까?
	II	힘겨워요?, 힘겹죠?	힘겨웠어요?, 힘겨웠죠?	힘겹겠어요?, 힘겨울까요?
	III	힘겹니?, 힘겨우냐?/힘겹냐?	힘겨웠니?, 힘겨웠냐?	힘겹겠니?, 힘겹겠냐?
	IV	힘겹습니까?	힘겨웠습니까?	힘겹겠습니까?
Adnominal		힘겨운	힘겨운	힘겨울

* I: Intimate / II: Polite / III: Plain / IV: Deferential

Conjunctive	and	힘겹고, 힘겨우며	Conj.	not	힘겹지 (않다)
	or	힘겹거나, 힘겹든(지)		adv.	힘겹게
	but	힘겹지만, 힘겨우나, 힘겨운데	Quot.	decl.	힘겹다고
	so	힘겨워(서), 힘겨우니(까), 힘겨우므로		inter.	힘겨우냐고/힘겹냐고
	if	힘겨우면		Nominal	힘겨움, 힘겹기
	though	힘겨워도		Subject Honorific	힘겨우시다
	as (if)	힘겹듯(이)		Causative	힘겹게 하다

* Conj.: Conjunctive / Quot.: Quotative / adv.: adverbial / decl.: declarative / inter.: interrogative

hard, tough (*syn.* 힘들다) **ADV** 너무, 몹시 **N** 싸움 | 일 | 과제 | 몸 | 상대 | 탈출 | 삶, 인생 **V** 걷다 | 느끼다

▸ 누구에게나 삶은 힘겹다. *Life is tough for everybody.*

▸ 저는 지난 2년간 저 자신과 힘겨운 싸움을 해 왔습니다. *I've had a tough fight against myself for the last two years.*

힘들다 him·deul·da

		Present	Past	Future / Presumption
Declarative	I	힘들어, 힘들지	힘들었어, 힘들었지	힘들겠어, 힘들겠지, 힘들 거야
	II	힘들어요, 힘들죠	힘들었어요, 힘들었죠	힘들겠어요, 힘들겠죠, 힘들 거예요
	III	힘들다	힘들었다	힘들겠다, 힘들 거다
	IV	힘듭니다	힘들었습니다	힘들겠습니다, 힘들 겁니다
Interrogative	I	힘들어?, 힘들지?	힘들었어?, 힘들었지?	힘들겠어?, 힘들까?
	II	힘들어요?, 힘들죠?	힘들었어요?, 힘들었죠?	힘들겠어요?, 힘들까요?
	III	힘드니?, 힘드냐?	힘들었니?, 힘들었냐?	힘들겠니?, 힘들겠냐?
	IV	힘듭니까?	힘들었습니까?	힘들겠습니까?
Adnominal		힘든	힘든	힘들

* I: Intimate / II: Polite / III: Plain / IV: Deferential

Conjunctive	and	힘들고, 힘들며	Conj.	not	힘들지 (않다)
	or	힘들거나, 힘들든(지)		adv.	힘들게
	but	힘들지만, 힘드나, 힘든데	Quot.	decl.	힘들다고
	so	힘들어(서), 힘드니(까), 힘들므로		inter.	힘드냐고
	if	힘들면	Nominal		힘듦, 힘들기
	though	힘들어도	Subject Honorific		힘드시다
	as (if)	힘들듯(이)	Causative		힘들게 하다

* Conj.: Conjunctive / Quot.: Quotative / adv.: adverbial / decl.: declarative / inter.: interrogative

---

hard, difficult, strenuous (*ant.* 수월하다) ADV 너무, 많이 | 얼마나 N 일 | 때, 시간, 시기, 하루 | 사람 | 결정 | 상황 | 말 V 죽다 | 일하다 | 살다 | 모르다 | 견디다, 참다

▸ 힘들어 죽겠어요. *I'm so tired.*

▸ 아시다시피 요즘은 취직하기가 힘들어요. *As you know, it's hard to get a job these days.*

▸ 정말 힘든 하루였어. *It was a tough day.*

		Present	Past	Future / Presumption
Declarative	I	힘차, 힘차지	힘찼어, 힘찼지	힘차겠어, 힘차겠지, 힘찰 거야
	II	힘차요, 힘차죠	힘찼어요, 힘찼죠	힘차겠어요, 힘차겠죠, 힘찰 거예요
	III	힘차다	힘찼다	힘차겠다, 힘찰 거다
	IV	힘찹니다	힘찼습니다	힘차겠습니다, 힘찰 겁니다
Interrogative	I	힘차?, 힘차지?	힘찼어?, 힘찼지?	힘차겠어?, 힘찰까?
	II	힘차요?, 힘차죠?	힘찼어요?, 힘찼죠?	힘차겠어요?, 힘찰까요?
	III	힘차니?, 힘차냐?	힘찼니?, 힘찼냐?	힘차겠니?, 힘차겠냐?
	IV	힘찹니까?	힘찼습니까?	힘차겠습니까?
Adnominal		힘찬	힘찬	힘찰

* I: Intimate / II: Polite / III: Plain / IV: Deferential

Conjunctive	and	힘차고, 힘차며	Conj.	not	힘차지 (않다)
	or	힘차거나, 힘차든(지)		adv.	힘차게
	but	힘차지만, 힘차나, 힘찬데	Quot.	decl.	힘차다고
	so	힘차(서), 힘차니(까), 힘차므로		inter.	힘차냐고
	if	힘차면		Nominal	힘참, 힘차기
	though	힘차도		Subject Honorific	힘차시다
	as (if)	힘차듯(이)		Causative	힘차게 하다

* Conj.: Conjunctive / Quot.: Quotative / adv.: adverbial / decl.: declarative / inter.: interrogative

powerful, vigorous **N** 동작, 발걸음 | 날개 | 목소리 | 박수 | 응원 | 연주 **V** 걷다 | 뛰다

▶ 관객들이 가수에게 힘찬 박수를 보냈다. *The audience gave the singer a big hand.*

▶ 몇 분간 힘차게 저어 주세요. *Stir vigorously for a few minutes.*

A. Choose the correct form which would be appropriate for each blank.

1. _____ 한 빨리 좀 와 줘.

   a. 가능한 b. 가능하기

2. 등이 너무 _____. 좀 긁어 줘.

   a. 가려워 b. 가렵어

3. 저는 아주 건강합니다. _____ 마세요.

   a. 걱정해도 b. 걱정하지

4. 손자가 정말 _____ 죽겠어요.

   a. 귀여워 b. 귀엽지

5. 옳고 _____을/를 가리는 것이 늘 가능한 것은 아니다.

   a. 그르기 b. 그름

B. Choose the one that has the same meaning as the underlined word.

1. 온몸이 <u>간지러워</u> 미치겠어요.

   a. 가려워 b. 아파

2. 그는 사고로 <u>갑작스럽게</u> 사망했다.

   a. 급격하게 b. 급작스럽게

3. 제 입장이 좀 <u>곤란한데요</u>.

   a. 바쁜데요 b. 난처한데요

4. 어떤 것도 생명보다 <u>귀중하지는</u> 않습니다.

   a. 가능하지는 b. 소중하지는

5. 칼이 굉장히 <u>날카로우니까</u> 조심해.

   a. 무거우니까 b. 예리하니까

C. Choose the one that has the opposite meaning as the underlined word.

1. 여기에서 <u>가까운</u> 곳에 서점이 있나요?

   a. 친한 b. 먼

2. 이것은 간단한 문제가 아니다.

   a. 복잡한 b. 쉬운

3. 그날 밤은 바람이 강하게 불었어요.

   a. 약하게 b. 세게

4. 왜 이렇게 운전을 거칠게 해?

   a. 곱게 b. 거창하게

5. 지나친 음주는 건강에 나쁩니다.

   a. 해롭습니다 b. 좋습니다

D. Choose the correct dictionary form of the underlined adjective.

1. 좀 더 가는 실 없어?

   a. 가늘다 b. 가다

2. 그는 너무 게을러서 회사에서 잘렸다.

   a. 게으르다 b. 게을르다

3. 저는 그런 일은 하고 싶지 않아요.

   a. 그러다 b. 그렇다

4. 저는 눈썹은 까만데, 머리는 갈색이에요.

   a. 까마다 b. 까맣다

5. 영화가 원작 소설보다 나아.

   a. 낫다 b. 나다

E. Choose the one that is NOT appropriate for each blank.

1. 가벼운 _____이/가 아닌 것 같아요.

   a. 상처 b. 부상 c. 병 d. 여름

2. 저는 _____ 가난한 집에서 태어났어요.

   a. 찢어지게 b. 아무리 c. 매우 d. 무척

3. 그 법안은 국회의 강력한 _____에 부딪혔다.

   a. 반대 b. 항의 c. 공격 d. 지지

4. 네 고운 _____이/가 부러워.

   a. 마음씨 b. 피부 c. 나이 d. 살결

5. 그것은 낡은 _____이다.

   a. 수리 b. 관습 c. 옷 d. 생각

F. Choose the dictionary form of the adjective which would be appropriate in both blanks.

1. 느낌이 안 좋아. 토할 것 _____.

   당신 _____ 사람은 처음 봐요.

   a. 같다 b. 있다

2. 참기름 냄새가 참 _____.

   그 사람 시험 떨어졌대. _____ 죽겠어.

   a. 고소하다 b. 맛있다

3. 이 근처 _____ 식당을 알아요.

   아무 때나 _____.

   a. 괴롭다 b. 괜찮다

4. 이 지역에는 마실 수 있는 물이 _____.

   오늘 오후에 _____ 손님이 오시기로 돼 있어요.

   a. 귀하다 b. 비싸다

5. _____ 할 말이 없다.

   오늘은 날씨가 _____.

   a. 기막히다 b. 기쁘다

A. Choose the correct form which would be appropriate for each blank.

1. 신발 끈이 안 풀리게 _____ 묶어라.

   a. 단단하면 b. 단단히

2. 물이 너무 _____ 들어가고 싶지 않아요.

   a. 더럽고 b. 더러워서

3. 아내는 얼굴이 작고 _____.

   a. 동그래요 b. 동그라요

4. _____ 감이 있지만 승진 축하해!

   a. 뒤늦은 b. 뒤늦는

5. 이제부터 저도 _____ 살고 싶어요.

   a. 떳떳이 b. 떳떳히

B. Choose the one that has the same meaning as the underlined word.

1. 이 책은 새 것과 <u>다름없어요</u>.

   a. 같아요 b. 달라요

2. 저는 <u>떠들썩한</u> 파티를 안 좋아해요.

   a. 조용한 b. 소란스러운

3. 세상은 네 생각처럼 <u>만만하지</u> 않아.

   a. 호락호락하지 b. 만족스럽지

4. 이 일은 나와는 전혀 <u>무관해</u>.

   a. 무관심해 b. 상관없어

5. <u>무수히</u> 많은 사람들이 지진으로 사망했다.

   a. 수없이 b. 제법

C. Choose the one that has the opposite meaning as the underlined word.

1. 이 가게는 분위기가 <u>독특하다</u>.

   a. 특이하다 b. 평범하다

2. 이태원에는 외국인이 <u>많다</u>.

   a. 작다 b. 적다

3. 이 짐은 혼자서 들기에는 너무 <u>무거워</u>.

   a. 가벼워 b. 부담스러워

4. 배탈이 났을 때는 <u>묽은</u> 죽이 좋아요.

   a. 진한 b. 맛있는

5. 지금은 <u>바빠서</u> 못 가.

   a. 분주해서 b. 한가해서

D. Choose the correct dictionary form of the underlined adjective.

1. 실망스럽게도 그녀는 사진하고는 많이 <u>달랐다</u>.

   a. 달르다 b. 다르다

2. 부산에서는 눈을 볼 기회가 <u>드물어요</u>.

   a. 드무다 b. 드물다

3. 어제부터 목이 <u>따가워요</u>.

   a. 따갑다 b. 따그다

4. 너 참 <u>못됐어</u>.

   a. 못돼다 b. 못되다

5. 바닥이 <u>미끄러우니</u> 조심하세요.

   a. 미끄러웁다 b. 미끄럽다

E. Choose the one that is NOT appropriate for each blank.

1. 저는 단 _____이/가 너무 좋아요.

   a. 음식 b. 과일 c. 공기 d. 수박

2. 저는 단지 다른 사람들과 동등한 _____을/를 받기를 원할 뿐입니다.

   a. 대우 b. 취급 c. 기회 d. 입장

3. 그는 어릴 적부터 미술에 뛰어난 _____을 보였다.

a. 재능 b. 집착 c. 소질 d. 자질

4. _____이/가 모처럼 맑다.

a. 날씨 b. 하늘 c. 맥주 d. 공기

5. 우리는 모진 _____에서도 살아남았다.

a. 사고 b. 추위 c. 환경 d. 더위

F. Choose the dictionary form of the adjective which would be appropriate in both blanks.

1. 제 시계는 5분 _____ 가요.

저는 말이 약간 _____ 편이에요.

a. 느리다 b. 이르다

2. 방 안 공기가 너무 _____.

아무도 내 말을 안 믿으니 _____ 죽겠어요.

a. 답답하다 b. 당당하다

3. _____ 감기에 걸려서 주말 내내 집에 있었다.

많은 사람들이 자기 집을 갖고 싶어 _____ 일한다.

a. 독하다 b. 성실하다

4. 부모님은 저의 _____ 버팀목이세요.

속이 _____ 이제 좀 살 것 같다.

a. 든든하다 b. 딴딴하다

5. 냄비가 너무 _____ 만질 수가 없어요.

공연이 끝나자 관객들은 무대 위 배우들에게 _____ 박수를 보냈다.

a. 덥다 b. 뜨겁다

A. Choose the correct form which would be appropriate for each blank.

1. 마을의 단풍이 _____ 물들었다.

   a. 붉게 b. 붉지

2. 왜 눈이 _____?

   a. 빨게 b. 빨개

3. 지독한 감기 때문에 그녀의 목소리가 _____ 들렸다.

   a. 섹시해 b. 섹시하게

4. 시험에 떨어져서 _____ 죽겠어요.

   a. 속상해 b. 속상하니

5. _____ 척하지 마.

   a. 순진하기 b. 순진한

B. Choose the one that has the same meaning as the underlined word.

1. 이 도로는 24시간 내내 복잡해요.

   a. 혼잡해요 b. 한산해요

2. 아침저녁으로 제법 서늘한 바람이 분다.

   a. 시원한 b. 따뜻한

3. 지금부터 내가 하는 말 너무 섭섭하게 듣지 마.

   a. 서운하게 b. 진지하게

4. 그분은 제가 여태껏 만난 사람 중에 가장 성실한 사람입니다.

   a. 뛰어난 b. 착실한

5. 인간이 언어를 배울 수 있다는 것은 정말 신기한 일이다.

   a. 놀라운 b. 슬픈

C. Choose the one that has the opposite meaning as the underlined word.

1. 이 가죽은 촉감이 참 부드러워요.

   a. 고급스러워요 b. 딱딱해요

2. 그는 아주 <u>부지런한</u> 사람이다.

   a. 게으른 b. 착실한

3. 이것은 <u>사소한</u> 문제가 아니다.

   a. 중대한 b. 가벼운

4. 저는 <u>소박하게</u> 살고 싶어요.

   a. 수수하게 b. 화려하게

5. <u>신속한</u> 답변 감사합니다.

   a. 빠른 b. 느린

D. Choose the correct dictionary form of the underlined adjective.

1. 아빠는 애정 표현에 <u>서투르세요</u>.

   a. 서투다 b. 서투르다

2. 저는 <u>시끄러운</u> 건 질색이에요.

   a. 시끌다 b. 시끄럽다

3. 그 사람은 속이 <u>시커메요</u>.

   a. 시커멓다 b. 시커메다

4. <u>싱거우면</u> 소금을 더 넣어.

   a. 싱겁다 b. 싱거웁다

5. 커피가 너무 <u>써</u>.

   a. 쓰다 b. 썰다

E. Choose the one that is NOT appropriate for each blank.

1. 우리가 이 경기를 이기는 것은 _____ 불가능해 보인다.

   a. 거의 b. 도저히 c. 반드시 d. 전혀

2. 별다른 뾰족한 _____이/가 없으면 남들이 하는 대로 해라.

   a. 수 b. 방법 c. 방안 d. 턱

3. 성급하게 _____ 내리지 마.

   a. 결정 b. 결론 c. 행동 d. 판단

4. 수많은 _____이/가 공원에 모여 있다.

   a. 함성 b. 인파 c. 군중 d. 사람

5. _____가/이 너무 시려요.

   a. 발 b. 손 c. 머리 d. 뼈

F. Choose the dictionary form of the adjective which would be appropriate in both blanks.

1. 배가 _____ 더 이상은 못 먹겠어요.

   두 달 전보다 배가 많이 _____.

   a. 부르다 b. 가득하다

2. 이 옷은 너무 _____.

   _____ 굴지 말고 좀 도와줘.

   a. 어렵다 b. 비싸다

3. 지수 씨 보기보다 힘이 _____.

   아버지는 술이 굉장히 _____.

   a. 세다 b. 당기다

4. 지난 일을 후회해도 _____.

   봐 달라고 빌어 봤자 _____.

   a. 소용없다 b. 필요하다

5. 오늘은 날씨가 _____.

   속 _____ 말 좀 해 봐.

   a. 서늘하다 b. 시원하다

A. Choose the correct form which would be appropriate for each blank.

1. 난 _____ 좋아.

    a. 아무래도 b. 아무렇지

2. 빈칸에 _____ 말을 써 넣으시오.

    a. 알맞는 b. 알맞은

3. 저는 _____ 때 교통사고를 당했습니다.

    a. 어릴 b. 어린

4. 당신을 _____ 사랑합니다.

    a. 영원히 b. 영원하게

5. _____ 얘기 해 줘.

    a. 우스운 b. 우스은

B. Choose the one that has the same meaning as the underlined word.

1. 그녀는 외모뿐 아니라 마음도 <u>아름답다</u>.

    a. 예쁘다 b. 씩씩하다

2. 그 사람을 믿다니 제가 <u>어리석었어요</u>.

    a. 현명했어요 b. 멍청했어요

3. 개는 냄새에 <u>예민합니다</u>.

    a. 빠릅니다 b. 민감합니다

4. <u>웬만하면</u> 약을 안 먹고 견뎌 봐.

    a. 어지간하면 b. 힘들면

5. 그 두 소설은 줄거리가 상당히 <u>유사합니다</u>.

    a. 비슷합니다 b. 다릅니다

C. Choose the one that has the opposite meaning as the underlined word.

1. 이 거리는 밤에는 <u>안전하지</u> 않습니다.

    a. 밝지 b. 위험하지

2. 그렇게 얇은 셔츠를 입고 안 춥니?

   a. 두꺼운 b. 진한

3. 물이 얕아서 안전해요.

   a. 더러워서 b. 깊어서

4. 어떤 사람들은 한글이 한자보다 열등하다고 믿는다.

   a. 우월하다고 b. 동등하다고

5. 이 모자는 저한테 너무 작아요.

   a. 커요 b. 비싸요

D. Choose the correct dictionary form of the underlined adjective.

1. 그 사람 아주 얄미워 죽겠어요.

   a. 얄밀다 b. 얄밉다

2. 오늘은 평소보다 이르게 집을 나섰다.

   a. 일다 b. 이르다

3. 양파를 잘게 썰어 줘.

   a. 잘다 b. 자르다

4. 요즘 왜 이리 지각이 잦습니까?

   a. 잘다 b. 잦다

5. 그 부부는 우리에게 정다운 인사를 건넸다.

   a. 정다웁다 b. 정답다

E. Choose the one that is NOT appropriate for each blank.

1. 네 보고서에는 애매한 _____이/가 좀 있어.

   a. 표현 b. 날씨 c. 설명 d. 부분

2. 그 여자는 엉뚱한 _____이/가 있어.

   a. 데 b. 짓 c. 면 d. 구석

3. _____이/가 좀 연하네요.

   a. 커피 b. 맛 c. 고기 d. 분위기

4. 십대들은 보통 _____이/가 왕성하다.

   a. 식욕 b. 혈기 c. 욕심 d. 호기심

5. 이 책에는 잔인한 _____이/가 많이 나온다.

   a. 감동 b. 행위 c. 얘기 d. 장면

F. Choose the dictionary form of the adjective which would be appropriate in both blanks.

1. 어머니는 심장이 _____.

   저는 숫자에 _____.

   a. 약하다 b. 두근거리다

2. 왜 그렇게 표정이 _____?

   할아버지는 귀가 _____.

   a. 어둡다 b. 까맣다

3. 이 문장은 조금 _____.

   아직 그 사람하고 사이가 좀 _____.

   a. 어색하다 b. 길다

4. 부엌에서 _____ 커피 향이 났다.

   어딘가로부터 종소리가 _____ 들려왔다.

   a. 은은하다 b. 진하다

5. 이제는 일이 손에 어느 정도 _____.

   그쪽 목소리가 귀에 _____.

   a. 익다 b. 붙다

A. Choose the correct form which would be appropriate for each blank.

1. 우리는 얼음 위를 아주 _____ 걸어 갔다.

   a. 조심스레 b. 조심스러히

2. 골목길이 너무 _____ 차 두 대가 지나갈 수가 없어.

   a. 좁아서 b. 조와서

3. 내일 비가 안 _____ 좋겠어요.

   a. 오게 b. 왔으면

4. _____ 죽겠어. 창문 닫아.

   a. 추어 b. 추워

5. _____ 들판이 우리 앞에 끝없이 펼쳐져 있었다.

   a. 푸르른 b. 푸른

B. Choose the one that has the same meaning as the underlined word.

1. 너는 너무 정직한 게 문제야.

   a. 솔직한 b. 뻔뻔한

2. 거기 간 것은 중대한 실수였어요.

   a. 심각한 b. 사소한

3. 저는 성격이 차분한 편이에요.

   a. 침착한 b. 덜렁대는

4. 목소리가 정말 특이하시네요.

   a. 독특하시네요 b. 크시네요

5. 저의 승리가 확실합니다.

   a. 화려합니다 b. 분명합니다

C. Choose the one that has the opposite meaning as the underlined word.

1. 연설은 너무 길고 지루했다.

   a. 재미있었다 b. 지겨웠다

2. 그녀는 <u>초조한</u> 기색이 역력했다.

   a. 느긋한 b. 피곤한

3. 이 동네는 대체로 교통이 <u>편리해요</u>.

   a. 편해요 b. 불편해요

4. 상식이 <u>풍부하시군요</u>.

   a. 많으시군요 b. 부족하시군요

5. 우리 <u>하찮은</u> 일로 싸우지 말자.

   a. 시시한 b. 중요한

D. Choose the correct dictionary form of the underlined adjective.

1. 너한테 줄 <u>조그만</u> 선물이 있어.

   a. 조그마다 b. 조그맣다

2. 할머니는 <u>짠</u> 음식을 좋아하지 않으세요.

   a. 짤다 b. 짜다

3. <u>하얀</u> 눈이 온 세상을 뒤덮었어요.

   a. 하얄다 b. 하얗다

4. 여덟 시가 다 되었는데도 밖은 아직 <u>환해요</u>.

   a. 환하다 b. 환해다

5. 딸아이는 피부가 <u>희어요</u>.

   a. 희우다 b. 희다

E. Choose the one that is NOT appropriate for each blank.

1. 누가 거기에 가느냐는 _____ 중요하지 않아요.

   a. 별로 b. 그다지 c. 좀처럼 d. 그리

2. 방 안 공기가 _____ 차가워요.

   a. 몹시 b. 매우 c. 조금 d. 전혀

3. 어젯밤 내가 한 짓이 너무 창피해 _____.

   a. 느꼈어요 b. 혼났어요 c. 울었어요 d. 죽겠어요

4. 한 초라한 _____의 노인이 대문 앞에 서 있었다.

   a. 행색 b. 풍채 c. 몰골 d. 모습

5. 어린 두 딸을 혼자 키울 생각을 하니 _____이 캄캄합니다.

   a. 앞날 b. 눈앞 c. 앞 c. 코앞

F. Choose the dictionary form of the adjective which would be appropriate in both blanks.

1. 아버지는 _____ 담배를 많이 피우세요.

   농담이 _____.

   a. 지나치다 b. 조심스럽다

2. 커피가 너무 _____ 것 같아.

   사람들은 그의 이야기에 _____ 감동을 느꼈다.

   a. 진하다 b. 깊다

3. 눈이 _____ 멍들었어요.

   그의 얼굴이 공포로 _____ 질렸다.

   a. 노랗다 b. 파랗다

4. 이 이불은 참 _____.

   오늘은 날씨가 _____.

   a. 포근하다 b. 부드럽다

5. 매년 그 축제는 볼거리가 _____.

   _____ 한가위 되세요.

   a. 풍성하다 b. 풍부하다

Exercise 1

A

1. a (See page 4)
2. a (See page 6)
3. b (See page 26)
4. a (See page 57)
5. b (See page 63)

B

1. a (See page 11)
2. b (See page 14)
3. b (See page 42)
4. b (See page 58)
5. b (See page 87)

C

1. b (See page 1)
2. a (See page 9)
3. a (See page 18)
4. a (See page 24)
5. b (See page 85)

D

1. a (See page 3)
2. a (See page 31)
3. b (See page 62)
4. b (See page 76)
5. a (See page 90)

E

1. d (See page 7)
2. b (See page 2)
3. d (See page 16)
4. c (See page 44)
5. a (See page 88)

F

1. a (See page 19)
2. a (See page 37)
3. b (See page 51)
4. a (See page 60)
5. a (See page 71)

Exercise 2

A

1. b (See page 107)
2. b (See page 117)
3. a (See page 121)
4. a (See page 128)
5. a (See page 135)

B

1. a (See page 104)
2. b (See page 134)
3. a (See page 147)
4. b (See page 170)
5. a (See page 177)

C

1. b (See page 119)
2. b (See page 149)
3. a (See page 168)
4. a (See page 183)
5. b (See page 194)

D

1. b (See page 103)
2. b (See page 129)
3. a (See page 131)
4. b (See page 163)
5. b (See page 184)

E

1. c (See page 112)
2. d (See page 122)
3. b (See page 140)
4. c (See page 150)
5. a (See page 161)

F

1. a (See page 101)
2. a (See page 113)
3. a (See page 120)
4. a (See page 130)
5. b (See page 141)

Exercise 3

A

1. a (See page 227)
2. b (See page 232)
3. b (See page 257)
4. a (See page 261)
5. b (See page 268)

B

1. a (See page 201)
2. a (See page 245)
3. a (See page 251)
4. b (See page 253)
5. a (See page 278)

C

1. b (See page 204)
2. a (See page 209)
3. a (See page 237)
4. b (See page 258)
5. b (See page 282)

D

1. b (See page 246)
2. b (See page 274)
3. a (See page 277)
4. a (See page 289)
5. a (See page 295)

E

1. c (See page 212)
2. d (See page 234)
3. c (See page 252)
4. a (See page 264)
5. c (See page 275)

F

1. a (See page 206)
2. b (See page 230)
3. a (See page 254)
4. a (See page 259)
5. b (See page 276)

Exercise 4

A

1. a (See page 303)
2. b (See page 310)
3. a (See page 321)
4. a (See page 337)
5. a (See page 351)

B

1. a (See page 302)
2. b (See page 322)
3. b (See page 338)
4. a (See page 356)
5. a (See page 362)

C

1. b (See page 308)
2. a (See page 315)
3. b (See page 317)
4. a (See page 334)
5. a (See page 380)

D

1. b (See page 314)
2. b (See page 370)
3. a (See page 384)
4. b (See page 386)
5. b (See page 399)

E

1. b (See page 311)
2. b (See page 331)
3. d (See page 333)
4. c (See page 345)
5. a (See page 381)

F

1. a (See page 313)
2. a (See page 318)
3. a (See page 323)
4. a (See page 365)
5. a (See page 372)

Exercise 5

A

1. a (See page 404)
2. a (See page 406)
3. b (See page 407)
4. b (See page 439)
5. b (See page 468)

B

1. a (See page 401)
2. a (See page 410)
3. a (See page 428)
4. a (See page 455)
5. b (See page 486)

C

1. a (See page 416)
2. a (See page 437)
3. b (See page 460)
4. b (See page 469)
5. b (See page 475)

D

1. b (See page 403)
2. b (See page 423)
3. b (See page 474)
4. a (See page 487)
5. b (See page 496)

E

1. c (See page 411)
2. d (See page 426)
3. a (See page 434)
4. b (See page 436)
5. d (See page 447)

F

1. a (See page 414)
2. a (See page 421)
3. b (See page 459)
4. a (See page 466)
5. a (See page 470)

500 BASIC KOREAN ADJECTIVES

© 2015 by Kyubyong Park

ISBN 979-11-5686-252-9 91710
₩28,000
YOUKRACK PUBLISHING CO.

Prined in Seoul, Korea.

500 BASIC KOREAN ADJECTIVES

초 판 1쇄 발행   2009년 2월   1일
개정판 1쇄 발행   2015년 10월 30일

지은이   박규병
펴낸이   이대현
편 집   권분옥
펴낸곳   도서출판 역락
　　　　서울시 서초구 동광로 46길 6-6 문창빌딩 2층
　　　　전화 02-3409-2058(영업부), 2060(편집부)
　　　　팩시밀리 02-3409-2059
　　　　이메일 youkrack@hanmail.net
　　　　역락블로그 http://blog.naver.com/youkrack3888
　　　　등록 1999년 4월 19일 제303-2002-000014호

ISBN 979-11-5686-252-9 91710
정 가 28,000원

* 파본은 구입처에서 교환해 드립니다.

이 도서의 국립중앙도서관 출판예정도서목록(CIP)은 서지정보유통지원시스템 홈페이지(http://seoji.nl.go.kr)와 국가자료공동목록시스템(http://www.nl.go.kr/kolisnet)에서 이용하실 수 있습니다.(CIP제어번호: CIP2015029060)